imaginist

想象另一种可能

理
想
国

imaginist

John Burrow

A HISTORY OF HISTORIES

历史的历史

从远古到20世纪的历史书写

EPICS, CHRONICLES, ROMANCES AND INQUIRIES FROM HERODOTUS AND THUCYDIDES TO THE TWENTIETH CENTURY

[英]约翰·布罗……著

黄煜文……译

GUANGXI NORMAL UNIVERSITY PRESS
广西师范大学出版社
·桂林·

A HISTORY OF HISTORIES
John Burrow
First published in Great Britain in the English language by Penguin Books Ltd.

图书在版编目(CIP)数据

历史的历史：从远古到20世纪的历史书写 / (英) 布罗著；黄煜文译.
—桂林：广西师范大学出版社, 2012.7（2019. 7 重印）
ISBN 978-7-5495-0707-8
Ⅰ. ①历… Ⅱ. ①布… ②黄… Ⅲ. ①史学史—世界
Ⅳ. K091

中国版本图书馆CIP数据核字(2011)第157275号

广西师范大学出版社出版发行
广西桂林市五里店路 9 号　邮政编码：541004
网址：www.bbtpress.com

出 版 人：张艺兵
责任编辑：孟志成
特约编辑：鲁兴刚
全国新华书店经销
发行热线：010-64284815
山东临沂新华印刷物流集团有限责任公司

开本：1270mm × 960mm　1/16
印张：36.75　字数：492千字
2012年7月第1版　2019年7月第3次印刷
定价：78.00元

目 录

第一部分　希腊

第二部分　罗马

第三部分　基督教世界

第四部分　世俗史的复兴

第五部分　研究过去

隆重的感谢、赞美与荣誉应归于教士、诗人与史家，是他们写下许多伟大的作品，记载了先贤的智能、热情与圣徒神迹，以及高尚而驰名的嘉言懿行，与从创世至今的编年纪事。仰仗这些作品，我们得以每日获取新知，通晓世事，若昔时未能留下丰功伟业的记录，过去的一切今日将无从知悉。

—— 威廉 · 卡克斯顿（William Caxton，1484）

致 谢

我首先要感谢 Stuart Proffitt，是他建议我撰写本书，在长期构思的过程中，他一直坚持信念，协助我下定决心进行如此包罗万象的计划。我要感谢他的还不仅如此，他指引我拟定前面几章的草稿，对已完成的稿件进行繁复又仔细的编辑工作，他给了我许多合理的批评与建设性意见，使整部作品增色不少。

我诚挚感谢一些朋友阅读了部分或全部的草稿。他们的指正使我免于犯下令人困窘的错误，他们的鼓励与忠告使我在进入陌生的领域时仍充满勇气。我要感谢 Stefan Collini、John Drury、Patrick Mullin、Mark Phillips、Larry Siedentop、Quentin Skinner、John Thompson、Frank Walbank、Patricia Williams、Donald Winch 与 David Wootton。而对于事实或判断上仍出现的错误，完全是我个人的责任。

Jane Wyatt 将冗长且偶尔费解的手稿打成字，她以无比的耐心与丰富的幽默感面对我的频繁删改。我要再次向她致上诚挚的谢意。

我非常感谢他们每一个人。

前 言

一部关于各种历史的历史

为什么是“一部关于各种历史的历史”（A History of xiii
Histories）?或者更明确地说，为什么不是“关于一种历史的历史”（The History of History）？即使从最广义的角度，我们接受说历史是单一种类的活动，但历史仍有着高度多样的内容。瘟疫，侵略，迁徙；宪政安排和政治体系的建立、运作与发展；战争，内忧与外患，革命，渐进或突然的宗教与文化变迁，信仰、民族与意识形态等各种集体认同的形成，神人交往意义下的神意史观：所有这些主题连同其他内容，都可以被适当地视为历史。有些历史实际上是纯粹叙事的，有些几乎是毫无时间内容的纯粹分析，本质上属于结构或文化的调查。历史同其他许多研究类别与领域相关，从史诗与起源神话到各种社会科学；历史也触及传记、戏剧、政治与道德争论、民族志、小说、审讯与司法调查。就我们所知，最早以 historia（探究）一词来指涉我们所谓的历史的人是希罗多德。在荷马史诗中，histor 是指以调查的事实为根据来下判断的人，由此可知，历史与探究之间的联结相当古老。

历史的多样性如何转变成单一的历史叙事：“关于一种历史的

历史”?答案很明显，而且在某种程度上，这对叙事来说是必要的。那就是建立一个终点，使故事的各个插曲在某种意义上都从属并促成这个终点，如此一来插曲就成为进程的一个环节。以历史书写这个直到二十世纪才出现的文类所描绘的历史为例，在时代及其史学文化的影响下，把主题的现状（或人们以为的主题现状）当成终点，
xiv 不可避免是一种最普遍也最简单的做法。到了二十世纪初，这个现状被赋予各种特征，但仍有着相当程度的共识，它成了纯粹的或“科学的”或（心照不宣的）“专业的”历史，这些特性或许与“历史的观念”或“为历史而历史”有关。特别是专业的历史，一般认为这种历史显然联结着系统性的档案研究与史料考证，而档案研究与史料考证又被认定是一切严谨历史的构成条件。在这个一般性的共识下，存在着各种不同的意见，例如伯利（J. B. Bury）与屈维廉曾争论历史是“科学”还是“艺术”，以及如果历史学家追求的是“科学”，那么他追求“科学”要到什么程度才能建立法则。（柯林伍德在他的经典之作《历史的观念》〔1946〕中提到，法则是他憎恶的东西。）尽管存在这些差异，共识仍足以作为史学史大叙事的选择基础，二十世纪史家可以以自身的观点和彼此认可的研究方式为基准，强调并评估过去的史家在史学的一般进程中扮演什么角色，这些角色必然失之片面，他们可能协助史学向前推进，也可能让史学返归原点。从这个意义来看，要写出“关于一种历史的历史”是可能的。

我不想被理解成是以贬抑的方式在谈论这项可能性背后的假定，仿佛我谈的是一种过去的文化插曲。无论如何，历史诉说的是真实，至少就理想层面而言，历史可以摆脱偏见。这种核心关怀非常久远，虽然逐渐动摇，但就某种意义来说仍是我们的信条，因为对我们而言，历史与想象虚构的区别还是相当重要的。由此观之，希罗多德迈出了重要的一步，因为他将自己写的《历史》（*Histories*）与诗人的作品区别开来；而修昔底德则提出相关的判准，并且语带

轻蔑地认为希罗多德属于那群把娱乐大众看得比探求真理还重要的作者，尽管他的判断并不公允。寻求历史理解跟只是情感或论证上具影响力的书写，其间的差异仍是历史专业的自我形象与意图的一部分。当然，史学史上对真理的热忱是光谱而非绝对，显然波里比 xv
阿就比李维更重视真理。但也有人完全甚或故意落在对真理缺乏热忱的那一端，如蒙默思的杰弗里（此处我们暂不讨论个案），与其说他是史家，不如说他是历史的戏仿者或模仿者。

以上说法或许全都真切，但接下来的观点也同样真实：以二十世纪专业共识为终点来建立一套史学史大叙事，是一种贫乏而狭隘的策略，它剔除或排除许多关于历史书写（事实上，这些都是过去曾经流行过的所谓的历史）方式的有趣且具潜在启发性的问题。例如，在历史书写的背后必定存在非常多样的动机，这些动机问题不仅极为广泛且引人入胜。过去的人觉得“他们的”过去哪里有趣？为什么有趣？哪一种“过去”引起他们的注意，并且形塑了他们呈现过去的方式？为什么他们注意的“过去”与呈现过去的“方式”随时光流逝而产生变化？这些变化如何进行？在同一个时代里，面对这些问题而产生的不同解答，如何反映与表达出文化的内部差异？为什么会出现新类型的历史书写？当然，这不只是或必定是在此之前就已存在的“科学”求知欲延伸的结果,有时候这也是影响“科学”求知欲的因素。

本书的目标在于为这些问题提供解答。这些问题并未完全受到忽视，史学家希望透过文类与方法来对他们的主题进行区分。但要顾及平衡与诚实。我试图着眼于人们选择哪种过去和为什么选择某种过去，以及人们如何调查和呈现过去的问题。这种做法看起来不具革命性，然而策略的选择意味着必须有所割舍，特别是以主题来归类史家时，我有时会无法顾及严格的编年规则，这是当史家舍弃年鉴这种主流形式时学到的一个教训。例如，在本书中，记述“亚历山大”历史的史家被放在希腊人遭遇波斯帝国的叙述中，即使他的作品完成于距亚历山大相当遥远的罗马帝国统治时期。而争议最大的，或许是我对于圣经以及圣经对史学的影响所做的论述，我没有将这个主题依照年代次序放在埃及、巴比伦史家与希罗多德之间，而是放到早期基督教世纪，也就是等到基督教对异邦人世界产生冲
xvi 击后才进行讨论。

因此，“一部关于各种历史的历史”承认“各种历史”的多样性以及这些历史体现的利害关系，同时拒斥以现在作为终点来建构单一大叙事的野心，因为我认为这种做法不仅难以置信，也窄化了探索的可能性。然而，本书也带有一点排除的味道，它的内容并非包罗万象。本书并未尝试处理欧洲文化传统（在此，埃及与巴比伦被视为对欧洲文化传统有过贡献）以外的史学史，特别是阿拉伯史学史与中国史学史。这种排除是对空间与时间不足以及作者在知识上的局限的妥协。另一项排除或许需要更好的理由，因为至少就某方面来说这项排除是独断的，而界线的画定也犹疑不定。“各种历史”这个词本身包含甚广，而我把传记与回忆录排除在外。面对一本内容可能过于芜杂的作品，我认为这种做法是必要的，但我必须承认要适用这项标准并不容易：回忆录显然类似于亲眼目击的历史，而“生平传记”则是混杂了各种文体的文类。

有关个别历史的处理问题必须先略做说明，个别历史当然在密度与复杂性上差异极大，而且并不是每一件历史作品都能为现代读者所理解。我们可以合理假定绝大多数读者从未读过本书讨论的许多或绝大多数的历史作品；事实上，本书的存在，有部分理由正是为此。因此，我们的首要任务是试着将阅读这些历史的经验与趣味传达给读者。对许多史家来说，历史是一项有闲方能从事的技艺，往往需要皓首穷经。历史不完全是叙事，但长久以来叙事一直是历史的核心。因此，光是传达史家的意图和观点是不够的：除了叙事的结构外，还必须传达叙事的条理和性质。从这一点来看，历史——通常综合了调查、研究、论证与分析——类似于小说。因此，我试

图恰如其分地在本书表现出一种五花八门、多层次与多调性的浓厚历史叙事的可能形貌。在尝试表现各种历史的特殊性质时，我不只 xvii
诉诸大量的引文，并且试着设身处地地了解历史作品产生当时的时代背景，以传达其文学性质，而这个文学性质构成我们阅读历史作品的主要经验。不过这些评估也可以从内部加以观察，或许有助于全面理解更一般性的脉络：史家在特定时期抱持的目标、形塑史家书写方式的风俗习惯，以及这些目标与习惯又是如何变迁。我提到了史家与史料的关系，没有史料，史家作品不可能存在，然而史料也对史家作品构成一定限制；我也简短考察了特定作家的可信度。之所以注意到这些，有部分源自我对史家的理解以及阅读史家作品的经验；从定义来说，历史绝对不是纯粹的文学作品。然而，我并未有系统地着眼于特定错误，无论如何，我缺乏必要的知识来处理这些问题。那是研究各个断代的现代史家的工作，不需我多事。不过这种错误清单总是沉闷得让人无法忍受，而且难以阅读。

史学史本身不仅是一种（广泛的）文类，显示连续性、周而复始，以及不断变动的关注焦点，它也是西方文化整体的一部分，有时具有高度的影响力，甚至是文化的核心；它显然如同容器一般，可以容纳文化关切的一切事物，同时也深受文化波动的影响。欧洲社会在不同时代有着不同强调的重点，它们认为各种版本的过去与各种历史发展的观念具有极大的重要性，并且任意从历史中撷取传奇、英雄、悲剧与悲惨的主题、诗学论题、戏剧与绘画（在十八世纪，“历史”绘画被视为最上等的画种），以及最典型的激励与恫吓人心的修辞。历史观念与过去各种观念交会并且部分构成了宗教、道德和政治观。历史将权威具体化，并且提供挑战权威所需的手段。或许更重要的是，历史为种族、国家、宗教、政治、文化与社会集体 xviii
提供了效忠、自我认同与“记忆”的焦点，以此协助建构这些集体。各种版本的过去被提供，有时是间接的，但通常带着可见的焦虑，以作为当代困境或病症的诊断意见。

我们习惯从哲学史，科学与宗教史，艺术、文学与社会秩序观念史，以及政治权威史的角度去思考欧洲思想史。但是，过去观念的历史，亦即过去的观念表现在历史书写以及现在与过去的关系中，也是欧洲思想史的一部分；本书的目标即在促进这方面的理解。其主要内容为：欧洲文明独特性的概念，而主要的对照者是亚洲诸帝国;共和国美德的观念，具体展现于罗马初期，因征服、奢靡而败坏；身为世界霸主的永恒罗马神话，被改换成基督教帝国的观念。圣经促成了集体的犯罪、惩罚与赎罪的观念。十六世纪以降，得益于罗马史家塔西佗的记载，我们发现了“日耳曼”民族的早期自由观念；欧洲国家或许受蛮族“哥特人”入侵的影响，发现了权威持续至今的“古代宪政”的存在观念。十八世纪的历史书写吸收了“市民社会”的进步概念（主要联结着商业）与“封建无政府状态”的终结（或者以马克思主义的用语来说，封建贵族被资产阶级霸权所取代）。十九世纪是充斥着民族认同的伟大时代，结合了民族解放的观念以及作为正常政治形式的民族国家的创建。进入现代之后，被压抑的少数族群发声的渴望涌现出来。所谓历史，说穿了，只需指出几个最重要的影响：共和主义者、基督徒、立宪主义者、社会学、浪漫主义、自由主义、马克思主义者与民族主义者。每个势力都被随后的历史书写扬弃而成为残余；此刻已无任何势力能支配历史书写。

因此，我力求不以孤立的方式处理史学史，并且留意史学史在广泛文化中的位置、文化与政治对它的影响，以及史学史如何培养、
xix 转变与传达文化与政治力量。“一部关于各种历史的历史”不会也不该只是史家成就与优缺点的记录，也不是史家所属学派与传统的记载。它本身就是个历史事业，是我们尝试了解过去的一种方式。

序篇

保存记录与留下记述：埃及与巴比伦

我们可以自信地说，历史约略在公元前 450 到公元前 430 年间 1
诞生于希腊。所谓历史是以调查研究为根据，针对公共事件而做的一种详尽的、世俗的、散文的叙事，而且以上这些条件每一项都必须具备。如果我们想把修昔底德极为不同的历史写作加进人称“历史之父”的希罗多德的作品之列，就必须将历史诞生的时间扩展至公元前五世纪下半叶。我们将时间做了延伸，并且对叙事类别加诸条件限制，即便如此，当我们说历史是在这么短的时间内突然出现时，还是让人匪夷所思，虽然这种说法并非毫无根据。同样令人惊奇的是，我们可以合理地宣称，在往后两千多年的时间里，希罗多德与修昔底德的成就未曾被人超越；事实上，一直要等到历史方法与类型出现转变，才使得这种比较变得不切实际。

就我们所知，希罗多德和修昔底德是最早的历史学家，想了解这个主张的意涵，必须先了解他们的作品与埃及、巴比伦古文明的“原史”的一些基本区别。希罗多德曾经赞美埃及人在保存过去知识上的贡献：“（埃及人）在全人类当中是最用心保存过去的记忆的人，而在我所请教的人们当中，也从来没有人有这样多的历史知识。”（*Histories*, II.77）事实上，希罗多德在进行历史调查时，似乎太轻信自己在埃及神庙所听闻的一切，他将这些讯息纳入对已知世界进行的全景调查之中，并且以这些陈述作为他描述公元前五世纪初波斯大举入侵希腊的开场白。希罗多德对埃及历史的记述相当含糊，相较之下，对于必须提及的巴比伦文明，他的说
2 法可靠得多。然而，无论希罗多德的恭维如何让埃及神庙的仆役乐于告诉他一切有关埃及的事——我们不清楚希罗多德相识的人是否包括祭司阶序中较高层的人物——他的赞美并无不当之处。现代埃及学者对古埃及的了解之所以能比希罗多德深刻，主要是古埃及有许多史料被完好保存至今，这是由于他们很早就建立中央集权官僚国家，加上古埃及人用来铭刻文字的材料十分耐久。此外，还可归功于气候干燥与传统习性：史料的保存可以上溯至两千多年前的公元前五世纪中叶，甚至早于希罗多德生存的时代。当时埃及人是世界上最早懂得保存记录的民族。在此我们应该停下来想一想的是，史学与记录有何不同，亦即希罗多德身为我们所知最早的史家的意义，与提供他讯息的埃及人的所学所识之间的区别。尽管就像所有这类区别一样，我们在检视时有些不严谨，但检视的过程仍足称有效。

保存记录最早是商业与官僚的重要业务，不是一种艺术。埃及的过去得以大致保存下来的许多因素，同样存在于美索不达米亚古文明中，其记录刻在石板与黏土写字板上，而最重要的事件绝大部分刻在神庙、陵寝与宫殿的墙壁上。每个现代史家都明白我们现在谈的是“档案”，在某种形式上这些事物被认为是不可或缺的，然而借由询问“博学者”来撰写历史的希罗多德并不看重这些事物。铭刻的文字是从古到今的记录：它们经过审慎处理而能耐久保存，随机搜罗的文献通常无法如此。比较简陋的人工制品，例如刻了字的黏土写字板，反而在不经意中被保留下来。铭刻的文字本质上就是记录，因此刻文的作者与希罗多德之间存在着一种亲缘性，希罗

多德在《历史》一开头便曾表明自己的意图，他说自己写作此书是为保存伟大功业的记忆（见第一章）。

当然，主要差异在希罗多德用来描述他的作品的词汇：historia，探究。他为《历史》搜集信息的方法主要是询问。当希罗多德问埃及神庙的仆役与守卫时，只懂希腊文的他与文献的关系相当疏远，这种态度在现代史家眼中并不可取。然而，尽管希罗多德 3
的信息提供者有诸多不足与隐匿之处，我们还是能从两者之间看出某种可理解的关系：史家与档案员的关系。询问信息提供者的是希罗多德，他是有系统地探究历史的人。同样地，当希罗多德询问“海外的”希腊人或“当地的信息提供者”有关世界其他地区的知识时（他一定这么做过），此时担任人类学家或民族志学者的是希罗多德，而非受询问的人。举个明显的例子，斯基泰人没有自己的民族志学者；那些被希腊人称为斯基泰人的民族是生活在黑海北方没有文字的游牧民族，他们的风俗之所以能流传下来，端赖希罗多德的长篇记述。因此，我们说服自己抱持这样的立场：就我们所知，没有早于希罗多德的埃及或巴比伦史家。如希罗多德所言，埃及人相当博学；在希腊，对埃及人的智慧有着高度的尊重，甚至到了夸大的地步，例如，希腊神祇的名称被认为源自埃及。但埃及人是记录者，而非历史学者。

到目前为止还算单纯。我们将在第一章见到，希罗多德有系统地进行探究，这种观念不完全是当时希腊特有的想法。在各种探究活动中，最接近希罗多德的主要是地理上的探究（其中当然包括“人文地理”），这种关切在他的作品中俯拾皆是。但是探究，也就是有系统的研究，不是史学的唯一特质。史学还有另一项特质，那就是使探究的结果成为一气呵成的历史散文：叙事。事实上，在古代世界，有一条从记录通往或多或少经过拉长的历史叙事的路径，在路径之中，记录与历史叙事的区别有些模糊，并不像当我们只注意探究这项要素时那样泾渭分明。

最早的书写似乎与实际事务有关，这一点是可以理解的，它要不是被当成事务的一部分，就是被当成事后记录。早期记录在神庙墙上的公共铭刻文字，就最广义的脉络来看，似乎也具有这种事务性质，统治者以文字描述自己代理神明管理百姓：兴筑建筑、恩赏、劳苦与成就，包括胜利，全都成为记录的内容。清单形式的文字相当普遍。其他种类的清单还包括最早用来制作系统编年史的史料，
4 例如，国王的名单。这些清单因此决定了大规模信史出现的可能性。法律，如同古美索不达米亚早期所谓的法典，本质上也是一种清单，有点类似于年代远在其后，于公元前两千年末期出现的《旧约》之《利未记》与《民数记》。

叙事与神权政治之间的联结似乎建立在解释之上，亦即：要从最初的清单形式发展成描述，必须牵涉到解释的问题，而进行解释需要采取略为详尽的叙事形式。历史学家向来坚持（或许还带有一点争辩意味，因为这是他们的惯常做法）叙事的产生是为了进行解释。他们比较不喜欢主张一个拥有簿记员的古代王制，而透过这些簿记员才出现了最早的书写用途：制作清单。然而此处概念的重叠牵扯到英文单词“account”的一些相关意义，讲到这个单词就会使人联想到它的起源：清点（counting）。以下的句子虽然风格拙劣，却能做出清楚说明，句中每个 account 都有不同的意义：“请提出报告（account）说明这些账目是如何编制的，并解释（account for）你向董事会提交的账目（accounts）当中的错误。”

叙事的铭刻文字既是解释也是描述的一部分，从这些文字提及的动机与行动，可以看出它们的发展日趋完全、详尽，同时“人文气息”也愈来愈浓厚。战争叙事是最早的长篇叙事之一，很明显，这种叙事的高潮集中在胜利（或号称胜利）与征服，异族的臣服或俘虏，以及战利品的掳获。风格特殊的远征叙事当然亦属此类，如希罗多德的薛西斯远征，与近两个世纪之后出现的史上最伟大的远征——亚历山大东征，亚历山大甚至带了历史学家随军记录。以下

是公元前两千年中期埃及人对凯旋及战利品的描述：

> 国王陛下驾着战车前往卡夏布，他只身一人未带任何随从，很短的时间内就从当地返回，战车旁边是他生擒的十六名上层贵族战士，此外还有身躯高达二十掌宽的马匹，以及被驱赶着走在战车前面的六十头牛。这座城镇已向国王陛下臣服。正当国王陛下准备前往沙仑平原南部时，他发现了纳林亲王的信差，这名信差脖子上挂着黏土写字板，于是国王让他成了战车旁的俘虏……国王陛下抵达孟斐斯，他的心情愉快，如同一头战胜的公牛。掠夺的数量……（Gardiner, *Egypt and the Pharaohs*, p. 197）

之后紧接着是物品连同数量的清单：奴隶、马匹、战车、武器与乐器。这些远征显然是由法老发动，目的是为了取得珍稀之物，例如矿石。

埃及的另一种叙事类型，首先描述一段混乱与天灾频仍的时期，然后某个统治者出现，结束这段时期并恢复秩序。这种解救叙事就像战争叙事一样，在西方史学有着悠久历史，并且影响了历史人物的表述方式，例如罗马皇帝奥古斯都与君士坦丁，以及英格兰史上的伊丽莎白一世与威廉三世；后来在希伯来人影响下，这种解救叙事的典型主角变成了弥赛亚。因此，一些典型的历史叙事类型早建立于记录古埃及、美索不达米亚与小亚细亚统治者功业的铭刻文字时代。在圣经中，《出埃及记》与《申命记》本质上就是远征与战争叙事，而这也成为日后一些伟大史学作品的特色之一。

另一种将描述性文字发展成叙事的方式——透过证明自身正当的形式——似乎是出自赫梯人的特有发明，亦即：一种用来证明既有行为正当的记录，并且将事件诉诸神明仲裁。格尼（O. R. Gurney）是研究赫梯帝国的权威，他认为这种文献显示出高度发展的政治良知。这种记录的保存具有恪守条文的形式，而叙事当中的条款则成了判决时的依据，这些记录与叙事理所当然关系着条约的制定与违反。条约是修昔底德唯一大量誊录的文献，他的作品常以条约的违反作为开场白，以此揭开伯罗奔尼撒战争的序幕。早在修昔底德之前一千年，赫梯人已开始为条约写下前言，内容是一段简短的历史叙事，旨在说明条约的起源；最后，前言的
6 叙事逐渐脱离条约与政令而独立成篇，并且成为活动式的年鉴，一种将统治者的行动视为对神明奉献的编年史。

年鉴的记录形式除了通行于亚述，希腊城邦早期“史家”也采用这种形式，并且搭配上想象的神话起源描述。希罗多德没有采用年鉴形式，他的作品规模过于宏大，不适合这种形式，但年鉴却形塑了“修昔底德的伯罗奔尼撒战争史”,他将一年分成夏冬两个部分，以便更精确地记录史事。年鉴自此成为基本的史学形式，直到中古时代结束为止。

早期史学有个麻烦的争议因年鉴而浮上台面：如何找到一个广受承认的编年史纪年方式。埃及与巴比伦这种中央集权王朝较少出现这样的问题，但这不表示早期的国王名单总能在接近事实的状况下有益地拟定出来，例如埃及人经常将名声败坏的国王事迹摧毁殆尽，而埃及法老统治期的长度往往荒谬无稽。但在希腊，由于缺乏核心的政治权威或记录保存，问题显得相当棘手。唯一能涵盖全希腊的制度是德尔菲的神谕与四年一度的奥林匹克运动会及其获胜的知名运动员，最后，奥林匹克运动会被采用为纪年标准。修昔底德以自己所描述的战争爆发之时作为事件纪年之始。对雅典而言，可能的做法是利用执政官（城邦的最高官员）的任期纪年，执政官一年一任，不过每届的执政官是谁恐怕不容易记住。罗马人从一开始就保存了大祭司的名单，其功用类似埃及和巴比伦统治者的名单。建立共同编年史的困难，可以从修昔底德令人眼花缭乱的例子看出：

> 再次征服优比亚之后的三十年停战协议持续了十四年。
> 停战的第十五年，阿尔戈斯女祭司克丽希丝（Chrysis）的第
> 四十八年，伊尼希亚斯就任斯巴达监察官那年，皮托多鲁斯担 7
> 任雅典执政官任期结束前两个月，波提狄亚战争结束后六个月，
> 初春，一支底比斯军队……（II.2）

另一个值得注意的原史学形式与年鉴不分轩轾，它的应用很广，是一连串王朝的名单，也就是世系宗谱的建立，它通常伴随着声称的神话起源，早期的希腊城邦史家似乎也留意到这种形式。这种追寻起源的兴趣在希罗多德的《历史》中偶尔可见，然而一如以往，希罗多德不一定相信道听途说的讯息。伟大氏族自吹自擂的历史似乎成了早期罗马史的资料来源，尽管当中不可避免有自我美化的性质，但仍不失为珍贵的史料。独特的威望加诸神明的后裔身上，如家喻户晓的赫拉克勒斯，或落在特洛伊英雄的子孙身上。罗马人企图两者兼得，他们自称是特洛伊埃涅阿斯（Aeneas）的后裔，而埃涅阿斯又是维纳斯之子。经过确认的系谱有其用途，甚至不可或缺，如我们在《旧约》之《尼希米记》所看到的，有些人的家谱显示他们有资格担任祭司，有些人则显示自身的不洁而无法担任祭司（Nehemiah 7:5, 64）。亚历山大相信，或希望人们相信，他是阿蒙神的后裔。

世俗的历史散文叙事（姑且不论史诗与圣经，后者留待日后谈到圣经对基督教史学的影响时再做讨论）在古代帝国时期逐渐从官僚记录保存的基本形式中脱颖而出，尽管从档案记录到希罗多德富有人文气息与生花妙笔的长篇叙事仍需要漫长的一步。事实上，这是一种跳跃。这当中蕴含了战争与远征叙事，以及所谓的救赎与证明自身正当的叙事：前者描述灾难、暴乱与随后的回复旧观，后者描述信赖关系遭到背叛以及复仇。此外还包括了赫梯人的年鉴前言，它也是一种记录形式。

最精细、详尽与连续的早期战争叙事虽然未直接影响日后的战争叙事，但至少可以认定两者之间具有某种亲缘关系。其中一个例子是有关法老图特摩斯三世（1490—1436 B. C.）的战争描述，这场战事发生在他即位的第二十三年，最后以梅吉多之役（battle of Megiddo）告终，整个过程记录于他在卡纳克的阿蒙瑞神庙所扩建的墙上。记录描述了军事会议以及其中的对话，可说是对于决定性
8 战役最早的完整叙述。战前，对于该走哪条路线曾出现争论。参谋都是些阿谀奉承之辈，但要求他们表达意见时，他们显然也有自己的看法："这么狭窄的道路如何能够行军？据报敌军已在谷外布防，而且人数众多。马匹只能单骑前进，另一匹紧随其后，如此一来，士兵前进岂不也是如此？若是这样的话，当前锋遭遇敌军时，后面的部队恐怕还卡在那里，动弹不得……" 神庙墙上也展示了战败者的名单以及对他们的描写，这是相当普遍的做法。这段叙事也可以根据其他描述加以印证。即使还不够充分与生动，但我们在当中的确看到某种叙事的性质，不过我们无法确定它是历史还是原史。与其他例子相比，它比较完整，没有公式化的夸夸其谈，而且重要性极高，然而它只是个事件片段。它未能表现出个别的性格描写、历史的视角（就这一点来说，它比较像是二维侧脸这种埃及的传统表现方式）或历史的整体脉络。当然，这些缺点也出现在往后两千年的许多编年史中，却不能用来形容希罗多德。

第一部分

希腊

第 1 章

希罗多德：波斯入侵与史家的任务

一如往例，希罗多德在他的作品一开头就告诉我们他为什么要写这本书。理由是，他说道：“如此，人类的成就才不至于在时光中遭到遗忘，伟大而令人惊叹的功业——有些由希腊人展现，有些则出自蛮族之手——才不会丧失它的光辉；尤其要显示的是，这两个民族彼此争斗的原因。”换言之，希罗多德的历史是纪念碑，是用来阻止时间威胁湮灭一切人类伟业的标记物。他的成功超越所有合理的期待。至今我们仍阅读着他描述的伟大主题：两千五百年前，也就是希罗多德开始著述之前半个世纪，伟大的波斯王在帝国全境号召了说着各种语言的庞大军队入侵希腊。希罗多德也承诺稍后（*Histories*, I.95）将告诉我们波斯人如何在他们的统治者居鲁士大帝（Cyrus the Great）领导下称霸亚洲，这个承诺在他继续描述入侵希腊之前履行了。 11

希罗多德初始的陈述中有一点值得我们仔细思考，他提到要记录蛮族（非希腊人）与希腊人的伟大功业。若想在埃及与巴比伦记录中找出如此无私的说法将是徒劳。这让我们想到荷马，如同希罗多德很快提醒我们的，荷马写到希腊人和亚洲人早期的一个冲突。荷马要他的读者或听者对特洛伊人与希腊人同感同情，甚至对普里阿摩斯（Priam）与赫克托耳的同情比对阿喀琉斯与阿伽门农还多些。希罗多德未曾评论荷马的这项特色，但似乎视
12 其为理所当然。希罗多德当然承认特洛伊战争确有其事，但他认为荷马是个诗人，其叙事是为了满足史诗的目的，因此他借由询问波斯人与埃及人，再加上他自己的常识，来更正荷马史诗的错误：海伦在特洛伊围城时不可能深陷城中，因为特洛伊人肯定会竭尽所能将她还给希腊人（II.120）。希罗多德清楚地推论出荷马的生存年代，认为他比自己的时代（也就是公元前五世纪中叶）早了四百年。

希罗多德承认荷马史诗蕴含基本的史实，更重要的是，荷马史诗对所有希腊人来说也是一种叙事模式。当希罗多德在《历史》的前言中提到，他要保存伟大而令人惊叹的功业免于湮灭并予其应有的荣耀时，势必援引了荷马史诗的内容，因为后者的主旨正在于此。希罗多德对于巨大冲突的叙事有时呼应着荷马史诗，这一点值得我们思考，不过更常见的是，希罗多德的叙事步调，对事件与人物栩栩如生地重演与呈现，以及丰富的人文色彩与质朴的世俗风格——修昔底德与随后的史家皆无法与其相提并论——这些特质都可冠上“荷马的”这个形容词。虽然他的叙事整体来看是“荷马的”，显得松散与有意杂谈，但他叙事的根据源自仔细探问，有时需要对判断存疑，这些又与史诗传统大异其趣。希罗多德是个絮叨、个人色彩浓厚又口齿便给的作家，他不排斥以第一人称从事写作；人们读他的作品宛如亲炙作者，因此不难想象他借由在雅典民众面前朗读自己作品而将作品公之于世。我们知道他的意见，听闻他的旅行，我们好奇他看见什么、听见什么故事，以及他不吝于怀疑这些事物。我们甚至能大致重建他的宗教观点，虽然这部分他有时闭口不谈。希罗多德有如蒙田，是深具个人风格的作家。

希罗多德出生于爱琴海东岸希腊殖民地哈利卡纳苏斯，时间大约是公元前480年代中期，他是希腊在亚洲殖民地的居民。哈利卡

纳苏斯位于希腊与波斯帝国的边境地带，自古纷争不断，而这个地区在希罗多德的历史中扮演着重要角色。希罗多德出生时，哈利卡纳苏斯刚并入波斯帝国不久，因此从技术上来说，希罗多德应该是波斯王的臣民。虽然希罗多德最终无疑会同情自己的家乡，而且似 13
乎只会说希腊语，但他谈及波斯人时并未因此语带轻蔑，也不认为在叙事中言及波斯人有何难处。虽然希罗多德行遍各地（有些人怀疑他是否真到过那么多地方），而且日后似乎移居雅典，据说与悲剧作家索福克勒斯还是朋友，但我们仍可中肯地说，像他这种具有世界主义胸襟的人，其出生之地不仅应该是能见识到当时希腊思想生活最繁盛一面的地区，也应该是两个伟大文化的中介地，更应该是已知世界的中心。希罗多德去世的年代难以考究，但可以确定的是他活到伯罗奔尼撒战争时期，亦即至少到了公元前 430 年之后。从希罗多德与修昔底德的生卒年代来衡量，虽然两人身处同一时代，但仔细估算下前者应该比后者早了一个世代。

希罗多德列出欧洲与亚洲早期冲突的一些例子，主要来自神话或传说，其中包括伊阿宋与阿尔戈船英雄航向黑海的科尔基斯并盗取金羊毛。之后，希罗多德很快进入历史时期，他提到波斯征服了位于今日土耳其西部由国王克洛伊索斯统治的希腊吕底亚王国。克洛伊索斯在《历史》第一卷中占了相当大的篇幅（《历史》最初并未区分成九卷），他是首位登场的历史人物。克洛伊索斯被推翻后，证明雅典梭伦的智慧之语是对的，他说人要到临终那天才知道自己是否幸福。克洛伊索斯因命运丕变而有所顿悟，后来成了他的征服者波斯王居鲁士的臣子。希罗多德还告诉我们有关居鲁士幼年的传说，据说他在襁褓时被遗弃在荒郊野外，是牧羊人救了他（I.108—117）。居鲁士后来领导波斯人打败统治他们的米底人并且取而代之，之后他又推翻了巴比伦（公元前 539 年）。希罗多德导览了巴比伦这座城市之后，开始描述当地的民情风俗（I. 192—200）。

> 我描述的巨大城墙是这座城市最重要的盔甲，然而这道墙的后头还有第二道墙，虽然没有外墙那么厚，但一样牢不可破。这座城被河流一分为二，各自的中心地带都有一座堡垒：其中一座是皇宫，四周环绕着坚固的城墙，另一座是贝尔（Bel）神
> 14 庙，供奉的是巴比伦人的宙斯。神庙是一座方形建筑，每边长两弗隆（译注：一弗隆约合 201.168 米），设有青铜铸造的大门，这些设施在我的时代还留存着；神庙的中央有一座坚固的塔楼，塔楼每边长一弗隆，塔楼上还有第二层塔楼，然后是第三层，一直往上到第八层。八层塔楼全部可由外围的螺旋梯攀登上去，中途设有座位与遮阴处供想继续往上的人休息片刻。最顶端的塔楼有一座巨大神庙，里面有张精致的宽敞床榻，覆盖着锦织，旁边则摆了一张黄金打造的桌子。这座神坛没有任何神像，也没有人在此守夜，担任贝尔神庙祭司的加勒底人说，只有一名亚述妇女曾在这里待过，然而不管是谁都必须经过神的拣选。加勒底人还说，神会化身为人进到庙里，并且在这张床上休息；但我不相信他们说的。底比斯的埃及人也曾告诉我类似的故事……（I. 178—186）

希罗多德造访巴比伦时，这座城被居鲁士攻下已经将近一个世纪。

希罗多德在往后三卷提到，波斯帝国在居鲁士之子冈比西斯以及他的后继者大流士统治下，进一步向亚洲扩张。首先侵犯欧洲的是大流士，他的军队在马拉松遭雅典击败（公元前 490 年，VI. 110—117）。虽然如此，整体而言，波斯帝国的扩张锐不可当，吞并了西亚的希腊殖民地与希腊化王国之后，它继续往已知世界的极限推进。波斯帝国逐渐囊括了埃及、美索不达米亚等古文明地区，也包括了几乎从未探索过的利比亚、埃塞俄比亚、阿拉伯沙漠的游牧民族与北方大草原。这段描述类似两千多年后爱德华·吉本

(Edward Gibbon) 在《罗马帝国衰亡史》(*Decline and Fall of the Roman Empire*) 一书所提到的，他介绍了即将倾覆罗马世界的民族。

从第二卷到第四卷，希罗多德跟随波斯的征服浪潮，对于被征服的土地与居民进行地理与民族调查。这些调查构成了希罗多德作品大半的内容，我们稍后再回来讨论这个部分。在波斯王薛西斯大举进犯希腊之前，波斯支配的世界之广袤已可从薛西斯召集的各民族混合大军看出，希罗多德详细描述了以波斯人领军的部队检阅，他辨别出各种不同的民族，他们各自有着不同的外貌特征、服装与 15
武器。这段对于军队以及尾随其后的车马辎重的描述实在过于冗长 (VII.61—100)，只能代表性地摘录如下：

> 亚述人戴着青铜头盔，头盔以蛮族繁复的风格打造而成，难以具体形容，此外他们佩有盾牌、长矛、短剑 (就像埃及人佩戴的一样)、狼牙棒与亚麻胸甲……印度人身穿棉衣，手执藤弓与镶有铁制箭镞的藤箭，在阿塔贝提斯之子法纳撒思瑞斯带领下前进……然后是里海人与萨兰吉安人，前者由阿提菲尤斯的兄弟阿里欧马杜斯领军，他身着皮革短衣，佩戴“阿奇那克斯”(波斯短剑) 与他们国家生产的藤弓……

检阅如此进行着，有阿拉伯人、埃塞俄比亚人 (“披着豹皮与狮皮”)、利比亚人、弗里吉亚人、戴着狐皮头巾的色雷斯人，名单似乎无穷无尽。仿佛已知的世界全都集结起来，成千上万的大军 (可想而知军队的数量是有争议的) 准备消灭希腊的小小城邦。他们有些来自尼罗河与利比亚沙漠，有些从今日欧俄地区的河流前来，有些来自从黑海西岸的色雷斯到印度与更东边的广袤地带，有些则来自波斯本土。当地有个百姓看到波斯王之后，大呼宙斯已把名字改成了薛西斯 (VII.56)。

希罗多德深信雅典是希腊反抗波斯的核心，也是受创最深的地区，因为它的位置就在波斯入侵的路线上。希腊最关键的决策是，雅典人必须放弃雅典，经由地峡撤退到伯罗奔尼撒地区，并且仰赖舰队的力量来击败波斯人。在希罗多德的叙述中，决定性的因素是忒弥斯托克勒斯对德尔菲神谕的解读，德尔菲女祭司一如以往宣布了深奥难解的神谕："难攻不破的木墙。"有些人认为木墙指的是环绕卫城的木栅栏，但忒弥斯托克勒斯赞同另一派人的看法，认为木墙指雅典海军，而他的想法获得支持。雅典在萨拉米斯大海战（公元前 480 年）中获胜，波斯人舰队遭到歼灭，因而被迫撤军
16 （VIII.78—96）。

然而此次入侵最值得纪念的插曲却是希腊吃的一场败仗，希罗多德完整记录了此事：这是同年稍早发生的战役，由斯巴达国王李奥尼达率领三百名勇士于温泉关对抗波斯人，最后他们全部战死沙场（VII.210—228）。法律规定，斯巴达人禁止从战场上撤退。之后为了表彰他们而竖立的圆柱，铭记了一段精简而令人动容的战争碑文，这段文字至今仍触动人心，即便翻译成不同语言亦然：

> 旅人啊，
> 传话给斯巴达人，
> 说我们信守吾国的律法，
> 长眠于此。

希罗多德说他费尽工夫才找到这三百名"值得流芳百世"的勇士名单。特别的是，他也提到一些波斯阵亡将士的姓名与他们的祖先。希罗多德也借克洛伊索斯之口说了一句关于战争的经典名言，虽然他不是第一位想出这句话的人：在承平时，儿子埋葬父亲；在战争时，父亲埋葬儿子。

希罗多德对薛西斯（他十分残暴地凌虐李奥尼达的尸体）的描绘有着奇怪的矛盾，或许这反映了不同的传统。有时候薛西斯显现

出合理的判断与宽大的胸襟，有时候却任意做出野蛮的行径。薛西斯犯了骄傲的罪，希罗多德在字里行间强烈地暗示这一点，薛西斯对赫勒斯彭特海峡施以鞭笞之刑，以惩罚它在风暴中摧毁了他兴建的桥梁：

> 当薛西斯听到这场灾害时，他非常愤怒，下令赫勒斯彭特应接受三百下鞭刑，还将一双脚镣丢入海中。在此之前，我还听说他差人用烧红的铁块烙印海水。他显然还命令执鞭者在挥舞鞭子时说了一段粗鲁的话："你这条咸苦的流水，因为你伤害了从未伤害你的主人，所以你的主人决定惩罚你。无论你允不允许，波斯王薛西斯都要穿越你……"除了惩罚赫勒斯彭特外，薛西斯也下令负责造桥的人必须砍头。（VII. 35）

希罗多德接着描述桥梁重建的技术与过程。 17

薛西斯还有一宗极为残暴的事件，当对他服侍甚勤的仆人恳求让自己五个儿子中最年长的一位留守家中时，薛西斯居然将仆人的长子砍成两半，让军队从两块残躯间行进而过。然而此后不久，我们看到他深具同情与人性的一面，当他坐在白色大理石宝座上俯瞰所有军队与船舰时，在这荣耀达至顶峰的时刻，他突然感伤起来。"而当他看见整个赫勒斯彭特海峡塞满了船舰，所有的沙滩与阿比多斯平原布满了士兵，他称自己是幸福的——话刚说完，他的眼泪便已流下。"左右问他何以如此，薛西斯回答说，他想到人生短暂，"眼前成千上万的士兵，百年后将无一留存"（VII.45—46）。这是个非凡的时刻，由于薛西斯（或希罗多德），民族与民族间的政治嫌隙，乃至于对我们而言古代与现代的鸿沟，都在这场人类共同命运的沉思中融为一体。

虽然波斯人绝非毫无人性，但他们与希腊人之间的差异，包括政治与道德上的差异，却构成希罗多德流传给后世的强烈信息，成为往后史家大量援引的素材。从第五卷以降，希罗多德将全副心力放在希腊城邦的事务与彼此的关系上。事实上，对读者而言，第五与第六卷或许是最杂乱也最令人不满的部分，它们缺乏前面几卷介绍远地奇风异俗的魅力，也缺乏后面几卷因描述薛西斯人侵而产生的戏剧性单一叙事主轴。此外，希腊的派系主义也较波斯专制制度的单一政治来得复杂和各自为政。然而这几卷浮现的主题却为全书最精彩的部分添加了广泛的政治意义。雅典人在斯巴达协助下，从原本统治他们的僭主家族手中解放，并且在克里斯梯尼领导下建立了民主制度（I.59—64, V.62—69）。雅典成为希罗多德心目中希腊自由对抗东方专制主义的要角。希罗多德逐渐凸显这项对比，其他希腊城邦，尤其是斯巴达，也在不同程度上参与这项比较，而这种
18 对比将成为西方史学与政治思想历久不衰的主题：自由对抗奴役，法律对抗暴君意志，节俭、吃苦耐劳与英勇对抗奢侈与胆怯。在描述甫获自由对雅典人的影响时，希罗多德说明了一个观念，这个观念在往后几个世纪的史学中造成回响；而这个观念也可适用在早期罗马共和国上。

> 于是雅典国势蒸蒸日上，并且证明了——如果需要证明的话——法律之前人人平等是多么高贵的事，不只是尊重某个个人，而是尊重所有的人；过去当他们受僭主压迫时，他们在战场上的表现并不比邻邦优秀，然而一旦束缚消失，他们证明自己是世上最英勇的斗士。（V.78）

另一个东西对比的观点出自居鲁士大帝之口，它在日后成为史学不断引用的陈腔滥调，希罗多德几乎将这句话当成整部作品的结语："软弱的国家培育出软弱的人民"，而且注定遭受异邦的统治。在居鲁士警告下，波斯人宁可选择居住于崎岖贫瘠的土地，然而在欧洲思想与史学中，却以"亚洲的软弱"一词流传后世，直到十九

世纪。东西方的正反对立对希腊人与罗马人而言极具意义。透过希腊人与罗马人，正反对立的强度在欧洲启蒙运动时期达到高峰，并且在十九世纪史学与帝国主义文学中获得共鸣，在这段漫长的传统中，希罗多德绝非偏见最深与最失格的命题操弄者。

最后几卷与前面几卷有着风格上的差异，前面几卷具有浓厚的民族志风格，而后面几卷在关于入侵的叙事上明显具有比较强的连贯性与戏剧性。此外差异还表现在，虽然希罗多德仍花了很多时间描写波斯王，但他对希腊事务的描述与之前相比更是增加不少，之间的对比很难不引起注意。专制朝廷充满束缚、阿谀奉承，有时甚至是恐惧的气氛，在这种场合，朝臣的建言多半是透过台面下或密室决定的方式进行。但有别于此，在希腊城邦中，我们看到的是公开的、充满活力的、党同伐异的与充满议论的公共生活，其特点在于公开辩论与透过演说左右舆论。希罗多德一开始便曾使用直接的讲词，但它的用途多半是非正式的、对话的，目的是用来促成立即行动；它不是演说，而且容易让人联想到耳语传递的阴谋诡计。举 19
例来说，希罗多德对波斯贵族串谋的描述方式，他提到这些贵族怀疑他们的君主玛戈僧斯梅尔迪士（编按：即高墨达）是假冒居鲁士大帝之子的骗徒，因而联合起来杀了他。希罗多德大量使用直接讲词。未来的国王大流士——他在举事成功后被推举为王（公元前 521 年）——说出自己内心的想法：

> “听好，各位，”大流士回道，“如果你们听从欧塔涅斯的忠告（去招募更多的阴谋者）……那么必然有人为了谋取自身利益而背叛我们投靠那个玛戈僧。你们应该确实地完全靠自己的力量完成此事；你们觉得时机成熟可以让他人参与，并且将你们的意图向我报告，我只有一句话：我们马上起事吧。如果再拖一天，我向你们保证：没有人有机会背叛‘我’，因为我会向玛戈僧告发你们。”（III.71）

之后我们才看到一连串较长的讲词，而它们似乎构成了希腊公共生活的主要内容。有一位雅典军事指挥官在一场是否该冒险与波斯人作战（后来缔造了马拉松的胜利）的辩论中要求立即采取行动。他援引原则与可行性为证。他说，其他的选择，

> 不是让雅典沦为奴隶，就是让雅典获得自由……在历史上，我们雅典人从未遭遇像现在这样的危难。如果我们屈服于波斯人，希比亚斯（遭驱逐的僭主）将会重新掌权，接下来会发生什么惨事大家心知肚明；但如果我们作战并且获得胜利，我们的城市将在所有希腊城邦中取得领导地位。（VI.109）

这不禁令人觉得，我们已经愈来愈接近以修昔底德作品为原型的史学种类，并且即将为往后千年的历史写作确立模式。然而事实并非如此。希罗多德的希腊人讲词要比修昔底德令人印象深刻的讲词（人们对修昔底德作品的主要阅读经验都是来自这些讲词）来得直接，它们并非谨慎编排过的，不太理智，也更具情感。尽管如此，这些讲词与先前几卷已构成强烈的对比，而这种对比也有助于赋予最后三卷全面的意义：两个世界的对比，自由与专制。

这种对比可以部分解释希罗多德作品中的文化转变，但合理推论这当中应该另有不那么明显的原因。最后几卷的事件也是距离希罗多德生存年代最近的事件，它们发生在希罗多德所生活的世界，也是他最了解的希腊世界，而事件的语言就是他平日使用的语言。这对于希罗多德主要仰赖的口述传统的质量、可靠性与取得，以及他诠释这些讯息的能力，势必也有着明显差异。修昔底德拥有这方面的优势，因为他写的是当代史，因此他写出来的成果是一种可以实际知觉得到的“写实主义”。希罗多德的波斯故事经常带有的民俗风，尤其是前面几卷，以及他经常提及的预言家梦境，这些都不见于修昔底德的作品。当然，这种对比并非绝对。梦境、神谕与预

兆在希腊世界也有丰富的发展空间。尽管如此，立即的对比似乎来自东西方、专制与自由，以及古代与现代，这里的“现代”指的是希腊城邦开放的政治生活。

虽然希罗多德立足于希腊文化世界与理性探究，但他对古代文明与遥远的游牧民族却深感好奇，因此他的历史也成了世界与其外的“蛮族”世界的桥梁。除了关于入侵的叙事之外（这部分的叙事要比之前的任何散文作品都要来得戏剧性、详尽与均衡），希罗多德作品中其他叙事的性质具体表现在前面几卷的广泛地理与民族调查上；这种叙事方式后来被称为杂谈，而日后的历史作品经常使用，但一般来说已无法像希罗多德那样广泛周遍。希罗多德的叙事具有高度娱乐性与可读性，因为他对世界与所有种族具有一视同仁的人道关怀与好奇。希罗多德是人类学家、地理学家与历史学家，然而我们难以确定他的作品中涵盖的领域是否完全出自他个人的原创。

在希罗多德的时代与之前的时代，希腊有哪些历史叙事作家与史料编辑者，我们不得而知，只知道确实存在着这类人物。他们的 21
作品绝大部分已经佚失，但就我们对他们以及既存残篇的了解，可以确定的是，不可能再有另一位像希罗多德这样的人物出现在我们的知识视野之内。最著名或许也最值得一提的先驱是米利都的赫卡泰俄斯（生于公元前 549 年），他是研究地中海与环地中海诸国的地理学家、神话作者与民族志学者，曾经写过关于欧洲、亚洲、北非（利比亚的希腊人如此称呼）与埃塞俄比亚的调查作品。第一幅地图似乎出自另一位米利都人阿那克西曼德之手。赫卡泰俄斯对西方的知识显然比希罗多德来得渊博，希罗多德并不熟悉西地中海与北方地区，包括锡岛，也就是不列颠（*Histories*, III.115）。希罗多德在作品中多次提到赫卡泰俄斯，有时称他是历史的行动者（“作家赫卡泰俄斯”），不过他也坚决反对赫卡泰俄斯的一个观点：赫卡泰俄斯认为，整个世界是由大海所围绕，而且称这片大海为“大洋”（IV.36）。后来这个观点成为普遍的看法。关于希罗多德之前的史家，我们主要的资料来源是公元前一世纪的作者哈利卡纳苏斯的狄奥尼修斯，他与希罗多德是同乡。从他与普鲁塔克的作品中，我们得到了现今已经亡佚的早期事件记录，其内容有些与希罗多德作品相同，有些则有出入。希罗多德的先驱或同时代人留下了民族与城市的叙述，通常还提到他们宣称的民族与城市起源。狄奥尼修斯提到另一位早期作家是莱斯博斯的赫兰尼库斯，他写了一部雅典早期的历史，内容绝大部分是神话性质，而且相当广泛地谈到各民族的起源——一种早期的世界史——以及埃及人、波斯人与巴比伦人的风俗民情。无论这些史家的成就有何不同，至少我们可以看出希罗多德绝不是唯一对这些事件感兴趣的人。赫兰尼库斯似乎主要是个系谱学者，他做了一些乐观的语源学研究，并且主张波斯人源自希腊传说英雄佩耳修斯，而米底人源自伊阿宋的新娘美狄亚。虽然跟希罗多德比起来，赫兰尼库斯的作品似乎缺乏考证，但两者的心灵世界并非全然相异。人们无法从比对两人的作品来判定两者的年代。

如果荷马为希罗多德作品的叙事成分提供先例，那么另一个先
22 例就是地理学研究。要讨论修昔底德，我们还必须考虑其他影响，但以希罗多德来说，我们发现他的历史植根于史诗与地理学。希罗多德的民族志信息来自他到处旅行与不厌其烦地问当地人，他的历史经常援引这些人的说法。当然，希罗多德也受到许多移民西亚（他自己就是其中之一）以及黑海沿岸的海外希腊人的协助。希罗多德的《历史》从未引用任何文字资料，但有时会提到一些他看见的人造物作为旁证，诸如城墙、建筑，比较重要的是神庙的祭品，尤其是德尔菲神庙以及奉献的铭刻文字：

> 就我们所知，巨吉斯是继戈狄亚斯之子普里吉亚国王米达斯之后，第一位到德尔菲奉献祭品的异邦人。米达斯奉献自己用来判决的王座；王座旁边摆的就是巨吉斯奉献的碗，值得一观。（I.14）

德尔菲曾发生一场火灾，烧毁了部分里底亚王克洛伊索斯的祭品。希罗多德描述了剩余祭品的位置：

> 有两个巨大的钵，一个是金制的，摆在神庙入口的右边，另一个是银制的，摆在左手边。这两个钵在火灾时也被搬离了原处，金碗的重量将近四分之一吨，现在摆放在克拉佐门尼安人的宝库里，而银碗可盛超过五千加仑的水，现在摆放在前堂的角落里。（I.51）

修昔底德描述的事件完全是当代史，无论是目击者还是参与者（包括修昔底德自己）都相当丰富，然而即便如此，修昔底德引用的文字记载仍比希罗多德多，特别是逐字逐句誊录条约内容。不过，希罗多德的特别之处在于他是询问者，而且会为了问题而到处旅行：

> 还有一些事是我在孟斐斯与赫菲斯特斯祭司对话时得知的，
> 于是我实际造访底比斯与赫利欧波利斯，为的是向当地祭司确
> 认他们是否同意孟斐斯祭司的说法。据说在赫利欧波利斯可以
> 找到埃及最博学的人。除了单纯的神祇名称，我不急于在他们
> 面前复述别的祭司告诉我的有关埃及宗教的事，因为这种事谁 23
> 知道得比较清楚还很难说。（II.3）

虽然希罗多德在旅行中的确用自己的眼睛仔细观察，但他不可能亲眼看见他所描述的历史事件，因为即便是距离他最近的时代，他当时都还只是个小孩。他如同一位到处旅行的古董商，置身于零星散见的事物之中，向世人报导他看到的各种奇观：在他看过的各种人类非凡成就中，纪念碑是其中一种，它是为了人类本身而设立，用以表彰人类创造的伟业。可想而知，希罗多德对于埃及与巴比

伦惊艳不已，我们看到他对后者有格外精详的描述（I.180—183）。他甚至认为萨摩斯人在工程上的杰出成就，足以使他们留名青史（III.60）。

此外，希罗多德还运用自己的耳朵，因为他看到的绝大部分铭刻文字都是他无法阅读的文字语言。希罗多德认为自己是口述传统的审查者、收集者、记录者、筛选者与判断者，不管口耳相传的是新近的还是遥远的过去。他有时认为这些口述传统不可尽信，但原则上他还是认为自己有责任记录这些传统："我的任务是记下人们所说的一切，但我不一定相信他们——这句话可以用来形容这本书。"（VII.152）或者："如果人们相信这些埃及故事是真的，那么他们一定容易上当受骗。"（II.123）口述故事经常言人人殊，不同民族的版本有时明显是基于自利的立场表述，希罗多德的任务是选择其中说法较佳的，并且解释选择的理由，或者是调和各种说法，如果必要，就存而不论。他判断的标准有时是心理上的，有时是物理上的几率（包括纯粹物理上不可能的情况）。他甚至用上了丰富的民族志知识。希腊人说了很多未经思索的故事（赫卡泰俄斯也这么认为），其中一则是埃及人要将赫拉克勒斯献祭给宙斯，但他抵死不从并且杀光了埃及人。希罗多德说，这显示希腊人完全不懂埃及的风俗，因为埃及人是不杀人献祭的。无论如何，如果赫拉克勒斯只是个凡人，他就不可能杀死数万人。不过希罗多德也说："我
24 希望众神与英雄能原谅我说过这些话！"（II.45）

希罗多德在《历史》第一卷对波斯人与巴比伦人的风俗民情做的描述，为他往后针对波斯人陆续遭遇的每个民族所做的民族志调查建立模式。希罗多德谨慎地、有时令人惊叹、有时令人难以置信地罗列出日后成为民族志研究的典型对象：服饰、饮食、婚姻与丧葬风俗、社会阶层、宗教信仰与仪式、卫生与疾病治疗。他始终带着包容与冷静的态度。他说，每个民族都认为自己的风俗习惯是最优良的，即便那对其他民族来说荒诞无稽；这种想法为蒙田开了先

河。希腊人惊恐于有人吃掉死去的父母，印度人则讶异于有人不吃反倒烧掉死去的父母（III.38）。

有时让人不禁怀疑希罗多德是否有编造故事之嫌。埃及人从右至左阅读，他们的大河在夏季泛滥，冬季水位下降，“似乎与人类一般的行为相反”——在街上吃喝，在家中便溺（由此可以反推希腊人的习惯），小便时男人坐着，女人却站着，诸如此类（II.35—36）。希罗多德记录波斯人绝对不会按照酒醉后的决定行事，除非他们清醒后重新考虑，人们觉得接下来这一句可能是希罗多德忍不住加油添醋的：但波斯人清醒时做的决定却总在酒醉后重新考虑（I.133）。不过希罗多德的民族志通常仍是真实的或可得证明的，如他曾提到残存的母系风俗，或巴比伦神庙的娼妓，或波斯祭司的习俗允许死者的遗体被鸟与狗啃食（I.140）。

除了埃及人之外，希罗多德最注意的就是居住于黑海北岸的斯基泰人，他记录他们无树与无城镇的生活特征，而这些描述与后来出现的记载大同小异：他提到游牧的马弓手拖着他们的马车，仰赖他们的牛群与牛奶为生；剥下敌人的头皮挂在马勒头上，至于头盖骨则当成饮器；做蒸汽浴，歃血为盟，显贵人物死时以眷属、马匹
与财宝陪葬（IV.16—82）。我们在此预见了匈人、鞑靼人与蒙古人 25
的生活方式。不出人意料的是，遥远的斯基泰人也提供了更具异国风味的景象：每个人从出生那一日起就剃去所有的头发；长着羊蹄子的男人；一睡就是半年的男人。希罗多德可以接受剃光头的说法，但他不敢保证是真的，至于长着羊蹄与冬眠的男人他认为并不可信。

书中有时也带有一种遥远国度的动物学奇想，而希罗多德对此似乎不像他对古怪人类学那样挑剔，因此在鳄鱼与骆驼的合理叙述中穿插长了翅膀的蛇（埃及）、巨大的掘土蚂蚁（印度），以及只能往后行走的牛，因为往前走它的角会插在地上（利比亚）；他显然相信世上存在着有翅膀的蛇，因为他曾看过这种生物的骨骸。希罗多德虽未亲眼见过不死鸟，却相信这种生物的存在，不过他不相信

不死鸟会将旧鸟的灰烬裹于没药树中携往他处，至于是不是基于荷重比例的考量,他并未说明(II.73)。希罗多德在地理学上力求精确，但经常事与愿违。他对自然现象做的最精详研究，亦即对尼罗河泛滥的考察，虽然方式令人印象深刻，但终究只是个差强人意的猜测：尼罗河在夏天泛滥，冬天水位下降，因为冬天的风暴将太阳吹离原来的轨道，朝着上利比亚的方向而去（II.10—26）；这个说法不只是错误，还无法令人信服。

凡是讨论希罗多德，都无法避免一个令人困扰的问题，至少在上古时代是如此，那就是他的可信度如何，以及他是否轻信，甚至说谎。当然希罗多德有时会受到误导或表现出无知，而他分享的古代世界信仰也不为现代人所接受（虽然这不会是他的上古批评者所批评的重点，而到目前为止，他们是批评希罗多德最为猛烈的一群人）。他在埃及似乎运气特别不佳，碰上的全是给他错误讯息的人，因此古埃及学者对希罗多德的评价远不如研究巴比伦与波斯的学者，后者认为他的历史是可贵的权威来源。上古世界对希罗多德的指控，连带还有修昔底德与之立异的历史写作模式，无疑减损了希罗多德的声誉，但如今看来这些批评（如果并非完全出于恶意）其实是对他的误解，以为他必然完全支持自己复述的故事。如果从预兆、神谕与预言梦境这些上古信仰来看，现代读者反而容易注意到他的考证态度，以及他随时存疑或存而不论的精神；希罗多德认真看待这些事物，然而他也承认这些事物有可能受到操弄。这种基础
26 争议在今日似乎更让人看出希罗多德作品的讲究与可贵。如我们所见，希罗多德认为自己的角色是写下故事，即使这些故事他一点也不相信。将人们诉说的故事记录下来是他的责任，至于评断则无疑是读者的任务。

希罗多德所属的世界是说希腊语的精英世界，也是个高度识字的世界，尽管如此，他们主要仍仰赖口述传统来了解过去。绝大部分的其他世界，也就是处于文明中心以外的世界，是没有文字的，

甚至连波斯王也似乎是文盲。然而整个世界显然流传着彼此相异的口述传统，口传的刻板民间故事，神话怪兽、民族与国家的传说与描述，弃婴、试炼、诡计、托词、谜语与预言之梦的故事。居鲁士大帝被一名牧羊人抚养长大，但这名牧羊人原是受了居鲁士祖父的命令要杀死他。他的祖父梦见女儿的下体长出了葡萄藤，蔓延遮蔽了整个亚洲，他将这个梦境解释成对王位的威胁（这个故事与希腊传说的佩耳修斯故事有异曲同工之妙）。居鲁士后来因自己的王室仪表而被认出是波斯王子，而他自己对大流士也做了类似的梦，后者继承了居鲁士之子冈比西斯的王位（I.107—116、209）。

大流士以诡计夺得王位；此前，他与一群人阴谋推翻篡位的玛戈僧。而阴谋者在讨论了君主制、寡头制与民主制三种政府形式的利弊得失之后——希罗多德叙述波斯历史时，认为民主制不是波斯的特产，而是希腊的特色——同意交给命运决定，他们骑马前往市郊，“谁的马在日出后最先嘶叫，谁就得到王位”。大流士接受一名聪明马夫的建议，利用母马让他的种马产生条件反射，因而成为波斯国王。“他的第一项命令就是立起一座石碑，上面雕刻一个人骑在马上，之后又刻了一段文字：‘大流士，希斯塔斯普之子，靠他的马与马夫欧伊巴雷斯赢得波斯王位。’马的名字也刻在上面。”希罗多德并没说他亲眼看到这块碑文（III.84—88）。

居鲁士身为国王所收取的贡金使希罗多德岔开话题，转而描述 27
印度人（“与其他民族不同，他们的精液不是白色的”）采集黄金的方法，他们受惠于在富含黄金的土中挖掘的蚂蚁（“身躯比狐狸还大”）。这些蚂蚁追逐印度人，印度人则骑上骆驼逃逸，顺便带走几袋金砂（III.102—105）。

唯有透过像居鲁士幼年遭遇这类刻板的故事，我们才能重建无文字社会的心灵世界与当时民众的喜好。我们得益于希罗多德尽责而不自以为是地将这些故事记录下来，日后一些道貌岸然者所写的历史虽然较为严谨且有意识地去除粗鄙内容，却无法如其宣称的捕捉到如希罗多德般丰富的历史样貌。希罗多德不知民俗学为何物，却足堪称堪成为最早（或开创先河者之一）具自我意识的民俗学者。当然，希罗多德并未将民俗学当成一个类别，而是将其视为“探究”的一环，他记录时抱持的存疑与存而不论，表现出无所不包的好奇心与广泛的包容力。我们也注意到希罗多德在失望时会变得过于多疑，例如他不相信腓尼基人的故事：他们沿着西非南部海岸向西航行，发现太阳在他们的北方，也就是右手边的位置（IV.42）。

在宗教信仰方面，希罗多德显然是虔诚却不盲从的人。他经常说他知道的事远多于他认为适合说出来的事。“我曾经提过在布希里斯举行的伊西斯节庆：在这里，上万名男女在献祭后开始捶打自己的胸部。然而基于礼仪，我认为说明整件事并不适当。”（II.61）同样地，我们也看到这样的说法：“位于撒伊斯的雅典娜神庙有座坟墓，墓主的姓名我不方便透露。”（II.170）这么做是出于对神的敬畏与将其作为探究对象而产生的不安，还是出于礼貌与不愿冒犯，或是有人要求他保守秘密，我们不得而知。从他在这方面提出的大量说法来看，应该是混合了三者。而且很明显，希罗多德似乎认为所有民族的神都是相同的，只是名字有所差异，并且主张希腊人认
28 识的神原初都来自埃及人。尽管希罗多德对神抱持着尊重与审慎的态度，但他也老于世故；他诚心相信神会透过凶兆示警，相信预兆、神谕、神庙的神圣、亵渎神招致的惩罚，以及傲慢的后果，但他也知道利益当事人会错误地诠释，乃至于操弄这些事物。就连德尔菲的女祭司也会被收买，她告诉斯巴达人必须协助雅典人摆脱僭主，此事显然与贿赂有关（VI.123）。他也认为神会救赎与主持正义（见II.120与III.108），并且相信连神也无力抗拒命运（I.91）。

除了为后世史家与民族志研究提供范例，希罗多德也留下了有关希腊挣脱帝制威胁而获得自由的散文史诗，而这成为欧洲集体记忆的主题。他在作品结尾，以为希腊在雅典的主导下获得了安全与胜利。然而在其后继者修昔底德的作品中（约莫晚半个世纪之后），

我们却看到雅典的傲慢与希腊城邦之间的激烈对立与彼此猜忌，加上各城邦内部派系的倾轧，使希腊走上自我毁灭之路，终致丧失了独立自主的地位。

第 2 章

修昔底德：城邦——权力的运用与滥用

> 29 我们的政治体制是民主制度，因为权力不是掌握在少数人手中，而是掌握在全体人民手中。在处理私人争端时，法律面前人人平等；在众人之间选择某人出来担任公职时，考虑的不是他是否属于特定阶级，而是他是否真有能力。任何人只要愿意为国服务，不会因贫困而在政治上默默无闻。此外，我们的政治生活是自由而开放的，我们日常生活中的人际关系亦是如此。我们不会干涉邻居喜欢以什么方式生活，我们也不会因为他的生活方式对他怒目而视，虽然这么做不会造成实际伤害，却会破坏人与人之间的感情。在私人生活上，我们是自由而宽容的；但在公共事务上，我们恪守法律。因为法律使我们心悦诚服。（修昔底德，《伯罗奔尼撒战争史》，II.37）

雅典民主的领导人伯里克利为伯罗奔尼撒战争第一年（公元前 431 年）死难的将士发表葬礼演说，这是其中最著名的段落。对于这篇长篇演说，修昔底德根据自己以往的做法（我们稍后将对此进行讨论）逐字抄录讲稿。在伯里克利的演说中，雅典代表文化与政治成就的巅峰，修昔底德的记录使得这幅景象永久留存于欧洲知识阶层的集体意识中。修昔底德是写实主义者，他随后的历史叙事所描绘的景象，很多可以在这篇演说中得到呈现。而借由这样的开场，修昔底德不以自身的话语明确表达，又能表现出对雅典的礼赞。这就是演说。 30

伯里克利的演说是部经典之作，它在结尾处适切地劝诫雅典人不仅要重新振作保卫自由与雅典，更要热爱自由与雅典，而在此之前他已说明雅典是值得热爱的；透过葛底斯堡演说的呼应（并非出于偶然），现代读者对伯里克利这篇演说的印象更为深刻。跟林肯一样，伯里克利在演说一开始认为死者无须生者予其荣誉：因为死者牺牲自己的生命，光凭这点已足以进入神圣之域。如同林肯，伯里克利也乞灵于雅典的祖先及其遗产，“一个自由的国度”。我们在本章一开始看到伯里克利对这些意涵做的优美表达，其中包括了我们应称之为自由主张的说法：在私人生活上，雅典人是“自由而宽容的”。每个人都能自由过着自己喜欢的生活方式。过去两百多年来，人们普遍否认上古的民主制度兼具私领域与公领域的自由。但对照伯里克利的演说，这样的主张很难站得住脚。

伯里克利把雅典生活描述成私领域与公领域、文化与政治之间的一种理想均衡状态。他说雅典市民充分了解公共事务的内容，在战场上表现英勇，同时也热爱美与心灵事物。雅典市民喜爱充满活力的公共生活，无论是辩论还是节庆，也喜爱家庭生活的优雅与美。雅典生活的特征是悠闲、开放与充满活动，雅典人并不软弱，他们不需要像战时的主要对手斯巴达人那样，为因应种种灾难而持续进行过度紧张的训练，而且他们的英勇与爱国也毫不逊色。雅典的美德为雅典带来了帝国与权力，伯里克利自信地说：“我们的城市是希腊的学校”，以及“未来的时代将对我们感到惊叹，正如现在对我们感到惊叹一样”（II.40—41）。如果后者为真，当然其中有部分原因是伯里克利与修昔底德让它如此。

这篇在战争初期（而这场战争最后导致雅典的衰亡）赞颂雅典力量与伟大的演说，其丰富的戏剧性在修昔底德写作当时也许不是那么明显。我们很难笃定地认为这是修昔底德在历史中故意安排的讽刺戏码，毕竟写作的当下与事件的发展两者之间原本就充满了不
31 确定性。然而，傲慢的确是个反复出现的主题，从一开始，斯巴达人就比鲁莽的雅典人更能意识到战争的危险与变化无常。整体来说，可以明显看出修昔底德的处理手法，他在战争开始的阶段援引伯里克利的演说，因而产生了深远的影响。演说的时机显然并不特别：这是一场寻常的公开仪式，而且就战争日后的规模来看，其所要纪念的阵亡将士参与的不过是一场小冲突，似乎无须劳师动众发表如此隆重的演说。修昔底德记录的演说通常不短，而伯里克利的演说格外冗长，在其现代版本的书中几乎占了八页的篇幅。这并不是说伯里克利的演说可能掺杂了其他主题：这个事件是公共事件，是当地人都知道的事件，也是刚刚发生的事件，不可能允许他任意发言。修昔底德书中的演说问题既令人困扰又让人感兴趣。无论这些演说的真实性如何，它们都是修昔底德重要而独到的写史技巧，虽然这种技巧可能与现代观念中史家应负的责任有所冲突；稍后我们将对这些演说的真实性进行讨论。

从道德与物质的角度来看，雅典终结了波斯战争，成为希腊的支配力量与联盟的核心，不久，联盟转变成以雅典为首支配其他属邦的帝国。从波斯入侵（希罗多德历史的结束）到希腊城邦之间爆发伯罗奔尼撒战争（修昔底德历史的开始）的这五十年间，雅典的控制力逐渐增强。修昔底德简短描述这个所谓的“五十年时期”（Pentecontaetia，因为它涵盖了五十年），以作为他的战争史前言。雅典是富强的帝国主义国家，是希腊的霸主。作为一个民主国家，雅典也是其他城邦内部受寡头政体压迫的民主派系的希望所在，正如寡头政体倾向于向斯巴达寻求奥援，因此当战争于公元前 431 年爆发时，这场战争对每个城邦而言，有时犹如一场意识形态之争。

修昔底德写道，他选择这个主题是因为这是希腊史上最大的危机，这个结论呈现出一种先见之明，因为修昔底德不可能在战争刚爆发的时候，或者是当他开始写史的时候，就能看出这场战事会持续这么久或造成这么大的伤害，而这两个理由足以使他认定这是场伟大的战争。修昔底德写的是当代史，这一点毫无疑义，难以确知的是他对事件的“记录”与事件有多接近。修昔底德的历史写到公 32
元前 411 年就中途停止，离战争真正结束还有几年的时间，之所以如此可能跟他的去世有关；相反的，希罗多德的作品结束于公元前 480 年代中叶，也就是他出生后不久的时代，它结束于他想结束的地方。

修昔底德是个家境殷实的雅典人，他不只是目击者，还亲身参与自己描述的战争。他曾是军事将领，因军事失利而被逐出雅典，他在作品中枯燥地记录自己的贡献，却未发表任何看法。他唯一的评论是，身为一个被流放到雅典的敌方伯罗奔尼撒的史家，对他反而有利。他说，这使他拥有闲暇时间与不同的观点（V.26）。这不是说他投奔敌营。事实上，流放在当时并不罕见：色诺芬在波斯与斯巴达也曾遭到流放。修昔底德一直以公平无偏私的态度记录两个阵营的历史，他表彰雅典人与斯巴达人的美德，也提到他们的美德伴随的缺点：前者大胆富有进取心，却因此过于自信与鲁莽；后者保守、节制（修昔底德重视节制）、谨慎，但因此过于迟缓。双方都犯了我们所谓的战争暴行，不过雅典人的残杀行为更让读者印象深刻。这场战争始于雅典国势极盛之时，正因如此，修昔底德才认为这个主题是伟大的；这场战争以雅典远征西西里失败的灾难告终，为原本已极富戏剧性的历史（修昔底德已充分表现这一点）额外增添了高潮，雅典的骄傲与力量在此役化为乌有，不过离战争真正结束还有一段时间。伟大是修昔底德作品中反复出现的主题，在他之后其他上古史家亦是如此。袭击西西里是最伟大的远征，围攻叙拉古是最伟大的围城战，正如早先的曼提尼亚（Mantinea）之役是最伟大的战役

(Books VI and VII; Book V, 63—74)。或许有违修昔底德将历史视为整体来写作的原意，但读者总不禁会觉得雅典是这段历史的悲剧主角，它因野心太大与过度自信（修昔底德相当强调这一点），以及雅典人有时未能掌握时机缔结永久和约而衰亡。

33 修昔底德的历史以编年史的形式呈现。这是既有传统，但修昔底德以六个月为期，以季为标记来区分叙事，使编年史变得更加细致："当谷物已经成熟"或"当谷物日渐成熟"是常见的引句。我们之前提过希腊人很难找到共同认可的纪年方式，因为四年一度的奥林匹克运动会是唯一定期举办的泛希腊活动，对获胜运动员的赞美保留了人们的记忆。而修昔底德在他的作品中，以"雅典人修昔底德描述的"战争为起点来记录事件的年代。

编年形式的历史写作在修昔底德之前就已存在，在他之后又流传了两千年，而这样的历史写作以其欠缺想象的史料编排方式，在读者心中留下令人失望的名声，并且在十八世纪终于被比较有主题的组织取代。在修昔底德的作品中，编年是一种体例，有时能引导他详尽地处理现代史家可能忽略的相对琐细的事件，但他在某种程度上也能自由地运用编年体例：我们已经看到，他显然给了伯里克利演说不成比例的关注。对修昔底德而言，历史写作追求的主要目标是正确无误。他将自己的作品与诗人和希罗多德的作品区别开来，并且暗示希罗多德属于"散文编年史家，他关心的不是传达真实，而是引起公众注意，他引用的来源禁不起检证，他的题材来自遥远的过去，绝大部分都迷失在不可靠的神话之流中"(I.21)。可靠的历史必须是当代史或接近当代的历史，如此引用的来源方能由史家加以检证，不过当时还没产生必须向读者解释资料来源的观念。可靠的目击者证言，不管来自史家本身还是他的信息提供者，都是不可或缺的。

叙事是修昔底德向我们呈现历史真相的主要方式。举例来说，他对伯罗奔尼撒战争起因的描述，起初以事件叙事呈现，后来才将

焦点放在影响主要人物的意见上，于是有了演说形式。在修昔底德
的描述中，两大强权雅典与斯巴达之所以会走向战争，是受其卫星 34
国举措所影响，以及许多希腊城邦特有的内部动荡，亦即倾向民主与倾向寡头的派系分别向雅典与斯巴达求援以对抗政敌或邻邦。成功的政变或地方冲突改变了地方的权力平衡，引起雅典或斯巴达的警觉，使它们甘冒干涉的风险。而这种情势也容易使战时尝试达成永久和平的努力化为乌有。修昔底德详细描述这方面的历史，尤其是第五卷描述的停战期间（V.28—32）。修昔底德明白表示，要抛开刚结下的仇恨坐下来和谈，是极为复杂而困难的。我们或许可用以下这种说法概括这个问题：这不像两个单一完整的国家进行战争，可以修改两国共同的疆界或互换处于远地的领土。盟国各有自己的利益、恐惧与野心，而它们的政策也容易改变与操纵。结果是一场有待协商的盟约、义务与憎恨构成的不稳定游戏。每经一个阶段的战争，就新添复杂情势、被施加的恶行与未能达成的任务。

因此，如同第一次世界大战前的巴尔干半岛，地区动荡或联盟的变化或对联盟的威胁，会经由联盟的锁链将震波传递到两大强权身上，两强均无法忍受背叛或示弱，并且禁不住想涉足这场混乱的情势以寻求利益。这是修昔底德于第一卷（I.24—65）对伊庇丹努、科西拉、科林斯与波提狄亚之间所做的事件概述，这些事件成了雅典与斯巴达之间条约已名存实亡的根据，因此全面宣布既有条约失效似乎是相当合理的反应。修昔底德详述这场辩论，尽管他认为这些论点相当肤浅：“依我来看，这场战争真正的理由很可能已被这些论点掩盖。战争无可避免的真正原因，是雅典力量的勃兴与斯巴达对雅典力量的疑惧。”（I.23）第一卷的后半部除了简述从击退波斯入侵到新战争爆发前这段时间（公元前 479 至公元前 435 年）发生的事件外，叙事的重心也转移到斯巴达：他们对于战争与和平的审慎思考，在战和之间摇摆不定，无论主战或反战派，都对局势做
了仔细的讨论评估，而这一点可以从修昔底德逐字报道的辩论看出。 35

科林斯人因雅典夺取了他们对科西拉的控制权而向斯巴达人寻求援助，他们指责斯巴达人毫无作为。在科林斯人之后紧跟着的雅典外交使节碰巧也来到斯巴达，并且获得发言的机会。雅典使者一开始便提醒他们的听众，希腊在雅典领导下击败了波斯，雅典有恩于希腊，因此雅典取得帝国的地位是合情合理的。他们毫无愧色地以十九世纪末才正式得名的“现实政治”（Realpolitik）一词来说明自己的立场。雅典帝国主义遵守安全、荣誉与自利的命令。“当帝国送上门来，我们接受并且拒绝放弃，这种做法并无不寻常之处，完全符合人的本性……弱者应屈服于强者，这是定则；此外，我们认为我们有资格享有这份权力。”斯巴达人也曾经这么想，“但是如今，在仔细计算你们自己的利益之后，你们竟开始谈起是非问题”（I.68—78）。随后的谈判与更进一步的演说，只见斯巴达方面愈来愈谨慎，而雅典人，包括伯里克利，却发出自信满满与好战的论调。利益与原则之间的正反对立（当重要的政治利益处于危急关头时，牺牲的总是后者）是修昔底德演说中反复出现的主题，当中传达了这样的观点：拥有权力者有权将权力加诸弱者之上，这是正常的行为。这就是世界运行的方式。从前面援引的雅典人演说可以隐约看出，最佳的可能组合是权力行使能兼具节制与现实主义。颇具修昔底德特色的是雅典人在结语提出的警告，他们希望斯巴达能谨慎行事，因为战争是不可预测的。人们处理战争的次序是错误的：“先采取行动，唯有当他们遭受痛苦时，才开始思考。”（I.78）之后，修昔底德自己说道，在雅典与伯罗奔尼撒，“有许多未曾经历过战争的年轻人毫不犹豫地投入这场战争”（II.8）。

一旦战争开始，我们当然有了战争叙事，现代读者印象特别深
36 刻的可能是战争采取的形式相当固定，训练与装备类似的两军在对阵时，如例行公事般行礼如仪，敌对双方有着共同的文化、运用相同的重装步兵战术，并且经常奉行相同的习惯与规则。这些特色包括指挥官对士兵进行精神讲话；行军时唱的“赞歌”或军歌，修昔

底德提到，由于双方的旋律太接近，因而造成敌我不分的状况；随后的停战协议，由两军来使调停，使双方得以交换尸体；胜利者会立起胜利的纪念碑。罗马史的战争描述就某方面来说与希腊战争叙事很类似，除了演说之外，上述的细节完全未加以记载，虽然在某些事例中进行占卜与献上祭品讨好神明仍相当重要。双方停战交换尸体之所以能轻易达成，原因在于两军都缺乏"追击"的能力，这一点与希腊缺乏骑兵有关。雅典军队在西西里的溃败是个特例，修昔底德生动描述西西里骑兵如何反复袭击雅典步兵（VII.78—81, 85）。这批雅典人的命运十分悲惨，他们失去海军的领导，归路又遭断绝，既无食物又无饮水，最后只能沦为俘虏被送往如火炉般的叙拉古矿场。

有时我们会突然察觉到，我们所阅之书的作者曾经亲身经历战争。修昔底德不经意地提到那场使他遭到免职与流放的失败军事行动，他的描述不带感情，也未曲意回护（IV.104）。他评论将领们于开战前夕对士兵做的演说，语气中带有一种老将领的无动于衷与理智上的吹毛求疵。人处于这种状况，他说："根本不在意自己是不是给人一种老调重弹的印象；他们会提出可以应用于各种场合的呼吁：妻子、儿女、故乡的神祇。"（VII.69）这个时期的希腊人是以方阵的形式作战，大批穿着盔甲的持矛士兵（重装步兵）纵横排列成矩形。修昔底德对于方阵作战有相当详尽的描述：

> 所有的军队都是如此，当他们开始行动时，右翼很容易过度延伸而使两军的右翼与敌方的左翼交叠。这是因为恐惧驱使
> 每个人尽可能往右方邻兵的盾牌靠拢，以保护自己无武装的一 37
> 侧……问题的根源出在前排最右方的士兵，他总会试图让自己未武装的一侧远离敌方，而他的恐惧传染给其他人，大家纷纷以他为例做出相同的动作。（V.71）

在这段陈述中，方阵战争的恐怖透过技术细节的解说得到生动呈现。

对现代读者而言，修昔底德的叙事并不刻板且涉及平民百姓，他对围城与洗劫城市的描述，或许要比战争场景的描述来得令人难忘，而这些描述也打破一般以为的希腊人的同胞关系使他们的战争并不十分惨烈。修昔底德留意工程与技术题材，因此对围城与海战的描述格外精确。在形容伯罗奔尼撒人围攻普拉提亚时，修昔底德介绍了防御工事、攻城器械以及被围困者的反制措施。双方都以极残酷的方式对待攻下的城镇：杀光男人，女人与孩子则充当奴隶。

虽然修昔底德是雅典人，但他承认雅典不得民心，而且指出雅典对待卫星国的态度相当专横，雅典人对于战争的态度也较具威胁性。斯巴达初始响应雅典人时，就已针对他们的反复无常与轻率做出批评，他们的说法不仅与修昔底德对雅典的一般评价一致，也与伯里克利的葬礼演说互相对照：“我们（斯巴达人）没有那么高的知识素养使我们以为能轻视自己的法律与风俗……我们所受的训练使我们无法虚掷才智于无用之物，例如：有能力想出一套完美的理论来批评敌人的性情，但实际与敌人对抗时却一无是处。”（I.84）

修昔底德的演说带给我们一个难题：这些演说，或者它们的评论，是否代表修昔底德自己的意见？人们确实可以从这些演说中看出几个反复出现的中心主题，节制地运用权力是其一，正当地行使
38 权力这个强烈主张则是另一个。这些演说受到许多批评性的检视。它们都极具特色，也相当具有影响力，因为直到罗马时代为止，演说的安插（或曰生造）一直是上古史学的一项特征，尽管如此，没有任何作品能与修昔底德的作品相较。希罗多德的作品中也有演说，但它们篇幅较短而且较不重要，比较像是对话的一部分，而不是经过组织的演说。修昔底德对于安插演说所做的解释相当含糊，甚至自相矛盾，虽然演说本身是以自信满满的权威与杰出的才华写成，且大致来说，演说才华与演说者的个人人格没有什么关联性。当然

这些演说可以让人们想起古希腊，尤其雅典，曾经历一段公共辩论与说服的黄金时代。有个具说服力的说法认为，修昔底德的演说得益于诡辩学派的教导与范例，诡辩学派是精于辩论与论证技巧的专业人士，他们的辩证才能似乎成了目的本身，而非如苏格拉底的做法，是用来追寻真理的工具。

提到演说，修昔底德表示：

> 我觉得，要精确记住演说的每一个字是很困难的，我遇到的几位信息提供者也有相同的困扰；所以，我的方法是，尽可能紧密地掌握实际使用的言词的一般意义，使演说者说出依我之见每个场合要求他说的话。（I.22）

上述两项要件彼此没什么关联，但第二项要件使作者有了广大的诠释空间——修昔底德显然利用了这点，上古时代以来一直有人抱怨说，我们听到的演说其实全是修昔底德自己的声音。虽然演说不总是反映演说者的人格，但伯里克利的葬礼演说却是例外，另一个例外则是雅典的群众煽动家克里昂（Cleon），以刺耳但并非全然荒谬的庸俗主义与平民反智主义为其特色，修昔底德显然鄙视这个毫无能力且懦弱的指挥官，而两千五百年来这种人物类型总是不难辨识（III. 36—40）。

吊诡的是，虽然我们并不十分肯定，但修昔底德似乎经常在 39
演说而非叙事中显露自己的心意。他不是个擅自闯入的叙事者。他偶尔以第一人称说话，或做出判断，但这种方式不足以与希罗多德的对话形式相较。偶尔修昔底德会发表原则，但与到十九世纪末为止的绝大多数史家相比，他公开做出的道德判断极少而且精简；而十九世纪末之后，史家开始对于客观性产生极端的自我意识。有许多证据显示，修昔底德对于道德性的说辞感到不耐烦，他的演说有时会拒绝使用这些说辞，但不一定总是如此。有时他尝试概括说明复杂事件的叙事意义，但频率不像现代史家这么频繁。因此，以下说法并非毫不可信，亦即，当修昔底德声称他要详述演说者“被要求说出”的话时，其实最直接向读者说话的就是他本人。演说者不同并不会减损这项说法的合理性，身为一名史家，修昔底德关切的不是判定是非，而是表现出能让事件栩栩如生的情感与思虑。因此，演说是史家的事件版本。演说显示了赤裸裸的事件本身（完全未添加任何评论的状况）无法显示的事物：动机、忧虑、评价，乃至于主要人物的行动所蕴含的指导原则，就像戏剧里的演说一样。演说是个场合，行动者可以在这里向他们的读者解释自己。

在这些严谨衡量的评价中，修昔底德的反思特质令人印象深刻。演说者有时会明显避开单纯挑动情感的说辞和公然抨击，听起来仿佛修昔底德在说，我们即将听到的是演说者真实的论述。分析周延的演说读起来就像一位精明外交家对局势与决策做的“盱衡”，而不只是受欢迎的演说家言词。这有时会使演说成了虚假的“应景文章”，但也使其如同修昔底德对事件叙事的评论一般，极具启发性。这些演说不同于之后的上古史家演说，后者通常只是修辞上的练习，前者却是严谨客观的论证。修昔底德的历史若无这些演说，将变得
40 极为贫乏且更加晦涩难解。举个典型例子，这个例子虽然不醒目生动，却表现出修昔底德许多演说的冷静与分析风格——雅典人接到请求，准备前往西西里介入当地战争，但雅典将军尼西亚斯（Nicias）反对远征。他在冗长且不成功的演说中提出几个有力的论点；他提醒雅典人，尽管目前看来太平无事，一旦出征，雅典的后方（希腊）将会不稳：

> 远征西西里，你们的背后将留下许多敌人，而你们显然想在西西里树立新的敌人，还要击败这些敌人。你们可能认为签订的和约给了你们安全；无疑，只要你们没有任何行动，这纸和约名义上将会继续存在（由于雅典内部有人与斯巴达人阴谋

> 串通，使和约成了有名无实之物）；只要我们的军队在世界任何地方遭受重创，这纸和约显然无法阻止我们的敌人立即攻击我们。最重要的是，敌人与我们签订和约只是因为他们遭逢厄运；他们被迫如此，而我们拥有压倒对方的威势。此外，和约本身仍有许多问题尚未解决……（VI.10）

还有两组演说分别以辩论与对话的形式呈现，并且引发了道德与政治争议，即著名的“密提林辩论”（The Mytilenian Debate）与“米洛斯对话”（The Melian Dialogue）。两组演说均以怜悯与政治宽容为考虑，反对政治的必然性及对已征服的城市施以严惩，事实上是种族灭绝。密提林辩论有着戏剧般的急迫性，因为衔命处死所有密提林男子并奴役所有妇女与儿童的雅典战船已经出航。这场辩论攸关是否收回成命；就在辩论的当口，命令正在执行中。雅典的群众煽动家克里昂以残酷无情闻名。事实上，这场辩论从眼前的议题转移到对政府美德与邪恶的讨论上。特别是克里昂，他不仅认为雅典帝国的基础是力量而非善意，甚至转而批评雅典人政治决定的方式。他说，雅典人过度倾向把政治决定当成卓越演说的奖赏：公民大会为新奇的说法喝彩，他们表现得像是辩论技巧的鉴赏家。克 41
里昂的论点强而有力，不仅呼应了斯巴达人认为雅典人反复无常的说法，而且如霍布斯认为的，修昔底德似乎隐约认同这种观点。在这种演说竞赛下，“奖赏落入他人之手，却由国家一肩扛起所有危险。责任在你们身上，是你们愚蠢地设立了这些竞赛展示”。政治智慧是完全不同的事物，比较难清楚加以陈述。

> 我们应该认识到，拥有恶法但令出必行的城市，要比拥有良法但朝令夕改的城市来得优秀；缺乏学养但有健全的常识，要比不受控制的聪明才智来得有益；一般而言，平庸者统治国家，要比思想者统治国家来得高明。有些人自以为比法律来得

> 聪明……结果经常为自己的国家带来灾难。另一种人，他们对自己的才智没那么自信，愿意承认法律比他们聪明，并且承认自己没有能力批评优秀演说者的言词；这种人是不偏不倚的法官，他们也不参与竞赛；当他们主事时，事无大小都会运作顺畅。我们政治家也该像他们一样，不要光被聪明以及卖弄才智的欲望所影响。（III.38, 37）

克里昂以与前提无关的推论作为支持残酷行动的依据，现代读者对于这种案例应该不陌生；这是一种迎合群众的民粹主义，鼓动人们反对矫情的人道主义。人们“鄙视待他们好的人，尊敬绝不让步的人”（III.39），因此“怜悯、听到聪明论点感到愉悦而受影响、倾听通情达理的主张，这三件事完全违背帝国的利益”。雅典人可能也会放弃对帝国的追求而“走上慈善一途”（III.40）。

另一位发言者狄奥多特斯（Diodotus）出言回应克里昂。任何决定都必须透过言词来加以评价；诡辩学派——雄辩术的教授者——的优缺点似乎成了这场辩论的核心。狄奥多特斯谨慎的辩词即便摆在柏拉图对话录中亦不令人感到突兀。他辩护的不只是政策讨论与政策宽容（他反对诉诸一般的同情），还包括了政治责任（对
42 比于一味顺从善变的群众）。支持以残酷手段进行威吓的论点提出了雅典的利益这个正确问题，却忽视了人性。人们冒险，不是预期自己会被击倒，而是骄傲或希望或“某种无可救药的热情”确保他们一直做下去。尤其身为共同体的一分子，却“不理性地认为自己拥有远大于实际的权力”。雅典的公民大会不是追求正义的法院，它关切的是安全，而狄奥多特斯在这里提到修昔底德作品中经常出现的关键词：“节制”。局势是复杂的。其他城邦的民主派支持雅典，但对密提林人施以无差别的惩罚，将使这些民主派人士与寡头派人士出于共同的恐惧而团结起来（III.42—48）。修昔底德对于这场辩论未做太多的评论，但他的看法想必很重要。克里昂“在雅典人中

以性格暴力知名”（III.36），而奉命进行屠杀的第一艘船“并不急于执行这项令人不快的任务”（III.49）。

米洛斯对话（V.84—116）的呈现方式相当独特，它不是制式的演说，而是如同剧作般由“雅典人”或“米洛斯人”分别做出简短的主张与反驳。米洛斯人必须决定投降还是反抗围城的雅典军队。米洛斯人请求维持中立。雅典人还是一样只想靠权宜手段解决这项争议：

> 我们……不用优雅的词汇说明，举例来说，我们有权利拥有帝国，因为我们击败了波斯人，或我们现在来攻打你们，因为你们对我们造成伤害……而我们要求你们基于自身的立场不要妄想影响我们，说你们虽然是斯巴达的殖民地，但在战争中并未加入斯巴达阵营，或者是你们并未对我们造成伤害。我们建议你们应该尽可能接受我们给予的条件，考虑双方都认真思考的事项；因为你我都很清楚……正义的标准仰赖强迫力量的平等……

米洛斯人响应，所有人都希望公平竞争，而所有人都可能会在某一天发现自己落入他人的掌握。对于米洛斯人进一步提出，如果他们抵抗则还能拥有希望，雅典人的响应是残酷的：现实的希望决定于资源： 43

> 不要像那些人一样，他们错过了以合乎人性而实际的方式拯救自己的机会，这种事相当常见；而当他们深陷困境且丧失了每个清楚而明晰的希望时，他们转而求助于盲目而朦胧之物，诉诸预言与神谕这类鼓励人们希望但终归毁灭的事物。

米洛斯人表示，他们相信神明必不漠视是非，也信任斯巴达联盟。雅典人的响应显示他们对神有不同的看法：

> 我们对神的意见与对人的理解，使我们认定有一普遍而必然的自然法则决定人类的行为。这不是我们自己创造的法则，自有这个法则以来，我们也不是最早根据这个法则行动的人。我们发现这个法则早已存在，并将让它流传给我们的后代。我们只是依据这个法则行事，我们知道你们或其他人如果拥有与我们相同的力量，也会做出完全相同的事。

这场对话持续以这种方式进行，米洛斯人显然不断重申道德论点，而雅典人却不接受。他们警告自豪的形式会招致毁灭，尤其反对以“荣誉”为名的妄想。安全的方法是“勇于面对与自己实力相当的对手，以尊敬的态度看待强者，以节制的态度对待弱者”。米洛斯人决定反抗，他们相信神明与斯巴达人，并以“我们的城市建立至今七百年来一直享有自由”而自豪。胜利之后，雅典人并未做到节制；米洛斯的男人被杀光，女人与小孩成了奴隶，米洛斯城成为雅典的殖民地。

在讨论有计划的种族灭绝时，这两场辩论表现的理性与得体，不由得使人想知道修昔底德自身的立场。我们已经注意到几个线索，以及他可能赞同克里昂对雅典人想法轻浮的责难。“马基雅维利式”主题，或者如果我们想避免时代倒错的话，应该说是诡辩学派的主题，所谓强权即公理的主张如此显著，修昔底德对此应该十分关注，但这项主张却未受到有力的反驳——只有一句提醒，命运是变幻无
44 常的。我们不清楚这是否表示政治是特殊的，私领域的道德禁令无法适用于政治。对马基雅维利似乎是如此，对另一个与马基雅维利有亲缘关系的现代精神马克斯·韦伯亦是如此；但它可能曾经适用在政治上。如韦伯所言，在政治上，与人来往要留神。对节制的强调似乎也需要注意。节制本质上来说是理性的，因为不可预知是政

治的重要部分，没有任何做法可以保证绝对的安全，正如没有人能承诺绝对美德。特别重要的是，修昔底德曾描述雅典民主被暂时推翻后出现的几次宪政实验，他明白表示支持中间路线，也就是混合的政府形式（VIII.97）。

节制的反面是狂热，修昔底德作品中经典的政治狂热例子是一场开始于科西拉（公元前 427 年）而后蔓延到希腊全境的内部冲突。这些冲突显示政治上的派系倾轧已完全失控，对行动者而言，派系斗争本身反而成了目的。城邦的派系主义受到战争的激励，显示社会在极端压力下产生病态，所有常规与约束全都停止运作。修昔底德对科西拉人（日后还有别的城邦）狂热心理的描述仍可引起共鸣，并且使人想起人性恒久不变的主张，此论调经常引起热烈争论。科西拉民主派人士觉得自己受到威胁，开始屠杀自己的同胞。根据修昔底德的说法，这是希腊城邦未来许多革命与灾难的前兆："知道过去在别的地方曾经发生这样的事，因而导致新一波的革命狂热，并且伴随着……闻所未闻的报复暴行。为了符合事件的变迁，言词也必须改变惯常的意义"，侵略成了勇气而节制成了懦弱。"主张暴力的人总是受到信任，反对暴力的人则受人怀疑。"试图退出阴谋与反阴谋等于"破坏了党的团结"，而热衷的党内成员只与犯罪的同伙推心置腹。单一标准成了任何时刻的党的意志。连理性的自利也遭到抛弃："报复比自卫更重要。"社会四分五裂，整个希腊世界的品格退化。和平无法缔结，因为誓约毫无价值。文明生活的常规被推翻了， 45

> 人性——即便是法律存在的时候，人性总是准备违法——骄傲地显示自己真实的色彩，宛如无法控制热情的事物，它不服从正义的观念，并且与所有上位者为敌……人们擅自开启了废止一般人性法则的过程，这些法则为所有痛苦的人带来得救的希望，但人们却没想过未来会有这么一刻，他们也将处于危

险之中，并且需要这些法则的保护。（III.82—84）

以此观之，当我们得知十七世纪修昔底德作品的英格兰译者是霍布斯时，似乎也不感意外。

狂热的特点在于毫无限制地追逐利益，为恐怖而恐怖。在修昔底德的作品中，为了自己的利益而理性运用权力的人，有时会强调自己的行为符合人性。但从常规的束缚中解放的人，则是极端不理性的生物。无情与狂热之间的界线是区别正常与病态的分野。权力的傲慢以及对自身权力的高估，也导致人们轻率从事超越资源所能负荷的事业，这方面的著名例子是雅典远征西西里，而代表性的人物则是轻率的年轻雅典贵族亚西比德（Alcibiades），他是狡猾的政客与奥林匹克运动会战车竞速的优胜者。轻率是雅典特质中自信、大胆与进取过度夸大后的结果。在修昔底德的描述中，雅典人的轻率终于使其在西西里之役（公元前 415 年）中遭到报应，据说这场战役使雅典盛极而衰，而修昔底德也在第六与第七卷做了前所未有的详尽描述。对西西里之役的关注显然带有作者自身的考虑。此次入侵原是为了挫败斯巴达盟友与取得西地中海霸权，借此打击斯巴达。修昔底德声称这是希腊世界最伟大的一场远征，而它的失败赋予了这几卷——如同希罗多德作品的后半部——一种关于傲慢与报应的熟悉形貌。

进攻的决定与主导攻击行动的核心人物，是身兼政客与将领两种身份的亚西比德。他是个极端的例子，在每个时代都可看到像他
46 这样的人物：杰出而高傲的贵族，拥有政治野心、善于言词又多才多艺。据说他缺乏民主素养且素有野心，因此引起众人的不信任，当雅典出现亵渎神明的行动，竖立于城内各处象征阳物崇拜的石柱神像遭到切断时，亚西比德与他的党羽受到怀疑。这种渎神的行为原可单纯地视为是年轻贵族的玩笑行径，最后却被渲染成反对雅典政治体制的阴谋。亚西比德从西西里被召回，但他害怕自己的性命

不保，于是先逃往斯巴达，再前往波斯。这种流亡方式并不罕见，修昔底德自己也有这样的经验，但亚西比德仍维持着影响力，他挑拨波斯与斯巴达相互对抗，最后还操弄雅典政局而得以返回故土。他具有无法拒绝的魅力，并曾出现在柏拉图《飨宴篇》中。修昔底德说，“大多数人对他的特质感到惊骇，他的人格超越正常人的范围，他的私生活与习惯毫无法度，而他在各个场合表现的精神也令人诧异。”（VI.15）

修昔底德盛大描述远征军的启程。雅典市民夹杂着忧虑与希望来到庇里犹斯（Piraeus）为大军送行，此时修昔底德仍头脑清醒地计算出征的成本。接着：

> 士兵们依序上船，辎重也陆续搬运妥当……号角声划破沉默，出海之前依照惯例必须祷告，但不是每艘船各自进行，而是所有人依传令官的指示齐声诵念。全军将葡萄酒倒入碗中，军官们也用金银杯子盛上奠酒。岸边的群众纷纷斟酒，市民们均为远征军献上祝福，一同祈祷。（VI.32）

先前描述得如此壮盛的军容，却在叙拉古海战中化为乌有。修昔底德详细叙述这场海战与技术：叙拉古船舰装备了特殊撞锤（VII.36）；防守方的船只排成一圈，如同漂浮的活动栅栏；船只缠结起来构成一个封闭空间，而后进行冲撞；混乱与骚动——“船只撞在一块儿，发出轰然巨响，不仅声音本身震撼人心，连水手长下达的指令也被掩盖”，水手长一方面忙着准备冲撞敌舰，另一方面 47
又必须躲避来自四面八方的撞击（VII.70）。

决定了雅典远征军命运的叙拉古海战，双方陆军在一旁观战，他们叫嚣又欢呼，仿佛在戏院一般。尤其对雅典人而言，随着战局渐趋不利，心中也蒙上恐惧阴影。他们靠得太近，以致无法纵观全景，因此：

> 有些人在某个点上看见他们的军队占了上风，并因这样的景象而勇气倍增，开始祈求神明不要剥夺他们得救的机会；有些人看到他们的人被打得落花流水，不禁痛哭失声，这幅景象比实际投入战斗更能瓦解他们的士气。有些人看着战场上双方按兵不动，战事正酣，此处却毫无动静，士兵们摇晃着身躯，内心充满惊恐，而真正难堪的是他们的处境，持续处于安全的边缘，又随时可能跌入毁灭的谷底。（VII.71）

舰队被歼灭后，无望孤立于岛上的雅典陆军命运相当悲惨。修昔底德生动描写他们最后一次行军的悲苦，“特别是当他们想起出发时的光彩与骄傲，对照结局的卑微与不堪。希腊军队从未遭遇这样的惨败”（VII.75）。幸存者被当成战俘送到叙拉古矿场。

> 他们人数众多，局促地挤在狭窄的矿坑里，由于没有屋顶遮风避雨，他们首先要忍受烈日暴晒与空气的滞闷；然后到了寒冷的秋夜，情况完全相反，温差使他们染上疾病。空间狭小使他们不得不在相同的地点起居工作；此外，尸体也一具具地大量堆积起来，他们要不是伤重而死，就是因温差或诸如此类的事丧命，现场的气味令人难以忍受。同时他们还得忍受饥渴。（VII.87）

48 身为一名叙事者，修昔底德的成就值得我们重视，由于他有计划地陈述历史价值，结果人们反而忽略他在叙事上的贡献。修昔底德是第一位宣扬历史功用的作者，他将历史的功用奠基在他著名的主张上：人性是不变的，“过去发生的事会在未来某个时刻以大致相同的方式重现。我的作品不是用来满足民众当前的喜好，而是为了传之久远”（I.22）。这种对比似乎是对希罗多德写作公众读物的鄙夷。然而修昔底德是个极度现实主义者，甚至是个悲观主义者，他不会提出肤浅的建议，认为以古鉴今可以让我们轻易避免过去的错误。他的叙事告诉我们，人性太强有力也太固执，因此难以记取历史教训，在任何情况下，理性估算只是其中一个要素。阅读修昔底德的作品，人们不会认为从历史摘录出来的政治与心理格言手册可以取代历史本身。

修昔底德说得很对，他的历史具有教育功能，但他自己是否充分了解历史如何发挥这项功能则有待商榷，即便到了今日，这种功能仍难以说清楚。人们必定会有一种共通感受，觉得自己不只从修昔底德提到的例子及其附带的教训中学到东西，更从他的作品中学到有关人性与人类事务的内涵。如罗伯特 · 康纳（Robert Connor）指出的，阅读修昔底德，人们可以扩大自己的经验，遭遇行动中的人性，吸收详尽叙事对我们造成的情感及思想冲击。他的叙事深入但却精炼，分析敏锐但也不乏慷慨激昂，他的生动描述足以激发想象，不只是表面的装饰，而是使人物困境得以衡量的深入洞察。我们学到的是无法明确界定的事物，一如我们学到全神贯注的经验，这使得任何“教训”都成为让人感到不安的肤浅。修昔底德的主题确实是人性，有时近两千五百年的距离似乎被浓缩到令人头晕的程度。但这不是因为修昔底德似乎接受了这项公式：社会与政治心理学的“法则”也许可以从例子推论出来。修昔底德当然了解例子是复杂的，因为现实状况是复杂的，而面对现实状况所做的响应也是 49
复杂的。有人主张，一般而言历史学家的实际作品要比他们对自身任务的有计划陈述来得好，这说明了为什么用这类陈述为依据来讨论史学性质是如此不恰当的缘故。修昔底德也不例外，我们不宜过于狭隘地看待他的宣言。在介绍修昔底德是个鼓动人心、犀利与令人惊骇的叙事者的同时，又认为他的作品具有分析性，或者更好一点的说法，具有诊断性，这种做法完全无任何不妥。但诊断是一项技艺，曾经有人适切地指出，修昔底德的历史取径得益于希波克拉底的医学论文。这是实践而不只是理论，而且涉及对症状的详细观察与对状况的分类。

对症状的详细观察明显出现在修昔底德对病理现象的著名描述上，他曾叙述公元前 430 年于雅典爆发的瘟疫。他本人曾感染瘟疫而且幸存下来；许多人，包括伯里克利，则不幸死亡。修昔底德详细描述瘟疫的症状与病程，他说，如此便能看出瘟疫是否将卷土重来。他的描述（当然缺乏解释）如此详细，或许是出自专业医师之手。然而，他无意掩饰受害者的痛苦与瘟疫对雅典社会的影响。他的描述既悲惨又确切，而他的病理学有双重意义：疾病本身的病理学与整体社会在疾病影响下瓦解的病理学。人类的艺术或科学都无计可施，“同样无用的还有求神问卜等等；事实上，人们到最后已被痛苦击垮，无力注意这些东西”（II.47）。试图照顾病人的人染上疾病，这引起了恐慌，许多人是在无人照料的情况下独自死去。尸体横陈于街头与庙里，其中一些人原本是到庙里避难的。

修昔底德说，结果是一场史无前例的违法乱纪。我们先前提过，修昔底德后来描述了科西拉的恐怖政治，而他此时则基于不同理由描述疾病的病理学以及瓦解中的社会的病理学。人们对未来充满绝望，只想摆脱拘束及时行乐。荣誉（名声）不被当一回事。“灾
50 难排山倒海而来，人们不知道自己接下来会发生什么事，因而无视宗教戒律与法令。”合宜的葬礼仪式原本具有相当的重要性，例如在战时，但现在被忽视了。“对神的敬畏与人类法律已不具约束力。对神而言，人们信不信奉他似乎没有差异，因为人们看到无论善人还是恶人全都毫无差别地死去。”（II.52—53）没有人冀望服从人类正义能让自己活得久长。

修昔底德的描述是修辞与分析的杰作，是对濒临解体的人类社会所做的刻画。这场经验对他的人生观与对人类行为的看法长期而言有何影响，我们只能猜测。修昔底德的特色在于，就在他宣称写了一部应该有用的历史之后，我们被引领到这段人类与社会灾难的描述。修昔底德的作品经常将恐怖安放在观察与分析的架构中，这

个架构非但没有消除恐怖的影响，反而使人留下思想意志是强有力行动的印象。修昔底德对于人类生命与人类行为的看法完全不感情用事，但绝非“如科学般”枯燥。

傲慢与报应模式明显可以适用在雅典的伟大与西西里远征上，而且容易使人觉得与希腊悲剧有类似之处。想从这里更进一步地进行探讨，或许是一种误导，但从道德层面来说，却不尽然完全错误。有些陈述，如现代批评家诺斯洛普 · 弗莱（Northrop Frye）对悲剧外观下的本质所做的刻画，很难不获得修昔底德读者的共鸣：“悲剧似乎规避了道德责任与独断命运的对立，正如它规避了善恶的对立。”在悲剧中，“人们发现‘酒神’的侵略意志，它陶醉在无所不能的梦境中，侵犯了‘太阳神’的外在与不可动摇的秩序观”（*Anatomy of Criticism*, 1957）。这段引文针对的是尼采讨论悲剧的诞生的文章，而尼采对修昔底德的礼赞虽然有点怪异，却大致可以掌握住他的精神：

> 修昔底德，或许还有马基雅维利的《君王论》，是我的近亲，51
> 他们有着绝不自欺的意志，因而能看到“现实”中的理性……人们必须一行行地翻找，像言词般清楚地读出他隐藏的思想：几乎没有思想家具有如此丰富的隐藏思想。诡辩学派文化，我以此来意指现实主义文化，在他身上得到完美的展现——在专以道德理想行骗的苏格拉底学派四处横行下，更显出这个运动的珍贵……修昔底德是集大成者，是老希腊人强烈、坚定与冷酷追求事实的本能的最后展现。（尼采，《偶像的黄昏 · 我感谢古人什么》）

修昔底德似乎具体呈现出尼采赞美的一切特质，但他总是无法具体呈现自己。要了解这项赞美相当容易。几乎所有史家，除了最愚钝的，都具有某种象征其特质的弱点：有些人（借历史实现）串谋、理想化和认同感；有些人则冲动愤慨、颠倒黑白与递送信息。这些弱点通常是他们作品之所以有趣的主要原因。但修昔底德似乎不是如此。当然，从他以后，历史写作再也没出现更加明晰而毫无妄想的才智。

第 3 章

亚洲的希腊人

色诺芬：《远征波斯》

当先头部队抵达山巅且看见海时，巨大的呐喊声响起。色 52
诺芬与后卫部队听到了，以为前方遭到敌人攻击，因为有些先前遭受他们掠夺的当地人对他们穷追不舍，后卫已经杀了一些人，并在一场埋伏中俘虏了另一些人，同时也虏获约二十面生牛皮制成的盾牌，上面还留着牛毛。然而，当呐喊声愈来愈大、愈来愈近，那些持续前进的人也开始向持续喊叫的先头部队跑去，抵达前方的人愈多，喊叫声就愈大，看来似乎发生了大事。于是色诺芬骑上马，领着吕修斯（Lycius）与骑兵到前方支持，不久，他们听到士兵叫道："海！海！"并且一队接着一队地把话传下去。然后，他们当然全都开始奔跑，后卫与所有的人，驾着驮兽与马匹全速向前；当他们全到了山巅，士兵们眼眶含着泪水，彼此拥抱，连将军和长官也一样。（色诺芬，《远征波斯》，IV.7）

士兵的兴奋是可理解的，而为了标示首次看见大海的地方，他们堆了石堆，并且将掳来的盾牌覆盖在上面。对于这支人数不多的希腊军队来说，他们发现自己深陷在波斯帝国的心脏地带，能杀出一条返乡的路，穿过充满敌意的诸国，抵达黑海东南岸，就能大大提高他们生还的机会。那里也许有船，而南岸也许有希腊的殖民地，
53 他们也许友好或可以施以威胁。接下来仍有其他变数，但这批希腊人已朝他们的家乡迈进一大步。他们如何在绝望的困境中找到出路，以及他们如何成功返乡，成了色诺芬日后著名的作品《居鲁士远征记》——英译书名《远征波斯》（*The Persian Expedition*）——的故事。

为了充分理解这本书，我们需要了解伯罗奔尼撒战争结束后，希腊人与伟大东方帝国的关系；希腊人击退这个东方帝国的入侵已是四分之三个世纪之前的事。我们也需要知道色诺芬，他不只是《远征波斯》的作者，也是书中的核心人物，在他的描述中，他是这支军队的领导人。修昔底德的历史接近尾声时，由于雅典与斯巴达已打得筋疲力尽，波斯人开始试探性地升高冲突的规模，然而并没有出现进一步的全面入侵。反而是希腊世界开始深入波斯，主要由于希腊（与随后的马其顿）的战斗方法持续处于优越地位，有些希腊人，包括著名的修辞学家伊索克拉底（Isocrates）开始提倡并预言希腊将会统治整个波斯帝国。这是色诺芬作品出现时的整体局势。色诺芬曾写过一本接续修昔底德的历史之作《希腊史》（*Hellenica*），但此书令人沮丧且大多数史家都认为不可靠，而在现代世界，他主要的名声来源于《远征波斯》，尽管写作规模较小，却在某种意义上使他确实成为希罗多德的后继者，因为这本书具体而微地反映出希腊与波斯世界的关系。

色诺芬生于伯罗奔尼撒战争爆发后不久，属于上层阶级，他对雅典的情感因嫌恶民主而淡薄。他是苏格拉底的弟子（他曾对苏格拉底做过描述），也是军人与乡村士绅，并且到过斯巴达与波斯。色诺

芬的作品兼容并蓄：除了接续修昔底德的希腊史与关于苏格拉底的作品外，他还写了教学性质的颂词《居鲁士的教育》（*The Education of Cyrus*），这本书在上古时代颇受好评；他也写过一本关于狩猎技艺的作品，以及《远征波斯》。《远征波斯》在当时似乎未广为流传，直到亚历山大时代，也就是半个世纪之后才开始流行。

《远征波斯》是一位军事家为自己的指挥以及其所属部队所做的辩护。它是迷人而详尽的第一手描述。一万名希腊佣兵因雇主居鲁士的死亡而深陷波斯帝国境内，居鲁士是波斯亲王，他雇用这批人协助他发动叛乱（公元前 401 年）。他们必须杀出一条血路返回 54
希腊故土，途中经过的波斯帝国领域全是些崎岖、荒凉、野蛮甚至原始的地区。与希罗多德类似的是，色诺芬的作品也包含了大量而偶然的民族志。色诺芬是自己作品中的英雄；别的作品认为他的说法过于夸大。这场远征构成了一出单一戏剧，有单一主角、一万名希腊重装佣兵，以及主角的决心——他要将绝大多数士兵安全带回希腊，也就是斯巴达控制下的博斯普鲁斯地区的殖民世界，色诺芬在这里有个未实现的梦想：建立城市。

色诺芬描述希腊佣兵在敌人、波斯人与野蛮人环伺下幸存，主要是因为纪律与军事技术。保持部队的凝聚力经常是色诺芬的主要关切。这种凝聚力的养成是透过身为希腊人的团结感，部队在面临危机、麻烦、难以复原与埋葬死者时，发挥了希腊人固有的相互扶持精神。这项特质使他们得以克服恶劣气候与地形险阻，而在行进的过程中，绝大部分的给养来自勒索，以致他们每到一个地方都被视为蝗虫过境。色诺芬在这段过程中努力展现他的领导与说服能力：在事件完全落幕前，他还未成为公认的领袖，但他的描述确实使他成了明星表演家。

最后，在前面的引文中，读者（包括几个世代以来的英格兰学童）感到难以忘怀的一幕，后卫部队，包括色诺芬，听到先头部队发出的喧哗声：“海！海！”这实在是这部作品的高潮，机会现在已向生还的一方倾斜。抵达黑海使他们燃起从黑海航行回到拜占庭的希望。

然而，他们仍有可能遭遇未开化的野蛮民族，此外，在较文明
55 的黑海沿岸，他们必须提防当地的波斯统治者，乃至于希腊殖民地对于这支军队的到来感到忐忑不安，以及斯巴达总督（斯巴达人取代雅典人成为这个地区的殖民强权）的敌意。这些人并不欢迎这些训练有素的士兵到来，因为他们缺乏补给，在这种情况下，行为举止必然与盗贼土匪无异。

在作品的最后，色诺芬被授予领导人与主要协商者的重任，并描述了这位军事领导人试图补偿士兵、给付薪饷，以及为士兵们找到新的雇主。终于，公元前 399 年，他们在斯巴达找到新雇主，很幸运地当时爆发一场新战事，使他们得以派上用场。色诺芬也因此不得不放弃在黑海沿岸建立城市的野心，前往投效斯巴达，他获得地产作为赏赐，于是安定下来成为一名乡绅。

《远征波斯》叙述一段史诗般的战斗旅程与对抗严酷条件幸运返乡的成就。这部作品因此有点类似早期探险传说的戏剧形貌，像是阿尔戈诸英雄的航行、特洛伊战争与奥德修斯的曲折漂泊，这部作品也具体而微地预示亚历山大穿越波斯帝国直抵印度河的远征。在第一手作者证言与戏剧紧凑度上，最类似色诺芬著作的作品，首推近代西班牙人贝尔纳尔·狄亚斯（Bernal Díaz）对十六世纪初西班牙征服者远征并攻下特诺奇蒂兰（Tenochtitlán，今墨西哥城）的描述，后来还被新英格兰史家普雷斯科特（W. H. Prescott）改写成史诗般的征服史。色诺芬的故事是生存而非征服，或许因为如此，他的故事比较容易受人同情与理解。这个故事只有单一的集体角色，叙述短短两年间（公元前 401 到公元前 399 年）持续发生的事件，因此与其他的上古史（包括色诺芬的《希腊史》）形成对比，《希腊史》记载发生于不同地点的各种零散行为，这种描述或多或少必然以编年史的形式呈现。

军队返乡时遭遇各种行动、挑战与危险，在行进的不同阶段引 56
发不合与争论，在这些事件背后可以强烈意识到希腊人与波斯人，以及他们与其他蛮族间的对比。军队带着希腊的特质进入巴比伦的心脏地带与库德斯坦（Kurdistan）和亚美尼亚的荒凉地区，这种特质不仅表现在使他们在战时处于上风的装备与战术，也显示在他们的自我意识，以及对希腊的认同与优越感到自豪。而历史一如以往地被招来拱卫这份自豪与决心。色诺芬在描述中提到，在某个关键时刻，他要求部队回想希腊人过去对抗强大波斯帝国的成就。“回想波斯人与他们的盟友带着大军前来，以为可以将雅典从地表抹去；但雅典人鼓起勇气对抗他们，并且击败他们。”（III.2）那场胜利的战利品是自由。波斯亲王居鲁士之前解释雇用他们的理由，也曾提及希腊佣兵的自由与他们从自由中获取的力量（I.7）。色诺芬则要求士兵避免安逸与奢华的生活，远离“这些曼妙动人的女子，米底人与波斯人的妻子和女儿”，以免动摇返乡的决心（III.2）。希腊（后来的罗马与欧洲）的男子气概和东方的奴役、阴柔与奢侈所形成的对比，后来成为文学常见的主题，从《奥德赛》食忘忧果的故事、罗马人斥责安东尼受到埃及艳后的蛊惑、马洛（Marlowe）“亚细亚娇娃”（pampered jades of Asia），到丁尼生（Tennyson）与金斯利（Kingsley）在欧洲帝国主义晚期脉络下对这个主题的重新发挥。

在色诺芬的故事中，自由不只是一种说辞。居鲁士一死，佣兵失去雇主，之后又因波斯的背信而失去原先的指挥官，他们面临投降或长途返乡——超过一千英里，没有据点、补给或骑兵——的选择，然而此时他们仍表现出希腊人的风范：他们审议、辩论、集体决定，并且推选出新任指挥官。这支军队被称为移动的政治体。它也是虔诚的，这与色诺芬有关，他似乎相当重视传统，而这一点与修昔底德，或许还有希罗多德，形成对比。就色诺芬而言，虔诚似
乎带有遵循仪式的味道。色诺芬描述，占卜兆头不吉，就算行动有 57
急迫性，他也会要求部队在凶日当天暂停行动（VI.4）。他对牲礼

的准备一丝不苟。神明被赋予了传统角色，他是宣誓与订约的监护者，希腊人的虔诚与波斯人的背信在此形成对比。除了向宙斯、阿波罗与赫拉克勒斯献上牲礼感谢得到解救外，军队也举办运动竞技，如赛跑与拳击，此具有浓厚的希腊与荷马史诗风格。（在希罗多德作品中，波斯王对于希腊人只为了花圈而竞技感到不可思议。）这是这群希腊佣兵为庆贺生还而采取的庆祝形式。当士兵们抗议地面太硬不适合摔跤时，竞技的举办者竟面无惘色地说：“坚硬的地面是留给被摔的人。”（IV.8）色诺芬的作品合乎所有足以作为英格兰公学珍贵教材的条件。

不断受到军队抵抗、胁迫与掠夺的蛮族，他们的性格、物品与饮食当然具有迫切而实际的利害关系，但在色诺芬的描述中，有时也带有一种希罗多德异国情调的鉴赏风格。有些野蛮人是穴居人。提到的食物，亦即维持生命之物，包括了以蜂蜜制成的有毒饮料，据说会使人精神错乱与疯癫，也许是一种蜂蜜酒，还有腌渍的海豚肉与用来取代橄榄油的海豚油。有个具有浓厚希罗多德风格的观察，或许有些夸大，人们甚至怀疑这段叙述是否真是亲眼所见，据说它与一般风俗相反：“当他们处于人群之中，他们的行为举止仿佛自己正在独处，当他们独处时，他们习惯表现得仿佛自己处于人群之中。”（V.4）在某个场合，这群希腊佣兵扮成异国民族的样子，他们在帕夫拉戈尼亚（Paphlagonia）大使面前表演所谓的民族舞蹈，包括色雷斯人、马格尼西亚人（Magnesian）、米西亚人（Mysian）与阿卡狄人（Arcadian），以凸显这支军队是由多种民族所组成的。对此，色诺芬做了些详细描述，不过当一名阿卡狄女奴跳着斯巴达战舞皮西亚舞（Pyrrhic dance）时，他似乎认为这种舞大家都很熟悉，因此未多做描述（VI.1）。

身为贵族的色诺芬是斯巴达的仰慕者，而他最后为军队及自己
58 达成协议的对象，就是斯巴达人，不过他的作品整体而言仍带有泛
希腊的色彩。这支绝大多数是雅典人的军队是个大杂烩，虽然如此，

与他们形成基本对比的仍是非希腊人。有人将色诺芬的作品解读成带有伊索克拉底风格的泛希腊宣传，认为它显示希腊人可以多么轻易地打败波斯人，因此能轻松地，如色诺芬清楚希望的，在波斯境内建立新的希腊殖民地。从启蒙时代以降，色诺芬的作品显然有助于增加西方对东方的优越感。

虽然《远征波斯》可能反映了泛希腊主义者的观点，但在希腊上古时期，此书并非色诺芬最受欢迎的作品，事实上，他谈论苏格拉底的著作以及沉闷而高尚的《居鲁士的教育》，才真正受到当时人们的喜爱。然而，伴随着帝国主义利益兴起，《远征波斯》一书也变得愈来愈受欢迎，而这种对帝国主义利益的关注也在描述亚历山大征服的"第二代"史家手中达到巅峰。当初曾经跟随亚历山大远征的史家，他们留下的作品都已亡佚，只剩下一些引文与摘录，几世纪后的罗马时代，有两位著名史家重写亚历山大的故事，他们就是所谓的"第二代"史家。其中一位是阿里安（Arrian），他描述在伊苏斯战役（the Battle of Issus）之前，亚历山大让士兵们回想色诺芬率领一万名希腊佣兵缔造的功绩，而这个场景或许真的发生过。接下来，我们要讨论的就是阿里安以及另外一位亚历山大史家库尔提乌斯·鲁夫斯（Curtius Rufus）。

亚历山大史家：阿里安与库尔提乌斯·鲁夫斯

在所有关于战争远征叙事的主题中，最伟大的就是公元前 334 年亚历山大大帝入侵亚洲，它也标志着希腊世界（包括马其顿）与波斯帝国的最后一次交手。虽然已经有不少史家尝试过，但没有任何一部历史作品捕捉的事件规模比得上希罗多德对波斯入侵希腊的描写。此外，亚历山大东征的历史有部分不得不仰赖推测，因为最早的目击描述完全没有留存下来，现有的描述完全出自罗马时代史 59

家的作品。据说亚历山大羡慕他自己认为的祖先阿喀琉斯有荷马为其撰述事迹，而自己却没有足以媲美荷马的回忆录作者。此外，我们唯一拥有的完整史料，是后世史家根据最早的记述改写的，托勒密是最早的记录者之一，他不仅是亚历山大的部将，也是他的帝国继承者（埃及部分）。希腊史家阿里安写作的时间在公元二世纪，他是后世史家中最知名的，他曾说，缺乏伟大的回忆录作者是亚历山大唯一的不幸，而这个遗憾使他的事迹反不如成就较小的色诺芬万人佣兵知名。阿里安并非全然公正无私，他曾宣称希腊文学第一流作家是亚历山大的编年史家，原因是亚历山大成就伟大。然而，阿里安在亚历山大死后四百年才开始撰写历史，他必须仰赖如今已经亡佚的先人作品。

亚历山大带着史家卡利斯提尼（Callisthenes，亚里士多德的外甥）随军出征，然而卡利斯提尼最后却因谋反而被处死，他的叙事也因此中断。除了部将托勒密外，其他记录远征战役的回忆录作者包括工程师亚里斯多布鲁斯（Aristobulus），以及一些地位较卑微的人物，他们的描述全成为亚历山大的文献资料。亚历山大之后数世纪，最受欢迎的作品是克里塔库斯（Cleitarchus）的历史，他不是目击者，却与亚历山大同一时代，因此得以向参与远征者搜集证据。我们之所以知道上述作品的梗概，主要来自后世作者的引用，如普鲁塔克（公元 45 年—约公元 120 年）与西西里的迪奥多鲁斯（Diodorus of Sicily），后者于公元前一世纪中期写成的《世界史》（*Universal History*），有一卷专门记述亚历山大远征史事。接下来是阿里安以及他主要对手的作品，阿里安的历史虽有疏漏，但毕竟顺利流传下来，而亚历山大史家中唯一以拉丁文写作的史家则是昆图斯·库尔提乌斯·鲁夫斯（Quintus Curtius Rufus）。两人在罗马帝国时期都享有辉煌事业，阿里安的拉丁文姓名是鲁奇乌斯·弗拉维乌斯·阿里安乌斯（Lucius Flavius Arrianus），他曾担任卡帕多细亚（Cappadocia）总督与雅典执政官，一般认为库尔提乌斯曾在公元一世纪担任元老院议员与执政官。他们身为史家的目标略有不同，而且显然有时遵循不同的传统。他们研究的事件本质上是相同的，因此作品为罗马帝国初期的历史叙事提供了两种可能范例。阿里安明白表示，他信赖的史料来源是托勒密与亚里斯多布鲁斯，而 60
当此两人说法一致时，阿里安自信地认为自己拥有权威性的描述。库尔提乌斯，显然还包括普鲁塔克与迪奥多鲁斯，遵循的是另一个对立的传统，起源于克里塔库斯。两种历史的差异不只保存了亚历山大故事当时的不同版本（代价是使许多信息悬而未决），也体现了不同的写史方式。

亚历山大当然是这两种描述的核心，而在重大事件乃至于亚历山大性格的解释上，两种描述也大致相同。但阿里安与库尔提乌斯的史学人格却南辕北辙。阿里安是比较具“官方色彩”描述：冷静而慎重。他似乎盲目信任托勒密的说法，认为亚历山大死后，托勒密没有谄媚或隐匿的必要。当然身为参与者，托勒密应该想隐瞒一些事，至于阿里安另一个主要史料来源亚里斯多布鲁斯，向来有着谄媚奉承的恶名。库尔提乌斯的作品比较详尽、诉诸美感与戏剧性，这或许反映了克里塔库斯的风格以及库尔提乌斯个人的喜好，而对于比较吹毛求疵的人来说，他的作品是庸俗的。库尔提乌斯比阿里安更强调亚历山大在好运、奢华与东方专制权力以及半神观念影响下道德逐渐沦丧，虽然最终来说他对亚历山大还是溢美多于批评。这种对比最初是在希罗多德的作品中发现，更明显的对比则是色诺芬的东方“阴柔”与希腊（和之后的罗马）的胆量与简朴，而这也是罗马时代特别强调的重点；事实上，我们即将发现，东方风气败坏的观念成为人们解释堕落成因的一般理由。

阿里安似乎以色诺芬为范例撰写《亚历山大远征记》（*Anabasis Alexandri*），至于库尔提乌斯的作品《亚历山大史》（*The History of Alexander*）则较具“文学性”，显然沿用了希罗多德的旧主题，例如，明智而目空一切的波斯王，有如希罗多德笔下的克洛伊索斯。

库尔提乌斯在提到亚历山大说的某一句话时，几乎完全仿照希罗多德的说辞：波斯人拥有较多士兵，但马其顿人拥有较多战士（Curtius, 4.14.5）。此外，在他的书中也看得到李维（我们稍后将讨论他）的
61 影子。库尔提乌斯喜欢零散的民族志主题，阿里安对这方面的书写比较节制，但这种说法可能造成误导，因为阿里安曾经将有关印度的信息保留在另一本书里，而这本书至今尚存。然而一般而言，库尔提乌斯由于喜好描述波斯的华丽奢靡及其导致的道德沦丧，因此比阿里安多了波斯视角的陈述。事实上，阿里安的作品虽然较少发为议论，却过度专注于个人的描述与片面之词，称不上是描述文明冲突的作品。相反的，库尔提乌斯乐于把握机会对比大流士的波斯军与马其顿军，前者闪烁着紫色与金色，后者“闪烁着，但不是金色，不是色彩缤纷的服饰，而是铁与青铜”（3.26）。描述东道主波斯时，阴柔的调性总是受到强调。被称为“国王亲卫队”的一万五千名士兵“穿得像女人一样”，而大流士本人系着镀上金箔的皮带，“穿戴的方式像个女人”（3.14, 19）。王后、王族子女的保姆、嫔妃、宦官与随军营生者尾随在大军之后。

阿里安的作品没有这些陈述，他满足于数目与战术的讨论，这方面是库尔提乌斯明显缺乏的。库尔提乌斯喜欢戏剧与激发情感的元素，使用的是当时史家流行的修辞与形象化的描述。大流士家族的命运被营造得像一幅画：

> 他的母亲因长寿与王族的尊贵地位而受到尊敬，他的妻子美艳动人，即便眼前的不幸也无法减损她的美貌。王后将幼子怀抱胸前，他还未满六岁，原本该继承父亲才刚丢失的伟大命运。在太后膝边的是大流士已经成年但尚未结婚的女儿们，她们哀伤太后也哀伤自己。环绕太后的是一群出身高贵的女人，她们的头发散乱、衣服撕裂，原先优雅的容貌已不复见。（3.24—25）

阿里安与库尔提乌斯都提到一则著名的故事：大流士的母亲把亚历山大的朋友赫菲斯提昂（Hephaestion）误认为亚历山大，维洛尼塞（Veronese）将这个故事绘成一幅奢华的图画，但阿里安不改本色，认为这种说法有待证实。

一般认为——虽然有些不同的声音，但阿里安总是提出辩解——亚历山大是个具有非凡勇气、活力与魅力的人，他的野心无法以常理衡量。亚历山大的易怒是性格的一部分，他曾在一场宴席上因朋友克雷塔斯（Cleitus）对他不够尊重而失手将其杀害，事后却又陷入难以抑制的悔恨之中。库尔提乌斯强调亚历山大逐渐沉 62
沦于醇酒美人。亚洲的奢靡与奴性对他造成致命的伤害，而异族文化的负面影响也使他完全落入东方的掌控。库尔提乌斯提到亚历山大是在酒醉狂暴下杀死克雷塔斯；阿里安对此只字未提，他似乎认为克雷塔斯是咎由自取。库尔提乌斯也将波斯王波斯波利斯宫殿遭烧毁一事归咎于酒醉狂欢，并且提到亚历山大是受到一名娼妓的煽动；阿里安则认为这项行动是为了报复过去波斯人对希腊的蹂躏。

库尔提乌斯兴致勃勃地叙述亚历山大与亚马逊女王（Queen of the Amazons）私通的故事（6.24—32）。阿里安没有这方面的描述：托勒密与亚里斯多布鲁斯并未提到这点，而且无论如何当时已没有亚马逊人，虽然他们一度存在（7.13）。一般而言，阿里安的描绘比较具有政治色彩，但他也提到亚历山大的弱点，并且哀叹他采用了波斯服饰与风俗，虽然阿里安了解当中蕴含着政治考虑。阿里安也认为亚历山大的野心太大，库尔提乌斯则着重他的人性弱点。对于亚历山大宣称自己是神的后裔，他们也提出不同的看法。阿里安认为这种说法或许是一种操作手法，但他不否认亚历山大是传说英雄赫拉克勒斯与佩耳修斯的子孙。库尔提乌斯则对亚历山大的主张含糊其辞，亚历山大认为自己是埃及神阿蒙的子孙，在希腊，阿蒙被视同为宙斯，库尔提乌斯自然称其为朱庇特。亚历山大要不是自己相信，“就是希望别人相信”他的祖先是神（4.7.8）。阿里安与库尔提乌斯都认为，亚历山大将自己塑造成祖先阿喀琉斯的类型，但他自身的性格有一部分原本就是如此。根据阿里安的说法，亚历山大从幼年开始就将阿喀琉斯视为对手（7.14），不过只有库尔提乌斯提到一则故事，他带着无法苟同的语气说，亚历山大曾仿效阿喀琉斯处置赫克托耳的手段，拖着他的死敌贝提斯（Betis）的脚后跟，绕行加萨城一圈（4.6.29）。阿里安也说了一则亚历山大造访特洛伊城的故事（库尔提乌斯的描述没有这一段），亚历山大把自己的盔甲献给神庙，却取走从特洛伊战争以后就保存在那里的武器。此外，据说亚历山大在阿喀琉斯坟上献上花圈，而帕特罗克洛斯（Patroclus）的坟则由他的朋友赫菲斯提昂献花（I.12）。

这两位史家的细微差异也表现在他们对亚历山大穿过埃及沙漠前往阿蒙神庙旅程的描述上。阿里安对神庙所在的绿洲的自然现象有着科学兴趣（3.4），并且记录亚历山大愉快地接受了神谕（阿里
63 安补了一句，“或者这是他自己说的”）对其问题提供的满意答复，这个问题显然是：他是否注定成为世界的统治者。库尔提乌斯认为亚历山大可能利用旁人的轻信而进行操弄，但他也暗示亚历山大因这些手段而影响了自己与一些具有独立思考能力的马其顿追随者的关系，不过库尔提乌斯仍同意一句老话，这句话出现在先前的波里比阿与李维的作品中：“要控制群众，没有任何事物比迷信更管用。”（4.10.7）他对亚历山大造访阿蒙神庙的描述（4.7）较不科学，但比阿里安来得详尽生动。他也提到绿洲的水具有独特性质，据说它在正午时分沁凉无比，在午夜时分却开始沸腾，另外，他还描述神谕仪式的一些有趣细节：

> 被当成神明来崇拜的形象，不像一般所看见的艺术家描述的神祇；它像极了肚脐，由一颗绿宝石和其他宝石组成。当有人祈求神谕时，祭司们携带祈求者的问题坐在镀了金箔的船上，

> 船的两旁悬挂大量的银杯，已婚与未婚的妇女跟随其后唱着不成曲调的歌，他们相信借由这种方式，可以从朱庇特身上得到绝对正确的解答。（4.7.23, 24）

希罗多德应该会喜欢肚脐，但或许会对神谕的真实性抱持较为审慎的态度。阿里安似乎不愿承认亚历山大的迷信串谋，但从各种对亚历山大的一般共识来看——热切、粗心、冲动、对自身的血统与命运存在着幻想——串谋的可能性相当高。在两位史家中，阿里安似乎比较可靠：他吹毛求疵，避免描述一些想象情节，而他的描述也较为冷静、理性。这种方式是否最能了解亚历山大的心态，我们不得而知，也没有最终的解答。

亚历山大的各种传统留给后世统治者渴望的形象遗产与原型，
并令雕刻家和画家趋之若鹜，即便这些传统彼此之间不完全兼容。
（普鲁塔克或许是他们的主要媒介；库尔提乌斯在中古时代之前一
直受到忽视。）恺撒与奥古斯都（即屋大维）都曾造访亚历山大的
陵寝，正如亚历山大曾造访阿喀琉斯之墓。亚历山大的形象是英俊 64
挺拔，如神祇般年轻的世界征服者，此影响了青年奥古斯都与青年
拿破仑的肖像学。雅克—路易·大卫（Jacques-Louis David）画的
拿破仑于阿克（Acre）医院探望生病与受伤的士兵图（他即将遗弃
这些士兵），结合了三种图像：亚历山大在格拉尼库斯河战役（battle
of Granicus，阿里安，I.16）后探视受伤的士兵，基督治疗病人以
及拿破仑本人。讽刺的是，日后拿破仑的俄国对手竟然就叫亚历山
大。安东尼与克莉欧佩特拉之子也叫亚历山大。亚历山大大帝在东
方与西方留下永恒的传说遗产，他无须羡慕阿喀琉斯，因为：

> 成为国王，
> 骑马凯旋穿过波斯波利斯，
> 岂非十分美好？

（马尔洛，《帖木儿大帝》〔*Tamburlaine the Great*〕II.v）

我们提到的这两位亚历山大史家是在事件发生后四百多年才进行写作，因此作品不可避免带有一点结语的性质，而由于他们所引用的史料如今都已亡佚，唯有透过他们的描述，我们才能完整表达对早期史学而言相当重要的主题：希腊与波斯世界的相遇。接下来要思考的伟大主题仍由希腊作家担纲，我们必须回到公元前二世纪，也就是描述罗马兴起最早的几位史家。

第二部分

罗马

第 4 章

波里比阿：普世历史、实用历史与罗马的兴起

波里比阿是出身上层阶级的罗马化希腊人，他于公元前二世纪 67
中叶开始撰述有关罗马逐渐兴起进而支配全地中海的故事，而其写作主要是为了他的希腊同胞。波里比阿的关注焦点不可避免地放在罗马与迦太基为争夺西地中海霸权而进行的长期斗争上，但他的历史也包括了罗马成功将权力延伸到马其顿与希腊的过程。波里比阿的描述涵盖了公元前 264 到前 146 年这段时期。而从公元前 264 到前 241 年，即第一次布匿战争期间，只能算是波里比阿作品的前言。波里比阿历史的核心是第二次布匿战争，或称“汉尼拔”战争（以迦太基将领之名命名），时间是公元前 218 到前 202 年。波里比阿是罗马将军西庇阿的朋友兼参谋，西庇阿最后在公元前 146 年消灭迦太基，不过那时波里比阿已返回故乡希腊。罗马兴起意味着世界政治的重心自此不可逆地从希腊、马其顿与小亚细亚转移到罗马，而波里比阿著书的目的就是要告诉他的同胞，罗马已掌握了世界的权柄。

波里比阿于公元前三世纪末（确切日期不详）生于伯罗奔尼撒的梅加洛波利斯（Megalopolis）。公元前 167 年，他与亚该亚（Archaean）地区其他的希腊贵族一起被送到罗马当人质，他在罗

马逐渐受到重用并拥有举足轻重的地位。如同其他著名的流亡史家，诸如修昔底德、色诺芬与后来的犹太史家约瑟夫斯（Josephus），波里比阿因为流亡而得以从各种角度观察事物。他在晚年时返回希腊，故乡民众感谢他为希腊与罗马主人斡旋；他约在公元前 118 年去世，
68 人们为了纪念，为他竖立了雕像。波里比阿不只是跨足两个世界的人物，他也和其他卓越的上古史家一样扮演着公众人物的角色——他自豪地以为，身为公众人物有助于他的历史工作。更难得的是，他的公众事业也相当成功。

乍看之下，波里比阿似乎是集各种风格于一身的史家。最明显的是，他经常认为史家的任务与方法必须既真实又实用，娱乐不在考虑之列。他效法的对象是修昔底德：他指责之前的史家菲拉克斯（Phylarchus）在叙事中夹带想象装饰，借此引发读者的同情与怜悯。波里比阿宣称："史家不应以充满感情的描述打动读者，也不该如悲剧诗人般，试图呈现可能传达过的话语（波里比阿显然避免引用直接的言词），他的首要任务就是精确记录实际发生之事。"（II. 56）唯有做到真实，历史才能产生功用。历史是透过替代经验来学习，历史教训是从已发生的事物推论出未来行动的方针。波里比阿经常以直接对读者说话的语气进行陈述，从这点看，他反而像极了希罗多德，而非修昔底德。尽管如此，波里比阿与希罗多德的影响却大相径庭：波里比阿呈现的不是希罗多德那种令人深信不疑的对话内容，而是坚定的道德说教、耳提面命的教诲关切，这些是他在叙事中传达的不应被忽视的历史教训。

此外，在提到波里比阿"修昔底德式的"对历史功用的坚持时，我们往往忽略了他所选择的主题。虽然波里比阿的作品核心是"汉尼拔"这场大战的叙事，但整体而言，他的历史作品似乎带有一种希罗多德式的广度与无所不包的野心。波里比阿既无希罗多德的史诗才华，也无希罗多德的娱乐价值，他的才气亦不及修昔底德——有谁及得上修昔底德呢？但这些均无碍于他作为两人的继承者。波

里比阿曾严词批评专论性的历史，亦即只研究单一主题的历史，与
普世性的历史形成对比。然而政治与军事史却占了他写作篇幅的绝
大部分，而且根据的是旅行与直接或间接的目击证言。他对尺度的
坚持反映出他所认定的世界变迁的样貌：当前的世界史，其中心主 69
题就是罗马的兴起，凡是偏离这个主题的历史必然渺小而褊狭。对
波里比阿而言，专论性的作家必定迫不得已诉诸文字的生动装饰以
掩盖主题本质的匮乏（VII.7）。波里比阿在提到他的主题与历史的
统一性时，显然借用了亚里士多德戏剧三一律的概念："世上一切
已知的领域如何、何时与为何归于罗马支配之下，这些事件应视为
单一的情节与场景，有着可辨识的开场、固定的表演时间与公认的
结局。"（III.1）

如同其他的上古史家，波里比阿寻求并且找到了当时"最伟大的"事件作为历史主题。但这个事件不可能是专论性的，因为对波利比阿而言，该事件的表演场是整个已知世界。它是普世的历史；这个历史类别首次被提出，但它的普遍流行还要等到很久以后，特别是中古时代，也就是基督教提出普世主题之时。

> 我的历史具有某种特殊性质，它关系着我们身处时代的非凡精神，而这正是我的历史主题。正如命运女神操纵着世上一切事物走上同一方向，并且迫使它们汇聚于单一而相同的目标上，史家的任务因此要以纵观全局的观点向读者呈现命运女神如何实现她的全盘计划。正是这种现象从一开始便吸引了我的注意。（I.4）

波里比阿能够写出一部以目击资料为基础的普世史，是因为他以罗马兴起成为世界的支配者为主题，而这个主题对他来说又是最近才刚发生的事件，所需的时间尺度相对较短。例如，波里比阿不同于他的接续者李维，李维也追溯罗马的兴起，但波里比阿并不尝

试将叙事拉回到罗马城建立之时，而且他对这类古物研究抱持着轻蔑态度（XII.25e, i）。罗马对意大利邻邦的征服（这构成了李维作品的第一部分）被视为理所当然，而罗马与凯尔特高卢人的相遇却受到更多关注，因为波里比阿认为他们对罗马日后的世界角色是项试炼。不过，如波里比阿所强调的，罗马崛起成为世界强权的过程其实相当快速，时间不到一个世纪。因此，波里比阿的历史既能在
70 规模上做到无所不包，回溯的时间又能不超越今人的记忆范围。

波里比阿是希罗多德与修昔底德的继承者，为了便于说明，我们做了相当的简化与省略。希罗多德与修昔底德有许多后继者，远超过我们所知。有几位史家尝试延续修昔底德的历史，其中一位是色诺芬，我们曾经介绍过他。然而波里比阿只提过修昔底德一次，并且从未提到希罗多德。就一名上古史家而言，波里比阿并不吝于提及之前的史家姓名，这些人的作品早已亡佚，若不是波里比阿在作品中提到他们，我们不可能知道这些史家的存在。一如以往，波里比阿在提及这些史家时总是充满批判，有时还带着谩骂之词，尽管如此，这些说法仍相当珍贵，因为它们挖掘出一度丰富但如今已然失落的史学世界一角。虽然波里比阿对其他史家相当挑剔，但他显然知道历史写作是一份持续性的工作，就某种意义来说，它甚至是一件需要分工合作的活动：他提到，他深信自己万一在完成作品前死去，他的历史必将由其他史家接手完成。当然，这说明了波里比阿认为自己的主题伟大到让人无法忽略，但也显示他对史家社群的敬意。

波里比阿提到的前辈有蒂迈欧（Timaeus，在第十二卷有长篇讨论且不乏辱骂之词）、埃佛鲁斯（Ephorus）、菲拉克斯、提欧彭普斯（Theopompus）、阿拉图（Aratus）、菲利努斯（Philinus）与罗马史家法比乌斯·皮克托（Fabius Pictor）。他们的作品如今都已亡佚，但对波里比阿而言，他们从事的史学领域是他试图开展的，他在一些事例上也明显遵循他们的做法，虽然其中带有批判。他急

切地主张这些史家未能适切掌握史学的契机，唯有他的作品才是真
正的开创之作：“虽然有许多史家处理孤立的战争以及相关的某些
主题，但就我所知，没有人从概括与综合的角度来检视事件：事件
何时发生，基于什么原因而起，如何造成最后的结果。”（I.4）我们
对这些作者所知甚少，波里比阿是唯一的史料来源，一般而论，他
的说法也言之成理。然而，人们很容易对上古史学产生一种错误印
象，忽略了其中绝大多数的作品并未流传至今，这是为什么即使波
里比阿对这些史家充满负面看法，其记录仍值得我们参考。希罗多 71
德、修昔底德与色诺芬由于早年获得的权威与人气而流传至今，这
确保了多样的抄本，使他们的作品在往后数个世纪继续流传。我们
可以合理相信其内容大致仍维持原貌；无论在亚历山大还是在后来
的拜占庭，上古时代的图书馆员们展现了高度的鉴赏品味。但是名
不见经传的史家则罕能维持作品完整，大部分不是亡佚，就是仅剩
节录或摘要本。抄写者考虑的是读者兴趣，而非保存史料。即便是
李维，身为罗马史家，波里比阿的主要对手，但他的作品也只剩下
断简残编。

作品的亡佚或残存容易给我们一种过度化约与扭曲的印象，以为上古世界的历史作品之数量与种类仅仅如此。修昔底德的历史是政治与军事史的专论，是一部强而有力的作品，而且某种程度上可能贬抑了希罗多德的声誉，他对希罗多德仔细记录的民间传说缺乏兴趣。尽管如此，修昔底德的历史在上古时代并非毫无批评，也非唯一的仿效对象。即使以修昔底德的例子为根据，我们认为上古史学很少使用文献记录，但以此认定罗马史学亦是如此则过于浮夸。爱国主义、对古代罗马法的尊崇以及对家族荣耀的重视（法比乌斯·皮克托是罗马初期史家之一，也是伟大的法比乌斯家族成员），这些罗马特质只稍稍反映在希腊人对族谱、城市的建立与乡土编年史的兴趣上。稍后讨论李维及其先驱时，我们将回到这个论点进行讨论：李维作品的名称《罗马建城以来》（*Ab urbe condita*）清楚

说明了他大胆且蓄意的反修昔底德主张。

如果我们想评估波里比阿的原创性以及他可能的学习对象，就必须了解波里比阿的前辈。我们要特别留意“普世史”这个类别，以及波里比阿之前的史家写出何种普世史。就我们的标准来看，这些史家写下的普世史，如我们讨论的希罗多德时代的爱奥尼亚史
72 家，似乎混合了地理学、民族志、起源传说与历史，我们现在或许会称这种历史类别为“区域研究”。我们关注的主要是地中海盆地，尤其是西地中海地区。波里比阿当然知道波斯帝国曾往东延伸到极远之地，并且以世界帝国自诩，而亚历山大帝国是它的继承者；但对他而言，亚洲的盛世早已“结束”。罗马及其往南与往东的扩张，才是目前正在进行的世界史。

波里比阿轻视前人的努力，认为他们（菲利努斯、法比乌斯、埃佛鲁斯与蒂迈欧）在处理西地中海与希腊的问题上，未能写出一部统一的历史，反而提出分裂无序的邻近诸国史事，缺乏有组织的主题（I.4）。其他史家也受到各种不同的轻蔑：菲拉克斯写的是生动的虚构故事，希腊史家提欧彭普斯以不庄重的语言描述马其顿的秽乱宫廷。波里比阿显然是所谓“历史的尊严”（以十八世纪英格兰的说法为例）的坚定支持者（VIII.10）。总之，之前的史家未能掌握罗马兴起的重要意义，以及这项重大事件提供的新史学契机。人们终于能有机会写出一部普世史，波里比阿的目标就在于此：“由此观之，历史成了一个有机的整体：意大利和非洲的事务与亚洲和希腊的事务联结起来，所有的事件构成一个关系，并且朝向单一的目的前进。”（I.3）波里比阿的语气就像一位胸怀愿景的史家，他在当中找到了自己毕生的志业：“正如命运女神操纵着世上一切事物走上同一方向，并且迫使它们汇聚于单一而相同的目标上，史家的任务因此要以纵观全局的观点向读者呈现命运女神如何实现她的全盘计划。”（I.4）希腊人必须了解发生了什么事，方能学习如何生存于罗马世界。

波里比阿说，他以罗马人首次横渡海洋（到西西里）的时刻作为开场前言。他也暗示，这么做其实背后还有其他原因，因为这个时间点刚好接续蒂迈欧历史结束的时间，“也就是第一百二十九届奥林匹克运动会”（公元前 264—前 260 年）（I.5），而波里比阿的 73
历史开始于第一百四十届奥林匹克运动会（公元前 220—前 216 年）。波里比阿也在希腊编年史上标示出罗马在意大利建立权力的起点，特别是伯罗奔尼撒战争的结束与斯巴达的式微（I.6）。罗马人坚定地与萨谟尼安人（Samnites）及凯尔特人在意大利战斗，并于公元前 280 年成功击退伊壁鲁斯王皮洛斯（King Pyrrhus of Epirus）的入侵而称霸意大利。之后（第二卷），波里比阿相当不寻常地探讨其他不相干的主题：考察意大利北部与阿尔卑斯山南部高卢人的地理与民族。

西西里是罗马人首次与迦太基人发生冲突的地方，因此波里比阿叙事中比较详尽的部分，便以第一次布匿战争事件作为起点。他一如以往地主张自己主题的伟大，无论是布匿战争的漫长与变化无常，还是双方实力相近僵持不下。这两个国家“仍（后面提到‘日后’两字，隐约暗示波里比阿抱持着保留的看法，对此我们必须重新加以讨论）有着未腐化的风俗与制度”且“两个国家都受到命运女神有节制的眷顾”，而这将是波里比阿的另一个主题，日后将对此再作思量（I.13）。波里比阿又说，两位被视为权威的史家法比乌斯与菲利努斯，都对罗马与迦太基抱持错误的偏见。他想纠正这些偏见：“如果历史真实遭到剥夺，我们只剩下无用的故事。”事实上，波里比阿显然紧随法比乌斯与菲比努斯的做法（I.13, 14）。虽然罗马与迦太基的战争构成波里比阿作品的叙事核心，但他也意识到普世史加诸的责任：“我将致力于描述一切已知世界发生的事。”（II.37）因此，波里比阿也处理希腊事务，而当时希腊正由两个敌对的城邦同盟所支配，一个是亚该亚同盟（波里比阿是亚该亚人），另一个是埃托利亚同盟（Aetolian League）。罗马借由入侵伊里利亚（Illyria）

而卷入希腊事务之中，而伊利里亚当时正与埃托利亚人发生冲突。随着第二卷的终了，波里比阿完成了他的前言，并且准备进行他的伟大主题："世上一切已知的领域如何、何时与为何归于罗马支配之下。"

74 我们不得不佩服波里比阿在历史事业上的野心，而且基本上他也是正确的：罗马力量的成长在当时已是明显的事实。然而我们也必须坦承，波里比阿在短时间内故意转换焦点，从希腊到马其顿，从埃及到西班牙，目的是为了完成以编年形式书写世界史的计划，但这种做法却造成断裂，并且使不熟悉这段历史的人一头雾水。实际维持这部作品的，除了布匿战争的中心叙事外，是波里比阿的个人风格：他将精神贯注在因果、比较、构成要素、经验教训与命运影响上，并且将这些要点结合在"实用历史"的大旗之下。作为历史叙事，波里比阿作品的强项在于它对军事历史的处理，若说这是得益于某些已经亡佚的战术作品也不令人意外，而这也构成其作品的主要部分。不同于其他上古史家，波里比阿讲求精确与分析，而且让人信赖。布匿战争叙事的核心是迦太基将领汉尼拔长期入侵意大利，而波里比阿对于汉尼拔的非凡事业与卓越将才也给予崇高的敬意。

如我们所见，波里比阿遵循修昔底德的看法，反对历史写作仅是为了娱乐。例如，他严词批评菲拉克斯的叙事充满生动想象的细节：

> 为了激发读者的怜悯与同情，他描述妇女彼此紧挨着拉扯头发与裸露胸部，此外他也刻画了男女老少沦为囚徒时悲伤啼哭的场景。（II.56）

波里比阿是专业史家的原型，他依循严谨的历史真理之路。（想必在这条道路上，总是充满着菲拉克斯与波里比阿这两种类型的人物。）我们可以看到他的叙述中有不少这样的例子，尤其是在严峻的时刻，例如汉尼拔的军队翻越阿尔卑斯山这段历史上最著名的插曲（III.47—55）。波里比阿认为，舌灿莲花的史家经常自相矛盾，他们一方面为汉尼拔喝彩，说他是伟大而富远见的将领，另一方面又不得不戏剧化地描述汉尼拔在翻越阿尔卑斯山时受困于艰险之 75
中。为了破解矛盾，这些史家将神意带进“理应属于事实的历史之中”。波里比阿似乎一心想证明汉尼拔善于计算，认为他的成就完全出于人力而非神明所为。波里比阿告诉我们，他曾亲身进入阿尔卑斯山区以得到第一手的经验。不过在他陈述几个段落之后，我们看到山崩造成道路中断，驮兽掉落断崖，骡子与马匹在雪堆中动弹不得——这些全是生动的历史舞台道具。对于身为史家的波里比阿而言，这些形象的描述或许不算是一种堕落，而是一项证言，用以说明军队要翻越阿尔卑斯山，无论有无大象，一般的后勤补给都会遇上很大的困难：有时候历史就是会有生动的一面。

另一个戏剧化的时刻或许也是如此，亦即迦太基攻占他林敦，波里比阿公允地描述这个事件：内奸在城内渺无人烟的墓地（这点很不寻常，在上古时代，墓地居然是在城内）点火为号；罗马军官饮酒狂欢；在城的另一边，守卫认识的年轻男子带着一头大概是他猎得的野猪进城，他后面跟着迦太基士兵；他林敦人的恐慌与罗马人的屠杀（VIII.24—30）。（李维的描述在猎捕野兽回城这个诡计上着墨较多，但欠缺戏剧性〔XXXV.8—10〕。）波里比阿无疑地也借由诡计来陈述这段攻城史事，但他将诡计与令人兴奋的情节巧妙地结合在一起。

波里比阿深谙战术与武器，也明白它们对军事胜败的影响，他在自己的历史作品中以完整的章节（VI.19—42）系统而广泛地描述罗马军队的组织、战术与装备；这个歧出的主题在文艺复兴时代大受欢迎。他对相关技术细节的重视也显现在别的章节，例如在西西里海战中，他详细描述罗马人发明的攻击武器“乌鸦”，这种固定在船头的武器在战场发挥决定性的效果（I.22—23）。他也赞扬数学家阿基米德发明的精巧装置击退了围攻叙拉古的罗马军队（VIII.3—
76 6）。（然而李维提到，当叙拉古陷落时，阿基米德正在沙上画图，一名罗马士兵杀死了他。）波里比阿对罗马人遭遇北意大利凯尔特战士的描述，提供了对各种武器与战术的完善研究。罗马标枪用来对付高卢人相当有效，部分原因出在高卢人的盾牌防护不良：

> 高卢人使用的盾牌无法遮蔽整个身体，所以这支军队赤裸的高大身躯便成了罗马标枪的明显目标……罗马的盾牌——我该做些解释——更利于防御，他们的剑也更利于攻击，因为高卢的剑只能用来劈砍而不能用来突刺。（II.30）

高卢的剑还有容易弯曲的缺点，"除非战士们有时间以脚踩剑用力将其扳正，否则第二击根本没有杀伤力"（II.33）。对军事硬件与特质的专家来说，波里比阿的描述极为详尽清楚。他对特拉西米尼（Trasimene, 公元前 217 年）与坎尼（公元前 216 年）这两场关键战役的描述令人信服，没有明显的夸大或装饰修辞；这两场战役是汉尼拔军队得以在意大利立足的关键。值得一提的是，当波里比阿如人们预期的提到将领们对士兵演说的要点时，他用的是间接的讲词。然而，一字不漏完全引用讲词的情况愈到作品末尾数量愈多，也就是波里比阿愈来愈接近事件发生的时间，乃至于可能参与其中的时期。

波里比阿的缺点，至少对我们而言，不是过度的修辞，而是简洁。他的信条是历史必须为有用而写，他喜欢为他的战争叙事添上建议，如同对政治事务提出建言。我们必须坦承，他的看法有时是陈腐的，甚至是赘述。波里比阿要我们相信人性是不可靠的（II.7），我们不该仰赖命运女神永远的眷顾（I.35），带兵的将领若是懦夫或蠢蛋，必然造成毁灭性的后果。赘述的倾向可以从以下的说法得到例证，如“鲁莽、过于大胆、盲目冲动、虚荣或愚蠢的野心”都是予人有机可乘的弱点，波里比阿似乎无视于用词的选择早已决定了结果（III.81）。比较有趣且不陈腐的格言，则使人忍不住想替他冠 77
上时代倒错的形容词：“马基雅维利式”。例如，波里比阿对于两种逆来顺受的人所做的区别，一种是屈服于环境，另一种是哀莫大于心死。后者可以信任，前者不可（III.12）。另一句格言是，胜利后的仁慈，如西庇阿的做法，才是好策略（X.36）。更庸俗的“马基雅维利式”做法，是他支持西庇阿以迷信激励士气（X.11）。波里比阿支持宗教为政治服务的做法不是偶然：这正是他赞美罗马的原因之一。

我们已经看到，对波里比阿而言，历史最重要的是真实，唯有以真实为基础，才能从中提炼出经验教训——无痛的教训，不同于直接的体验——而这些教训构成了历史的用途与理由。波里比阿的作品散见许多他对史家任务的理解，但最完整的描述出现在第十二卷，可说近乎痴迷地苛评其他史家的错误，尤其是针对蒂迈欧。这些攻击令人感受到波里比阿心胸之狭窄与酸腐之学究气息，但整体而论却也呈现出当时的历史态度。根据波里比阿的说法，蒂迈欧饱览群书：“他忽略第一手研究，而这才是史家最重要的责任。”由于史家无法亲眼见到一切事物，他能做的就是尽可能询问更多的人，并且判断对方话语的真假。然而，蒂迈欧深陷于梦想、预兆与其他迷信之中。在记下将领与政治家演说的同时，蒂迈欧已预先决定什么是该说的，并且将其组织成想象的讲词，仿佛他进行的是修辞的习作：“他既未记下实际的讲词，也未写下合乎原意的演说。”

蒂迈欧在雅典已接触过其他史家的作品，认为自己掌握了写史的材料。他属于那群经常出现于图书馆，并且埋首于回忆录与记录的史家。根据波里比阿的观点，套用卡莱尔的话来说，蒂迈欧是“枯燥无味的学究”史家。文献史料有一定价值，但不完全适合用来书写最近事件的历史（XII.25e），因为当代的历史需要，以波里比阿 78

的话说，“实际参与这些事件的人的说法”。没有经验的人，无论是文职或武事，不了解实际事务，便无法为他人指点迷津。“对于一个没有上过战场的人来说，要将军事行动写得精彩是不可能的，同样的，一个从未参与政治或见识政治场面的人，不可能处理好政治主题。”（XII.25h, g）因此，文献研究对史家的重要性只能居于第三位，排在相关地志学知识与实际经验之后。蒂迈欧并未亲眼目击事件，他“比较喜欢靠他的耳朵”，而使用耳朵是比较差的方法——而蒂迈欧又以更差的方式运用他的耳朵；“要不是透过阅读，就是借由检视目击者”来学习，蒂迈欧却选择了前者（XII.27a）。（比较有趣的是，波里比阿认为阅读是透过耳朵接受信息。）波里比阿并非全然鄙视文献，例如他发现汉尼拔用来铭刻迦太基军情的铜盘：这是另一种形式的目击证言，“我认为这份证据绝对有其价值”（III.33）。

对波里比阿而言，历史与实务经验者之间的关系是互惠的。后者造就出最好的史家，以此而论，最能从实务中学到东西的人往往深谙历史教训。波里比阿是我们所知第一位公然将历史视为政治事业训练的人，虽然他认为这是普遍的说法。他说，所有史家都相信“从最真实的意义而言，历史研究既是政治事业的教育，也是训练，要学习如何忍受命运女神的威严与摆布，方法无他，就是以他人遭受的灾难来提醒自己”（I.1）。

就其最关切的因果关系与罗马兴起这项有待解释的中心事件来看，波里比阿历史作品的两个面向“普世历史”与“实用历史”彼此并不冲突，而且还互补。唯有大尺度的比较历史，才能提供因果
79 研究所需的比较样本，这就是穆勒（J. S. Mill）所谓的“差异法”（the method of difference）：根据波里比阿的说法，“到目前为止，历史写作最重要的部分在于思考事件的结果、事件发生的环境，以及事件发生的原因……而这些全要从通史的角度加以辨识与理解”，光凭专论研究是办不到的（III.32）。

波里比阿比较了医疗实务的观察方法，并且在第二次布匿战争爆发之际对战争的开始、理由与原因做出区别。事物的原因形塑了目的与决定，而事物的开始是将目的与决定付诸实行（III.6）。为了追溯原因，波里比阿将首要重点放在法律与制度的影响上，尤其是（以罗马的例子而言）政治体制方面，这是他整本书的核心所在（VI）。在与迦太基人艰苦的长期斗争中，罗马人的爱国主义、决心与坚定的特质受到最严厉的试炼。在关键时刻给予他们最大优势的，不是物质资源而是道德特质。这些特质是罗马的法律与制度培养出来的。罗马风俗是公众精神的温床，例如，为了荣耀杰出人士而举行的葬礼仪式与演说：“很难想象有比年轻人渴望赢得名声与实践美德更令人印象深刻的场景。”（VI.53—54）“美德”（Virtue）总是意味着公共的美德，身为一个男人（vir）该有的特质。波里比阿提到闻名的荷累喜阿斯（Horatius）在桥上牺牲自己逐退罗马敌人的英雄故事。这段插曲也见于麦考莱（Macaulay）的《古罗马诗歌》（*Lays of Ancient Rome*）中；李维也提到这个故事，不过在他的叙述中，荷累喜阿斯并未身亡。这位荷累喜阿斯是独眼的荷累喜阿斯，不同于另一位普布里乌斯·荷累喜阿斯（Publius Horatius），后者的故事激励雅克–路易·大卫画了《荷累喜阿斯兄弟之誓》（*The Oath of the Horatii*）。如我们所见，透过公开宗教仪式来操纵迷信是波里比阿赞许的：这么做可以“让罗马团结一心”，因为群众只能以神秘的恐怖加以控制。在罗马，宗教事务被“奉为神圣，而且经常涉入公共与私人生活，其重要性无与伦比”。对波里比阿来说，信仰与仪式的引进是“古代人”明智的政治措施，现代人拒绝这些 80
做法要甘冒很大的风险（VI.56）。

罗马在坎尼遭受汉尼拔的挫败后几乎一蹶不振。根据波里比阿的说法，唯有靠着罗马体制“特有的美德”，才使它得以攻克难关（III.118）。罗马体制正处于全盛时期，以波里比阿的话来说是“高贵的景观”，相反的，迦太基人的体制已处于衰颓，亦即变得更民主。

在亚里士多德之后，尤其是文艺复兴时期到十八世纪的强盛恢复期，波里比阿成为三类型政治体制观的权威，他主张三种政治体制的循环：从纯粹形式沦为腐败形式（君主制变成僭主制，贵族制变成寡头制，民主制变成暴民统治），而后改正为原先的对立形式。波里比阿认为这个循环可以借由三个要素间的均衡而中止，或至少中止一段时间，这个观点在十七、十八世纪的英格兰特别流行；对当时的英格兰人而言，波里比阿的观念引起他们的共鸣，亦即罗马人达成均衡不是借由论证而是借由试误（VI.10）——英格兰辉格传统不厌其烦地强调英格兰这个有别于法国的特色。

波里比阿认为，虽然罗马体制在第二次布匿战争仍处于极盛期，但均衡及其伴随的腐败这两者密不可分的特征却令人忧心。波里比阿认为罗马帝国还没到衰亡的时候，但罗马的体制“将会自然演化而趋于腐败”，因为“每个体制有着固有而密不可分的邪恶”（VI.9, 10）。波里比阿在一段特别悲观的文字中表示，在特拉西米尼与坎尼两次惨败之前，衰败的迹象已逐渐显示在煽动的政治情势中，导致庸懦将领的上台，并且往民主元素倾斜，“这是罗马人民主化的第一步”（II.21）。

煽动群众是一种腐败与衰退的症状，它直接关联着循环理论。这两种症状还有其他比较传统的征候：奢侈，通常与异国影响有关。
81 如同希腊人责怪波斯人，罗马人，特别是罗马初期严肃的道德家与史家监察官伽图，也责怪希腊人。波里比阿支持这个观点。当马其顿的富家大族被迁到罗马之后，奢华与夸饰就成了征服与帝国的代价（XXXI.25）。过度富足是一种危险。傲慢这个古老概念——希罗多德曾经提到，以富裕闻名的克洛伊索斯王因傲慢而失败——似乎使借由贸易与征服而致富的纯朴农业社群开始感到忧心。这种忧虑流传到十八世纪，鼓舞了爱德华·吉本对罗马帝国的衰亡进行描述，他的作品足以媲美比他早两千年的波里比阿；而文艺复兴时代的史家，特别是马基雅维利，从罗马史家萨拉斯特（Sallust）与李维的作品得出这样的忧虑。奢侈与贪污造成政治败坏，这项结论成为十八世纪英格兰反对言论的主要说词。同时，不出人意料的是，从文艺复兴到十八世纪也是波里比阿影响欧洲历史与政治思想的巅峰时期。

波里比阿如果曾思考过罗马衰亡的原因，应该会认为罗马的衰亡不仅如他遥远的后继者所主张的，在于奢侈、腐化与体制失衡，也源自如他认为的罗马兴起的原因，亦即命运女神的摆布。我们可以确定这点，因为凡是大规模的历史发展，波里比阿必定归咎于命运女神：思考历史发展的原因一直是波里比阿的兴趣。命运女神决定而且导致罗马对世界的支配。命运女神“操纵着世上一切事物走上同一方向，并且迫使它们汇聚于单一而相同的目标上”。罗马的胜利是命运女神的杰作，她过去从未“穿戴过如此的展示品，这是我们有生之年从未见过的伟业”，也是“最卓越与值得我们思索”的一项成就（I.4）。这种描述听起来像是宗教语言，事实上，波里比阿确实将命运拟人化成女神的模样。而命运也以女神的样貌在中古时代与文艺复兴大行其道。人们很自然将波里比阿的“命运女神”当成一种神佑。然而波里比阿也提到命运女神的行事凭借的是盲目的偶然。命运女神对事件的处置完全是独断专行。命运作为一种偶然，只能在人类殚精竭虑仍无法说明时，才能当成一种解释。波里 82
比阿说，将这类不可预见的偶然归因于“神祇或运气的影响”是合理的。但作为偶然因子的命运女神概念似乎无法计划与导致罗马兴起这么一个长期而广大的现象，罗马兴起一方面似乎不违背人类理性，因为波里比阿可以清楚说明它的原因；但另一方面似乎又违背了人类理性，波里比阿坦承，有时他认为布匿战争似乎只是险胜。我们必须做出如此的结论：波里比阿的命运女神概念本质上是矛盾的，虽然这个概念对他来说非常重要。

波里比阿想指导而非吸引他的读者。他是试图运用历史使其作为日后历史学科（或更常见的说法，政治学科）基础的史家。为了建构这类学科，十八世纪的学者还特别将目光转向波里比阿。从他渴望从历史中找到中心主题，想保持相对超然与精确，想从历史中汲取有用的教训来看，波里比阿比在他之后的伟大罗马史家（萨拉斯特与李维）更接近我们的思想年代，以萨拉斯特与李维而言，他们的重点是道德，而非波里比阿所谓的实用。因此，或许在现代读者心中，波里比阿并未获得太多共鸣，我们对热情甚至烦闷投入自身时代的其他上古史家，反而更能感同身受。我们有更接近自己的历史教训指导者：马基雅维利、孟德斯鸠、休谟、亨利·亚当斯。但波里比阿是他们的先驱。波里比阿对自身时代的中心主题——罗马的兴起，做了广大的描述，还具体表现出他的关切，这使他在史学史上一直居于显赫而特出的地位。

第 5 章

萨拉斯特：一座待价而沽的城市

萨拉斯特全名为盖乌斯 · 萨拉斯提阿斯 · 克里斯普斯（Gaius Sallustius Crispus），他于公元前一世纪四十年代初期写下为他树立名声的作品。他描述的时期是离他最近的历史。他的声誉建立在两篇几乎属于当代历史的短篇专论上；他也写了公元前一世纪七十到六十年代的通史著作，但这部作品如今只剩下断简残编。在上古世界与中古时代，萨拉斯特因其历史内容与著名的简洁风格而闻名于世，且历久不衰。塔西佗赞美萨拉斯特，如同萨拉斯特赞美修昔底德，而圣奥古斯丁也引用了他的作品。萨拉斯特卓越的名声建立在两篇并非最重要事件的短论上。 83

其中一个主题是公元前二世纪末发生在北非的殖民战争，对象是努米底亚国王朱古达（Jugurtha）。萨拉斯特照例主张其主题的重要性，说这场战争标志着罗马世界内部斗争的开始，但这是自圆其说的说法：与其说萨拉斯特因朱古达战争而出名，不如说朱古达战争因萨拉斯特而声名远播；萨拉斯特之所以被这场战争吸引，可能因为他自己正是半个世纪后的努米底亚总督。萨拉斯特的另一个主题是喀提林密谋以武力推翻（公元前 65—前 62 年）罗马执政当局，这个主题的确值得注意，它不仅因萨拉斯特而流传后世，也因西塞罗（他在当时的关键时刻担任执政官）的四篇著名演说而不朽。萨拉斯特认为这项阴谋代表对罗马共和国的重大威胁，而且是史无前例的邪恶与犯罪事业。当然，要是这项阴谋得逞，影响将非常深远；它是政局动荡与目无法纪的征兆，使公元前一世纪的罗马数度陷入内战。

84 萨拉斯特是这个动荡世界的政治人物，他年轻时对朱古达战争的记忆犹新。喀提林的阴谋是当代事件，萨拉斯特于事发二十年后描述此事。萨拉斯特是尤里乌斯·恺撒的门客，后者涉嫌参与这项阴谋，这个怀疑或许不尽公平，有人认为《喀提林的阴谋》（*The Conspiracy of Catiline*）是为恺撒脱罪而写的宣传品，但这个说法没有得到充分证据。虽然萨拉斯特完成的是两部个案研究而非连续性的描述，但他的作品介绍了公元前一世纪上半叶政治场景的重要人物，包括两位政治冒险家马略与苏拉，他们相继主宰罗马数十年，并且进行了无情的屠杀与放逐（宣告政敌是非法的）。两人都在朱古达战争中声名鹊起，萨拉斯特描述两人的生平，赞美他们的才能，并且痛惜他们日后的际遇。作品并未深入描绘西塞罗或庞培，庞培在《喀提林的阴谋》中只是边缘人物，但萨拉斯特却记录了恺撒的一篇演说与颂辞。

公元前一世纪，如当时史家普遍认为的，罗马共和国问题的核心在于金权政治的扩张，这种政治形态因不断征服而扩大，而且垄断了意大利大部分土地，利用奴隶来从事耕作。这种情况，加上共和国要求士兵——这些人理论上在役期结束后可以返回自己的农地——到远离罗马之地长期服役，导致民兵军事体系的瓦解。马略察觉到这个新现实，大幅降低服役的财产资格，事实上，他创造了一支庞大的专业化部队，并且仰赖指挥官来筹措军队的粮饷与退休金。这是务实的做法，却带来可怕的后果，当统率大军的各省总督成为半独立的军阀时，军队效忠的对象便转向各省总督而非共和国。

马略、苏拉与随后的恺撒其实都掌握了兵权，而庞培也威胁做出相同的事。在此同时，旧元老院精英（坚决维持自身的特权与垄断国家重要官职）与“新人”（马略是其中的代表，这些人以自己的能力开创事业赢得财富，并且憎恨旧贵族的高傲）间重大的政治嫌隙成为萨拉斯特叙述其时代的焦点。

萨拉斯特于公元前 52 年成为护民官，亦即平民的官方代表与 85
上层权威。他显然同情新人，而且在演说中，尤其是透过马略之口（*Jugurthine War*，85.10—48），雄辩滔滔地责难传统精英的贪婪自私。萨拉斯特的官运多舛，对照他频繁而热切地抨击公众生活的贪婪与低水平，无疑相当讽刺：他于公元前 50 年被人以不道德为由逐出元老院，但恺撒仍支持他。内战时，萨拉斯特在恺撒麾下任职，公元前 45 年，恺撒任命他为努米底亚总督，他在当地因敲诈勒索而恶名昭彰。恺撒遇刺之后，萨拉斯特退出政坛，成为一名非常富有的人。在序言中，他赞美自己的退休生活，高兴自己摆脱了公众的嫉妒、中伤与卑躬屈膝。他表示，真实的人生在于培养自身的知性力量与追求相称的名声；这里展现出他斯多噶式或者说是柏拉图式的高尚心灵。借由写史来描写伟大事功，这是最好的人生，与实际建功立业相比毫不逊色。萨拉斯特对于自己当下心灵之平静，以及自己的公正超然与跳脱腐败政局卑劣的政治发迹行径感到庆幸，而这也表现出真正的解脱，因为如今他已成为富人，但有时人们会感受到这位过气政治人物在指责中带有的苦涩或矛盾情结。

萨拉斯特与其他同时代的人都有着极悲观的看法：罗马共和国的道德陷入极度衰微。他公开赞扬监察官伽图的传统主义态度，并且提到伽图的曾孙（与伽图同名，52.8—53.4）曾经发表风格类似的有力演说。萨拉斯特成了一位具有高度影响力的批评者，他抨击奢侈与贪婪等恶行破坏了罗马昔日简朴与廉洁的美德，例如他反对像亚洲一样沉溺于雕像、图像与浮雕盔甲的爱好，认为这将败坏罗马军队（*Catiline*, 10.6）；他有关浮雕盔甲的说法颇令人信服。萨拉

斯特通常将重点放在自己显然相当清楚的事物上：当代公众人物的
86 性格与弱点，特别是他们受不了贿赂的诱惑。萨拉斯特仍具有昔日罗马公共美德的典型理想；此种美德的衰颓是近期的现象而且构成令人羞惭的反差。他对新风俗的刻画一般来说相当辛辣而准确，即使其中必定带点夸大。他的两篇专论将焦点集中在两个彼此相关但内容全然不同的政治恶行上，它们代表现实上无所不在的罪恶：《朱古达战争》中的贪污，《喀提林的阴谋》中作为贪婪表现的毫无原则的野心。

《朱古达战争》有两个面向：明显可见的军事行动，以及政治阴谋的隐秘运作；后者通常是决定性的因素，其运作的内容包括借由内奸捕获朱古达使战争得以结束。在明显可见的军事行动背后——通常是罗马人占上风，努米底亚人不得不采取殖民地战争特有的打跑战术——存在着第二种较不可见的竞争，这种竞争因罗马元老院议员与努米底亚廷臣的贪污而产生了微妙平衡。在萨拉斯特的描述中，事件过程经常是谁成功地收买了谁：这是一个个人舞弊影响公众事务的世界。朱古达，一位附庸国的国王，他获取王位的方法使罗马对他产生怀疑，而他成功买通了元老院，使元老院议员依照他的利益行事。萨拉斯特对此的评论是，“公益被私利所牺牲，这种状况经常发生”（*Jurgurthine War*, 25.5）。在此同时，罗马指挥官派人带回朱古达，他们买通朱古达的左右，与其结盟促其背叛朱古达。然而这些指挥官自己也免不了受到贿赂。对于被派往统率大军的执政官，萨拉斯特做了极具特色的评论，他认为执政官再怎么优秀，贪婪都将使其一无是处。一旦遭到收买，指挥官就会同意停战（28.2）。

在此，萨拉斯特选择了护民官当选人盖乌斯·梅密阿斯（Gaius Memmius）作为他的传声筒，梅密阿斯是一位著名的反贵族人士。萨拉斯特提到梅密阿斯发表了一篇演说，并且以惯常的语气说道：“他的说法大致如下。”梅密阿斯抨击贵族派系为了保护自身地位而滥用权势，并且以贵族的腐败作为他攻击的核心：

> 这些以国家统治者自居的人物是何方神圣？他们手上沾满鲜血，无恶不作。他们贪得无厌充满罪恶，尽管如此却自鸣得意，一切都能出卖：荣誉、名声、天性、情感，事实上每一种美德，以及每一项恶行，对他们来说都是获利的来源。（31.16） 87

梅密阿斯的演说反映了公元前 130 至前 120 年代发生的事件所残留的影响，当时的护民官格拉古兄弟曾采取激烈措施协助穷人，但却遭到谋杀；梅密阿斯也清楚提到这个事件。读者因此容易产生一种印象，认为萨拉斯特对于朱古达受到何种处置这类表面事件投入过多的热情，然而这点可以从当时紧绷的敌视贵族的气氛中得到解释。萨拉斯特将暴民对朱古达的怨恨归因于阶级仇恨而非爱国主义。这种相互的政治仇恨可说是《朱古达战争》的次要情节。萨拉斯特追溯仇恨的根源直至迦太基战败（公元前 146 年）。在缺乏外在威胁之下，有用的约束遭到解除。内斗是和平与繁荣的产物：

> 罗马共和国分裂成几个彼此攻伐的派系，并且随之产生各项恶行，这种现象源自数年之前，它是和平与物质繁荣的结果，而人们曾经视此为最大的赐福。在迦太基毁灭之前，人民与元老院和平地分享政府，而且适当地自我约束，市民不竞逐荣耀或权力；对敌人的畏惧保留了国家的良好道德。但当人民从这种畏惧解脱，繁荣最喜爱的恶行——放纵与骄傲，随之出现。因此，过去在灾难中长久渴求的和平与安宁一旦获得之后，反而比灾难时期带来更大的悲惨与苦涩。（41.5）

贵族滥用权力，人民滥用自由，“每个人都极力为自己巧取豪夺”。但贵族坐享优势：“人民承受军役的负担，战争的果实却被将领取走。”然而当这一天来临之时，“贵族掌权，他们喜欢真实的荣耀更胜于不义的支配：于是国家如同遭遇地震一般，因内争动摇了根基”（41.5）。萨拉斯特指的是遭寡头政权谋杀的格拉古兄弟。在
88 他们遭受政治谋杀与放逐之后，这些不妥协的贵族注定活在恐惧之中。读者看完不禁感受到，诉诸极端使得事物毫无转圜余地；这令人联想起修昔底德对科西拉内部秩序崩溃的描述。

梅密阿斯演说的结果是，朱古达被召回罗马，在此同时，朱古达还贿赂了留守努米底亚的罗马军官。他在罗马得到他收买的一名护民官的保护，因而免于被愤怒民众伤害。元老院命他离开罗马，他回头看着这座城市，感悟地大声说道：“那是一座待价而沽的城市，只要找到买家，它的日子屈指可数。”（37.3）

根据萨拉斯特的说法，这场对朱古达进行的斗争受制于相同的动机：贪婪。罗马指挥官奥鲁斯·阿尔拜那斯（Aulus Albinus）选择围攻朱古达积聚财宝的小城；人们觉得这项军事行动并无不合理。然而，朱古达成功贿赂了罗马军官，就连基层的百夫长也被收买，他借由罗马军队的叛变而取得胜利。新派往努米底亚的指挥官，也就是执政官梅特拉斯（Metellus），他不接受贿赂，这令朱古达大为意外。（读者也同感惊讶。）朱古达派使者前去贿赂，却中了反间计，使者反而被梅特拉斯所收买。梅特拉斯的接任者是马略，他于公元前 107 年被选为执政官；马略是位能干的指挥官，出身低微却素有野心。萨拉斯特曾赞美他的优秀特质（63.6），也曾惋惜他当上执政官后日渐高傲，尽管如此，萨拉斯特在《朱古达战争》（85.10—48）中引用他最令人印象深刻的一篇演说，用以对照马略的功绩与其他世袭贵族的特权，演说显示马略是个平易直率、贴近民众的人物，他的言语毫无故作优雅的毛病：

> 我无法为了让你们对我产生信任，而强调我祖先的肖像、胜利与执政官职。然而有必要的话，我可以展示枪矛、旗帜、

> 勋章与其他军事荣誉，更甭提我身上的伤疤——它们全位于身体前侧。这些犹如我的家族肖像与我的贵族荣衔，它们不像肖像、荣衔是传承而来，而是在无数冒险犯难中赢得。
>
> 我未仔细选择言词。我不认为言语技巧有何重要可言，真 89
> 正的功绩一望即知，无须言语装饰。我的对手需要演说技巧帮他们掩饰自身的浅陋。我未曾研读希腊文学；我对学问也无兴趣，学问对教授者的性格并无助益……他们说我粗鄙无文，因为我不知道如何举办优雅的晚宴，也不知道邀请演员来到桌前，或者不懂得聘请身价比我的农场管理员还昂贵的大厨……

马略在努米底亚是位成功的将领，但最后一幕的结局却是变节与马略副手苏拉的图谋。朱古达的盟友，摩尔人的国王菩卡斯（Bocchus），在经历两次失败后重新思考。萨拉斯特忍不住添了一句："或许，他也寻求一些朋友的忠告，而朱古达忽略而未贿赂这些人。"（103.1）菩卡斯背叛朱古达，后者被俘后送往罗马，成了马略的战利品。

朱古达战争于公元前 105 年结束，此后数十年，罗马的政局急转直下，马略与苏拉为了争权而进行血腥的政治和军事斗争。这说明当时政治气候的极度紧绷，而喀提林是一位没落的贵族与自以为是的煽动者，在这种状况下密谋推翻执政官，企图让自己及党羽掌握大权。政变的计划酝酿了数年（公元前 66—前 62）——萨拉斯特被指责犯了年代不精确的错误——直到公元前 63 年才由喀提林一位支持者在意大利中部起事。

对萨拉斯特而言，《喀提林的阴谋》是罗马公众生活腐化的另一项写照。这本书的基调不是贪污，虽然喀提林及其党羽的确相当贪婪，而且因自身的奢华无度而财务吃紧，被迫发起叛乱；"奢侈"在这里扮演了实际的角色。喀提林及其党羽内心充斥着毫无节制、毫无道德与目无法纪的野心，但在失去官职之后，他们已无东西可卖。野心（不同于贪婪）与贪污本身并不可耻，但若纯粹为了自私自利而无所不为，将对国家造成最大的危害。

这种说法经常出现在罗马的争论与诊断中，萨拉斯特的抨击也
90 因理想化的过去而更形凸显。根据他的说法，共和国在早期发展得极为快速，当罗马从充满猜忌的王政解放之后，人们开始热衷投入公职以获取更高的名望地位（*Catiline*, 7.4）。（这个论点在文艺复兴时期广为盛行。）当时，贪婪几乎无人听闻，美德则受到高度重视。节俭与虔敬是人人信守的规范。这类美德的回报以征服的形式显现，其高潮则为罗马大敌迦太基的毁灭。此后，“命运女神变得不再仁慈”，她将罗马的成功转变成灾难。闲暇与财富产生致命的结果：

> 对金钱与日俱增的喜爱，以及伴随而生的权力欲望产生了各种邪恶。贪婪摧毁了荣誉、正直与其他美德，取而代之的是让人们习得骄傲与残酷、忽视宗教与不以神圣的眼光看待一切，并且认为一切事物均可出卖……罗马变了：曾经公正而值得赞美的政府，如今变得苛刻而令人难以忍受。（10.6）

苏拉的独裁，放任人们巧取豪夺。财富成了一切：

> 一旦财富成为荣誉的标记以及名望、军事统率与政治权力的晋身阶，美德便开始式微。贫困被视为耻辱，清白无疵的人生被视为性格恶劣的象征。财富使年轻一辈成为奢侈、贪婪与骄傲的牺牲者。他们一手夺取，另一手挥霍，他们不满足于自己的家产，反倒垂涎他人的财富。荣誉与谦逊，所有的神圣法与人类法，都在轻率与毫无节制的精神下受到漠视。（13.5）

贪婪与野心合流，喀提林及其党羽在奢华驱使下产生的贪婪，采取了直接的政治形式。喀提林成了一种受挫野心转变为政治罪行的速写。

根据萨拉斯特的说法，喀提林的伙伴是刺客、伪证者、破产的赌徒与挥霍无度的人组成的乌合之众，萨拉斯特列了一份喀提林在元老院的支持者名单，全不脱这些类别。喀提林甚至也危及无辜者的性命。据说他为了讨情妇欢心而杀了自己的儿子，事后陷入可怕的悔恨之中；人们禁不住联想到弥尔顿或拜伦笔下的风貌： 91

> 他不纯净的心灵憎恨神明与同胞，无论清醒或睡眠都无法安息；悔恨如此残酷地折磨他狂乱的灵魂。他的脸色苍白，眼神不忍卒睹，步履时快时慢。脸孔与表情清楚显示他的心烦意乱。（16.4）

军队奉派调往派驻于东方的庞培麾下作战，使得意大利后防空虚，心存不满的退伍军人纷纷出现，给予喀提林可乘之机。罗马青年贵族受到喀提林的吸引而参与阴谋。他发表演说，强调狭隘的寡头派系垄断权力（20.12），他形容自己的追随者是穷人与无产者，“无论我们的出身是贵族或平民”，并且承诺给予支持者一切回报，从官员、祭司的职位到免除一切债务。萨拉斯特明确提到喀提林的追随者来自各个阶层：穷人与破产的贵族，怨恨苏拉的退伍军人，以及苏拉的受害者。在意大利中部，喀提林的副手曼尼略（Manlius）征召当地土匪；另一方面，贵族的子弟们受命杀死自己的父亲（42.2）。萨拉斯特也暗示罗马城的百姓倾向支持这场暴乱。

《喀提林的阴谋》在最后讨论了首谋者被捕后如何惩处的问题。这个部分主要采取两篇演讲的形式，各自提出放逐与处死两个选项，分别由恺撒与马库斯·伽图（监察官伽图的曾孙）主张。这给了萨拉斯特机会来在作品结尾重申祖先美德的沦丧。有趣的是，萨拉斯特从各种令罗马伟大的因素中挑出了一项：“一些市民的杰出功绩”（54.3）。罗马仰仗他们的丰功伟业所累积的资本而屹立不摇，光凭他们留下的遗产就足以让罗马免于受到当前将领与官员恶行的拖累。恺撒与伽图这两名演说者虽然风格相异，但均具有值得赞赏的特质，他们显然与当时人物迥然不同。萨拉斯特是恺撒的朋友与支持者，而且一直受他扶助，因此他对恺撒极力赞扬并不令人意外。在对伽图的颂辞中，萨拉斯特似乎将尊敬的重点放在古罗马的质朴精神上，然而就这点观之，奢华无度野心勃勃的恺撒似乎不足以作
92 为效法的对象（53.5）。或许萨拉斯特是借由这种方式暗示罗马需要像恺撒这种叱咤风云的人物，但也需要古罗马的美德来维系社会。

萨拉斯特将焦点放在公众人物的特质上，尽管对时局的厌恶以及共和国美德传说的诱惑，使他产生过度夸大的对比，但也显示其独特的实事求是精神，这种做法比一些陈腔滥调受欢迎；关于这点，我们可以从李维的作品中看出，例如希腊的小摆设与具有女性阴柔气质的亚洲品味散布了文化毒气等老掉牙的说法。当然，人们不一定非相信他的判断不可，但北非宫廷阴谋与罗马元老院明显的腐化亦非毫不可信。在《朱古达战争》中，萨拉斯特似乎过于执迷地将每项行动归咎于贪婪。然而可归咎于贪婪的其实不仅于此。耐人寻味的是，半野蛮的北非王国大臣与罗马元老院的许多议员，这两批完全不同的人都同样受到贪婪的主宰。乍看之下，这或许可以作为修昔底德与波里比阿提到的人性或多或少雷同的例子，不过实际上却非如此，因为在萨拉斯特的作品中（如同日后的李维），昔日的罗马人有着相当特异的面貌。如此一来，昔日的罗马人与现代的罗马人有何类似之处？萨拉斯特并未试图解决这项吊诡，但如果我们接受萨拉斯特对古代与现代罗马人的描述，就可以轻易想象出答案，它所诉求的是公共责任与自私的个人主义之间关系的逆转。若能接受这个解答，则蛮族与元老院议员的个人主义（贪污）虽然处于同一时代，其脉络却分属不同的历史年代。亦即，蛮族从未具有“公共事务”的观念与个人对公共事务的责任，虽然人们可能认为个人忠诚或许具有相同功能；相反的，如萨拉斯特所云，腐化的罗马人的个人主义，却存在于一个对公共责任与共和国观念的坚持已被新

财富及其培养的毫无原则的贪婪所腐蚀的社会中。

萨拉斯特并未将他的分析延伸到蛮族的腐化上；蛮族反复无常，正如他们经常见风转舵、战和不定。（萨拉斯特对非洲的地理与民族的“附带介绍”既简短又乏味。）（17.4—19.1）人们或许会
说，蛮族像极了李维所描述的如同乌合之众一般的早期罗马百姓， 93
后来才由罗慕路斯与努玛将他们组织成国家，并且教导他们法律与神圣的集体观念；但萨拉斯特不认为如此。因此，腐化不仅是一种人性的永恒倾向，也是一种文化现象，就罗马的例子来看，它更是一种历史现象。萨拉斯特在此离文化史的概念只有一步之遥，而这个由伟大的学者埃里希 · 奥尔巴赫（Erich Auerbach）所主张的概念，并不见容于上古史学的道德主义（《摹写：西方文学现实的再现》〔*Mimesis: The Representation of Reality in Western Literature*, 1953〕）。当然，一步也可能是遥远的一大步，而且我们不确定萨拉斯特的论证，或者说是他的部分论证，所提供的例子究竟赞同或反对奥尔巴赫对罗马人文化变迁感的否定。萨拉斯特只说了一半，使人无法充分了解他的意旨。然而，他的说法似乎不是封闭一切可能的“道德主义”；相反，它开启了各种可能。

萨拉斯特是叙事大师，他的文字简洁、清晰而戏剧化，间或夹杂着尖刻而略嫌夸张的评论。他或许拥有一些在幻灭下退休的政治人物才有的弱点：尽管进行了各种抗争，然而在事业终了之时，仍不免满怀苦涩怨愤。尽管如此，萨拉斯特尊贵的家族血统仍有一定的影响力，而他对政治人物的动机及其虚伪操弄政治说辞的手腕也有深入了解。他对现代罗马人腐化的抨击令人印象深刻，而且势必影响了李维。从文艺复兴到十八世纪，许多政治文学致力探讨奢侈与公共精神的丧失，萨拉斯特的责难亦属这个背景的一部分，甚至更加明显露骨。

第 6 章

李维：罗马建城以来

94 将自身的独特制度归功于创立者的智慧，或许加上神明的指引，是古希腊人与古罗马人的一贯做法：斯巴达的吕库古（Lycurgus）、雅典的梭伦、罗马的罗慕路斯及其继承者努玛，都被认为具有这样的智慧。英格兰的阿尔弗雷德大帝也曾一度扮演这种角色，被认定是陪审制、牛津大学与其他优秀制度的创立者。但罗马人还加入了其他元素。那是一种增添性的体制概念，既古老又持续，经长时间逐一修改，相当类似十九世纪的英国人，他们对祖先建立的古老而持续的制度感到自豪；这种制度的优点在于渐进发展，不断从先例衍生先例。

罗马带有深刻的制度保守主义，但也具有一定程度的实用主义与弹性，以协调对过去遗产的珍视与当前局势的需要。罗马人未曾像英格兰人一样，将这发展成一种自觉又纯熟的指导理念；事实上，罗马人从未提到这些事物。然而，他们的意识无疑隐含着这两种观念的混合物：尊重祖先的习俗、古罗马的风尚，以及重视节制或调和，亦即弹性——为了保持社会各等级的团结，要做出必要而及时的让步。例如，李维关注一项重要原则，那就是唯有世袭的元老院议员阶层（贵族）才有资格担任最高行政职（任期一年、员额两名的执政官）与其他职位，这项原则随着时间和一连串不良的感受与反抗而逐渐受到腐蚀。李维提到，罗马人逐渐认识到，他们的体制不只是一种单一的创始行动，如斯巴达的吕库古，它也是一种历史行动。 95
如波里比阿所云，罗马人的体制并非出自理论，而是来自经验。罗马人达成了伟大的斯巴达立法者吕库古推论出来的结果，但他们“使用的方式不是抽象推论，而是借由许多斗争与困难得到的教训，并且从灾难经验中选择一条较佳的途径”（Polybius, VI.10）。

概括看待上古史学是一种危险的尝试，因为上古史学多数已经亡佚，幸存的不是仅余名称就是断简残编。尽管如此，罗马人的确发展出一种看待历史的态度，他们比其他民族和城邦更能感受到历史（特别是最早与最蒙昧的时代）的深刻意义，这些意义源自他们的编年史与创始神话。随着罗马权力的增长，罗马人开始思考传说中卑微的罗马城起源与公元前二世纪中叶罗马建立的世界帝国之间的对比；所谓卑微的起源是指公元前八世纪，罗慕路斯集结了罗马山丘上的牧羊人村落，以及由亡命之徒与流浪者组成的乌合之众，创建了罗马城。即使公元前五世纪希腊重要的帝国主义霸权雅典，也未能达成像罗马帝国如此炫目的功绩。唯有亚历山大帝国能与罗马相提并论（李维因此不寻常地另辟话题：罗马人能击败亚历山大吗？〔IX.17—10〕）；但亚历山大的帝国纯属个人成就，其兴起与瓦解均极为迅速。亚历山大帝国显然不是长期传统培养出来的特质所造成的结果，亦非渐进的、辛苦获胜下扩张的产物，如罗马那样经历数个世纪，先是宰制接邻地区，然后是意大利中部与整个意大利半岛，与迦太基长年胶着的战争获胜之后，终能控制整个西地中海，最后支配了亚历山大帝国的西部，包括马其顿、希腊与近东地区。李维尚存但有所阙漏的作品，诉说的就是直到公元前二世纪中叶的罗马历史。罗马此时创建的帝国令人敬畏深思，到了李维的时代更是如此，也就是公元前一世纪下半叶奥古斯都的时代。

96 波里比阿在一个世纪之前已经看出罗马势力是当时世界的核心这个事实，其他希腊人也开始撰写罗马史，但就罗马人而言，罗马史虽然唤起他们自豪的爱国心，却也让他们感受到紧张与焦虑。罗马的成就助长了对古罗马美德的崇敬，人们认为这些美德造就了罗马，然而当李维撰写历史时（从公元前 30 年以降），罗马的成功却开始出现令人忧心的矛盾处：罗马成功的特质逐渐被成功带来的财富与安逸所颠覆。自豪与悲观的结合不仅出现在李维的作品，也出现于其他同时代人的著作中，例如奥古斯都时代的诗人维吉尔与贺拉斯。罗马人是伟大的民族，他们有资格得到极佳的好运与神的眷顾，萨拉斯特非常强调这点，但现代的罗马人与他们的祖先却是完全不同的典型。我们在波里比阿的作品中看到，奢侈造成的腐化在当时几乎已成了风尚，而对一个世纪之后的罗马人而言，腐化已不只是社会现实或警告，而是广泛不安与言语攻击的来源。

有些文化潮流原本就带有崇古的倾向，它们主张过去比现在美好，而且认为改变就是一种堕落。如我们所见，波里比阿根据亚里士多德的政治体制类型学——每个形式有其腐败的对立类型——而提出政治体制的变迁理论，认为每个成功的形式本质上都是不稳定的，即使罗马体制最有能力避免最终不可避免的堕落。此外，还存在着普遍的崇古倾向：荷马的英雄抵得过四个现代人。如希罗多德所云，他撰写历史的主要动机是为了保存过去世代的伟大功业，以鼓励后人效法，正如色诺芬遭围困的军队令人想起希腊人曾击败波斯人。同样的，在李维的作品中，将领在出征前总是对士兵强调罗马的伟大功业以激励士气。但是罗马人在自豪中带有的悲观元素在希腊人中较不明显，我们从希罗多德与修昔底德的作品中可以发现，
97 希腊人表达好运与伟大的稍纵即逝总是套用骄傲招来报应的公式。我们之前也看到希腊人的自由、俭朴与大胆和波斯人的奢侈、阴柔与奴性之间自以为是的对比。但是，随着罗马统治延伸到近东，亚历山大有时也被当成受亚洲奢靡之风污染的例子，尤其是在李维的

作品中。奢靡中埋藏着腐化的种子，而腐化中埋藏着灭亡的种子。在李维与之前的萨拉斯特的作品中，道德品格的问题在战乱中滋长，在和平安逸中衰微，而成了罗马史的核心。

对罗马美德的关注与对罗马长期制度与传统的崇敬，代表一种对现代的不安感受，但也建构出一股强烈关注罗马创始时期历史的冲动，罗马在制度草创时仍维持原初的纯净；李维对于这些制度与传统的沦丧哀悼不已。这类关注将焦点放在传统、建国传说、创始神话，以及残存的记录与编年史：这引导出古物研究形式的历史研究与写作。希腊城邦有自己的神祇或英雄创始神话以及流传的谱系，而一些市民也编撰城市的编年史。公元前五世纪，赫兰尼库斯为最伟大的几个城邦撰写了通史，这部通史显然是雅典第一部早期历史。波里比阿认为这是一种历史类型，但他也区别自己写的普世历史与这类褊狭的乡土历史的不同。他知道只有在罗马的例子中，城邦历史与普世历史长期而言才能一致。到了公元前二世纪，罗马史已不能算是地方史，开始研究罗马城早期历史的古物学者基本上也不认为撰写罗马史是项简单任务。

李维告诉我们，绝大多数早期记录都在公元前386年高卢人占领罗马时毁于大火。这种说法值得商榷，但早期记录的缺乏是事实。李维了解自己对最早期历史所做的陈述缺乏证据基础，也缺乏支持
的辩解之词。他说，这段历史“与其说是健全的历史记录，不如说 98
充满了诗的魅力”（I.1），但他仍津津有味地重述这段传说，虽然夹杂着怀疑之词与挣扎于彼此冲突的版本之间。在李维撰写罗马城早期历史之前有一些先驱，李维援引他们的作品，但这些作品绝大多数与他的时代相去不远。李维的文学才能与他残存约四分之一的罗马史巨著，其写作范围从传统罗马建城时间开始，即基督教纪元的公元前753年，到他动笔之时，还包括前十卷，使他的早期罗马史成为往后世代阅读的“唯一”作品。（李维的作品传统上以十卷合为一部，又称“十卷集”。）

除了波里比阿外，有一些希腊史家也撰述罗马史，包括罗马最早的历史，不过绝大多数并非只谈罗马。其中之一是波里比阿的替罪羊蒂迈欧，他的作品是罗马史家参考的来源。与李维同时的希腊史家，西西里的迪奥多鲁斯（Diodorus of Sicily），将罗马涵盖于他的世界史中，他认为历史应包括各民族最早的传统。另一位同时代的希腊史家哈利卡纳苏斯的狄奥尼修斯（Dionysius of Halicarnassus）则专注于撰写罗马史。他的《罗马古代史》（*Roman Antiquities*）目前仅存一半，其追溯罗马兴起的神话起源，强调坊间所流传的罗马人具有希腊性格。

在罗马作家中，首位罗马散文史家是法比乌斯·皮克托（Fabius Pictor），他的作品经常受到李维引用，但也受到他的批评。皮克托虽然来自地位崇高的罗马法比（Fabii）家族，却以希腊文写作。李维以皮克托为例，说明家族尊严对史家产生扭曲的影响。皮克托活跃于公元前三世纪末，曾经担任元老院议员，也许还曾经担任过大祭司。罗马祭司不是独立的阶级，它是由贵族家族的代表组成，有资格主持仪式祭礼。皮克托的历史作品今已经亡佚，它追溯罗马的发展，从起源开始直到他身处的年代为止，他的作品可能有绝大部分保存在李维与其他史家的作品中。在皮克托可能担任过的祭司职位以及他显眼的家族尊严中，我们看到保存了罗马早期历史的事实与传统的两种来源。

根据习俗，大祭司每年必须将事件记录在公开展示的白色板子
99 上。次年板子粉刷时，前一年记录的事件必须誊录。公元前二世纪末，大祭司誊录的年鉴汇整为编年史，其内容大约始于公元前400年，据说涵盖了罗马建城与罗马早期历史，但确切内容无人知晓。另一类编年史，元老院的议事内容，出现于公元前一世纪，主要记录的是一些重要演说。

另一项记录来源来自最显赫的罗马氏族的家族骄傲。罗马是个极重视纪念庆典的社会。波里比阿认为纪念卓越人士的葬礼演说可

以培养市民美德。罗马宗教既属于家族也属于城市，其性质类似于祖先崇拜；祖先的半身像被保存下来，让后世子孙得以瞻仰他们的面容。有些家族，如法比与克劳狄，长期在共和时代拥有显赫的地位。其他可能的来源，如所谓的“宴飨歌曲”，被认为是用来纪念显贵人士与伟大功绩，而且可能是由第一位罗马史家以拉丁文写下，这位史家是马库斯·伽图（监察官伽图），李维与之后的普鲁塔克曾生动描述他的形象。伽图虽是平民，却在公元前 195 年当上执政官。他的俭朴与刻苦，加上强烈的保守主义与对外国风俗的敌视，使他成为罗马公众记忆的原型人物。伽图的《起源》（*Origins*）记载了罗马建城以来到第二次布匿战争的罗马历史，只是现已佚失。

其他还有两位早期罗马史的作者是以韵文的形式叙事：恩尼乌斯（Ennius），他在公元前二世纪写了十八卷罗马建城以来的编年史；瓦洛（Varro），他在公元前一世纪完成的历史作品已经亡佚。他们的作品有时被当成权威引用。就一名上古史家而言，李维相当慷慨地指出自己引用的史料，因为他想解释自己在决定史料上遭遇的困难，虽然这种情况并不常见。除了法比乌斯与伽图，李维还提到公元前二世纪来自另一个显赫家族的作者卡尔普里尼乌斯·皮索（Calpurinius Piso），以及与他年代相近的科尼里乌斯·内波斯（Cornelius Nepos）与里奇尼乌斯·马克尔（Licinius Macer）。马克尔特别被提及是因为他发现了朱庇特·玛内塔（Jupiter Maneta）
神庙保存的亚麻书卷，书卷上登载了早期罗马行政官员的名录，其 100
起始的年代大约是公元前 445 年。

李维本质上是投身于历史的文学家，而非古物学者。罗马建城之后前三个世纪的叙述，包括国王被驱逐与共和体制的建立（传统认为共和体制建立于公元前 509 年，李维以此作为第二卷的开头），本质上属于传说，虽然其中不乏传统保留的事实基础。由于有前人的作品为根据，李维作品的信史部分因此可以从公元前五世纪中叶开始算起。

李维《罗马建城以来》有一百四十二卷，残存的有三十五卷。前十卷涵盖的时期要比后几卷长，这一点可以理解，其涵盖近四百年的时间，直到公元前三世纪初为止。这十卷除了描述罗马建城与传说时代，也提到罗马在意大利中部建立霸权。接下来十卷（第二十一到三十卷）记述第二次布匿战争，涵盖的历史只有二十三年。其余十五卷（第三十一到四十五卷）描述罗马在地中海东部建立霸权，涵盖的事件时间只有三十三年。现存作品结束于公元前167年，离李维的生存年代还有一百多年。整部作品的篇幅，包括亡佚的部分，相当惊人，光是残存的部分就达两千页。

然而正是残存的前面几卷让后世留下最深刻的印象。有关汉尼拔战争的部分，李维似乎相当仰赖波里比阿的说法，虽然他未承认；然而李维的作品却远较波里比阿来得知名。李维是波里比阿轻视的史家类型，他毫不掩饰以生动笔法叙述历史，但他或许是当时史家中成就最高的一位。事实上，李维是非常重要的散文家。我们在李维描述的布匿战争中，发现许多“充满人性”的故事：年轻的汉尼拔在父亲命令下立誓成为罗马死敌（XXI.1），以及专注于思考数学问题的阿基米德在叙拉古战事中被一名士兵所杀（XXXV.31）。李维也因拉丁文写作而在死后享有盛名，从文艺复兴以来，西方许多
101 学子学习的是拉丁文而非希腊文，许多人小时候的功课一定包括阅读李维的作品，我也不例外。

不同于绝大多数的上古史家，拉丁全名为提图斯·李维乌斯（Titus Livitus）的李维从未担任过公职。他出生于帕都亚（Padua），一生绝大部分时间都在罗马度过，并在此地致力于历史写作。根据撰述罗马帝国前十二帝历史的史家斯韦托尼阿斯（Suetonius）的说法，李维曾以自身的文学才能辅佐年轻的克劳狄（Claudius），后来克劳狄当上了罗马皇帝。李维被奥古斯都所知，虽然他们两人并不亲密，他也与奥古斯都时代帝制罗马下的伟大祝贺者和批评者维吉尔与贺拉斯齐名。

李维的历史作品似乎立即获得成功。他的著作（尤其前十卷）与普鲁塔克的名人传为欧洲后世留下了传说与民俗记录（folklore），其熟悉度及重要性仅次于圣经与希腊神话。李维记录了值得保存与认识的传说，相同于之前的波里比阿与同时代的维吉尔，李维认为罗马的伟大就某种意义来说是命定的。“命运之书记载我们这座伟大城市注定兴起，也提到建立世界已知最强大帝国——仅次于神祇之后——的首要步骤。”（I.3）李维了解老故事的证据薄弱不足以作为历史，但他既不支持也不拒绝。他没有理由“拒绝，因为上古时代人与超自然之间的界线模糊不清：传说可以增添过去的价值，若有任何国家有资格自称拥有神圣祖先，那一定是我们”（I.1）。李维的态度被不公正地描述为轻信，但他确实虔心相信这些故事。

李维作品前几卷介绍的故事，有些至今仍耳熟能详：母狼哺育被遗弃的孪生兄弟罗慕路斯与雷穆斯（Remus）；以鸟占的方式预示兄弟之中谁能当上国王，鸟在罗马占卜中一直居于重要地位；罗慕路斯在随后的争端中杀死自己的弟弟。李维融合特洛伊流亡者埃涅阿斯与罗慕路斯的故事，这似乎成了一种惯例。埃涅阿斯定居拉丁姆（Latium），让当地的拉丁人与他带来的特洛伊人通婚；罗慕路斯是他的直系子孙。传统上把罗马建城的时间定在公元前 753 年。102
稳定的扩张和统辖更多民族与领域是李维历史的一贯主题。罗慕路斯把罗马当成逃难的庇护所；萨宾（Sabine）妇女被罗马人抓走后，罗马人与萨宾人之间虽然存有敌意与复仇的欲望，但已因通婚而融合为一个民族。邻近民族不断被纳入罗马势力范围内，最后是将市民资格扩及各省（VIII.14）。随着帝国的扩展，借由征服与通婚进行同化的模式持续进行下去。

最著名的故事是卢克雷蒂娅（Lucretia）被罗马国王骄傲的塔魁尼（King Tarquin the Proud）之子强奸，此事导致塔魁尼王朝遭到驱逐，而罗马王政也随之结束（约公元前 509 年，I.59）。这则故事成了令人难忘的绘画主题，其中知名的如克拉纳赫（Cranach，绘画卢克雷蒂娅的自杀）、提香（描绘凶暴的强奸者）与莎士比亚令人赏心悦目的叙事诗。塔魁尼王族被驱逐引发与伊达拉里亚人（Etruscans）的战争，事实上，李维描述的罗马早期历史，亦即罗马七丘的居民结合为一体之后，绝大部分都是罗马不断扩大势力范围并与邻近城市及民族发生战争：维伊（Veii），居于内陆，距离罗马只有九英里；菲德奈（Fidenae）甚至离罗马更近；阿尔班人（Albans）、服尔细人、拉丁人、伊达拉里亚人、厄魁人（Aequians）、萨宾人；后面几卷提到南方的萨谟尼安人（Samnites）与坎佩尼亚人（Campanians）。居住于意大利北部的高卢人是唯一曾实际攻陷罗马城的民族。这些冲突逐渐成为一种令人厌倦的重复，但也因后世的关切而变得复杂多样，形成罗马爱国英雄主义与自我牺牲的传说故事。

几则故事描述新共和体制防备着伊达拉里亚国王拉斯 · 波森纳（Lars Porsenna），因为他试图让塔魁尼王朝复辟。然而在这些故事中，波森纳有度量地表彰罗马人的英勇，甚至连企图行刺他的年轻罗马贵族盖乌斯 · 谟西阿斯（Gaius Mucius）也受到他的嘉许。当谟西阿斯行迹败露时，他大胆承认自己的意图，而且毫不意外地被处以火刑。他慷慨陈词地说："看啊，只在乎荣誉的人不会珍惜自己的身体！"他抓着自己的右手伸进火焰中，作为自己坚忍不屈的明证。波森纳饶恕他，此后谟西阿斯被称为"Scaevola"或"左撇子"。波森纳也饶恕一位名叫克萝埃莉雅（Cloelia）的女孩，她被当成人
103 质监禁起来，却顺利逃走而赢得女英雄的名声。罗马人风光地将她送还，波森纳被她的勇气感动，甚至隆重地释放她。克萝埃莉雅之后受到表扬，罗马人为她立了一座骑马像（II.13）。

其他的故事具有较为不祥的意味，甚至呼应着以人献祭的做法。一道巨大的裂缝出现在公共广场上，并且被视为恶兆，预言家认为，罗马共和若要长治久安就必须献上祭品。年轻的士兵马库斯 · 库尔提乌斯（Marcus Curtius）全副武装无惧地骑马跃入裂缝

之中（VII.6）；这则故事戏剧性地展现在本杰明 · 海登（Benjamin Haydon）的画中，他是英格兰浪漫主义艺术家，同时也是济慈与费斯利（Fuseli）的朋友，从他的画里可以看出马匹面露难色的样子。更具情感张力的是以下这则普鲁塔克也曾提到的故事，这是莎士比亚从他的作品中发现的：科利俄雷那斯（Coriolanus）这位骄傲的寡头执政者被逐出罗马后成为服尔细人的将领，他率军进攻罗马。然而在母亲弗拉姆尼亚（Volumnia）与妻儿的恳求下，科利俄雷那斯回心转意撤回军队，使罗马免于兵燹（II.40）。这其实是一则情感战胜责任的故事，至少对服尔细人来说是如此，然而这则故事之所以获得认同也只是因为它对罗马有利。相反的例子其实更为普遍：罗马的爱国热忱产生了所谓的英雄次类型，表现在公共责任优于私人感情，或者说国家优于家庭。这就是罗马的“坚忍”与“刻苦”精神。其代表人物是鲁奇乌斯 · 尤尼乌斯 · 布鲁图（Lucius Junius Brutus），他是反塔魁尼王朝的领袖，也是罗马共和的创建者。身为执政官，布鲁图必须处决两个阴谋复辟的儿子（II.5）。类似的场景出现在第七卷（10），执政官之子提图斯·曼利阿斯（Titus Manlius）违背执政官的命令，在一场仪式性的战争中单枪匹马击败拉丁人。他成了人民英雄，却因违反命令而被父亲处死。在这些故事及其结果中，最令人无法产生同情心的是普布里乌斯 · 荷累喜阿斯（荷累喜阿斯三兄弟之一），他与阿尔班人的支持者库拉提乌斯家族（the Curatii）战斗，虽然同样是高度仪式性的搏斗，却具有致命性。荷累喜阿斯是唯一的幸存者，他见到先前已许配给库拉提乌斯族人的妹妹，她正在为未婚夫的死而哭泣，荷累喜阿斯一气之下杀了她。在随后关于两人争论的审判中，父亲免除了他的罪责：罗马人的女儿为敌人哀悼，应该处死；荷累喜阿斯获释（I.26）。 104

另一种较为可亲也成为一种典范的共和美德，具体表现在钦钦那图斯（Cincinnatus）的故事中，钦钦那图斯过去曾任执政官（公元前 460 年），后来因为贫困而沦落到必须靠自己的双手耕种三亩农地来为生。危机的出现使人认为他是化解危机的不二人选，因而要求他担任独裁官，这是为因应危机而设的拥有无上权力的临时官职。在元老院代表的召唤下，“他吩咐妻子萝绮丽雅（Rocilia）回农舍取来他的长袍。长袍拿来之后，他擦去双手与脸上的脏污，穿上长袍”。钦钦那图斯克服了危机，十五天后便辞去官职。这则故事在另一个新共和国（美国）引起共鸣，并且成为总统任期结束恢复平民身份的先例；人们畏惧华盛顿会让总统任期无限制延长或甚至自立为王。钦钦那图斯返回他的农场，而华盛顿也回到弗吉尼亚州的庄园。以罗马人的名字为笔名，如伽图、尤尼乌斯，在十八世纪英格兰与美国的共和派作者或至少反对派小册子的作者中，相当流行。美国联邦主义者的集体笔名是“普布里乌斯”，不过他们的写作风格与稍后法国革命分子仿效罗马追求共和美德的奋战精神相比，显得较为冷静而偏向社会层面。在这些人当中，最极端的平等主义者巴伯夫（Baboeuf）选择了“格拉古”作为自己的名字；他根据的是公元前二世纪平民领袖格拉古兄弟的姓来命名。

其实这并不令人惊讶，十八世纪末法国人普遍从罗马公共美德与爱国主义传说中觅得灵感。雅克–路易·大卫的画作《荷累喜阿斯兄弟之誓》（1785）描绘三兄弟举起宝剑誓言为国牺牲，一旁则是哭泣的妇人，这是幅令人振奋的作品；集体宣誓是法国大革命时代公共剧场的重要戏码，大卫不仅是庆贺者，而且就某种意义而言也是舞台监督。对爱国美德的崇拜在1780年代即已明显，其有部分是针对洛可可风格对希腊神话的色情描绘而起的反动，而就某种意义来说，希腊神话与罗马历史场景也有互别苗头的意味。大卫其他的画作，如《扈从带回布鲁图两个儿子的尸首》（*Lictors*
105 *bringing Brutus the Bodies of his Sons*, 1789）与《萨宾妇女的调停》（*The Intervention of the Sabine Women*, 1799），可能出现得更早，但其他关于罗马历史的画作在这段期间产生了立即性（immediate tepecality）的话题。大卫《罗马妇女慷慨解囊》（*The Generosity*

of Roman Women, 1791）的主角基于爱国而捐出自己心爱的首饰帮助国家，这的确启发了一群巴黎妇女做出相同的事，当时新成立的法国共和国受到外国势力复辟波旁王朝的威胁，正如伊达拉里亚人为塔魁尼王朝出面调停。大卫不是唯一受罗马场景启发的画家。具有相同典型的还有让–巴普提斯特·维卡（Jean-Baptiste Wicar）1789年的草图，这幅草图后来成为画作《布鲁图誓言驱逐塔魁尼王朝》（*Brutus Vowing to Expel the Tarquins*）。

李维遗留给欧洲（从文艺复兴以降）的历史概念，在于历史是借由实例来做道德教诲；他或许超越了所有上古史家，除非普鲁塔克的《名人传》也算是历史。李维写作历史的核心是罗马的性格，而非罗马体制的深谋远虑与独特美德（这是波里比阿关注的）；在李维撰写历史之时，罗马体制显然已经失灵。对罗马简朴精神的威胁，如异教传入导致对本土神祇的忽视、奢侈浪费、对新奇之物的喜爱、对娱乐的过度沉迷，这些都引来李维滔滔不绝的抨击。他对罗马古风的赞赏绝非罕见。例如，奥古斯都苦恼于罗马家庭生活的清高与罗马妇女的生殖能力。特别是罗马有常设的公共官员与监督官员，负责维持罗马人的风俗与道德。对性格的评估也成了在元老院、法院与公共场合演说的重点，例如通常在葬礼发表的颂辞与处决犯人时的非难之语，其中最精通于以言语进行性格谋杀的莫过于西塞罗。

李维似乎了解国家制度（包括宗教仪式）与国家性格间彼此相辅相成的互惠关系。从李维的观点来看，斯巴达人可说是自取其祸，因为他们放弃了吕库古遗留给他们的古老制度（XXXVIII.34, XXXIX.33—39）。罗马人忠于自己的制度，就是忠于自己。除了复 106
诵古代风俗的细节，李维补充说：“对于每一种宗教与世俗的习俗的记忆，都因偏爱新奇与异国之物而烟消云散，这些东西取代了本土与传统之物。”（VIII.11）在帝国的巅峰时期，像李维这样的评论者并不罕见，他一方面主张支配的地位必须仰赖性格的力量才能取得，另一方面又认为国家正走向衰亡：“甚至父母对子女的权威也变得廉价与微不足道。”（XXVI.22）衰败的征象层出不穷，其根源来自亚洲奢侈品的进口。李维提到床罩、挂毯、餐具橱与在宴会中弹琵琶的女子，而且“厨师——对古罗马人来说，厨子是最下贱的奴隶，其价格与对待方式反映了这点——变得极为珍贵，原本单纯的服侍被视为一种技艺。”（XXXIX.6）在李维历史的最前面几卷，除了极具悲观主义色彩的前言外（我们稍后将讨论他的前言），作者关注的理所当然是起源而非衰败。他逐条详记人们熟悉的罗马制度与风俗的建立，许多（虽非全部）制度都归功于罗慕路斯或他的继承者努玛，后者是传闻中受神意指引的立法者，相当于雅典的梭伦。建城时期创立了许多制度，包括宗教仪式与节庆，这些全都描述于奥维德（Ovid）的《节庆》（*Fasti*）中：神庙的落成，包括女灶神维斯塔的神庙与女祭司的设立；大祭司与鸟占官；元老院、人口普查与军队组织；主要公共工程如广场的排水、圆形竞技场的兴建，以及大下水道系统的铺设。随着共和国成立，还创设了任期一年、员额两名的执政官（因此成了一种纪年方式）、护民官与其他公职。

这些内容显然是信者恒信，好比李维，不过其中还是有着事实基础。李维并未掩饰早期住民的贫困与原始，他提到战争时人们对牛群的抢掠。罗马的起源愈卑微，其兴起愈令人吃惊。在维吉尔的诗中，埃涅阿斯预见未来的伟大，对比着眼前的粗野与蛮荒。李
107 维承认罗马人从伊达拉里亚人的高等文明借用了文化，包括人们认为具有罗马特色的主题，如高级官员的“宝座”、紫色滚边的长袍，以及十二名扈从，其后来成为执政官的贴身侍卫。考古证据也显示类似的借用。虽然早期的战争细节似乎出于虚构，例如一对一的决斗与非比寻常的爱国情操，但罗马势力的确凌驾于周边民族之上；罗马山丘上的牧羊人社群合并成一个国家，以广场取代沼泽作为城市生活的中心。

罗马随后进一步主张自己是意大利中部各民族的主人，这当

然意味着凝聚力与坚忍卓绝，以及远见、军事组织与英勇某种程度的结合，而体现在早期传说的自尊必定有助于这类结合。罗马人——如果他们真的是罗马人——自认为是严肃、坚定、具公共精神、守法且重视传统的民族，因为传说是这么跟他们说的。李维对其他民族的特征做的简略刻画点出了对比：迦太基人奸诈（XXI.4, XXII.7）；西班牙人跟所有异邦人一样不可靠（XXII.22）；努米底亚人性欲太强（XXIX.23）；雅典人耳根子软（XXXI.44）；帖撒利人（Thessalians）不安而容易暴乱（XXXIV.51）；叙利亚人带有奴性（XXXVI.13）；高卢人乍看之下令人恐惧，但稍遇挫折便勇气尽失（XXII.2, XXVII.48）。这些都迥异于罗马人，不过李维总是对暴民心存疑惧，并且为努玛的宗教制度使人民在和平时期有事可做喝彩，因为和平时期“民族的道德性格普遍有废弛的危险”。在李维眼中，努玛灌输人们畏神的观念，并且设立安抚神名的仪式以作为社会纪律（I.19—20）。罗马坚定的爱国主义是时间与制度的产物，即使在王政时期，爱国主义也相当珍贵，它可以保护群众，一群“流浪汉组成的乌合之众，绝大多数是逃亡者与难民”，免于滥用未成熟的自由，并且确保自由必须是难以获取之物。爱国主义如同政治体制，是缓慢成长的产物（II.1）。

罗马的存续有两个源自国外的主要威胁：外国的奢侈品与宗教
崇拜。奢侈品是一种社会病症，不仅影响其他民族如迦太基人与高 108
卢人，也影响罗马人，奢侈品有其传统且著名的肆虐地点：意大利南部的卡普阿（Capua）与希腊的波伊欧提亚（Boeotia），以及全亚洲。汉尼拔的军队在卡普阿停留，因而被描述为“汉尼拔的坎尼之役”（等同于他亲自尝到被罗马人击败的滋味），他的大军从此无法恢复原先的战斗力（VII.32, 38）。波伊欧提亚也对叙利亚王安提阿（Antiochus）的大军产生致命的影响（XXXVI.2）。与细菌一样，传染病被凯旋的军队带回罗马，特别是在征服马其顿之后，亚历山大帝国的战利品充斥罗马，最后连亚洲的物品也一并传来。

第二个潜伏的威胁，异国的宗教崇拜，每隔一段时间就被罗马当局禁绝，李维也支持这种做法。来自异国未经授权的仪式显然百害无一利（VI.30, XXXIX.16），而更骇人的插曲是公元前 186 年对秘密的酒神崇拜进行监禁与惩罚。这种崇拜仪式由一名希腊预言师与占卜师主持，于狂饮纵欲的夜间秘密典礼中进行，内容包括男女杂交，甚至还有杀人祭，并且成为当时广泛流行的宗教。它的曝光造成了恐慌。据说有七千名以上的男女牵涉其中。有些人被惩罚，有些人逃亡或自杀。以后见之明观之，这段插曲耐人寻味地预示了未来对基督教的态度（XXXIX.8—18），尽管酒神崇拜在某种形式上无法根绝，却未能像基督教一样存续下来。

我们必须牢记，李维在提及这些史事时，他的基本历史形式是编年体，只是其流畅、连续而明快的叙事容易让人忘记这一点。有些事件只是因为发生就被记录下来，正如每年都以执政官名字和任何著名的预兆或奇事来标记。对于李维残存之编年史的包罗万象，我们应该心存感激，因为它记录的插曲使我们能从旁得知一些波里比阿认为上不了历史台面的“社会史”，有些甚至相当有趣。有些上古史家会记录不寻常的自然事件，如地震，部分也作为纪年之用，著名的超自然事件如果被诠释为预兆与警告，甚至能影响政策。李
109 维也是如此，但他似乎基于趣味乃至于是为了记录而记录，而写下这些不吉利现象：人像流泪或流汗、倒下或损毁；血雨、石雨，或者是更耐人寻味的肉雨（III.10）；鸟类与其他动物的异常行为；生下畸形怪物；会说话的牛与点头的婚姻女神。李维不为这些事件的真实性背书，但坦承自己难以抗拒这些事件，并且对于它们受到近世史家忽视而感到遗憾：“当我描述过去的事件时，我的观点似乎有点陈旧。”（XLIII.13）我们可以将这句话解读成他为历史的同情背书。

在社会史的零星记载中，人们不可能忽视公元前 311 年大批吹笛手罢工的事件。他们对于监察官禁止他们像以往一样在朱庇特神

庙设宴感到愤怒，于是放下乐器，任由祭礼在无音乐伴奏下进行。最后吹笛手胜利了。他们恢复了饮宴的权利，当局允许他们“一年有三天时间穿着奇装异服在城内漫步、演奏音乐与享受放纵的自由，这些活动如今已成为常态”（IX.30）。更具有潜在严肃意义的，是公元前 420 年一名机智女祭司的故事。她被免除不贞的指控，但必须改正过于华丽的服饰，并且不许再说笑话。另一名穿着过于奢华的女祭司则被活埋，她于公元前 337 年被指控不贞。

公元前 195 年，女性服饰问题引发史无前例的妇女街头示威抗议。她们要求废除俄彼阿斯法（Lex Oppia），这是布匿战争期间针对妇女制定的节约法令，但她们的主张被护民官拦阻。走上街头的妇女，不只来自罗马，也来自偏远地区。此举迫使以刻苦自律闻名的马库斯 · 伽图发表令人印象深刻的演说，不过李维作品记载的内容与原作（现仍存在）不同。这篇文章是演说风格的范例：不同于修昔底德的演说以说明局势为主，李维的演说不仅修辞深思熟虑，也反映演说者的特质与风格。在伽图激昂的演说中，可怕的厌女情绪挑起祸起隐微的争论：她们接下来还会要求什么？另外也引起典型的对过去刻苦时代的推崇：

> 罗马市民们，如果我们每个人都能致力维护丈夫对妻子的权利与尊严，那么女性就不会对我们造成这么多麻烦。从目前 110
> 的状况可以看出，我们的自由因家中女性目无法纪而破坏，并且在广场上遭受冲击与任人践踏。这是因为我们未能个别地控制她们，以至于她们现在集体地恐吓我们……
>
> 我们的祖先不允许妇女自行处理私人事务，必须由她的监护人代为处理；妇女必须受父亲、兄弟或丈夫的控制。但如今我们（上天保佑我们）甚至允许她们参与政治，而她们也大剌剌出现在广场，出席我们的聚会与议场！她们现在在街上与街角做什么？……放纵她们未受规训的本性、未被驯服的兽性，

> 然后期待她们能为自己的放纵设下限制！除非你们加诸限制，以妇女憎恨的风俗或法律对她们设下最后一道拘束。她们渴求的是完全的自由，或者应该说——如果我们想说出真相——完全的放纵。

这引领着伽图发表更广泛的抨击，他认为现代的堕落是奢侈品与外国影响的结果。征服的讽刺之处充分显示出：

> 随着我们国家命运日渐好转与幸福，我们的帝国疆域日渐扩展，我们已经进入希腊与亚洲（充满各种感官诱惑的地区），甚至取得了诸王的财宝，我的警觉心也愈来愈强烈，深恐这些事物役使我们，而非我们掌握它们；相信我，这些从叙拉古带回的雕像全是反对与敌视这座城市的军队。如今，我听到太多人称赞科林斯与雅典的饰品，嘲弄罗马神祇的陶土屋檐装饰（位于神庙山墙角的雕像）。对我来说，我比较愿意让这些神祇保佑我们，我相信他们能让一切顺遂，只要我们让他们继续待在自己的居住之地。（XXXIV.1—4）

伽图演说之后，紧跟着的演说反驳他的说法，俄彼阿斯法遭到废除。妇女获胜。

公元前295年的一场插曲使我们对贵族与平民间的长期摩擦产生不同的看法。有一名因嫁给平民而失去社会地位的贵族之女，已婚的贵族妇女不让她参与位于“赫拉克勒斯圆形神庙旁牛市”的贵
111 族贞洁女神（Patrician Chastity）圣坛祭礼。这名妇女为了显示她的决心，在自己家里设立祭坛祭拜平民贞洁女神，并且邀请身份适当的已婚妇女参加。遗憾的是，李维说道，新仪式因出席的妇女而失去公信力，这些妇女虽是平民，但显然不是已婚妇女，也不是贞洁之女（X.23）。

贵族与平民的不和在李维的历史中陆续浮上台面，甚至在前几卷就已经出现。这种不和引发的冲突在外来危机发生时显得特别险恶。在尚未建立职业军队的情况下，面对外来危机时必须由平民组成军队加以抵御，平民们发现自己大权在握，有时会为所欲为，虽然在最后一刻罗马人总是懂得妥协与形成统一阵线，而这才是李维的重点。如李维所显示且在某个情况下他特别承认这一点(VII.19)，贵族与平民间的冲突其实是两方面的冲突，而且牵涉完全不同的平民阶层。贫民面对的主要是债务问题，以及在征服造成富者愈富的状况下（这的确是反对奢侈品的坚强论据），如何保住他们仅有的小农地。因为贵族不许从商，所以他们只能购买土地，并将土地交由征服而来的奴隶去耕种。土地侵占与军队问题交互影响。服完兵役返乡的士兵发现家里的农地荒废了，此外，为了缴付战争课征的赋税，这些人不得不背负债务。长此以往，小农的消失加上帝国疆域的广袤，使得由市民担任军人的做法变得不可行，专业军队于是不可避免，这些问题于公元前一世纪浮现，然而李维作品中有关这个时期的记录却已亡佚。

债务一直是李维反复提及的问题。巨大的憎恨起因于平民经常在为罗马城服役后，或甚至可能在服役之时，就欠下债务，并因此沦为债主的奴隶。公元前 326 年，在长期要求下，罗马当局终于禁止债务人为奴，李维称之为罗马人自由的“重生”(VIII.28)。订立农业法的呼声不绝于耳，要求重新分配因征服而再度扩大的公有土 112
地并限制土地兼并，尽管这是一场发生于公元前二世纪末、有史以来最大的危机，且关联着格拉古兄弟这两位护民官，但李维作品的相关部分已经亡佚。然而，它曾提到护民官的设立，这对平民权益是一项重大迈进（II.23, 32, 58; III.55; VI.31; VII.29）。

李维坦承（VII.19）贵族世袭特权争议与贫苦小农没有太大关系，真正有利害关系的是富有而具声望的平民。贵族（patrician），亦即早期元老院议员家族成员是世袭阶级，或被称为家长，唯有他们才能担任国家最高职位，或有资格执行与他们切身的宗教仪式。宗教责任受到贵族演说者的重视，他们试图以此抗拒具声望的平民要求任官的压力，并且主张由非贵族执行宗教仪式是不虔诚的行为。终于，在经过一番艰苦奋斗之后，排外的贵族世袭身份逐渐受到侵蚀：根据李维的说法，公元前366年推选出第一位非贵族的执政官（VII.1）。在李维作品中，宗教责任在平民演说者口中生动呈现，不过这一次他们使用的却是与祸起隐微相反的论点。到了公元前300年，平民已经争取到担任执政官、监察官与举行凯旋式等过去未有的权利。既然做了这么多让步，演说者说道：其余如何能抵挡？

> 如果你以宝座、紫色滚边的长袍、绣着棕榈花纹的外衣以及华丽长袍、凯旋的冠冕与月桂花环来荣耀这些人，并且把从敌人手中掳获的战利品安置在他们家的墙上，使其能区别于其他人家，如果这样的人接下来又增添了大祭司与鸟占官的荣衔，有哪个神祇或人物能说这么做不相称呢？难道穿上朱庇特神庙光辉祭服的人，他乘着镀金的战车穿过罗马城登上卡皮托山（the Capitol），蒙着头宰杀牲礼或从城堡中接受预兆，仍不配持有祭器与钩杖？（X.7）

李维对于这些冲突抱持的态度是赞扬节制与妥协，反对暴民的行为与贵族的高傲和强硬。然而，“为保卫政治自由而做到真正的节制”是困难的，因为自由很容易失去控制。李维对于困难的变革能在最少暴力下达成感到骄傲。凝聚与和谐是最需要的。罗马人的团结所面临的最大难关，是坎尼会战的灾难（公元前216年）。罗
113 马军队遭到歼灭之后，汉尼拔兵临罗马城下，罗马人惊慌失措，甚至陷入恐慌，但最后还是鼓起勇气团结起来克服危机，而不考虑寻求和平：“世上没有任何一个国家遭遇如此一连串重大危机仍能屹立不动。”（XXII.54）

我曾经说过，李维不是“研究型”的史家，而且他的社会思想似乎是老生常谈；你也可以说，他的思想具代表性。无论如何，他是一位优秀的叙事者。他笔下的人物发表的演说具有说服力，而且富于技巧，符合古代修辞的原则。这并非出于想象，我们的确可以感受到罗马黄金时期元老院演说的振聋发聩。李维作品的性质难以形容，想用外国语言表现更是困难。他的作品特质在于无所不包，而非简洁与去芜存菁。李维的战争叙事虽然拙于战术与地形，但至少精于描写天气，例如亚平宁山脉对汉尼拔大军的试练，其艰困不下于翻越阿尔卑斯山：

> 大雨与强风打在他们脸上，使他们寸步难行；士兵们连武器都抓不牢，就算他们努力抗拒，狂风也会绕着他们盘旋，然后让他们双脚腾空跌落在地。风势强劲令人难以呼吸，于是士兵们干脆背对着风，然后俯卧于地。接着天空传来巨响，雷声中闪现着惊心动魄的电光。闪电雷鸣令他们又聋又盲，恐惧使全军陷入呆滞麻木。（XII.58）

这或许不合史实，却是一篇吸引人的想象文章。

在表现罗马“坚忍”的故事中，如果去除掉故事主角自我表现意味过重的演说风格，或是不适宜的执著狂热，最令人难忘的是公元前 386 年高卢人占领罗马。祭鹅成了欧洲民间传说的一部分，它的叫声唤醒了卡皮托山沉睡的卫兵，因而察觉到敌军夜袭；不过李维想传达的，是年老退休官员不愿成为守军的负担，而宁愿死在家 114
中。他们穿上礼服，坐在庭院的象牙宝座上等着。当高卢人闯入时，李维说道：

> 眼前的景象令他们心生敬畏，因而倒退了几步——坐在敞开庭院里的人物，身上穿戴着令人肃然起敬的长袍与饰物，严

> 肃冷静的双眼散发出天神般的威严。他们也许是某间神殿里的塑像，有这么一刻，高卢战士们感到一阵恍惚；之后，其中一人鼓起勇气摸了一下某位马库斯·帕皮里乌斯（Marcus Papirius）的胡须（蓄长须是当时的风尚），这位罗马人于是用他的象牙手杖敲了对方的头。

符咒破解了，野蛮人杀了他，其他人也在座位上引颈就戮（V.41）。

高卢入侵的结果也让李维有机会借由临时独裁官卡密拉斯（Camillus）之口，发表一篇感触极深的演说。罗马已经残破不堪，但邻近城市维伊却被攻下且掌握在罗马人手中。有人提议将城市迁往维伊，省得费力重建罗马。卡密拉斯反对这项提案，并且试图唤起听众对罗马圣地与风俗的记忆：

> 我们根据各种占卜预兆而建造了这座城市；它拥有的不只是街道砖石，还有我们的神圣感受；我们的牲礼献祭的不只是固定的日子，也包括这个地方，这个举行仪式的城市：罗马人，你们要离弃你们的神吗……想想朱庇特的飨宴：除了卡皮托山，他的卧榻还能装饰在何处？女灶神维斯塔的永恒之火，以及保存在她圣坛上作为罗马统治信物的形象又当如何处置……女祭司有自己的地方，她们“专属的”地方，除非罗马沦陷，否则要她们迁移是不可能的；我们的宗教禁止朱庇特的祭司在城外过夜，哪怕一晚都不行。然而此时你们却要他们全部离开罗马，永远待在维伊。喔，维斯塔！女祭司能离弃你吗？朱庇特的祭司能离开罗马让自己与国家在罪恶中存活吗？

这场演说也颂扬了罗马城的繁荣与形势，以及它未来的命运（V.51—52），不禁令人想起维吉尔，以及伯里克利在葬礼演说中对

雅典的热爱，也让人对李维产生崇敬之意，与前两者相比，他的作 115
品毫不逊色。

我们不知道李维如何描述自己身处的那个世纪，但他的作品前言却显露出深刻的悲观主义。他预期读者想快点读到最近的时代，了解“帝国人民的力量如何自取灭亡”。李维感受的是相反的事物，他潜心古代：“借此将目光从长期困扰着现代世界的麻烦移开。”他邀请读者思索“我们祖先生活的方式”与罗马兴起，而后：

> 追溯我们道德败坏的过程，首先看到昔日教诲的消逝造成道德基础的沉没，然后是与日俱增的分崩离析，最后是整栋建筑物的倾颓以及现代黑暗的开始，我们既无法忍受自己的邪恶，也无法正视治疗痼疾所需的疗法。研究历史是治疗心病的最佳良方。

在过去，罗马人的贫困是与知足共存的。

无论长期衰退的观念——李维结合爱国主义与悲观主义后的产物——有何优点，它都是相当耐人寻味的历史概念，因为这个观念本身带有历史性，它取代人性永恒不变的看法。过去与现在不仅外观不同，其道德与思想也不同。它们处理事务的方式不同，连思考与感受方式亦大相径庭。李维认为现代具有一种特定的文化内容，只不过是负面的，它混合了对宗教的漠视、世界主义以及对新奇事物的狂热。李维对过去的热爱远超过他之前的史家，尽管史家们无不致力于保存伟大功业的记忆，但李维深信过去的美德已经消失殆尽。他以思慕的情绪而非自信清醒的态度思考过去；在此希望麦考莱原谅我的意见与他相左，他对李维的看法刚好相反。

李维的作品几乎在当时立即受到欢迎，然而冗长的篇幅注定使它无法“完整”留存。后世抄本只包括其中几部而非全书，由于李维的作品每十卷分成一部，因此留存的多半是完整的十卷，而失

116 传的亦然。前十卷的新版本于公元396年左右问世，我们现今看到的就是这个版本。与同时代的人相比，李维对于早期基督教世纪的着墨甚少，这点是可以理解的，然而人们对他的兴趣并不因此稍减。公元九世纪制作了前十卷的抄本，十四世纪初又制作了一次。李维成为文艺复兴时期的中心人物，马基雅维利的《李维史论》(*Discourses*)为他的作品做了著名的评释，在往后五个世纪，他的作品也成为教育的主要内容。十九世纪末法国思想界首席伊波利特·泰纳(Hippolyte Taine)为通过教员资格考试而写了有关李维的论文，维多利亚时代帝国主义政论家约翰·希利爵士(Sir John Seeley)的事业是以编辑李维作品的前两卷为起点。麦考莱从李维身上获得《古罗马诗歌》的灵感，十九世纪初的日耳曼，追随弗里德利希·沃尔夫(Friedrich Wolf)论荷马的作品之后，巴托德·尼布尔(Barthold Niebuhr)从李维前数卷中汲取出创造性的、集体自我意识的“人民”(Volk)的浪漫主义概念。大卫·弗里德利希·施特劳斯(David Friedrich Strauss)将这种概念运用在希伯来人与圣经上，使其成为十九世纪具发展性且最令人不安的思想。如果李维的作品全部失传，那么就算波里比阿、狄奥尼修斯与普鲁塔克可以弥补一部分漏洞，欧洲往后的文化损失也将难以估计。

理查德·萨瑟恩爵士(Sir Richard Southern)在《中古时代的形成》(*The Making of the Middle Ages*, 1953)中提到，公元1040年左右，克吕尼(Cluny)修道院的修士根据图书馆藏书，列了一张书单作为个人研读之用。可以想见其中绝大多数都是教父作品或圣经评释、圣人传记、教会史或修道院戒律。在六十四名修士中只有一个例外，这个人选择了李维。看来有人希望可以知道更多有关李维的事。

第 7 章

内战与通往专制政治之路

李维写史不辍直到他于公元 17 年去世为止，但记录其生存时 117
代史事的后几卷却亡佚了。内战时期残存的重要史料，包括恺撒自己写下与庞培作战的叙事；至于第二次内战，亦即谋杀恺撒的马可 · 布鲁图（Marcus Brutus）与喀西约（Cassius）和为恺撒复仇的马克 · 安东尼与屋大维之间的战争，公元前 41 年，安东尼与屋大维在菲利皮（Philippi）一役获得最后胜利，这段时间的记事则有赖公元一到二世纪三名希腊作者：普鲁塔克、阿庇安与卡西乌斯·迪奥（Cassius Dio）。

普鲁塔克

恺撒以不带情感的笔调进行描述，与此相反，普鲁塔克的叙事，如他对布鲁图与安东尼生平的描述，却生动而激励人心。普鲁塔克为后世欧洲文学留下深刻的印记，特别是经由十六世纪托马斯 · 诺斯爵士（Sir Thomas North）的英文译本（主要根据法文译本翻译而非原文译本）而产生影响，莎士比亚也因此写下《英雄叛国记》（*Coriolanus*）、《恺撒遇弑记》（*Julius Caesar*）与《女王殉爱记》（*Antony and Cleopatra*）等剧本。跟李维一样，普鲁塔克也深刻影响后世对罗马共和美德的看法，其中最恶名昭彰的就是十八世纪末的法国。普鲁塔克写作的目的其实是为了娱乐与提供道德教训，他对希腊与罗马政治传统下的英雄进行比较，前者如梭伦、忒弥斯托克勒斯、伯里克利与亚西比德，后者如科利俄雷那斯、监察官伽图、格拉古兄弟、布鲁图与安东尼。普鲁塔克作品的意图与编排方式无法在本书脉络下充分地进行探讨。我在这里也不想详细讨论传记这项文类，整体而言，普鲁塔克的《希腊罗马名人传》（*Parallel Lives*）为了教化目的而将范围扩延到整个上古时代，其内容十分厚
118 重，包括从传说时期到罗马共和结束的希腊罗马名人。然而总有一些时期是例外，例如布鲁图与安东尼的传记特别有用，因为他们的传记记录了罗马共和的危机，刚好补充了其他重要上古史家作品的不足。此外，普鲁塔克的作家特质也能从《希腊罗马名人传》的一些篇章加以说明。

莎士比亚援用布鲁图与安东尼的短篇传记（《布鲁图》约五十页，《安东尼》篇幅稍多），并且紧密依循普鲁塔克的叙述，有时几乎逐字引用，因此就算未曾接触过普鲁塔克的读者，在阅读他的作品时也会感到有些熟悉。我们的布鲁图是莎士比亚的布鲁图，也是普鲁塔克的布鲁图，安东尼亦然；虽然散文作品当然交代得更详细。普鲁塔克的《布鲁图》从比较布鲁图与其伟大祖先开始，他的祖先就是罗马共和之父，冷酷而粗野的鲁奇乌斯·尤尼乌斯·布鲁图；不过这一点仍有争议。布鲁图拥有实践美德的理想性格，既倾向于自我培养的内在生命，也能响应外在行动的要求（“……汇聚在他身上的美德，足以令造物主肃然起敬并向世人宣告：‘这是一条汉子！’” *Julius Caesar*, V.v.72—74）我们从普鲁塔克的作品中，了解了更多布鲁图的性格，他赞同的哲学学派，他的拉丁与希腊文演

说特质，他的政治原则，以及他加入庞培党派的高尚理由。布鲁图虽是庞培的党羽，但庞培死后他获得恺撒赦免，甚至得到他的厚爱，包括被任命为“(阿尔卑斯)山南高卢”总督，他在当地展现了罕见的正直与仁慈。然而布鲁图却疏远恺撒，并且受到喀西约的影响；喀西约是布鲁图的姊夫与竞争者。在普鲁塔克笔下，受恺撒怀疑的人纷纷投靠布鲁图与喀西约。

莎士比亚几乎亦步亦趋地遵循普鲁塔克的叙述，普鲁塔克的作品结构完整而且充满戏剧性——恺撒遇刺事件高潮迭起，有如一部剧作。布鲁图受到喀西约的煽动，并且因为收到提醒他要对得起祖先的匿名信而感到困扰，此外，布鲁图的妻子又因分心于其他事务而未能看出丈夫内心的不安。恺撒在大限之日的最后一刻突然改变 119
心意前往元老院，因而死于庞培雕像脚下。诗人钦那(Cinna)因为被误认为是谋杀恺撒的人而惨死。出现在布鲁图面前而且明确承诺将与他在菲利皮再次相遇的幽灵，并不是为了伊丽莎白时代观众而虚构出来的角色，但他无疑赋予普鲁塔克作品一种受欢迎的阴森气氛，虽然这个幽灵不一定是恺撒的鬼魂；莎士比亚剧中的布鲁图以及舞台指导却认为是如此。喀西约因误解战局不利而自杀，布鲁图赞扬他是最后的罗马人——“罗马的太阳已经沉没。我们的白昼已尽。”在《恺撒遇弑记》中，这段台词出自提丁尼阿斯(Titinius)之口(V.iii.64)。安东尼宣布，布鲁图虽不免一死，却是阴谋者中唯一无私的人。攀附权贵者是那些人们熟悉的鼠辈。

普鲁塔克的《安东尼》对他而言算是相当长的传记，它冗长也缺乏戏剧性，直到克莉欧佩特拉陵寝的死亡场景出现为止。因此莎士比亚必须补充大量描述，如埃诺巴布斯(Enobarbus，虚构人物)在克莉欧佩特拉的游船上发表了评论她的著名演说，这篇演说几乎可说是普鲁塔克散文的诗文版。值得注意的是，普鲁塔克的作品竟花了五分之一的篇幅描述安东尼与帕提亚人(Parthians)的战役，但莎士比亚对这场战役却简单带过。普鲁塔克对安东尼性格的解读虽然熟悉却耐人寻味：喧闹的、孩子气的、风趣的、奢侈的，他是优秀的指挥官，却因沉溺于与克莉欧佩特拉的男女之情而失去应有的决断。（在普鲁塔克的作品中，克莉欧佩特拉也爱慕安东尼，虽然不是所有上古作家都如此认为。而在莎士比亚剧中，“喔，安东尼！”几乎已成为她的临终之语。）除了游船的场景，最引人注目的直接改编是克莉欧佩特拉的侍女夏米安（Charmian），当她被问起克莉欧佩特拉是否已经自杀时，说道：“公主死得其所……完全符合诸位先王传承给她的高贵身份。”（诺斯的译文；参见 *Antony and Cleopatra*, V.ii.325—326。）然而夏米安最后的话语，充满人性而难以理解的那句“啊，士兵！”却具有纯粹的莎士比亚风格。

普鲁塔克的作品既具有心理复杂层面，又有生动而戏剧性的特点，但人们阅读他的作品并不是为了得到历史视野或解释。在面对从共和国转变成帝国这个一般问题时，普鲁塔克满足于神意主宰
120 的说法，这种想法在当时相当普遍：“看来共和国的时代已经结束，诸神希望将预定的世界主宰从场景中移除，因此夺走了布鲁图即将到手的胜利果实。”（Brutus, 47）个人的动机与行动，以及困扰着个人的偶然，全操纵在诸神（或命运）手里，他们不可理解的目的决定了万事万物的运行。

阿庇安

将目光从普鲁塔克转到年轻的同时代人阿庇安身上，他同样是希腊人，而我们会看到一位带有典型史学关怀的地道史家，尽管他的作品有些乏味。阿庇安的罗马史在讲到公元前一世纪的部分（这个部分后来独立成篇，以《内战》〔*The Civil Wars*〕一书传世）蕴含着一个伟大主题，作者感受到共和国逐渐衰败并且陷于政治暴力、集团犯罪、内战与混乱之中。他为这五卷设定的起点是公元前 133

与前 121 年，护民官格拉古兄弟试图为穷人重新分配土地，却分别在这两年遭到谋杀。根据阿庇安的说法，这标志着传统罗马政治稳健路线的终结："过去从来没有人将宝剑带入议场，没有任何罗马人被罗马人杀害，直到担任护民官而且提议立法的提比略 · 格拉古成为内部动荡的第一位牺牲者。"（*Civil Wars*, I.2）道德藩篱一旦被打破，暴力逐步升高为公元前一世纪马略与苏拉两派人马的谋杀斗争，以及之后恺撒与庞培的内战。阿庇安认为阶级冲突的爆发源于人民不满的情绪，而人民的不满在军功者的操纵下，造就了政治冒险家与党派领袖：富人独占意大利的土地，并且建立大农场让奴工耕种，取代了过去负担兵役的小农（I.7）。这种情况导致了土地重新分配这项关键议题，同时也将罗马卷入暴力的内部倾轧中。盖乌斯 · 格拉古担任护民官后也开始既有的做法，从公共基金中分配免费粮食给每位市民（I.21）。阿庇安之后说道，这项做法吸引了各省底层民众前来罗马（II.20）。阿庇安也提到罗马市民资格延伸到各省的争议（I.23, 34）。马略如同过去的格拉古兄弟，成为民众运动
的希望，而苏拉的派系则代表了元老院阶级的利益。他们的对抗甚 121
至沦为首都本身的战争："内部倾轧的插曲逐渐从对抗与争论升高为谋杀，然后从谋杀升高为全面战争；苏拉发动的战争，是罗马市民组成的军队首次如同攻击敌国般攻击自己的国家。"（I.60）

阿庇安反对谋杀恺撒这项行动，他描述恺撒遭到谋杀的方式与普鲁塔克的《布鲁图》大异其趣，但他对政治脉络的说明却较为充分，尽管阿庇安也以命运作为较高的因果准则。虽然预言家出言警告，恺撒仍然于大限之日前往元老院，"因为恺撒注定要承受自己的命运"（II.116）。阿庇安也在别处明白表示："神意会介入公共事务而带来改变。"（III.61）

阿庇安是否只是其他史家作品的编辑者，对于这点大家的意见不一。例如，我们可以确定阿庇安对喀提林阴谋的描述大量引用了萨拉斯特的说法，然而上古史家一般总是在意见不同无法确定对

错时，才会提及史料来源。阿庇安是个写作质量不稳定的作家，他的内容有时清楚易懂，有时晦涩难解，这不禁使人怀疑他使用的史料可能也有相同的问题。他的作品很少显露个人风格，这种印象更因我们对他生平所知甚少而得到加强，我们只知道他曾在罗马担任辩护人，执业于公元二世纪的哈德良与安东尼·庇护[1]（Antoninus Pius）时代。

阿庇安最后几卷的特色主要表现在他花了相当多的篇幅描述布鲁图与喀西约可能的支持者遭到放逐的过程，他们不是被捕，就是被杀。“有些人躲到井里，有些人藏在脏污的下水道中，有些人爬到充满烟尘的屋椽上，或默不做声地栖身于紧密拥挤的屋瓦之下。”（IV.13）牺牲、背叛、自杀、逃亡、被捕与悲惨的死亡，阿庇安显然想借由这一连串生动的逸事（或史料）来引发同情与恐惧，而这些故事也确实引人入胜（IV.5—51）。阿庇安宣称他曾亲自调查最著名的受害者西塞罗的死因，这个部分被称为《放逐的故事》，但
122 篇幅过于冗长（占了第四卷三分之一以上），显示阿庇安可能因为找到了好材料就过度引用。他也可能抄录了塔西佗的作品，后者致力于描述提比略与尼禄统治时期对罗马贵族的类似迫害上。

罗马变得难以驾驭，于是命运之神暗中促使局势往奥古斯都的专制政治推移。关于这段过程的细微描述，我们必须转向另一位希腊史家卡西乌斯·迪奥。

卡西乌斯·迪奥

迪奥生于公元163年，年轻时从黑海西南部的希腊省份比提尼

---

1 即中国史籍上的大秦王安敦。——译注

亚（Bithynia）迁往罗马。他在皇帝康莫杜斯（Commodus）在位期间进入元老院，之后担任执政官，当然这个职位在当时已不具有共和国时期执行长官的大权。迪奥担任总督，包括阿非利加（Africa）行省总督，后来又于公元 229 年担任执政官。他的《罗马史》（*Roman History*）涵盖了从埃涅阿斯与罗慕路斯到他自己担任总督时的历史。在八十卷《罗马史》中，公元前 68 年到公元 46 年这段历史被原封不动地保留下来。记载奥古斯都第一公民制（principate）的章节不仅近乎完整，而且是目前仅存从公元前 32 年到公元 14 年的重要上古叙事。

这段时期开始之时，布鲁图与喀西约已死，马克·安东尼以埃及为大本营，抛弃了他的罗马妻子，也就是屋大维的姐姐欧妲薇亚，而与克莉欧佩特拉以及两人所生的子女在埃及生活。公元前 34 年，安东尼在亚历山大举行了隆重典礼，并且郑重提出挑战。他宣称恺撒里昂（Caesarion，据说是克莉欧佩特拉为恺撒生的儿子）是恺撒的合法继承人（这个头衔被恺撒的外甥与养子屋大维承袭），并且与恺撒里昂瓜分了东方的领土。这项瓜分行动被称为“亚历山大的捐赠”，引起屋大维极大的不满（50.1）。人们怀疑安东尼想将罗马交给克莉欧佩特拉，并且将政府迁往埃及。随后在罗马发动的反安东尼宣传战，以及在亚克兴（Actium）决战前夕屋大维对全军的精神喊话，显示出细心编造的说辞，目的在丑化种族与女性，它们针对的是“那个埃及女人”、埃及风俗以及安东尼对这两者的偏爱。例如，他与阉人亦步亦趋地跟随皇后，而且佩带东方的短剑。埃及人是女人的奴隶，没有女人曾统治或能统治罗马；对罗马士兵来说，就连担任她的侍卫也是一种侮辱。安东尼为自己取了神话名字，而埃及人将昆虫与野兽奉为神明（50.5, 24—25）。 123

亚克兴战役结束，克莉欧佩特拉和安东尼撤回埃及之后，迪奥述说他们的末日，其内容大家都已相当熟悉，而焦点集中在克莉欧佩特拉的陵寝，部分是因为她的财宝就藏在里面。迪奥认为，克莉欧佩特拉希望以安东尼的死来与屋大维达成协议（51.8, 10）。试图自杀的安东尼被抬进陵寝之中，并且死在她的怀里。克莉欧佩特拉发觉屋大维不为所动，于是她宁可选择死亡也不愿被带回罗马成为凯旋式的战利品；她如帝王般死去，虽然书中提到毒蛇是唯一可能的死因，但也可能使用了毒针（51.12—14）。她与安东尼葬在同一座坟墓之中。（较早之前普鲁塔克对安东尼生平的描述与迪奥大致相同，不过他偏爱克莉欧佩特拉，对其的描写充满同情；而莎士比亚采用了普鲁塔克对安东尼生平的描述，包括逐字引用了译文。）屋大维对埃及人展现了政治宽容，他观看了亚历山大大帝的遗体，碰触而且意外损毁了鼻子。有人邀请他观看以香油防腐的埃及托勒密诸王遗体，他说他想看的是君王不是尸体，他也拒绝进入牛神阿皮斯（Apis）的祭坛，他说他敬拜的是神不是牛（51.16）。

在罗马，一项关键的决定赋予屋大维终身护民官的大权：人身豁免权与重要的否决权。在各省，屋大维被尊奉为神，不过这种上尊号的举动在罗马相当罕见，虽然少有人阻止。克莉欧佩特拉的肖像陈列在凯旋式中，她的财宝也受到展示；迪奥说，她的饰品现在都装饰在罗马神庙里，而她本人则以黄金塑像来作为代表，被安置在维纳斯神庙中。罗马的敌视显然带有很大的魅力。竞技活动展开，野生动物遭到屠杀，河马与犀牛也在罗马首次登台（51.20—22）。

以罗马的标准来说，屋大维表现出节制与稳健。第五十二卷提到屋大维权力的巩固，在漫长的前言中，据称屋大维曾要求阿格里巴（Agrippa）与密西那斯（Maecenas）提供政府形式的建言，这两个人分别发表了长篇演说支持共和与专制统治。这使人想起希罗多德作品中不寻常的波斯辩论，当王位虚悬时，成功的阴谋者也以
124 高度抽象的形式思考相同的议题（Herodotus, *Histories*, III.80—82），人们不禁怀疑是否迪奥也想起了这段故事。阿格里巴的演说极为抽象且陈腐。密西那斯的建言则较能符合屋大维的实际处境，他表示不握有权力则终致毁灭。他强烈要求与“罗马最优秀的人物”

一起治理国家，并且压制暴民的放肆行径（52.14—15）。密西那斯的建言在于维持共和国的官职，但削减权力使其成为荣誉职，以此确保屋大维能控制这些担任官职的人（52.20）；这与屋大维将采取的路线不谋而合。

密西那斯支持设立常备职业军队，反对市民组成的民兵，并且简要说明了核心困境：“我们必须掌握士兵才能存活，而士兵必须领有薪饷才会为我们打仗。”不管哪一种政府形式都需要军队（52.28）。他提议应支付军队薪饷与退休金，至于财源则取自贩卖公有土地与例行税收（这是一项创举）。罗马因各种演出而更加美丽与欢乐（52.30）。个人对屋大维的不敬不应追究，并且要与阴谋严格区别，至于阴谋则应交由元老院来处置。屋大维的地位应避免过度表现：“没有人可以经由投票而成为神。”（52.35）异国宗教，一个古老的主题，应予以压制；它们关系着秘密社会与阴谋。巫师应予以禁止，甚至连哲学家也受到怀疑（52.36），日后这将成为一种偏见。屋大维被提醒要留意骗子，这是日后产生的另一个关切，也是塔西佗作品一个值得注意的主题，迪奥在此透过密西那斯预先提出这点。权力的掌握最好有所保留，在行使上也要有所限制，外在的和平胜过战争，尽管如此也不能松懈作战的准备（52.37—38）。密西那斯做出了预言般的结论：

> 从现实上言，若你想求取王政之实而避免令人嫌恶的王政之名，你无须接受国王的称号，仍能以恺撒的风格进行统治。若你需要国王以外的称号，那么人们会为你献上大将军（Imperator）的头衔，如同过去他们献上这个称号给你的养父恺撒，此外他们还会献上另一个称号来荣耀你的威严。如此，你既能享有帝王之实，却又避免了帝王的污名。（52.40）

写下这篇长篇演说的迪奥显然居于后见之明的优势，他不仅 125

了解屋大维随后推行的政策（如奥古斯都的称号），同时也观察着自己的时代。迪奥以自己曾经侍奉过且幸运地逃过他们的魔掌的几位暴君与奥古斯都相比，包括康莫杜斯、卡拉卡拉、埃拉伽巴路斯（Elagabalus），奥古斯都显然是帝王的楷模，而且奥古斯都这个名号本身就代表着广大的权力与权威。密西那斯的演说开启了“向君主建言”（有时带有对不遵从建言者施以批评的意涵），以及以受尊崇的祖先为效法对象的长期传统。以这篇演说而言，其表述具有立即效果。此外，在上古史学中，我们发现演说既可用来审视处境，说明当下蕴含的机会与危险，也可显示追求的政策背后带有的思维，正如密西那斯的这篇演说。在迪奥的描述中，屋大维倾向密西那斯的建言，但经过深思熟虑之后，他决定先推动人们愿意支持的变革，避免因“全面改变人们的天性”而带来危险；他甚至将一些工作留给他的继承者去完成（52.41）。迪奥不反对将屋大维偷偷摸摸进行专制统治的手法记录下来。屋大维了解安东尼的老部属充满疑虑，因此宣布焚毁安东尼的文件，但实际上他保留了部分材料以备不时之需（52.42）。

次年（公元前 28 年），屋大维第六次担任执政官，并且首次冠上“第一公民”（Princeps）的称号，迪奥的第五十三卷对于当时举行的演出与奉献的神庙做了典型的编年史记录，包括至今尚存的阿格里巴兴建的万神殿。然而，这一卷的中心主题是屋大维对元老院发表的演说，他辞去所有官职，宣布自己准备退休过平民生活：他宣称自己一切的行动都是为了挽救罗马使其免于威胁与危险(53.3—11)。如同屋大维设想的，当元老院劝他改变主意时，表面上看来这违逆了他的意志，但实际上他却得到了专制权柄。屋大维随后做的第一件事，是将侍卫的薪水增为一般军人的两倍——“他放弃绝
126 对权力的心还真是诚恳。”迪奥嘲弄地说（53.11）。然后屋大维致力于为自己取得数省总督的权力，凡是驻扎超过一个军团的省份都归他治理，任期十年，此举使他有效控制了军队（53.12—13）。迪奥

指出，虽然任期限制已形同虚设，但此后历任皇帝却建立了一个惯例，每统治十年就举行一次庆典，仿佛这么做可以更新他们的统治权力。在这个时候（公元前 27 年），屋大维接受了奥古斯都的称号，原本他想取得的是“罗慕路斯”，但因“帝制”的意味太浓而作罢。

迪奥援引塔西佗的说法，他深信这段历史就是王制建立的过程：

> 事务的指导与指示全根据当时掌权者的期望来决定。不过，为了维持权威源自法律而非权威本身至高无上的印象，皇帝便谋取了所有职务及其实际官衔，以及这些官职所附随的权力。

身为大将军，他们继承了执政官的权力；身为监察官（虽然这个官衔最后遭到废止），他们审查风俗；身为大祭司，他们在宗教事务上有着至高无上的地位；护民官的传统权力赋予他们否决权与人身豁免权，他们的人身被视为神圣（53.17）。此外，他们也不受法律约束（53.18）。

虽然迪奥以讽刺的手法戳破共和的假象，但他整体的看法是：“在共和时期，人民不可能安居乐业。”（53.19）有趣的是，他唯一真正的抱怨却是基于史家的立场而发。过去，一切事务都公之于元老院与人民面前，政府是透明的：许多人记录何事发生，所以事件的真实面貌众所周知。现在，重要事件隐匿不欲人知：报道是误导的，而且无法受到适当调查。未来，迪奥将不得不以官方的版本为依据，但他也增添自己的意见，“我根据自己的阅读、口耳相传、亲眼所见而搜集许多细节，以此形成判断，而这些能告诉我们比一般报导更多的事”（53.19）。他的怨言是一项重要观察，从史家的立场来看，
若能亲炙自己那个时代最高的权力圈子，就有许多机会记录政治行 127
动的现实与公之于世的版本之间的差异，然而如我们将看到的，在他之前的塔西佗也有类似的怨言。

奥古斯都往后的统治时期，有记录的主要事件是公元 9 年发禄

指挥的三个军团在日耳曼全军覆没，这或许是奥古斯都遭遇过的最大打击（56.18—24），另外则是奥古斯都家族年轻成员接二连三去世，这等于为奥古斯都继子提比略继任铺路。迪奥提到斯韦托尼阿斯散布的谣言，指出奥古斯都妻子莉薇雅与这些人的死有关，事实上，谣言也提到奥古斯都的死与她的关联，而迪奥自己对这项传言既未背书亦未驳斥。他对奥古斯都的评价有着明显的划分，一个是屋大维还没成为奥古斯都之前，在内战期间出于必要而做的行为；另一个是他迈向权力巅峰与日后对权力的行使。迪奥对后者的评断完全是赞许。在奥古斯都统治下，罗马人过着世上最好的日子："他们是皇室的臣民，却未沦为奴隶，他们是民主制度的市民，却未遭受混乱之苦。"（56.43）

我们对迪奥的史料来源所知甚少，但他显然知道塔西佗与斯韦托尼阿斯的作品，而且应该看过奥古斯都的自传。如果我们相信第一印象，则他带给读者的一般而言是审慎而值得信任的史家形象；他避免情感渲染或党同伐异，而且不会过度地使用传统修辞，其例外或许是对亚克兴战役的描述。与塔西佗那样的元老院阶级不同，迪奥对于共和时期并不留恋，他与李维一样憎恨僭主与无政府的过当。他对奥古斯都以共和之名行专制之实的描述，使人联想起十八世纪英格兰反对党曾怀疑执政当局密谋颠覆自由的宪政体制。这是个利弊互见的景象，一方面它描绘出一名充满诡计机巧的统治者由内而外瓦解了政治体制，怀有恶意的君主很可能继踵效法，另一方面也呈现出一名聪明而稳健的政治家，为长久受困于内在倾轧的城市带来和平与繁荣的黄金时代。

第 8 章

塔西佗："人适合为奴"

爱德华·吉本在他最早的作品《论文学研究》(*Essay on the Study of Literature*, 1761) 中提到塔西佗是"富于哲理的史家"典范。他写道，塔西佗"运用修辞的力量，以理性而充满说服力的反思教导读者"。自某方面来说，吉本的论述是一种有意识的回溯。当时塔西佗的名气已逐渐衰微，无法与他在十六世纪末到十七世纪末欧洲"绝对主义时代"享有的盛名相比。吉本的赞誉是人文主义学问对新"哲学"——我们应该说是"科学"——精神的一种反抗，这个新哲学将关于过去的知识斥为无用。"富于哲理的史家"一词同时在双方阵营取得立足点，人文学者把重点放在史家，而现代学者把重点放在富于哲理上。塔西佗是这个头衔的不二人选，因为他在吉本的时代被推崇为政治思想家，并且把从历史搜集来的智慧浓缩成名言警句的形式。另一位仰慕塔西佗的人蒙田则认为他的时代与塔西佗的时代具有一种联结，此说明了塔西佗得到的关注："诸位大可认为我们是他叙述与训斥的主题。"(On the Art of Conversation, *Essays*) 128

当然，向上古世界寻求相似事物已是老生常谈，例如阿庇安的作品似乎在十六世纪法国内战期间广为流传。绝对主义时代的人理所当然会在塔西佗作品中，找到与他们处境相关的事物；从塔西佗的作品汲取教训有时也在掩饰自己指涉了声誉不佳的马基雅维利式政治智慧。当时的历史与戏剧提供了类似的情节，对于博学者而言，
129 这些故事通常就像某种记忆中的事物。例如，莎士比亚的理查德三世像极了提比略与尼禄，他戴上谦恭与美德的面具，直到获得无可争议的权力之后，就摇身一变成了嗜血的暴君。莎士比亚笔下的伊阿古是野心、阴谋与搬弄是非的副官，他的原型似乎是塔西佗作品中提比略的亲信塞亚努斯（Sejanus）。与莎士比亚同时的本·琼森（Ben Jonson）写了关于塞亚努斯的剧本（1603），他的《喀提林》（1611）则以萨拉斯特与西塞罗作品为蓝本。现代的君主王侯及其亲信涉猎占星术与巫术，他们在塔西佗作品中的对照人物亦沉迷于相同之物。法国皇太后凯瑟琳·德·梅第奇，一般将圣巴托罗缪日大屠杀归咎于她，而她势必让一些人想起可怕且充满阴谋的罗马帝国后妃莉薇雅与阿格里皮娜（Agrippina），一连串毒杀的流言紧紧跟随她们三人。塔西佗不仅描述这样一个世界，也以公众人物的立场为自己在多米提安（Domitian）充满血腥的统治时代，为生存而以元老院议员身份做了许多妥协而感到罪恶，他特别在岳父阿古利可拉（Agricola）的传记中说明了这一点（*Agricola*, 3, 45）。

塔西佗在尼禄时代以及罗马世界陷入内战那年（公元 69 年，“四皇帝之年”）仍是一名少年，这个时期的史事全记载于他至今尚存的《历史》（*Histories*）之中。塔西佗的《历史》大约完成于公元二世纪初。之前完成的另一部重要作品《编年史》（*Annals*）涵盖更早之前从提比略到尼禄的历史，但部分已经亡佚。塔西佗在苇柏芗与泰塔斯时代担任公职，多米提安死后（公元 96 年），他于公元 97 年成为执政官，之后又成为亚洲行省的总督。在《历史》前言中，塔西佗赞扬多米提安死后是一段幸福的时代，即涅尔瓦与图拉真的统治时期（*Histories*, I. I）。

如果卡里古拉（Caligula）与克劳狄和尼禄统治时期的部分记录未曾从《编年史》中亡佚，而《历史》从公元 71 到 96 年的记载仍在，则塔西佗的作品几乎涵盖了公元一世纪完整的历史。克劳狄与尼禄的统治时期，连同罗马帝国前十二任皇帝的历史，都记载于与塔西佗同时的斯韦托尼阿斯现存的作品《皇帝传》（*Lives of the Caesars*）中。斯韦托尼阿斯的作品是传记而非历史作品；他的描述以人物的性格而非事件的经过为中心，他以颂辞与贬辞等著名文类 130
为范例，其内容多半过于琐碎而难以称为历史。塔西佗的作品也与卡西乌斯·迪奥的作品重叠，其中最有名的是提比略时代的历史。迪奥的历史持续到他生存的时代，即公元三世纪初，但他现存作品的末尾部分却是后人接续写下的拜占庭史纲要。撇开这个部分不提，从李维到塔西佗的几位重要史家，其作品涵盖了公元前三世纪到公元一世纪的历史，从罗马在意大利霸权的巩固，到帝国的第一个世纪结束。李维与塔西佗作品中的阙漏造成很大的损失，幸好仍有很多留存下来。《编年史》只剩下两件中古时代的手抄本，分属两个部分的残本。

塔西佗写的是当代与接近当代的历史。他引用目击者的证言（*Annals*, III.16），这些耆老故旧的记忆可以上溯至提比略的时代。他无疑也使用了提比略与克劳狄留下的回忆录，以及元老院印行的议事记录，身为元老院议员的他可以轻易取得这些资料。在《历史》与《关于演说的对话》（*Dialogue on Oratory*）一开始，塔西佗充分意识到从共和时期公共生活形式的结束到帝国的来临，文化与政治的不断变迁对演说与历史写作造成的影响。在《关于演说的对话》中，我们借由比较与评估各种演说看到文学或文化史的基础。在《历史》一开始提到史家时，塔西佗说："只要共和历史是他们的主题，他们会以相同的雄辩风格与不偏不倚的立场来写作"，然而，"为了和平而必须将权力集中于一人之手时，古典史家的伟大家系就此断绝。真理也在各方面受到斲丧。对政策（如今已不受公众掌控）的无知，自然产生对阿谀奉承的热情，或相反的，对专制者的仇视”。迪奥（53.19）也曾抱怨无法接触事件的真实起因。塔西佗对于公共专业与私人动机之间的差异有着敏锐甚或是过度的知觉，而且任意猜测可能的动机。他曾主张要做到公正无私，这是一个标准的主张，
131 但不一定合理。他在《编年史》的开头提出一个成为经典的定则：他说，他写作时，既无热情亦不偏私——“不怒不苦”（*sine ira et studio*）。

蒙田指出塔西佗的偏见，却将这个观察转变成恭维，他说：“我们可以看到塔西佗的判断有时与证据未尽相符，因为他不加扭曲地呈现意见。”这种情况在塔西佗的作品中经常出现，特别是在描述提比略时，他是塔西佗描绘的人物中最醒目的。对于退隐到卡普里岛（Capri）的提比略，塔西佗并未忽略围绕在他周边的荒淫传言，只是他不像斯韦托尼阿斯那样热衷和详细描述。塔西佗提到，提比略的公众行为与谈话几乎总是合理、人道乃至于慷慨，即使带有愤世嫉俗的实境仍值得称道，并且明显表现出对皇室虚矫与阿谀的不满。这些性格特质当然不一定与古怪的性癖好毫不兼容，更重要的是，对元老院而言，也不一定与突来的致命猜忌格格不入。虽然塔西佗对元老院充满轻视与嘲弄，但元老院一直是他叙述的核心，毕竟他自己就是元老院议员。在他的描述里，提比略总被视为阴暗的威胁、阴沉的存在，他的沉默寡言与偏爱隐遁使人难以捉摸他的性格，有人因此从伪善与表里不一的观点对他做出不利的诠释，即使他对外的发言与行为未能证明这点；对于伪善的指控，他的种种表现无法厘清人们的疑虑。提比略的隐居，甚至于他的谦恭，对塔西佗来说都是道德堕落与隐藏堕落事实的明证；他的沉默、难以捉摸与有时深不可测的言谈，带有恶意与威胁意味。我们现在无法得知这种诠释有多少根据，虽然它相当引人注目且令人难忘，但塔西佗充满恶意的判断终究还是启人疑窦。

在塔西佗的残存记录中，具有明显确实性的是提比略的行动与

话语。提比略的生活俭约、不露锋芒。但他并不吝啬，有许多例子提到他慷慨解囊救助公众与私人的不幸（*Annals*, I.75; II.37—48, 87; IV.64; VI.17）。在一些场合，他展现了仁慈与同情，反对有人因对他不敬而受罚（I.74），同时也拒绝起诉熔化其银制塑像的人。 132
据说他离开元老院时曾以希腊文大声呼喊：“人适合为奴。”（III.65）但塔西佗认为，提比略不仅厌恶奴役也厌恶自由。他的话语和行动很少发自内心；它们总是被视为深沉而邪恶的政策工具。例如，他对言论自由的宽容是为了辨识“奴性隐藏的真理”（VI.38）。提比略拒绝为自己在西班牙设立圣坛，此举似可作为神志清醒的楷模：“我是凡人，从事凡人的工作，对于自己居于凡人的顶端，我已相当满足。我希望后世记住我是这样的人……如果后世对我有负面评价，那么大理石纪念碑不过是遭人遗忘的坟墓。”（IV.38）然而，即便如此这也被诠释成是怀有罪恶感或精神贫困，而塔西佗在记录时未反对这点。

在诠释提比略时，塔西佗似乎游移于该视其为真实的性格衰颓，或将变迁归咎于提比略逐渐扩大的权威，因而他愈来愈不需要隐匿自己的真实本性。上古作家倾向于视性格为固定不变之物，并且将美德的丧失与邪恶的产生完全归咎于虚伪面纱的褪去；我们在斯韦托尼阿斯身上看到相同的模式。塔西佗承认提比略早期的美德证据，但也强调他的腐化。尽管如此，塔西佗对于提比略早期的良好统治做的简要描述，可说是一篇令人印象深刻的颂辞，事实上他描述的如同一个模范政府：广开言路，选贤与能，执法公正，荒年赈济灾民。官吏受到监督，禁止横征暴敛。“他在意大利几乎没有地产，他的奴隶谨慎谦和，他的家仆局限于少数自由民。他与一般市民的争论都交由法院审理。”（IV.6）巨大的改变与塞亚努斯的发迹同时发生。这不禁使人认为，塔西佗可能试图在伪善的一般成规下对前后矛盾的陈述进行调和，但此一说或许无法获得证明。

《编年史》的大部分内容，实际上几乎所有内容，都未提到罗马的边疆战役，如帕提亚、马其顿、亚美尼亚、日耳曼与不列颠，133 而是聚焦于皇帝与元老院的关系上。塔西佗对元老院不留情面，但又有所期许。他亟欲保存他找到的任何足堪表彰祖先功业的例子。他同意标准的历史观点是道德的仆人：“确保功业能记入史册，以后世的唾骂来对抗邪恶的行为与话语。”（III.65）尽管如此，他有时也允许基于孝道与家名而为尊者讳：“他们已经去世，我觉得基于他们祖先的颜面，我还是不说出他们的姓名为好。”（XIV.14）但一般而言，寻求利益（或至少为了生存）的奴性被迫顺着世事而转变，深谙此道的人往往受到嘲弄与蔑视。提比略以讨厌阿谀著称，他的态度造成进一步的扭曲：卓然不群成了仅存的谄媚之道（I.8）。公众行为决定于人们热切的眼神，而这些眼神总是根据统治者的意向决定自身的行为，因此，当提比略登基时，元老院议员“既不能对先帝驾崩感到高兴，又不能对新帝即位感到难过：他们谨慎安排自己的容颜，脸上杂糅了泪水与微笑，哀悼与谄媚”（I.7）。“政治平等，”塔西佗不只一次地表示，“已经是过去的事。”（I.2）尽管塔西佗偶尔记录了一些美德与卓然不群——有时还招来死亡——的例子，但他描述的高层政治世界主要还是一个充满中伤诽谤、恶意告发、暗中窥探、搬弄是非、伪善与奉承的世界。

告密在当时是招致毁灭的原因：

> 亲朋好友如同陌生人般彼此怀疑，老故事就像新故事一样带有毁灭性。在广场上，在晚宴中，有关任何主题的陈述都可能意味着告发。每个人争先恐后地指认牺牲者。有时这种做法是自我防卫，但绝大多数是一种传染病，就像瘟疫一样。（VI.7）

在塔西佗的叙事中，怀疑与恐惧的气氛因提比略选择的代理人的不正野心、独断权力与残酷而大为加强；这个代理人是禁卫军指挥官塞亚努斯。

> 在罗马，出现了史无前例的骚动与恐怖。人们甚至瞒着密友行动，避免见面与对话，躲开朋友与陌生人的耳目。即使是无声、静止的物体，如天花板与墙壁，也在疑云密布下遭到搜索。（IV. 69） 134

监视随科技进展而加强，但其核心本质显然维持不变。在《阿古利可拉》中，塔西佗谈到他自己经历过的暴政经验与这个经验带来的羞耻感，他说："在多米提安时代，最让我们痛苦的是看着他的眼睛直盯着我们。"（45）这令现代读者联想起斯大林的统治，正如塞亚努斯令人想起斯大林的警察首长贝利亚。

最后，塞亚努斯因野心太大而失败，并且遭到谋杀。罗马政治残暴行为的骇人，呈现在塞亚努斯幼女的恳求中：

> 他们全被捕入狱。男孩知道自己即将面临什么。但女孩无法理解地重复说着："我做了什么？你们要带我去哪？我不会再犯了！"她说，她可能会跟其他孩子一样被痛打一顿。当时的作家提到，由于没有处死处女的前例，因此她被行刑者强暴，身旁放着绞索。然后两人都被勒死，他们年幼的尸体被丢弃在号泣的石阶（Gemonian steps）上。（V.6）

但是迫害并未停止。对塔西佗而言，塞亚努斯掌握大权的根本原因是"上天对罗马的震怒"（IV.1）。他不仅哀悼罗马的命运，也哀悼自己身为罗马史家的命运：

> 我发觉自己曾经描述的与希望描述的，绝大部分似乎并不重要而且琐碎。但我的编年史与早期罗马史是完全不同的内容。它们的主题是伟大的战争、遭到猛攻的城市、被击败与俘虏的国王。或者，如果内政是它们的选择，它们会自由地转向执政

> 官与护民官的冲突、土地法与谷物法的抵触、保守派与平民的宿怨。我的作品刚好相反，它是被设限的不光彩领域。

然而，塔西佗继续说道，即使是不重要的事物也值得检视，因为它经常导致重要的发展，无论这个国家是民主、寡头还是专制政治（他又说，混合这几种制度的国家从未传之久远）。当国家是民
135 主制时，必须了解人民的心灵以控制他们；当元老院强而有力时，最明智的专家是那些最能了解元老院心灵的人。同样的，

> 如今罗马实际已转变成专制政治，调查和记录与专制者相关的细节应有其用处。事实上，从这类研究中，亦即从他人的经验中，大多数人学会了如何区别对与错、利与不利……所以这些陈述是有用的。但这些叙述并不讨喜。能吸引与刺激读者的是地理的描述、战争扭转的命运、指挥官光荣战死。至于我的主题关切的是残酷的命令、永无间断的指控、背叛的友情、被毁灭的无辜者——大批的灭亡及其起因的叙述，极其单调无聊。（IV.32—33）

塔西佗又说，人们可能因提及生者不名誉的祖先而招来怨恨，或者生者可能看到其祖先的不名誉行为反映在别人身上而感到愤懑，或者是因光荣的例子而感到羞耻。

塔西佗有关卡里古拉的叙述已经亡佚，而克劳狄的叙述也受到严重删改，剩下的部分主要是谈克劳狄妻子梅萨莉娜（Messalina）与阿格里皮娜的背叛。塔西佗记录了未提及姓名的目击者的权威说法："我要说的是真相。老一辈的人听闻而且记录下来的事物。"（XI.27）关于尼禄时代前期的叙事，着眼于他的母亲阿格里皮娜身上，不过外国事务与战争，包括在不列颠发生的那些战事，仍在编年史中占一定比重。当然，罗马大火是另一则插曲。尼禄骇人听闻

的行为构成一种全新的纵欲形式，民众与元老院议员及他们的妻子与女儿，因阿谀荒淫而极度腐化，而皇帝本人则是纵酒狂欢的始作俑者。就连基督教这个"致命的迷信"，传至罗马也成了另一项堕落的明证："一切堕落与羞耻的行为在首都中繁衍滋长。"（XV.44）阴谋失败后，登场的高潮好戏是迫害，但塔西佗现存的作品并未涵盖尼禄的败亡。塔西佗详细描述一些事例，特别是为维持尊严而自杀的事件。他不断意识到这些事件对读者的影响，并且哀悼读者对 136
于其他持续不断的丑行感到厌烦："这种奴隶般的消极顺从与接二连三的无谓流血，与服役执勤完全不同，它使心灵厌倦、沮丧与麻痹。"（XVI.14）但这些名人的死不应草草带过，无论如何，他们的丑行并非源自他们的缺陷，而是上天对罗马的再次震怒。写史保存名人伟大功业记忆的动机可以上溯至希罗多德，但塔西佗的看法似乎缺少这样的动机。

塔西佗似乎认为，元老院成员显示自身价值的最后手段就是亲手了结自己的生命。这里的道德对比是斯多噶式的对比，一方面努力争取毫无价值的权力，另一方面维持自己的尊严，以高尚的行动离开这无可忍受的人世或迫近的死刑。自由只能从死亡的解脱与有时候迟来的坦白或坦白所释放的反抗中寻得。塔西佗虽然了解这点，却也了解因公殉职与消极顺从之间的对比。罗马的美德似乎不再是积极主动的、爱国的与政治的，而是自我中心的，以及用斯多噶的话来说"富于哲理的"。它的报酬不是名声，而仅是逃避；充其量死亡平静地发生，如同典型的苏格拉底之死，身旁有朋友陪伴，成为一个视死如归的精英。

自杀的动机之一，如塔西佗所述，是为了避免被判叛国罪而家产遭到查封：他们关切的是家族而非国家。这里有个讽刺的对比，不过塔西佗并未明言。从鲁奇乌斯·尤尼乌斯·布鲁图以降，尤其是李维所记录的历史，有关罗马早期"坚忍精神"的例子，总是提到为国牺牲家族，公共法律在道德上凌驾于亲族的纽带关系，我们认为这种精神是发展出国家观念与国家主张的关键。在塔西佗描述的谣言满天与专制恐怖的世界里，罗马似乎成了充满乡愁的记忆；皇帝个人的性格特征，或暗地里对他的指控，或元老院里恶意或逢迎的告发，随处可见；对受害者来说，亦即处于危亡边缘的市民，个人与家族的利益再次居于首要地位。塔西佗必定相当了解才做出共和国与帝国的对比——他也因此哀悼现代史家身负的任务。

137 我们曾经提过，《编年史》中断于公元 66 年。塔西佗最早写成的《历史》始于尼禄死后（公元 68 年），它记录了公元 69—70 年的事件，其内容普遍比《编年史》来得详细。《历史》持续记载到将近公元一世纪末，不过其余的部分都已亡佚。公元 69 年是异常多事的一年，包括了内战与篡夺，帝位经过四次更迭，最后是由苇柏芗建立新王朝：奥古斯都所建立的持续达一个世纪的尤里乌斯·克劳狄王朝由此结束。公元 69 年被称为“四皇帝之年”：加尔巴、奥托、维特里乌斯与苇柏芗。最终的权力曾短暂决定于军队身上，共和国末年的情况以高度浓缩的形式反复重演。三名皇帝各以某个驻军行省作为权力基础，每个人都在军队拥戴下称帝：加尔巴在西班牙，维特里乌斯在日耳曼，而苇柏芗（他花了最久的时间才抵达罗马）在东方，至于奥托则是尼禄的伙伴，在罗马被禁卫军拥立为帝，尼禄派以此来对加尔巴进行反击。这是罗马城一个世纪以来首次卷入内战。

塔西佗哀悼内战的发生，并且暗示首位称帝的加尔巴应该予以承认，虽然从各方面来说，最后的胜利者苇柏芗是最有资格继承帝位的竞争者。对塔西佗来说，奥托（与尼禄一起为恶之人）与维特里乌斯（他总被说成是懒惰而难以自制的暴食者）是讨厌的人物。塔西佗指出共和国末期与这个时代的相似之处，认为恺撒与庞培、奥古斯都与布鲁图是可敬的对手，相反，当奥托与维特里乌斯彼此指控对方的邪恶与荒淫时，塔西佗却说：“至少从这点看，他们两人说得很对。”（I.74）接连不断的篡夺者、罗马人对这些篡夺的反应以及军人的举措，都令塔西佗义愤填膺，他严厉抨击、讽刺，而且写下轻蔑的警语。例如对于加尔巴，塔西佗说："身为人臣，他似乎太锋芒毕露而难以屈居人下，每个人都认为他足以成为人君，然而唯有当他未能统治时才这么说。"（I.49）维特里乌斯受到纪念的原因，在于"他浪掷自己的和不是自己的财产，表现了过度而无耻的慷慨"（I.52）。我们可以轻易了解这些叙述给年轻的吉本留下 138
深刻印象，也可以看出塔西佗对《罗马帝国衰亡史》文体特征与态度的影响。

塔西佗提到公元 69 年的动乱使罗马的尊严扫地，他以显著的愤怒描述禁卫军的行径，即便与《编年史》记录的可怕事件相比，这些行为亦证明帝国拥有的稳定性格已成过去：

> 罗马军队随时准备杀死毫无防备的老人，而这个人原本是他们的皇帝，仿佛他们罢黜的是沃娄加塞斯（Vologaeses）和帕科鲁斯（Pacorus，帕提亚的统治者）……他们手握武器纵马穿越群众，践踏元老院，驰骋于罗马广场。这些人不因仰望卡皮托山与高高在上的庄严神庙而有所迟疑，也不因遥想过去与未来的皇帝而有所犹豫。（I.40）

尽管存在着这些破坏帝王尊号的罪行，但帝王尊号似乎反而成为奥古斯都这个词所代表的意思：令人敬畏的。罗马城及市民受到的伤害，最糟糕的是将卡皮托山的朱庇特神庙焚毁，这些事情显然让塔西佗感到愤慨。这都是罗马军队的杰作，他们对待罗马的方式，如同他们对待行军经过的和平省份一样，以入侵的征服者姿态烧杀抢掠。

如塔西佗描述的，公元 69 年的世界其实已成为天翻地覆的世界：士兵既不服从指挥官，也不服从皇帝，俨然成了暴民；另一方面，罗马自身的暴民也杀人不眨眼，骇人听闻的是，据说元老院议员还必须佩带宝剑进入议场。和平的罗马城镇，如克利摩那——塔西佗讽刺地回想，这是一座为防御高卢人而建造的堡垒——与日后的罗马城，遭到罗马军队的劫掠。高卢各省试图安抚行经当地的士兵，“在无战争的情况下确保和平”（I.63）。当维特里乌斯进入罗马时，他的演说“仿佛针对的是外国的元老院与人民”（II.90）。在首都，塔西佗说道，群众腐败到甚至为战斗鼓掌叫好，仿佛他们是在观赏一场格斗演出：

> 139 罗马市民紧盯着战斗现场，仿佛自己是观看表演的观众，他们轮番为两方加油助阵，如同竞技场上的模拟战争。只要一方败退，人们会躲进店铺或到一些大宅第中避难。然后他们被拉出来，死在暴民之前……整座城市呈现出骇人的讽刺景象，一方面人们理所当然地自相残杀，另一方面又正常如昔地泡澡上餐馆。这厢鲜血四溅尸体横陈，那厢则左拥右抱娼妓环绕——充满了与闲散和愉悦生活关联的邪恶，以及无情劫掠必定出现的可怕行径。（III.83）

罗马孳生出道德瘟疫（萨拉斯特的影响在此非常明显），使军队染上奢侈、软弱与军纪废弛的病毒；人们可以补充说，如同卡普阿与波伊欧提亚曾被指责是这些疾病的温床一样，如今首都也成为腐败中心（II.69）。塔西佗描述军队的奢侈使他们可悲到“完全不像是罗马人”（II.73）。他明确表示，大权在握的士兵本身是善变的、目无法纪的、混乱的与贪婪的。原先不过是一场酒醉后的争吵，却被皇帝（奥托）与元老院议员解释成全面的叛乱，于是演变成滑稽而可笑的恐怖事件。皇帝晚宴上的宾客极度焦虑，却得强装没事的样子，他们看着皇帝，留意着风吹草动。“他们观察奥托的表情。这是多疑者的通病，虽然奥托保持警戒，但这样的态度也引起怀疑。”他要求他们离开，竟演变成众人惊慌逃窜的信号。高官们丢下他们的官阶勋章，然后是陷入惊慌的部队拥入宴会厅要求皇帝出面说明。“整栋建筑物都是嘈杂的武器与威胁声……他们在盲目与恐慌下陷入狂暴，找不到目标来宣泄自身的怒气，并且叫嚣着要杀光每一个人。”最后奥托现身，他“流泪恳求”好言相劝，军士们这才返回军营，“但怀着不平与罪恶感。第二天，罗马就像一座被攻占的城市。大宅子被粉碎，街上几乎空无一人，民众穿着丧服。军队垂头丧气的样子显示出愠怒而非后悔”（I.81—82）。在这场混乱中，接续的皇帝与主张者已非事件的指导者，而是身不由己的流浪者，他们内心困惑、犹疑与被动。元老院的凄苦令人同情，他们在军队威胁下朝不保夕。当奥托掌权而维特里乌斯进军罗马之际，有些人抨击维 140
特里乌斯，却总是算准时机在喧嚣之时谩骂，这样他们说的话就不会被清楚听见或被人听出前后矛盾（I.85）。奥托的演说在提到维特里乌斯的支持者时令人意外地自我设限，塔西佗认为这是因为帮他拟稿的人想要为自己留条后路（I.90）。（在《编年史》中，塔西佗说尼禄是最早请人代拟讲稿的皇帝〔XIII.3〕。）

在乱世中，邪恶成为美德，贫穷成为祝福，财富成为诅咒，而塔西佗的讽刺充分说明了造化弄人。元老院赦免克劳狄与尼禄时期被判勒索罪的三名议员，而将指控改为较不严重的叛国罪，因为叛国罪这个罪名在滥用之下对元老院来说已经无伤大雅（I.77）。士兵们在俘虏奥托的军队之后，向维特里乌斯邀功，实际上敌军溃败的真正原因是无能。维特里乌斯“知道他们不老实”（II.60），但表面上还是相信他们的说法。某位受害的元老院议员因财富而使他的遗嘱成了具文，相对的，“皮索却因贫穷而使他的遗愿受到尊重”（I.48）。加尔巴的指定继任者皮索从擢升中得到的好处只有一个：比他的兄长早一步被杀。

随着苇柏芗成为胜利者，各项事务在摇摇欲坠下返回正轨，这点可以从朱庇特神庙的重建与重新供奉看出，不过此时已出现对新皇帝之子多米提安（于公元 81 年继承兄长提图斯的帝位）的不祥陈述。塔西佗作品的残存部分绝大多数是元老院的辩论，第五卷是例外，后者的内容主要是有关犹太历史和宗教的曲解与充满敌意的描述，在苇柏芗与提图斯镇压犹太人暴乱的影响下，这些描述被凸显出来，成为与塔西佗同时的犹太史家约瑟夫斯详述的主题。现代读者可以借由阅读约瑟夫斯的作品发现塔西佗忽略的部分，不过了解当时流传的诋毁犹太人的传说也相当有趣。

塔西佗显然不知道圣经，但当时圣经已有希腊文译本。塔西佗
141 在出埃及的描述中提到以色列人之所以遭到驱逐，是出于阿蒙（塔西佗称为哈蒙）的忠告，驱逐以色列人是一种净化行为，可以治疗以色列人带给埃及的瘟疫，一般认为是麻风病；塔西佗说绝大多数权威同意这段描述。摩西大胆向以色列人宣布神已离弃他们，并且劝告他们自力更生。他借由在沙漠中探索水源，这是他观察野驴行为得出的结果，来显示他遵循自己的告诫。迁徙的第七天，犹太人将迦南人逐出迦南地，并在当地兴建城市与神庙，为了感谢得救，他们在神坛供奉野驴形象；不过另外有一种说法认为，他们不立形象而且实行纯粹的一神信仰。他们不仅每七天（代表出埃及的结束）敬拜一次，而且每七年休息一次。他们的新宗教是摩西订定的，其做法不祥而且令人反感：他们禁止异族通婚、实行割礼，而且教导蔑视诸神与爱国主义。塔西佗相当精确地描述了约旦河与死海，他也提到曾经人口稠密之处如今成了渺无人烟的平原。犹太人是堕落的民族，他们的宗教虽是精神性的一神教，却充满“迷信”。塔西佗最后简短地描述提图斯围攻并取得耶路撒冷。

第五卷是传统的古典杂谈，唯有另一项更完整且人们更熟悉的史料来源存在，才能使非专业人士以更批判的态度检视它，而不是将其视为寻常的上古史学民族志杂谈。塔西佗遵循这类传统陈述，不过他的风格具有高度特色，而在前辈中，他最赞赏的似乎是萨拉斯特，其以文字简洁、充满警句隽语与讽刺著称。在《编年史》中，塔西佗当然负起了编年史家的责任，不过他的《历史》以大量篇幅

描述如此短暂的历史，却比较具有专论的性格。在《编年史》中，执政官的更迭、预兆与显贵人物的死亡，这些事情在发生时就予以记录，而且其绝大部分的注意力投注于帝国边境的战役上；事实上，塔西佗似乎对帝国拓展疆域的保守态度感到遗憾，这使他无法有更多的机会描述这类史事（*Annals*, IV.32）。人们偶尔看到塔西佗有意识地测试编年体的限制，试图做出较具主题性的描述："如 142
果我没有提议依照年份记录每个事件，我会预做准备并当下予以详述……"（IV.71）另一方面，他坦承自己将两个夏天的事件合在一起叙述，甚至浓缩成一个事件，例如，在两名帝国总督指挥下持续达数年的战役，"因为破碎的描述会对记忆造成负担"（阅读卷轴时的确会有这种感觉）（XII.40）。

边疆事务也为塔西佗两部作品提供了主题，这两部作品并不是杂谈，而是独立的专论。其中一部是他的岳父不列颠行省总督阿古利可拉的传记（其实是一篇颂辞），里面包含了一段陈述。另一部作品是《日耳曼志》（*Germania*），其中绝大部分或许源自老普里尼乌斯（Pliny），这个作品被誉为从上古世界流传至今的杰出民族志专论。《日耳曼志》确实对后世产生极为深远的影响。从文艺复兴时代开始，它成为学者们根据上古史料重新撰述欧洲各国早期历史的关键文本，取代了一般将各国历史上溯到特洛伊流亡英雄的传说谱系。十七世纪时，《日耳曼志》成为立宪主义对抗绝对主义的重要文本。许多论点的提出是以塔西佗的说法为根据：日耳曼人没有世袭君主，日耳曼出身的蛮族，如法兰克人与盎格鲁–撒克逊人，在罗马帝国的废墟上建立了欧洲的民族王国，但他们或许从最初就没有国王：自由比绝对主义来得悠久。十九世纪以降，随着欧洲史前史研究愈来愈着重于揭露种族起源与各个国家的特色，塔西佗在不经意间做的主张也受到重视，最后还产生不祥的意涵。塔西佗说，日耳曼部族一直居住在日耳曼，保持着种族的纯净。撇开后世的关注不提，塔西佗的文本是部杰出而生动的作品，他对日耳曼风俗的描述，就其影响而言并非是不友善的：日耳曼人生活俭朴，尤其是未腐化的性道德，这些描述隐含着对截然不同的罗马风俗的批评。
143 他将日耳曼人的酩酊大醉、懒散与好斗对比于他们的性节制、守贞、独立、勇气与忠诚。

日耳曼人也在《编年史》中扮演主要角色，成为罗马的重大外患：发禄率领三支罗马军团在条顿堡森林被日耳曼英雄阿米尼乌斯（Arminius，塔西佗慷慨地对他表示敬意）击溃，时间就在塔西佗作品开始之前，这是个巨大冲击。塔西佗逼真地唤起战场的恐怖，日后罗马军队在格曼尼库斯（Germanicus）的指挥下重回故地，只发现满地的骸骨。

> 场景符合人们的恐怖想象。发禄广阔的第一营地，广大的范围与大本营明显可见，见证了军队的劳动痕迹。半毁的城墙与壕沟显示残存的最后一批部队可悲地集结在此。开阔地面上满是白骨，散布在士兵败退的地方，堆积在他们站立与反击的地方。枪矛与马匹肢体的残骸弃置在那里，还有绑在树干上的人头。附近的树丛有着异国风味的祭坛，日耳曼人在此屠杀罗马军官。（I.61）

日耳曼人是令人畏惧的敌人，塔西佗描述的下莱茵地区与多瑙河沿岸战役引起人们的重视，战场的险恶地势唤起了人们的恐惧。在《日耳曼志》中，塔西佗语带感情地提到，对于非出身该地的人来说，“覆盖着林立森林或污浊沼泽”（5）的日耳曼人之地毫无吸引力可言。在接近《编年史》开始之时，罗马人对这些敏感边疆地带的焦虑，因驻扎当地军队的叛变更形扩大。要了解塔西佗的描述，读者必须记住他是在《历史》一书中记载完当时发生的内战后，立即写下这段历史，而军队的无纪律与贪婪是造成内乱的主因。

半个世纪前的局势在奥古斯都的孙子与提比略的侄子格曼尼库

斯用兵下恢复，但格曼尼库斯的早死使帝国立即陷入哀悼与毒杀疑云。叛乱反映的危险与平定叛乱的困难表现在塔西佗的两篇著名演
说中，一篇是小兵抒发对军队的不满，另一篇是格曼尼库斯充满责 144
备、申斥与安抚的说词。塔西佗遵循演说的传统写作形式，不过他的作品通常相当短；有时他以转述的方式呈现这些演说。但格曼尼库斯与小兵的演说则是一字不漏地表现出来。在专制下，暴动的军队有一段时间成为民主体制，这种体制因不满而生，而且没有固定的习惯与传统。演说的说服性再度成为重要的政治工具。

塔西佗并未掩盖士兵遭受的困苦与不公，但埃里希 · 奥尔巴赫提醒我们不能将演说的生动诠释成同情叛乱者。它只是塔西佗的艺术产物，陈述自身立场的叛乱领袖佩尔肯尼乌斯（Percennius）被描述成战场的煽动者，传达出轻蔑的意味。对奥尔巴赫来说（*Mimesis*, ch.2），塔西佗的演说是"纯粹的展示"。事实上，几乎没有人认为塔西佗支持佩尔肯尼乌斯：叛乱者代表巨大的危险，必须加以镇压。然而，想象同情的问题仍然诱人。奥尔巴赫坦承，写作演说的修辞文类"允许人们以同情的心理进入演说者的思想之中"。问题在于同情的理解（为了美学目的）与毫无同情的理解如何并存。对现代读者来说，佩尔肯尼乌斯的演说既中肯又雄辩。至少，塔西佗是以想象来理解他的立场：

> 因为受伤而肢体残障的老人已经服役了三十或四十年。即使领到退伍令，你的兵役仍未结束；因为你佩戴着后备军人的徽章，仍住在帐篷之下，同样是苦工，只是换了名称！你设法让自己度过各种危险，即使你被带到遥远的国度，"定居"于沼泽或未开垦的山坡。的确，军队是个严酷而无报酬的职业！身体与灵魂的一日薪资是两块五铜币；你必须用这点钱准备衣物、武器、帐篷，如果你想逃避苦差事，那么就得买通凶残的百夫长。鞭子与伤口司空见惯！艰困的冬天与辛苦工作的夏天，可

> 怕的战争与无利可图的和平是家常便饭。除非兵役以契约为依据，否则情况绝不会改善——一日薪资四块铜币；役期十六年，
> 145 之后不再征召……（*Annals*, I.17）

为了回应，格曼尼库斯做出试图自杀的样子，以博取大家的同情，当秩序恢复之后，首谋者遭到屠杀。塔西佗说，士兵们不仅容忍他们这么做，而且“沉迷于屠杀之中，仿佛这么做可以洗清他们的罪行”（I.44）。

士兵的立场至少被强有力地表达出来。同样的方式也表现在塔西佗对蛮族的处理上。事实上，塔西佗对阿米尼乌斯的称颂本身就是一篇值得回味的讣文：“他确然无疑是日耳曼的解放者……直至今日，部族仍为他传唱。然而希腊史家忽视他……我们罗马人也低估他，因为我们专注于古代，却忽视了现代史。”（II.88）塔西佗的颂辞带有一点吉卜林《东方与西方的民谣》的多愁善感，阿米尼乌斯被提升为跨民族的英雄瓦尔哈拉（Valhalla）。塔西佗警觉到蛮族的勇气与尊严，甚至用令人难忘的警句表现他们对罗马人的指责。不列颠领袖卡拉塔库（Caratacus）被俘之后运往罗马，他对征服者说：“如果你们想统治世界，难道其他人就得欣然为奴？”（XII.36）这个场景成为维多利亚时代学校历史课的正典。塔西佗常常以这句话来形容罗马的征服。他让一名抨击罗马贪婪的日耳曼人严厉地拒绝了罗马人提出的条件：“我们无处可活，但死得其所！”（XIII.56）此外，还有一句话也成为正典，在《阿古利可拉》中，不列颠的发言者在决定性战役失败之前，曾明确发表一篇对罗马帝国主义的批判。他提到不列颠人是“最后的自由人”，他认为罗马人是“世上唯一不管富人或穷人都吸引了贪欲的民族。无论抢劫、屠杀或强取，罗马人都赋予其说谎的名称：‘政府’；他们创造了荒芜，却称其为和平”（30）。

塔西佗的判断经常斩钉截铁，但整体观之并不肤浅。他发现而

且遗憾于共和时代的高尚品格已不存在，但他坚持将硕果仅存的例
外记录下来，并且反对凡事以古为尚，例如阿米尼乌斯的例子。塔 146
西佗承认帝国取代共和国之后带来了和平与安定，但身为编年史家，他必须不为所动地记录帝国造成的偏差与奴役。他讽刺地描述元老院的谄媚，也坦承在暴君注视下的恐怖经验，以及在生存与维持个人正直间寻求调和几乎是不可能的事。在这种环境下存活，代价不仅高昂而且漫长，即使在暴政稍缓的时期亦然。塔西佗提到多米提安的恐怖时代，哀悼他与同世代人所经历的这段失落岁月——元气与正直在这段时光消磨殆尽：

> 想想，从我们身上夺走十五年的时间，这对人的一生不算短。许多人死于偶然发生的命运；最有活力的人成为皇帝残酷的牺牲者。我们当中少数幸存下来的人，无法恢复过去的样子，因为人生的精华已被夺走……（*Agricola*,3）

就罗马而言，塔西佗道德衰颓的概念虽然真实，但跟一些人比起来似乎较不具有决定论的色彩；他猜测风俗的变迁可能是循环的（*Annals*, III.54）。塔西佗确实对过去种种感到遗憾，但他不是理所当然的理想家，正如他对罗马帝国主义的支持并非毫不热衷。上天肯定对罗马感到愤怒并且差遣暴君当他的鞭子，这个观念后来被圣奥古斯丁沿用。罗马的遭难证明："诸神对于我们平静的生活不感兴趣，他们亟欲我们受罚。"（*Histories*, I.3）尽管如此，当下至少还是比最近的过去好得多，塔西佗庆幸自己能活着见到这一刻："现代确实如其他一些人所感受的，是幸福的时代，我们可以随心所欲地思考与说出自己内心的想法。"这是他对写作当时的涅尔瓦与图拉真时代的称颂（I.1）。

从某个意义来说，塔西佗算是严厉的道德家，他抨击极端的邪恶，坦率地指责个人、罗马元老院、群众与皇帝：谄媚、恶意、猜

忌、刺探与诬陷、暴乱与残酷。他显然同意历史的功能在于同时保存善恶的例证，以培养美德而惩罚恶行（*Annals*, III.65; *Histories*, III.51）。不过与李维相较，李维虽然也有相同态度，但选择的例子通常威吓多于启发。（当然我们不知道李维举了什么样的例子，因
147 为这些例子都相当接近李维自身的时代。）塔西佗认为伪善是奥古斯都体系的固有之物，而这个体系保存的是共和时代平等主义的外观，它实际上只会增加而非减少奴役的恐怖（*Annals*, I.81），但别无选择，当塔西佗担任执政官时（公元 97 年），他自己也成了有名无实的重要角色。

这些错综复杂的事物，以及或许是一种表面工夫的训练，被适切地表现成讽刺的形式，而塔西佗是这方面的行家。我们注意到吉本在《罗马帝国衰亡史》中探讨同样的两面性与矛盾，他感受到自己与塔西佗的亲缘性，包括文明与野蛮显然不兼容的美德，以及伴随而生不可分割的邪恶。道德与政治的世界既不纯粹亦不简单。当吉本写道，希腊人在帝国的极盛时期“已经开化了一段时间，同时也已经腐化”（II），或——这几乎是塔西佗的摘录——卡勒多尼亚人（Caledonians）保存了“他们野蛮的独立，与其说他们生活于贫困之中，不如说他们勇气十足”（I）。人们可以轻易想象塔西佗欣赏地点头赞许，而吉本在阅读塔西佗作品时肯定也常这么做。

第 9 章

行省的视角：约瑟夫斯论犹太人的叛乱

当苇柏芗在众人说服下决定争夺帝位时，他正担任巴勒斯坦地 148
区罗马军团的指挥官，并且试图镇压三年前开始的犹太人叛乱；公元 69 年，他成为四皇帝的最后胜利者。苇柏芗让儿子提图斯留在巴勒斯坦指挥，并且让前犹太叛军指挥官留在加利利（Galilee）辅佐提图斯，这位前叛军领袖就是约瑟夫斯，他后来成为记载犹太人叛乱始末的史家。约瑟夫斯成为罗马人阶下囚时，因预言苇柏芗将成为罗马皇帝而得到欢心；他也因臆测屡中声名大噪。约瑟夫斯因此得以与罗马人一同参与围攻耶路撒冷的行动，这场战争由苇柏芗发动，提图斯完成，约瑟夫斯随后予以详细记述。战后，约瑟夫斯的预言应验，苇柏芗当上皇帝，而他也继续得宠，不仅获得退休金与罗马市民身份，也在罗马拥有地产，他在罗马完成四部作品，这些作品至今尚存。

第一部作品《犹太战记》（*The Jewish War*）主要谈的是当代的历史，约瑟夫斯曾参与过交战双方，他说他写这本书是为了更正不实的流言与保存真实的记录。《犹太战记》一开始以约瑟夫斯的语言亚拉美文写成，之后翻译成希腊文。他有幸能接触苇柏芗与提图斯的回忆录，不过他的文本显然要经过他们的审查。约瑟夫斯后来的著作，包括内容简单、用来自我辩护的自传，以说明自己在战争中的角色是正当的，全以希腊文写成。其他两本著作谈的不是他自己，而是他的族人。约瑟夫斯的《犹太古史》(*Jewish Antiquities*)是希伯来圣经的长篇摘录与改述，加以小幅的增删，并且添上巴勒斯坦随后的历史，一直到他生存的时期为止，它重复并且大幅扩充
149 了《犹太战记》前三分之一，这部分被视为是历史导论，涵盖了约两个世纪的时间。

《犹太古史》与圣经文本的差异，是约瑟夫斯学习犹太律法与传统的结果，同时也是为了不让异国有机会贬损犹太历史。例如，他省略祭祀小金牛的插曲，可能是为了不想加深犹太人崇拜动物这个诋毁说法，这个说法在当时颇为盛行（*JA*, III.99；亦见 Tacitus, 见上文第 141 页［编者按：请参照本书边码，下同］）。

约瑟夫斯是犹太学者、祭司与法利赛人（Pharisees）。就其在战争中所扮演的角色，从民族主义观点来看，他最后沦为罗马人的合作者，然而我们必须强调，虽然他不是政治激进分子，并且对民族主义领袖的叛乱和行径深感遗憾，认为这些人是狂热分子和恐怖分子，只会为犹太人带来苦难，但他仍是自豪而爱国的犹太人，并且渴望希腊语世界能理解与尊重犹太人的律法和习惯。这点明显表现在他最后一本论战作品《驳阿皮翁》(*Against Apion*，阿皮翁是约瑟夫斯抨击的一名希腊评论家)，书中反驳希腊人对犹太信仰与实践的诋毁，以及他们毫不采纳古希伯来的神圣记录。

尽管曾短暂成为叛军将领，但约瑟夫斯仍是罗马帝国治下一名爱好和平的地方人士，他认为自己的任务是向帝国境内的希腊语地区，当然也包括罗马受过教育的阶级，解释麻烦丛生的犹太行省事务，并且让受诋毁的犹太民族恢复名誉。在他的战争叙事中，虽然罗马总督难辞其咎，但最大的批评还是落在犹太强硬派人士身上，而非罗马指挥官，也就是他的庇护人韦柏芗与提图斯。我们没有理

由认为这些批评不代表他真正的想法。不过，他的叙述主要还是出自犹太人的视角：平民，特别是耶路撒冷的居民的痛苦，以及暴动者的派系斗争和犯罪行为是他注意的焦点，另外读者也能深刻感受他对耶路撒冷及圣殿遭毁的哀伤。

本书一开始曾提到希罗多德独创的“询问”计划，其中最特出的一点在于希罗多德扮演着异民族的询问者与描述者的角色：这些 150
异民族既不会基于同样目的询问希腊人，也不会主动向异国听众描述自己，除了在回答希罗多德问题的时候。这里需要做些阐述，因为在希罗多德之后的约瑟夫斯正是这样一位对自我进行描述的史家与民族志学者，在《犹太战记》的杂谈中，他解释了撒都该人（Sadducees）、法利赛人与艾塞尼人（Essenes）的信仰。事实上，在希罗多德之后不久，希腊以外的作家也开始采用希腊方式书写民族志与历史，并将这种方式运用在自己的民族上；他们似乎以希罗多德作为模仿对象，所以也使用了希腊文类，约瑟夫斯亦是如此。公元前三世纪，罗马史家法比乌斯·皮克托以希腊文写下从罗慕路斯以降的罗马历史，作品流传于希腊文世界（见上文第 98 页）。公元前三世纪的埃及祭司玛内托（Manetho）成了约瑟夫斯批评的对象；玛内托以希腊文写下的埃及史在上古世界相当知名。约瑟夫斯抨击他，并且反驳古代传说（这些传说大部分出自较早之前的赫卡泰俄斯，在塔西佗作品中也可看到）：犹太人是被逐出埃及的麻风病患，而非如《出埃及记》所说，是犹太人要挟不情愿的法老释放他们（*JA*, III.265）。

希腊文世界流行一种说法，犹太人将会出现智者，类似波斯的麦琪（magi）。那或许是一种人物形象的滥觞，使得日后的希伯来卡巴拉（Kaballah）成为欧洲秘教传统的关键巫术经文，并且赋予所罗门王在共济会里的角色。然而在往后的六个世纪，这个形象持续着，却未受到更深入的理解。虽然公元二世纪末之前，圣经已经以希腊文译本通行于世，主要是为了便利说希腊语的流亡犹太人阅读，而我们也看到公元一世纪时约瑟夫斯以希腊文改述圣经，但对非犹太人的世界来说，圣经似乎未曾留下太多印象，直到基督教传布之后才有了变化（见下文，如第 184 页），而基督教与犹太传统的关系则是另一个严肃议题。此外，由于约瑟夫斯的《犹太战记》，我们对公元一世纪巴勒斯坦的理解才得以远胜帝国其他区域：在约瑟夫斯的作品中，罗马的一个行省为自己发声，并且表达自身的罗马统治经验。一位既非希腊人亦非罗马人的作家向广大世界展现他
151 的民族，并且恪守希腊罗马的史学传统。如果有同样能干的不列颠史家，我们应该可以更加了解罗马时代的不列颠人。

约瑟夫斯《犹太战记》的长篇历史序言从公元前二世纪说起，当时的巴勒斯坦是亚历山大帝国两个继承王国（叙利亚与埃及）竞逐的领域。我们知道叙利亚王亵渎圣殿的举动引发了叛乱，犹太人在玛加伯家族（the Macabees）领导下成功赢得独立。约瑟夫斯的叙事快速进行到希律王时代，他在公元前一世纪下半叶因得到当时统治巴勒斯坦地区的罗马人协助而取得权力，并于公元前 40 年被罗马人承认为犹太人的国王，不过犹大国（Judaea）随后却成为罗马的直辖地（公元 6 年），由罗马总督治理。往后五十年，希律王的继承者一直是罗马的属国统治者，其中最成功的是亚基帕二世（Agrippa II）。根据约瑟夫斯的描述，他在罗马边境扮演外围角色，在公元 67—70 年的战争中，以犹太温和派人士自居。希律王是个手腕高明的政治人物，他成功周旋于瞬息万变的罗马政局，曾先后与庞培、恺撒、喀西约、安东尼及屋大维（约瑟夫斯称屋大维为“恺撒”，他对之后的皇帝也如此称呼）交手，并且成为他们的忠实朋友；如果这是一种机会主义，那么希律王似乎已将其提升到艺术的境界。

约瑟夫斯向我们引介希律王丰富的建筑计划：圣殿的修复与改良，巴勒斯坦内外著名的建筑物，以及将原本相当不起眼的恺撒里亚（Caesarea）建设成一座位于巴勒斯坦北岸的希腊化城市。希律王可怕而悲惨的家庭生活也受到约瑟夫斯的细密检视，他以希律王

的回忆录为蓝本。相关的章节与王位继承斗争使读者的专注力备受考验，其主因或许是王室成员充斥着诋毁与反叛，而他们吝于命名，满足于安提帕、安提帕特、亚里斯多布鲁斯、亚基帕与希律这些名字的排列组合。王室家族成员的命名经常如此，但希律王似乎做得
更过分，他谋杀了第一任妻子米利安，仅仅是为了迎娶了另一位也 152
叫米利安的女子。希罗底（希律的阴性名词变化）恶名昭彰的女儿莎乐美，并未出现在约瑟夫斯的作品中，但她的恶性显然源自家族遗传。她的外曾祖母莎乐美不仅煽动希律王杀死自己的妻子，而且据她的外甥所言，她曾进到他的卧房，在违反他的意志下与他性交。这就是这个家族的德性（*JW*, I.443, 499）。

罗马人以及他们的属国统治者与犹太人之间的摩擦与日俱增，在约瑟夫斯的陈述里，圣殿的神圣性是周而复始的紧张来源。庞培违反神圣禁令跟军官们进入圣殿之中，但他们克制自己的掠夺行为；公元前 55 年，克拉苏（Crassus）却进行了掠夺。希律王是希腊化的以东人（Edomite）而非犹太人，公元前 5 年，他为了用金鹰装饰城门而引发暴乱。一些热衷遵守律法（这点显然有争议）的年轻人拆毁金鹰，他们和煽动他们起事的拉比，被希律王下令活活烧死。近半个世纪之后，皇帝卡里古拉成了巨大而严重的威胁，他决心在圣殿假宙斯之名为自己立像；由于他被谋杀，才未使情势失控。约瑟夫斯描述叛乱（公元 66—67 年）发生之前的巴勒斯坦，生动而有条理地描绘出国家在假先知、盗贼般的军阀、社群间的仇恨，以及令人不满的总督影响下，无望地往无政府状态倾斜："宗教骗子与盗匪头子合力驱使民众反叛——以死亡威胁那些服从罗马的人。"（II.264）有些宗教极端主义分子视一切世俗权威为邪恶与不正当，并且据此做出相应的行为。不可避免，除了不同派系间的相互残杀，还有许多民族主义者、宗教狂热分子与帝国强权间的相互挑衅，其中还夹杂着社群间的不和。在恺撒里亚，犹太人与希腊人因通往犹太会堂的道路部分受阻而产生冲突。当犹太年轻人清除道路时，一

些希腊人将尿壶放在犹太会堂前作为报复，并且佯装在尿壶上奉献祭品，流血于是不可避免（II.289）。

153 弗洛鲁斯（Florus）是罗马犹太行省总督，他的贪婪受到约瑟夫斯的猛烈批评。弗洛鲁斯为了解决金钱短缺的问题甚至掠夺圣殿宝库。面对耶路撒冷市民的骚动，他的反制措施是鼓动罗马军队闹事，不仅掠夺还杀死许多人，事情结束后他撤回恺撒里亚。暴动的狂热分子占领圣殿作为大本营；围城开始前，内部冲突就已登场，其中一个派系控制圣殿的上层，另一个派系控制了下层，双方人马猛烈交战。一小队罗马士兵接受劝降，却在放下武器后遭到屠杀，有地位的犹太人一有机会就逃出城外。

罗马人围攻耶路撒冷自然是约瑟夫斯历史的核心，但首先——同样理所当然，但或许带点自我中心——他花了大量篇幅在自己担任犹太指挥官的加利利的初期战役上，战事随即结束，而且几乎无关紧要，因为罗马人很快就获得胜利。约瑟夫斯对于自己的成就毫无谦虚之语。在他的陈述中，他是无畏、灵活而杰出的军事组织者；他赞美罗马人的军事操练，而且写了一篇有趣的杂谈。他显然是族人的希望、士气的支柱，而他被罗马人俘虏对犹太人来说是一场民族灾难。

约瑟夫斯对被俘的描述是坦白的，但并非完全可信，我们必须说，要是他的表现比他所说的还糟，那么他的确相当糟糕。他从败退的军队逃走，“受到上帝的庇佑”，最后发现自己与四十名同伴藏匿在一起。在被罗马人发现并且保证他们的安全之后，约瑟夫斯打算放弃，但他的同伴抗议遭到遗弃而且提议自尽。约瑟夫斯发表了一篇文情并茂而略带学院气息的演说，指责自杀的不是，但不令人意外的是他未能打动听众。（约瑟夫斯发表的其他演说同样缺乏说服力，这些演说都是在压力下急就章的产物。）约瑟夫斯于是提议以抽签方式残杀彼此，最后的幸存者则自行了断。这种做法后来被马萨达（Masada）的戍卫者采用，由于约瑟夫斯描述了这段历史，

显示他在动笔前已知道这段过去。其他人都同意这项做法，并且按 154
照规则杀死别人并让自己被杀，直到最后剩下约瑟夫斯与另一人；“我们是否可以认定这是神的恩典或纯属运气？”在参与者尸首的环绕下，约瑟夫斯公然说服他的同伴相信这个做法有着根本的瑕疵，虽然这是他的主意。于是他们放弃了（III.341—391）。

囚禁一段时间之后，约瑟夫斯获得释放并且开始与罗马人合作，他因预言苇柏芗未来的伟大事业而受到宠爱；约瑟夫斯似乎真的相信自己有能力预知未来，并能诠释预言及未来梦境。他旁观耶路撒冷的围城战，但他观战的位置并不安全，甚至一度被投射物打中。约瑟夫斯以被围困者的语言对城内高喊抵抗是没用的（他自己也如此认为），应早早投降；他也提到自己从逃兵口中得知城内的情形。以后世军事语言来说，约瑟夫斯的角色就是“宣传与情报”。在判断约瑟夫斯此处的行为时，我们必须记住他反对战争，且认为叛乱注定失败，而我们没有理由不相信他的话，他在痛责叛军领导无方的同时也违背自身的判断参与战争。在此之前，他在书中让亚基帕王发表了长篇演说，对犹太人极言罗马的强大与抵抗的徒劳，而这似乎表达了约瑟夫斯自身的感受（II.242—404）。约瑟夫斯曾短暂造访并居住于罗马。他处心积虑将耶路撒冷叛军领袖描述成谋杀者、盗贼与狂热分子，并且反复不断地强调、抨击他们的派系斗争，亵渎圣殿，无情对待平民与一切毫无益处的做法——圣殿与耶路撒冷受到严重的破坏与完全的蹂躏。

约瑟夫斯苦心解释是犹太人自己带来了这场灾难，绝大部分的责任都在犹太人身上。他指出这些叛军领袖都是盲目的狂热分子，但他也坦承这些人唯一的优点是他们拥有过人而不屈不挠的勇气；身为犹太人，他甚至为他们感到骄傲。他以末日将近的笔调描述最后的巨变：

> 当圣殿起火，掠夺持续在四处进行，被捕的人死于剑下…… 155

> 小孩与老人，俗人与祭司同遭屠戮；各阶级都在战火中身陷囹圄，无论他们是自卫或是哭泣求饶。在火焰无情横扫的呼吼声中，隐约传来崩坏的低鸣：高耸的山丘与熊熊燃烧的庞大建筑让整座城市陷入火海之中，至于嘈杂的声音，再没有比这类声响更具毁灭性与令人惊恐……然而，比嘈杂声更可怕的是触目可见的景象。圣殿山从顶端到底部都被火焰包裹着，仿佛从最底层沸腾起来……（VI.270—77）

在归结这场灾难的原因时，约瑟夫斯特别指出其中的讽刺之处：清楚的神明预警遭到忽视，假预言与假弥赛亚却深受受骗民众信赖；犹太人完全误解了预兆。有些犹太人仍继续要求谈判，提图斯却以难以置信的冗长演说响应他们，为罗马政策辩护，并且谴责犹太人采取毫无希望的行动是一种恶毒行径。根据约瑟夫斯的说法，提图斯原想放过这座城市与圣殿，但现在“却让他的人焚烧与劫掠这座城市”（IV.253），他们做得非常彻底，有系统地掠夺圣殿宝库；罗马士兵夺取神圣祭器的场景描绘在罗马提图斯凯旋门上，成了上古世界永恒不变的图像。

耶路撒冷的毁灭成了约瑟夫斯的历史一个最重要的高潮，但还有两件更著名的史事值得一提。一件是罗马苇柏芗与提图斯的凯旋式，其情景与辉煌得到充分的描述。最有趣的是对战争阶段的生动描绘：溃败与被俘的人群、粉碎城墙的攻城器、蜂拥进入堡垒的军队、起火的神庙，以及烽火连天的乡野。耶路撒冷的陷落显然吸引了罗马人的想象。之后，其中一名叛军首领在罗马广场遭到处决，这个人就是吉欧拉斯（Gioras）之子西门（Simon），约瑟夫斯书中一个特别令人憎恶的人物；而苇柏芗将圣殿的财宝，包括金桌、七个分
156 支的烛台与其他物品，存放在他新建的和平神庙中。另一件史事是公元 73 年马萨达石垒的陷落，守军集体自杀；似乎没有人像约瑟夫斯一样苟且偷生。

上古史家普遍有夸大主题的倾向，他们总认为自己的主题是“最伟大的”。姑且不论实际数字，约瑟夫斯的作品在这方面总是含糊不清，但看完约瑟夫斯战争故事的读者几乎不曾（情感上来说）质疑他渲染的忧郁：“上帝或人类造成的毁灭中，没有任何一件比得上这场战争的大屠杀。”（IV.423—430）上古史家详细描述战争的恐怖而约瑟夫斯的叙述更以操弄恐怖见长：大屠杀，民族主义者与宗教狂热分子宁可自杀而毫不妥协，对安宁度日的居民施以无情的恐怖主义，敌对团体与军阀之间的自相残杀，以神圣建筑物为要塞，以及最后帝国霸权的毁灭性介入，毫无耐性地进行全面残杀，造成大规模的毁灭。这是个令人清醒的反思，如果在上古史家对人类野蛮行为所做的描述中，约瑟夫斯的描述特别悲惨，那么它也特别让人感到熟悉。

第 10 章

阿米亚诺斯·马塞利努斯：最后一位异教徒史家

157 阿米亚诺斯·马塞利努斯（Ammianus Marcellinus）有“孤独史家”之称。他是希腊的异教徒，身处今日所谓的基督教世界中，于公元四世纪末以拉丁文从事写作。从阿米亚诺斯往前回溯至公元一世纪的塔西佗，这段时期宛如史学沙漠，实际上未曾留下任何一流的史学作品。从某一方面来说，作品脱漏不全是手稿意外残存，或者更确实地说，是手稿资料被毁坏的结果。如我们所见，卡西乌斯·迪奥的罗马史一直记录到他生存的年代，也就是公元三世纪末，但其作品残留的部分只剩下拜占庭史纲要。我们只拥有半部多一点的阿米亚诺斯作品，这些内容还是来自公元九世纪某份手稿的残本。阿米亚诺斯的作品前半部始于公元一世纪末，约当塔西佗停笔的时期，不过这部分内容已经亡佚，所以他的历史意外地成为当代史。整部作品的内容分布相当不均，前两百五十年的历史分布在十三卷中，剩下的十七卷却只涵盖了二十四年（公元 354—378 年）；历史作品愈接近作者的年代，记载内容愈详密，这种情况并不罕见。

一千四百年后，这片史学沙漠才被爱德华·吉本及其从公元二世纪中叶写起的《罗马帝国衰亡史》所横越；该书第二十三章的注释使我们了解到这片沙漠造成的困难。吉本运用迪奥现存的纲要与其他希腊史家的作品：赫罗狄阿努斯（Herodian）、奥勒里乌斯·维克托（Aurelius Victor，其作品只留有摘要版，而阿米亚诺斯可能认识他），以及宙西穆斯（Zosimus，其作品大部分已经亡佚）。吉本也运用了拉丁文作品《罗马皇帝史》（*Historia Augusta*），这是一部煽情的皇帝传记大全，吉本对这本书的质量多所抱怨，但他不了 158
解这本书其实也是当代作品，尽管它声称并非如此。吉本经常表现出对这本书的厌恶："这位拙劣的传记作者"、"最不精确的作者"。当吉本踏上阿米亚诺斯历史的坚实地面时，明显松了一口气，虽然他也批评阿米亚诺斯"文笔粗劣平庸"（XVIII, n.5）。

阿米亚诺斯是安提阿（Antioch）人，曾服役于罗马军队。退役后前往罗马，于公元三世纪最后十年开始写历史。他的作品后段也即仅存的部分，所涵盖的时代是他亲眼目睹的时代，包括君士坦提乌斯、尤利安（Julian）与瓦伦提尼安（Valentinian）的统治时期，因此他能询问目击者，而且他确实也做了询问。由于作品的前半部分已经亡佚，因此作品一开头突然从公元 354 年开始，而且没有前言。当时君士坦丁大帝已去世十七年，他的儿子君士坦提乌斯在帝位斗争中幸存下来，成为新任罗马皇帝，他让堂弟加鲁斯（Gallus）担任恺撒（副皇帝的称号）；加鲁斯是阿米亚诺斯未来的英雄尤利安的哥哥。阿米亚诺斯告诉我们，"命运女神"任由皇帝的罪行施加于帝国之上；对他来说，这不只是华丽的修辞。众所瞩目的加鲁斯既凶暴又嗜血，借由造谣与刺探施展其影响力；"人们甚至开始害怕隔墙有耳"。在阿米亚诺斯的写作中，我们经常会有意无意地感受到另一位令人钦佩的作者身影，在这个例子里，或许是塔西佗。而加鲁斯维持消息灵通的方式，就是趁着夜色微服到罗马街上闲逛（这种做法或许模仿自尼禄）——阿米亚诺斯耐人寻味地说道，即便"城里街灯明亮使黑夜如同白昼"。加鲁斯屡劝不听。他"高举自我意志的大锤"，任由热情引领他随波逐流，"如同湍急的河水翻动阻挡去路的石块”（14.1）。强烈的热情在阿米亚诺斯的作品中屡见不鲜，隐喻的混乱亦相当常见，这些隐喻时常了无新意，有时还显得不太恰当。

在短暂离题谈到波斯边界与萨拉森人（Saracens）的风俗之后（杂谈是阿米亚诺斯另一个经常出现的特征），第十四卷转向皇帝君士坦提乌斯，他在阿尔（Arles）过冬，而且表现出身为皇帝常见的
159 倾向：多疑、独断、残酷、易受谄媚与诋毁。这个传统的主题在他的作品中出现了三次，分别是加鲁斯、君士坦提乌斯与之后的瓦伦提尼安，每个事例都极为类似，它们构成了阿米亚诺斯的历史主要的“政治”与军事描述。罗马酒类短缺引发的骚动，让阿米亚诺斯补述了罗马城——“一座注定与人类相终始的城市”——及其居民。阿米亚诺斯语带歉意地表示，罗马耀眼与伟大的过去与酒馆的喧闹狂欢形成强烈对比。我们首先看到罗马兴起的简要描述，其以勇猛赢得胜利，接着看到罗马的成熟与衰老；依照塞内卡（Seneca）的说法，就如同人的生老病死。罗马如今步入老年，罗马人倾向和平，如同明智的父母，将帝国政府交给当前的统治者；这种说法巧妙地将罗马比拟成老年与青年，并且以隐喻的方式为共和国转变成帝国辩护。无论如何，罗马是年高德劭而非老态龙钟，“世界各地都承认罗马是女主人与皇后；在每个地方，罗马元老院议员的权威因他们的满头银发而获得尊敬，罗马人的名号也成为人们尊崇与敬畏的对象”（14.6）。

然而在罗马，少数人因无谓的财富竞争与炫耀而玷污了多数人的名声，这些人渴望为自己竖立镀金的塑像、穿着华美服饰与搭乘昂贵马车。（监察官伽图照例对此发出不平之鸣。）如同以往，作品叮嘱我们牢记祖先的节俭，以及他们在衣着与财富上的简朴。到此为止仍具有传统色彩；然而之后我们突然看到引人入胜且几乎毫无矫饰的自传，这是一篇带有喜剧风格的小品，描述罗马上流社会对待某个来访者的方式，文章预示了十八世纪对“城镇”多变而冷漠

的礼节之讽刺（或许可以加上“新古典的”）描述，如菲尔丁的《汤姆·琼斯》与伏尔泰的《憨第德》。这个天真的家伙起初被误认为是失散多年的朋友，但到了第二天，人们又忘了他，于是又得重新认识。在这种情形下，就算有多年交情，只要离开一阵子，人际关系就必须重新开始。身为受邀的人士，他的顺序排在赛车手、赌客与故弄玄虚者后面，然而邀请函可以借由贿赂出席者取得。富有的罗马人疾驰于首都街头，乘轿的妇女被一群奴仆与阉人簇拥着，这
些人特别令阿米亚诺斯反感。这是个古老的主题，奢侈对照着古罗 160
马的美德和威严，在此以格外生动、详尽的方式呈现，并且蕴含了强烈的个人蔑视；在一场充满威胁的饥荒中，可以清楚看到歧视所造成的伤害：外地人被赶出罗马城，就连文艺（liberal arts）的老师也不例外，但舞者与舞蹈老师则不在此限。同样的，人们总是从阿米亚诺斯身上感受到某些文学人物的存在。他未指名道姓地提到一位“喜剧诗人”，而显然他指的是泰伦斯（Terence）（14. 6）。

之后在某一卷中，我们看到晚宴乃至于野餐的挥霍无度。大人物的宅第

> 是闲散者道人长短的度假胜地，他们以各种虚伪的表情迎合大人物的每一句话，就像现在的喜剧，人们对自吹自擂的士兵灌迷汤，称赞他在围城与战斗时英勇地对抗数量占优势的敌军。同样的，我们的谄媚者虚伪地称赞圆柱之美或彩绘大理石壁的光辉景致，并将贵族屋主抬举成不朽之人。在晚宴上有时也会找来天平测量端上来的鱼、鸟、睡鼠等菜肴的重量。宾客厌倦于必须不断地对闻所未闻的生物尺寸做出惊叹的表情，特别是当约三十名书记来到现场，手里拿着文件箱与笔记本记录统计数字时，此时只要再来一位老师，这里就成了学校……
>
> 走上一段不算短的旅程，前去拜访某座庄园，或是参加一场不用亲自动手的狩猎，对他们而言，宛如亚历山大大帝或恺

> 撒出征。如果他们驾着时髦的游艇从阿维尼乌斯湖或普特欧里出航，他们就好像是去追寻金羊毛，尤其是当他们在炎热天气里从事冒险时。如果他们坐在金扇子之间，有只苍蝇停在他们衣服的丝质饰物上，或者日光穿过遮阳棚的孔隙照在他们身上，他们会希望自己生在钦梅里亚人的土地上……

在五十名侍从的陪伴下抵达了公共浴池，贵族跋扈地喊道："我们的女孩怎么了？"然后我们看到另一种下层生活，以及无产阶级浑名的详细名单，如"猪头"、"香肠"、"猪肚"等等，而诨名的主人把时间花在赌博、讨论敌对车手的实力以及流连在剧场遮阳棚下。
161 大城市生活的某些特征显然历久不衰，好赌马的哈利、肥猪艾克、长腿山姆以及喜欢把好牌留到最后的路易，很快就能熟悉新的环境。讽刺与责难有时优于历史的尊严，对此阿米亚诺斯似乎不大愿意辩解。他很清楚历史必须合宜，事实上，他在作品最后提醒史家应采取庄严的风格，但他自己在这方面却控制得不大好。

我们必须回来谈论处于东方的加鲁斯以及他古怪而野蛮的行径，这些全都描述于第十四卷；阿米亚诺斯以加鲁斯对格斗表演的喜爱作为其性格残暴的证明。皇帝因此采取行动，准备除掉加鲁斯，而加鲁斯"如同一条被长矛或石头击伤的蛇"（14.7）——阿米亚诺斯沉迷于以动物做比喻，这是他散文的另一项显著特征——开始进行猛烈的整肃，之后，阿米亚诺斯为了降温而岔开话题描述东方的省份。然后他又回来谈论加鲁斯，加鲁斯现在是"一头尝过人肉的狮子"，官员们受到迫害、拷问与处决。加鲁斯必须受到处置，在满是预兆以及睡梦中饱受受害者幽灵的纠缠下，加鲁斯被引诱返回意大利并遭到处死。阿米亚诺斯在这卷的结尾对神的正义做了一连串的反思，他祈求阿德拉斯提雅（朱庇特的女儿，又称为复仇女神）："惩恶赏善掌管所有因果的女王，一切事件的仲裁者与裁决者，她掌管放置着人类命运之签的瓮缸，决定人类命运的荣枯。"阿米亚诺斯又说，上古神话赋予阿德拉斯提雅象征速度的双翼，让她手里握着舵，脚下踩着轮，“使她能看清一切，统治宇宙”（14.11）。这一卷以希腊与罗马历史著名的例子作结，其显示命运突然而极端的转折。

对我们而言，阿米亚诺斯现存的作品开始得相当突然，第十四卷作为现存作品的首卷也相当突兀。尽管如此，为了说明作品的核心特质，我们仍须详细考察第十四卷。后面几卷的读者大致熟悉第十四卷的特点：皇帝的多疑与残酷；民族志与地理杂谈；对罗马历史以及罗马城的尊崇，但对罗马居民的描述却充满讽刺；对古代神 162
祇的虔敬；文学的自我意识与暗示，以及历史例子的展示；写作上有隐喻过度的问题，而且沉迷于野兽形象的比喻。

阿米亚诺斯对预兆与占卜的信仰常令人感兴趣，然而本书对此未多加着墨。阿米亚诺斯把预兆与占卜当成一门知识，虽然这门知识并不明确，而且容易被滥用。之后（21.1），阿米亚诺斯提出应该信任鸟占的理由：“鸟占与预兆并非决定于鸟的意志；鸟不可能预知未来，没有人会傻到相信鸟有这种能力。事实上，鸟的飞翔是神明主宰的……仁慈的神明借此向人类泄漏即将发生之事。”如同执政官的更迭，编年史家通常会将预兆当成纪年事件而加以记录。阿米亚诺斯遵循编年传统的做法并不突兀，而且可以解释他的叙事何以在东方与西方之间来回快速转换。他日后处理编年的方式较为宽松，但未曾对此做过详细解释（26.5; 28.1）。尽管如此，阿米亚诺斯对预兆与预言梦境的兴趣已不仅只于遵循传统，而可说是他作品的主题之一，他曾明确表示预卜与鸟占是“崇拜古老神祇的人遵循的仪式”（21.2）。尤利安对于预卜与鸟占相当沉迷，而且自豪于自己善于占卜。尤利安在之后成为皇帝，他的崛起在现存的第十四卷中并未提及，但事迹却是阿米亚诺斯作品的核心。

阿米亚诺斯以乌尔西基努斯（Ursicinus）将军参谋的身份出现于第十五卷，乌尔西基努斯奉皇帝之命引诱僭号称帝者掉入陷阱；

在这个身份转折中，阿米亚诺斯总是以第一人称“我们”来描述。伪帝席尔瓦努斯（Silvanus）是君士坦提乌斯疑心与虚假指控下的牺牲者，他没有其他选择，只能逃亡或反叛。阿米亚诺斯坦承自己与同袍对于这趟危险又不名誉的欺骗席尔瓦努斯的任务感到恐惧，照他的风格而言，他应该宣称自己因西塞罗的陈腐说法而稍感安慰。他们假装支持伪帝，实际却买通他的士兵谋杀他。在此同时，君士坦提乌斯为了平服高卢，擢升加鲁斯的弟弟尤利安为恺撒（副皇帝），
163 并命其处理当地的危险局势；尤利安凭借他的才能、人望与卓越的品格，顺利化解危机。阿米亚诺斯对尤利安有时不免批评，但对他的军事才能却赞誉有加，即使他最后对波斯的战役以惨败收场。尤利安衔命前往高卢，使得阿米亚诺斯写下了当地的民族志，其中最令人难忘的是对好战高卢妇女的描述：在争吵中，“咬牙切齿涨红脖子的妇女（蛮族在阿米亚诺斯笔下总是咬牙切齿）挥舞粗壮的双臂，拳头像雨点般落下来，还夹杂着几记飞踢”（15.12）。

在第十六卷中，阿米亚诺斯赞扬尤利安平定高卢，同时也称许其简朴、自律与精益求精的性格，并且提到他不为人知的对古老神祇的虔信。阿米亚诺斯此时将叙事转回君士坦提乌斯宫廷，描述杯弓蛇影的气氛，以及皇帝底下心怀不轨的走狗所进行的阴谋，其中一些人的名字相当生动，如“锁链保罗”与“梦伯爵”。在这段叙事中，主要的插曲是公元357年皇帝正式访问罗马（16.10）。阿米亚诺斯因而有机会描述其中的精彩片段，并且向这座古老城市致敬。君士坦提乌斯在行列中保持端正，既不吐痰也不擤鼻，此举让阿米亚诺斯印象深刻，但他认为皇帝此举不过是装模作样。这趟首次的罗马之行令君士坦提乌斯大开眼界：罗马广场，“充满原始力量的崇高纪念碑”，以及位于塔尔佩亚（Tarpeia）的朱庇特祭坛，“站在祭坛旁，所有的人就像与天相比的尘土，还有庞大如行省的浴池建筑，或者是用来建造圆形竞技场的产自提布尔的大量坚硬石块，竞技场的顶部几乎无法一眼看尽，以及万神殿，在高耸而美丽的圆顶

下延伸出自成天地的空间”等等。谈到图拉真广场，阿米亚诺斯说道：“它的宏伟难以形容，凡人无法营造出这样的作品。”这是来自安提阿的希腊人与从未到过此地的罗马皇帝眼中所见的公元四世纪的罗马，几乎就在其崩溃前夕。阿米亚诺斯的罗马虽然并不完整，但对我们而言当然要比先前对这座城市的叙述容易辨识。

正当尤利安于高卢、日耳曼酣战之际，阿米亚诺斯则身处东方。阿米亚诺斯的许多战争场景奇异地结合了陈腐的史诗内容，如血流成河、箭矢蔽天，以及敏锐且明显是第一手的观察，如被波斯人围困于阿美达（Ameida）时的肮脏污秽、劫掠时感到的恐怖与藏匿， 164
以及幸运但略带可耻的逃跑（19.8）。阿米亚诺斯也很怕大象。他的个人观察也提到工程师，“我不记得他的名字”，装配不实的投石器在发射时往后退，把他砸得面目全非（24.4）。阿米亚诺斯谨慎地追随尤利安的军事事业，直到他在士兵拥护下僭号称帝，并且大张旗鼓地从高卢远征巴尔干，但此时君士坦提乌斯却染上热病去世，正好帮他一个大忙（20）。

对于尤利安短暂的统治期（公元 361—363 年），后世最感兴趣的是他曾经试图恢复古老神祇的崇拜，结果功败垂成。阿米亚诺斯虽然对尤利安抱持同情的立场，却批评他对异教信仰过于热衷。阿米亚诺斯谴责最力的是尤利安颁布敕令，禁止基督徒担任修辞或文学教师（22.10）。尤利安的崇拜过度铺张：“他浇灌在神坛的祭品太多”（22.12），使军队因享用过多肉类而耽于逸乐，而且代价高昂。根据阿米亚诺斯的说法，尤利安因献祭太过频繁，使他获得“刽子手”的称号；阿米亚诺斯对于绰号总是特别注意（22.14）。凡是非基督教的仪式都能引起尤利安的热情，他曾尝试重建耶路撒冷圣殿未果，在美索不达米亚，他也曾根据当地仪式向月神献祭（23.1, 3）。尤利安以自己善于占卜自豪，在他的带动下，占卜成了公共风尚，但阿米亚诺斯反对人们可自由地成为占卜师——这是一种传统，塔西佗也提过这点。无论如何，这是个热衷巫术的世界。尤利安的不宽容也表现在他因阿波罗神庙意外遭到焚毁而暴怒，于是下令关闭安提阿大教堂（22.13）。尤利安的虔信与阿米亚诺斯的虔信一样，带有一种自然的崇古色彩。正如阿米亚诺斯所述，尤利安有意识地遵循前例与过去的权威：阿米亚诺斯引用修昔底德与波里比阿，也引用维吉尔与西塞罗以及希腊罗马史的例子。典型的是，尤利安为了让
165 著名的卡斯塔里亚之泉（Castalian spring）恢复成具有预言能力的泉源，下令要“依照雅典人净化德洛斯岛（Delos）时使用的相同仪式”，将埋在当地的遗体移走（22.12）。这段引文不仅关联着修昔底德，一个回溯将近千年以前的诠释，借由审慎的古物研究，也见证了上古世界的文化统一性。

尤利安在公元363年于波斯战役中重伤而亡，他的死是另一篇刻意撰写的颂辞，让人联想起相关的经典事件：苏格拉底之死。尤利安临终前与哲学家们谈论灵魂的崇高，并且禁止他的追随者“为一位即将返回天界与星辰同列的君王”哀悼；这是新柏拉图主义信仰（25.3）。阿米亚诺斯自身的异教信仰虽然虔诚，却属较低调而温和的一种。他静静地反对尤利安的做法，赞许遭遇不幸的（基督教）皇帝瓦伦提尼安的宽容，并且提到“基督徒平易而简单的宗教”，“只传布正义与怜悯”。他不像之前的塔西佗那样存有偏见，但还是提到基督徒对彼此所施与的残暴行为：“没有任何野兽像基督徒对待彼此那样，对人类造成如此的危险。”（21.16, 22.11, 22.5）阿米亚诺斯予人一种观念，即人可以不因宗教的差异而伤害或妨碍彼此，不过在估量他的宽容程度时，别忘了他是在基督教皇帝的统治下从事写作。

尤利安支配阿米亚诺斯作品如此之深，以致在他的后继者统治期间所记录的史事，自然而然地被视为次要的，尽管如此，这段时期还是发生两件对往后帝国历史影响最重大也最负面的事件：公元376年，罗马帝国允许哥特人跨越多瑙河进入帝国境内；公元378年，皇帝瓦伦斯在阿德里安堡与波斯人作战，战败身亡。阿米亚诺斯描

述这些事件，深切了解它们代表的灾难意义：哥特人随即横行于帝
国境内,而阿德里安堡的灾难在罗马军事史上仅次于坎尼之役(31.8,
31.12—13)。当然，阿米亚诺斯无法如今日的史家一样知道日后演
变：帝国江河日下，公元 410 年，罗马遭到劫掠，帝国西半部随之 166
沦丧。对阿米亚诺斯而言，帝国虽然经历了一段极为艰险的时期，
却还是世界的核心，正如罗马是永恒之城。他仍可不带讽刺地对当
时的人说："我们伟大而光荣的近来岁月。"（21.10）帝国遭到围攻，
"整个世界仿佛受到复仇女神的摆布"（31.10），但我们不应超越阿
米亚诺斯的意图做出过度的解读。阿米亚诺斯的历史带有多少悲观
主义的成分固然值得讨论，但若认为（即便是隐约以为）他具有先
见之明，则非正确之语，他并不知道自己为《罗马帝国衰亡史》的
一章提供了历史材料。

第 11 章

上古史学的一般特征

167 与之后数世纪相比，从希腊人到阿米亚诺斯的上古时代历史写作，构成了单一的文类，往后文艺复兴时期也曾试图恢复这种文体。在往下讨论之前，我们应尝试简单说明，是什么特征使上古史学形成一个整体，具有共同标准、关注与假定，特别是这些标准、关注与假定在过去一直受到误解。

古典时代史家可以强烈地意识到他们的前辈，不管是希腊人还是之后的罗马人，而且他们比今日亏赖历经时代变迁残存下来的手稿的我们更能接触或知道他们。阿米亚诺斯是古典史家的最后一人，他是这方面最具自我意识的史家，他随意地从我们所认为且如他所认为的古典正典作品中引用各种先例，无论是文学还是史学。交代引用的史料来源并非当时的正规做法，这点颇令现在的我们困扰，但上古史家显然不仅将他们的前辈或同时代史家视为史料来源，也视其为模范、对手，或者让人不禁要说是同道者，尽管他们可能使用不同的语言，或间隔了好几个世纪。上古史家使用、偶尔引用和他们看法不同或难以确定真伪的事例；模仿、剽窃（当时并不认为这种行为应受谴责）、效法、批评、贬抑（这种情形无疑远比我们知道的多）的做法普遍存在于学术与文学社群中，在史学界，这种做法维持了相当长一段时间，同道的人都清楚了解这点，也知道他们留下什么样的遗产。我们曾经提过，波里比阿自信地表示，若他在完成作品前死去，其他人将会赓续他的事业予以完成；这种接续前人事业的做法是上古史学一个不寻常的特征。

就这个意义来说，上古史家是比诗人或哲学家更具凝聚力的团体，尽管诗人是结合在对荷马的赞扬之下，哲学家则是以“学派” 168
为特征。希罗多德与修昔底德很早就获得了如同柏拉图与亚里士多德在哲学圈里所拥有的名声，即使并非所有史家都赞扬他们。他们的作品借由手抄本传承了数个世纪，从未像波里比阿、塔西佗或其他人的作品那样有如风中残烛；他们的作品也未如李维的历史般绝大部分均已亡佚。由于许多史家在完全没有作品遗留的状况下消失，或仅存残本，所以维系史家社群的思想脉络势必无法为我们所见，或沦为一种猜测。我们可以合理而自信地认为，在优秀作品（经过抄写者与我们的判断之后）与残存作品（某种程度来说其能留下已值得欣慰）之间存有实质的关联性，但我们对上古史家集体生命的了解已受到不可挽回的破坏。

当然，在各种连续性中，有些是来自希腊罗马文化与更广泛的上古公共生活：植根于荷马史诗与奥林匹克诸神的文学文化、希腊哲学以及斯多噶伦理学。和历史书写较有直接关联的是修辞老师讲授的（以及他们广泛接受的）散文与演说的写作原则，有时它们被认为对历史的准确记录有着不良影响，而且势必对史家写作本身造成某种限制。历史书写一开始是一门文学技艺，即便它的附加原则是求真；西塞罗提出的秘诀清楚说明了这点。公共生活的框架，亦即上古史家参与和反思的主题，主要展现在对演说的重视上，史家接续修昔底德建立的传统，创造出许多符合历史人物性格的演说。另一种连续性是对神祇的崇拜与庙宇的重视（留意庙宇的落成与偶尔出现的破坏），以及对神庙存放与展示的各种圣物的尊崇，这些

祭器有时是重要事件的纪念物，因而受到史家的注意。与此相关的还有对预兆与鸟占、预言之梦与神谕，以及对超自然事件或灾异所
169 做的广泛记录。人们可能想从史家对这些事物的态度中找出持续“世俗化”的倾向，然而即便以李维曾对他所处时代的怀疑论感到遗憾为例，我们仍难以认定这就是世俗化。史家的立场分歧，有完全不相信超自然事物者，如修昔底德，也有对此深信不疑者，如色诺芬、阿米亚诺斯，从他们身上无法看出一条持续的轨道。

预兆的记录是编年体历史的一部分，从修昔底德以降，编年史成了绝大多数历史作品的基本架构，这当中也有部分史家采取较为自由的体例：预兆被当成一年的重要大事而加以记录，正如执政官的更迭持续成为编年的参考点而被记录下来，尽管执政官在罗马早已失去政治地位。民族志与地理杂谈（由希罗多德首倡）以及精彩的演说片段（我们提过这是修昔底德的发明，不过在他的作品中，演说者说起话来都很类似，他也因此饱受批评）一直是历史作品的重要特征。杂谈或演说，尤其前者，均属阿米亚诺斯任意运用的题材。对公共生活事件的专注是个持续的特征，其借由高尚的风格以及漫长又时而传统的军事战役描述来加以呈现，但其中也有许多我们感兴趣的内容被视为与“历史的尊严”不符而遭到排除；十八世纪的博林布鲁克勋爵（Lord Bolingbroke）曾用“历史的尊严”这个词赞许修昔底德与色诺芬（《书简：论历史的研究与用途》〔*Letters on the Study and Use of History*, 1752, Letter 5.2〕）。这道禁令不仅不适用于相关的历史传记，也不适用于民族志杂谈。在历史写作的动机中，希罗多德宣称的“保存伟大功业的记忆”一直是个重要主旨。对于“伟大”主题的强调，最伟大的战争、围城、冲突、成就、城市、帝国，从希罗多德以降一直是个不变的基调，其重要性仅次于史家亲眼目睹的一些历史事件。塔西佗曾为自己未能提出“伟大”主题而致歉：这是罗马公共生活堕落的征兆。当然，对罗马作家而言，风俗败坏从萨拉斯特到塔西佗一直是个不变的主题；这个观点也为

波里比阿与阿米亚诺斯这两位希腊人所分享。

历史的功能在于教导美德与惩罚邪恶，这个观点首先由罗马人提出来，并且成了历史写作的标准，而其主要透过激励人心与令人羞耻的例证来呈现。与此相对，在陈述上较具思想深度的希腊观点， 170
代表人物是修昔底德与波里比阿，他们认为历史功用在于提供成败智愚的范例，其重要性仅次于赏善罚恶。当然，结束杰出的政治或军事公职生涯后转而从事历史写作是相当普遍的做法，波里比阿认为这是写史的“必要条件”；少数的例外是李维。以现代的标准来看，上古史家对于因果关系以及区别不同类型原因的兴趣相当低，不过修昔底德与波里比阿对这方面倒是很有兴趣。从希罗多德到塔西佗，为了对成败盛衰做出解释，上古史家最关心的是民族的道德品格，这构成了李维作品的中心主题，而波里比阿也承认民族道德对罗马人的重要性。一般来说，这种兴趣与解释以对比的方式呈现，其成分虽然不同，但仍有某种共通性：原始的大胆对比奢华；西方对比东方，起初是希腊人与波斯人，之后是罗马人与东方人或主要是希腊人；自由对比奴役；过去对比现在。相同的基本对立可以赋予必要的种族、军事、政治或历史向度，而这些向度通常彼此关联。这种对立常伴随着男子气概与女性阴柔的形容词：奢侈与奴役是没有男子气概的。最后由罗马人将这些无男子气概之物转化成历史衰退的一般概念。

当然，关于历史书写的广泛共识也调和了争执，而且随着时间推移，也将显著的视角转换加以融合。就前者而言，波里比阿的争论提供了一个绝好的例子，史家对于真实、生动与吸引人的叙事有着各种对立的主张，而关于真实这一点，其对历史的重要性在理论上具有普遍共识。而随着时间推移，叙事焦点从希腊转移到罗马，最明显的影响是主题变得比较集中：单一城市支配了叙事，史家不需要从一座城市转换到另一座城市，有时转到令人晕头转向。建立共同编年史的难题也大幅减轻。然而这种演变也使希腊典型的世界

主义丧失，而所谓世界主义是在处理希腊城市之间、甚或希腊人与
171 波斯人之间的冲突时的一种情感中立的态度。李维与塔西佗是地方观念不浓厚的作家——帝国扩张的主题与反复讨论边疆事务的需求，以及塔西佗投注心力的民族志传统（不过李维仍对蛮族有着刻板印象），确保了世界主义的风格。但对李维来说，罗马爱国主义凌驾一切，这当然产生一种关注罗马起源的崇古心态。尽管存在着地方史的文类（绝大多数已经亡佚），但似乎没有任何一座希腊城市像罗马那样仔细而虔诚地看待自己的过去，一般留下的只有高度玄思的系谱与建城神话。因此，在希腊，过去与现在的对比不具有相同的功能，相反，在罗马，从萨拉斯特以降，长期道德败坏的概念却建立起来。帝国时期的塔西佗作品显然带有矛盾的色彩，一方面眷恋久远的过去，另一方面却不认为它有恢复的可能；这种情况也可能发生在李维论及共和国末期的作品上，只不过那些作品已经亡佚。这种眷恋感完全不属于希腊风格。阿米亚诺斯的怀旧性质更是难以衡量，如果怀旧这个用词是正确的话。他的怀旧并非总是在仔细判断下才将手伸进装了文学暗示、引文与历史上相似事件的摸彩桶中摸索，这种做法就像是指向更为辉煌的过去，但也可能只是在炫耀。

世上一直流传着不实的说法，就算以概括或文学角度言之也是一种错误表述，而这些说法被非史学专业者当作是古典史学的一般特征；有时，这些误解源自将修昔底德完完全全视为上古史学的代表性人物，或者源于粗略地诠释他所宣称的做法。此外，由于过度主观和无视脉络地从他处加以引用，致使有关古典史学的一些神话、夸大陈述或片面真理被不加批判地宣传出去。虽然有些说法不无道理，但在未经证实下被陈述为一般性的真理，就成了虚伪不实的描述。以下我们将概要地说明这些误解。

一、“一切历史都是当代史”

早期希腊史学几乎可说是如此，但关于罗马史的叙述，包括希腊人书写的部分，则并非如此。这项通则可以适用在修昔底德、色诺芬与最早期的亚历山大史家身上。但希罗多德的历史，姑且不论其中早期传说时代与荷马史诗的部分，却能回溯到他生存年代之前的四分之三个世纪。我们也不该拒绝将史家头衔给予那些记录了城 172
市建城与地中海地区历史的希腊人，特别是后者。这项通则当然不能适用在李维身上，也不能适用在李维之前的罗马古物研究者身上，更不能适用在与他同时的希腊史家哈利卡纳苏斯的狄奥尼修斯身上（他的作品也始于罗马建城时期），迪奥也不行，他的历史涵盖整部罗马史直到他自己生活的公元二世纪为止，不过他的作品绝大部分已经亡佚。这项通则甚至不能适用在约瑟夫斯身上，如果我们一同审视他两部重要作品：《犹太古史》始于圣经历史，而《犹太战记》实际上始于战争爆发前两个世纪。阿米亚诺斯，如我们所见，是在偶然中成为当代史家，因为他作品的前面几卷，涵盖他生存年代之前一个半世纪的历史，已经亡佚。至于塔西佗，若要将他归类为当代史家，除非人们同意将最年长目击者的记忆也归类为当代史。

二、“上古史学不是政治史就是军事史”

这项通则广义来说可以作为一种意图的揭示与宣告，不过它排除了在官方与私人间游走的传记，而最早的传记（希腊）似乎源于哲学家与文学家。就历史本身而言，最明显的例外是内容通常相当广泛的民族志杂谈，从希罗多德以降，这类民族志处理的都是外表特征、信仰、服饰、饮食、卫生、习惯及婚丧礼俗。即便史家描述的是自己的社会，仍须将宗教事务界定为政治——或许这并非不合理——好让这项通则能够成立，但对现代读者而言却是个误导。编年史，如我们在李维作品看到的，以及对当时风俗的谴责，如李维与阿米亚诺斯的作品，偶尔会出现零星的社会史描述：阿庇安与塔西佗的作品中关于放逐的恐怖故事，以及罗马贵族被迫逃亡或藏匿的叙述使我们一窥房屋的内部陈设、家庭的生活习惯，以及奴隶与主人的关系，无论忠诚或反逆。枯燥的经济与社会史，也不可避免
173 地成为李维与阿庇安对罗马社会冲突的一部分记录，他们都提到了小地主的忧愁沮丧和负债度日。贵族与无产阶级的不良行为、罗马街头的吵闹暴乱，以及富豪家中的奢华与下层阶级的软弱无力，这些叙述在萨拉斯特、李维、塔西佗与阿米亚诺斯的作品中相当普遍而且极为生动。

三、“没有长期历史变迁的概念”

前面的“当代史”讨论在某种程度上已经回答了这个问题，但仍需加以深究，因为如果我们指的是不折不扣的长期，那么这个概念显然无法适用在修昔底德这位最热情拥护当代史的史家身上。他认为要写出一部精确的长期历史是不可能的，其他人则非如此认为，不过这是另一个层面的问题。修昔底德在作品一开头简要描述了早期希腊社会“从粗鲁到优雅”（以十八世纪的词汇来说）的发展主要是贸易的结果。没有人会认真地以为这是修昔底德身为史家的重大成就之一，而且它似乎未能产生看得出来的影响。可以确定的是，修昔底德清楚察觉到希腊生活产生很大的变化。波里比阿也做了简短的推测，认为政治社会起源于原始生活，当时的人类与兽群无异（VI.5—7）。同样，李维非常了解罗马广场曾经是一片沼泽，周围环绕着牧羊人的原始小屋。他在其他地方也简略描述了早期人类社

会的样貌，认为当时的人类处于“自然状态”。更微妙的是，如我曾主张的，罗马品格与风俗长期败坏的概念，隐含的不只是物质的根本变化。尽管对史学传统有着长期共识，对史学的目的与方法也几乎意见一致，有些作家还是发展出一种意识，认为史学本身并非不受历史变迁影响。波里比阿认为，随着罗马兴起，新种类的历史成为可能，即普世史。塔西佗写了一篇对话，从历史的角度探讨演说的风格，他意识到史家的任务与写作风格因共和政体转变为专制 174
政体而重塑。根据这种观点，即便未曾有意识地这么想，但“一部关于各种历史的历史”至少逻辑上是可能的。

四、“一切变迁都是循环的”

这个观念就某种意义来说已在前面处理过，但在此仍值得探讨。的确，希腊人，尤其波里比阿，具有一种政治体制变迁的动力概念。它源于亚里士多德政治体制及其腐败形式的分类，认为世上存在着一套循环转变的模式。然而，这种政治体制变迁的观点非但未能普遍受到支持与运用，就连循环概念本身也从未适用于其他生活向度；附带一提，塔西佗曾经考虑运用这个概念。（他谈到这个概念时，仿佛它是个全新的看法，而非陈腔滥调。）当然，当时存在一种从希罗多德以降普遍流行的观点，认为一切繁荣昌盛都是变动不居的，但这与更精确而技术的放之四海皆准的循环概念仍有很大的差异。修昔底德当然未预期希腊社会会返回原先的状态，李维也不曾预料罗马广场未来有天会成为牧牛的草地，虽然如果他这么预言，最后将如他所料。遗憾的是，没有迹象显示李维预言罗马将洗心革面，或塔西佗曾预言罗马共和将会再起。反过来说，即便是最坏的暴政也会因暴君死亡而结束，世上不存在奥威尔在《一九八四》所想象的因制度化而永垂不朽的暴政。

人们有时认为，循环观点的出现与长期变迁概念的缺乏，是因为相信人性不变，修昔底德确实主张过人性不变，而波里比阿也接受这个观点而主张历史的功用。我们已经了解这种说法的不当之处，但人性永恒的观点却是诠释修昔底德作品的关键。在波里比阿的作品中，人性观点的效果被历史上伟大而崭新的事实所抵消：罗马的兴起，命运女神企图从现在起将罗马提升为世界历史的核心。普世
175 人性的观点与社会因时空而变的看法之间的关系是个相当复杂的概念，在此无法完整解释。以希罗多德为例说明此一复杂性应已足够，希罗多德是个心无偏见的世界主义者，而且深受各民族呈现的不同文化面貌所吸引，无疑也可说是被心理的不同面貌所吸引。修昔底德拒绝书写民族志杂谈，波里比阿对此也抱持审慎态度，其理由与其说是对人性抱持武断的看法，不如说是反对为娱乐而写的历史。然而，希罗多德是个带有感情与幽默的作者，能在弹指之间超越文化偏见与时间造成的鸿沟，例如对薛西斯流泪的描述，他也能以吸引人的笔触详述人性可能采取的诡异形式。上古史家当中另一位杰出的民族志学者塔西佗，虽然程度不及希罗多德，但他也看出日耳曼人是多样而具同情心的民族，日耳曼人迥异于当时的罗马人，正如塔西佗与李维认为当时的罗马人与古罗马人全然不同。人性的多样化其实是上古史家普遍最感兴趣的主题，但修昔底德是个例外。

本书前两部分主要将注意力放在少数几位上古史家身上，相较之下，接下来几个部分所探讨的（唉！或者说是忽视的）史家数量则远多于此。然而上古史家作为历史模板与权威的地位，至今屹立不摇。近两千年来，他们的作品被尊崇为道德与政治智慧的根源，远非其他时代史家所能及。光是这点，即可证明他们值得更多关注，阅读他们的作品能得到丰富收获，这个收获即便是具影响力的史学作品也不一定能办得到。

第三部分

基督教世界

第 12 章

圣经与历史：上帝的子民

圣经、受圣经启示与古典时代的历史写作，三者之间有着许多差异。前者的历史作品并非利用公余之暇进行的文学活动，也不受古典修辞规则的约束。虽然圣经兼具神话与史诗的庄严与崇高，以及狂喜的歌曲与个人的哀叹，但它也经常是素朴的与世俗的：人性（或神性）事物似乎与其不相违背。尽管经常出现显赫的祭司与族长、国王与先知，圣经的核心其实关切着某民族——以色列子民——与上帝之间的关系，以及该民族在时间流转中的盛衰荣枯；宗教与历史紧密交织，因为上帝并非首要地是有永恒本质的神祇，而是历史的推动者。上帝无所不在的样貌完全不同于古典史学虔敬描述的命运、正义与天堂意志。

希伯来历史持续地受到神意的指引；它的写作甚至早于基督教，被视为受到直接神启，因此这当中没有对权威著作的比较，或尝试对彼此冲突的权威作品进行调和，也没有怀疑的表示或对探究的自豪：权威就是上帝自己。尽管圣经呈现了罪与报应周而复始的模式，而它连同赎罪构成了圣经的整体模式，但圣经本质上仍是线型且具有方向的：较罗马崛起（与衰落）的主题有过之而无不及。圣经有开始（亚当、挪亚以及对亚伯拉罕的应许），以《启示录》作为结束，而《启示录》的内容已预示于基督徒所称的旧约中。因此，圣经有开始也有结束：罪与之后的最后审判，而有些人可以得到救赎。在开始与结束之间，由作为中介的基督道成肉身将两者予以逻辑地与
180 历史地联结起来，从八世纪开始，基督道成肉身就成了纪年的枢纽时刻：没有原罪，就没有历史。

摩西五经（Pentateuch），即希伯来圣经的前五卷，描述大约公元前两千年末期的事件，而其写作的时间则在公元前一千年上半叶；它于公元前一千年下半叶集结成书，成为我们今日看到的圣经正典，然而这些作品在当时未能影响犹太人以外的文化，直到基督教出现才有所改变。公元前二世纪，圣经在亚历山大译成希腊文，又称七十士译本（由七十二名译者译成），主要供犹太流亡者阅读，外界对此书仍兴趣缺乏。基督教时代初期亚历山大的斐洛（Philo of Alexandria），以及公元一世纪的约瑟夫斯，向异教世界详细解说圣经，但他们的影响仅限于基督徒而未及于异教徒。随着基督教地位的巩固，圣哲罗姆（St Jerome，约 340—420）提供的权威拉丁文译本，又称武加大译本，也广泛在中古时代流通。

希伯来圣经被视为一个整体，基督徒视其为旧约。它具有相当的异质性，包含了上古时代各种文学文类：创始神话、民族史诗、智慧文学、谱系与列王名单、诗歌与祈祷文、律法与详细仪式规定、预言与神明发怒的持续警告（通常以象征的方式表达），不过当中没有希腊化世界著名的神谕遗址。希伯来圣经也有一些篇章带有“政治史”内容，特别是《撒母耳记》、《列王纪》与《历代志》。不过从比较宽广的角度来看，希伯来圣经也具有非凡的叙事连贯性，它呈现人类命运与随后上帝选民的观点，从创世到人类因亚当的罪被逐出伊甸园，以及大洪水之后人类因挪亚而得以重生；之后是上帝的应许之地与对亚伯拉罕的祝福，这点可以从上帝将他从埃及俘囚中救出得到明证；之后是犹太人在伟大领袖摩西带领下穿越荒野的

旅程，上帝借由摩西之手将律法交给了犹太人。犹太人征服并且定
居于应许之地，也就是迦南地。这一切全被描述成与史诗交融的创
始神话。随后几卷出现明显的转折，犹太人从神权变成了王权，并
且与邻近民族发生冲突，过程类似于罗马为了生存而战并且征服了 181
意大利中部，然而异族通婚与同化却成了犹太人的威胁而非成就，
因为它们破坏犹太人的一神信仰。犹太人再度逾越律法规范，此时
他们的行径毋宁是上帝降下洪水前的尘世居民；他们遭受第二次流
亡，这次是在尼布甲尼撒的命令下前往巴比伦；耶路撒冷的圣殿这
个犹太人崇拜耶和华的中心，遭到摧毁。犹太人结束流亡或“俘囚”，
返回故乡并且重建圣殿出自波斯王居鲁士的决定，他的帝国继承了
巴比伦，《但以理书》曾经预言（不过是伪造的）此事的发生。

主题的统一性，即主角是以色列子民、神圣指挥者是耶和华，无疑是审慎编辑与拣选的产物，尽管有时会以部分代表整体，而重要事件则象征性地予以放大或简化。第一次俘囚的埃及法老与《出埃及记》，可惜未能在埃及文献中找到相关记载，但亚述与波斯国王如尼布甲尼撒、居鲁士与大流士却出现在《历代志下》的末尾以及《以斯拉记》、《尼希米记》与《但以理书》里，希伯来历史于是整合到公元前七、前六世纪美索不达米亚世界的既有历史之中，甚至于可以确定其发生年代。在《撒母耳记》、《列王纪》与《历代志》里，我们看到小规模的近东诸王与祭司的历史，他们在耶和华的介入与主导意志下，被赋予了世界历史的意义。圣经的叙述方式就当时而言已算高度成熟，在圣经叙事中，出现了生动描绘的政治行动者、宫廷阴谋与王朝斗争，以及无数次的战争（描述得较不仔细，因为耶和华的意向才是决定要素），这些内容有时呈现出足以匹敌荷马的戏剧性。这些篇章所代表的史学也可媲美希罗多德的波斯章节，虽然其中少了“探究”这项关键元素；此外，在《以斯拉记》中有着现代史家认同的对文件证明的重视。公元前六世纪的以斯拉（Ezra）与尼希米（Nehemiah）是写下当代历史与引用史料

的著名祭司史家与文士。连同随后这段描述于非正典《玛加伯书》
的历史，我们进入到约瑟夫斯日后描述的世界，就在其《犹太古史》
对圣经做了概述之后，我们也进入了有关以色列人反抗希腊化统治
182 者以保卫他们的宗教与圣殿纯净的主题，直到公元一世纪犹太国
灭亡为止。

在基督教的传布下，犹太教成了非犹太人世界极为关切的问题。古典时代遗产对于非犹太人基督徒的影响太深远，即使是圣经也无法完全垄断他们的历史意识，但对于一千年，以及在许多脉络下更长久的时间而言，圣经却成了核心。公元五世纪之后，绝大多数作家采用了摘要形式的罗马史，这种形式适时提供他们写作方式；而另一方面，古典史家则普遍受到忽视，甚或不为人知，不过萨拉斯特是个特例，他的作品既具有教训性质又相当简短。

圣经对基督教历史概念的影响，从基督教初期到十九世纪，是深刻而普遍的。除了亚当的罪，道成肉身与最后审判也架构了所有历史。圣经的历史呈现上帝与其选民的交流，如同周而复始的犯罪、惩罚与拯救模式，这意味着只要历史持续下去，就可预期同样模式将不断重复：历史呈现出一连串在原罪与最后审判的历史宏观中周而复始的类型与处境。基督教世界理所当然扮演起选民的角色。随后这个角色也证明其具有近乎无限的适用性，它可以适用于任何一个——在编年史家的推波助澜下——以选民自居的民族或宗派：民族的信仰、伟大或苦难、神的祝福或惩罚，证明了这则方程式。在周而复始的观念下，圣经使一群值得纪念的人物与行为得以成为当代史的角色：勇士、叛徒、审判者、先知、伟大的国王（或暴君）、陷人于绝境或因爱国而杀人的女子，他们都得到史家的承认或得到行动者自己与其赞美者或诽谤者的采用。如吉本所言，这一类型的适用方式被记录下来，有时成了普遍流行的公共滥用，“夏娃、约伯的妻子、耶洗别、希罗底的角色，被粗鄙地适用在皇帝（瓦伦提尼安二世）的母亲身上”（*Decline and Fall*, XXVII）。

然而最重要的是，圣经提供了一个不断重复的原型：和上帝立 183
约与进入应许之地，集体的犯罪与遭受蹂躏、流亡、俘囚的惩罚，而后受到拯救与返乡，并且以耶路撒冷与圣殿的重建为其象征。我们可以说，这是个唯有透过人类的犯罪才能使人类成为历史主要推动者的模式：犯罪是人类在历史动力中扮演的角色，虽然还有其他的辅助角色，如暴君或蛮族这些惩罚工具，以及带来拯救的个人，如摩西与弥赛亚的类型。毋庸赘言，在世俗历史中，集体的不良行为（特别是不信神与通奸）、摧毁、压迫与偶尔出现的较好时光，或者至少是对较好时光的承诺，以及成功的迁徙，都成了极为常见乃至于可以轻易辨识出来的模式。这种情况也可以从异教历史中看出：恢复乱世秩序的法老是埃及铭刻的常见人物，同样的状况还有希腊与罗马传说的早期立法者。奥古斯都是罗马和平君主的原型，他的降临被神秘地表述成正义女神阿斯特莱亚（Astraea）重返人间；她经常是个“隐藏的女神”（dea abscondita）。在犹太教–基督教思想里，摩西与基督成了拯救者的原型，如同大卫是成功的战士国王、先知与诗歌创作者。在虔诚与优雅的修辞中，如皇帝君士坦丁与查理曼、伊丽莎白女王与奥伦治的威廉这类君主，以及许多其他君王，因阿谀者与评释者的允许而唤醒了神意救赎史的共鸣。

希伯来圣经被非犹太人早期基督徒采纳为旧约圣经，此事似乎并非无可避免；毕竟这些非犹太人宣称他们已经取代原先的选民而成为新约的子民。就某方面来说，旧约甚至让人隐隐感到困窘，其中记载的行径与荷马笔下奥林匹亚诸神的行为如出一辙，而无论是旧约还是荷马史诗，人们的反应是以讽喻手法解读这些声名狼藉的故事，所以旧约反而提供了适合虔诚沉思的材料。一个非常著名的例外是马吉安（Marcion），公元二世纪的基督教学者，他认为犹太人的上帝是邪恶世界的创造者，与身为耶稣父亲的上帝完全不
同。他拒绝从讽喻的角度看待旧约，并且认为耶和华在伦理上是不 184
可接受的。马吉安于公元 144 年被逐出教会。但非犹太人基督徒

仍需要旧约。他们需要旧约的预言，并且声称是基督的预言，来证明基督即是弥赛亚；他们也觉得有必要反驳指控所言基督教是新近的产物，一个暴发户宗教（Eusebius, *History of the Church*, I.3—4）。旧约提供基督教祖产地契。一旦接受旧约，便能从中获取令人满意且包罗万象的人类历史诠释与丰富的象征身份，这些身份可以适用在随后的历史上，并且被广泛地当成一部神意持续铭记的剧本，其特殊的进行方式赤裸裸且令人敬畏地显示在过去上帝与选民的交流上。

由于希伯来圣经被用来提供一系列预示基督即弥赛亚的人物或类型——如摩西、约书亚、大卫与其他人——以及显然真实的预言，于是这种寻求类型的习惯与新的上帝选民身份便顺理成章地移转到现代史中。对此，我们必须略加留意，不是所有针对圣经人物所做的模拟都能构成特别的类型或人物思考，而这种同一化的做法也不是没有前例。有些只是单纯的模拟，运用的目的通常只是为了谄媚或贬低，而异教历史的人物也能被引用为原型，例如约瑟夫斯非常适切地比较了摩西、所罗门与罗慕路斯。更具争议性的是，公元六世纪时，图尔的格里高利（Gregory of Tours）结合罗马与圣经典故，把契尔佩里克王（King Chilperic）称为“他那个时代的尼禄与希律王”。在古典时代，将自己与传说及历史人物视为同一似乎相当常见，如亚历山大大帝模仿或把自己当成是阿喀琉斯，处处想与之一较高下。罗马皇帝卡拉卡拉崇拜亚历山大，他要人画了一幅画，画里的人脸孔有一半是亚历山大，另一半则是卡拉卡拉自己。有时，在心灵固有的模拟习惯影响下，人们会根据姓名做出部分的同一化。亨利七世的儿子阿瑟就曾被众人欢呼为阿瑟王再世。

公元二世纪开始，模拟思考这种思维模式流行于基督教长老的思想中，但模拟思考本身还需要一个明确的神意角色归属，对此，圣经乃至于基督都提供了原型。借由这种方式，圣经与犹太历史的
185 重要事件，可以周而复始地用来诠释随后的事件，无论是论战、颂

辞或历史评释。公元 70 年耶路撒冷的陷落成了这样一种原型事件，而约瑟夫斯对该事件的描述也在基督徒间广泛流传。耶路撒冷的陷落强烈影响基督徒的想象，与此同时的新约也提到耶稣的预言："将来在这里没有一块石头留在石头上，不被拆毁了。"（《马可福音》13:2，参见《路加福音》21:6, 24）这场灾难引发关键性的疑问：上帝为何允许此事发生？人们也因此从罪、审判、预言与拯救的角度来回答这个问题。

惩罚引发拯救的需要也暗示着拯救者的存在。在基督教时代，与旧约对于基督来临的期盼有着异曲同工之妙的，是人们相信后世将出现拯救者君王与领导者，正如被选定的、有罪的与受惩罚的新以色列人也透过他们的先知来认定自己。

我们不久将会看到攸西比乌斯（Eusebius）如何将圣经与弥赛亚的氛围加诸君士坦丁大帝身上，使其成为神的工具与上帝子民的拯救者。最早的不列颠历史——虽然比较像是悲叹而非历史——是一篇以圣经词汇做的描述，它提到公元 410 年罗马军团撤离之后，不列颠人落入蛮族手中的罪与苦难。这部作品是公元六世纪修士吉尔达斯（Gildas）撰写的《不列颠的没落》（*Ruin of Britain*）。他从圣经角度将不列颠人的灾难呈现为神对犯罪的惩罚，另一方面，他高呼殉教者圣阿尔班（St Alban）为约书亚，而约书亚本身也被视为基督的一个类型；约书亚这个名字（"耶稣"的希腊文拼法）也产生一定的效果。其他的类似例子则更具有激励效果。比德（Bede）仿效吉尔达斯的做法，将自己的民族英格兰人视为上帝对不列颠人降下天谴的工具，因此他们是上帝的选民。身为最伟大的新近皈依天主教的民族（意即非异端。蛮族绝大多数信仰的是阿里乌斯异端〔Arian heretics〕），法兰克人似乎在教廷感召下将自己视为新以色列人，虽然过去已有民族提出同样的想法。十六、十七世纪，新教以方言解读圣经也为这种思维注入新的刺激。在十六世纪英格兰，约翰·福克斯《行谊与事迹》（*Acts and Monuments*，又称福

克斯的《殉教史》）一书的导言与一篇关键的新教文本，把刚加冕
186 的伊丽莎白女王说成是新君士坦丁大帝；后者是拯救者弥赛亚的典型。在福克斯的近代殉教史中，英格兰人是上帝选民的观念强烈呈现在下个世纪查理一世的清教徒对手身上，激励而使得他们更加难以驾驭。许多新教宗派以建立新耶路撒冷自任，这项渴望也传递给了十九世纪的世俗乌托邦主义者。新英格兰的清教徒殖民者在他们的新土地上，理所当然援引了相同的概念。约翰·温斯罗普（John Winthrop），马萨诸塞第一任总督，说他们已与上帝立约；在此之前一个世纪，西班牙的墨西哥征服者初次看到蒙特祖马的首都时，高呼其为“应许之地”，而五又二分之一个世纪之后，马丁·路德·金的梦也向他的支持者做出相同的承诺。征服西班牙的军人史家贝尔纳尔·迪亚斯（见下文第 426 页）在阿兹特克首都受到围攻与摧毁的刺激下，想起耶路撒冷的陷落。

当然，这种修辞容易成为历史行动者、宗派与殖民者的惯用说辞，善于反思的史家与编年者虽非如此，却无法不受左右。一般而言，他们总对希伯来与基督教末世论激起的预言性千禧年玄思以及通往世界史的钥匙敬而远之，其中最著名的是《但以理书》伪造的预言之梦与圣约翰的《启示录》，但这些说法仍影响了日后的历史框架，如十二世纪弗洛雷的约阿基姆（1135—1202）的预言。约阿基姆根据三位一体对历史时代做了三重区分，显示出强烈的预言元素：圣父、圣子与圣灵三个时代，圣灵是最后的时代。攸西比乌斯——第一位教会史家，我们即将介绍此人——不赞同千禧年玄思。然而，即使未曾全心投入以圣经为依据的神意架构，圣经的原型与意象仍影响了世俗的描述。例如上古史学记录了许多灾难性的围城与城陷，但约瑟夫斯对耶路撒冷陷落的描述却在强度与哀叹上达到全新的高度，这似乎是受希伯来预言传统的影响。先知是不可超越的与受启示的鉴定者与专家，他们预言神在震怒之下，将降下可怕的惩罚于
187 不道德与无信仰的民族身上：

> 看哪，耶和华出了他的居所，降临步行地的高处。
>
> 众山在他以下必消化，诸谷必崩裂，如蜡化在火中，如水冲下山坡。
>
> 这都因雅各的罪过，以色列家的罪恶……
>
> 所以我必使撒玛利亚变为田野的乱堆……
>
> 他一切雕刻的偶像必被打碎，他所得的财物必被火烧，所有的偶像我必毁灭。(《弥迦书》1:3—7)

这段警告引自钦定版的英文圣经，对圣经培养的想象留下不可磨灭的印记；约瑟夫斯的《犹太战记》也受到新教徒的广泛阅读。

聆听托马斯 · 卡莱尔在《法国大革命》(*The French Revolution*, 1837)结尾的慷慨陈词，他把预言的、破坏偶像的热情与讽刺，以其独特的风格表现出来：

> 诈欺在火焰之中，诈欺被燃烧殆尽：一片火的红海，波浪涛天，包裹了整个世界；它的火舌舔舐着天上的星辰。王座被猛力掷入火焰之中，杜布瓦主教冠冕与教士坐椅滴下了油脂……火海的烈焰愈升愈高；甫脱落的木材被烧得噼啪作响；皮革与毛织物也发出嘶嘶的声音。金属雕像熔化；大理石像成了石灰泥浆……

卡莱尔在运用天启的模式上有着非凡的精力，但在世俗历史中，却是革命引发了这种模式，超越任何其他主题。对早期基督徒而言，审判与责难的必要附随之物是基督带来的救赎之应许。对教会史家攸西比乌斯而言，这项应许预示于当代历史中，如君士坦丁大帝改信基督教与教会免于受到迫害。

第 13 章

攸西比乌斯：正教的形成与教会的胜利

188 公元四世纪初，基督教会忍受帝国断断续续的迫害，出现一连串的殉教行为，最后且最严重的一次结束于公元 312 年君士坦丁大帝改信基督教，基督教会从受迫害转变成最终获得特权地位。其转变之速，几乎没有任何伟大的历史事件能望其项背。但教会自使徒时代建立以来已近三个世纪的时间，随着对迫近之启示的期待逐渐衰微，它不仅开始意识到自己的现在与未来，也意识到自己的过去。

教会作为新选民社群的观念以及对教导与传布福音的投入，使它的认同与纯粹问题变得极为重要；随着使徒世代的消逝，区分与守护纯正传统成了核心要务。历史连续性的问题至关紧要，特别在公元四世纪教会会议最早出现的教义陈述之前，这些会议提供了参考点。重点是，要证明教会与旧约预言、使徒证言和传承自使徒的基督教主教说法，以及被确立为权威（教父）的教诲之间的连续性。若要除去异端、伪书、狂喜的假先知与热衷者，以及对神圣作品的偏差诠释，则非建立这些连续性不可。正教必须加以打造，才能面对竞逐的狂热以及希腊（特别是柏拉图主义）思想传统与希伯来神圣作品和福音书同化后产生的思想问题。要诠释复杂且其中至少有部分具有象征意涵的文本是相当困难的。教会统一性的问题在本质 189
上与教会连续性的问题相同；必须牢记的是，到了君士坦丁改信之时，其与基督相隔的时间和路易十四去世时距离我们的时间相仿。就某个意义而言，《使徒行传》(The Acts of the Apostles)已为日后的明确尝试立下基础：此即教会的首部历史，由公元四世纪初的恺撒里亚主教攸西比乌斯写成。

攸西比乌斯是希腊人，出生地可能是在巴勒斯坦的恺撒里亚，于公元 260 年代初期成为当地的主教；攸西比乌斯亲眼目睹教会受到严厉迫害（305—312），他的老师是殉教者之一，而后教会又因皇帝君士坦丁改信而受到拯救；他是尼西亚大公会议（公元 325 年）的著名参与者，曾在会中见到并支持君士坦丁。尼西亚大公会议定义基督的本质，因而使得阿里乌斯（Arius）的追随者成了异端；对他们而言，基督的本质不等同于圣父，而是从属于圣父。攸西比乌斯曾被怀疑带有阿里乌斯倾向，但他似乎比任何人都要赞赏教会的统一；他认为尼西亚大公会议通过的方案是最终的决定。在恺撒里亚，攸西比乌斯是伟大圣经评释家俄利根（Origen，约 185—254）的继承者，俄利根首倡从象征与类型来解读圣经。攸西比乌斯就连解读世俗历史也带有浓厚的神意观点——他亲眼目睹在发生了教会史上最严厉而漫长的迫害之后，皇帝居然立即改信基督教，这使得他不得不认为这是件神迹。君士坦丁的改信对攸西比乌斯而言几乎成了第二次的道成肉身，而君士坦丁显然是上帝在尘世的代理人。

攸西比乌斯的《教会史》(*History of the Church*)涵盖时间从基督降生到写作时的公元 320 年代，而且成书后很快就被译为拉丁文。除了《教会史》之外，攸西比乌斯也因《编年史》(*Chronicle*)这部作品而在中古时代享有盛名，他在书中简要描述从上古时代的伟大民族到罗马人的历史，并且尝试同时参照异教与希伯来编年史来进行诠释。中古时代编年史的前言多半沿用这种做法，如圣哲罗

姆就曾接续攸西比乌斯的作品，因此有时被称为“攸西比乌斯–哲
190 罗姆”。攸西比乌斯写作的目的有部分是为了彰显希伯来人宗教的历史比其他宗教来得久远，而这也是约瑟夫斯关切的主题。

攸西比乌斯曾经写下另一种获得极大回响的文类，即基督徒殉教史，描述恺撒里亚当时所发生的大迫害。殉教预示于基督的十字架苦刑以及《玛加伯书》的古老先例中，成了基督徒的核心关切。殉教者以死亡彰显自身的胜利而随即被带往天国。纪念殉教者成了基督教礼拜仪式的重要特征，对殉教者受难的描述通常非常详尽，如攸西比乌斯的作品即是个例子，而这样的描述也成了流行的拉丁文学形式，或者也可以吊诡地称之为记录性的民间传说；而殉教者受难的记录就像后来的圣人传记，两者之间有着类似之处。殉教者在某些方面与异教传说及历史的英雄有相合之处，但他们的死是自己选择的，其中包括为数甚多的妇女，而他们的结局终究来说并非悲剧而是胜利。殉教者肉体痛苦的细节与基督的痛苦互补，成为基督教图像的丰富来源。殉教者与圣人是具影响力的天国之民，参拜他们的祭品与朝圣者成为财富的来源，因此，能拥有他们遗体或部分遗骸的教堂与修道院可说是相当幸运。

攸西比乌斯的历史概念具有高度的原创性，而且成为早期教会的“正史”:其意义显示在后继者只试图延续他的写法而非另辟蹊径。攸西比乌斯的历史具有全新的主题，读起来与古典时代历史大不相同。教会史不可避免地涉及论战，无论是建立不可偏离的正统，还是对正统与异端、伪书与偏差的诠释做出区别。攸西比乌斯也记录了比较知名的主教与殉教者。犹太人、异教徒，以及更为重要的异端，是他论战的目标，他以自己的历史作品证明对方的错误，而且不主张遵守古典历史的标准，亦即写史时必须不带热情或偏私：他公然为确立和维护基督正教而写。与古典历史作家相比，这种做法似乎使攸西比乌斯与当时所谓适切历史（historical propriety）的观念产生极大隔阂，但它也产生了讽刺的结果：攸西比乌斯的做法与当时

史家的做法逐渐合流，正如日后宗教改革的宗教争议。由于他写作的目的不是为了娱乐，而是为了证明与维护，所以他需要权威史料， 191
史料的权威与否（不光是目击者是否可靠的问题）对他来说至关紧要。因此他大量而详实地引用史料，有时还誊抄其他史料以对偏差的诠释提出质疑。事实上，缺少了他引以为傲的图书馆，他的作品无法动笔。因此，与其说攸西比乌斯如同古典时代的前辈史家，不如说他更像是一名学者，虽然他显然不够公正客观。

在攸西比乌斯的写作成为当代事件的记录之前，其作品的一个特征是从使徒时代开始基督教主要教区的主教传承表。如我们所见，法老、国王、祭司与执政官的传承表是最早的历史记录形式。当然在攸西比乌斯的作品中，这些传承表对于使徒传承的建立具有关键意义，宛如正教制度的骨干。另一个重要影响则是在教义领域，它建立并且合理化既有的圣经正典（另外还有一些待选篇章），并且接受公认的圣经评释者，否认与其对立的异端。因此就某方面来看，攸西比乌斯的作品似乎不能算是历史，因为从道成肉身之后到君士坦丁改信之前，除了殉教与因为受迫害而不得不叛教的史事之外，几乎未曾记录其他事件。如某位现代评释者所言："他的历史充斥的不是人或事件，而是那些书写圣经篇章的人。"他的历史不同于希腊哲学家及其学派的历史，不具有浓厚的古典时代政治与军事叙事的色彩。人们常觉得自己阅读的是一部经过拣选的传记，充满着论战的评释与广泛的引文。以下是攸西比乌斯对亚历山大的克雷芒（Clement of Alexandria）做的评论：

> 我拥有克雷芒作品《杂记》（*Miscellanies*）全部八卷（以下是卷名列表）……在《杂记》中，他将圣经以及他认为有用的世俗文学予以结合，并将两者编织成一张挂毯。他让内容涵盖了一般人所接受的一切观念，详细解说希腊人与非希腊人的观点，甚至纠正异端领袖的伪教义，并对大量历史做出解释，提

> 192 供给我们一部学识渊博的作品。借由这些，他融合了各个哲学家的论点，因此作品充分说明《杂记》这本书的名称。（6.13）

从与基督教相关的各种学识里，无论是基督教还是异教，产生了相当好的创作观念。攸西比乌斯提到，他对异端的谴责与意见就是“将名称与日期赋予在那些怀有创新热忱但却与真理渐行渐远的人身上”（1.1）。因此，攸西比乌斯作品的独特性不仅表现在叙事风格，也表现在他选择记录与臧否的题材上。尤其他记录了所谓正确与错误之路，而他也满足于让那些选择道路的人为自己发声，或仅让他们以名称与日期的形式存在。这不是说攸西比乌斯的笔调不带感情。魔鬼促成了异端的形成，异端是令人憎恶的骗局；异端教派“就像毒蛇一样在亚洲与弗里吉亚爬行着”（5.14）。

仅是学术上的错误有时会被轻描淡写带过，但攸西比乌斯的作品与史料（大部分是引文）对伪预言的解析经常是生动而精确的，例如他对处于不自然狂喜状态的伪先知的描述（5.17），以及对安提阿异端领袖举行仪式的描写，后者“于复活节的伟大日子里，安排妇女在教堂中央为他唱赞美诗：人们听她们吟唱，感到战栗不已”（7.30）。为了鼓吹人们信仰正教，书中也出现狂热的史料描述：殉教者的遗骨“比昂贵的石头来得珍贵，比黄金来得光彩夺目”（4.15）。

在殉教的记录上，攸西比乌斯不做字面的争执，这使得他作品的最后三卷具有明晰的性格；这三卷谈的是当代事件，尤其是殉教者。他摆脱了学究气，在确立正教的过程中，他看起来经常像是一名志得意满的作家，并且从沉思上帝惩戒与教会最终胜利当中，写出近似圣经的修辞，当然，他做了大量的引用与暗示：

> 耶和华在震怒（不悦于某些教会领袖的傲慢与争吵）下以云雾遮盖锡安的女儿，并且从天国毁灭以色列的荣耀……事实
> 193 上，一切已在我的时代实现；我亲眼目睹礼拜的地方被彻底破坏，

> 神启的圣经被扔进公共广场中央的火堆里，而教堂的神父则颜面尽失地躲藏起来。（8.2）

有些人丢脸出丑，有些人宛如英雄。前者未被明言，后者的姓名被记录下来，而其荣耀的方式让人想起最早记录历史的动机：伟大的功业不应被遗忘。

攸西比乌斯的写作也令读者产生强烈的兴奋感受，他详述施加迫害的皇帝伽勒利乌斯（Galerius）出现步入衰途的征兆：

> （他）被神定的惩罚追逐着，先是他的肉体，而后是他的灵魂。毫无预警，他的生殖器中间突然出现化脓的症状，然后是深层的管状溃疡；这些病症无可救药地啃食深入他的五脏六腑。从中繁衍出无法形容的大量虫子，并且散发出令人作呕的气味；早在他的病痛将他化为巨大的一坨肥油之前，他因暴食而笨重的身躯已然变形，并且开始分解腐烂，见者莫不感到呕心与恐怖。（8.16）

就连医生也无法忍受这股恶臭。无怪乎吉本说攸西比乌斯描述“（伽勒利乌斯）的症状与病程，带有一种异常的精确与明显的愉悦”（*Decline and Fall*, XIV, n.37）。事实上，这种症状与约瑟夫斯对希律王病征的描述有很多类似之处。攸西比乌斯详细刻画上帝加诸最后一位进行迫害的皇帝马克西米努斯身上的症状，与伽勒利乌斯略有不同，但同样生动逼真：

> 他因饥饿而形销骨立，他的肉体全被上帝降下的无形之火燃烧殆尽，他的形体轮廓已然瓦解，如同受到长年消磨的幽灵，只剩一堆干枯的白骨，旁观者唯一能想象的是他的身体已成为他灵魂的坟墓，他的灵魂就埋葬在已经腐烂分解的尸体中。随

> 着从骨髓深处燃起的热病将他吞噬并且渐形炽烈，他的双眼也
> 194 从眼窝掉出，就这样悬在脸上，因而成了瞎子。（9.1）

或许不让人意外的，马克西米努斯忏悔自己冒犯了基督，因而获准以死解脱。

上帝惩罚他的子民之后，又对他们转趋温和。君士坦丁在战争中击败了共治皇帝，攸西比乌斯将此事比拟成法老军队于红海覆灭。在君士坦丁凯旋进入罗马的描述中，皇帝——“上帝之友”——受到人民的拥戴，被称为拯救者与救世主，搭配攸西比乌斯大量引用圣经的欣喜之词，特别是《诗篇》。君士坦丁与儿子克里斯普斯向痛苦的人群伸出援手，像极了上帝与上帝的儿子，另一方面，“他那最终受到唾弃的对手”（实际指的是马克西米努斯）似乎象征着魔鬼的典型（10.9）。君士坦丁被拿来与身为神迹治疗者的基督相比：“以唯一的死者唤醒者为盟友与共事者，先洁净与治疗教会的病痛，再令堕落的教会起死回生，为其穿上了衣裳。”（10.4）攸西比乌斯提到礼拜场所的重建，并且为再奉献礼致上贺词，他也特别提及泰尔（Tyre）的礼拜堂，并为其做了演说，而且附上演说的全文。攸西比乌斯将教会的得救呈现成一种最后救赎的典型。基督徒之间的争吵完全退散：“一股圣灵的力量充斥所有成员，众人异体同心。”（10.3）

在攸西比乌斯的作品中，教会的得救与帝国的再统一两者结合，教会和平似乎等同于罗马和平。君士坦丁与其子“重新将罗马帝国统合为一体，将其置于和平的支配之下，其领域广袤直达四方极远之地”。人们摆脱恐惧，“持续目眩于节庆之中；到处充满光亮，原本不敢抬头的人，现在以微笑和发亮的眼神彼此致意。在城市与乡村，人们莫不跳舞唱歌……”（10.9）帝国与教会都被治愈，两者间似乎没有重大差异。攸西比乌斯不仅援用了基督教救赎的观念，也立于维吉尔宣称的罗马是永恒之城与永不灭亡的帝国这个古老神话

传统的尾声。罗马永恒向来不是基督教的观念，因为基督教的历史 195
是以基督再临作为终点，但在攸西比乌斯的作品中，其冷淡地看待历史终点即将来临的玄思（例如 3.39），却认为罗马的永恒已近乎实现。

在圣彼得（St Peter）声称的罗马殉教加持下，罗马的神话及其历久不衰的权威在中古时代盛期受到教廷（透过教会法学者的概念转化）采用，此外也受神圣罗马帝国皇帝的挑战。攸西比乌斯之后一个世纪，奥古斯丁提出质疑。面对异教徒大声疾呼罗马遭哥特人（公元 410 年）劫掠是拒绝旧神祇的结果，是基督徒的过错，奥古斯丁在《上帝之城》中表示，上帝的子民不等同于尘世间任何一个社群；地上与天上之城的区别不是外表可见的，而是灵魂的两种不同状态，唯有透过最后审判才能让这些状态具体实现。奥古斯丁对异教徒论点的关注，启发了弟子欧洛西乌斯（Orosius）写下《反异教徒的历史七卷》（*Seven Books of History against the Pagans*, 417），书中显示如罗马劫掠这样的灾难在过去每个时代都曾发生。欧洛西乌斯认为罗马曾多次被高卢人占领，如李维所描述的；近来的灾祸因此不能归咎于放弃异教。欧洛西乌斯还写了一部世界史纲要，其中尤其关注罗马史，这部作品连同日后塞维尔的伊西多尔（Isidore of Seville）所写的类似的历史纲要，成为中古时代的关键作品，不断被编年史的前言概说和各种地方志沿用。而欧洛西乌斯也超越奥古斯丁的想法，与其说师承奥古斯丁，不如说他比较接近攸西比乌斯的历史观点。事实上，欧洛西乌斯比攸西比乌斯更屈服于永恒罗马的神话，跟攸西比乌斯一样，欧洛西乌斯把教会的命运等同于帝国的命运。

当时流行着两种世界史架构：四个帝国相继而起，源自圣经《但以理书》（2.31—44）描述的预言之梦，其影响力与日俱增；另一种古典区分是将人类历史划分为六个时代，对基督徒来说，六个时代之后还紧跟着永恒的安息日。奥古斯丁采用后者说法；欧洛西乌斯

196 两者兼采。在他们眼中，罗马帝国处于系列的最后阶段，是人类历史的最后一幕，随之而来的是末日。因此，罗马帝国将会后继无人，并且持续到世俗时代结束为止。罗马帝国是以显赫而非负面的面貌出现在欧洛西乌斯作品的神意架构中，特别是奥古斯都和平被联结上道成肉身的枢纽时刻；不仅在时间上如此，它也是传播福音的必要条件。罗马帝国的兴起因此是神圣计划的一环。近世蛮族的改信是帝国扩张的附属品，欧洛西乌斯语带肯定地说：尽管有哥特人的入侵，“陷落”在他的概念里不是帝国担负的神定角色的一部分。

基督教在帝国奖掖下逐渐昌盛，确保攸西比乌斯罗马中心论的基督教史观得以居于主导地位。帝国西半部在蛮族入侵下崩溃，但攸西比乌斯和欧洛西乌斯的普世历史概念并未如人所预期的遭到取代。罗马城——圣彼得的墓冢坐落于此，据说基督将教会托付给他——的教宗与后来的墨洛温诸王和卡洛林诸帝都在罗马与基督教的关系上有着庞大的既得利益。西方最终采用了“神圣罗马帝国”一词，而这只是更凸显了基督教史学长期以来的支配概念。

第 14 章

图尔的格里高利：国王、主教与其他

与古典史学相较，中古时代历史写作的特点既是无所不包的普世史，又是极具特殊性的地方史。一般而言，编年史家在以编年的方式（多少有点完整或者是插曲式的）描述起源制度与地方之前，都会写一段普世史概要的前言，这些概要通常混合了圣经事件与世俗的古代史，援引欧洛西乌斯或塞维尔的圣伊西多尔（约 560—636），以及由攸西比乌斯发端、哲罗姆赓续的圣经与世俗编年史（见上文第 189 页）。之后，多少有点不连贯，当代编年史主要以地方史作为开端，偶尔穿插广大世界的重大事件，且经常是断章取义的。在西方，从公元 476 年最后一任罗马皇帝遭罢黜后，就未再出现以单一世俗主角（罗马帝国）为中心的历史；波里比阿为此类历史的开创者。西方中古时代帝国与民族王国的巩固此时尚未到来；而中古时代帝国除了昙花一现的查理曼时代，没有任何一个帝国能称为普世帝国。《教宗传》（*Liber Pontificalis*，历任教宗的编年史）起初处理的是罗马主教的在地关切。在政治分崩离析的世界里，主要约束者是主教会议与统治家族的王朝盟约，几乎所有的历史，无论规模大小，都是地方史与依地方需要而写的历史；为保存记录而采 197

用的最重要形式，是教宗、主教与修道院院长的传承表，以及根据
198 阴历编订的教会历大事，当中穿插着当代各种事件的叙事，不过通常相当简短，如同异教罗马的历书（庆典与节庆书籍）与祭司年表。

格里高利在公元573—594年担任图尔大主教，他的《历史》（*Histories*）一共十巨册，第一卷显示普世史典型的混合，而后格里高利即将主题局限在公元五世纪法兰克人入侵高卢后的一般历史，最后六卷则是当时各地的编年史。然而，前一个世纪的历史非比寻常地完整，而当代编年史也非常丰富而生动，这些都强烈显示作者个人特质以及其带有某种古典时代史家的自我意识，尽管不是文学氛围上的。格里高利的一生与他记录的当代事件主要以罗亚尔河谷地为中心，虽然不完全局限于此。罗马帝国当然仍存在于东方，而且以近乎化身的形式存在于意大利，主要以拉文纳为中心，但本质上已处于边缘。罗马教宗在他的作品中具有较大的关联性，但介入的时刻并不多。伟大的修道院运动，特别是往返于欧洲、超越种族与教区藩篱的爱尔兰修道院运动，则属于公元七世纪，而非格里高利的六世纪。一般而言，法国的大主教们总是各自处理地方的事务，偶尔聚集开会。格里高利虽然在高卢四处游历，却从未到过阿尔卑斯山以南或莱茵河以东之地。身为大主教，他只在意与他有关的世界。

他在作品一开始，根据圣经写了一篇世界史概要，而在快速进行到高卢之前，他还简述了基督道成肉身与教会历史；在进行到高卢前，他也在出生地克莱蒙费朗（Clermont-Ferrand）稍作停留，而这还属于第一卷的范围。对现代读者而言，这段从普世史缩减为特定史的过程似乎太过匆促，但对格里高利来说却显得理所当然，而且并不违反一般做法。格里高利的后继者人称“弗雷德格”（Fredegar），但这并非他的真名，而弗雷德格在其著作前言提到为了著述历史，他阅读了不少编年史（他提到的作者有哲罗姆、塞维尔的伊西多尔与格里高利），“从世界之初到贡特拉姆（Guntram）

统治的衰微”。此外，还有哪些编年方式是他曾经采用过的？弗雷德格有关创世的说法，换言之，就是将神圣与世俗历史混合起来的说法，令我们感到诧异。同样在公元八世纪，英格兰的比德写史时，着眼于弗雷德格忽视的教会史上；比德以道成肉身的时点为准，往 199
前与往后纪年来解决编年的问题，这种做法先前的史家也曾尝试过，尽管从道成肉身回溯纪年时会有些许的不便。格里高利混合了世俗与教会历史，“国王发动的战争与殉教者的神圣行为”，而且以攸西比乌斯与哲罗姆（II，前言）的前例来为自己的写法辩护。他说他会“根据发生的次序将混乱而混淆的事件”记录下来，而他也这么做了。

格里高利的关切在他的作品中并没有得到正确的表述，他的作品后来被称为《法兰克人史》（*The History of the Franks*）。格里高利不是法兰克人，他对法兰克人（主要是他们的国王）的兴趣似乎绝大部分出于偶然；要不是法兰克人于公元六世纪成为高卢的统治者而出现在当地，格里高利也不会对他们产生兴趣。然而，格里高利对法兰克人命运的关注与波里比阿对罗马人（罗马人是波里比阿同胞的征服者）的关注大异其趣。格里高利对种族的意识与兴趣都相当薄弱：他甚至未提到高卢是个拥有拉丁语与法兰克语两种全然不同语言的国家。

圣格里高利本人如同许多法兰克高卢主教，是高卢罗马贵族，他的家族出了许多元老院议员、主教与圣人。他在克莱蒙费朗由担任图尔主教的伯父圣加鲁斯抚养长大，最后他于公元 573 年接任堂兄圣尤弗洛涅斯（St Euphronius）的图尔主教职位。圣人称号似乎是西元六世纪高卢教区的一个非正式荣衔，而且带有家族承袭的因子，尽管主教的任命必须经由选举；教廷的封圣程序一直要到十二世纪才加以形式化。主教是基督教正统与公众道德的维护者，是教士与教民的领袖，也是教会财产的管理者与受托人，负责维护建筑（图尔的建筑，特别要维护大教堂与圣马丁的圣坛）与救济穷人；

他们必然是法兰克诸王熟悉的人士，担负起建言、斡旋与调停的任务。而这些关切便成了格里高利的历史主题。

高卢的城市在各地贵族主教的统治下，大致维持着罗马的行政传统，正如罗马遗产留存在格里高利的拉丁用语及他的会众之中；200 我们不清楚格里高利是否了解法兰克语，而他也从未提过这个语言。格里高利并未受过良好的古典文学传统教育，对希腊文学亦一无所知。他对自己不够出色的拉丁文所提出的辩解，与常见的自谦之词差异不大。他表示自己以拉丁文写作是为了让人理解，而非刻意模仿上古时代晚期的作家风格。有人提出一种看似合理的说法，指格里高利的历史是田园作品的延伸，是带有说教目的的故事集。格里高利其他作品还包括殉教史、教父传记与图尔的圣马丁传，以及神迹集；他自己也经常向读者提到这点。

我们已经看过攸西比乌斯记录殉教的历史。圣人传记开启了在中古时代广受教士欢迎的阅读主题，其原型有几部著作，首先是阿塔那西欧斯（Athanasius）的《安东尼传》（*Life of Antony*），传主是公元四世纪的隐士，他隐遁在埃及沙漠之中，饱受逼真的魔鬼的骚扰，这部作品随即被翻译成拉丁文；另一部时间稍晚且较接近格里高利家乡的作品，是苏尔皮奇乌斯·塞维鲁斯（Sulpicius Severus）绝大部分属虚构的作品《圣马丁传》（*Life of St Martin*，约 403）。这部作品实际上开启了对图尔圣人的崇拜，无价的圣人遗骨就安厝在图尔的大教堂中。这类膜拜中心是神迹治疗的一大来源，是圣人死后产生的效果。它证明圣人的神圣与圣人对上帝的影响力，而且掀起一股有利可图的朝圣与捐献潮流。圣人传记是刻板固定的，先说明圣人的出生与起源，再详述其神圣与胜利的死亡，而其人生历程却被化约成接续不断的神迹，这些神迹通常响应福音书的陈述，并且明显依托在早期的文类模式上，但有时也涵盖从古典上古时代与基督教影响后的民间传说改编的故事。与圣安东尼（St Antony）一样，圣人总是遭到魔鬼的骚扰，虽然不一定是诱惑，而神迹则是他用来混淆魔鬼的武器。我们若拿圣人传记这种道德化的娱乐与异教世界的普鲁塔克《希腊罗马名人传》比较，对照之下可以发现，圣人传记的呈现往往相当天真，而且一般而言欠缺个性。

死后，圣人遗体不会腐化而且散发出芬芳的香气——格里高利对此极为热衷——人们借由接触遗物，包括圣人碰触过的物品，来制造神迹，可以想见对遗物的争夺极为激烈。格里高利提到圣马丁遗体抵达图尔的故事就是个例子。图尔与普瓦梯也尔（Poitiers）的居民聚集在圣马丁临终床前争论遗体的归属： 201

> 普瓦梯也尔居民说道：“身为一名修士，他是我们的。他在我们镇上当上修道院院长。我们将他托付给你们，但现在我们想把他要回来。他为你们做得已经够多了，当他还在尘世担任主教时，你们有他的陪伴，分享他的饮食，因他的祝福而坚强，更重要的是，你们因他的神迹而振奋。让这一切满足你们的需要，至少允许我们带走他的遗体。”对此，图尔居民回道：“如果你们说，我们应该满意于他对我们展现的神迹，那么你们该坦承当他跟你们在一起时所展现的神迹比在我们镇上时多。姑且不论其他神迹，他让你们的两个死人复活，却只让我们的一个死人复活……”他们不断争论，直到太阳下山、夜幕低垂。遗体放在房间的中央，房门上锁，由两方人马看管。普瓦梯也尔居民打算天一亮就带走遗体，但上帝不允许图尔镇的守护圣人被夺走。最后，普瓦梯也尔的居民全睡着了，没有人看守遗体。当图尔居民看见普瓦梯也尔人全睡着时，他们抬起神圣身体的死亡肉身，有些人经由窗户将遗体送出去，其他人则站在外头接住遗体。他们将遗体放在船上，所有在场的人一起划船顺着维安河（the River Vienne）而下。（I.48）

他们沿着罗亚尔河以胜利之姿将遗体带回图尔，沿途“赞美上帝与唱赞美诗”。对窗户、船与歌唱的详细刻画，是格里高利描述轶事的典型方法。

获得圣马丁遗体是个伟大时刻，不过对格里高利而言，即便是极卑微或个别的情况或纯属家中事务的行动，也有值得陈述之处，但前提是其中必须带有道德或精神意义。格里高利的历史并未局限于政治甚或教会事件，他显然未曾以任何特定的政治概念来作为写史的范畴。除了与阿里乌斯异端战斗之外，格里高利的世界，甚至是统治的墨洛温王朝以及与其敌对的统治者（或许“酋长”会是比“国王”更好的词汇）的世界，是高度个人的世界，就连图尔这座城市
202 的重要性与财富也大多源自圣马丁的遗体。动机与行为专属于个人，几乎无法被概括，除非是为了取悦或激怒上帝。不同于一些基督教历史，如英国的吉尔达斯与比德的历史，格里高利的特色在于上帝惩罚或喜爱的对象是个人而非民族。格里高利前言的第二句曾经提到“愤怒的国王”，就在提及他提议予以编年的当代事件的发生原因时。他的作品里不存在抽象的说法，如“王室政策”或“贵族的反抗”。大人物的行为与小人物大同小异，同样都出于愤怒、贪婪、执拗与报复。像法兰克各族间的血仇这类抽象概念也未曾出现：格里高利，或许还有他的读者，认为这种写法是理所当然。在格里高利的世界里，就连圣人也知道死后如何洗刷耻辱。

格里高利以令人难忘而十分精确的反思作为自己作品的开头，他说：“许多事件不断地发生，有些是好事，有些是坏事。”这种说法或许不算是误导人们做出过度解读，我们不该在格里高利的历史中寻求完整的情节，虽然有人试图为他这么做，例如从旧约历史中剽窃架构、主张法兰克人是身负使命的民族，或说高卢从国王克洛维斯（King Clovis，死于 511 年）之后便逐渐衰微（IV.45）。虽然格里高利不断提到“不同国家人们”之间的争吵，而且偶尔描述暴民的行为，但他的主角仍是个人。不过，格里高利确实简单思索过高卢入侵者法兰克人的起源问题（II.9），并且引用了早期某位以

拉丁文写作的史家的看法（现已亡佚），他也罕见地以概括的方式思考“长发国王”的起源以及他们拥有的国王身份。一般认为在格里高利时代，墨洛温王室要是剪掉自己的头发就会丧失担任国王的资格。

法兰克历史中最重要的单一“历史”事件是国王克洛维斯于公元 496 年改信基督教，它之所以重要也是因为这是个教会史事件，而根据格里高利的说法，改信基督教的人还包括他的军队；侵扰西方的其他蛮族改信的是基督教的阿里乌斯异端。格里高利相当不寻常地对这种情况做了明显而且一般的模拟：君士坦丁。当时的罗马皇帝授予克洛维斯执政官的头衔。洗礼创造了法兰克人与教廷之间 203
的联结，三百年后，这层关系成为法兰克人（卡洛林王朝）西方帝国兴起的关键。然而克洛维斯之后，法兰克诸王（在格里高利时代有四位法兰克国王并立，因为王国均分给诸子）及其贵族在格里高利历史中不再以历史命定之人的姿态出现，而是基于他们是当时的世俗权力。他们能做好事，主要是向圣马丁圣坛捐献，但他们更常做的却是坏事，如发动毁灭性的战争、烧杀掳掠，所到之处对和平城镇与农民进行敲诈与屠杀。对格里高利来说，内战在当时是一项特殊的罪行，他祈祷这一切能够停止。格里高利不带情绪地记录王朝内部的仇杀，这种将这类事件视为寻常（实际上亦是如此）的态度震撼了读者。人们逐渐察觉到，墨洛温王朝的情况就是如此。读者有时会提到血仇的存在，想必格里高利当然知道这一点，但他并未想到要将血仇当成法兰克人的一项制度，因此血仇看起来像是单纯的报复或不具目的的暴行。格里高利对克洛维斯的描述与为其撰写的墓志铭相当著名；克洛维斯被当成历史英雄（但显然不是如此），而他显然是墨洛温王室最伟大的战士国王，统治了高卢大部分地区也拥抱了基督教。格里高利冰冷地描述克洛维斯的行为，包括他毫无征兆地以斧头将人砍成两半的恐怖习惯，格里高利甚至欣赏他那令人不寒而栗的幽默。在讲述克洛维斯用斧头杀死两名亲戚以及下令处死第三名亲戚之后，格里高利说道：

> 这三人接连遭屠杀之后，克洛维斯取得他们的王国与财富（王国的中心在康布雷）。他以同样的方式杀死其他许多国王和自己的血亲，因为怀疑这些人阴谋篡夺他的王位。克洛维斯借由这种手段将国土拓展到高卢全境。有一天，他召集臣民开会，据说他对自己杀害的亲族做了以下陈述：“实在令人悲伤！我就
> 204 像个孤独的朝圣者，身处于异邦人之中，当灾难来临之时，我没有任何亲族可以依靠！”他之所以这么说，不是为了他们的死而悲伤，而是在他的奸险行径下，仍想找到某个在世的亲戚供其屠戮。（II.42）

然而，格里高利以圣经词汇写成的概要却是：“日复一日，上帝使克洛维斯的敌人屈服在他的支配之下，并且壮大他的力量，因为他以正直之心行走在上帝面前，做出令上帝悦目之事。”（II.40）不可否认，伟大的国王就像圣经中的大卫享有上帝的恩宠，人们并不期待他是完人，但是，唉！当然，重要的是，对阿里乌斯异端的厌恶是格里高利历史的唯一“意识形态”元素。他表面上逐字逐句记录自己与阿里乌斯异端的激烈辩论（V.40），以及在信奉阿里乌斯异端的西哥特西班牙殉教的基督徒，但实际上当地发生的殉教事件相当罕见。他叙述一名受折磨的基督教女孩被迫忍受重新受洗成为阿里乌斯异端，在头被砍下来献祭基督之前，她抗拒地喊叫——她清楚记得希腊哲学赋予她的良好素养——“我相信圣父、圣子与圣灵是一个实体。”（II.2）

法兰克诸王是格里高利历史的元素之一，有时他的历史会将焦点放在诸王及其经常出现的残暴恶行上。然而，法兰克诸王并未支配历史。从前四卷的概要最能看出这点；后面几卷，当历史逐渐步入当代而格里高利本人也出现时，在主题上的处理也较为适切。第

一卷短暂介绍旧约与基督教会的历史之后，我们看到高卢的改信，紧接着的是首任克莱蒙费朗主教无益于教化的婚外情，而后是第三任图尔主教圣马丁于公元 397 年去世，然后第一卷结束。格里高利的作品最主要的核心是罗亚尔河谷地地区的主教历史。法兰克人出现于第二卷，但第二卷前半部绝大部分谈的是主教历史，后半部才以克洛维斯为主题，最后则以克洛维斯去世于公元 511 年画下句点。第三、四卷如格里高利所承诺的，添入了法兰克人与主教的主题。他以讨人喜欢的语气为第五卷开场，并且写下他亲身的经验，他说道：
"在此，我很高兴地说，第五卷开始，阿门。"格里高利首次出现就 205
面对一场戏剧性的对峙，在这个例子里，教会（其具体代表是圣马丁的圣坛，而格里高利是守护者）违抗法兰克王权的代表。这段插曲充分显示格里高利说故事的方式，因此值得大篇幅地加以引用：

> 接着，罗寇伦（Roccolen）接到契尔佩里克的命令朝图尔进军……他在罗亚尔河的对岸扎营并且派遣使者前来，命令我必须将贡特拉姆逐出教堂，因为贡特拉姆被控杀死了特德贝尔特（Theudebert）。如果我不执行他的命令，他将下令将这座城镇与周围的郊区夷为平地。

当时，契尔佩里克是四位法兰克王之一，也是克洛维斯的孙子。他同父异母的兄弟贡特拉姆在战场上杀死了他的儿子特德贝尔特。书中并未提到罗寇伦的来历，就这样直接出现在我们面前。格里高利打算违抗命令：

> 我一听到命令，就派使者回禀罗寇伦，他要求的是旷古未闻之事，亵渎神圣教堂更令人难以想象；他若坚持如此，则无论对他或者下达这种命令的国王而言，得到的不过是蝇头小利；面对圣马丁主教，他最好战战兢兢小心应对，因为就在昨天，

> 圣马丁的神迹力量让已经瘫痪的四肢伸直（格里高利将此事记录于《圣马丁传》中）。罗寇伦毫无愧色。他将原本用来充当营舍的罗亚尔河对岸教堂拆毁。建筑物是用钉子固定起来的：组成罗寇伦军队的缅因人（Maine）将钉子拔掉放到自己的口袋里偷偷带走，沿途破坏庄稼与一切事物。罗寇伦犯下这些恶行的同时，也受到上帝的惩罚，他得了黄疸而全身泛黄。

为了解除病痛，罗寇伦被带到他威胁要亵渎的教堂，但他仍然病痛缠身，他本人也未受到宽恕。他显然未真心悔改，因为：

> 当时正值神圣的四旬斋，而他仍在大啖幼兔。先前他草拟一份法令，计划在三月一日抢夺与毁灭普瓦梯也尔居民。而在
> 206 法令施行前二十四小时，罗寇伦死了，他不可一世的傲慢也跟着离开人世。（V.4）

下一节开始，“就在此时，南特（Nantes）费利克斯（Felix）写了封信来辱骂我”。表面上看来是一桩牵扯到格里高利的弟弟彼得犯下谋杀的复杂事件，身为助祭的彼得被指控杀死了他的主教，而主教一职正是他垂涎的。但真正的原因，根据格里高利的说法，是费利克斯这个贪婪而傲慢的人物觊觎格里高利教区的教堂土地。格里高利以同样的方式回敬，他让我们知道费利克斯书信的主要内容，然后加上一句：“我不会说出跟你一样的话，免得你以为我跟你同属一类。”

格里高利的作品并不特别呈现出自我中心或自我辩解的风格，但从第五卷开始，历史仍比较集中在图尔与他自己的教区。在这个范围之内，他所关注的层面相当广泛，而且反映出这位身为牧者与教士的高卢主教的多重兴趣与关怀；阅读他的作品有时会令人想起某位具有广泛人性同情而且爱说长道短的地方治安官或法官的回忆

录；就某种意义来说，格里高利的角色也确实是如此。格里高利生来能言善道，人类生活的各个层面他都能一一触及：家中的奴隶、工匠、抗命的修女、骗子（一个特别令人忧心的问题）、酒鬼（其中包括几位主教，这些人容易产生心灵的不平衡）与酗酒的苦行者、私通的神父与修道院院长，以及残忍的法兰克贵族如罗寇伦和残杀手足的法兰克诸王，这些人都成了他故事的题材；或许，身为个人，他唯一无法接触的是农民生活，格里高利对他们只能投以较为一般的关切。

罗寇伦的故事具体说明了主教与法兰克诸王及其代表之间的紧张关系；前者如格里高利，决心维护教会的权利，而后者不断地掠夺与复仇，连一般民众也遭受波及。罗寇伦依国王的命令行事，在王室内部追捕血仇，而且也担任税吏；税赋这种随机与偶一为之的事务，给予官僚头衔是一种误导。王室权力与教会特权的对峙当然相当普遍，而且不只发生在高卢。或许最著名的是米兰大主教圣安布罗斯（St Ambrose）拒绝让有罪的提奥多西（Theodosius）皇帝进入他的教堂，
直到皇帝寻求他的宽恕为止，这件事透过凡·戴克戏剧性的画作而 207
流传后世。在格里高利的描述中，最特殊的部分在于罗寇伦是个凶恶傲慢的人物，他对圣马丁的圣坛不敬，在四旬斋期间吃肉，而且还是个巧取豪夺者；他的疾病可能来自神的惩罚，而格里高利的描述予人一种印象，以为罗寇伦狼吞虎咽地吃下一堆兔子。然而，圣马丁能够而且确实对侮辱他的遗物与教堂的人施以报复；还有其他的例子。某种并不罕见的疾病也被归因为神意的介入与惩罚。

神迹是格里高利经常思索的主题，但可理解的是，虽然他能认识神迹，却无法精确而现代地将神迹定义为自然规则秩序的中止。或者应该这么说，整个世界一直注视着上帝的力量，但其中某些面向与事件却比另一些面向与事件更引人注目，并具有更深刻的教化意义，主要因为它们具有明显的道德或精神内涵。当道德脉络欠缺时，格里高利坦承自己陷于困惑。他指出几个异常的天体运行现象，

如同之前数千年史家所做的。他认为这是个预兆，但“我不知道它预示什么”（V.22）。不过，从与道德相关的情境来看，肝硬化的刚好发生（如罗寇伦）对虔诚沉思而言显然是一项适时的神迹。上帝不干预世事，至少当人们具有影响力或拥有像圣马丁这样强有力的守护圣人时是如此。有些神迹的出现毫无原因，尤其是与圣人遗物有关的芬芳香气，却有助于信仰与虔诚的愉悦。神迹战胜了魔鬼，也战胜了甘为魔鬼走狗的邪恶之人。虽然如此，要在持续不断的形上斗争（部分由有形的手段引发）中获胜并不是件容易的事。魔鬼也具有超凡的力量，正因如此骗子才具有高度的说服力与危险性。魔鬼驱使大群苍蝇折磨布尔日（Bourges）的某个乡民，把他逼到发疯。他因此成了四处游荡的苦行者，穿着兽皮，“为了怂恿他欺骗，魔鬼赋予他预言未来的力量”。他以预言家自居，最后还自称是基督，身旁聚集了大批追随者，部分是狂热的信徒，部分是盗贼。他的行
208 径对勒皮伊（Le Puy）主教构成威胁，于是主教底下孔武有力的仆役起而攻击他；他们杀死了伪基督而且驱散他的追随者，其中一些人终其一生都未能恢复清醒。这类欺骗者获得“掌控普通人的庞大影响力”，他们是巨大的麻烦。格里高利说：“我曾亲眼看过少数这样的人。我尽全力与他们论辩。”（X.25）

格里高利的说书风格经常让读者想起后世的小说故事作家，如薄伽丘。他的故事甚至常用相同的方式开头，比较常见的是在谋杀或有时是神迹（有时两者兼有）之前，先说一段故事作为前言，情色内容并不多见，但亦非罕有。“有位名叫克里斯托弗的商人旅行到了奥尔良市……”“此时，尼斯镇附近住了一位名叫霍斯皮奇乌斯的隐士……”“有位布列塔尼伯爵杀了自己的三个兄弟……”这些故事提到卑微之人的次数，不亚于伟大之人。每个灵魂的作为都很重要，不论邪恶或良善的。格里高利在前言里赋予历史写作一个纯然传统的理由：“鲜活地保存死者与逝者的记忆，使将来的世代能注意到他们。”格里高利心里想的可能主要是“伟大人物”，特别

是殉教者与圣人。但其历史的后半部，也就是当代部分，却提到许多并不伟大的人物，这或许可以从他后来说的话来解释："邪恶之人与正义之人的争吵。"殉教事件变得罕见，而争吵却永无止境，从定义来看，凡是争吵的人都有其意义。

格里高利写作的一项明显特征，是他能自信地与读者密切交流，并且以朴实而自信的词汇加以表现，虽然这些文字在译自拉丁文时可能受到渲染。他甚至为自己忘记编年史家的规矩而道歉，人们可以想象他一边搔头、一边发出啧啧声的样子："先前我打算告诉各位我与圣萨尔维乌斯（Saint Salvius）主教的对话。但我却忘了这件事，如果各位不介意，我会把这段对话记录于此。"（V.50）他自身的情感与判断并不让人觉得突兀，但有时相当直率，尤其是他哀悼孩子们因瘟疫而死时的那一段相当著名："我们就这样失去了幼小的孩童，他们是如此惹人怜爱，我们将他们搂在怀里珍爱着、逗弄着，充满爱意地抚育着、滋养着。我一边写着，一边拭泪。"（V.34）他接着又援引了《约伯记》。格里高利就像希罗多德一样，具有在沉思人性共通点时弥平时间鸿沟的能力。他写的轶事，典型来说篇 209
幅大约数页，经常是巨细靡遗地描述，加上虚构或约略来自回忆的对话、人们在危机时的确切做法、大致的天气状况、犯下谋杀或攻击的详细经过，以及身体所受的伤害。唯有对于外貌的描述受到忽略。除了必要的长发外，一般而言我们全然不知格里高利笔下的墨洛温诸王的长相，这种情况刚好与后世艾因哈德（Einhard）对查理曼的描述形成对比；艾因哈德学习的对象是斯韦托尼阿斯。前后关联（如果有的话）也大多留待读者自行补充，至于行动者，如我们看到的罗寇伦，几乎或完全没有任何介绍。当然，格里高利这么做是连贯着说教的目的。人们可以想象一些故事被安插到道德讲道中，虽然一般认为格里高利不是个明显的道德说教者：事实上，他在这方面有时还尽可能避免。

这是一部主教的历史，广义而言是如此，有时就狭义而言亦是如此：流血的特洛勒普（Trollope）。其中比较属于制度面的关切，包括具争议性的主教选举与女修道院反叛的长篇描述。后者由卡里贝尔特王（King Charibert）的女儿领导，她以实际行动证明了家族传统，除了未曾亲手杀死任何人。不过她的确组织了一群暴徒攻击女修道院院长，并且与暴动的院长支持者战斗，因而造成死亡。这场动乱以暴力结束，造反的修女头发全被剪掉，根据格里高利的说法，有些人甚至被砍掉了手、耳朵与鼻子。这是个令人愤怒的事件，他以长篇加以描述（IX.38—43, X.15—17）。这种作法相当罕见，但层出不穷的叛乱对身为主教的格里高利来说已是家常便饭。他在第十卷同时也是最后一卷的结尾附了一张历任图尔主教表，并且简短描述了他们的行谊，最后计算从创世到他被授任成为主教——“罗马教宗格里高利五年，国王贡特拉姆三十三年，国王契尔德贝尔特二世（King Childebert II）十九年”——之间的年数，一共是五千七百九十二年。国王的名字只是作为纪年之用，真正列在表上并且简述行谊的则是主教。

中古时代的编年史通常是各家作品集合而成，佚名的作者接续
210 另一位作者的作品继续记录。即使作者可以辨识，之前的作者通常仍被简略成（欧洛西乌斯与之后的塞维尔的伊西多尔是特别受喜爱的作者）编纂的一部分。然而，格里高利似乎对于自己身为一名作者与自身作品的完整性有着超乎寻常的强烈体认，他在作品末尾提出请求，后继者可以依自己的意思将这部作品改写成韵文（就我们所知，没有人达成这个要求），但重要的是他的作品原貌必须保存下来。格里高利很幸运，他的作品相当受欢迎，而且被原封不动地保留与传抄。这项特点也反映在格里高利作品结束后约七十年的续写作品上，以及文艺复兴时代认定作者是“弗雷德格”的编年史；弗雷德格之名也流传至今。在《法兰克王国编年史》（*Annals of the Realm of the Franks*, 741—827）中，虽然内容七拼八凑，但这些续写作品还是将编年史延伸到卡洛林时代：其中最重要的焦点是法兰

克宫廷与法兰克人的战争，这些作品愈来愈强调法兰克人是一个民族，并且进一步渲染他们的神话起源。弗雷德格的历史是第一部主张法兰克人祖先是特洛伊人的作品，而这项历久不衰的主张显然拉近了法兰克人与罗马人的距离。弗雷德格的编年史值得做简短的讨论，因为它采取的典型不同于格里高利，却显现出格里高利的特质。

在照例写下世界史前言与编年——他承认哲罗姆与伊西多尔的重要性——以及简述格里高利各卷主旨之后，弗雷德格反复陈述发生于墨洛温王朝各个宫廷的史事，其中夹杂了最近发生的世界大事，这些事件有些显然来自道听途说。弗雷德格的主题比格里高利来得连贯，一般来说也较为简洁与世俗，鲜少提及主教或超自然事物。然而，有一则故事特别引起他的关注与兴趣。这则故事提到公元 610 年爱尔兰人圣科伦巴努斯（St Columbanus）被墨洛温国王特德里克（Theuderic）逐出勃艮第，因为他凭借自己在当地与意大利打下的基础，强力推动修道院制度的发展。弗雷德格以家庭因素来解释这起驱逐事件，事件的导火线是国王的祖母布伦希尔德（Brunechildis, Brunhild）不想被年轻的王后抢走风采，因而反对国 211
王采纳科伦巴努斯的劝诫，放弃淫行只拥有一个妻子。弗雷德格描述科伦巴努斯时，谨慎地提及他不熟悉的超自然力量。

布伦希尔德主导弗雷德格的部分叙事，正如她的妯娌，亦即与她敌对的邪恶王后芙蕾德贡德（Fredegund），是格里高利最后六卷无所不在的人物。芙蕾德贡德曾行刺布伦希尔德未果，不过这个行为在她犯下的无数可怕罪行中还算比较轻微的。在格里高利的描述中，芙蕾德贡德令人难忘的事迹包括将珠宝箱的盖子重重压在她女儿脖子上，因为她女儿不断提到她卑微的出身而激怒了她：

> 她全身前倾用尽所有力气，箱子重重压在女孩咽喉上，她的双眼随即凸了出来。房里的女仆大喊："快来人啊！小姐快被她的母亲闷死了。"（IX.34）

根据格里高利的说法，这两个女人从此交恶。而据弗雷德格的记载，芙蕾德贡德的儿子克洛塔尔王（King Chlotar）成功捕获布伦希尔德，在指控她杀死了不下十位法兰克王之后，他折磨她，让她坐在骆驼上于士兵面前走过，之后将她绑在野马上受肢解之刑。

弗雷德格的描述不常这么生动。以下才是他典型的叙事风格，这是随机摘录的片段，最能显示他文字的简洁与编年方式：

> 本年十一月（弗雷德格以君主统治年数纪年），冈朵尔德在曼莫鲁斯与德西德里乌斯支持下，大胆入侵贡特拉姆的王国，并且摧毁他的城市。贡特拉姆派遣军事长官勒德格西尔与贵族艾吉拉率军前去抵抗。冈朵尔德逃走，躲到孔曼吉避难，博索公爵将他从山崖扔下，使他死于非命。（4.6）

弗雷德格经常为了编年的必要而中断叙事，例如追捕血仇。他在前言中告诉我们：“编年史是希腊词汇，翻成拉丁文意思是指每年的记录。”（根据塞维尔的伊西多尔《语源》〔*Etymologies*〕的定义），而他认真地看待这个定义所加诸的义务：“我应该将事情的原
212 委依照适当的顺序记载于正确的年份里。”他偶尔会插入一些简短记录或最近发生的世界大事，这在中古时代编年史里相当常见，而其内容有时令人吃惊，特别是“波斯皇帝”与六万臣民受洗的报导，以及之后波斯全境改信基督教：这宛如克洛维斯改信的翻版。

无论“弗雷德格”是谁，他不像格里高利那样具有描述轶事的能力与对人性的好奇。格里高利本人几乎不能算是伟大的史家：他的描述太片段，对一般性的事物与脉络漠不关心，而且太容易将一切视为理所当然。但是，用一句评释者最喜欢使用的隐喻来说，格里高利为公元六世纪的高卢开启了一扇窗，使人看到当地各个社会层面生动、多元与充满活力的景象，一切都充满了家庭与个人的色彩。总之，世上很难找到跟他风格相近的作品。

第 15 章

比德：英格兰教会与英格兰人

奥古斯丁是首任坎特伯雷大主教，被教宗大格里高利（Gregory 213
the Great）派往英格兰传教，并于公元 597 年抵达肯特（Kent）。公元 569 年，在由意大利出发前往北方的路上，他与随行的修士在图尔稍做停留。图尔主教格里高利已于 594 年去世，只差两年他就能为这趟旅程寄予祝福。若非如此，人们将可确切描述奥古斯丁经过格里高利的现在，而进入一个世纪后吸引首位英格兰史家比德（他知道格里高利的作品）注意的过去之中。比德的历史始于罗马人对不列颠的经营、基督教在当地的早期发展，以及公元五世纪晚期撒克逊、盎格鲁与朱特入侵者的建立。但对比德而言，英格兰人作为一个民族的历史，实际上始于奥古斯丁从事传教与英格兰教会的建立，这才是他的《英格兰人教会史》（*Ecclesiastical History of the English People*，约 735）的真正起点。

比德的历史如同格里高利的历史，主要谈的都是主教制度，除此之外，两者几乎没有任何共通点。在高卢，基督教的主教制度在法兰克人抵达之前就已建立，城镇多半承袭了罗马统治的传统；相反，在英格兰，入侵者将全国分割成许多变化无常的政治体，这些小国国王是基督教传教工作成功与否的关键：他们的奖掖几可保证成功；他们的敌视代表着严重的挫折。与格里高利相比，比德对于为世俗而世俗的历史更没兴趣，但国王在他的历史中却扮演了相当不同的角色，一般而言具有更正面的意义。比德也比格里高利具有
214 更强烈的种族兴趣：他仔细区分构成不列颠人口的各种民族，而且也清楚地将盎格鲁—撒克逊人视为一个整体，即“英格兰人”。

比德的作品在继承西方罗马统治的蛮族历史中占有格外重要的地位，相反，格里高利的《法兰克人史》（书名与内容不符）显然无法反映真实的蛮族历史。除了格里高利与比德的作品外，我们还看到了约旦尼斯（Jordanes，约逝于554年）的《哥特人事迹史》（*History of the Deeds of the Goths*），塞维尔的伊西多尔（逝于636年）的哥特人与汪达尔人历史，主要由摘录构成，以及担任卡洛林王朝大臣的卡西诺山（Monte Cassino）修士助祭保罗（Paul the Deacon，逝于799年）的《伦巴底人的历史》（*History of the Lombards*）。有关匈人的最佳描述，来自公元五世纪希腊人普里斯库斯（Priscus）的罗马史，他的作品大部分已经亡佚，只剩下一些罗马使臣（普里斯库斯陪同前往）晋见阿提拉的精彩描述。这类“蛮族”历史在经过检视之后，往往比表面上看来更为复杂与异质。除了质量的问题外（其中比德自成一类），作者与作者的目的也不同；哥特人与伦巴底人是阿里乌斯异端，描述他们的史家却是天主教徒，亦即三位一体的信仰者，这造成史家与其记载的民族间的隔阂，也赋予他们超越种族的兴趣与关切。约旦尼斯虽然祖先是哥特人，以拉丁文写作，但他却属于东罗马世界，是当时的皇帝查士丁尼的拥戴者；同样，保罗则属于征服伦巴底人的查理曼的世界。

比德写的是自己民族的历史，不过使用的却是拉丁文。比德对罗马帝国并无感情，他支持的是罗马教会。比德仔细但不一定精确地描述罗马不列颠历史中的重要片段，也持续区别出入侵部族的起源与他们如拼布般散居的王国（他提到了省份）之间的不同。

例如南、东与西撒克逊人建立的王国，以及肯特（朱特人在此定居），东安格利亚（East Anglia），诺森布里亚（Northumbria）与莫西亚（Mercia，米德兰王国），以及其他附庸国。比德对罗马不列颠并无怀旧之情，不只因为他的种族，也因为他明显轻视不列颠人，215
包括他们的基督教特征。在四种民族与五种语言（第五种是拉丁文）中，比德对于在北不列颠建立修道院的爱尔兰僧侣别具温情，但亦非毫无批评，通常称他们是苏格兰人；皮克特人（Picts）相当神秘，不列颠人声名狼藉；英格兰人是上帝的选民。比德自信地认为英格兰人是一个民族，尽管其政治上分崩离析的程度远大于格里高利的高卢；高卢有单一的统治王朝，虽然其最高权力经常是分裂的。为什么比德会如此认为？晚近几十年的研究对这个问题给出的解答是：这种想法的特殊来源似乎得自于教宗格里高利（在比德之前），他曾在信中提到"盎格鲁人"是应使其改信的民族。为什么格里高利选择以盎格鲁人来称呼而非撒克逊人，原因不明；著名的教宗双关语（"不是盎格鲁人〔Angles〕而是天使〔Angels〕)"的故事源自教宗在市场看见一群盎格鲁男孩，他们被当成奴隶贩卖，比德说这是"我们祖先的传统所流传给我们的故事"（II.1），它具体显示出教宗的喜好，却未解释其原因。然而，可以肯定的是格里高利从一开始就认为必须在英格兰人中建立单一教会，大主教以坎特伯雷为中心，而比德乐意遵从他的看法，尤其是他不断地提到的"英格兰人"。

因此，就某种意义而言，英格兰民族的存在，或至少说受到承认，是基于教廷的缘故，而这点也可从比德的历史中得到确认，他作品的核心即在叙述教会事务，且完全采取"格里高利的"观点。英格兰人存在的先决条件是天主教正统与隶属于坎特伯雷教区之下的单一教会。比德的作品是教会统一的历史，时间从奥古斯丁传教后的一个世纪到他的作品完成之前，方式则是透过英格兰人改信基督教与英格兰教会的建立。比德对异端的敌视不下于攸西比乌斯或格里高利，他特别提到不列颠的异端伯拉纠派（Pelagianism），此派认为没有上帝的恩宠也能获得救赎，此外他也提到阿里乌斯派，但这些异端在比德的时代已不构成争议，异教亦然，至少在知识与权力阶层是如此。令比德感到困扰的是凯尔特派，这个基督教的爱尔兰
216 支脉因爱尔兰僧侣的努力传布而广泛流传于诺森布里亚，比德经常提到凯尔特派在复活节日期上的争议。比德本身善于计算历年，因此日期的确定对他来说并不陌生，但最让他头痛的还是这个教派对单一教会构成的威胁。

比德的历史是英格兰人的历史，更重要的是，它也是一部教会史。书中在提到国王改信时，有时会以圣经意义的模范君主形象来加以呈现；一般认为，比德这么做有部分是“为了鼓励他那个时代的其他君主”。英格兰人（我们或许可以依循比德的方式来称呼他们）的处境毕竟就像以色列人击败原初的土地所有者而定居在他们的土地一样。比德曾经写过《撒母耳记》与《列王纪》的评释，而且习惯为显属世俗与部族的历史事件提供神意与讽喻的解释；他的拉丁文写得极好，有时呼应着圣经武加大译本。英格兰的征服是上帝计划的一部分，是对不道德的不列颠人所施加的惩罚——比德从不列颠的杰里迈亚（Jeremiah），也就是吉尔达斯那里发现这个主题，后者约于公元六世纪的第二个二十五年写下这个主题。英格兰人因此是上帝选择用来惩罚罪恶的工具。

比德约生于公元 673 年，七岁时进入刚设立的诺森布里亚芒克威尔矛斯（Monkwearmouth）修道院，之后便终身待在此地与邻近的杰洛（Jarrow）女修道院。比德日后成为欧洲最有学识的人，写下种类繁多的权威作品，绝大部分是圣经评释，也有时间的计算，以及圣人传、殉教史、赞美诗与诗歌。除了《教会史》外，他也写了他所待的修道院的历任院长史。比德学识的先决条件是他能使用修道院的图书馆，以当时而言，该院的藏书量算相当惊人，这些书籍绝大部分是由他的院长与导师本笃 · 比斯寇普（Benedict

Biscop）到意大利与高卢旅行时搜集而来。比德生活且工作于最遥远的诺森布里亚，但从教会的角度来看，这里却是充满活力与教养的地方；到了公元 710 年，芒克威尔矛斯已拥有六百名以上的僧侣。当时英格兰甚至有能力派遣传教士到日耳曼传教。

首次阅读比德《历史》第一卷的读者，可以感受到作者巨大的力量与权威，并觉得其极为可靠。然而如果从比德前言所宣示的道德说教宗旨来看，则其可靠性似乎略嫌夸大；他的宗旨是借由记录著名的善恶例子来鼓励善行。他冷静（评论异端时则非如此）、谨慎， 217
完全掌握了主题与史料。比德做的一般编年清楚易懂，他显然是首位以基督出生作为纪年标准的史家，而他的做法也成为定例——具有极大的便利性。但比德不像编年史家一样完全受制于编年顺序，不反对有用的回溯。他谨慎地提出史料。圣人传是其中最重要的一种，比德抱持着信仰与说教目的记录神迹。与格里高利的作品相同，有些人纯属“无稽”，有些人则可归因于及时的好运：海面平静下来、风向及时转变、疾病不药而愈。比德的神迹总具有道德或精神意义，绝大部分意味着基督教战胜异教；神迹是与诸神战争的武器，当然，异教诸神全是魔鬼。比德不光只是为了神迹而记载神迹。他的《历史》不仅相当节制——至少写到他自己的时代是如此，因为愈靠近自己生存的年代，愈受到史料限制，资料也更零碎——也极富戏剧性。神迹故事与基督教和异教的对立被栩栩如生地展现出来，例如一些领导人物，特别是国王奥斯瓦尔德（King Oswald）、主教艾丹（Bishop St Aidan）与圣威尔弗里德（St Wilfrid）。比德的作品不意外地很快在欧陆与英格兰广泛流传，现在也被视为中古时代早期的史学杰作。

比德的前言是一封给诺森布里亚国王寇沃夫（Coelwulf）的书信，在国王的要求下，他将作品献给国王。据说寇沃夫亟欲“知道过去的人，特别是我们这个民族著名人物的一言一行”。比德告诉我们历史是从罗马时代传承下来，给予我们应效法的善例与应避免的恶例，而如今这已成为标准的一项定则。之后，相当不寻常的是，比德居然跟现代史家一样，一一列出自己曾引用的主要史料。其中最重要的是修道院院长阿尔毕努斯（Albinus）透过“伦敦教会的教士”诺特赫尔姆（Nothelm），把坎特伯雷保存的教会文献交给比德。诺特赫尔姆曾四处旅行，也曾在罗马看过与抄写过教廷档案，包括
218 教宗大格里高利的信件，这些材料他全拿给比德过目，而比德也表示他得到全国各地主教与修道院的协助。至于诺森布里亚历史的撰写，比德并未仰赖任何特定史料，而是“凭借无数可信的目击者”，不过他特别提到林狄斯法恩的圣克斯贝尔特传记（Lindisfarne Life of St Cuthbert），他在撰写圣人传曾引用这部传记，而且在教会史中又引用了一部分。

比德的教会史与吉尔达斯的作品一样，一开始先简短精确地介绍不列颠群岛的地理，而且热切地将不列颠描写成一幅人类堕落前的天堂景象。叙事从恺撒入侵开始（此后许多不列颠历史均如此处理），比德将此事的发生年份订在道成肉身前六十年以及罗马建立后六百九十三年，借此将基督教编年与罗马编年联系起来。比德宣称，钉在泰晤士河河床的木桩是不列颠人防御工事的一部分，这些木桩一直留存至今，约有七百年的历史，因此他得以描述它们。比德知道接下来曾发生克劳狄入侵不列颠的事件，却未能正确厘清年代。他对自己知之甚详的罗马长城（吉尔达斯对这项工事的解释有误）做了解释，认为它就是联结着佛斯海湾（Firth of Forth）与克莱德河海湾（Firth of Clyde）的罗马防御工事。比德并未提到布狄卡（Boudicca），而是提到传说中的不列颠国王鲁奇乌斯，这显然参考了《教宗传》；鲁奇乌斯曾写信给教宗埃勒乌特里乌斯（Eleutherius）寻求基督教的指引（I.4）。他也指出罗马帝国对不列颠基督徒的迫害，尤其是戴克里先，并且详细描述公元301年不列颠殉教者圣阿尔班的死亡，以及他被处死时显现的神迹。虽然比德对罗马长城的记录不尽可信，但他以相当有趣的笔法描述罗马占领时期残存的有形证据：城市、灯塔、桥梁与石板路（I.11）。圣奥古

斯丁传教团终于抵达肯特是第一卷的主要事件，但比德也具名引用吉尔达斯的作品，对不列颠人的胆怯、道德败坏与精神萎靡投以相当的注意：上帝有足够的理由惩罚他们，撒克逊人与其他入侵者是他选定的工具（I.12—16）。比德是第一位，但不是最后一位反不列颠人的英格兰史家。

从比德对入侵的描述，我们首次看见吉尔达斯作品里的人物，这些人物或许不完全来自传说，但真相如何已难以考究。首先是不列颠国王沃提根（Vortigern），他与入侵者结为军事盟友，这种做法是典型的罗马策略；“盎格鲁人或撒克逊人”乘着长船抵达。（根 219
据约旦尼斯的说法，哥特人也乘了三艘船前来。）还有撒克逊部落酋长亨吉斯特与霍尔沙（Hengist and Horsa），他们自称是沃登的子孙，比德如实记载他们的说法而未做评论。（这个主张并不奇怪，法兰克王室族谱也有类似说法，但人们怀疑比德是否知道沃登是谁。虽然他对异教的细节并无兴趣，但说他不知道似乎有些不合理；既然他视异教神祇为魔鬼，那么他不应该错过这个该下评论的机会才对。）接着我们看到不列颠战争领袖安布罗斯·奥雷连（Ambrosius Aurelianus），这同样取材自吉尔达斯，奥雷连在贝登山（Baden Hill，地点不明）击退入侵者。后世的评释者试图将奥雷连连接上更晚出现的文学人物，即不列颠人的国王亚瑟。比德对盎格鲁人、撒克逊人与朱特人的区别禁得起考古学的调查，他们之间的区别当然也以英格兰郡名的形式流传下来，如萨塞克斯（Sussex）与埃塞克斯（Essex），不过威塞克斯（Wessex）却未成为行政单位之一，反倒成了观光单位的文学想象利器。[1]

1　本书引用的比德作品是 1955 年版的译本，该书译者曾说，比德作品是“每个英格兰孩子珍爱的故事集锦”。如今看来，这显然是个过于乐观的论调，或许过去真的是如此，本书作者六十年前上课的学校，各个“学舍”分别被命名为盎格鲁人、撒克逊人、朱特人与维京人。现在人们普遍认为这个例子可以用来说明集体“记忆”，但我总怀疑那是校长对我们这些孩子的识字水平的一种讽刺评论。

对比德而言，在圣阿尔班之后，征服时期的主要英雄首推高卢人欧塞尔的圣杰曼努斯（St Germanus of Auxerre）。与圣阿尔班一样，人们为纪念他而以他的名字为地方命名，也就是康瓦尔的圣日尔曼斯（St Germans in Cornwall）。杰曼努斯驳斥在不列颠盛行的伯拉纠派异端，而在一些著名神迹的助威下他做到了——尽管魔鬼故意让他摔断了腿，比德因此将杰曼努斯比拟成乔布（I.19）。杰曼努斯不因受伤而畏惧，勇敢而坚决地领导不列颠对抗皮克特人与撒克逊人的混杂异教力量，并且获得胜利（I.20）。尽管有这些事迹，不列颠人仍本性难改，犯下了不愿向新移民传教的罪愆。然而上帝“并未完全离弃他选择的民族”，并且促使教宗格里高利派遣奥古斯丁与僧侣来拯救他们（I.23）。肯特国王艾塞尔贝尔特（Ethelbert）
220 允许奥古斯丁一行人以坎特伯雷为据点，他的妻子贝尔塔（Bertha）是信奉基督教的法兰克人。不过基督教事业仰赖王朝政治也有其脆弱之处，随着改信的肯特国王艾塞尔贝尔特去世，继位的子嗣也成了叛教者。基督教在诺森布里亚的发展也同样面临不安。

诺森布里亚最初的改信让比德写下几则著名故事。其中一则牵涉到异教大祭司寇伊菲（Coifi），他一开始对基督教做了实用层次的评估（“如果诸神具有力量，那么他们必然会支持我，因为我一直热切地服侍他们”），而后他宣布自己得到确信，并且庆贺自己因还俗而能持有武器，因为祭司被禁止持有武器：

> 于是装备停妥之后，他动身前去摧毁偶像。他佩带刀剑，手中持矛，骑上国王的种马朝偶像疾驰而去。群众见他这样，以为他疯了；但他毫不犹豫，一抵达神庙，便将手中长矛掷入神庙之中，因而亵渎了神明。之后，他因知道自己信仰的是真正的上帝而满是喜悦，他要同伴放火烧毁神庙与庙地，将其完全摧毁。这些偶像曾经矗立之处依然可见，此地离约克东部不远，位于德文特河（Derwent）对岸，今日称之为古德曼罕姆

（Goodmanham）。（现在也还是。）（II.14）

有人指出矛是沃登仪式的一部分，这点比德不太可能知道，因此大为增强了这则故事的真实性。诺森布里亚另一个主要的人物以寓言形式提供了不同的论证风格：

> 陛下，当我们比较尘世的生活与未知世界的生活时，我觉得这就像是一只麻雀飞过了宴会厅，时值冬日，陛下与领主、大臣们围坐着享用晚宴。大厅中升起舒适的火堆温暖整个厅堂；大厅外，冬日暴雨或大雪呼啸肆虐。麻雀迅速从大厅的一扇门飞进，从另一扇门飞出。当它在屋里时，免于冬天的风暴摧残，但在短暂舒适之后，它又消失在原先的萧条世界中。即使如此，人短暂出现在尘世之中；但此生之前或之后，我们一无所知。 221
> 因此，如果这个新教义带来了任何确定的知识，那么遵循它似乎是唯一正确的做法。（II.13）

温暖与明亮的大厅，舒适与宴飨的中心，这种生动的意象对照着周围的黑暗与未知的外在世界，以及麻雀快速飞过厅堂，使这段演说获得后世的赞赏。它具有的性质、意象与敏感度就像盎格鲁-撒克逊的方言诗：

> 明亮的建筑物，泉水流淌的大厅，
> 喧闹之声，响彻高耸的山形墙；
> 宽敞的宴会厅，挤满了人
> 高昂的欢乐气氛：薇尔德（Wierd）改变了这一切。
>
> ——《废墟》（The Ruin）

> 宴会厅在何处？人声鼎沸的厅堂在何处？

> 唉，明亮的酒杯！唉，甲胄闪亮的战士！
> 唉，自豪的王公贵族！美好时光何以消逝，
> 夜盔笼罩下，万物黯淡无光，仿佛一切从未发生过。
> ——《漫游者》（The Wanderer）

诗歌是比德众多兴趣之一，之后（IV.24）他写了一篇关于卡德曼（Caedmon）的杂谈。卡德曼是惠特比修道院（Whitby）的僧侣，比德发现他的诗人天分，非常欣赏他而且视此为神迹。

对此比德并未做出一般性的探究，有关异教心态的一个更典型的洞察，可以从东撒克逊人的基督教国王三个信奉异教的儿子看出。虽然他们并未受洗，但他们要求教会能赐予他们圣餐，就像过去教会赐予他们改信的父亲圣餐面包一样。主教向他们解释受洗的必要，但是徒劳无功：

> 主教回答："若你们跟你们父亲一样，接受救赎之水的洗礼，那么你们就能像他一样分得受到祝圣的面包；然而只要你们拒绝生命之水，你们就没有资格分得生命的面包。"他们反驳说："我们拒绝进入洗礼池内，也不认为有此必要；但我们想借由圣
> 222 餐来增强自己的力量。"

主教的立场坚定，于是被逐出王国之外（II.5）。

然而，在国王奥斯瓦尔德治下（604—642），基督教在诺森布里亚发展昌盛。他竖立十字架作为举行崇拜仪式的地点，许多神迹在此发生。奥斯瓦尔德是基督徒，由于他在流亡时曾受苏格兰人（爱尔兰人）指引，爱尔兰人于是接受他的请求，从艾奥那（Iona）派了艾丹主教前去诺森布里亚；在奥斯瓦尔德支持下，艾丹在诺森布里亚海岸外的林狄斯法恩建立教区。比德接着又谈到爱尔兰人在北不列颠的传教工作，其时间甚至早于坎特伯雷，这段历史记录在他

回溯公元 565 年圣科伦巴（St Columba）让皮克特人改信的著名章节中（II.4）。比德热切地提到位于苏格兰西海岸外的艾奥那岛上爱尔兰人聚落呈现的纯净生活与对上帝的爱，但也哀叹当地采用了错误的复活节日期，认为那是当地修士过于孤立所造成的。来到诺森布里亚的艾丹不通英语，因此由国王奥斯瓦尔德充当翻译。比德分外赞扬艾丹生活的神圣与谦恭，与“我们这个时代的冷漠”大异其趣（III.5）。从比德对艾丹的描述可以得知，爱尔兰传统的僧侣宁可走路而不愿骑马，就算成为一般而言会表现得比较正式的英格兰主教，他们仍谨守徒步的习惯。国王奥斯瓦尔德赐给艾丹一匹骏马，而艾丹却将马给了乞丐（III.14，亦见 IV.3）。奥斯瓦尔德因此颇有微词，但艾丹反而教导国王：与马相比，人的价值更高。奥斯瓦尔德被他的谦卑感动，于是乞求他的宽恕：

> 在主教坚持下，国王坐了下来，心情也慢慢平复；然而与此相反，艾丹此时却悲伤流泪，身旁的教士问他——使用的是艾丹自己的语言，奥斯瓦尔德与侍从都听不懂——何以哭泣。艾丹回道：“我知道国王来日无多；因为我从未见过谦逊的国王。”（III.14）

另一则故事是一名基督教国王遭亲族所杀，因为他原谅了他的仇敌，亦即违背了血仇伦理（III.22）。奥斯瓦尔德实际上是在与信仰异教的莫西亚国王彭达（Penda）交战时丧生（642），在此之前彭达已杀死了艾德温（Edwin），也就是诺森布里亚第一位基督教国王。奥斯瓦尔德的神圣借由死后神迹而获得支持。

艾丹在世的时候也曾展现过神迹。比德为艾丹写的讣闻再次动 223
人地显示出他对凯尔特修道院制度的复杂情感。艾丹陶冶和平与博爱、安贫与谦逊，并且运用自己的主教权威钳制傲慢者与掌权者，抚恤病者与减轻穷人的痛苦。“我大力称扬与喜爱艾丹所做的一切，因为我毫不怀疑他的作为可以取悦上帝。但我无法赞同或赞美他未能在正确的时间庆祝复活节，他这么做是因为不知道正典规定的时间，抑或为了遵循自己民族的习惯，我们不得而知。”（III.17）艾丹临终前倚靠的木柱，在大火中奇迹似地保存下来；木柱的主题也是异教中索尔崇拜的一项民间传说。

比德在描述基督教传教成功的同时，也夹叙了一些圣人生平。值得注意的是比德喜欢教化人心的正面事例，相反，图尔的格里高利则举了较多负面事例，或许这只是基于他的亲身体验：比较合理的说法是，与格里高利相比，比德对于过去的世代抱有较多的理想主义成分，而且认为现世缺乏英雄色彩与崇高德性。比德历史的核心是有关惠特比主教会议（Synod of Whitby, 664）的描述，这场会议解决了恼人的复活节日期问题，也确保了不列颠教会的统一，不过当然不包括不列颠人。这场会议由诺森布里亚国王奥斯维（Oswy）召开与主持，他是比德心目中另一位基督教国王的典范。奥斯维遵循爱尔兰的计算方式，但他的妻子却接受肯特（罗马）习俗的指导而遵循罗马的计算法，因此他们夫妻一人守四旬斋时，另一人却大开筵席，这显然造成王室的不便。在惠特比，我们首次遇见杰出的人物威尔弗里德。他是诺森布里亚人，曾经到过罗马与高卢（或许应该说是布鲁塞尔），而后带着强烈的罗马（或欧陆）色彩的复活节观念与修道院削发仪式返国；他以为罗马发声的姿态在惠特比现身。

然而，恕我不敢苟同比德的意见，复活节日期的争议实际上与爱尔兰人的野蛮质朴、粗鲁无文无关；计算的基础用哪一种方式都各有所据，但威尔弗里德有一个坚强的论点，而且运用得极为有效，他认为爱尔兰和与其意见相左的广泛共识及教会传统相比，显得相当孤立。

224 我们的复活节习俗，如我们所见，是罗马普遍遵循的习俗，受祝福的使徒彼得与保罗都生活、教导、受难并埋葬于此。当

> 我们旅行到意大利和高卢从事研读与祈祷时，也看到当地人遵循同样的习俗。此外，我们发现不同民族与不同语言的人都是在同一个时间过复活节，无论是在非洲、亚洲、埃及、希腊，还是其他基督教会遍及之处。唯一愚蠢对抗整个世界的人，就是这些苏格兰人（即爱尔兰人）及他们顽固的同伙皮克特人和不列颠人，他们居住的不过是大海中两座遥远岛屿的一隅。（III.25）

比德谨慎地概述这些论点，但技术性问题的完整描述则见于修道院院长寇尔弗里德（Ceolfrid）日后的信件中（V.21）。国王奥斯维在总结时，推崇圣彼得教区的权威与历代教宗继承圣彼得弛张有致的权柄，于是决定采取罗马的立场。一些无法接受新仪式的爱尔兰人，带着艾丹一部分遗骨离开诺森布里亚返回艾奥那岛。比德再次对爱尔兰修道院的苦行与他们从民众身上得到的支持致上敬意，认为他们衬托出当时世界的堕落：“这些日子以来，这些导师唯一关注的是侍奉上帝，而非尘世，他们满足的是灵魂，而非口腹之欲。”（III.26）

比德对威尔弗里德的态度受到许多讨论，他同意威尔弗里德的立场；一般认为比德尊敬威尔弗里德，但不太喜欢他，他对威尔弗里德不像对艾丹一样带有那么多感情。威尔弗里德日后的起伏也在比德作品中隐约提及：由于他独裁而毫不妥协的性格，因而在恢复主教职位与在萨塞克斯传教之前曾遭到放逐与监禁。比德似乎还掩盖了威尔弗里德的一些事情，例如威尔弗里德后来变得非常富有（IV.12—13, V.19）。

惠特比主教会议之后，各地爱尔兰人逐渐采取一致的做法（在爱尔兰南部，他们从未意见不合，因此争议不在于凯尔特派基督教与其他教派的对立上）。比德非常关注教会统一的问题，对他而言，
公元 716 年的事件显然是个伟大的关键时刻，因为就连艾奥那岛上 225

的不妥协者也接受了罗马的计算结果与削发仪式：

> 这似乎是上帝恩宠的安排，为了让这群愿意毫无保留地向英格兰人沟通自身对上帝的理解的爱尔兰人，能在日后借由英格兰人实现他们迄今未能享有的完美生活方式。(V.22)

在此之前的历史高点似乎出现在第四卷的开头，当由意大利奉派前来（669）的新任坎特伯雷大主教狄奥多（Theodore）成为“全英格兰教会遵奉的首任大主教”时，改信的时代就此确定，统一的英格兰主教制度与罗马的紧密关系于是建立。或许是一种使命已经完成的感受，也或许是近世与当代来自全英格兰庞大的亲历证言，使得比德历史最后两卷带有强烈的圣人传风格。例如，大约从公元690年后，比德就未曾提起世俗事务；也无此必要。

在同一卷（IV.27—32）中，比德穿插了自己写的《圣克斯贝尔特传》(*Life of St Cuthbert*) 的材料；圣克斯贝尔特在不情愿下成为林狄斯法恩主教。比德的描述技巧纯熟，圣人传及其附随的故事能让研究该时期的史家看出著述者的心态，不过对现代一般读者而言，只会看到比德最后两卷充斥着许多神圣死亡、天堂与地狱的异象、具有神奇力量的遗物、不腐化且散发香气的尸体，乃至于让濒死的马复活的神迹（圣奥斯瓦尔德的死后神迹）(III.9)。改信的英雄时代结束，但圣人的个人英雄主义持续展开：英格兰教会仍永无休止地与魔鬼战斗。

比德以公元731年不列颠当时的情况作为全书的结论：无论世俗或教会，一切均安详平和(V.23)。皮克特人与苏格兰人是基督徒，温顺而自足。唯有不列颠人在复活节一事上还怀着憎恨，并且维持
226 自身的恶劣习俗。但他们之中——显然是为了自身的利益——“有一部分人在劝诱之下愿意臣属于英格兰人”。

前面曾经提过，比德的历史倾向于描述善的事例而非恶的事例，

他也不像图尔的格里高利那样直率地说出教会中的丑闻——执行戒律是主教的职务，与修士几乎无关，除非丑闻是发生在修道院之内。如果只看比德的结论，我们可能认为他志得意满。事实上，比德晚年的一封书信显示他相当烦恼于当时英格兰教会的死气沉沉、世俗与财富。尽管如此，无论是先见还是后见之明，比德必须同意自己生活在一个幸运的时代，就某方面而言，他的确同意这点：与异教偶像及顽固的凯尔特派的斗争已在上个世纪获得胜利；至于他身处的世纪，将在世纪末尾首度面临北蛮的入侵。

第四部分

世俗史的复兴

第 16 章

年鉴、编年史与历史

年鉴与编年史

公元 789 年，一段具有不祥之兆的文字记载于以方言写成的《盎格鲁—撒克逊编年史》（*Anglo-Saxon Chronicle*）中： 229

> 本年，国王布里崔克迎娶奥法的女儿艾德柏儿。布里崔克在位时首次遭逢北蛮，他们搭乘三艘船前来，于是官员骑马到他们那里，想强迫他们去见国王，由于他不清楚对方虚实，最后反被对方所杀。这些是丹麦人的船只，他们首次来到英格兰人的土地上。

又是那三艘船！对于比德宁静追求学问的修道院生活而言，以及他的图书馆、学校与财富，这三艘船是造成严重破坏的恶兆。这部编年史前几年的记录绝大部分是毁灭性的战争；最后丹麦人的入侵促成了统一王国的形成，十一世纪初，丹麦国王（克努特〔Cnut〕或卡努特〔Canute〕）统治了整个王国。首次出现丹麦人的记录后过了四年，编年史记载了异教徒以劫掠屠杀的方式摧毁了上帝在林狄斯法恩的教堂（艾丹建立的教区）。来年则轮到比德的杰洛修道院。

这部以方言写成的编年史记录了这些灾难的年份。比德的伟大杰作不仅普遍流传而且广受推崇，无论在欧陆或英格兰皆受欢迎，但在之后四百年的时间里，一直未出现能与他相提并论的后继者。这当中的阙漏，就留待《盎格鲁—撒克逊编年史》这部作品来填补，虽然它的条目精简，尤其是早期的部分。它是个杰出的成就，就整
230 个欧洲而言亦属独特。这部编年史最早编纂于公元九世纪左右，作者对公元 789 年的评论实属后见之明。之后，这部作品的抄写与改动就在修道院中持续进行，整部编年史因此从撒克逊人于公元 494 年登陆开始一直到 1154 年盎格鲁诺曼王朝结束为止。这部作品确切的写作时间、地点与写作动机至今成谜：有人认为写作地点位于威塞克斯，而且是出于王室的鼓励；编年史最后几年记录的重点在彼得伯勒（Peterborough）；据说国王阿尔弗雷德是创始者，当然，在提到阿尔弗雷德时条目变得较完整且较不具纯粹的编年体性质，战争叙事会延伸好几个段落以上。

年鉴与编年史以及编年史与历史之间的差异，是量变造成质变的显例。当然，从个别的例子以及从边缘的角度来看，这种分类还有商榷余地，但其间的分野仍相当清楚。《盎格鲁—撒克逊编年史》提供了一个年鉴转变成编年史的例子，正如有些日记仅是约会的表列，有些则被视为对文学与历史有所裨益。年鉴有时能转变成编年史，而年鉴本身似乎绝大部分是由历书演变而来，历书必定保存于修道院之中，主要用来计算每年的复活节日期。预兆，天气，地方、全国乃至于国际事件，各种题材都有可能成为年鉴的主要内容，否则就是记录在边缘空白处。教宗、主教、修道院院长与国王的死亡与继承特别受到注意，此外还有战争、火灾与其他灾害。典型的例子，我们可以随机选择十三世纪历久不衰的《伯里圣埃德蒙斯编年史》

（*Chronicle of Bury St Edmunds*）某个条目来做说明。当然，它的原文是拉丁文：

> 1239 年。威廉 · 拉雷于四月十日被选为诺里奇主教。人称鞑靼人的可怕种族曾一度从遥远的地方快速蜂拥而来，他们横行各地，匈牙利及其邻邦几成废墟。六月十八日，英格兰王后艾丽诺生下长子爱德华。他的父亲是亨利……

接下来记录的是亨利的族谱，一直上溯到阿尔弗雷德，而阿尔弗雷德的族谱又可交互参照上溯到亚当。这是个内容丰富的条目：蒙古人（鞑靼人）入侵、爱德华一世诞生，以及东盎格鲁主教选举。我们当然期待当中能出现叙事内容，不过这种期待势必落空；各条 231
目之间没有任何主题的联结，除了出生与族谱之外。我们应该视其为报纸，只不过时间的尺度是年而不是日。对于这种以并列及一成不变的格式来呈现最多样故事的做法，我们并不感到惊讶。

历史作为一种文类，虽然与绝大多数古典史家一样，处理的通常是年代的推移，但其特色却是延伸的叙事、与脉络相关的细节，以及主题的连贯；事实的记录取决于对主题、戏剧性与解释的考虑，而不只是为了编年纪事。十二世纪坎特伯雷的杰维斯（Gervase of Canterbury）已经认识到这些区别。我们也许可以说，就类型而论，年鉴是不连续的，编年史是插曲式的，历史则理想上是连续的，而更详细的区分有时会引起争论。

虽然年鉴的写作形式持续存在，但带领我们进入十二世纪的却是编年史与历史。而在讨论它们之前，我们不能忽视往后三百年间偶然汇流进来支持历史地位的事物：传说。不列颠人或威尔士人虽然有丰富的吟游诗人文学，但就我们所知，他们在五世纪到十二世纪之间只产生两部短篇而片段的历史，更甭提能有一部如比德的历史一样连贯、权威、充实且受尊敬的作品。到了十二世纪，有人尝试为不列颠人写出这类著作：《不列颠诸王史》（*The History of the Kings of Britain*），由世俗教士蒙默思的杰弗里所撰写，而且显然是以牛津为根据地。杰弗里也许借由早期作品与口述传统而写出充分详细的内容，特别是公元五世纪的黑暗时期，亦即撒克逊人入侵的时代，这部分就连比德也一笔带过或保持沉默。事实上，我们不得不提及阿瑟这位伟大的不列颠英雄国王，他就如同在三个世纪后成为英格兰英雄与国王的阿尔弗雷德。不过当时与阿尔弗雷德有关的叙事资料相当少（糕饼的故事是十二世纪添加的情节），主要是以方言写成的编年史与阿瑟（Asser）的《阿尔弗雷德传》（*Life of Alfred*），而其作者与成书时间引起许多争议。相较之下，与阿瑟有关的知识却汗牛充栋。阿尔弗雷德一直是人们感兴趣的人物，但从
232 十二到十七世纪，尽管出现反对的声音，却无人怀疑谁才是民族集体记忆中真正的英雄国王：阿瑟。

伪历史：蒙默思的杰弗里

就我们所知，阿瑟最早出现于历史作品中是在公元九世纪，比阿尔弗雷德早了一百年，不过距离他传说中的生存年代已过了四个世纪，而且是否真有阿瑟这个人仍是个问题。五世纪的不列颠修士吉尔达斯并未提到阿瑟，他记述撒克逊人的入侵，而他生存的年代也接近传说中阿瑟活跃的时期，不过我们发现他确实提到一个名叫安布罗斯·奥雷连的罗马不列颠领袖或军事指挥者，他在一场大战中击败撒克逊人。比德沿用吉尔达斯的说法。阿瑟的名字首次出现是在尼尼乌斯（Nennius）的《不列颠人史》（*History of the Britons*，约830），尼尼乌斯以拉丁文写作，但他显然懂得威尔士语和威尔士系谱与传统。在他的作品中，阿瑟虽是战胜撒克逊人的战争领袖，却只是个名字。直到三个世纪之后，蒙默思的杰弗里才

借由各种传说或仅靠姓名，将阿瑟塑造成伟大的国王与民族英雄，骑士们全聚集到他的宫廷之中。

阿瑟的历史证据十分薄弱，但他的传说如同希腊英雄故事与《伊利亚特》以及罗马的埃涅阿斯与罗慕路斯，却是一种历史事实，而且是重要的历史事实，它深刻影响甚或支配了许多不列颠人对过去的想象，包括英格兰人，特别是从十二世纪到十七世纪。之后，人们对于历史与传说的差异更敏锐，但又倾向于不去理会这样的怀疑，于是阿瑟这个角色在十九世纪变得举足轻重。在杰弗里之后，阿瑟与他的王后桂妮薇儿（Guinevere）的遗骨于 1191 年被格拉斯顿伯里（Glastonbury）的僧侣"发现"，而阿瑟与他的骑士成了新兴骑士精神的中心，连带也出现了一些次传说，发展于法国与日耳曼地区，激励了以阿瑟的圆桌武士为蓝本的中古时代骑士勋章的建立，如十四世纪爱德华三世创立的嘉德勋章。继一些中古时代的骑士文学之后，到了十五世纪，托马斯 · 马洛里爵士（Sir Thomas 233
Malory）的《阿瑟之死》（*Le Morte d'Arthur*）赋予英格兰读者阿瑟传说古典的形貌；《阿瑟之死》是卡克斯顿（Caxton）的新出版社最早出版的几本书之一。十六世纪时，阿瑟的原型是都铎宫廷崇拜的对象；都铎王室成员有时带有一种威尔士人的自觉，亨利七世的长子在受洗时被命名为阿瑟。到了十七世纪，米尔顿构思以阿瑟为主题的史诗未果，退而求其次写下与撒旦有关的史诗。文艺复兴时期的学术研究对阿瑟的历史性造成一些破坏，但我们说过，从十七到十九世纪，阿尔弗雷德与撒克逊人在政治因素影响下再度受到瞩目。维多利亚时代的想象把效忠之臣区分成绅士浪漫的阿瑟与较亲民的阿尔弗雷德；维多利亚时代最伟大的诗人曾以阿瑟传说为题材，而这位诗人受洗时被命名为阿尔弗雷德，可以说是恰到好处。[1]

1　作者指的应该是十九世纪英国的桂冠诗人丁尼生。——译注倘若没有蒙默思的杰弗里，则阿瑟传说（如果可以想象的话）顶多只需一笔带过。杰弗里的作品写于1130年代，不仅开启了阿瑟传说，而且以各种看似合理的方式宣称这段传说是历史。杰弗里的作品是否具备事实基础并不影响人们对它的兴趣。他清楚知道当时人们期待的是什么样的历史，而他的聪明才智显然足以让叙事免于受到史料支配的危险，而又能写出一部详细的历史给读者。光凭尼尼乌斯的作品不可能产生传说：它记录了太多系谱、片段、不连贯而且缺乏修饰，与其说是历史，不如说是一部编辑作品。尼尼乌斯对默林（Merlin）的介绍远多于阿瑟，他对不列颠国王沃提根及其难以驾驭的撒克逊盟友亨吉斯特与霍尔沙的描述远较比德广泛，这些记述全被杰弗里引用并且进一步发挥。杰弗里虽然详述了系谱，却改正了尼尼乌斯的缺点。

杰弗里并未宣称自己是作者，他说自己只是把牛津会吏长沃尔特（Walter）交给他的“一本非常古老的书”从威尔士语翻译成拉丁文。实际上没有证据证明这本书真的存在，以及如果存在的话内容如何，这些问题耐人寻味，可惜无关宏旨。如果杰弗里只是译者，
234 那么他描述的史料来源问题就可转移到原书上面，不过这本书如果真的存在，那么书籍的年代，亦即它离阿瑟的时代有多近，就变得非常重要。一般认为，虽然书中含有威尔士传说与系谱的轨迹，部分来自口述传统，但本质上仍属杰弗里的创作。若真是如此，那么这部作品当然是所谓十二世纪史学复兴中相当杰出的部分，不仅因为它声称填补了不列颠历史知识的重要漏洞，也因为杰弗里完整而自信的叙事风格。就某个意义来说，它的广受欢迎实至名归。然而除了一些著名的与一些被篡改的罗马史片段，以及吉尔达斯、比德与尼尼乌斯的一些条目，杰弗里并未引用任何知名史料。更糟的是，有些长篇的描述，特别是阿瑟于高卢痛击罗马行省长官鲁奇乌斯·希布尔努斯（Lucius Hiburnus），在罗马记录与史书中毫无记载：在一个具有高度文化与历史自我意识的社会，如此重大的事件不可能

受到忽视。

杰弗里的历史提及阿瑟的部分约占了五分之一，如果包含默林则比例可提高到三分之一，不过默林除了安排阿瑟被怀胎降生外，在故事后半段并未扮演任何角色。杰弗里作品以创始神话开场，沿《埃涅阿斯纪》故事脉络展开。布鲁图是埃涅阿斯的曾孙（其系谱可上溯到挪亚），是杰弗里从尼尼乌斯作品中挑选出来的人物——在经历一场略带维吉尔风格的漂泊之后，与一群特洛伊追随者抵达某座岛屿，该岛因布鲁图而被命名为不列颠，在此之前这座岛屿名叫阿尔比翁，只有巨人居住其上。巨人当中最难对付的是哥格玛哥格（Gogmagog），他被科里内乌斯（Corineus，康瓦尔因他而得名）丢入普利茅斯（Plymouth）附近的海中。杰弗里喜欢这类语源学；这方面他最成功的说法是不列颠国王鲁德（Lud，伦敦〔London〕与鲁德门〔Ludgate〕因他而得名）。杰弗里的作品虽然结构完整，却步调不一。有时仅是列王表就穿插了延伸的叙事。有些被草草带过的国王日后却拥有自己的神龛，其理由就杰弗里的目的来看纯属偶然，主要是为了留下他们的名字以资纪念：哥尔巴达克（英格兰最早的悲剧主题之一）与胡狄布拉斯（十七世纪讽刺诗的主题），在斯宾塞的《仙后》中扮演跑龙套的角色；还有柯伊尔王（King 235
Coel），他既不老也不快乐；莎士比亚的雅奇摩与伊莫珍使辛贝林只能唱独角戏；李尔王与他的家族连同他们的姓名一起出现，他的故事与莎士比亚说的相同，但有个幸福的结局——寇尔德莉亚成为不列颠王后。

在第八卷（总共十二卷）中，我们看到人们熟悉的默林传说。默林最大的功劳除了为阿瑟的父亲乌瑟尔 · 潘德拉贡（Uther Pendragon）易容，使阿瑟得以被怀胎降生外，另外就是将巨人的指环（Giants' Ring，巨石群〔Stonehenge〕）从爱尔兰运到威尔特郡（Wiltshire），以作为不列颠诸王的陵寝。杰弗里对于超自然事件相当谨慎，他使整个过程看起来像是一项工程而非巫术：当国王的属下把事情弄得一团糟时，默林如工程管理员般出现，将事情安排得井井有条。默林的专长是预言，杰弗里在第七卷提到这些预言，并且将其独立成篇，定名为《默林的预言》。这篇文章相当风行，主要是因为其中暗示了不列颠人或威尔士人未来的复兴。这些预言几乎全是刻意编造出来的，由于手法拙劣，在现代读者眼里不可避免显得荒谬可笑，特别是将充满雄心壮志的动物象征与人们熟知的英格兰郡名结合起来的虚矫手法："野狼成了掌旗者，带领着军队前进，并且用它的尾巴将康瓦尔团团围住。战车上的士兵抵抗野狼的攻击，并且将康瓦尔的百姓变成野猪。"象征性的动物处处可见：邪恶的驴子、装满苹果的刺猬、脾气暴躁的山牛、伍斯特（Worcester）的龙、托特尼斯（Totnes）的野猪、伦敦的毒蛇等等。这使人产生一种印象，以为杰弗里写下的是自己的梦境。默林告诉沃提根——这段话对读者来说或许太冗长了点——象征不列颠的红龙将被国王不智引入的撒克逊白龙所压制，但"被压迫的种族终将反败为胜"；这种以不列颠为视角的历史观相当罕见，与比德的观点正好相反。

杰弗里谨慎考虑后来增补的传说，里面提到阿瑟未死，他宛如日耳曼神话的沉睡皇帝，终有一天将会复活。杰弗里对于阿瑟结局的描述有点含糊不清。在最后一场与莫德雷德（Mordred）的大战
236 之后，据说阿瑟"受了致命伤"；他并未死亡，但据说被带到阿瓦隆岛（Isle of Avalon），一个神话中的治疗之所（后来被称为格拉斯顿伯里），"让他的伤能得到照料"。

杰弗里写作之时，骑士精神的观念尚未如后世那样蓬勃发展；骑士精神扩大与形塑了阿瑟传说，并且从阿瑟传说中获取力量。除了我们即将介绍的异国风情外，杰弗里的作品也是黑暗时代权力政治的可靠描述。阿瑟是伟大的国王与军事领袖，他的性格举止比较近似于恺撒与查理曼，而非日后的游侠骑士。阿瑟的妻子桂妮薇儿受阿瑟外甥莫德雷德引诱，但这里没有兰斯洛（Lancelot），也没

有理想的谨守礼仪之爱；这些很快就牢牢附着在莫德雷德身上。这里也没有圣杯。这里有戈文（Gawaine）、凯伊（Kay）与贝德维尔（Bedevere），阿瑟的剑因伪装成卡利布恩（Caliburn）的样子而得以认出，不过他的矛则无从辨识，令现代读者惊讶的是，这根矛被称为隆恩（Ron）。这里没有石中剑。阿瑟的宫廷位于乌斯克河（Usk）畔的卡尔雷翁（Caerleon）（第九卷），它的壮丽无可比拟，成为各地骑士景从的对象。阿瑟征服高卢之后，也在巴黎建立宫廷。此外，他也征服了皮克特人、挪威人与丹麦人，这似乎使人想起统治庞大北方帝国的卡努特。当阿瑟被唤回平定莫德雷德反叛时，他正在前往罗马的路上。阿瑟有时也展现出他的本领，特别是杀死巨人这件事（X.3, 4），他像行家一样估量巨人们的特质。一个食人的巨人住在圣米歇尔山（Mont Saint-Michel）的山顶上；另一名巨人拥有一件斗篷，是以被他杀死者的胡须编织而成的。这类英勇事迹读来如同从《贝奥武夫》的世界进入到罗马的历史模式之中，杰弗里似乎采取这种手法来描述阿瑟的战争；它们可能源自杰弗里改编的各自成篇且在此之前已经存在的传说。在遭遇罗马高卢行省长官鲁奇乌斯·希布尔努斯的挑战时，阿瑟似乎在不经意间显露自己的罗马习性。他招募一支为数达十八万三千人的军队，还不包括步兵，杰弗里称说不计其数。罗马从世界各地招来军队，人数有四十万一百六十人。在随后的战争中，首先将领们发表古典风格的演说，两军对峙：

> 举起标枪……号角声一响，西班牙王与鲁奇乌斯·卡特鲁斯大胆朝苏格兰王与康瓦尔公爵的部队冲锋，但后者肩并肩稳住阵脚，罗马军无法冲破。罗马军团持续猛攻，杰林与博索公爵指挥部队快速迎向前去。罗马军团如传言所云战斗十分勇猛，但这支新加入的生力军以骑兵猝不及防地往前冲，突破了防线而直接与正和丹麦王艾斯奇尔酣战的帕提亚王军团交锋…… 237

诸如此类的描述（X.9—12）。

这段叙述的确非常具有说服力，或许军队人数除外。考虑到我们阅读的杰弗里是现代译本，或许将他的作品比对三个世纪后马洛里《阿瑟之死》（1469）对同一场战争（萨西〔Sassy〕）的描述会更具启发性：

> 然后双方军队开始逼近、推挤与叫喊，一轮猛攻之后，双方人马倒地、负伤与阵亡；当日展现的伟大英勇、果敢与战功足以让后世传颂，将士们高贵的功勋应载入史册。尤其是驰骋沙场的阿瑟王……（V.viii）

阿瑟亲手杀死鲁奇乌斯。杰弗里的新古典风格有余裕说明军队的部署与战术，尽管他不愿计算步兵人数。马洛里的描述则带有骑士混战的色彩，并且以一场战争作为结束。

杰弗里具有各种传达真实性的手法，有些还相当微妙。例如，当李尔的孙子（里根〔Regan〕所生）当上国王时，“连续下了三天的血雨，人们死于成群的苍蝇”——一副故作天真的编年史家语气。尼尼乌斯与之前许多史家一样，其中也包括李维，在作品中提到血雨，却未提到苍蝇。杰弗里想必也虚构了一些人物，不过这是相当普遍的做法。他也在圣经、罗马史与自己的不列颠史之间做了编年
238 史的交互参照，这种做法的开山祖师是攸西比乌斯。以赛亚提出预言时，不列颠的苍蝇正成群肆虐着；寇尔德莉亚与罗慕路斯及雷穆斯生于同时，特洛伊的布鲁图与以色列士师以利处于同一时代。

是什么构成了杰弗里的意图及其文字中蕴含的精神？这两者或许不完全是同一件事。不列颠爱国主义与寻求教会高位的驱动力似乎是充足的动机，但杰弗里如何看待自己的创作，一如我们如何看待他的作品？或许以“骗局”一词形容不算离谱，而且一定很吸引人，但杰弗里是否也当自己是骗子，仍是个疑问。他是近乎天才

的模仿者，也是充满想象力的作家。杰弗里是否相信自己写的内容完全忠于史料——若他根据的史料真的完整或存在——我们不得而知。有人认为，如果杰弗里能坦承表示自己的作品就像《埃涅阿斯纪》一样是文学史诗，则他的名声将更为响亮。或许真是如此。认为杰弗里对于自己的恶作剧乐在其中，这种想法颇能迎合现代人的感受；现代人对文学骗局、意有所指的笑话、嘲讽的模仿，以及混合了事实与虚构的文类特别有兴趣，对此我们无疑应谨慎留意。杰弗里的技巧与成功甚至加强了后现代对历史真实的怀疑：它看起来像历史，闻起来像历史，为什么不能算是历史？事实上，它背后蕴含的刚好是怀疑论的反义。在文艺复兴时期，对所谓君士坦丁的捐献——亦即将罗马皇帝的西方主权授予教宗——的揭露，引发或加强了对一切历史文献基础的怀疑。不过这样的推论显然有误：真正的重点在于人们有可能证明捐献文件是赝品。杰弗里的作品亦然。他的作品不同于与他同时代的编年史家的作品，后者有时笨拙、轻信、轻率或带有偏见，但我们知道两者的不同之处：欺骗的概念在逻辑上是以真实的概念为前提。比杰弗里晚了半个世纪的纽伯格的威廉（William of Newburgh）说道，《不列颠诸王史》完全是虚构的，“不是出于对说谎毫无节制的喜爱，就是为了取悦不列颠人”。除了明显想在教会中求得晋升，这些恐怕也是杰弗里写作的动机。接下来我们应该回到十二世纪编年史与历史的坚实地面，即使其中隐藏 239
着陷阱。

世俗历史与编年史：马尔姆斯伯里的威廉的《现代史》与马修·帕里斯的恶言诽谤

《盎格鲁–撒克逊编年史》在当时算是一件相当独特的作品，蒙默思的杰弗里的风格亦然。不过在中古时代，全欧各地都有人撰写编年史。与英格兰一样，中央集权的法国君主将焦点放在世俗编年史上，并且创造出撰写国别史的可能。《法国大编年史》（*Grandes Chroniques de France*）是其中的代表作，它是从十三世纪开始由法国王室赞助，以方言写成的历史作品。不过，为了避免毫无生气与蜻蜓点水式的讨论，我们在此必须将视野限缩在单一国家上面。如果只考虑英语读者的可及性，那么这里的焦点应该集中在英格兰，幸运的是，英格兰拥有丰富的编年史文献，其中一部分译自拉丁文作品。

到了十二世纪，不列颠岛已经历了五次重大转变，这些转变全是欧陆民族入侵的结果：罗马人、撒克逊人、丹麦人与诺曼人的入侵与征服，以及从爱尔兰和罗马传入的基督教信仰。每次入侵都在记录中留下了痕迹：在恺撒与塔西佗的作品中，在吉尔达斯与比德的作品中，在《盎格鲁–撒克逊编年史》中，以及在十一世纪晚期与十二世纪对黑斯廷斯（Hastings）战役与诺曼征服的描述中。十二世纪初，当一流的编年史家人数愈来愈多之际，诺曼征服的事件正逐渐从世人的记忆中消失，不过盎格鲁诺曼编年史家理所当然视诺曼征服为史料的一部分。有些人甚至在不同的历史遗产与上一代产生的巨变驱使下进行写作。实际的当代描述留下的并不多。最好的散文叙述出自编年史家普瓦梯也尔的威廉之手，他是诺曼底公爵威廉的赞颂者。不过就各方面来看，最好的记录是一份独特的文献：巴耶挂毯（Bayeux Tapestry）。

240 巴耶挂毯涵盖的历史范围与普瓦梯也尔的威廉的作品大致相同。这面长二百三十英尺宽九又二分之一英寸的挂毯，是由征服者威廉的弟弟巴耶主教巴耶的奥多（Odo of Bayeux）下令在当地织成，至今仍以荣耀而光彩的姿态展示在巴耶镇上。这面挂毯也是一份文本，但不是时下流行的具有隐喻意义的文本，因为它带有拉丁文的叙述。这件美丽的物品，上下缘添饰了狭长的水平带状空间，如同页边空白处的注释，写实描绘着纹章般的鸟兽与寻常的生死景象。

巴耶挂毯的叙事始于威塞克斯伯爵哈罗德（Harold）受命前往诺曼底，为英王忏悔者爱德华（Edward the Confessor）传信给威廉公爵。哈罗德遭遇船难，被地方上的显贵俘获，但威廉释放了他。他们一起出征，之后哈罗德对着圣物宣誓效忠公爵。返回英格兰后，爱德华去世，哈罗德无视对威廉的盟誓自立为王。威廉率军登陆萨塞克斯，击败撒克逊人；哈罗德显然因为流矢射中眼睛而死，但这个说法一直有争议。挂毯生动描绘了当时的生活情景：海上航行、造船、打猎、驮负重物的挑夫、士兵劫掠、准备食物、建造木制堡垒、放火烧毁民宅、从民宅内还跑出一名妇女与她的孩子。在挂毯上下缘空白处，鸟兽逐渐转变为放箭的小弓箭手与残缺不全的、死亡的、被随意脱去盔甲的士兵。这是一份炫目又富人性的文献，它在历史上的重要性足可比拟图拉真之柱，不同的是它比后者容易观览。

《盎格鲁–撒克逊编年史》如人们所预期的对于诺曼征服感到哀伤，而且与吉尔达斯看待撒克逊人一样，将诺曼人视为对罪的惩罚。因此这部编年史不同于以往的作品，它对一般百姓的痛苦更为敏感。年代稍后的盎格鲁诺曼编年史家欧德里克·维塔利斯（Orderic Vitalis）、朱米耶吉的罗伯特（Robert of Jumièges）、亨廷顿的亨利（Henry of Huntingdon）与马尔姆斯伯里的威廉都引用了这部作品（以及蒙默思的杰弗里的作品），而他们彼此之间也相互引用，当然这并无不妥。其中欧德里克与威廉带有英法混合的家世背景，不过所有人的编年史都对哈罗德抱以尊重。如果只是简略地介绍这些编年史家，势必无法做出公允的评价。如果必须做一选择，事实上也 241
做了选择，那么人们首先想到的是马尔姆斯伯里的威廉。

威廉，如其名字所示，是威尔特郡马尔姆斯伯里修道院的一名僧侣，并且担任图书馆员；威廉与一些修道院作家一样为自己所属的修道院修史，同时也为格拉斯顿伯里修道院撰写历史。他的作品与我们平常看到的作品风格不同，格外关注秩序与主题的选择。在篇幅最大的两部作品中，他分别处理了世俗与教会的历史：《英格兰诸王事迹》(*Dees of the Kings of the English*〔*Gesta Regum Anglorum*〕)与《英格兰历代主教事迹》(*Gesta Pontificum Anglorum*)。后者是比德作品的接续。在《英格兰诸王事迹》中，他哀叹英格兰过去的记录除了《盎格鲁–撒克逊编年史》以外，留下了一大段空白，并且宣称这是令人羞耻的事。他也抨击他所谓的不列颠人的谎言。威廉的作品中最容易简述的一部是他的当代作品《现代史》(*Historia Novella*)，涵盖的年份从1126到1142年，因他的死亡而画下句点；这个作品尽管并非巨细靡遗，但至少能代表全体。

威廉在《英格兰诸王事迹》前言里，解释自己对史家任务与史料所采取的进路。他说他无法证明“遥远过去的记录”是否真实，但至少能确保“时代的一致性……无论我对晚近时代做了什么记录，要不是基于亲眼所见，就是耳闻于可信的权威”。更不寻常的是，他自主地意识到历史叙事与主题连贯的必要。例如在谈到阿尔弗雷德时，威廉说，“详细追溯他错综复杂的努力过程绝非我的本意”，将他的功绩“按照时间次序详述反而会混淆读者”；威廉顾虑周到地做了摘要。在描述诺曼征服时，与其他作品没有太大不同，他尽责地评估了征服的后果，描绘撒克逊人与诺曼人的性格（一个不可靠而挥霍，一个则工于心计而俭约），而且特别将焦点放在（恶劣的）诺曼征服时期的教会状况上。重点不在于威廉的评估是否适当，而在于他做了尝试。在《现代史》中，威廉也做了公然违反严格编年体形式的准备，“将散见于文本各处且与英王亨利之子格洛斯特(Gloucester)伯爵罗伯特行为有关的主要论点加以整理，以重述要
242 点的形式呈现给读者评价”。格洛斯特伯爵是威廉呈献作品的对象与资助者，蒙默思的杰弗里也将作品呈献给他。

《现代史》的叙事以亨利一世统治的结束作为起点，而后紧跟着充满争议的王位继承事件。亨利唯一的嫡子于英吉利海峡的一场致命海难中死亡(1120)，遇难的船只名叫“白船”(White Ship)。

威廉在《英格兰诸王事迹》中哀悼此事："没有任何船只令英格兰如此悲伤，如此闻名于世。"《现代史》记录了英王史蒂芬（Stephen）在位期间（1135—1154）的动荡纷争，以及已故国王亨利之女玛提尔达（Matilda）主张王位继承而引发的内战。亨利曾命贵族向玛提尔达宣誓效忠，但他死后许多贵族却倒戈支持史蒂芬。值得注意的是，威廉承诺自己要重述英王亨利统治的后半期有哪些重要大事，然而他所记录的事件却显然无关紧要，例如男人留长发的时尚令人感到羞耻、蓝戴夫（Llandaff）与圣大卫教区主教之间的领土争端、充满争议的主教选举以及牛瘟：威廉至此似乎也陷入编年史的窠臼。不过《现代史》的剩余部分则是以内战为主题而写的结构谨严的专论，从布洛瓦（Blois）伯爵史蒂芬在兄弟温切斯特主教（威廉认识此人）支持下篡位写起。威廉向后世提出他的专论，在第三部分的前言中，他重申记录的缺乏是一项耻辱："主道成肉身的第 1142 年，我探究那些发生于英格兰、令人毫无头绪宛如迷宫般的事件，希望后世不因我们的粗疏而对这些事件一无所知。"主要应该记取的教训是人类命运的反复与无常。

要找到类似的当代史专论，我们必须回溯到罗马时代；威廉与绝大多数中古时代作者一样，不仅知道萨拉斯特与李维，也知晓维吉尔、尤维纳尔（Juvenal）、西塞罗与其他古典时代作家。他必须讲述的故事不外乎强盛的盎格鲁诺曼国面临的重大危机；威廉提到了与亨利一世统治时期的和平与安定形成强烈对比的景象。威廉的《英格兰诸王事迹》引用了《盎格鲁–撒克逊编年史》这部作品，滔
滔不绝地描述随后出现的无政府状态为人民带来的痛苦，以及彼此 243
攻伐的贵族与土匪没什么两样：

> 1137 年。他们严厉压迫国内的悲惨民众建造城堡。当城堡修筑完成时，他们让里面充满了魔鬼与邪恶之人。之后不分昼夜，他们抓来他们认为饶富资财的人士，无分男女一律送入监牢，

施以无法形容的酷刑，借此勒索金银。

接着该书作者描述折磨的过程。同一项条目提到一段著名的话："人们公开表示基督与他的圣人都睡着了。"之后，依循编年史家的风格，主题转而提到彼得伯勒修道院（《盎格鲁–撒克逊编年史》即成书于此）的建筑工程，以及诺里奇的犹太人对一名孩童施以折磨并亵渎地将他钉在十字架上，之后这个孩子被尊称为诺里奇的圣威廉。马尔姆斯伯里的威廉在内战造成的痛苦上也响应《盎格鲁–撒克逊编年史》的说法，但他的语气具有强烈的政治性。《现代史》也提到城堡的修筑，但主要把它当成和平的绊脚石。各地主教大概是基于安全的考虑而修筑城堡，但此举违反了教会法，而英王也违反教士豁免于世俗法的规定，将这些主教关入监牢。两方各执一词，而威廉完整呈现了这个两难的局面。

虽然身为修士，但威廉显然也是个世俗之人，他有熟识的达官显贵，也有权威的史料；威廉显然花费极大的心力钻研事件内幕。他与资助者玛提尔达庶出的兄弟格洛斯特伯爵，以及教宗的使节温切斯特的亨利过从甚密。他也熟识亨利一世的大法官，一个在前朝拥有大权的人物，索尔兹伯里（Salisbury）主教罗杰（Roger）。罗杰同时也是威廉修道院的地方压迫者。威廉说，罗杰"了解自己的权力且滥用上帝赋予他的恩典"，但另一方面，他又大大光耀了索尔兹伯里教区。罗杰对马尔姆斯伯里修道院的攻击被威廉改写成一句优美的隽语。罗杰也试图将他的舍伯恩（Sherborne）小修道院提升为修道院："罗杰试图把修道院改成主教教区，把主教教区改成修道院。"（以拉丁文阅读才能感受其中的优美：abbatias in episcopatum, res episcopatus in abbatiam. 令人不禁拍手叫好。）罗
244 杰在新王登基后失势。威廉说："虽然许多人觉得他很可怜，却没有人对他伸出援手。"又说："对此，我深表同情。"（II.33）

内战的命运变动无常；史蒂芬和蔼而仁慈，但也软弱无能；玛

提尔达固执而难以共事（I.14—15）。忠诚在此遭受考验。威廉大幅省略军事事件，而集中于和解的尝试，特别是教宗使节温切斯特主教于 1139 与 1141 年召开的两次会议，同时也讲述其失败的原因。威廉参与了第一次会议。他个人显然倾向支持史蒂芬，但对于史蒂芬违反教会的自由特许则加以责难，这项特许是史蒂芬同意的，并且由威廉加以誊写。轻率者利用史蒂芬的软弱，一些海外佣兵则趁机分取利益（I.18）。威廉说，在英王亨利时期，来英格兰的外国人是为了躲避家乡战乱的难民，现在则为了前来掠夺（II.36）。会议议程背后隐藏着不可明言的威胁，那就是史蒂芬可能因逮捕主教而被逐出教会，但事态并未演变到这种地步；威廉说，不仅因为缺乏教宗直接授权，也因为担心英格兰会发生更暴力的事件，特别是反教会事件。我们可以感觉到，威廉了解这些公众人物的动机，他们耐心等待时机，不是做他们想做的，而是做他们能做的。教会的利益显然是威廉关注的重点，但他并未因此做出过于主观的判断，也不因此而愤世嫉俗，不过他很明确地反对玛提尔达“这个泼妇”（this virago），亦即他的资助者格洛斯特的罗伯特的同父异母姊妹。

威廉只能从报告了解第二次使节会议的内容。他对于会议的一无所获深感哀悼：“我已简短描述了 1141 年这一整年的悲剧，它对英格兰是个致命的恶兆，我原以为这场会议可以在某种程度上为英格兰带来喘息之机，然而最终还是重回悲惨之境，除非上帝垂怜伸出援手，否则灾难将长久持续下去。”（III.59）这段时期的中心事件是玛提尔达从牛津的围城战中逃脱。其他作家察觉有机会对此做出生动的描述——她从城墙上垂降下来，然后涉雪逃走。威廉却不这么认为。这场冲突的最终解决之道在威廉作品中有概略的描述：
史蒂芬终其一生稳坐国王宝座，他的王位由玛提尔达的儿子亨利继 245
承，也就是未来的亨利二世。但威廉无法活着看到此事实现，他的历史也在此戛然而止。

威廉称 1141 年是预示不祥的一年，而在前一年他记载的某个事件或许也值得一提：1140 年 3 月 20 日，日食。威廉说，“许多人认为这预示了国王史蒂芬的灾难（他吃了败仗）”。威廉又说，在马尔姆斯伯里，“起初人们坐在桌前恐惧太古时代的混乱；之后，听闻天有异象，于是争相奔出室外，看见太阳周围环绕着众星”（II.38）。“之后，听闻天有异象”——日食仍然是个预兆，但人们也可以清楚看出它是个可辨识的天文现象。

威廉对于达官显要的批评未曾稍减，但他的言辞总是符合礼节。即使是“泼妇”这个用来形容玛提尔达的词汇，在古典拉丁文中仍有“女英雄”与“具男子气概的女子”的意思，日后才演变成仅具贬义。罗伯特·费兹–修伯特（Robert Fitz-Hubert）是个例外：“最残忍的男人而且是反上帝的亵渎者。”罗伯特在犯人身上涂满蜂蜜，然后让他们受烈日曝晒，饱受蚊虫叮咬的痛苦（II.39）。当他被吊死时，我们都高兴不已。我们可以感受到威廉有时较为谨慎，他说过当代史尤其诡谲多变。他在《诸王事迹》中显得较不拘谨，有时如同斯韦托尼阿斯与艾因哈德一般，对诸王的外表举止做出生动描述。例如：威廉·卢佛斯（William Rufus）脸色红润（当然是如此）、大腹便便而身强体壮，有着不同颜色的眼珠子，同时也是个恶人。马尔姆斯伯里的威廉或许还有点势利眼。一些伦敦人（一个预兆）参加了第二次温切斯特会议（councils of Winchester），提出对国王史蒂芬有利的论据。温切斯特主教称他们为“贤达”，因为他们来自如此繁华的城市。威廉却认为这些人是不速之客；他们宣称自己代表“所谓的伦敦市镇”（III.49）——威廉口中的“所谓的”（quam vocant）不禁让人扬起眉头。伦敦的第一部编年史于五十年后的 1188 年问世。

“谨慎”这个词永远无法用在下一个主角马修·帕里斯（Matthew Paris）身上：他民粹、尖刻、愤世嫉俗、党同伐异、充满偏见而滑
246 稽可笑。值得注意的是，他的编年史手抄本留存至今，里头充满轻

率之语，他事后显然还试图涂改最受批评的几处记载。然而这是白费力气，不仅因为他改不胜改，其中的轻率之语更是多不胜数，要删修他的作品如同去除戈尔贡佐拉（Gorgonzola）奶酪上的斑纹一样困难。马修不是史家，而是编年史家，但他插曲式以及由各种异质内容组成的《大编年史》（*Greater Chronicle*）却生动而具娱乐性，充满高度个人化的世界观。

马修于 1200 年之后不久出生，并且成为圣阿尔班斯（St Albans）本笃会修道院的修士。他编纂了一部世界通史，这在当时相当普遍，时间从创世开始一直到 1259 年，内容承袭他在圣阿尔班斯的前辈温多佛的罗杰（Roger of Wendover）的作品。马修的编年史比温多佛的罗杰的作品多了二十年左右，其卷帙浩繁，除了英格兰外也包括欧洲的事件。有鉴于此，马修对自己的作品删减了两次以上，最后形成只包含英格兰历史的简明编年史，之后他又删减了这个版本。此外，他也编订了《文献附录》（*Liber Additamentorum*）。马修的材料维持着异质多样的内容，但也可以看出新的形式正在形成。他以盎格鲁诺曼韵文书写圣人传（包括圣阿尔班的传记），用意显然是为了便利俗人与妇女阅读，至于他的《大编年史》虽未排除教会史，却完全属于世俗作品。著名的中古史家高尔布莱斯（V. H. Galbraith）称马修的作品是“中古时代英格兰历史写作的高水平之作”（*Kings and Chroniclers*, 1982）。

马修坚持编年的形式，却也因此无法让叙事进行铺陈与发展，想为《大编年史》增添风味势必会使作品充满马修的偏见，也会产生愤怒与嫌恶的情绪。幸好这些描述具有娱乐性。马修的同情比较倾向于民众的立场，而不完全站在本笃会那边，他向来反对权威，包括教宗、国王与主教，特别是当这些权威横征暴敛，忽视特许与行之有年的权利，尤其是修道院的权利时。马修对民众的意见相当敏感，而且认为这些意见值得重视，这或许是第一次有人如此主张。当时的人普遍敌视亨利三世的外国宠臣，马修亦不例外，他说：“饥饿的外国贵族肚子空空，张开大嘴吞噬国王的金钱。”（27）最后一句话营造出他相当喜爱的意象，而他也将这句话用在教宗身上。

247 马修偶尔语带同情地提到议会反对国王强行征税，也反对外来者。他的描述总是相当口语而浅显易懂：国王“大为光火并且对他的顾问说：‘贵族们纷纷离我而去，这全是你们的错。你们看！我就要失去加斯康尼（Gascony），连普瓦图（Poitou）也被夺走。我的宝库全被搬空！我该怎么办才好？’”（64）英王亨利不仅贪婪，且吝啬又毫无威严。他拿起十字架（宣誓参与十字军），用意不过是为了筹钱。亨利打算在伦敦设立自己的临时市集，借此收取通行费，在开市期间，禁止其他地方进行零售交易以打击商人；开市的地方饱受风吹雨淋，大风扯掉了雨篷，商人们“又冷又湿又饿又渴……他们双脚沾满烂泥，商品全被雨水淋坏”（70）。马修比马尔姆斯伯里的威廉晚了一世纪，对于伦敦市长与市民群起反对国王表示同情，不过一般而言，修道院的编年史在提及市民与镇民的桀骜不驯时，总带着否定立场。马修不仅敌视外国人与横征暴敛的大领主，也基于本笃会的立场反对托钵僧，而且对聚集于新大学的人士冷嘲热讽：“整个世界都因自傲而洋洋得意，他们瞧不起修道院的宗教。”他特别又补了一句：“他们的目的是夺取修士的财产。”（110）

除非马修引用的是教宗与主教的书信，而且是正式书信，否则没有任何权贵能在他的作品中维持尊严。马修津津有味地描述坎特伯雷大主教萨伏依的卜尼法斯（Boniface of Savoy）的行为，他是国王的舅舅。1250 年，卜尼法斯造访伦敦的圣巴特雷米教堂，发现教堂正典居然带有独立精神，大为光火，随即向修道院副院长兴师问罪，他“乱拳痛打那位圣人、教士与僧侣，站在教堂中央，怒火中烧地挥舞双拳，一下子打在年迈的脸上，一下子打在满是白发的头上，嘴里还叫嚷着：‘这就是英格兰叛徒的下场。’”（148）卜尼
248 法斯把副院长打成重伤，伦敦市民群情激奋，造成骚动。我们似乎

回到图尔的格里高利的世界；或许，我们从未真正离开他的世界。世俗的神职人员酒醉呕吐；托钵修士的穿着宛如领主，并且在教宗差遣下成为油嘴滑舌的勒索者（8）——马修反对打着宗教之名到处流浪乞食。有人说马修是早期的立宪主义者。这个说法不完全错误，但过于理论化。马修当然支持所有的既存权利，尤其是修道院的权利；他当然也同情贵族的“反抗”与伦敦市民，并且反对专制君主的横征暴敛。他有时让人联想起现代小报的形象：无礼、民粹、仇外与反智。

马修也是颇具天分的插图画家，这点相当独特。他的页缘插图虽带有讽刺性质，却不属于讽刺画，而是搭配主题与场景绘制的优雅、吸引人、偶尔带点古风的图画，还有一些则是纯粹装饰用的盾形纹章。当然这些图画不像一些附插图的祈祷书、福音书与时祷书那样精致与丰富。它们就像马修的文字一样，生动、通俗而有时恐怖：刑枷、钱包（与主题有关）、方济会修士、犹太人、被虐待的犯人、绞刑、地图（包括圣地与骆驼）、回廊、战争、船难、经常被编年史家用来形容地震的崩塌建筑物，以及殉教（圣阿尔班、贝克特〔Becket〕）。其中最不寻常的画面，是克雷莫纳镇乐队居然一群人全坐在一头大象上；这座城镇的重要之处在于它在意大利抵抗皇帝腓特烈 · 巴巴洛萨（Frederick Barbarossa）的时候扮演了令人不耻的角色，而其采取的措施也吸引了马修的注意；它们成了弗莱辛的奥托（Otto of Freising）的当代史主题。浏览马修图文并茂的作品，欣赏其中的鸟类、盾形徽章、讽刺画与当代生活的小古玩，阅读的乐趣因之倍增。

修道院编年史：圣阿尔班斯与伯里圣埃德蒙斯

马修 · 帕里斯也为所属的圣阿尔班斯修道院撰写《历代院长事

迹》（*Deeds of the Abbots*），这是另一种普遍的修道院文类。马修在前言提到，他写这部本质传统的地方史，理由与国别史的标准相
249 同，但在结尾部分则有些出入。这部作品完成之后：

> 人们的善行与恶行将可传之久远不致湮灭，不只现在的人，连未来的人都会受激励而努力行善，恶人则会畏惧丑事流传而有所忌惮。此外，如果世俗或教会的人虔诚捐献教会，不只是他的姓名，还有捐献的内容……都将毫无虚假地载入史册。

保存捐献记录是编纂修道院历史的动机之一，也促成了特许的伪造；这些捐献不只是实物，还有土地与特权。特许可以更充分地保障捐献财产，这些捐献多半发生在强调习惯而忽视文献的时代，在争议发生时往往缺乏可资厘清的证明（即书面记录）。特许也可以充当存货清单，防止侵占情事发生。

马修的写作，如同他坦率的前言所云，并未因转向内省而失去对权威的尖酸批评与质疑：他对修道院院长并无敬意，对于国王与大主教的态度亦是如此。虽然马修也是圣人传的作者，而且坚持维护传统权利，但在这里不难辨识出他写作《大编年史》时的风格。他的兴趣包含了教会与世俗。举例来说，修道院长久以来一直饱受威胁，狡猾的营造商给了“不牢靠的建议，要求增建多余、无用与过度奢靡的装饰”，院长因此感到恐惧，于是工程陷入停顿，院墙也开始倾颓。为了支付工程费用，院长派了“一位死而复生的名叫阿姆菲巴鲁斯（Amphibalus）的教士——在圣阿尔班与圣阿姆菲巴鲁斯的庇佑下，天主在第四天令这个教士复活”，阿姆菲巴鲁斯带着圣人的遗物巡回各地传道募款（15）。马修似乎把这件事当成单纯的募款活动而未做任何评论。然而工程仍继续延宕。不过最后还是完成了食堂、宿舍与厕所。圣阿尔班则和以往一样只能自求多福。当修道院可能败诉时——一名不忠的修士因接受敌对修道院的贿赂

而伪造特许，造成这个结果——叛徒的罪行曝光并且被流放到泰恩矛斯（Tynemouth）分院，或许因为气候的关系，此地被当成了一座监狱。那位修士在这里酗酒暴食，最后罪有应得地在如厕时死亡，250
断气时嘴里还叫嚷着："带走他吧，撒旦！"图尔的格里高利的死状也很类似，或许是模仿自异端的祖师爷阿里乌斯，据说他也是在如厕时去世。当然，如厕死亡的例子所在多有。以圣阿尔班斯那位修士为例，马修说，有人质疑死者是否有资格接受基督教葬礼，然而为了避免丑闻，教友们"对许多事情闷不吭声"（18）。

修道院是具体而微的政治体，国王、主教（我们看到索尔兹伯里主教对马尔姆斯伯里的压迫）、修道院院长、女修道院人员与辅助修士及修道院佃户间不明确的权力与传统权利区分，使得修道院不断出现摩擦与争端。院长是个专制君主，但在院长之位空缺时，修士就成了（在一定限制下）选民，他们有权提出人选交由国王批准。他们选出的修士将成为伟大人物与王国的显贵。马修详细说明选举的正当程序与选举人应遵守的行为。修道院与教会以及接邻的世俗领主在土地与司法管辖权、使用权与通行费上的冲突，造成繁多的法律诉讼，甚至偶尔引发暴力，不过暴力冲突通常只限于修道院的仆役。圣阿尔班斯修道院的世俗敌人曾伪造过特许，他们反对院长有权罢黜他们所支持的某间教堂的副主持。他们一方面提出伪造的特许或另一份特许，另一方面则暗中派人围困教堂，宛如围城一般，并且威胁阉割新任的副主持与他的修士，根据马修的说法，这些僧侣最后被彻底断水断粮。修道院方面向约翰王求助，虽然我们听闻国王怀恨于伯爵，但故事里的国王形象仍跃然纸上。国王吼道："天啊！怎有如此骇人听闻之事！"于是要挟伯爵的手下放弃围困（20）。

马修提供有关修道院内部事务的一切信息，从委托画师为教堂绘制画作与为图书馆添购书籍，到停发零用金以避免修士耽于饮酒。约翰院长曾因营造商的漫天要价而陷入恐慌，他的去世在马修笔下显得既虔诚又动人。约翰拥有一项专长，他"判读尿液的能力

251 无人能敌”（30），但他衰退的视力却使他无法诊断自己的病症。历代院长的去世与隆重葬礼均属重大事件。约翰院长向修士告别的场景令人动容，不过马修也如他先前承诺的，记录了院长的犯罪行径，一一指出他的奉承者，并且哀叹他如同暴君一般，将修士流放到遥远的小修道院或修道院的单人小室以为惩罚。修士们要求新院长禁止这项做法并且获得首肯，但随后院长又违背承诺；其中一名受害者哭着恳求留在原修道院与其他修士做伴。流放在某些例子中明显意味着单独监禁。另一项针对新院长特兰平顿的威廉（William of Trumpington）的指控，则是他偏好与俗人而不愿与“友善的修道院教众”一起用餐（49）。马修还大胆地批评修道院人员。

在其他方面，威廉院长的表现还不坏，在众多善行中，他最大的贡献是从伍斯特主教那里取得圣伍尔夫斯坦（St Wulfstan）的一根肋骨（49），但我们不知道他如何取得。马修再次遵守他的承诺，对获得的物品与装饰品的记录均存有高度兴趣，这些物品都是经由委托与捐赠取得：肖像、图画、祭坛饰物、强化教堂屋顶用的铅。修道院院长与修士以及俗人都在捐赠者之列。马修慷慨地对负责制作这些物品的画家、工匠与这些礼品的精致致上敬意，不过他也记录了圣餐礼与饰以宝石的神圣金银器皿两度从教堂中被盗走，这些事件不仅受到谴责，也令人震惊。在记录俗人施舍时，马修的叙述似乎预示往后无数教区杂志所记录的无数条目，其中记载了不可胜数的礼物，如圣带、祭坛布与跪垫，每一件都虔诚地加以缘饰、以钩针编织与绣上花纹：“爱丽丝小姐，亨利·寇克斯之女，为祭坛献上红色丝绸饰以金色花纹的十字褡。”（50）

圣阿尔班斯修道院是编撰编年史的著名中心。我们知道马修续写了温多佛的罗杰的编年史（从创世开始）。不断接续写作的圣阿尔班斯编年史一直持续到1440年，比原作多了两百多年。事实上，
252 高尔布莱斯曾提出“圣阿尔班斯历史学派”的说法；沃尔辛汉的托马斯（Thomas of Walsingham）是圣阿尔班斯修士，也是兰开斯特

时代（Lancastrian period）著名的编年史家。其他编撰编年史的修道院中心是伍斯特、坎特伯雷、德汉（Durham）与彼得伯勒。然而，在这类中心中，伯里圣埃德蒙斯修道院编撰的作品是各类盛行的平庸之作中的珍品，如同马修的圣阿尔班斯编年史，不过与马修不同的是，这部作品只专注在修道院的事务上。

十一世纪末，圣埃德蒙修道院为他们的圣人编纂了神迹集成；这位圣人于公元 876 年被丹麦人所杀，遗骨保存于修道院。这份文献也将修道院历史上溯到 1094 年新教堂落成之时，此外也提到与塞特佛德主教（Bishop of Thetford，塞特佛德教区后来转移到诺里奇教区）在自治权上的无尽争论。这种状况似乎并不罕见，圣人传记转变成地方史，正如后者有时在外界对修道院的豁免权施加压力时合并了国别史，特别是来自国王的压力，而且特别表现在财政方面。伯里也编撰了修道院建筑史，并且续写修道院编年史直到十三世纪下半叶，其中最著名的事件是 1264 年有一群年轻镇民反叛修道院。伯里编年史还提到 1272 年诺里奇发生的严重反叛事件，教堂被纵火，三十多名修士仆役被拖出来杀害；伯里编年史估计这次事件涉入的市民在三万人以上，其中有许多是妇女。

伯里编年史的续写作品中，最知名的是布雷克隆德的乔斯林（Jocelin of Brakelonde）的编年史，坎登社（Camden Society）于 1840 年出版这本书后不久，托马斯 · 卡莱尔即选择它来象征过去，而与他的小书《过去与现在》（*Past and Present*, 1842）所象征的现在形成具警惕意味的对比。乔斯林这部作品也在英格兰文学中取得永恒的地位。卡莱尔慧眼独具，很早就发现乔斯林的价值，不过他的高傲有时也令人光火。乔斯林的编年史从十二世纪最后数十年（亨利二世，理查德一世）开始，延续到十三世纪初的约翰王时代。以修道院而言，它始于休（Hugh）院长时期，休院长老耄孱弱，无法理事。乔斯林的作品虽称为编年史，却展现了历史叙事的原型主 253
题：年迈的统治者、混乱、解救者与重现生机。院长与他手下的副院长原本应负责维护圣埃德蒙的一切权利与自由，对抗强邻与国王、教宗，最终则要维持内部纪律。然而，修道院逐渐走向崩溃，由于管理不当（主要是圣器管理人与地窖管理人）而积欠大量债务。圣器管理人负责教堂内外勤务与建筑物的维护，以及向镇民收取规费；这些镇民全是修道院的佃农。地窖管理人负责为修士与客人采买食物，以及从修道院的土地取得收益，包括规费与实物。因此，圣器管理人与地窖管理人均负责收取与花用金钱（其区别不同于司库与管执事，不过也有类似之处）。他们很有机会陷入庞大的债务之中，而且实际上也是如此，原因显然不是出于侵吞，而是散漫与无能，一旦开始举债，便无望地陷入支付利息与更多债务之中。

老院长去世，接下来是一段过渡时期；修士们依照往例祈求新院长的出现，不过乔斯林嘲讽地评论说，如果他们知道未来的院长是谁，他们“将不会如此虔诚祈祷”（11）。乔斯林对于随后选举的描述是件极出色的作品，他幽默而充满活力地详述并引用许多直接对话，描述在重大决定之日逼近下，出现的耳语、游说、公开诉诸旧仇与偏见，以及新的焦虑与算计。选举造成老人与年轻人、博学者与目不识丁者的分裂，而透过乔斯林我们可以发现修道院院长应有的特质，以及被嫉妒、憎恨与忧惧冲昏头的修士们，还有每个人独特的个性：胆怯、骄傲乃至愤世嫉俗。智识者的自负遭受反智主义的反制。有人说：“奥尔丁（Ording）院长是好人，能明智地处理院内事务”；一个未受过教育的人也可能成为一位好院长，“虽然他不像其他人一样能成为完美的哲学家”。

> 对此，另一个人回答说：“这怎么可能？一个不识字的人如
> 254 何能引经据典或在宗教节日上向民众传道？不懂圣经的人何能知晓宽严相济之道，怎能理解‘灵魂的规则是艺术中的艺术与科学中的科学’？上帝绝不允许愚蠢的形象设立在以博学知名的圣埃德蒙教会里。”还有人说：“那位弟兄博览群书、辩才无

> 碍且精明谨慎、恪守戒律；他热爱修道院，为了教会财产忍受了许多困难；他有资格被选为院长。”另外也有人回道：“来自所有善良修士的祈求，喔，上帝解救我们；这或许能取悦你庇佑我们免受诺佛克（Norfolk）争论者的搅扰，恳求你垂听我们。”

乔斯林本身支持的是智识派，不过在随后的描述中他似乎责怪自己年轻时的道貌岸然：

> 身为一个年轻人，我确实“在理解上像个孩子，说话也像个孩子”，而我当时说，除非有人了解辩证法以及能区别论证的真伪，否则我不同意由这样的人担任院长。而另一位自以为聪明的人说道：“愿全能的上帝赐给我们一位既愚蠢又无知的牧者，如此他就必须事事求教于我们！”（12）

乔斯林在选举上的无经验使他做出困窘的鲁莽举动：

> 在某个场合，我无法控制自己的情绪，因而不假思索地说出心里的想法，我以为听众不会把话告诉第三者，我说的是某位弟兄没有资格成为院长，虽然他喜爱我且待我不薄；我又说我认为另一位弟兄有资格成为院长，某个我较不喜爱的人。我依照良心说话，看重共同善更甚于自己的前途，我说的句句属实，如结果所证明的。瞧！有个自甘堕落的家伙将我说的话泄漏给我的捐助者与朋友；直至今日，再多的祈祷与礼物都无法挽回对方对我的喜爱……如果我能活着见到院长一职再度出缺，我会谨言慎行。

论辩不断在各方之间摇摆着。有些人完全在恐惧下做出决定：某人“在修道院里”一副卑屈的样子，“然而一旦幸运接下职位，他就变得狂妄自大，蔑视僧侣且亲近他不该亲近的世俗之人”。（这也是马修·帕里斯的主题。）另一位候选人则显然有演说障碍。

255 山姆森（Samson）被选为院长，在经过一段焦急等待后，国王批准的旨意终于下来。山姆森原本担任圣器管理人的副手，他在全体修士投票中获选成为王国里的伟大人物；修道院支配的不只是城镇，还有城镇周边地区，而修道院是国王的直属佃户，如同世俗的大贵族。与马修的编年史一样，乔斯林把大部分注意力放在前任院长遗体的处理过程与葬礼上，以及获胜者的就职仪式，典礼结束后，一同用膳的竟有一千多人。乔斯林成为院长的随行修士，因而得以近距离地认识这个人，而他也将这个经验与读者分享。山姆森是个强人，行事专断，是坚定的统治者，但也有吸引人的人性面。他不采用亲信，即使是之前的支持者也一样，因此招致怨恨。山姆森显然不认为原来的圣具管理人与地窖管理人能做好分内工作，于是另外提拔世俗教士而非修士作为亲信，以清查账目是否核实，此举犯了众怒。

一如以往，修道院内外充满许多会引起纷争的因素，乔斯林的编年史无论巨细均予以记录：与邻接的世俗贵族和坎特伯雷大主教在司法管辖权上的争论，与伊利主教（Bishop of Ely）在木材上的争议，与镇民在行之有年的权利与规费、粪肥与建筑物、未授权的磨坊（山姆森已将其拆毁）与渔获上的纷争。山姆森与英王理查德对于如何处置圣埃德蒙的一名受保护人起了争执，理查德希望这名受保护人与他指名的对象结婚。山姆森立场坚定，国王先是惊讶，而后展现宽容。山姆森努力恢复修道院的财富，但他与修士的关系却因一些争议而变得紧绷，包括院长的鱼池对修士的草地造成损坏，以及从牧牛草地收取的规费如何划分，还有接待客人的费用如何分摊，哪些客人该由院长付账，哪些客人该由修道院出钱。地窖管理人总是处于争论的激烈核心。山姆森以高超的手腕赢得胜利，但他感受到职责的重大，并且相信乔斯林宁可担任卑微的学校老师（他在成为修士之前所从事的工作）或修道院的低阶职位，而非院长。
这当中也有非常感人的场景，当一些反对者因畏惧院长的权势而降
服时，胜利的山姆森在公众面前为院内充斥着尖酸刻薄的言论而落 256
泪。院内修士们也感动流泪，于是双方交换了和解之吻。

有一段长达数页的精彩描述，内容是关于圣埃德蒙神龛的启用与虔敬的遗体开棺仪式，在一场大火之后，这些都需要加以修复。对一些修士而言，能亲眼目睹乃至于触摸他们的守护圣人，显然是莫大的特权，而这也引来嫉妒。十二名修士，包括最高阶的职位，有幸中选。

> 于是，当整座修道院沉睡之际，这十二个人穿上白麻布僧袍，将棺木拉出棺架，他们抬起棺材将它放置在棺架古老地点旁的桌上，准备掀开棺盖，棺盖以十六根长铁钉牢牢钉在棺木上……站在一旁的院长朝棺内望去，首先看到覆盖全身的丝质布料，然后是白得不可思议的亚麻布：盖在头上的是一小块亚麻布，亚麻布下面是一小块丝巾，质地细致，如同修女的面纱。然后他们发现遗体包裹着亚麻布，最后终于看到神圣遗体的轮廓。此时院长停下来，说他不敢继续观看未包覆的神圣肉体。于是他将头埋进两手之间，呻吟地说："光辉的殉教者，圣埃德蒙，你出生之时即被施予祝福！光辉的殉教者，不要因我的鲁莽，我，一个可悲的罪人，现在要触摸你，而使我沦落地狱；你知道我的虔信，你知道我的意图。"于是他开始触摸眼睛与鼻子，这是个挺直的大鼻子，之后他触摸胸部与手臂并举起圣人的左手，他触摸手指且让自己的手指与圣人的手指交握；接着他发现双脚僵硬朝上，如同同一天死去的男人，院长触摸脚趾，一边触摸一边数着脚趾的数目。（113—114）

在这段高潮之后，接下来又是一连串的争论与和解；修道院的

生活如此持续下去。然而，末尾值得一提的是约翰王。加冕后他造
访修道院，“在虔诚与自己的誓言引导下走到该地”。遗憾的是，约
翰的虔诚是廉价的。“我们真的以为他会做出大笔捐献；但他什么
257 也没捐，只拿出一块丝质布匹，而这还是他的仆人向我们的圣具管
理人借的，甚至连钱也没付。约翰王在圣埃德蒙受到热情招待，所
有的花费全由院方支付，当他离开时，并未给予圣人任何荣耀或捐
献，只付了十三便士……”（116—117）

圣埃德蒙有资格成为所有款待王室者的守护圣人。

第 17 章

十字军历史与骑士历史

维尔阿杜安《君士坦丁堡的征服》

公元 1187 年，当伯里圣埃德蒙修道院院长山姆森听闻十字军 258
王国将耶路撒冷这座由基督徒占领了八十七年的城市拱手让给了穆斯林时，他穿上苦衣开始斋戒。耶路撒冷是第一次十字军东征取得的巨大战利品。十字军东征是最令基督徒感到兴奋的外交事件，不可避免在编年史中占有一席之地。马尔姆斯伯里的威廉在《英格兰诸王事迹》中，以相当篇幅提到教宗乌尔班二世于 1095 年的克莱芒宗教会议中发表第一次十字军东征的宣告，并且引用了文献，同时还附带向读者描述罗马、君士坦丁堡与耶路撒冷。一个世纪后，马修 · 帕里斯断断续续提到——他对一切事物都是如此——日耳曼皇帝腓特烈二世发起的十字军，腓特烈的事业与令人怀疑的声誉（他发动十字军，却被逐出教会）显然令马修颇为着迷。

从 1096 年第一支基督教军队成军开始，十字军东征总共涵盖了三个世纪，这些战事无疑深刻影响了欧洲人的想象与感受。我们不久将会看到，十字军东征也使曾经相当普遍的战争专论式历史文类再度兴盛。在此之前，最后一次出现的战争叙事是在拜占庭史家普洛克匹阿斯（Procopius）的《战史》（*The Wars*）中，描述欧洲发生的一场战役，查士丁尼皇帝于六世纪上半叶自拜占庭出兵，为罗马帝国再次征服意大利的哥特王国。（普洛克匹阿斯还有一部名著《秘史》〔*The Secret History*〕，主要是对皇后狄奥多拉〔Theodora〕淫行的有趣描述。）十字军东征是自公元 363 年背教者
259 尤利安的波斯战役以来，欧洲在传教活动外（包括查理曼强迫撒克逊人改信）首次持续性的东向扩张。

就定义来说，十字军是一支朝圣队伍，十字军战士获得朝圣的好处与特权，包括罪的赦免。唯有教宗才有权允许朝圣，因此也唯有教宗才能号召十字军，正如唯有借由宣誓才能成为十字军战士。十字军东征有好几次，范围不限于小亚细亚。十字军也是教廷在欧洲的武器——对抗西班牙的穆斯林、波罗的海沿岸的异教徒、法国南部与意大利北部的阿尔比异端，以及教宗的政敌。十字军解释了斯大林日后的疑问："教宗与多少人意见不合？"以十字军的出征次数来看，敌人还真不少，但出征通常是间歇而短暂的。对教宗而言，十字军也像飞弹一样，一旦发射就难以控制，第四次十字军东征充分证明这点，他们表面上攻打耶路撒冷，实际却征服了君士坦丁堡与希腊基督教帝国大部分地区。

教宗乌尔班鼓吹第一次十字军东征，这项创举的背景是前往圣地的基督教朝圣者愈来愈常受到当地穆斯林统治者的骚扰，此外拜占庭对土耳其人的军事抵抗也开始节节败退，促使他们向教宗寻求援助。有些十字军战士的动机似乎从一开始就是为了替自己夺取土地，而十字军的产生也伴随着有计划地屠杀欧洲犹太人；犹太人与穆斯林都被视为基督的敌人。十字军在拜占庭人眼中也经常被视为入侵者而非援助者，这种观点并非毫无理由。冲突与流血时有所闻，部分是因为第一次十字军东征并未经过完善组织，也没有充分的后勤补给；更贴切地说，这些十字军是一群往东流窜的散兵游勇，而

非号令严明的正规军。尽管如此，耶路撒冷最后还是落入十字军手中，时间是 1099 年，伴随而来的是劫掠与屠杀。他们在耶路撒冷推选出基督教国王，不过实际上只是找个年高德劭者来充当。

第一次十字军东征留下一些目击者描述。其中最有趣的一部作品是拜占庭皇帝阿莱科修斯一世（Alexius I）的女儿安娜·康姆 260
妮娜（Anna Comnena）写的《阿莱科修斯一世传》（*Alexiad*），它之所以有趣主要不是着眼于内容，而是它的视角。这本书是对她父亲的颂辞，但也清楚显示拜占庭对十字军的态度，这些十字军如天上星辰或海边沙粒般不计其数，安娜称他们为法兰克人（常用名）、野蛮人，以及更常见的凯尔特人。安娜对十字军的憎恶是可以理解的，她说这些人狡诈又贪婪。在她写作之时，十字军领袖塔兰托的伯希蒙德（Bohemond of Taranto）才刚从意大利南部根据地出发攻打阿尔巴尼亚的希腊人。在安娜眼中，他是不折不扣的恶棍。她甚至拒绝说出其他领袖的名字，因为这些名字的音节实在太粗鄙（10.x）。乌尔班之前的格里高利七世是个"可憎的教宗"（1.xiii）。安娜的作品相当有组织，她的评断也是可以理解的，但这些批评却使她丧失史家的首要条件：好奇心。她对自己父亲的描述就只是不断重复赞颂之辞。可惜的是，拜占庭政治家米夏埃尔·普塞路斯（Michael Psellus）杰出而观察入微的宫廷史完成于 1078 年，比十字军抵达拜占庭早了十年。然而安娜的确提到十字军自招败亡的性格："凯尔特人一开始毫无惧意地以骑兵进行冲锋，但之后由于甲胄沉重以及他们躁进的性格，要击败他们可说轻而易举。""凯尔特人结合了独立精神与目中无人，更甭提他们完全不培养有纪律的战争技艺。"（11.vi）这些评论直到 1396 年法兰克骑士在尼科波利斯（Nicopolis）的最后一场致命战都还管用，十字军的希望终于破灭。十字军的殖民地位于仇视他们的穆斯林与希腊人的大海中，从未吸引其他拉丁人前来，只凭着天主教移民加以确保。十字军有时令人印象深刻，而且对拜占庭与穆斯林构成威胁，但它总是间断不继，热情也太短暂（就某种意义来说，这不违反他们原先的意图：十字军的誓词不包括建立殖民地），因而无法长期保住成果。

关于 1198 年由教宗英诺森三世（Innocent III）所发起的第四次十字军东征，最易取得的描述作品是书名取得毫不掩饰而精确的《征服君士坦丁堡》（*The Conquest of Constantinople*），作者杰弗里·德·维尔阿杜安（Geoffroy de Villehardouin）是这场战役的主要参与者。一个世代之后，第六次十字军东征的目击作品是让·德·乔安维尔（Jean de Joinville）的《圣路易传》（*Life of St Louis*），它
261 有着维尔阿杜安缺乏的生动与人性，而且更具阅读乐趣，不过比较近似于个人回忆录与传记，而非通论性的历史，此外，法王路易九世胎死腹中的北非战役也不如十字军离奇攻打君士坦丁堡来得引人入胜。就某个意义来说，维尔阿杜安生逢其时，在自己的十字军历史中实际担任要角。他从头到尾参与这次东征，而且在军事会议中举足轻重，数度担任使节与谈判者，与借由海路远征的威尼斯人磋商、与希腊人会谈，以及在划分领土时为十字军各路领袖折冲樽俎。唯有穆斯林不在他接触之列，而他们确实未在他的书里扮演任何角色。（阿莱科修斯一世因畏惧十字军，曾与穆斯林实际结为盟友。）

不过维尔阿杜安的作品与安娜·康姆妮娜有着相同的缺点，他反映出安娜无意间显露的偏见，而且是颠倒过来：希腊人是狡诈而不可信任的。他非常认同十字军采取的战略，这些策略本质上是为了支持威尼斯人横渡亚得里亚海攻取基督徒领土，然后攻打君士坦丁堡，维尔阿杜安如此支持十字军，以致凡是反对十字军决策的人都无法获得他的理解甚至好奇心：他们只是蓄意破坏者。维尔阿杜安身为与威尼斯人商谈运输事宜的十字军使节之一，实际上也是十字军进军路线的设计者。由于他对需要运送的军队人数估计过于乐观，造成使节们与威尼斯订立的契约代价过高，十字军为了应付自身的费用，没有能力也没有意愿再负担这笔款项。于是他们屈服于

威尼斯人针对拜占庭帝国所拟定的计划，威尼斯人无论如何也要从中榨取商业特权。

可以理解的是，有些十字军战士希望排除威尼斯的参与，改从诺曼法国人的南意大利基地出发，横渡亚得里亚海，直接登陆叙利亚岸边。这是个合理的观点，但维尔阿杜安完全不接受，即使十字军领主们为了保住刚从希腊帝国取得的土地而陷入与保加利亚及瓦拉奇亚（Wallachia）的基督教国王约翰尼查（Johanitza）奋战的困境， 262
似乎也无法动摇他的决定。同样，他也对十字军在 1204 年彻底且毁灭性地掠夺与蹂躏君士坦丁堡并分配战利品无动于衷。他曾受封为香槟元帅，日后又受封为拉丁帝国的“罗马尼亚”元帅，这种典型的将领性格，让他深信自己的路线是正确的，即使对手在战略上释出善意，也绝不做任何让步。他总是将各种不同的意见混为一谈，认为他们全是“想扰乱军心的人士”，至于那些想返回欧洲另谋出路的人，以及打算独自前往“毫无利益可言”的叙利亚的人，对他来说没有太大区别。他这种自利的描述有时让人想起约瑟夫斯，但后者显然是更优秀的叙事者与分析者。就一名军事领袖而言，维尔阿杜安在战术上毫无裨益，仅以“上帝的旨意”笼统解释成败。他有时以传令兵报告战事与骑士比武的方式提到骑士们赢得荣誉与功勋，也记录重大伤亡，但羞辱罪人似乎才是他从事记录的重要动机。他列出的背教者名单远多于有功人士名单；在他冗长的赘语中，背教者总是“想扰乱军心的人士”。

维尔阿杜安的历史是以方言与散文写成，虽然方言更常用于韵文形式。他的作品是历史，不是编年史：它是一部精心安排的专论，从适当的地方开始——始自十字军的宣扬而非亚当的创造——呈现出连贯而持续的叙事。就这一点而言，它使人想起上古时代的史家，不过维尔阿杜安在写作上远不及他们。但这样的比较似乎只有我们知道，维尔阿杜安自己显然未察觉到前辈的存在；他的书缺乏传统的前言与其承诺，而且他没有文学架子，这毋宁是在安娜·康姆妮娜恼人的文学自我意识后的一种解脱。事实上，有人怀疑他是否具有读写能力，他的作品或许是出于口述。

尽管没有前言，也不管再怎么缺少自我意识，维尔阿杜安写作
263 的动机仍不难理解。他知道君士坦丁堡落入十字军之手是件罕有的大事，称之为成就，而且亲身参与其中。在没有前言之下，维尔阿杜安的书不像传统的做法那样宣扬自己所述事件的伟大，但他很清楚这些事件有多特殊：城市的壮丽与十字军的残暴，即使表面上十字军一开始是为了让被罢黜的储君复辟。维尔阿杜安数度震慑于十字军舰队规模之盛大，虽然实际上数量没那么多。一般而言，他不是个文笔生动的作家，但登岸的情景却让他有感而发写下赞颂之辞："这是一副令人惊叹的景象；骑士与重骑兵从战舰蜂拥而下，许多健壮的马匹自船舶里牵出，无数棚子与营帐被卸下来准备搭建。"（46）至于君士坦丁堡，没看过的人无法想象世上竟有如此美好的地方。十字军战士

> 看到周围环绕着高墙与尖塔，以及富丽的宫室与耸立的教堂，若非亲眼所见，没人会相信竟有如此多美丽的事物，而且他们发现这座城市的长宽远迈世上其他城市。再怎么勇猛与胆气十足，见了这副景象莫不感到战栗……从创世以来，没有任何民族能营造出如此壮观的事业。（59）

在描述十字军掠夺的战利品时，维尔阿杜安也有类似的惊奇与夸饰之语。

很难说维尔阿杜安有多虔诚，尽管他经常将"上帝的旨意"挂在嘴边。当然，他对教会事务的兴趣似乎不高。他提到教宗反对攻击亚得里亚海沿岸的基督教城市，但未提及威尔士人被逐出教会。他记录西妥会（Cistercians）内部对十字军路线有不同意见，却也认为西妥会的异议领袖是个背弃者与"耻辱"；这个异议领袖是沃

克斯（Vaux）修道院院长，他最后对十字军感到作呕而独自前往叙利亚。维尔阿杜安未提到天主教会在君士坦丁堡设立宗主教，以及在圣索菲亚教堂设立天主教的分支教会，然而这些举动却招来东正教希腊人的强烈愤恨。更令人惊讶的是，他对城市战利品的沾沾自喜使他忽略为数甚多的遗迹，这些物品在西方受到重视而且实际上 264
卖了很高的价钱。维尔阿杜安提到教宗的赦罪是十字军东征的一项动机，但作为目标的耶路撒冷却很快从他的书里消失，而且未再提及。他记录了一段耐人寻味的宣告，这想必并不罕见，这段话出自某个抛弃船只从叙利亚返回加入十字军的人，当他离开先前的伙伴时，他对他们说："我要跟这些人一块，我相信他们可以为自己谋取一些土地。"（57）对于这种不是很具朝圣气味的情感，维尔阿杜安未做任何评论。

弗罗瓦萨尔："名声显赫的事件"

根据维尔阿杜安的说法，一些法国骑士在他的省份香槟参加于埃克里（Ecry）举办的骑士比武大会；这些骑士曾于 1199 年宣誓参加十字军，并且派遣使者与威尼斯人商议运送士兵渡海。骑士比武虽然是在更有限的时间里进行，但与十字军类似的地方是它也聚集了骑士与贵族阶级成员，有时还具有国际重要性。作为一种具体而微的战争，有时甚至还会致命，骑士比武有真实冲突的性质，虽然没有弓箭手或围城：有传令兵记录和宣扬英勇事迹，仪式更加光彩夺目，对于对手谦恭有礼，甚至必须宣誓，不过与宣誓加入十字军将战士变成朝圣者相比，骑士比武比较具有个人特异的风格，乃至于有点古怪。骑士比武甚至影响实际战争的报导与进行方式，其更强调个人武艺的展示，连带也看重功勋与荣誉的取得；我们在维尔阿杜安的作品里发现几个例子。比维尔阿杜安晚了约两个世纪的让·弗罗瓦萨尔（Jean Froissart）的写作资料来源似乎是传令兵，其叙述带有一种或许可称之为传令兵视角的风格，如同计分卡一般。作为一种有规则的战斗，骑士比武促进了骑士阶级的团结，演练与激励符合骑士精神的行为，重视骑士应有的举止，犯规的攻击是可耻的；虽然有时也会产生仇恨与实际流血，甚至造成骚动与混乱。

265 骑士精神是贵族战士阶级的行为规章，是以阿瑟及骑士为中心的方言骑士文学的教士作者们培养出来的，这一观念从十二世纪开始发展，到十四世纪臻于极盛。骑士精神的核心仪式除了封爵典礼外，骑士比武也从十二世纪毫无章法的混战斗殴（马修·帕里斯记录十三世纪初有些骑士比武大会因担心造成混乱或由于气候因素而取消）转变成愈来愈豪华而仪式性的事物。早期的混战肯定就像早期村落间的足球赛，几乎没有规则，没有清楚划界的区域，而且造成一些死伤。后来市镇广场划出一块区域，按照先后次序进行个人战斗，设立观众席，其中包括女士的座位，比赛结束后还举办庆典活动。

与战争一样，失败者的良马与盔甲归胜利者所有，因此骑士比武有商业的一面；这些比武者有点类似以此“为业”的贫穷骑士。在战争中，战俘被留下性命以换取赎金，他们既是可协商的商品，也是时运不济的骑士兄弟；战俘可以被买来当成投机的赎金，或者更像是贴现票据。以骑士精神（谦恭有礼以及如兄弟般的情谊）对待战俘是阶级团结的另一项特征，一般平民无法享有这种待遇。

对于骑士出身的俗人来说，骑士精神是个清楚的个人观念，它是几种影响汇集造成的结果，在此我们只思考其中一种影响。教会的影响主要反映在愈来愈像宗教仪式的封爵典礼，以及宣誓维护正义保护弱者上面。这是个重视宣誓的社会：核心的社会纽带处于臣民与领主之间，并且由效忠的誓言来加以建立，不忠的臣民会被认定是背弃誓言。十字军战士普遍认为自己是宣誓过的臣民，而基督

是他们的领主，穆斯林占有圣地等于侮辱基督的荣誉。誓言也在骑
士精神的另一个来源中扮演一定角色：对优雅爱情的崇拜，主要发
展于十二世纪的阿基坦(Aquitaine),它反映在阿瑟传说的日后发展，266
以及散文与韵文的骑士文学上。这代表一种企图让战士贵族的风格
变得柔软的尝试——透过女性而非教会。为自己爱慕的女性做出奉
献，是一种效忠。不忠是耻辱，骑士的奉献既是感召也能涤除罪恶，
就像勇气一样，要禁受磨难的考验。北方理想的通俗形式把骑士
视为勇气更大、武艺更高的爱人；我们可以从弗罗瓦萨尔的作品
中看到许多这类观念的例子。

当然，无论是爱情还是战争，理想与现实总有很大差距：掠夺、抢劫、屠杀是十四世纪战争常见的副产品，弗罗瓦萨尔的《编年史》将这些史事呈现在我们面前。如同维尔阿杜安的十字军瓜分君士坦丁堡的战利品，骑士仍常被认为类似于法兰克人的部落酋长，这些部落酋长在图尔的格里高利眼中如同盗贼。战争的动机大体相同，在完整的计分卡上附带着对荣誉与名声的渴望。

无论从骑士精神模式还是其他方面来看，弗罗瓦萨尔都是描写十四世纪战争最重要的史家。他的作品带有编年史家的特征，其中之一是合并了前人让·勒·贝尔（Jean le Bel）的作品。弗罗瓦萨尔承认这一点，贝尔的叙事构成他作品中从 1327 年（英格兰国王爱德华三世登基）到 1360 年代初期绝大部分的内容，之后则完全是弗罗瓦萨尔自己的手笔；他的作品结束于 1400 年，也就是理查德二世被罢黜之后。弗罗瓦萨尔不排斥在作品中穿插各种故事，他从别人口中听到这些故事，而且喜欢这些故事。一般而言，弗罗瓦萨尔的叙事流畅、节制而具有关联性，他的叙事可以让人感受到某种虚构的散文骑士文学的影响，尤其是当时所流行的阿瑟传说。他经常以对话来开展叙事。弗罗瓦萨尔的作品是历史，但他并不盲目推崇史家的严肃冷静：人们有时认为只要掌握史实的大方向就已足够，弗罗瓦萨尔对细节就比较马虎。他的作品具有自由而轻松的叙

事风格，极具可读性且丝毫没有学究气息。他以方言写作，显然是为了便利世俗读者阅读，他的作品在 1523 到 1525 年间首度翻译成英文。以法国北部、英格兰与佛兰德斯（Flanders）为中心，旁及苏格兰、加斯康尼与西班牙，弗罗瓦萨尔的描述是一种全景式的观
267 点，他以特殊而大体属于（并非只限于此）骑士精神的视角来注视他的时代。英格兰与法国君主之间的长期冲突是他描述的焦点与方向，但他写作的范围并未因此受到局限。弗罗瓦萨尔的描述也包括巴黎、伦敦与根特（Ghent）等地的反叛，以及法国农民暴动［又称贾克里之乱（Jacqueries）］。1381 年英格兰农民暴动获得他长篇幅的介绍，但处理上似乎无法令人信任。黑死病只是略微提及，却详加叙述瘟疫产生的自我鞭笞教派。因选出两名彼此敌对的教宗而造成的教会大分裂（1378—1417），也受到些许注意。

弗罗瓦萨尔约于 1337 年出生于埃诺郡（Hainaut）的资产阶级家庭，他的家族经营放贷生意，这显然与骑士精神相违背。弗罗瓦萨尔很早就被引荐到英王爱德华三世的宫廷里，紧跟在与他同乡的女子，也就是爱德华的皇后埃诺的菲莉帕（Philippa of Hainaut）之后。他曾为菲莉帕写过一篇韵文，描述最近发生的英法战争，并说因这篇文章而获得重赏。弗罗瓦萨尔最后回到欧陆，不过之后又造访了英格兰。他后来接受神职，并且于 1405 年以神职人员的身份在列日附近的希迈（Chimay）去世。在《编年史》前言中，弗罗瓦萨尔告诉我们，他是在赞助人纳穆尔的罗贝尔（Robert of Namur）要求下写这本书："为了让英法战争期间发生的荣誉事业、高尚冒险与战功能合宜地被叙述并流传后世，激励勇者效法这些典范，我希望将这些名声显赫的事件记录下来，载诸史册。"后世与典范都是相当标准的说法，但以下这些词汇则完全源自骑士精神：勇敢进行的"荣誉事业"、"高尚冒险"与"显赫名声"。而他接下来说的话并不令人意外：他表示他结识了法国、英格兰、苏格兰、布列塔尼与其他各地的伟大君主，并且在他们之间做了调查。

然而，要把弗罗瓦萨尔的作品安放在“骑士历史”的类别里，需要一些解释，甚至必须满足一些条件。荣誉、英勇与谦恭有礼的概念随处可见，我们也发现许多例子显示出骑士的阶级情谊以及商业面向。在一场结束于克雷西（Crécy, 1346）的战役中，一些法国骑士担心自己将死于这场屠杀，高声向他们认识的一名英格兰骑士求救，“因为他们曾经在格拉纳达（Granada）与普鲁士（这两 268
处都是经过认可的十字军圣地）并肩作战……因此彼此的确曾见过面”。他们乞求他收容他们当战俘，意味着接受他的保护。“听到他们的呼喊声，托马斯爵士面露喜色，他们的被俘不仅意味这一天的工作顺利完成，也表示获得大批珍贵的战俘。”（75）托马斯爵士接受这些战俘，不仅显示十字军昔日袍泽的连带关系，也说明骑士有怜悯被征服者的责任，以及日后十八世纪所说的“温和商业”（le doux commerce）；十八世纪颂扬国际贸易带来的文明效果，市民承袭了“谦恭有礼”的骑士精神。在英语中，“谦恭有礼”（courtesy）是骑士精神的关键，它在语源上与“宫廷的”（courtly, *courtois, höflich*）仅有半步之遥，与宫廷礼节相关，正如“骑士精神”（chivalry）——后来几乎废弃不用——保留了与马有关的原初意义。

有一段有趣的描述，显然弗罗瓦萨尔取得的是第一手信息：有人企图教导爱尔兰人骑士精神，而爱尔兰人似乎顽强地抗拒骑士的价值与风俗。他们不以骑士的方式战斗，不拿赎金，必要的时候转身就跑；尤其法国骑士没有能力区别撤退与耻辱的区别，因此造成极大的战术缺陷。据说爱尔兰人会吃掉敌人的心，此举显然违反了骑士精神。弗罗瓦萨尔的消息来源是一名苦恼的英格兰骑士，他负责指导四名爱尔兰国王骑士的行为准则，包括餐桌礼仪，虽然不包括菜单。他们必须与吟游诗人及侍从分桌而食，而且不能共享器皿。国王显然被激怒了，因为大厅的家具全依照身份等级重新摆设。还必须向爱尔兰人解释的是他们封爵方式的不正确，未依仪式就封爵给七岁的孩子。伪封爵仪式无法产生效力，这些人必须依照仪式再次封爵，就像圣威尔弗里德坚持爱尔兰的修士必须再削发。他们还必须学习穿马裤。这很像传教工作，但没有神迹相助，也没有麻雀指点迷津，不过骑士或许还需要更华丽的服饰。爱尔兰人学习了“骑士的美德与义务”，接受适当的指示，或许还穿上马裤，然
269 后根据理查德二世的适当仪式举行封爵典礼。无独有偶，虽然不是赤裸着双腿，但根据弗罗瓦萨尔的说法，日耳曼人也不像英格兰人、法国人与苏格兰人那样了解骑士精神，而且他们还虐待战俘（414—416）。

骑士精神当然不仅关乎荣誉与英勇，也关乎礼仪与人道。弗罗瓦萨尔是鉴定骑士功绩的行家。就这点来看，普瓦梯也尔战役（1356）明显胜过克雷西战役：普瓦梯也尔更为优异，“与克雷西相比，有更多无可比拟的战功”（138）。在这两场战役中，弗罗瓦萨尔承认弓箭手的关键角色。在温切希（Winchelsea）之役中，爱德华三世采取骑士比武的战术，把他的船当成战马与长矛：“朝那艘船正前方驶去，我要来一场马上比武。”（116）（船只正面相撞，爱德华的船受损严重，不得不弃船。）爱德华的命令足以媲美法王在克雷西的指挥，两人都具有骑士风格，当法军中的热那亚十字弓兵撤退时，法王下令：“杀掉那些乌合之众。他们只会挡住我们的路。”（89）

有时在弗罗瓦萨尔的书中，人们可以捕捉到从优雅的爱情伦理所衍生出来的观念：恋爱是一种战斗优势。尤斯塔斯·朵布里库尔爵士（Sir Eustace d'Aubricourt）战功彪炳且武艺超群，“因为他年纪轻轻、处于热恋，又充满进取心”（161）。他不是唯一的例子。弗罗瓦萨尔补充说，尤斯塔斯因他的功勋而获得大量财富；他的爱情或许也因此一帆风顺。另一个例子是两名法国与英格兰骑士之间的私怨，他们穿着女士送他们的衣物，两件刚好都是蓝色的；他们是否因而彼此猜忌，书中则未详述。

从骑士精神的伦理与规矩来看，弗罗瓦萨尔作品的主要核心是爱德华之子黑王子（Black Prince）如何对待他的俘虏法国国王好人

约翰（John the Good），约翰是在普瓦梯也尔之役沦为阶下囚。故事开始的场面有点难看，国王成了珍贵的战利品，人人为了拥有他而争相抢夺，每个人抓住他时高呼“他是我的”——不禁让人觉得国王似乎仅成了一件能卖得好价钱的东西。可以想见，国王被王子拘留时反而松了一口气。当晚，王子设宴款待法王约翰以及与他一同被俘的贵族们，并且上演一出只能以骑士芭蕾舞剧来形容的好戏：

> 他十分谦恭地在国王与其他人桌旁服侍着，即使国王不断 270
> 恳求，他仍坚持不与国王共席。他坚称自己没有资格与当天显露出有力君主与英勇士兵形象的约翰国王同坐一张桌子。他一直跪在国王面前，说道：“敬爱的主上，不要食不下咽，即使上帝今日未垂听陛下的祈祷。我高贵的父王必将彰显陛下的名誉与友好……依我之见，陛下其实有充分的理由高兴，虽然战事未尽人意，但今日陛下已赢得战士的最高荣誉，即便麾下最优秀的骑士亦自叹弗如。我这么说绝非奉承，敝国每位将士都目睹了奋战过程，大家一致同意，并且要向陛下献上棕榈与花冠，愿陛下接受众人的敬意，佩戴起来。”（144）

在场的法国人与英格兰人都高度肯定王子的行动，认为“他是最具骑士风范的贵族与东道主”。

至少对现代读者而言，与这个场景相对的是弗罗瓦萨尔对利摩吉（Limoges）市民遭屠的描述，黑王子攻下这座城市后下令屠杀。就这么一次，弗罗瓦萨尔对贵族丧失了同情心：

> 这些可怜的景象。男人、女人与小孩急忙跪在王子面前，哭喊着：“可怜我们吧，慈悲的大人！”但他怒火中烧，听不进这些求饶。无分男女，只要找得到的全死于剑下，包括许多无辜者。我不明白他们为什么不饶了这些卑微得不可能犯下反逆

的百姓。但他们还是付出代价，而且比真正造反的领袖还要昂贵。

> 若有人当日曾在利摩吉，而且心中牢记着上帝，则他绝对无法铁石心肠到目击如此可怕的屠杀而不难过落泪。超过三千名男人、女人与小孩，被拖出来割开喉咙。愿上帝收容他们的灵魂，因为他们是真正的殉教者。（178）

弗罗瓦萨尔本身是资产阶级，一向同情镇民更甚于农民。他不
271 同情法国贾克里之乱的参与者、反抗上层阶级的农民暴动，或1381年英格兰农民叛乱。据说他曾逐字引用教士领袖约翰·伯尔（John Ball）宣扬平等的讲道内容，这篇文章在六个世纪后似乎变得极具说服力，但他认为伯尔“精神错乱”，叛军是“恶人”，而他们的行动是“恶行”（212）。弗罗瓦萨尔对于反抗佛兰德斯伯爵的根特叛军有着更多尊重；他们几可说是他的同乡，但他们的失败，即在于库特雷之役（battle of Coutrai, 1302）遭到屠杀，仍符合“基督教世界与所有贵族和士绅的光荣与利益”（350）。任何事物只要威胁到秩序与身份等级，就是一种邪恶。当然，他喜爱骑士制度的华丽与外观，包括丝质大帐、精巧的绘画、王室物品、庆典、封爵与婚礼仪式。不过弗罗瓦萨尔不仅在评论市民时同情心出现反转，在叙述法国准备进攻英格兰时（最后胎死腹中），弗罗瓦萨尔提到船只毫无节制的彩绘与装饰，甚至还贴上金箔，也像突然发现什么似的补上一句：“这些全由法国各地的贫苦民众负担。”（305—306）弗罗瓦萨尔接受光荣战争带来的附随物，但这不代表他支持如此。他清楚这些事物是什么：掠夺、焚烧与蹂躏。“诺曼底良田受到英格兰人如此毁坏与掠夺”——影响所及，连“英军的仆役也开始蔑视这些穿着毛皮衬里长袍的人”（71）。

在弗罗瓦萨尔作品中，有个明显例子显示资产阶级英雄主义与作者的同情，那是爱德华三世围困加莱（Calais）的最后一幕，当时这座城市因断粮而被迫投降。当宣布说若有六名领头市民愿意脖

上套着绞索，手持镇钥表示臣服，那么爱德华将饶了居民，此刻马上就有六名志愿者挺身而出。随后的场景——王后菲莉帕向原本毫不宽贷的国王陈情，希望他饶了这些人的性命，最后终于成功——触动人心，深深吸引爱德华时代的人[1]，他们树立罗丹（Rodin）为表现这些悲惨者困境而造的铸像，至今仍可见于伦敦堤岸上。爱德华将镇民全数逐出，打算以英格兰人填充这座城镇，弗罗瓦萨尔再次表示遗憾，不过这项驱逐行动似乎被夸大了。有趣的是，被俘的 272
骑士被有条件释放，爱德华宣称："他们是绅士，我相信他们必能遵守诺言。"（109—110）骑士要能够被释放，条件在于骑士誓言的神圣是否能发挥功能。这方面的极端表现在法国国王身上。在许下诺言之后，他获释返国，但发现有一名追随者违背誓言，于是自愿返回英格兰充当人质，以信守对王子的承诺。可想而知，他的返回成为举行盛大庆典的理由。但有条件的释放只存在于骑士阶级内部。当年轻的佛兰德斯伯爵被他的资产阶级臣民俘虏时，"他们严密地看管他，使他几乎无法起身去撒尿"（99）。

弗罗瓦萨尔是个既高雅又质朴的作家，他具有骑士精神，偶尔会有宽广的人道关怀，有时又表现出一种资产阶级走过骑士与贵族身旁时小声说话的调调。然而不可讳言的是，弗罗瓦萨尔毕竟是以骑士世界史家的身份为人所牢记，而这个名声他应该会乐于接受。有一幅描绘爱德华三世于克雷西之役横渡索姆河的画作，作者是英王乔治三世时代出生于美国的画家本杰明 · 卫斯特（Benjamin West）；画作主题直接取材自弗罗瓦萨尔，并且清楚传达出他的作品留给后世的印象。法国人争夺渡口。以下是弗罗瓦萨尔的叙述：

> 两名英格兰元帅下令旗手以上帝与圣乔治之名前进，自己

1　指英王爱德华七世时代，1901—1910。——译注

> 则亲率大军紧随其后。最勇敢的骑士策马渡河，最优秀的骑士在前面引领着。河中出现许多比武场面，双方都有人落马，哥多玛尔爵士与他的部下英勇守住这道渡口。他的一些骑士，以及其他来自阿尔特瓦与皮卡迪的骑士决定不在岸边等待，而是疾驰到浅滩战斗，以博得更多名声。如我所言，浅滩上因此出现许多比试与精彩绝伦的战斗……热那亚人也以他们的十字弓造成重大伤亡，但英格兰弓兵技术纯熟，在他们的齐射下，产生令人惊异的景象……（80）

弗罗瓦萨尔在这里并未责怪那些法国骑士，他们放弃拥有战术
273 优势的岸边地形，到河中寻求“更多名声”。不过在稍后克雷西战役的描述中，他却责难法国人因自傲与虚荣陷入要命的混乱状态，“法军里有太多大贵族，他们一心想着如何显露自己的本领”（86）。

卫斯特的画作将爱德华置于中心位置以及河流中央。一小群英格兰弓兵在背景的岩石露头上放箭。它不是写实主义；泥泞是不可想象的。它是弗罗瓦萨尔理想世界的一部分，而且因历史距离与历史画的惯例而更形理想化，而且也缺少弗罗瓦萨尔偶尔出现的质朴与写实。但这幅画还是极为生动耀眼。画作的焦点是国王本人，他矗立在被四分为英格兰狮徽与法国百合花饰的飘扬旗帜下；相同的四分纹章也出现在他的盾牌与外衣上，他的战马也饰以相同的纹章。纹章可以用来识别敌我：爱德华似乎全身饰满纹章，以免别人无法认出他的身份。此外他也显露出英姿焕发的形象，以潇洒的姿态挥舞手中战斧（另一种受人肯定的骑士特质），鼓励他的部属，而非威胁接近岸边交战的法国人。这幅画作是选择性的，但不会不适当，它表现出弗罗瓦萨尔看待世界的一般方式，虽非一成不变。英王乔治三世认为这幅画是适当的，因此它被悬挂在温莎城堡内，爱德华国王曾在此地创设嘉德勋章。根据弗罗瓦萨尔的说法，这座城堡是阿瑟王所建（67）。

第 18 章

从城市编年史到人文主义历史

温切斯特会议中不请自来的伦敦人（见上文第 245 页）是个 274
征兆。随着城市财富与人口的提升，以及发展出自我管理的法人制度，城市的法人意识也开始茁壮，并产生保存记录的要求，与修道院的发展如出一辙。我们已经看过修道院的编年史、以国王事迹为主的国别史，以及以方言写成的历史，内容主要是具骑士精神的战士贵族的事迹。城镇编年史也是以方言写成，它们表达了类似的自我意识，在这些编年史中，大部分未受教育但识字的市民主导了城镇生活，包括商人、金融家与劳工雇主，主要分布在制衣产业的各个层面。他们的编年史有时呈现出一种争论不休而分裂的自我主张形式，殷实的市民不仅要对抗贵族与大地主，还要对抗委屈的下层工匠。1370 年代末期与 1380 年代初期，在几个人口稠密充满都会繁华与力量的主要城市，发生了几次严重的动乱，包括巴黎、伦敦、根特与其他的佛兰德斯城镇，而佛罗伦萨也首次发生严重的下层工匠（ciompi，梳毛工）暴动。城镇生活在意大利中部蓬勃发展，并且显示于十一与十二世纪开始的佛罗伦萨城市编年史中。

在意大利的中部与北部，有些城市享有实际的自治地位，本质上如同城邦；教宗与皇帝的冲突，以及皇帝把关切的重点放在日耳曼地区，使帝国宗主的地位逐渐变得有名无实。结果造成内部政治的共和形式出现，最著名的是威尼斯与佛罗伦萨，以及意大利在政治上分裂成几个彼此猜忌与仇视的国家，两者均影响了历史写作。
275 此外，历史写作也受到古典学问复兴（人文主义）的形塑，这种学问从十五世纪以来就结合了对典范罗马史家风格与内容的密切注意，特别是李维。但意大利当时的情况并非帝国，亦非民族王国：它比较类似共和时期罗马面临的处境，起初与敌对邻国发生冲突，而后是愈演愈烈的毁灭性阶级斗争。如研究文艺复兴的杰出史家丹尼斯·海（Denys Hay）所言："《盎格鲁–撒克逊编年史》、马尔姆斯伯里、圣阿尔班斯的作者们，及至马修·帕里斯，无论他们有无自觉，他们写的都是英格兰史……法国亦然，只是风格没那么明显。但在意大利找不到类似的作品。"（*The Italian Renaissance*, 1977）

不过意大利的城市编年史却大量出现，加上古典作品的复兴，因此在十五世纪以佛罗伦萨为中心，逐渐衍生出一种比过去更贴近罗马习俗的历史写作方法，以及反思历史教训的新方式。它结合的不仅是罗马史学传统——虽然希腊史的翻译已开始进行，但希腊的历史写作方式仍未受重视——还将罗马史与意大利当代史的内容视为共和政治的灵感与政治教训的来源。最受喜爱的古典史家仍是那些在中古时代已广受赞誉的作者，例如萨拉斯特与李维。直到十六世纪末，塔西佗才享有盛名。但罗马形象此时的形式与中古时代流行的形式并不相同，它不聚焦于帝国城市，而是将重点放在充满斗争的早期共和国时期。公元前一世纪的罗马人在回顾那个时代时，认为那是共和国逐渐丧失爱国情操的年代。

方言编年史的写作不表示某种脱离，如之后的人文主义历史将关注点移往古典世界，刚好相反，它紧密而深刻地涉入城市生活中，如同修道院的编年史家处于自身所属的小社群里。有些修道院编年史似乎发展自历书；而在俗人、商人社群里，例如在佛罗伦萨，存

在着家族与企业档案，其与修道院编年史是同一种事物，由识字俗
人记录他们的事务。这些档案自然而然地开始涵盖公共事务，包括 276
公职人员列表，有时则穿插记载一般市政或国际事件。在意大利，这类公共事件，如战争，牵涉到城市与一个或多个邻近共和国或公国之间的事务；从比较广大的尺度来看，教宗，乃至于国王、十字军战士、土耳其人与蒙古人的行为都具有利害关系。从更地方性的角度来看，公共生活与家庭、家族生活之间存在着连续性，它关联着引起公众瞩目的大家族间的世仇关系，因为这通常是造成动乱的原因，另一方面，家族联盟又是通往权力的关键。在佛罗伦萨，公职任期非常短暂，人员的轮替迅速，参与者也相当广泛；担任公职对家族与个人来说是身份地位的重要表征。

我们可以透过佛罗伦萨看到演变过程，从私人回忆录与家族历史，到方言编年史，再到讲述佛罗伦萨政治形态的人文主义历史。不过后两者之间的转折比较像是断裂，人文主义历史被置放于方言编年史之上，例如马基雅维利的历史以方言写成，把早他两个世纪的作家乔凡尼·维拉尼（Giovanni Villani）的《编年史》（*Chronicle*）的章节合并到风格与焦点完全不同的作品中，而他诉诸的是另一批比较有教养的读者。这种转折既断裂又连续，它代表的不仅是地方性的意义，对欧洲史学而言也意义重大，象征着欧洲史学发展的关键时刻。人文主义史家不同于编年史家的口语风格和地方性且杂乱无章的兴趣，他们所受的教育、对古典模式的持续关注，以及对关联性的严肃看待，使其有别于编年史家；而与马基雅维利同时代的弗朗西斯科 · 圭恰迪尼认为，关联性是“历史法则”加诸的。研究圭恰迪尼的现代权威马克 · 菲利普斯（Mark Phillips），提到圭恰迪尼未出版的作品如何显示我们在此思考的单一文学事业的转折：除了其他事物，圭恰迪尼还写了家族史，并且从中发展出佛罗伦萨的历史；之后他又增添另一种对洗练的人文主义历史满怀野心的尝试，例如正式的虚构演说，但又加入许多文献研究。至此他的作品仍处

277 于不完整与草创的阶段。最后，圭恰迪尼继续写出他的代表作《意大利史》，此书让他名垂千古。

乔凡尼 · 维拉尼

要更全面地了解这个演变，我们首先必须更仔细地检视一般所认定的，中古时代佛罗伦萨编年史中最卓越的作品，也就是乔凡尼 · 维拉尼的历史著作。这部作品写于十四世纪上半叶，而作者则死于黑死病这个在十四世纪中期宰制欧洲的灾难。维拉尼出生经营银行与贸易事业的小商业家族。他采纳中古时代教廷编年史的神意史架构（最早源自欧洛西乌斯，见上文第 195 页），并且在这个架构下追溯他自己的城市历史（他总是用所有格“我们的”来描述），从他认为的起源开始，到他身处的时代为止；《编年史》记载的事件离当代愈近，内容就愈详细，原因毋庸赘言。他的著述带有一种公共性格的特征，他死之后，作品由他的兄弟与侄儿续写，如同修道院的编年史由年轻修士续写。起初维拉尼的事业蒸蒸日上，但在雅典公爵（那不勒斯国王之子，他的头衔让人想起十字军）的外来政权于 1342—1343 年的短暂统治遭到推翻，佛罗伦萨建立起较为民主的城市政权后，他的事业也被摧毁。在此之前，他曾数度担任行政委员；行政委员任期两个月，员额八名，共同组成佛罗伦萨的行政政府（Signoria）。

维拉尼的《编年史》没有解释全书意旨的前言，但日后在作品中，他提供了类似前言的内容。教宗卜尼法斯八世（Boniface VIII）宣布，1300 年是禧年（jubilee year），这类庆典总能为罗马带来财源，凡是前来圣彼得之城朝圣的信徒，都能获得赦宥。维拉尼告诉我们，他也是朝圣者之一，并且还致赠金钱给值得赞扬的负责接待朝圣者的机构（VIII.36）。维拉尼与早他一千年的阿米亚诺斯和晚其四个

半世纪的吉本一样，被罗马的神圣庄严感动，因此在感召之下编纂了这部作品，并且署名其上。不过他跟吉本一样，似乎并未花费数
十年的时间写作此书。维拉尼或许没有察觉罗马在共和时代、帝国 278
时代以及他身处的教廷时代的对比；而吉本在详尽说明自己作品的概念时，对其中的差异着墨甚多。维拉尼说，看到

> 罗马城伟大而古老的事物，回想罗马人的故事与伟大时代（他提到维吉尔、萨拉斯特、李维、欧洛西乌斯与其他人），以及其他的史学大师，他们一同写下了渺小与伟大的事物（一个相当好的自我描述，然而这些事物不可能引起他提到的那些作者的兴趣）、罗马人的事迹与行动，以及世界各地的异国事物，我为了保存记录及为后世留下典范，采取了他们的风格与构想，虽然身为后学，我仍不够资格做这件工作。但考虑到我们的城市佛罗伦萨——罗马的女儿与创造物——正在崛起，未来将有伟大的前景，而相反的，罗马正步入衰途，因此我认为在这部新编年史（他的作品的名称）中搜集佛罗伦萨的事迹与起源是恰如其分的……今年，1300 年，我从罗马回来之后，便开始编纂这部作品，除了尊崇上帝与真福约翰，也表彰我们的城市佛罗伦萨。

佛罗伦萨是罗马的女儿，因为根据传统的说法，它是恺撒建立的城市。人文主义者对罗马的文学与历史有更确切的掌握，他们修正这个说法，确定佛罗伦萨建城的时间是在罗马共和时期——对维拉尼来说，恺撒是皇帝——比维拉尼的说法早了数十年，萨拉斯特在他的《喀提林》中提到，佛罗伦萨是苏拉麾下退伍军人的屯垦地。不过，维拉尼在提到佛罗伦萨建城时，也提供了意大利殖民的广泛脉络。在简短描述巴别塔与佛罗伦萨的宿敌菲耶索雷（Fiesole）在阿塔特王（King Attat）带领下于河畔山丘上建城之后，维拉尼流

畅地将故事带入人们熟悉的维吉尔领域中，也就是特洛伊人的迁徙。他的说法一如往昔，认为意大利的历史受到流徙的特洛伊王子的侵扰。在短暂离题谈论罗马的鹰与佛罗伦萨的百合所构成的纹章后(维拉尼总是对这类标识充满兴趣)，他描述罗马人在佛罗伦萨坐落的地点建了一座战神庙，并且以黑色和白色大理石雕塑神祇，维拉尼明确指出这座神庙就是后来的佛罗伦萨主教座堂（至今尚存）。罗马帝国在270年施加的迫害，使佛罗伦萨出现第一位殉教者圣米
279 尼亚托（St Miniato）。他原是亚美尼亚国王之子，后来徙居意大利，成为一名隐居的修士。这位圣人遭到斩首，但他取回自己的头颅，走到他的教堂后来坐落的山丘上，然后才死亡并被埋葬。战神庙经过适当的程序祝圣之后，便奉献给圣约翰，成为佛罗伦萨的主教座堂，而由于建筑时天上星辰呈现有利的排列，因而使这座教堂免于哥特人的蹂躏（I.32, 35）。维拉尼煞有介事地告诉我们，天体的力量不完全束缚人的命运或人的自由意志，但绝对有所影响……（III.1）

根据维拉尼稍后的陈述，或者应该说从他引用的史料中，我们发现我们仍处于传说时代，维拉尼提到国外传来的讯息，指大不列颠（“现在的英格兰”）有个童贞女生下了默林。“根据不列颠人的传说”（II.4），默林为国王乌瑟尔·潘德拉贡，亦即埃涅阿斯的孙子布鲁图的后裔，他召集各方流浪骑士组成圆桌武士，日后潘德拉贡的儿子阿瑟重新恢复这个制度。其他章节（10, 12, 13）则对法兰克人将意大利与教会从伦巴底人手中解放一事做了简短而切要的历史陈述。锡耶纳(Siena)继菲耶索雷之后成为佛罗伦萨的主要对手，首先居住此地的是伴随法兰克国王铁锤查理（Charles Martel）而来的伤残者，“锡耶纳”这个地名源自“non sana”，即身体不适之意。之后查理曼加冕且建立帝国，据说佛罗伦萨就是在他手中获得重建（III.1）。维拉尼详述重建的过程，并且将成果与他当时的佛罗伦萨做比较，再次提到重建时天体运行的位置有利城市建设，不

过他也悲伤地将随后的纷扰归咎于城市从一开始就出现“高尚的罗马人与残忍好斗的菲耶索雷人”混居的状况；接纳菲耶索雷人到城里居住（IV.6）听起来很像是李维所描述的早期罗马历史的同化过程。在对十一世纪帝国与教廷间的争吵稍加着墨之后，维拉尼很快将目光移向十二世纪，从这里开始，《编年史》变得更深入而详尽。佛罗伦萨人的宿怨与政治体制，以及为了自由而对抗外来威胁都成了这个时期的焦点，虽然仍有歧出的主题；维拉尼也描述佛罗伦萨盖尔夫家族（Guelfs）与吉贝林家族（Ghibellines）之间争斗的起源，以及各大家族分属哪些派系（例如 V.39）。佛罗伦萨是拥护盖尔夫派（教宗派）的城市，维拉尼的立场也倾向于盖尔夫。吉贝林家族 280
则是皇帝的支持者。

维拉尼对佛罗伦萨的自豪，以及他对佛罗伦萨当地的一切及其生活具体内容的浓厚兴趣，颇有些引人入胜的地方。萨拉斯特认为过度的安宁与繁荣是孳生骄傲与派系的温床，维拉尼接受这种陈腔滥调，有时还以此来解释史事，然而他自己也禁不住对佛罗伦萨的繁华感到骄傲。在 1300 年，

> 我们的城市佛罗伦萨正处于重建以来，或包括之前，最伟大与最幸福的时代。同样，佛罗伦萨人不管在伟大、力量与数量上都远迈前代（他估计有三万人，而在佛罗伦萨控制的领域之内，役龄男子有七万人）……因此，不知感恩的罪恶在人类之敌的煽动下，从繁荣中产生了骄傲与腐化，进而终止了佛罗伦萨人的享受与快乐。因为佛罗伦萨人已过惯充满愉悦与珍馐的生活，也习于安宁与每日宴飨的日子；每年到了五月一日，城市到处都是乐团与结伴出游的男女，还有体育竞技与舞蹈活动。但现在，这种安逸的时光却因嫉妒而在市民之间产生嫌隙……（VIII.39）

1300年左右，派系开始分为白派与黑派，因此出现所谓的黑派盖尔夫家族与白派盖尔夫家族。新分类显然相当空泛，但由这种分类的出现可以看出所谓的世仇，本质上指的是各大家族（维拉尼照例指出他们的姓名）连同其拥护者之间的宿怨：佛罗伦萨的派系斗争带有阶级向度，它是贵族与市民、富人与贫民之间的斗争。维拉尼在后面几卷描述这些派系以及他们产生的骚动与流血冲突。（马基雅维利后来的作品《佛罗伦萨史》〔*Florentine History*〕也提到派系问题，如人们预期，马基雅维利带有更浓厚的政治探索与好奇心，虽然同样详尽，但比较不那么“表面”。）

维拉尼的佛罗伦萨不只是一座派系与政治体制复杂的城市，也是一座旗帜与纹章的城市，市民各有其归属的旗帜与纹章，在危险与动荡之时，他们在钟声召唤下齐聚于旗帜与纹章之下，组成民兵与部队（例如 VI.39）。根据维拉尼的说法，在十二世纪晚期，即便是派系斗争，有时也可能因伙伴情谊而中止。据说佛罗伦萨人已习
281 惯内战的日子，因此经常是“今天战斗，隔天却一起吃喝，并且吹嘘自己在战斗中的英勇表现”（V.2）。

维拉尼详细描述1266年短暂掌权的吉贝林派在政治体制上做的更动（VII.13）。吉贝林家族为了表现大公无私，任命了两名非帝国提名人选的骑士团成员担任临时领袖（podestà）。这个骑士团正式名称是圣玛利骑士团（Knights of St Mary），但俗称为“伯洛尼亚的快乐修士团”（The Jovial Friars of Bologna）。维拉尼描述这个骑士团的袍服与纹章，也提到他们担任职务的时间相当短暂，“正如他们的名称，他们只在意日子过得快活，其余一律不管”。各同业公会（同业与各区的范围部分重叠）设立的协会是城市政府结构持续存在的特征，不过他们的数量随时间而改变。维拉尼列出这些组织，以及这些组织用来充当旗帜的纹章与颜色：法官与公证人、制衣商人、汇兑业者（他们的旗帜是红底上绘有弗洛林金币）、毛织商人（白绵羊）、医师与药师、丝织商人与毛皮商人。之后，下

层同业也跟着加入，包括肉贩（黑山羊）、石匠与木匠（锯子与斧头），以及铁匠（钳子）（VII.13）。维拉尼在这里的描述，最让人难忘的部分是城市的图腾军旗战车，1260 年佛罗伦萨人携带此物与锡耶纳人作战：

> 军旗战车由佛罗伦萨共和国人民引导。它是一辆四轮战车，全车涂以红漆，两根红色的长杆一起竖立其上，杆上飘扬着巨大的黄白相间的共和国军旗，这面旗子至今仍可在圣乔凡尼（主教座堂）看到。战车由一对经过精挑细选且覆盖红布的大公牛拉着……我们的祖先以军旗战车举行凯旋式与神圣仪式，当他们率领大军出征，邻近的伯爵与骑士（他们通常被严禁过问城市事务）从圣乔凡尼的军械库取出军旗战车，运至新市集广场（piazza of the Mercato Nuovo），停放在显眼的地标旁。这地标至今尚存，是一块雕成战车般的石头，他们将军旗战车交由人民看管……

政府派出最精良的士兵护卫战车，而战车也成了召集点。从一 282
个月前开始，政府在某个城门安置警钟，并且持续鸣钟：

> 他们自豪地敲钟，除了警告敌人……也让自己做好准备。有些人称这座钟为玛尔提内拉（Martinella），有人则称之为驴钟。当佛罗伦萨的军队出征时，他们从拱门取下这座钟，将它放入战车的木塔内，以钟声指引军队。军旗战车与钟这两件神圣之物让祖先在出征时展现出威严与自豪。（VI.75）

马基雅维利认为市民组成的民兵优于佣兵组成的军队，这个观点源于对罗马共和主义的怀旧，然而无法让人有特别生动的想象。人们只能根据印象去猜测这段文字很可能是他依照自己的想象与感性虚构的。

另一件城市财产是狮子。伦敦塔中也饲养狮子，它们属于国王所有，但这里所说的是共和国的狮子。其中一头狮子因被用来解读预兆而在《编年史》中占有一席之地。“一头美好的年轻狮子”，教宗本笃八世将它呈献给共和国，但这头狮子却意外被一头驴子踢死，这要不是一件可怕的事，“就是一件神迹”。精通预言的人表示，这个现象对教宗来说并非好事，而教宗过了不久便与世长辞（VII.62）。1258年，另一头狮子的出现似乎更缺乏理由：维拉尼之所以描述这个引人注目的事件，只是因为它发生了。由于看守人的疏忽，有一头狮子逃出笼子，吓坏了市民，它抓住一名男孩，将他挟持在脚掌之间。但狮子却让男孩的母亲硬生生把孩子抢了过去，“这头狮子既未伤害妇人，亦未伤害孩子（后来这孩子被称为‘狮子的欧尔兰杜奇欧’（Orlanduccio of the lion），只是一直凝视着，一动也不动”，这要不是因为狮子有着高尚的本性，就是出于命运的安排（VI.69）。然而，这里有一段政治批注：某位佛罗伦萨最高行政官员，据说在当时有着傲慢的名声，擅自将原本安装在狮笼上的金属栅栏带走送往他的别墅，栅栏被弃置在圣乔凡尼广场的泥淖里，因此被罚款一千里拉，罪名是侵占共和国财产（VI.65）。这是个彰显共和国道
283 德的好例子，很难想象梅第奇的罗伦佐会因偷窃市府堆置在广场的杂物而受罚，同时令人不解的是，这样的故事居然有人认为值得记录在历史中。这则故事可以帮助人们区别维拉尼的编年史与罗伦佐时代出现的人文主义史学之间的不同。维拉尼的观点并非不宽广，只是他的视角是神学的、占星术的与天启的，而不完全是政治的与史学的。

很少能在如此短的时间内看出文类的转变：短短一世纪，佛罗伦萨先是出现维拉尼的《编年史》（虽然不断续写），而后产生崭新的人文主义史学；事实上，人们可以说这是从中古时代到文艺复兴

时代的转变。这种现象表现在洗练而博学的拉丁文散文中，而那些散文深受新古典时代政治视角以及各种仿效萨拉斯特与李维的历史作品的影响；维拉尼天真地以为自己的作品带有他们的风格。二十世纪中期，汉斯·巴隆（Hans Baron）称颂十五世纪初佛罗伦萨人文主义学者莱昂纳多·布鲁尼（Leonardo Bruni）的作品是这场转变的种子，在这场“近似哥白尼革命的过程”中，布鲁尼的《佛罗伦萨人的历史》（*History of the Florentine People*）是重要的里程碑（*The Crisis of the Early Italian Renaissance*, 1955）。这个主张衍生出“市民人文主义”（civic humanism）一词，有些学者则以这个词来表现当时共和政治的转折与西塞罗式的道德外观，而这两者正是布鲁尼作品所展现的内容。约翰·波考克（John Pocock）的《马基雅维利时刻》（*The Machiavellian Moment*）针对这个态度做了漫长溯源，经由马基雅维利，持续到十八世纪英格兰反行政部门的论战，以及美国建国之父的政治思想与美国宪法。当然，意大利以及十七世纪以降的欧洲其他各国对于早期罗马美德的概念又产生兴趣，并且认同西塞罗所主张的，民众应主动参与公共生活以服务国家。近来的学术作品挑战巴隆所主张的布鲁尼具有独特的原创性，此外，这些作品也质疑巴隆提出的，米兰公爵吉昂加雷阿佐·维斯 284
康提（Giangaleazzo Visconti）的权力与侵略计划对佛罗伦萨独立产生的威胁，在孕育布鲁尼政治思想上具有重要意义。即使我们不把布鲁尼当成独特原创的哥白尼式人物，但人们现在已能接受，当时意大利中部已出现一个清楚的共和主义意识形态，这种思想表现在人文主义的写作中，它改变了人们理解与诉诸古罗马的方式，其中最有名的就是马基雅维利的作品。

布鲁尼本身是位著名的学者，也是最早阅读希腊文的意大利人。他成功再造上古史家的风格，而且也阅读修昔底德与波里比阿的原文作品，这在当时相当罕见。一个世纪后的马基雅维利虽然受过良好的教育，但一般认为他的希腊文造诣不深；虽然他偶尔提到希腊史（我们知道他读过普鲁塔克），而人们可能因为他与修昔底德及波里比阿在脾性与兴趣上类似，就预期这两人可能会出现在他作品中，然而实际上马基雅维利并未提及这两人。布鲁尼是罗伦佐·瓦拉（Lorenzo Valla）的老师，瓦拉后来成为最伟大的意大利人文主义文献学者，不过他的修昔底德作品的拉丁文译本并不令人满意（非常难读）。

布鲁尼是佛罗伦萨的首席行政官，担任国家书记的角色，一个世纪后，马基雅维利也担任同一职务。这个职位负责的是与其他民族交涉，因此需要具备古典修辞学的人文素养。“人文的”（humanist）一词衍生自教育课程的“人文学科”（humanities）：本质上是一种拉丁文修辞学教育，以仿效最受好评的上古模范为基础，特别是西塞罗与塞内卡，也包括萨拉斯特、李维与维吉尔。因此，相对于构成中古时代教育顶端的法律、神学与辩证法，文法与修辞学被视为比较初步的教育，并且经常只以上古作者的摘要为教本，例如比德曾经引用维吉尔的作品，但人们怀疑比德是否真的知道维吉尔的作品，还是只引用了他作品的摘要。

修辞学声望的提升对于所谓的人文主义来说是必要的，它引导学者对公认的古典作者的原始版本进行密集研究、模仿并尝试恢复。从十四世纪晚期的彼特拉克（Petrarch）开始，人文主义学者不仅如他们的中古前辈一样渴望向古典作家学习，还希望重建西塞罗与
285 塞内卡的精神、风格与道德世界。就某个意义而言，他们希望“成为”古典作者，除了模仿他们的雄辩，采纳他们的价值，还注意他们的书信与其他自我抒发的形式以及更公众的作品；彼特拉克据说把西塞罗当成另一个自己。作为一种说服的技艺，修辞学在罗马世界被当成核心的政治技术而受到重视。整个中古时代，至少在原则上，原本依附于苦行冥想生活、在修道院中被制度化，并且随后遭马基雅维利强烈攻击的价值，被人文主义者提倡的西塞罗式与共和主义式为服务共和国而积极生活的呼声所取代，除了勇气与意志，也要

有雄辩术与公共精神这些必要特质。中古时代晚期意大利共和城邦的公共生活是开放的、好争论的，有时又是危险的，且命运的转变突然又猛烈，在可能的情况下必须加以控制，因此他们既需要又培养了这些特质。

布鲁尼与其他史家运用早期的编年史，包括维拉尼的作品，来重写佛罗伦萨史，除了使用拉丁文与人文主义（李维式）风格外，还采取罗马共和时期历史激发的人文主义视角。人们不难从罗马早期与邻邦的斗争看出其与佛罗伦萨的处境有着类似之处。这种对共和罗马历史而非帝制罗马历史的强调，就某个意义来说扭转了攸西比乌斯与欧洛西乌斯于一千年前实现的惊人史学成就。他们使奥古斯都与君士坦丁的帝国成了基督教神意史的一部分，将帝国当成（且欢迎其成为）基督信息与基督教会传布的必要条件。在东方，基督教帝国一直持续着，至少理论上是如此，而在教宗认可下，基督教帝国在西方查理曼手中获得复兴。人文主义以被围攻的早期罗马共和国作为典范，不仅重建西塞罗、萨拉斯特与李维所说的公共生活伦理，以及服务国家所带来的荣誉与名声，也提高了从罗马成功击败对手中学习政治教训的可能，如波里比阿所提倡的。萨拉斯特清楚指明（见上文第 90 页），以追求荣誉、自由体制为核心的共和竞赛与罗马人展现的征服能量之间的关联，不仅使罗马成为基督教历史的枢轴，也成为典范与灵感的来源。这个信息对佛罗伦萨尤为适当， 286
它以城市自治来“对抗”残余的帝国力量，因此反吉贝林派的情绪，如我们从维拉尼得知的，虽然不是举世皆然，但至少居于主流地位。

马基雅维利

马基雅维利恶名昭彰地将人文主义追寻荣耀的行动伦理推至极端，在采取这些极端行动时，他无视手段与基督教原则的不兼容，甚至乐于彰显这一点。马基雅维利也尝试使共和罗马的历史与现代历史的事例，变成具有永恒政治用途的教训根据——系统地呈现在《李维史论》(*Discourses on the First Ten Books of Livy*，完成于1519 年)，还有一些则散见于其他作品。他的《佛罗伦萨史》出版于 1532 年，其看法大致相同。在布鲁尼之后，有几位曾经担任过行政官员的前辈也撰写了这类历史；马基雅维利将自己的作品献给梅第奇的朱利欧(Giulio de'Medici)，朱利欧后来成为教宗克雷门七世(Clement VII)。对马基雅维利而言，《佛罗伦萨史》的撰写，部分是为了恢复梅第奇家族的名誉，但当梅第奇家族重新掌握佛罗伦萨权力，推翻他曾经任职——他曾代表佛罗伦萨出使法国、罗马与晋见皇帝马克西米利安——的共和政权后，马基雅维利从此未能担任他在 1512 年失去的官职。他的史家朋友圭恰迪尼也曾担任佛罗伦萨政府的外交使节。这种委派大使密切监视邻邦的做法是一种新的发展，由于数个独立国家紧密相邻，彼此之间变幻莫测的意图与同盟造成了紧张与焦虑，促成了这种互派使节的情况。

这种情况使圭恰迪尼有意识地提出国与国之间权力平衡(contrapeso)的概念，借由这种概念，每个国家的独立地位可以获得保全，没有任何一个国家过于强大。大使的重要任务之一是撰写报告，这些报告之后成为史家的重要史料(见下文第 465 页)。它
287 必须评估驻在国的国力、军备、意图、阴谋，以及影响力的竞逐。以拉丁文经典进行修辞学的训练，以及研究上古史家的作品，这两项素养对于撰述当代与晚近意大利历史有极大帮助。马基雅维利与圭恰迪尼都深切着迷于外交经验，不过马基雅维利比较擅长的是构思政治通则以供后人运用；圭恰迪尼则倾向怀疑论，也因此批判马基雅维利的《李维史论》。他认为政治是由环境构成，要评价环境的独特结构，历史是理想媒介。圭恰迪尼的《意大利史》本质上可说是一部“外交史”，因此相当厚重而精详。这部作品在他死后的 1561 年出版，其实际写作时间是 1530 年代，完成时间则是在 1537 年(编按：原

文误为 1527 年）。

马基雅维利的《佛罗伦萨史》交替探讨内政与外交事务。《佛罗伦萨史》的后面几卷也呈现出高度的详密叙事，但马基雅维利这位政治科学家总是努力想挣脱这些细节，试图得出一般性的格言与广泛的比较，并且在每一卷的开头尝试提出通论性的看法。这些事件经过适当剪裁而能切合于即将描述的主要事件所显露的主题，它们全依照特定的政治问题加以分类，而且在描述之前都已经过通盘思考。这些主题包括罗马的内部分裂何以能借由妥协来加以弥缝（李维作品中的著名主题），甚至助长罗马人的好战精神，反观佛罗伦萨人的内部倾轧却只是让自己更加衰弱（III）；何以罗马人能够维持自己的制度不变，而佛罗伦萨却不断地变更制度（IV）；何以国家摆荡于秩序与混乱之间，答案是："勇气招致安宁，安宁招致安逸，安逸招致混乱，而混乱招致毁灭。相反，混乱产生秩序，秩序产生勇气，而勇气产生荣耀与好运。"（V）萨拉斯特是首位提出此说法的人。这种说法导致对文学追求造成的危险诱惑与衰弱影响的责难，尤其从监察官伽图的精神中可以看出这点，他为了驱逐哲学家而制定的法律，受到人们的支持与引用。

《佛罗伦萨史》第六卷赞同上古时代国家的掠夺习惯；反观现代战争却是贫困的，因为被征服的地区得到饶恕，战利品全被军队 288
一扫而空——这是马基雅维利反对佣兵的部分原因。第七卷一开头提出反对派系的警语，在往后数个世纪不断有人呼应他的说法，特别是十八世纪的英国与美国，直到十九世纪，宪政上的对立才成为值得尊重的事物；马基雅维利认为，政权愈强大，对立只会更以阴谋的形式呈现。他承认这个观点应该在第八卷的前言提出，其中包括著名的 1478 年帕奇（Pazzi）谋杀梅第奇的阴谋，然而实际上他并未这么做，理由是已在《李维史论》中讨论这个事件。这项阴谋的后果是梅第奇的罗伦佐受伤，他的弟弟朱利安诺（Giuliano）遇刺身亡，尽管如此，这件刺杀行动还是功败垂成。在叙述这项阴谋的后果时，马基雅维利这位政治行家忍不住详列了政治刺杀所需的条件：冷静、勇气与决心，这些特质必须长期在生死中打滚才能培养得出来（VIII.5）。

从马基雅维利早期对1378年贫穷工匠（梳毛工）大暴乱的描述可以看出他对隽永格言的喜好，而人们无论如何无法想象他居然会对这样的事件产生同情。一名带头的暴乱者在演说时向徒众提出忠告，这段文字虽然带点夸大，却有作者鲜明的印记：

> 要让过去的恶行得到宽恕，我认为，我们必须犯下更新更多的恶行，要更肆无忌惮地焚烧抢掠，要尽可能招募更多人马一起违法犯纪。当违法者数量庞大时，没有人会受到惩罚；寡少的违法者会受到惩戒，庞大的违法者会受到奖赏；当受害者数量庞大时，几乎没有人会寻求报复。所有人都蒙受的恶行，要比个人蒙受的恶行更受到容忍。（III.13）

这是下层阶级的马基雅维利主义。演说者以行善受罚与为恶得赏的一般性反思激起民众的情绪，人们不禁怀疑马基雅维利是恣意自我嘲弄，还是想以暴徒演说这个安全而虚构的表象来偷渡他真正
289 的想法。在这个世界上，通往财富与权力的道路是武力与欺骗。不懂运用武力与欺骗的人是失败者："忠实的仆人永远是仆人，好人永远是穷人。除了不忠实与大胆的人，没有人能摆脱束缚，除了贪婪与不老实的人，没有人能摆脱贫穷。"

马基雅维利历史的前半部，有很多地方与维拉尼的历史极为类似，但马基雅维利更清楚地凸显教廷与皇帝因彼此竞争而使意大利维持分裂，双方的对峙也延续了几座大城的独立现状。事实上，马基雅维利曾在书中向教宗的外交手腕致敬，原本仰赖皇帝鼻息的教宗，以高超的外交手段将自己提升到与皇帝平起平坐的地位（I.9—11）。马基雅维利采取古典时代虚构演说的做法，在引介演说之前，

先写下“其大意如下”的文字。最著名的一篇演说，据说是在 1343 年为抵抗雅典公爵发表的，当时民众群起拿着自制的军旗涌入广场（公爵没收了原本代表自由与城市认同的象征物）。其中一位行政委员发表了冗长且充满反抗意味的演说，提到城市过去拥有的自由，其象征物是“行政官员的坐椅、自由行会的军旗”，这些事物使自由不被遗忘（II.34）。他质问公爵：“你做的事情当中，有什么能胜过自由的愉悦，有什么能使人不再渴望回到旧日时光？”人们不禁猜想，当马基雅维利写下这段对城市自由的赞颂时，是抱着什么样的怀旧心情，是苦涩还是希望？

在描述佛罗伦萨的派系斗争与政治体制转变之后（以梅第奇家族的兴起告终），接着在第五卷中马基雅维利将焦点转到描述得相当有技巧的外交史上，他对佣兵的蔑视使这段历史带有一种讽刺性的转折；这些佣兵的领袖与军队只关心自己的利益，只要有利可图，随时可以投奔敌营。结果是一种既非战争亦非和平的状态，既无安宁之日，亦无表现爱国心或英勇的时机：“意大利的战争已经到了一种徒劳无功的地步，即使进入战场也不令人恐惧，战事正酣仍无危险，结束后亦无损失。”（V.1）在漫长而详尽的叙事中，马基雅维利以罗马式的风格描述佛罗伦萨人与佣兵队长尼科罗·皮奇尼诺（Niccolo Piccinino）之间看似艰难的战斗，而他也乐意提供伤亡名单：

> 这场大溃败与漫长的战斗，从下午四点持续到晚上八点， 290
> 只有一个人被杀，他甚至不是因为受伤或是在战斗中遭重击而丧命，而是坠马之后被踩踏而死。人们在如此安全的状况下战斗；所有人都穿上盔甲骑在马上，深信为了不让自己送命，投降也是应该的，他们找不到任何战死沙场的理由。当他们战斗时，身上的甲胄起了保护作用，当他们无法战斗时，投降也能保全性命。（V.33）

虽然马基雅维利的《佛罗伦萨史》描述许多佛罗伦萨与邻邦的关系，但其中写到军事史的部分相对较少，尽管他曾写过《战争术》（*The Art of War*）一书；《佛罗伦萨史》的实际战斗场景显然比李维的作品少得多。马基雅维利在处理对外关系时，对不断变动的同盟模式以及同盟背后的动机进行探究。佣兵部队的职业指挥官（佣兵队长 [condottieri]）表面上是受雇者，有时却宛如独立国家的领袖，其中几位佣兵队长甚至成为货真价实的领导人。马基雅维利以清晰的笔调描述各国政府的盘算、威胁、示威、背叛与秘密交易。人们可以合理地称这部作品为“大使的历史”。例如在第六卷中，马基雅维利精彩描述佛罗伦萨内部对于是否支持佣兵队长弗朗西斯科·斯佛尔查（Francesco Sforza）当米兰公爵，产生了不同意见，显示内部政治考虑与佛罗伦萨国家利益的评估之间的复杂关系如何影响决策的形成（VI.23）。马基雅维利赞赏威尼斯在这方面的成果：“仿佛威尼斯共和国注定输掉战争，却能在协议和平时获取利益。”（VI.19）由于威尼斯共和制度的稳定，使得马基雅维利援引它作为例证。威尼斯共和国作为一种政治典范，影响了十八世纪的政治论述。马基雅维利简短介绍了威尼斯早期历史，认为威尼斯共和国“无论制度还是重要性都值得意大利诸邦称道”，虽然现在（1520 年代）威尼斯人的性命“与其他意大利王公一样，均操之在他人之手”（I.28, 29）。

马基雅维利也赞扬教宗的手腕，其实行权力平衡的政策，使
291 意大利维持分裂状态。马基雅维利承认这种分裂使意大利诸邦得以自由发展，不过现在反而使它们无望地遭受阿尔卑斯山以外诸邦的干涉——马基雅维利与圭恰迪尼有时称这些外邦为“蛮族”（I.23, 28）。他对于佛罗伦萨的内部分裂也有类似的矛盾态度。从派系竞逐与渴求公共荣誉来看，马基雅维利接受萨拉斯特的说法，认为这是精力与力量的来源。他把这种情况与利益分配和恩荫制度运作下的派系区别开来，后者惹人反感而且是对佛罗伦萨有害的特征。这

是马基雅维利思索梅第奇的科西莫（Cosimo de' Medici）掌权的前言（VII），因此他指的显然就是科西莫。

虽然马基雅维利在梅第奇家族鼓励下写了《佛罗伦萨史》，但这本书却比预期中在判断上少了点奉承之语而多了点独立意识，这显然与梅第奇统治者在官方层次上维持着共和派有关。例如，马基雅维利在结尾时称颂梅第奇的罗伦佐（全书以罗伦佐之死作结），赞美他谨慎恪守“共和派风格的简朴”，尽管罗伦佐曾给予他丰厚的庇护。马基雅维利也提到罗伦佐并未利用自己的子女跟外国君主进行联姻。不过，马基雅维利在描述帕奇对梅第奇策动的阴谋时，却带有一种苦涩的讽刺。当“自由”呼声一如过去响起，没有人接受号召前来，因为“民众的耳朵已被梅第奇的繁荣与赏金堵塞，在佛罗伦萨，自由已无人知晓”（VIII.8）。

对马基雅维利来说，1492 年罗伦佐的去世是个转折点，马基雅维利的结语是，因为“意大利已无法再从他身上获得忠告，而那些比他活得久的人亦无良策，这些人面对米兰公爵监护人卢多维科·斯佛尔查（Ludovico Sforza）的野心，不是接受就是反对”。如马基雅维利的读者所知，卢多维科寻求外援导致 1494 年法王查理八世的入侵，马基雅维利与圭恰迪尼认为意大利就是从这时起开始沦为外国势力掌握的悲惨局面。马基雅维利描述这次入侵使“一切邪恶的种子迅速摧毁意大利，而且仍持续蹂躏着意大利”。有关这次事件的后续说明，可以阅读圭恰迪尼于 1561 年出版的《意大利史》，292
它刚好从马基雅维利《佛罗伦萨史》结束的地方接续撰写。

弗朗西斯科 · 圭恰迪尼

圭恰迪尼比他的朋友马基雅维利更具声望，他曾担任大使，于 1512—1513 年间派驻西班牙。他出身显赫的佛罗伦萨家族，而且与梅第奇家族的关系一向良好，所以在两任梅第奇教宗利奥十世（Leo X）与克雷门七世任内，在教廷内部担任非常高的职位，包括罗曼亚（Romagna）统治者、教廷军副元帅，之后又担任伯洛尼亚总督。圭恰迪尼失势之后，与许多上古史家相同，所致力的退休事业是撰述历史。他揶揄自己曾经有过的富贵荣华，并且以第三人称的角度来描述自己：他的同胞市民大概认不出他来，“他的宅第满是挂毯、银饰……四周环绕着一百名以上的步佣兵所组成的守卫，另外还有斧枪兵与骑兵戍守……出巡的队伍绝不少于一百或一百五十匹马；沉浸于统治阶层、头衔、‘最卓越的君主之间……’”圭恰迪尼在教廷里担任重要官职，而这件事本身即是一项讽刺，他在自己的历史作品中明确表示，他对教廷与意大利教会的可悲深感不屑，也哀叹教廷在意大利事务上的邪恶表现。他私底下表示，如果“我在几任教宗底下任职(未能)使我基于私利而萌生竞逐教宗宝座的欲望……那么我应该会喜爱马丁·路德”。他毫不留情地描述教宗的政策与性格，当然这都是在失势之后写的，不过他不因此肯定路德的作为。

圭恰迪尼的历史作品相当长，却只涵盖从1490年到1534年这四十四年的历史，因此内容相当详尽。不过，由于他把焦点完全集中在国际关系上，使得作品成为第一部将意大利视为一个整体的历史著作。相对于马基雅维利著名的循环观念，圭恰迪尼对历史变迁所做的一般描述，使我们注意到他对历史事件细节的重视，以及他的历史解释的多样化。圭恰迪尼的确提供了各种解释，尽管这些解释绝大部分关联着各项动机、意图、盘算、误解、非理性的冲动以
293 及短暂或持续的心理倾向；如果他能想出三个或更多的动机，那么他绝不会以单一动机来解释单一行动。圭恰迪尼在作品一开头说，人类事务是反复无常的，“就像随风翻搅的海面”，他的读者应能感受到这种模拟的力量。

圭恰迪尼专注于特殊事件以及每个处境的独特之处，此举产生两个重要结果。首先他提醒大家留意过度自负的评论者，更重要的

是要留意政治家，对此他有充分的体认：傲慢是愚蠢的。其次，他借由叙事以及描述每个重要历史时刻的细节来进行解释，而这点显示出圭恰迪尼历史的整体风格。密集的叙事不可或缺，圭恰迪尼提供的就是这样的叙事。不过他的历史也有一般性的主题。马基雅维利尽管专注于外交事务，但其历史的一般主题主要是派系主义与市民自由的丧失，然而如果他能更详细地探究梅第奇的科西莫与罗伦佐用来操纵政府以及有效地以共和国外观进行统治的方法，则这些主题的描述或许会更清楚；马基雅维利亦承认这点。圭恰迪尼也关切佛罗伦萨的自由，可以理解的是，他在探讨佛罗伦萨时将其视为富足的寡头政权，但他的历史重心仍取决于作品涵盖的时期以及他对外国事务的关注：意大利事务遭受外国支配，使意大利诸邦沦为属国，这是一出悲剧；马基雅维利也有同感，但并未追溯这段历史。凭借着非凡的组织能力以及深入的研究（虽然这点几乎无法从外表看出），圭恰迪尼以一系列的复杂协商插曲说明意大利何以沦落至此。唯一可与圭恰迪尼比拟的史学成就是十九与二十世纪所谓的“欧洲国家体系”研究。

圭恰迪尼的作品虽然明确、节制且具有格调，但整体而言是一出悲剧，这种悲剧角度有时出现在叙事里，还穿插着反派人物。这些反派人物是意大利的统治者，其中最受瞩目的是教宗，其鲁莽而短视的野心是意大利悲剧的根源。圭恰迪尼有时提到命运，但他的
叙述不带有决定论的色彩，尽管统治者确实应该考虑这点：他追溯 294
人类愚蠢造成的后果，无论愚蠢以什么样的形式出现。悲剧是可以避免的，这种想法促使圭恰迪尼热烈控诉意大利诸邦领袖的狭隘自私。唯有罗伦佐，作为对比的人物与被缅怀的对象，受到毫不吝惜的赞美，因为他了解意大利内部权力平衡的必要。潜在的强人浮上台面，尤其是切萨雷·波吉亚（Cesare Borgia，马基雅维利《君王论》第七章的主角）与教宗尤里乌斯二世（Julius II），他们的好大喜功终于导致失败。没有任何意大利人大到足以造成危害，然而他们助

长且加重了危害的产生，有时因为轻率，有时出于无知。身为一名政治行动者与前任大使，圭恰迪尼深知表象与表象背后隐藏的思考之间的不同，也了解应该加以盘算与响应的各种因素与压力，和蒙蔽判断的误信与谣言之间的差异。

1494 年法国首次入侵意大利，时间虽然短暂，却使得意大利门户洞开，并且显露出阿尔卑斯山另一边的国家在军事上有着骇人的优越与无情。圭恰迪尼知道，一切不会再跟过去一样。法国人为了胜利而作战、焚烧房舍并拒绝收容战俘，他们使用恐怖而难以抵御的新式武器，特别是野战炮。意大利用来攻城的枪炮是一般人熟知且笨重的武器，但法国人的大炮发射的是青铜炮弹，用来拖拉大炮的是马匹而非牛只，它们既快速又灵活：“他们使用这种与其说是人类的不如说是恶魔的武器，不只运用在攻城上，也运用在野战上。”（I）这种武器“让上古时代的人使用的攻击性武器成了笑柄”。圭恰迪尼很快注意到当时这种超迈上古世界知识与技术的发展。他提到威尼斯的香料贸易被葡萄乐人夺走、葡萄乐人绕过非洲南岸直接航向香料群岛，以及西班牙力量的兴起。这些航行“清楚显示上古时代的人在地球知识上有许多地方受到欺瞒”（VI）。

我们可以恰当地说，圭恰迪尼的历史作品虽然就某个意义来讲深受人文主义的影响，但并非一味模仿当时流行的模式。他遵循传统做法，将评论政策与决定的各种演说拼凑起来，但对于外交关
295 系复杂网络的描述却具有高度原创性；从一个权力中心跳接到另一个权力中心，过程快得离奇，我们必须承认，这样的叙述有时让人感到困惑。圭恰迪尼的技巧使他的作品充满抑扬顿挫，而人文主义历史一般而言相当流畅，甚至平淡无奇。圭恰迪尼的历史的力量表现在道德与思想层面；认为他的作品是大量细节的堆砌与叙事繁复的历史名著，将会是一场悲剧。阅读圭恰迪尼的作品是一项挑战，而非愉悦：据说曾经有人让囚犯做选择，看是要阅读圭恰迪尼对佛罗伦萨与比萨交战的描述，还是上船去做苦工，犯人读了几

页之后，还是决定去做苦工。自修昔底德以来，没有人将国家——一群脆弱、胸怀野心而充满恐惧的小国，它们拥有共同的语言与文化，却有着不同的政治制度——之间的互动放在如此缜密而冷静的理性分析之下。没有任何历史作品的复杂度比得上李维对早期罗马共和国努力求生与扩张的描述，但必须牢记的是，李维的叙述不同于修昔底德与圭恰迪尼，他的作品不是当代的，甚至也不能说接近当代。然而，一般而言，翻译修昔底德作品所遭遇的困难，以及人文主义者对于拉丁文修辞范本的需求，加上马基雅维利对于共和国的士气、这股士气带来的成功以及成功后所招致的危险等等先入为主的看法（受到李维与萨拉斯特的影响），都使得罗马史家成为人文主义传统下历史写作的主要启发者，这种情况一直持续到十八世纪。

第五部分

研究过去

第 19 章

古物研究、法律史与封建制度的发现

最后一部的标题“研究过去”，标志着一个新的开始：从十六世纪以降，文艺复兴时代人文主义文本方法的使用，所揭露与理解的不只是上古哲学家与诗人的作品，还包括欧洲的过去，而这段过去从十七世纪晚期开始被称为中古时代。这种技术是档案的历史研究，不过这个词汇要到更晚之后才逐渐流行。凭借这种技术，“探究”可以上溯到史家或目击者记忆以外的时代，并且摆脱对早期史家与编年史家的依赖。这是个大转变，我们必须问它是怎么发生的。档案研究对历史的重要性在此之后并未受到重视。部分是因为文艺复兴以来，人们一直专注思索什么才是历史写作的主导原则：模仿受尊崇的上古典范，意味着历史写作主要是一种能从中汲取道德教训的政治叙事。另一部分则是因为人们对于档案研究的兴趣有限，而且相对缺乏这方面的自我意识。许多例子显示，十六、十七世纪的学者（当时称为古物学者）是在偶然间开始从事档案研究，而非有计划地将其作为历史研究的方法。如我们将看到的，这些学者的动机通常是政治的，而不是如十九世纪提倡的所谓“科学的”，后者作为历史研究的理想，也是十九世纪时被揭櫫出来的。十八世纪时， 299

这类档案研究的作品经常被诋毁与贬低，与古典模范的高雅模仿相比，它们被视为是缺乏教养的、无用的、学究的、（就许多手稿的状况来看）脏污的与不入流的。

长期下来所造成的影响，使人们对这些不够高雅、甚至难以阅读的古物研究产生轻视，因而对历史研究的历史形成扭曲的看法，
300 即便后来对档案研究的态度有所改变。尤其这种影响带来一种夸大的观点（在倡导者的全力支持下），认为十九世纪的历史方法出现值得喝彩的“革命”，特别是在德国。在国家奖掖下，德国在创立历史学术机构以及设立教育机构以培养新兴史学专业史家上显然取得了领导地位，特别是利奥波德·冯·兰克（Leopold von Ranke）著名的专题讨论会，而且考订原始史料成为重要的史学伦理。这些举措具有巨大的影响，但令人怀疑的是，这些做法是否称得上是一场思想革命（见第二十五章）。过去半个世纪以来，已有不少学者提出不同的看法。因此在本章中，我们需要思考十六与十七世纪学者的作品与动机，这些作品与其他各章讨论的历史迥然不同，它们并非由现成且可能具阅读乐趣的叙事所构成，而是对高度特定的文献学与古物研究主题所做的一般评释。尽管如此，我们仍有必要了解这类作品的影响。

不过在此之前，我们必须进一步讨论这个时期最受认可的历史写作文类：以上古史家为范本的政治叙事。圭恰迪尼的《意大利史》虽然遵循人文主义传统，却具有高度原创性。在这部杰作之后的两百年间，一般认为人文主义叙事史学是乏善可陈的，不仅在数量上，连质量上也未曾留下足以超越时代与专家视野的不朽作品。这或许是个过于简化的判断，但我无法反驳。人文主义的历史写作方针依循最优秀的上古范本，学习其流畅的修辞并着眼于政治主题，其中最著名的范本是李维。历史是文学文类，为了提供激励人心的例子，使人勇于向善与投身伟大事业，真实只能退居修辞效果之后。然而对当时的读者而言，这不只是为了刺激阅读而已。

激昂的共和主义热情曾赋予早期人文主义历史优势地位，虽然它持续鼓舞欧洲的政治思想传统，直到英格兰、美国与法国革命时 301
期，但在欧洲绝对主义时代，它对史学的影响却逐渐衰颓。王室史家的职位于 1661 年在英格兰设立，而在法国，王室史家的职位由一些杰出与具颠覆性的史家担任，从十六世纪的弗朗索瓦·奥特曼（François Hotman）到十八世纪的伏尔泰，均曾出任此职。威廉·罗伯特森（William Robertson）是十八世纪中叶苏格兰的王室史家，我们之后将简短介绍他。然而王室史家这个头衔对历史而言是个双面刃：国家的奖掖也可能是一种钳制。在都铎王朝统治下的英格兰与路易十四时代的法国，谨慎的史家在处理敏感的主题之前，会先取得当局的认可。理查德二世（后来遭到罢黜）的执政在伊丽莎白时代是个棘手的主题。法国史家尼古拉·弗雷列（Nicolas Fréret）因为任意提出法兰克社会的日耳曼性格（因此带有塔西佗的色彩）并否定了法国的特洛伊起源，而于 1714 年被关进巴士底监狱：塔西佗的《日耳曼志》是十六世纪初新出现的文本，因支持日耳曼人并不存在世袭君主而恶名远播。剑桥教授艾塞克·多里斯劳斯（Isaac Dorislaus）——可能是荷兰人，因此沾染了共和派的气息——的课程受到打压，他的罪名与时运不济的弗雷列相同，只是早了一个世纪，在 1627 年。

当然，政治钳制并未使人文主义历史叙事的整体文类沦为教化与奉承的温和文学习作。一位对十六世纪人文主义历史做了详尽调查的学者表示，这个时期的史学相对而言较不受政治检查所钳制，他提醒我们无须严肃看待当时作品前言里不断出现的虔信，也无须认为这些作者是以这种态度作为写作方针（Fryde, *Humanism and Renaissance Historiography*）。十六世纪晚期与整个十七世纪，塔西佗的《编年史》与《历史》逐渐流行，成为比李维更受赞美的典型，这股风潮引领出各种受欢迎的形式，对塔西佗的热情也表现在政治行动警语的收集上：引用塔西佗要比引用马基雅维利安全多了。

有些史家与评释家渴望写出像塔西佗一样简短的警语以及细微的心理刻画——虽然圭恰迪尼也可作为仿效的对象。

当时的人对于隐瞒似乎情有独钟，这一点有时显露在当时的回
302 忆录中。这种比较隐晦的做法有时比历史更令人感兴趣。雷兹枢机主教（Cardinal de Retz）曾在1640年代路易十四尚未成年时所发生的暴动中担任巴黎人的领袖，他的《回忆录》坦白得令人惊讶，例如，他诚实交代自己为巴黎大主教发放救援品时，曾利用职务之便为自己招揽一批政治支持者。对宫廷动机的关注，公共专业和私人意图间的对比，在绝对主义时代尤其适切。这个时代并非全然不同于塔西佗的时代，塔西佗曾承认，政府的行动是一小群人决定的，而非诉诸公众或展现于演说之中；“国家机密”（*arcana imperii*），即专制政策的密室秘密之所以令人着迷，正因为它们是封闭的。即使在十八世纪初的英格兰国会，当时政府的领导人博林布鲁克伯爵（Earl of Bolingbroke）与波里比阿一样对学者嗤之以鼻，认为学者“无法知道公共交易赖以决定的私人讯息……他们看不见我的运作，他们只能收集被丢出来的材料”（*Letters on the Study and Use of History*, Letter 5）。这种说法有其真实性，至少对法国来说是如此。过去的公共记录被经过认可的学者组织得更完善且可被检视，这些学者有时负责保管这些记录。瓦罗瓦王朝（Valois）与波旁王朝（Bourbon）的统治者了解过去有作为宣传的潜在价值，也知道档案可以作为必要的实践资源，即使这些事物必须加以审慎处理。

当时最有趣的两部“塔西佗式”叙事史成书于十七世纪初：弗兰西斯·培根的《英王亨利七世时代的历史》（*History of the Reign of King Henry VII*, 1622）与威尼斯人保罗·萨尔皮（Paolo Sarpi）的《特伦特宗教会议史》（*History of the Council of Trent*, 1619）。这场在1545—1563年间举办的大型宗教会议发生于路德的宗教改革之后，再度磨亮了天主教会的武器。培根的作品运用了一些未出版的新史料，但并没有突破性的进展，他仰赖的绝大部分是既存的

编年史。他对英王的心理描绘给后世留下深刻，或许还是不可磨灭
的印象：亨利被认为是贪婪、吝啬、谨慎、多疑与有所隐瞒的，这
里似乎可以看出一点塔西佗形容提比略的元素，不过培根也提到他
比较好的一面，亦即仁慈。萨尔皮被重要的现代英语评释者戴维·伍
顿（David Wooton）呈现成一个伪善者，根据伍顿的说法，萨尔
皮表面上是修士，实际上却是坚定的无神论者。特伦特宗教会议为 303
天主教反宗教改革奠下基础，萨尔皮因此深感不安，而在描述这场
宗教会议时，萨尔皮成功地以塔西佗和圭恰迪尼式的风格剖析心理
与动机，并且叙述与会者的希望在此均遭落空的历史讽刺。伍顿也
从萨尔皮的描述中发现其他原创之处，个人不仅受制于个人的动机，
也受制于他们所代表的集体利益：科层的必要性支配了他们的行动。

温和不一定是人文主义史学的特征。十六世纪末法国内战期间产生许多激烈攻击政敌的当代史作品。但十六、十七世纪人文主义对历史最大的贡献，不在于为叙事史学立下新古典的规范，而是将人文主义的考证方法应用在研究过去上。虽然十八世纪之前考证的完整效果（其影响延续至今）还没有为人所察觉，但这种方法的创新性如此显著，我们不得不进一步加以检视，即使当时没有任何单一作品，更不用说是容易接近的作品，可让非专家的读者找出考证的原则、运用及其表现出来的成果。考证是个不断扩大的实践传统，较之于已经固定下来的作品所构成的全集，考证的运用范围与日俱增才是真正有趣的地方。

早期基督教世纪——欧洛西乌斯的世界史纲要是这个阶段发展的巅峰——在过去以及如何看待过去的概念上标志出一个新纪元（见上文第 195 页），一个延续了千年以上的纪元，因此现在我们必须思考如何在研究过去上面开启一个属于现代的时代。虽然自早期基督教世纪以来已经出现一些变化，特别是与历史专业的建立有关的事物（对此我们随后将做讨论），但并未产生任何足以造成转变的影响。主要的创新表现在这个我们曾经简略带过的词汇：“研究

过去”。我们现在必须试着解开这个词汇的意义。

从希罗多德身上找到的史学动力是调查性的与纪念性的，但前者是为后者服务。就某个意义而言，只要不光是以誊录方式写成的历史,就一定具有调查性,只是内容或深刻或肤浅。不过如我们所见，
304 长期而言，不仅是人文主义历史叙事，在所有历史中，纪念性的面向隐约居于较重要的地位。历史是对值得记忆之事所做的恢复与呈现，它所对抗的是永不休止的时间之流。很长一段时间，少有人察觉到过去是处于一种无生命但潜在上可恢复生机的状态，直到研究者与史家透过文献与档案让过去复活。因此，历史的记录与写作宛如是一场与遗忘对抗的竞赛。虽然距离人文主义者于十四世纪末发展出来的方法获得充分实现尚有两个多世纪的时间，但调查的动力已非常急迫，并且受到人文主义方法的指导与控制。

起初，这种史家技艺的基本特征并非来自统称为历史的动力，而是来自恢复、赞美乃至于模仿。一开始把人文主义方法称为文学的与道德的，要比称为历史的来得容易许多，而这种方法主要运用在过去的文献（文本）上。这些文献广义来说属于文学，其中也包括古典史家的作品。这种方法是文献学的，而它在寻求真实文本时使用的主要净化剂是对时代倒错的探知。这种方法要成为可能，凭借的是一种来自博学的产物，亦即要熟知共和时代晚期拉丁文的文法、风格与用语，以此来判定某份文件是否出自有知识的罗马人或文学大师之手，或者更重要的，是能判定其并非真品。（最受推崇的典范是西塞罗。）考证学借由探知时代倒错来修订过去，其最戏剧性的一次力量展现不在于将考证方法应用于古典与文学文本上，而是应用于中古与政治文本上。十五世纪初，伟大的意大利人文学者罗伦佐 · 瓦拉做了著名的证明：公元四世纪时有份文献载明了皇帝君士坦丁将权力转让给教宗西尔维斯特（Pope Sylvester），此即“君士坦丁的捐献”，但此文献不可能是完成于公元四世纪，因此是中古时代的赝品。从长期来看，影响更深远的是将人文主义考证技

术应用于基督教的基础文本《新约》之上，从事这项工作的著名人
物是十六世纪初的伊拉斯谟。但在一般史学上，影响最深远的转变 305
性发展则是将考证应用在罗马法学大成《民法大全》(*Corpus Juris Civilis*) 上，这部作品编纂于皇帝查士丁尼统治期间，从此被当成权威传承下来；这个史学上的转变起初发生于十五世纪的意大利，之后则在十六世纪的法国开枝散叶。

人文主义的学问是破除对过去的既有观点与过去文本版本的有效方法。人文主义者重视的上古世界文本，包括罗马法，其流传到现代的是经过数世纪传播与誊抄之后的产物。因此，这些文本容易覆盖上立意良善但时代倒错的评论、诠释、穿凿附会与误解，以及抄写者的错误与伪造。对人文主义者而言，这些淤泥与沉积物之下埋藏着原始精纯的黄金。想取出黄金，必须以道德与美学热忱从事文学考古学的研究，为了模仿，必须恢复、重现珍贵时代的文学风格与文化和政治价值。因此，人文主义者强烈意识到一种或许可称之为文化传播病症的现象：上古无价的智慧与文学遗产经历了十五个世纪的浮沉、不幸、善意但无知的误用，以及（毫无罪恶感的）刻意操弄。文献学方法运用在重建过去上，依照适当的次序，不仅重建罗马文学，也重建罗马历史，最后则重建比较近期不过仍相当遥远的欧洲过去。一般而言，这种运用是一种延伸与传递的过程。人文主义学术的方法自然而然运用在罗马法文本上，并且经由罗马法而对法律指涉的罗马制度产生更深刻的理解。于是在意大利之外，特别是十六世纪的法国与半个世纪后的英格兰，法律史的学术实践逐渐运用在蛮族与现代法律制度与习惯的前身上。对欧洲过去的一般理解如何进行、其动机及最终结果为何，这些都将是本章接下来探讨的重点。

这个论点的第一部分简述如下：文学考古学引导并提供工具来 306
研究法律考古学，而法律人文主义则引导出主要不是针对事件而是针对制度的研究，其中最重要的是中古时代的研究，亦即封建制度。

这个主题极为普及，形成了十八世纪所谓的“社会状态”。例如“封建时代的社会状态”是十八世纪的常用语，但经过两个世纪如火如荼的研究（绝大部分集中于法律）之后，势必使这个随意指涉的词汇变得更加清晰。伴随着人文主义学术而来的还有急速增加的各项信息传播，包括学术方面。这种快速传播的现象出现在十五世纪末印刷术的发明之后，以及对档案做出更完善的组织，使人更容易利用档案；一般来说是如此，但其中仍有许多阻碍。这些发展为未来的历史研究以及有系统地“研究过去”奠下基础。稍后我们将看到，直到十八世纪为止，人文主义模式——模仿而非调查——在古典先驱的震慑下，相对而言仍维持原有的样貌，而其长期的结果则是叙事史学。

不过，我们将先从法律人文主义的观念着手。法律学后来与政治冲突纠结在一起，并且受到政治冲突的刺激与扭曲，在英格兰尤其如此。但起初人文主义技术运用在法律文本上似乎是受到恢复与纯化罗马世界遗产的热情所触发，而一般而言，这份热情也同样激励了人文主义。不过，这项技术在法国的运用却产生讽刺的结果，尤其在十六世纪中晚期的布尔日大学。为揭露与运用罗马人法律智慧而进行的各项探究，清除了中古评释的渣滓，这些评释事实上是罗马法在比较晚近的社会中受到调整与应用的部分过程，而探究最后将罗马法定位成纯粹之物，并且显示罗马法其实是性质完全不同的过去社会的法律。这种纯化的做法在无意间转变成一种具破坏性的历史化与疏离。有些法学家坦然面对这个结果。在《反特里伯尼安》（*Anti-Tribonian*, 1567）中，弗朗索瓦·奥特曼宣称罗马法是另一
307 个时代与地方的法律，对法国法学毫无用处；他将注意力集中在本土的习惯法研究上。

事实上，以人文主义方法研究罗马法，使罗马法具有双重历史意义：罗马法不仅变得遥远，也被赋予历史的相对性。罗马法不是被冻结在时光中的理想，而是法律史长期演变的产物，在这段过程

中，罗马本身也经历巨大的转变；罗马法其实是到了最后才由查士丁尼的法学家汇集起来，而这些法学家有时似乎对自己处理的法律并不全然了解。因此，没有永久存在的单一法学时刻，它不可能为了现在的用途而恢复与返回原初状态。

这里有个与人文主义者对于是否应赋予西塞罗作品权威而产生的争论类似的问题：西塞罗的拉丁文一直是必要的吗？有人认为应该就是如此，但这种想法被视为完全站不住脚的极端观点而受到嘲弄，但法学家面临的问题不仅于此。怀抱理想，但这个理想本身却是充满争议与限制的典范，在这种情况下，人们还是可以写出通行于公元前一世纪的拉丁文散文，然而这么做却必须以牺牲口语拉丁文的弹性为代价；口语拉丁文在某些圈子里仍然是活着的语言，如今却被责难成粗鄙的语言。此外，即使可以辨识理想的法律典范，律师仍无法避免一个问题：理想的法律典范如何适用到棘手的当代现实中？其他的选择是将罗马法贬抑为纯学术研究的地位，或者正视调整的必要性，如中古时代注释者所面对的。

让罗马法成为一种历史现象而非脱离时间的典范，并且逐渐发觉难料的现实（尤其是起源较晚的现实）与这些典范其实无法兼容，使人察觉到现代国家特有的法律、习惯与制度绝大部分必定源于国家本身的蛮族祖先，或至少是从蛮族王国建立后才发展出来的，而与罗马及皇帝敕令毫无关联。一个可能的结论是对于当地习惯法应予重视，对于这些在生活中逐渐衍生出法律的民族来说，习惯法是最适合他们的法律。这是奥特曼的解决之道。蛮族风俗的影响就某个意义来说是真实的，必须加以面对，而历史学术的注意力必须将焦点从罗马与帝国移向中古时代初期与盛期。十六世纪法国法学家 308
致力辨识罗马晚期法典中经常出现的外来性质，他们的做法就某种意义而言是挖掘中古时代的历史（虽然当时还没有中古时代这个词），并从中发现中古时代的欧洲并非全然无知、野蛮与欠缺理解力，反而具有丰富的创造力。对于希望从自身法律找出起源与指导原则的法学家来说，中古时代是各种制度的根源。

这里存在着一种爱国主义的、有时甚至是民粹的向度。罗马民法继承的主要是上古时代晚期的编纂版本，因此自然带有一种强烈的威权主义倾向。罗马法格言中有句恶名昭彰的话，“凡能取悦君王者，即有法律效力”（Quod Principi placuit legis vigorem habet），以及君王“不受法律拘束”（legibus solutus）的观念。与此相对的是，习惯法倾向于支持承袭下来的私人与法人权利及特权：事实上，习惯法具有封建性质。帝国法与习惯法就某种意义来说处于对立状态，如同彼此敌对的观点：特洛伊人的与蛮族的，源自欧洲民族的与源自欧洲君主制的。与特洛伊人的亲缘性——跟随维吉尔立下的例子，体现在布鲁图、弗兰库斯（Francus）与其他同名的流亡的特洛伊王子身上——是一种谄媚的攀附，它把相关的民族，透过与埃涅阿斯的亲属关系以及同为普里阿摩斯的后代，而与罗马人联结在一起。近代初期，当人文主义学术对于从未载明于历史与上古文学的特洛伊传说的年轻王子渐感怀疑且最终予以否认时，以及当塔西佗的《日耳曼志》逐渐知名且影响力与日俱增时，日耳曼人原初的“自由”自此投身于欧洲史学的长期事业中。

然而，我们不应产生过度化约的图像，以为人文主义学者以文献学方法涤净了欧洲的史前史。事实上，他们自己的作品可能提供了新的混淆根源，甚至于是新的赝品。此外，无所不在的特洛伊人不仅使基督教与文字出现之前的欧洲出现了伟大的国王与传说的住民。这些人在理论上也能上溯到挪亚，有些人甚至明白表示自己就是挪亚的子孙，毕竟圣经，连同维吉尔的虚构与古典传说，是早期历史的主要来源。它提到了巨人（仿佛在当时相当常见）与挪亚的
309 近亲，如挪亚的孙子歌篾，被视为高卢人的始祖。十六世纪的古物学家约翰·贝尔（John Bale）认为特洛伊之前的不列颠是萨摩特斯（Samothes）建立的，他是挪亚的儿子雅弗的儿子，萨摩特斯的后代德鲁伊斯（Druys）创立了德鲁伊（Druids）教派。这个想象

系谱之所以被迫放弃，部分是因为真实上古正典被掌握得愈来愈明确，是博学与时间的必然结果；部分是因为另一种选择与其说是新知识，还不如说是空头话，除了《日耳曼志》的发现之外。由于当时考古挖掘的潜力尚未充分发挥，因此仍无法完整勾勒出欧洲北方各国在罗马时代前的样貌；不过作为一手证据的工艺品，特别是古典时代的工艺品，逐渐受到重视。1570 年代，一名由法国培养出来的卓越苏格兰人文学者乔治 · 布坎南（George Buchanan），自信地列出一张洋洋洒洒写着四十名传说在基督教时代之前的苏格兰国王姓名表，其中包括特勒斯（Thereus）、杜尔斯坦（Durstan）、摩加鲁斯（Mogallus）与阿提尔科（Athirco）这样的名字；不过布坎南在当时玛丽 · 斯图亚特（Mary Stuart）的统治时期，也是一名党同伐异者与不可靠的新教史家。在威尔士古物学者韩弗瑞 · 鲁伊德（Humphrey Llwyd）否定这张列王表后，布坎南自信尽失，鲁伊德嘲笑苏格兰的虚矫，不过他自己倒是对蒙默思的杰弗里颇为满意。

十六世纪的人文主义世界是个难以寻觅路径的多产而复杂的世界，即使是博学者亦不例外，特别是当我们将那些与叙事历史交集的作品一并列入考虑时，包括历史地志学、语源学、“普世史”，甚至是刚萌芽的注释目录学，则情况显得更加复杂。从这个时期一直到十八世纪，近代学者开始习惯于明确区分新古典模式的叙事史与不故作优雅的人文主义古物研究。当时的人也曾提到这种区分，而在史家方面，则又添上大量对无用、学究与无意义学识的滥用。在《书简：论历史的研究与用途》中，博林布鲁克抨击那些只会“照抄肮脏手稿、使用艰深词汇与采取大量复杂文法”的学者，认为他们只是低级劳工；博林布鲁克心目中的史学典范，是受人文主义者尊崇的三位大师，萨拉斯特、李维与塔西佗，他提议从流亡政治家的历史观点中找出具启发性的例子，使这些观点产生用处。即使是最卓越的学者，如伟大的文艺复兴时期学者斯卡里杰（Scaliger），博林布鲁克也毫不犹豫“公然轻视这些博学者所有的作品，包括所有的 310

古代研究，以及所有的编年体系与历史”；他宁可搞错历史事实，“也不愿花上大半辈子的时间，收集这些填满古物学者脑子的无用知识”（Letter I）。然而，现在我们轻易发现人文主义处理历史的方式只是沉闷地加以模仿，反倒是一些一般认为毫无组织而五花八门的古物研究充满各种对欧洲过去的再评价。

祖先仍具有影响力，即使是遥不可及的祖先。中古欧洲是个拘泥法律的社会，在这个社会中，除了罗马民法与教会法主导的脉络外，权利与绝大部分公认的义务结构被继承而来的既有资格合理化，而非仰赖哲学原则。有时唯一能证明这类法定权利的是习俗，但在没有文献支持下，习俗的根据显得愈来愈不可靠——这构成伪造的有力动机，至少表现在证明人们拥有什么而非人们未拥有什么的良性形式上。

在最高的政治层次上，文献可以是对某个重要主张的有力支持，或被视为该主张不可或缺的一部分，例如伪造的“君士坦丁的捐献”。修道院是这类文献式的“记忆”最有可能保存的地方，如果仅就记录习俗的形式来看，我们知道英格兰的爱德华一世借由巡视修道院以强调他是苏格兰最高统治者的主张；而一有机会，他就将苏格兰的档案尽数摧毁。在十六与十七世纪，搜寻先例与文献权威在某些脉络下变得相当急迫，它们需要现代的诠释技术与学识的资源，而在经过罗马法研究的磨炼之后，逐渐适用于较为晚近的国别史中。由于当时有一股强烈的倾向，想将政治主张与争议投射到拘泥法条的模式中，因此挪用与拥有权威版本的民族历史变得十分要紧。有
311 些欧洲国家就提出了“古宪法论”（ancient constitutionalism）这类政治论点，包括苏格兰（其理论提供者是布坎南）与尼德兰。

历史—法律论点当然不是唯一的论据。圣经的先例、神学的格言、甚至于亚里士多德的《政治学》，连同经验与历史的教训，纷纷被提出来。历史的例证，特别是罗马的历史（但并非仅限于此），可以透过马基雅维利的角度将其诠释成例证的储藏室而非权利与先

例的仓库。但十六与十七世纪，特别是在法国，以及半个世纪后处于内战前夕的英格兰，是个在立宪与政治辩论中祈灵于起源、先例与长久建立或已被遗忘的权利的伟大时代。这类论辩理所当然是律师，或至少是受过法律训练的人（许多受过教育的俗人都具有这类素养）可以介入的领域。虽然这种论辩模式有时只会产生一连串无视历史脉络的任意引用，但还是逐渐在历史层面上产生深刻的讨论。在某些脉络下，法律—古物研究的热情也应用在各种面向的过去上，它们超越了政治辩论而成为单纯为了解起源与流变而进行的调查，或者基于一股广义的爱国情操而非直接的政治因素而起的研究冲动。

事实上，爱国主义与政治关注同时出现在十六世纪法国的法律—历史学术中，而且混合了所谓的“高卢主义”（Gallicanism），其主张法国具有历史的独特性，不仅独立于教廷，也独立于帝国。但高卢主义也包含了反王室的民粹主义，虽然不总是如此；后者关联着塔西佗式的与法兰克人的“自由”，“法兰克人”这个词本身就是自由的具体表现。要将高卢人（日后的高卢罗马人）合并到独立法国的故事里，显然具有较高的难度，尽管有人尝试这么做。此外，当时还存在着凯尔特主义者（Celticist）与日耳曼主义者（Germanist）。十六世纪晚期的法国陷入内战、屠杀、政治暗杀与连续不断的危机之中，这样的局势使这类历史观念充满了论战性质。宗教冲突使法国面临分裂的威胁。当时最知名的法学家都是胡格诺派，或至少是受爱国主义与秩序党派政治党人（the Politiques）吸引的温和派人 312
士。极端天主教党派神圣同盟（the Holy League）在洛林的吉斯家族（Guises）领导下，与西班牙合作支持教廷，即“阿尔卑斯山以南”（ultramontane）的立场，被视为维持现状使法国听命于外国势力的代表。这是法国君主制遭遇的一大危机，在十七世纪上半叶，英格兰人也遭遇类似状况，国会特权与王室特权的支持者寻求西敏寺与伦敦塔档案局的职位，试图为各自的立场取得法律先例，且先例愈早愈好。人们激烈地争论国会——包括下议院，事实上，下议院源自十三世纪的国王令状——与君主制是否出现于同时或甚至更早。撒克逊人的“自由”问题及其是否未受诺曼征服的影响延续至现代，成为延烧到十九世纪的历史争论；撒克逊人是日耳曼人旁支，同样，日耳曼人也有“自由”问题。即使在伊丽莎白统治期间，盎格鲁—撒克逊人的研究仍在帕克（Parker）大主教奖掖下持续进行，他想证明英格兰教会独立于罗马之外。这种想法与法国的高卢主义如出一辙。

在十六世纪法国的法学家当中，最饱受政治攻击的是弗朗索瓦·奥特曼。在《法兰西高卢》（*Franco-Gallia*, 1573）一书中，奥特曼从各个编年史家的作品中，包括图尔的格里高利与弗雷德格的作品，逐一抽绎先例，借此显示上古时代的法国国王是透过选举产生，可以被罢黜。对奥特曼而言，法国的三级会议（Estates General）源于古老的日耳曼集会。日耳曼习俗的演进也涵盖了封建纽带。有些作者最终是从罗马世界的恩荫制度导出这个观念，其他作者则是从条顿部族首领与近身随从构成的扈从关系（comitatus）导出这个观念；这些随从的地位后来借由封建领地（tenure）的世袭而得到确保，与之相对，他们也对领袖负有军事义务，从而建立了完整的封建关系。

对习俗与法律史的热情，其特征在于虽然它激起了对过去的兴趣，但也涵盖了不断演进的观念，甚至对于追溯遥远起源的可能性感到怀疑。从这个角度来看，法律史提供了崭新的国别史与比较史的基础，并且在内容上涵盖了习惯、风俗、甚至观念。例如埃提
313 安·帕斯基耶（Etienne Pasquier）的《追寻法国》（*Recherches de la France*，从1560年开始写作，方言书写是其特征）公开追寻法国的独特“精神”，并且具有强烈爱国主义色彩。《追寻法国》不是叙事史，而是针对法国文化各面向而写的专论之结集，基本上它使用的是文献学方法，辅以制度与习俗当中各种名词的历史评释。这

个时期的法国作家，例如著名的让·博丹，尝试撰写世俗的普世史，将文明的历史回溯到原始起源；博丹特别引用了修昔底德的作品，并且抨击基督教与中古时代的四帝国时代分期。这种分期源自《但以理书》，认为俗世在进入末日之前，罗马将是最后一个帝国。“文明”（civilization）一词在法国要到十八世纪晚期才出现，因此我们会看到另一种替代说法：“礼仪开始的时代”（Loys le Roy, 1575）。对于宗教、法律、习惯与风俗的一般世俗历史的需求逐渐出现，而这是古典史家无法提供的。

十六世纪英格兰尚未如法国法律人文主义那样，严厉地对过去做再评价：一直要等到十七世纪中叶，才因为保王派与国会派的冲突而兴起这股可能。但是直到十六世纪末为止，古物研究仍在伊丽莎白治下的英格兰如火如荼进行。其通常深受爱国热忱的影响，即一种英格兰与英格兰意识之间的密切关系，对此十六世纪的英格兰历史与编年史扮演了吃重的角色。1558 年，伊丽莎白在信仰天主教的姐姐玛丽去世后继任王位，此后，英格兰历史便以新教的、爱国的与神意的方式重新整理。最伟大的影响似乎是约翰·福克斯于 1570 年出版的《行谊与事迹》，这本书经过不断扩充而达到八百页的巨大篇幅，里面还穿插了刻版画。由于《行谊与事迹》的第二部分记录了玛丽统治期间新教徒的殉教事迹，而福克斯撰写此书的初始任务便是如此，因此这本书又称为福克斯的《殉教者之书》。但福克斯将这些殉教者置于由基督教与英格兰历史作为整体构成的广 314
大脉络中，而这个整体观也逐渐产生影响。事实上，福克斯相当仰赖意大利人文主义者维吉尔的《英格兰史》（*History of England*, 1535），以一种长期斗争的角度将其改编成符合新教宗旨的作品，其中以圣经为根据而有时以上帝差遣的英格兰国王（阿瑟、阿尔弗雷德、伊丽莎白）为代表的基督教信仰，先是与异教（撒克逊人，丹麦人）对峙，而后与腐败的罗马教会权威对立。继十六世纪圣经英译本之后，福克斯的作品被认为是都铎王朝晚期与斯图亚特时代初期英格兰新教思想的最大影响来源。

宗教改革之后，人们强烈渴望证明英格兰不受罗马影响独自接受了基督的启示，而这牵涉到让比德所轻视的基督徒不列颠人重新恢复名誉；不列颠人已在对阿瑟的崇拜与威尔士都铎王朝入继大统下走入时代潮流。英格兰基督教拥有独立起源的想法受到伊丽莎白时期帕克大主教（1504—1575）的支持，他同时也是古物研究的奖掖者。据说在公元一世纪时，基督的门徒亚利马太的约瑟（Joseph of Arimathea）曾造访英格兰，甚至基督也可能来过此地，这个源自中古时代的传说（圣杯传说的一部分）相当吸引人，而且持续回响于威廉 · 布雷克（William Blake）的《耶路撒冷》（*Jerusalem*, 1804—1820）。新教的历史需要多方重估。亨利二世在与教士原则的护卫者贝克特大主教的冲突中，扮演的是英雄而非恶棍。亨利四世不仅篡夺了堂兄理查德二世的王位，也被指责是罗拉德派（the Lollards）的迫害者；罗拉德派是十五世纪英格兰新教徒雏形，被爱国主义者认为是欧洲宗教改革的始祖。

真实基督教在近代获得胜利。玫瑰战争之后，国家获得统一，结束了兰开斯特家族篡夺王位的历史，都铎王朝产生了亨利八世这位对抗教廷不实主张与拥护独立英格兰教会权利的伟大护卫者。然而，在亨利八世女儿玛丽（1553—1558）统治期间，不仅真实新教信仰遭受迫害，英格兰的事务也受到教宗与玛丽的丈夫西班牙国王菲利普的支配。伊丽莎白的即位因此是神意的拯救，不仅对新教如此，对国家亦是如此，1588 年西班牙无敌舰队被“上帝之风”驱散
315 即是明证。福克斯把伊丽莎白比拟成皇帝君士坦丁（生于英格兰，是不列颠基督徒王后海莲娜〔Helena〕之子），并视其为基督教会的解放者与保护者；福克斯并且把自己比拟成史家攸西比乌斯。宗教真实与国家独立结合在一起，英格兰因此成为欧洲的主要新教国家。显然，英格兰人是选民，英格兰历史是国家与宗教独立的神意史。伊丽莎白时代的编年史家约翰·斯托（John Stow）与拉尔夫·霍

林斯赫德（Ralph Holinshed，莎士比亚以他的作品为根据进行创作）将这个版本的国家历史与角色加以普及，其中廉价、便利、可携带的八开印刷本帮了不少忙。斯托的《英格兰编年史概要》（*Summary of English Chronicles*, 1565）与霍林斯赫德的《英格兰、苏格兰与爱尔兰编年史》（*The Chronicles of England, Scotland and Ireland*, 1577，此书深受福克斯影响）成了极为成功的出版品。爱国的古物研究使爱国的历史获得了可靠性与深度。帕克、柏雷勋爵（Lord Burleigh，伊丽莎白时代首相）与罗伯特·卡顿爵士（Sir Robert Cotton）成立优良的私人图书馆并收藏手稿，这些图书馆后来构成公众、大学与学院图书馆的基础。伊丽莎白时代的古物学家学会成员绝大多数是受过一些法律训练（这在当时相当普遍）的世俗乡绅，他们充分体现出合作精神，凡是参与学会的学者均可使用学会的资料。

爱国的古物研究冲动的另一个面向，是庞大的英格兰地志学调查的出现，这项调查的先驱是约翰·里兰德（John Leland）的《旅行志》（*Itinerary*，直到 1710 年才出版）。土地本身以及土地带有的历史证据成为吸引学者注意与调查的对象。新教的神意历史与地志学的古物研究这两项要素并非毫无交集。里兰德的弟子约翰·贝尔（见上文第 309 页）成为一名激进的新教徒，同时也是福克斯的导师。最成功的作品是威廉·坎登（William Camden）的《不列颠尼亚》（*Britannia*, 1586）。其他著名的同类出版品有威廉·兰巴德（William Lambarde）的《漫游肯特》（*Perambulation of Kent*, 1574），这是已知的第一部郡史，另外还有约翰·斯托引人注目的《伦敦调查》（*Survey of London*, 1598—1603）。

作为一种学术文类，地志学古物研究在欧洲早已开展，其中尤其著名的是弗拉维奥·比昂多（Flovio Biondo），他的《插图本意
大利史》（*Italia Illustrata*）成书于十五世纪中叶。更晚近的模式是 316
以深入的历史调查进行地图绘制的工作，这类作品称为地方志。这

方面的赞助者是伟大的佛兰德斯地图绘制家奥特里乌斯（Ortelius），他激励了坎登的作品。坎登之后，随着修道院的消逝，英格兰地方史资助者不可避免转移到乡绅身上，而乡绅主要关注的重点是系谱。此外，封建领地以及官职的历史与名称也引起人们兴趣，从这里衍生出斯图亚特时代初期英格兰伟大的古物学者约翰·塞尔登爵士（Sir John Selden）与亨利·斯培尔曼爵士（Sir Henry Spelman）有关封建领地的历史作品，其中斯培尔曼也探讨了早期的国会历史。

罗马风俗以及无法同化到罗马民法中的蛮族王国风俗两者间可能的重要决裂，使封建制度在十六世纪法国格外引起关注。奥特曼写了一本讨论封建领地的专论（*De Feudis*, 1572）。这类作品从晚近时代往上探究，特别关注法律术语的变化，试图厘清这些变化是否仅是肤浅的名词改动还是实际实践的差异。约翰·波考克对于十七世纪英格兰法律史研究的萌芽过程做了经典研究，最后完成了他的《古宪法与封建法》（*The Ancient Constitution and the Feudal Law*）。在这本书中，波考克显示在此之前半个世纪，英格兰律师由于执著于年代久远的普通法与宪法观念——虽然十七世纪初的英格兰律师也专注于法律先例与文献——因而抑制了适当的历史调查，使他们无法像法国法学家那样有效地探寻历史。在法国，法律形势是复杂的，没有单一的普通法，而且存在着习惯法与成文法（the pays du droit écrit）的区别，此外罗马法的影响更为深刻。这种复杂性激发了繁复的历史调查，不仅溯及各项元素，甚至也触及法律的比较研究。对比之下，英格兰是狭隘与故步自封的，对于过去法律权威的尊崇，形成一种本质上“非”历史的做法：英格兰法维持不变，是永恒的，就某种意义来说是无时间的风俗体。

在波考克极具说服力的描述中，这方面的突破主要出现在亨利·斯培尔曼爵士的著作中，他的《考古辞典》（*Glossarium*
317 *Archaeologicum*, 1626）首开先河对封建领地的历史进行研究。斯培尔曼发现封建领地不仅源自罗马法认可的古老制度，也与晚近的制度有关。封建制度的多面性格，用现代的话说，使其特别适合用来代表社会的整体类型。封建制度的核心关系既是法律的也是社会的，既是军事的也是经济的，它的成熟伴随着忠诚与荣誉的伦理，而这一切均透过世袭而传之久远。封建制度既是一种组织军事力量的方式，也是一种社会科层，是一种精神特质，也是后来马克思所称的生产模式。

当然，封建制度的一些特质在此刻仍未被明确地概念化。斯培尔曼的方法跟过去一样，是文献学式的。形式上他的作品是辞典或名词汇编，这种做法在古物研究上相当普遍，用来解释惯用语、身份等级、官职、风俗、封建领地等词汇依照字母排列，如同百科全书一般。斯培尔曼的作品坚决否认布鲁图与特洛伊传说的起源。英格兰法、日耳曼与盎格鲁—撒克逊起源，以及封建关系都是演变的产物，是蛮族风俗对土地垦殖与世袭的新环境所做的调适。事实上，采邑（feud/feudum）是英格兰法整体的关键；国会的上议院原本是国王的直属佃户（tenants-in-chef，亦即在他们与国王之间没有比他们更高的封建等级）组成的议会，参加会议是他们对封建领主负有的义务；下议院一词并未出现于大宪章（Magna Carta, 1215），因此不可能存在于十三世纪之前。斯培尔曼也知道封建关系已经衰颓，不过对此并未加以着墨。如波考克所言："英格兰史学的封建革命是将英格兰历史区分为前封建、封建与后封建时期，这些分期从此构成英格兰历史的特征。"斯培尔曼有生之年遭遇的巨大公共危机是国会与国王之间的内战，其最终导致了弑君，而这起事件也确认了后封建近代时期的概念，由于弑君这个行动不是出自贵族而是出自下议院之手，因此本质上是一种篡夺最高权力的行为。

从这里也产生对整体历史概念最一般化的推论，而这项推论被詹姆斯·哈灵顿援引之后，呈现在他的作品《大洋国》（1656）中。318
哈灵顿是共和派人士，提出乐观的共和派通史构想，其中最富现代色彩的部分是他认为英格兰君主制不是被封建直属佃户而是被下议院独立乡绅所推翻，而下议院如今已具有左右国内政局的力量。在新局势提供的优势下，哈灵顿提出令人瞩目的对欧洲通史的概要探究。他并未采取叙事形式，而是以罗马共和主义为起点，以现代自由地产保有人的共和主义作为当前状态，以立基于独特封建领地形式的封建关系（哈灵顿称此为“哥特式平衡”〔the Gothic balance〕，即国王与贵族间的平衡，夹在当中的平民无关紧要）为枢轴。哈灵顿的历史关键是地产的分配，认为地产是一切权力的基础。富人对土地的垄断摧毁了罗马市民军队的基础，因而造成罗马共和国的毁灭；格拉古兄弟试图以农业法重新分配土地，但成效不彰。取而代之的是，罗马皇帝仰赖一批雇佣的专业军队，而这支军队逐渐被“哥特化”。军事俸给的分配经过一段时间的演变之后，服役的报酬变成世袭制，并且对未来的服役附上各种条件；这是封建领地与军事臣服的本质，也是哥特式平衡的核心，民众则成了封建大领主的从属佃户。

哈灵顿认为，这个平衡起初有利于国王，但日后却逐渐衰微。他引用培根《英王亨利七世时代的历史》，提到亨利七世立法禁止家臣蓄养私人军队。在哈灵顿的描述中，另一项关键是修道院瓦解后，土地所有权逐渐落入乡绅手里，造成封建科层之外又出现一个由独立的自由地产保有人组成的强大阶级。因此，自由地产保有人的共和国，连同市民组成的民兵，出现复兴的良机。波考克总结大要，认为哈灵顿的《大洋国》是“对封建制度做一种马基雅维利式的冥想”。当然，哈灵顿对封建制度衰微的描述无法被现代学者接受；他的用语不同于现代学者，而且单一因果的构想也很粗糙。尽管如此，我们仍可以从他的作品中看出欧洲历史过程与起因的一般性描述，此后的史家，伴随着修正与不安，也以他的作品作为主要
319 依循的对象。与先前法国人尝试的世俗普世史（包括社会与文化史）相比，哈灵顿的计划在野心上虽然不那么包罗万象，却较为具体而完整。他作品的重点起初是风俗，随后是作为一种制度的封建领地

概念（包括它的开始与结束）。即使如此，这两者的介绍仍旧模糊，尤其是后者。哈灵顿提供了一种历史概观，以十八世纪自由地称之为“社会状态”的事物作为坚实基础，其中最富意义的变化不再是四帝国的分期，而是历史研究接连不断的转折。

第 20 章

克拉伦登的《叛乱史》：特定人士一意孤行的结果

320 伊丽莎白统治期间，编年史家对都铎王朝的赞扬与对女王的崇敬不绝于耳，因此，当十七世纪英格兰最伟大的史家克拉伦登伯爵爱德华 · 海德（Edward Hyde, Earl of Clarendon, 1609—1674）写下他所谓的“大叛乱”（the Great Rebellion）主题时，不禁让人产生一种矛盾之感。然而，这里存在着一种连续性。虽然 1620 到 1640 年代国王与国会间关系的崩解在财政与立宪紧张下愈演愈烈，但纷争的真正根源与经常显露于外的主题却是“不完整”的宗教革命观念。伊丽莎白时代史学蕴含着英格兰人是上帝选民的观念，这不是一种自满，相反它隐含着一种行动的号召，人们被要求实现难以达到的、神所强加的角色。某些立场更极端的新教徒（他们开始被称为清教徒）对于伊丽莎白教会建制的妥协深感不满，却从未因此反对女王，因为他们认为伊丽莎白是天主教迫害下的解救者。由于对天主教继承者心怀疑惧，他们不忠的念头受到抑制。但激进的新教渴望，加以对国会历史特权的维护，构成查理一世统治时期（1625—1649）争执不休的问题。国王与国会间关系的崩解、国会出现两股彼此敌对势力，以及随之而来的内战，提供了克拉伦登写作历史的主题，而他自己也深陷其中。

克拉伦登的历史为日后所有描述英格兰革命的作品提供基础。《英格兰叛乱与内战史》（*The History of the Rebellion and Civil Wars in England*）开始于事件如火如荼展开的 1640 年代，受到英王查理的鼓励与资助，而且显然具有许多目击描述的优势。克拉伦 321
登在英王复辟后被封为贵族，身居有利的高位，起初是长期国会的领导成员，后来成为英王枢密院成员与英王重要的咨询者。这本书，如同许多上古时代历史作品，作者是流亡的元老政治家——克拉伦登身为查理二世的大法官，于 1667 年失势下台，1674 年死于法国，而他的叛乱史直到十八世纪初才出版，在当时获得极大的成功，而且或许是唯一以出版所得资助兴建大型建筑物的历史作品，亦即牛津大学的克拉伦登馆（Clarendon Building）。

克拉伦登的历史既可以说是、也可以说不是一部符合古典史学模式的作品；当然它也不属于启蒙运动晚期的模式。他的作品有部分原本是以自传形式写成，而且维持了某种非正式的回忆录形式，不过它也尽可能涵盖广泛的内容，包括作者只能从传闻得知的事件，以及只有他才能与闻的事件。然而不可否认的是，正是由于后者才使这部作品具有深刻的生命力。就描述同一时期的历史作品而言，与半个世纪后的休谟相比，克拉伦登的风格比较轻松也不那么严谨。例如，休谟为自己从克拉伦登作品引述詹姆斯一世（James I）的愚蠢行为略表歉意，他说，这段描述"虽然微不足道但还是具有一点历史价值"（p.195）。克拉伦登本人显然不觉得有辩解的必要。他的作品着眼于公共事件，试图了解这场灾难。克拉伦登紧盯他认识的那些公众人物的性格与行为，包括国王，以古典与人文主义风格分析造成这场灾难的弱点、误判、野心与焦虑。他不断思索各种可能，讨论局势何以如此，并且自由地添入自己记忆所及的事物。他有时使用第一人称，有时使用"海德"，但他对自己的描述不会让读者感到浮夸或固执地自我辩解，不过也不像修昔底德以冷淡与简约的方式陈述自己在事件中的角色。

克拉伦登的历史理所当然且毫不遮掩地具有党同伐异的色彩：
322 他的陈述带有个人的判断。但他抱持的是寻求和解的稳健派立场，第一次寻求和解是在国会，之后是在战争期间。两方阵营都有他的朋友与敌人，因此他在判断上相当审慎。这项历史写作计划一开始是由国王向他提出的，因此人们认为这本书主要是为查理的绝大多数（尽管不是全部）行动辩护。克拉伦登引用与评论1640年代初期双方阵营留下的许多文件，其中一些是他为国王拟定的：坦白说，这些文件并非一般读者想阅读的。战争的爆发自然在某种程度上限制了克拉伦登对事件的视野。他对保王派的了解远多于国会派，对南方战役的掌握远多于北方战役，因他住在牛津。当然，他也受制于自己的心灵倾向，他给读者的印象是重视荣誉、聪敏，有时还显示出怀柔的态度，但也有拘泥成法的一面，可以预料十七世纪初国会派人士是这么看他的。克拉伦登原是国会反对派领导者，但他早期的同僚，特别是皮姆（Pym）与汉普登（Hampden），逐渐倾向他认为不可行的极端立场。因此，与其说他投向敌营，不如说在局势转变的过程中，他仍坚持原先的原则。当国会派领导人变得愈来愈激进与革新时，他不可避免投向为国王发言的一方；在1640年代末的灾难过后，他以后见之明写下的历史，甚至比他辅佐国王时还更具保王派色彩。克拉伦登对苏格兰人心存偏见，憎恶他们的长老教会信仰以及查理一世及其子落入他们手中时所受的待遇。他原本采取国会派的观点，认为王室特权需要加以抑制，并且了解国会激进派人士对自身安全的恐惧与确保安全的需要，但之后他却认为国会派人士，亦即由皮姆领导的“暴力党”的核心宗旨是长期有计划地颠覆现有政治体制。

克拉伦登对事件的一般观点与后来的休谟大异其趣，不过他既不同情清教，也不认同独断统治。他的观点具有政治谋略的外观，从这点看来，他并非墨守成规之人；他认为问题在于应把正确的人安插在正确的职位上，并将绝大多数的结果归咎于国王未能做到这

点，以及国王经常接受错误的建言行事，此外还有那些受排挤的人 323
所造成的伤害，他认为引发这些人的不满毫无必要。根据克拉伦登的说法，那些受排挤者所带来的伤害充分表现在埃塞克斯伯爵（Earl of Essex）的遭遇上：他被摒除于枢密院之外，之后英王将朝廷移至牛津（1642 年），而他继续留在伦敦，成为国会军的将领。克拉伦登认为，要赢回埃塞克斯伯爵的支持是办得到的，而其后果将难以估计。若伯爵仍任职于枢密院，“他就不会接受劝说而领导一支日后反抗国王的军队……凡是了解当时情势的人都不会怀疑，若伯爵未同意担任将领，两院也不可能顺利筹组军队”（V.33）。克拉伦登或许过于乐观，但他拥有后世史家所没有的珍贵优势，例如休谟有意识地从更广泛的视角来书写历史，但对克拉伦登来说，这个时代就存在于他的记忆之中，对当时的他而言，没有任何事物是不可避免的。

克拉伦登的历史随着事件进展实际区分为三个部分，尽管不是那么正式：战争前夕、战争本身，以及保王派失败后的流亡岁月。起初，他身处国会的激辩之中，虽然与激进派人士渐行渐远，却还是参加了与朝廷的协商，日后则受召进入枢密院，并且在宣言、抗议与反驳的言语战争中居于领导地位。在最终决裂与战争爆发之后，他在王国首都牛津担任枢密院成员与国王的咨询者。克拉伦登具有影响力，但在战争中他必然只能当个旁观者，即便他对战争的了解相当深入。他对军事行动的描述不同于以往的做法，也不力求生动逼真。他的叙述贴近现实，并且了解在战争迷雾中总是充满误解与意外，这一点显然得自参与者的经验。此外，他提到后勤的重要性与军纪问题，还有薪饷、补给、军需品、武器辎重，以及俘获这些物品的价值。对于一些战死沙场的有名贵族与乡绅，他郑重其事地
加以记载，有时加以哀悼。这是一种古典与骑士的传统，但在招募 324
与纪律相当仰赖个人地位与当地支持的战争中，这种传统也具有高度的实用性。然而，如克拉伦登所指出的，国会军方面则非如此：“敌

军军官从未被提及，因为他们绝大多数出身背景与普通士兵相同。”（VIII.160）

在战争期间，克拉伦登极力寻求调停的可能。有个特别引起人们注意的时刻，虽然带给人们错误的期待，却短暂让克拉伦登获得极高的个人声望与适合他扮演的角色——从事一场言词的战争，再度面对面进行秘密协商，以及经营与对手的个人关系。这个时刻就是厄克斯布里吉会议（Uxbridge Conference），举行于 1645 年 2 月，目的是为了拟定可能的和平条款。克拉伦登以国王代表的身份与会。他花了三十五页的篇幅（VIII.215—250）详细叙述往后三个星期的事件发展。虽然他公正评价了双方的论点，但对协商的描述也召唤出一个团结的世界。他描述了精心安排的座次与会议室，双方代表在寒冷的夜里围绕着火堆，重拾过去的情谊。克拉伦登提到，当国会派的盟友苏格兰人现身时，国会派代表变得拘谨起来，担心被苏格兰人发现他们与保王派人士独处的样子，“他们喜爱老朋友远胜于新朋友”。会中争论的三个主题是宗教、民兵的控制与爱尔兰叛乱的弭平，每个主题各分得数日时间讨论。进行到宗教议题时，讨论的核心是要求采用长老教会的教会治理形式，保王派代表利用对手间的嫌隙与重要词汇的含糊不明进行运作。被要求做出解释的苏格兰罗德戴尔伯爵（Earl of Lauderdale）讲得让人一头雾水，保王派于是要求做出书面说明，此举“激发了苏格兰代表的热忱；至于英格兰人则安静坐着不发一语，仿佛他们与此事无关。双方的神学家纷纷加入争论”。

日子在毫无成果下流逝，克拉伦登对苏格兰人的敌视也与日俱增。他举出会议期间一段轻松的对话为例，认为这是个“令人愉快的偶然”。

325 双方代表在就座之前或起身之后，一起在火堆旁谈笑风生，一如过去大家有时聚会时做的。天气极为寒冷，在随意的一般

> 交谈中，某位保王派代表低声询问一名他过去熟识的国会派代表，为什么他们未（在国会的宗教提案中）提及主祷文、信经或十诫（的确，提案中确实没有提及）。潘布洛克伯爵（Earl of Pembroke）偶然听到他们的对话，于是以他惯有的热情大声回道：他与其他人对于经文遗漏一事深感遗憾；关于是否要把这些经文安放进来，下议院已经讨论了好几个小时，最后有八或九名议员要求去掉这些经文……许多议员听到主祷文、信经与十诫遭受质疑与拒绝，都微笑以对……（VIII.232）

另外两个主题也同样棘手，民兵的控制涉及国会派成员对自身安全的恐惧，而国王未能平定爱尔兰叛乱，与英格兰国会派未能摆平长老教会同样困窘。双方私底下的关系相当热络，克拉伦登看出国会派上议院议员与比较激进的下议院议员及军方之间的裂痕。但他表示自己无法对前者寄予希望，因为潘布洛克伯爵与索尔兹伯里伯爵对后者的恐惧远超过怨恨，虽然他们比国王更希望看见这些激进分子遭受摧毁，但“他们更希望国王与他的子孙遭到毁灭，而不愿自己的同党丧失（他们的地产）威尔顿（Wilton）或哈特费尔德（Hatfield）”（VIII.245）。会议在未达成结论下草草结束。克拉伦登说，会议定期召开，一直讨论到清晨一两点，此外还要准备文件，“如果谈判继续延宕下去，恐怕许多代表将会因缺乏睡眠而病倒”。

1645 年后，克拉伦登因国会派胜利而开始流浪生涯，此时的他担任威尔士亲王侍从，倾注心力防止威尔士亲王在英格兰舆论注视下受其母后天主教与亲法倾向的影响而做出妥协。克拉伦登指出，326
在查理二世流亡期间，他主要的建议只有一项，那就是等待与忍耐，而这确实是个正确的战术。毫不意外，克拉伦登把 1660 年的复辟视为神意的安排。在此同时，克拉伦登也从遥远之处描述查理一世遭受的侮辱，虽非亲眼目击，却具有一种感染力，而这种力量显然衍生自克拉伦登个人对国王的情感。例如，有一段对国王外表的叙述，后来休谟也曾引用："一头灰白凌乱未加修整的头发，身上的衣物早已破旧，从他脸上找不出昔日风采。"令人意外的是，他似乎还保持愉快心情（XI.157）。克拉伦登拒绝描述国王的最后时刻与处决场景，原因是这段历史令人心痛且早已人尽皆知。

他描述的流亡岁月中，最重要的一段插曲人们已耳熟能详，它记载查理二世从伍斯特战役中脱身的过程。虽是二手史料，但显然得自最佳的来源，亦即国王本人。这段描述极为详尽，约占二十五页的篇幅（XII.84—106）。克拉伦登欣慰地表示，"从最平庸与最卑微的人身上，我们看到了善良、慈悲与慷慨"。他们知道交出逃亡者就能得到报酬，却在不知眼前人是谁的状况下协助国王脱困。他也提到国王详述自己在苏格兰"受到各种野蛮对待的细节"，国王被迫接受传道与签下长老教会的圣约。

不可避免的是，流亡岁月乃至于内战时期一般而言不像长期国会初期那样几乎每天都能出现戏剧性的场面。在国会开议期间，克拉伦登身为国会派领袖而后又担任国王的咨询者，努力挽救决裂避免战争，而人们终究以此来衡量《英格兰叛乱与内战史》的性质与立场。克拉伦登对国会开议期间与私人对话的描述极为生动，原因在于他将叙事安放在这些经常感到疲惫、忧心与迷惑的国会议员之中，他们有时在极为拥挤、嘈杂、以烛火照明的房间里热烈进行讨论。1641年，在讨论主教制度的存废时：

> 327 国会每天很晚才开议（议长一般是在九点左右离开议长席，直到下午四点才开议），因此人数非常少；推动法案的议员不耐地留在议场，厌恶这项法案的议员则懒得出席，利用晚餐时间离开议场，随后便寻欢作乐去了：因此福克兰勋爵（Lord Falkland）常说，痛恨主教的人远超过痛恨魔鬼，喜爱主教的人却更喜爱他们的晚餐。（III.241）

公共场合的喧闹夹杂着私人秘密、非正式的游说，以及对人物身份与利益的评判——在极为紧张而关键的时期，国会每天上演相同戏码。为了记录论辩过程，克拉伦登经常写下摘要，遇到特别值得记录的部分，还会一字不漏地抄录下来。克拉伦登的私人对话记录，有些后来成为政治格言，被后世史家所引用。当国王指派的可怕的爱尔兰总督斯特拉佛德伯爵（Earl of Strafford）遭弹劾时，

> 海德先生来到一处名叫皮卡迪利的地方（Pickadilly，这是一幢用来娱乐与赌博的美丽府邸，怡人的林荫石子路，高低起伏的草地滚球场，吸引了许多具有身份地位的贵族与乡绅前来，不仅从事运动，也可彼此寒暄），贝德佛德伯爵（Earl of Bedford）向他攀谈，根据伯爵的说法，国王表示，如果斯特拉佛德的命可以保住，那么一切都好谈。（I.161）

问题卡在埃塞克斯伯爵身上，贝德佛德因此带着海德前去，试图说服他采取较宽容的立场。埃塞克斯不为所动，他担心斯特拉佛德被赦免后可能对议员们构成危险。“他摇摇头，语气坚定地说：‘死刑是唯一选择。’”（I.164）

特别苦涩的一场战争是大谏章引发的辩论。这篇由国会针对当前苦况所提出的申诉，于 1641 年 11 月通过，克拉伦登认为这是对和解前景的一次重要打击：

> 辩论从早上九点开始，持续了一整天：当天色渐暗，议员们要求点起烛火（双方都不愿意休会等待隔日再议，不过显然不少人会开到一半就忍不住睡着，撑不到决议之时），这场辩论 328
> 就在充满热忱下一直开到隔天十二点。

大谏章以九票之差通过。当议员鱼贯走出议场时，奥立佛 · 克

伦威尔低声在福克兰勋爵耳边说道："如果抗议文没有通过，他会在第二天早晨变卖所有家产，从此离开英格兰。"克拉伦登叹道，差一点"这个可怜的王国就能得救！"（IV.52）

最终的决裂使一些议员，包括海德，追随国王前往战时首都牛津，此时枢密院成员的忠诚也成为重要议题。这给予克拉伦登一个研究人物性格的机会，而他也有意识地运用一些技巧。他的散文风格有时相当冗长，并且使用复杂的句法，特别是在进行论证时。与其说这是一种作家风格，不如说是一种演说家风格；它不是华丽或激昂的修辞，写作的标点是为了配合声音的抑扬顿挫，有时在一长串子句与随后更多子句之间，穿插带有揭人隐私意味的用语"所以我说"。克拉伦登对公众人物的描绘，虽然经常是节制谨慎，但有时也带有尖酸的文字与讽刺的警句，这种风格不禁让人想起塔西佗，而克拉伦登大概也有意让读者产生这样的联想。塔西佗是最常被引用的上古史家，此外克拉伦登也引用了李维、普鲁塔克与修昔底德。类似这类的描述在《英格兰叛乱与内战史》中到处可见，不仅仅是以由来已久的方式写成的讣闻。

在这些人物描述中，最令人难忘的首推阿伦德尔伯爵（Earl of Arundel）。他被任命为将领，负责率兵抵御苏格兰人。"人们认为他之所以中选，只是因为他的负面特质：他不喜欢苏格兰人、不喜欢清教徒，至于另一个混杂着负面特质的好特质是：他不喜欢任何人。"（II.25）名声败坏的哥林上校（Colonel Goring，后来被封为勋爵）善于伪装，"即使被他骗了两次，人们也不觉得羞耻或不安"（VII.69）。对于复辟的重要推手蒙克将军（General Monck），克拉
329 伦登写道："他的功绩足堪纪念，他促成伟大事业的实现，但这些事业他并无智慧预见，亦无勇气尝试，更无才智筹划。"（XVI.115）阿瑟·阿斯顿爵士（Sir Arthur Aston）是牛津总督，但他宁可接受由王后任命的职位，"注定要在无人知晓他，甚至众人厌恶他的地方，赢得显赫的名声"（VIII.121）。在对诺森伯兰伯爵（Earl of

Northumberland）的冗长评价中，我们看到这样的陈述，“如果他能像认为自己在众人之上一样，认为国王在自己之上，那么他会是好臣民”（VI.398）。

其他的人物描绘需要以更完整的篇幅来介绍，例如对国会派舰队司令沃里克伯爵（Earl of Warwick）的刻画：

> 他是个讨人喜欢、和善而健谈的人，喜爱大宴宾客；他的言语与行动如此放荡不羁，以致找不到比他更缺乏美德的人：因此人们或许有理由相信，这副德行的人不可能对颠覆国家与王国的行动起什么作用。但拥有这么多瑕疵，他仍具有巨大权威，并且得到在叛乱之初进行一切破坏的人的信任；他敞开大门让他的宅第成为当局压迫下所有受压制的牧师的聚会之所，他以名下的庞大资产支持他们，而借由与他们一起祈祷，一起同乐，给予他们之前遭到剥夺的事物，因此成为该党的领袖，取得了“虔诚者”的称号。（VI.404）

最大规模的人物研究是给克拉伦登朋友的讣闻，亦即 1643 年在战争中身亡的福克兰勋爵：

> 他和蔼可亲，谈笑风生，态度随和，勤勉而乐于助人，生活俭朴廉洁，如果要找出一项足以代表这场可憎与不幸内战的重大损失，那么福克兰勋爵的死对所有后代子孙来说势必是最可耻与可恨的。（VII.217）

因语带含糊而更令人玩味的是克拉伦登对国会派领袖约翰·汉普登的评价，汉普登也在查尔葛罗夫（Chalgrove）战役中丧命：

> 他在辩论时有着罕见的和蔼与好脾气，在评断时也相当谦 330

> 和，仿佛自己毫无意见，渴望得到他人的讯息与指导；然而他的询问方式极为巧妙，在提出怀疑的同时也暗示自己的反对，他佯装学习与接受他人的看法，实际上却以自己的意见影响他人。（VII.83）

克拉伦登认为颠覆的阴谋全出于汉普登之手。

他清楚意识到，不同特质使人展现出不同的价值。举例来说，潘布洛克伯爵“担任一个容易发怒的职位（宫内大臣），使他有权做出粗鲁的举动，而且宫廷秩序的维系也有赖他的无礼”（VII.399）。以枢密院内部个别成员的缺点来评估枢密院是一种错误之举，例如说“这个人很迟钝、那个人很浮躁、另一个人软弱又脑袋简单”，没耐性与不明智的鲁伯特王子（Prince Rupert）就会这么做，而它之所以错误，是因为“所有被执行的伟大事业与设计都是由许多部分组成，即便是计划亦然，这些部分适合以不同机能与能力来进行调查与研讨，也适合由较敏锐与较沉着的智性来决定”（VII.279—281）。

克拉伦登用一种日后普遍流行至十九世纪的方式，认定克伦威尔是个工于心计的伪君子，他的一切行动全是为了追求权力；即便如此，克拉伦登对他的描绘并非全然负面。克伦威尔不是“嗜血者”，他拥有一些美德。他也是个具有杰出能力与意志力的人，使全欧洲都惧怕他；“他将被后世视为勇敢的恶棍”（XV.147—156）。对克拉伦登而言，做出区别相当重要，以免—— 思及国王的悲惨命运—— 人们“相信整个国家的心灵都已败坏，因而招致这些令人哀叹的结果；这些事件的唯一来源是特定人士的愚蠢与刚愎自用、软弱与任性胡为、傲慢与激情”（IX.1）。克拉伦登不具备一个世纪后休谟与罗伯特森精深历史分析的一般概念。对他而言，有一点是不证自明的，那就是在神意下，叛乱非一人所为，而他们亦非全然邪恶之人。克拉伦登值得聆听，因为他认识这些人。

第 21 章

哲学性的历史

休谟：狂热与弑君

启蒙运动时代有关习惯、风俗与意见的历史文类，其出现的关 331
键是一项在欧洲历史中逐渐被视为定论的事实："社会进步"。商业的成长与"封建无政府时代"的结束，"学术的复兴"，新世界的发现与印刷术的"超迈前代"，以及战争技术的改良（圭恰迪尼是第一位提出这个观点的人），这一切均有助于这项看法的产生。再加上过去两个世纪以来"风俗"日渐改善的概念，从宗教改革时代粗暴、学究、毫不宽容的宗教狂热与争论，到十八世纪将有礼、宽容与良好社交关系培养成温和、人道与理性的高尚社会的标杆。

在理性与自以为是的飨宴上，至少在英格兰是如此，驻足着十七世纪革命的鬼魂。这是由一群非英国国教派分子施行的短暂而令人难忘的统治时期，其特征是"狂热"与平等主义式共和主义的威胁。鬼魂显然已被驱除，但十八世纪末以降的诸般事件有时赋予这场革命一种既是先例又是警告的外观。革命，关联着进步，逐渐扮演起过去古典与城市人文主义典范的奢华与衰微所扮演的角色：

复仇女神。麦考莱在 1832 年第一次改革法案（Reform Act）通过前所进行的下议院辩论中表示：“革命发生的主要原因，在于国家
332 前进之时，立宪体制却停滞不前。”马克思后来发表了相同的观点，不过他立基的却是革命立场，而休谟则是对查理一世政府提出类似评价（见下文第 335 页）。这场革命经验如此显著，连同其引发的恐惧与希望，迫使我们必须留意史家如何面对革命对他们的理解与技艺所构成的挑战。

今日，休谟主要是以哲学家的身份闻名于世，他的史家身份罕为人知。在十八与十九世纪，情况刚好相反。休谟在当时之所以著名，主要是他写了一部具有纪念性、权威性，但也充满争议的六册作品，《英格兰史》(*History of England*, 1754—1762)。休谟是苏格兰启蒙运动的主要人物，他的历史作品是这场运动的独特产物，启蒙运动一些最基础的观念就运用在这部厚重的政治、立宪与社会史作品中：风俗和意见的根本变化与封建制度衰微和商业成长之间的联结，以及对于宗教对社会与政治生活造成的影响所做的思索。与休谟同时的威廉·罗伯特森将这些观念应用在比较安全的十六世纪欧洲，不过他将约翰·诺克斯（John Knox）与苏格兰宗教改革定位在粗鲁无礼的时代里，并且主张他们沾染了那个时代的特质，这种说法并非毫无争议。休谟一开始就向十七世纪的英格兰历史提出挑战，他作品的独特之处在于写作及出版顺序与历史年代相反，并遭遇近代英格兰政治生活最具争议的议题。“辉格党”与“托利党”这两个政治标签源自十七世纪的两大派系，就连比较复杂的近代标签“宫廷党”（Court）与“地方党”（Country）也在相当程度上类似于十七世纪的派系分野。十七世纪革命史是休谟的英格兰史的第一部分，出版于 1754 年。苏格兰王詹姆斯六世（James VI）于 1610 年登基为英格兰王，改称詹姆斯一世，休谟为了对他表示敬意，将书名取为《大不列颠史，詹姆斯一世与查理一世时代》(*The History of Great Britain, Containing the Reigns of James I and Charles I*)。

这部作品支配这个领域达四分之三个世纪，虽然在当时它只是众多英格兰革命史的其中一部，而这些作品反映了政治光谱的各个部分。屈维廉在麦考莱的传记中，提到麦考莱在书店橱窗看到休谟作品时的满足与愉悦，因为作品上标示着，“价值连城，足以作为麦考莱历史的引介之作”，而当时距离休谟的作品出版已经过了一个世纪。

休谟在几个地方冒犯了当时的信仰，其中最主要的是他不接受 333
辉格党的观念，辉格党认为存在着一部被斯图亚特王朝推翻的永恒“上古宪法”。对休谟而言，英格兰的立宪先例到了十七世纪初已充满混乱矛盾，反映出几个世纪以来国王与贵族间不断变化的平衡关系：宪法已变得“不可理解”（p.111）。早期的斯图亚特王朝能为自己的大多数行为找到先例，而更早的都铎王朝则避免一切理论性的主张，以更绝对的方式进行统治。事实上，宪法先例是 1640 年代国会领袖们的发明，对休谟而言，这种做法原则上并无大碍：英格兰需要一个“规律的自由体系”，而这个体系终于得以建立。虽然满心欢迎这样的结果，但他对绝大多数粗俗又盲信的国会派领导分子的嫌恶而非赞誉，惹恼了立场更激进的辉格党人。休谟对十七世纪英格兰清教与苏格兰长老教会的措词相当严厉。他们身上的“盲信天分获得充分的展现”，他们的炽烈想象使他们“狂野而即席地对上帝演说”（p.72）。十七世纪非英国国教派分子所受的苛待，普遍存在于十八世纪的不列颠，但休谟本身恶名昭彰的宗教怀疑论却冒犯了许多人，这也使他无法像罗伯特森那样获得爱丁堡或格拉斯哥的教职。面对如此不利的情势，休谟《英格兰史》仍赢得重要地位并且在出版上获得成功，为他赚取了巨大财富，实在令人惊讶。

除了一些我们必须提及的例外，休谟的《英格兰史》并不是一部生动有趣的作品：它的力量是思想性的，表现在反思的性质与叙事的说服力上。尽管作品中四处可见专论性的叙述——亚当·斯密在这方面是个传统主义者，他反对对流畅的线型叙事构成阻碍的叙述方式——但它不属于启蒙运动的社会学式论文，而是一部详尽而丰富的历史，它具有古典的文字风格，采取的是编年体例。虚构演说的传统变得不受欢迎，于是休谟倾向以摘要的方式呈现多数人的意见，而不仅仅呈现单一个人的看法。尽管作品里的专论性文章，其中最长的是一篇讨论社会变迁的文章，在随后版本中被移转到较
334 不重要的附录里，但一般认为休谟历史仍属以公共事务与公众人物为核心的古典传统。当然，除此之外，他的作品也属于十八世纪讨论风俗与市民社会历史的论说文类，具有启迪思想的作用。

休谟历史最具争议性的特征之一，乍看之下似乎与启蒙运动的社会学式关切和休谟惯常的超然与讽刺的立场格格不入。这项特征就是对受害者的同情，即历史上著名的输家，尤其是查理一世。事实上，在国王被俘、审判与处决的描述中，休谟有意识地运用了悲怆与“感伤”（与其说带有贬义，不如说是一种技术性词汇）。

> 坦白说，国王在人生最后时刻的行为，使人对他的记忆又增添了一分荣誉；在法官面前，他无论何时都未忘记自己的身份，不管是身为国王或男人。每次响应，他都能坚强无畏地提出主张，无论在思想或表达上，都展现出极端的明晰与公正：他温和平静不带任何情绪地面对处置他的不寻常权威。他的灵魂似乎仅仅毫不费力或毫无矫饰地停留在他熟悉的处境中，以轻视的眼光注意着人性的恶意与不公。（p.678）

十八世纪历史写作出现的情感修养，也出现在休谟与同时期罗伯特森的作品中，特别是他们对苏格兰女王玛丽的描述方式。（关于这点，参见 Phillips, *Society and Sentiment*。）休谟对查理下场的描述产生的感染力，经常被视为是他的“托利党立场”的明证。事实上，休谟不属于托利党或詹姆斯党，但他的确对传统辉格党的信念毫无兴趣，并且在论述里显露出十八世纪不列颠相当罕见的立场。休谟曾留居法国，不仅研究上古时代的共和国，也探讨法国绝对君

主制下臣民的立场，以此对公共与私人自由做出敏锐区分。上古时代的共和国完全不了解私人自由，但若由一个重视秩序的君主制透过法律遂行统治，则私人自由未必会因为公共自由的不存在而遭受伤害。个人的生活与利益可以如同在代议体系之下受到保障。事实上，身处不列颠的休谟对于无限派系倾轧下可能出现的无政府状 335
态，要比对绝对君主制来得恐惧；他说绝对君主制是“最轻松的死法，可以让不列颠宪法真正的安乐死”；可以料想得到，他应该是目睹了乔治三世统治初期为了支持激进派分子约翰·威尔克斯（John Wilkes）所爆发的动乱而心生警惕。

“感伤的”历史所衍生的争议不是党的标签或自由或绝对主义的问题。休谟历史的目标之一，在于以启蒙理性处理充满争论的晚近过去，从而缓和派系的暴力精神。在这种脉络下，感伤主义不是党同伐异，而是促进和平。感伤作为史家曲目里的一个项目，其发展关联着日后十八世纪对感性进行的一般探索，包括赋予历史叙事中再现的直接性与同情的理解更高的价值。（关于这点，参见 Phillips, *Society and Sentiment* 深富洞察力的讨论。）同情的理解与具体的直接性，这两种史学方法比较常出现在十九世纪，并且成为当时偶尔用来诋毁十八世纪的借口；他们指责十八世纪缺乏这种做法。当时这些方法的产生不仅与感性崇拜有关，也为了鼓吹更多人阅读历史，特别是女性，而休谟当然也察觉到这点。悲怆的效果与休谟向往的启蒙超然并不抵触，就某个意义而言还可以说是它的一部分。“正因”查理在人们眼中并非试图推翻既有传统宪法的专制君主，而是无法理解或适应风俗、意见、权力平衡与财产的历史变迁的受害者，所以理解这些变迁的启蒙史家应该为他“掬一把同情泪”。

这是休谟早期的斯图亚特历史所传达的核心讯息，虽然也带有感动人心的效果。人们无法期待查理能像哲学性的史家那样具备长远的眼光，要做到这点需要后见之明与适当的概念工具。休谟说，查理“不具有大师天分，无法见微知著地察觉国内气氛的变化，也不知如何调整自己的行为”（p.381）。他是个迷失于两个世界与两种角色之间的人物：“要是他生来是个绝对君主，他的人性与良知
336 能让宇内太平无事，并且留给臣民珍贵的记忆：要是当时的特权限制已经固定与确立，他的正直将会使他谨守（视其为神圣）宪法。”（p.684）他的致命瑕疵在于未能看出时代的征兆；这个缺点就人性而言或许可以原谅，但在政治上却是一场灾难。

休谟在一些专论中，包括一个完整的篇章（VI），提到这些时代征兆。这些文章随后收录到附录中，并且开启了麦考莱作品中著名的第三章对“社会”史的讨论。麦考莱的论点引起批评，人们对他在对比“过去”与“现在”时流露的优越感有所不满。休谟的作品也用了相同对比，但其中毫无对现代性的夸耀。休谟作品并非因循旧例之作，其特别之处在于包含了一些统计。他的核心论点有两个层面：与罗伯特森一样，休谟看到十六世纪发展出来的自由与思想独立的新精神，尤其这些精神还结合了商业的兴起（他清楚提到大城镇支持国会派的理由）。如同十八世纪初哈灵顿与“地方党”论战者、特别是博林布鲁克的主张，休谟认为随着封建制度的终结与地产的扩散，权力也从上议院转移到下议院：

> 在先前几位君主统治期间，商业与技艺的初次兴起促使贵族的庞大财富——这使贵族令人生畏——分散到国王与人民手里。在现任国王统治期间，这些优势进一步发展，小地主开始受到摧毁。这两项事件使乡绅，或者说构成下议院的分子，扩大自身的权力与权威。大贵族抓住机会开始过着奢侈生活，不再节俭与锱铢必较，而将财富虚掷于昂贵的娱乐上。

下议院逐渐发掘出自己的力量，斯图亚特前两任君主不智地对自身特权提出理论争辩，却因此助长下议院的力量。对休谟而言，

一切权威最终都不是立基于权利，而是立基于意见，而意见在本质上是可以操纵的。既有权威的主要支柱是习惯与传统。在宗教与政治问题上提出理论主张，无异于鼓动臣民进行争论，而其结果是致命的。

国王的财政处境也对国会有利。国王仍希望仰赖传统收入为生，但支出却不断增加。国会虽然无法控制收支，却能轻易利用国 337
王的财政困境要求让步。查理政府被迫诉诸古老财源的重征或新财源的聚敛，但两者均引来强烈憎恨。就某方面而言，詹姆斯与查理是悲剧人物，他们不智地火上浇油而不懂得息事宁人。宗教改革以来的宗教盲信精神在此时正值巅峰。休谟在著名的论文《论迷信与狂热》(*Of Superstition and Enthusiasm*)中提到一个概念。他以"狂热"一词来称呼这种盲信精神，虽非原创，却成功将这个负面词汇转化成理论类别。狂热可以产生于任何时刻，本质上是随机的（有点像马克斯 · 韦伯的"卡理斯玛"〔charisma〕)，而且抗拒一切谨慎计算与个人利益的思考："盲信精神，若任其发展，使人们放弃舒适、安全与利益，并且破坏所有道德与世俗义务。"（p.502）对休谟而言，在宗教信仰动力中，狂热的反面是迷信。迷信也是非理性，它源自取悦神明换取利益的冲动。因此，迷信是奴性的，是宗教与世俗建制的助力；它在历史上的具体成果是天主教。反观狂热，充斥着独特而个人的唯信仰论，是大胆的、具攻击性的、热忱的、具破坏性的；而清教仍让理性时代感到焦虑震颤，十七世纪非英国国教派分子的恐怖盲信令人记忆犹新。十七世纪盲信与休谟所说的"现代风俗的温和与人性"（p.98）之间有着历史差距，虽然这么说或许能产生激励效果，但历史事例仍让人不敢掉以轻心。根据休谟的看法，詹姆斯一世认为盲信对世俗与宗教权威造成威胁的想法并无不妥，错只错在他直接向盲信提出挑战。

休谟的描述时常诉诸讽刺，例如对于苏格兰人狂热向国外移植自己的教会体系，他评论道："优雅的希腊人向野蛮世界传布科学与人文技艺时，从未如今日的苏格兰人那样沾沾自喜于将自己的野蛮热忱与神学痴迷散布给邻邦。”（p.449）尽管休谟承认狂热的历
338 史功能已与其固有性质略有不同（以一种十八世纪逐渐习惯的方式来说），但他对狂热的嫌恶却未尝稍减。缺乏“如瘟疫般有害的狂暴”（p.446），国会自由将无法维持，“规律的自由体系”（p.283）终将胎死腹中。封建贵族的权力衰微后，更“理所当然的”结果将会实现，从欧陆来看亦即君主制绝对主义的兴起。以当时的情况而言，唯有虔诚盲信才能不计后果地支持人们冒着必然的危险与牺牲来抵抗这股潮流。在“我们眼下享有的那个单一而幸福的政府”背后，存在着阴暗而凶猛的非理性。从苏格兰人的事例中，休谟特别明确提到原因与结果之间的道德分离：“苏格兰起初被宗教改革的狂暴（在当时极为有害）袭卷，但事后证明产生极为有益的结果。”（p.145）历史因果与道德内容完全是两回事，而美德与自由之间则有着高度联结。休谟将这个观点运用在宗教改革与十七世纪的政治危机上，我们看到，这个观点也被年轻一辈的吉本所采用，他以此来看待基督教历史以及野蛮与文明之间的长期关系。

休谟对“狂热”的嫌恶在他的世纪相当普遍，而他以独特力量表达出这种感受。到了下个世纪，随着十七世纪宗教狂热逐渐消失，以及宗教复兴带来更多尊重，对狂热的嫌恶也逐渐衰微。但休谟有关英格兰革命与长期社会变迁的其他关注，仍持续成为麦考莱《英格兰史》的重要主题；他被誉为休谟作品的伟大继承者与取代者。

罗伯特森：“社会状态”与欧洲的观念

339 “社会状态”对十八世纪最重要的历史作品而言是个关键概念。此外还包括一些新概念。这些概念有些清楚例示在威廉·罗伯特森（1721—1793）的《皇帝查理五世时代的历史》（*The History of the*

Reign of the Emperor Charles V, 1769）中。有人主张这本书是第一部现代史学作品。当然现代性有许多判准，其他人也举出不同佐证，但这项主张是可辩护的。

事实上，现代性是个与罗伯特森作品息息相关的观念，其意义有二：这本书谈的是现代性，亦即十六世纪“现代”欧洲的出现，而且是其他种类的现代性。在罗伯特森眼中，现代性是世俗的世界主义，包括文化与政治（以后者的意义而言，现代性表现在“权力平衡”的观念上），现代性使欧洲在十六世纪进入现代，并且基于相同理由使欧洲成为一个整体，拥有自己的历史。罗伯特森的作品具有世界主义的观念，亦即将欧洲视为一个整体，这不仅是从它的观点来看,也包括它的起源与意图。十年前他已因成功的《苏格兰史》（*History of Scotland*）而声名大噪。《查理五世》是为扩大文学市场而写的作品，事实上是以整个欧洲为目标；书一出版，罗伯特森就准备将其翻译成法文。

要找到罗伯特森作品的先例并不容易。迄今为止，史家主要是被自己的国家或城市的历史吸引而开始写史，不需要特别解释；要不然就是受事件的吸引而撰写叙事，史家可能自己也牵涉其中，或是至少能宣称自己对这些事件具有某种特殊知识或利害关系。萨尔皮的特伦特宗教会议史是个例外，尽管如此，他仍调查了自己所属教会历史中近来所发生的具有重大意义的插曲。休谟的《英格兰史》不完全是例外，尽管其中存在着休谟的苏格兰观点；罗伯特森起先视休谟的《英格兰史》为竞争对手，之后则认为自己更胜一筹。之所以撰写查理五世帝国的历史，是因为查理五世帝国在早期现代欧洲居于核心地位，以及早期现代欧洲作为历史时期所具有的意义与 340
重要性；罗伯特森就是以这种角度看待早期现代欧洲。事实上，他的作品的范围甚至超越查理五世帝国的广袤领域而涵盖整个欧洲历史，这么做也使他有选择作品焦点的可能。

主题不受限制是一项创举，之所以能够如此，完全是仰赖过去两百年来印刷出版的大量资料，包括历史文献。罗伯特森在写作时维持了一个外国通信网络，特别是在西班牙，而随后他在《美洲史》（*History of America*, 1777）前言中，列出这些通信者，为此他还采取了高度现代而简便的问卷调查。就连在《苏格兰史》中，他也在前言列出想要感谢的对象，并且在附录里列出重要史料，就跟现代史家的典型做法一样。旅行一般来说还不属于史家实际工作的一部分，例如吉本在初次造访罗马之后，就没有再回到罗马。罗伯特森从未到欧陆旅行，但图书馆、书商与有益的通信员使他能在爱丁堡写出查理五世时代帝国的详细历史；他在爱丁堡担任苏格兰教会牧师，而且当了三十年爱丁堡大学的校长。他的历史写作方式毫无肤浅之处，他是学者，也是充满文学性的史家。

然而，为市场写作是可能的，罗伯特森的做法就是如此。他从出版商那里得到《查理五世》的丰厚稿酬，令当时的人大为惊讶。罗伯特森的庇护者布特勋爵（Lord Bute）是乔治三世的苏格兰裔首相，曾重新恢复罗伯特森的苏格兰王室史家一职，但罗伯特森仍重视自己的牧师生涯。虽然罗伯特森主持着学术机构，却不必然是现代意义下以教授历史为生的“专业”史家。无论在当时、过去或下个世纪，历史仍未成为学院课程的一部分，虽然当时已有少数教授历史的教授职位。在苏格兰授课体系中，历史课程通常由修辞学与美文、道德哲学以及法律教席讲授，例如亚当·斯密与约翰·米
341 勒（John Millar），但罗伯特森却未如法炮制。凭着出版历史作品也能得到丰富报酬。克拉伦登伯爵的《英格兰叛乱与内战史》赚取了史无前例的金额；休谟的《英格兰史》为他带来在哲学领域追寻不到的报酬。从依赖庇护者到为市场生产而获得独立，是十八世纪苏格兰思想的主题之一；从文学人的生涯也可以看到这点。罗伯特森是个包容且具自我意识的现代苏格兰教士，以“稳健派人士”自居，并且是现代的文学人与改良派的大学管理者。

我当然不是为了曲解而如此任意使用“现代”一词，只是为了

在语义上进行简化。十八世纪的术语其实更加丰富："文雅的"、"有礼的"、"高尚的"；"文明的"、"礼仪"与"开化的"（相当常见的词汇）乃至于"我们的启蒙时代"（吉本语）。一直要到十八世纪末，才出现"启蒙运动"（Enlightenment）一词，而且这个词源自德文，"文明"（civilization，最早源于法文）一词也出现在十八世纪下半叶。如果我们不使用"现代性"（modernity），那么与上述词汇完全相反的概念当然只能如此描述："那个粗野的时代"、"粗鄙无文的年代"、"迷信的时代"、"野蛮时期"与"封建无政府状态"。这项对比成为罗伯特森关注的焦点，如果不援引这项论点，要解释罗伯特森的《查理五世》与绝大部分《苏格兰史》的意旨是不可能的。这些完全相反的词汇，用另一种词汇来说，是"风俗"（manners，法文是 moeurs）的对比，包括习俗与传统、价值与典型行为。这些词汇表达的现代性的观念，与欧洲的观念有着互惠关系。欧洲的历史，更广泛来说是人类的历史，可以从风俗因时而异的角度来分类。现代性也能以罗伯特森在《美洲史》中令人惊异的具预言性质的词汇"生计模式"（mode of subsistence）来形容："封建体系"被商业（现代性的标记）以及伴随而来的风俗的温和化与优雅化（相对于封建时代的尚武精神）所取代。在政治上，封建制度被统治欧洲各国关系的"巨大体系"即"权力平衡"所取代，这也是《查理五世》一书最关注的焦点。

十八世纪普遍认为社会状态与风俗经过连续几个阶段的演变，这种看法也在十八世纪产生特有的文类：将人类历史概要节略为几 342
个"阶段"，并且为阶段间的转折添上玄思性的理由陈述。在某些事例中，如果分类的要素胜过连续的要素，如孟德斯鸠的《论法的精神》（*Spirit of the Laws*, 1748），则结果将倾向于一套社会学式分类。它既非详尽的叙事，亦不必然是明显的历史研究，虽然其中引用了来自世界各地与不同历史时期的证据。历史作为阶段、社会状态或人性的连续，这种"启蒙"观念就某种意义来说是继承自悠久的基督教普世史，衍生自圣经、奥古斯丁、欧洛西乌斯与四帝国的历史连续。基督教普世史与启蒙运动普世史之间的敌对，最明显的例子是伏尔泰的《风俗论》(1756)，以及十八世纪末孔多塞的反教士作品《人类精神进步史纲要》(1794)。在法国，我们看到卢梭的《论人类不平等的起源》(1755)。而苏格兰也有显著贡献，如休谟的《论文集》(*Essays*)、亚当·弗格森的《市民社会史》(*The History of Civil Society*, 1767)、亚当·斯密的《法学讲论》(*Lectures on Jurisprudence*)、约翰·米勒的《身份等级的起源》(*Origin of the Distinction of Ranks*, 1771)、卡姆斯勋爵(Lord Kames)的《人类历史概要》(*Sketches of the History of Man*, 1774)，以及詹姆斯·邓巴(James Dunbar)的《论原始与文明时代的人类历史》(*Essays on the History of Mankind in Rude and Cultivated Ages*, 1780)。罗伯特森也对这种文类作出贡献，他的《美洲史》有部分论及原住民的风俗与信仰，而在《查理五世》序言里，以较明确而严谨的欧洲风格写下《论罗马帝国覆灭到十六世纪初欧洲社会的进步》。

撰写这些概要性质的历史的动机，某种程度而言相当多元。最明显的是一种让历史变得具“哲学性”的普遍渴望，亦即，挖掘历史的根本原因，并以此为基础推论出有用的通则。孟德斯鸠的事业有部分受到所谓对法王路易十四的绝对主义产生“封建反动”的影响。孟德斯鸠把“专制主义”(despotism,其具体例证为奥斯曼帝国)与君主制区分开来，认为前者的基础是恐惧，而后者依法而治，并且受到遵守荣誉原则的强大贵族制的制衡与支持。伏尔泰与孔多塞
343 的作品是对教士干政与迷信的攻击。苏格兰人则将焦点放在市民社会与风俗的形式(如孟德斯鸠的作品)，以及财产权的形式(如哈灵顿的作品)。特别在斯密的《法学讲论》中,我们得到所谓社会“四阶段”的清楚描述：狩猎与采集的野蛮状态、牧歌般的游牧生活与财产权的出现、农业(在蛮族入侵后的欧洲，农业被封建制度当成财产而加以把持)，以及最后一个阶段，商业。

苏格兰人将焦点放在市民社会，而不关注政治体制，这点可以理解，在某种程度上孟德斯鸠亦是如此。《联合法案》（Act of Union, 1707）之后，苏格兰不再是政治体，爱丁堡不再是政治首都。另一方面，苏格兰的繁荣成长与风俗的提升却非常明显。有礼而进步的市民社会概念提供了另一种自我评估与竞争的可能形式。约翰逊（Johnson）与博斯威尔（Boswell）对于英格兰与苏格兰社会之间相对优点的那种半开玩笑又具竞争意识的对话，是相当好的例证。

此外，还有一项因素也值得注意，在苏格兰内部，社会各种典型形式之间存在着巨大差异，不仅是所有欧洲人都知道的城乡对比，还有地理上的对立。高地线以北宛如印第安准州（Indian territory），在 1745 年叛乱期间急速蜕变成爱丁堡的文明街道。高地氏族社会成为罗伯特森描绘的苏格兰封建制度阴森图画的一景，成为封建军阀获得力量与独立的额外来源，加强了他们桀骜不驯的特质。一般而言，十八世纪似乎不像十九世纪那样，将氏族社会（clan society）特别区分为一个类别，尤其是像马克思主义者那样采用“氏族社会”（gentile society，源自拉丁文 gens）作为封建制度前的一个特定阶段。（休谟比罗伯特森更清楚认识这点，他敏锐地区别以长子继承制巩固封建制度的苏格兰版本，以及实行较原始的诸子均分制的爱尔兰版本。）同样，当十九世纪末人类学家发现亲属体系 344
是原始社会的组织原则时，十八世纪的评释者，如罗伯特森，却认为原始社会是完全的性杂交，如兽群一般。如果没有财产权，他们何须追溯血统或辨识亲属？

另一方面，关于封建制度被取代的过程的解释也变得更加复杂，诸如与哈灵顿相较，特别是亚当 · 斯密。这表示一般历史因果关系的取向出现典型而重要的转变，阶段的连续或社会（而非政治体）与风俗形式的观念，影响了对时代转折的理解。尽管十七世纪英格兰对习惯法与远古（不变）宪法的观念充满狂热，但一般而言，法律与宪法仍如同某种审慎制定下的产物。此外，风俗似乎不可能透过立法而创造或抹杀。风俗的演进可以用人为的方式延缓，但风俗转化的过程似乎总是渐进而“难以察觉”；这是以吉本喜爱的词汇来说，这个词汇也被罗伯特森所援用。伟大立法者吕库古、梭伦、努玛的神话令誉终于开始瓦解。亚当·佛格森意味深长地写道：“国家在偶然间产生的建制，的确是人类行动的结果，却不是任何人类计划的执行。”在《国富论》(III.iii and iv)中，斯密经典地描述封建制度的逐渐崩坏不是因为立法，而是单纯因为人性面对市场机会。城镇与商业生产力的上升造成商品日益充裕，封建大领主被吸引着将农业剩余花费在商品上，他们不再借由维持武装家臣与加诸军事义务于佃户之上的方式，将资源转化为军事与政治力量；取而代之的是，这些义务逐渐折合成货币租金的形式。

罗伯特森的《苏格兰史》绝大部分以哈灵顿的观点来描述法国与英格兰封建制度的终结：这是法王路易十一深思熟虑并以狡诈的手段加以实行的政策，以及英王亨利七世审慎的立法行动，及其子
345 解散修道院使财产权分散出去的结果。苏格兰未能走出封建时代，是苏格兰诸王无能的结果。在《社会的进步》(*Progress of Society*)一文中，罗伯特森提出一套更详尽的理由，包括欧洲贵族接触君士坦丁堡的优雅生活与十字军东征时期的东方，以及意大利商业城市共和国的兴起，这些共和国成为与封建领主支配相竞争的社会与政治模式。罗伯特森相信十字军东征具有正面效果，虽然它始于狂热与迷信，而这个信念是历史因果观念的另一个复杂例证：即“出乎意料的结果”的观念，对此斯密在《国富论》第三部分各章提供了非常生动的例子。邪恶可以产生可欲的结果；美德却不能保证如此。罗伯特森借由亨利八世奢侈、虚荣、顽固的例子来凸显这个论点：亨利八世的恶劣行径反而实现了修道院的解散与英格兰宗教改革。意图与结果的错误结合在历史作品中自然地加以陈述，本身即是一种讽刺；吉本充分利用了这点。

罗伯特森在《苏格兰史》的两篇导论概述性质的章节中，描述

苏格兰封建贵族由来已久的邪恶力量与君主的软弱无能。这两篇文章与十年后他在《查理五世》前言中呈现的乐观欧洲版本相比，显得充满限制与了无希望。然而，无论确立或铲除，封建制度就思想而言都不可能消失。学界总是持续而勤勉地关注它。仅在罗伯特森《苏格兰史》（封建制度是这本书的重要主题）之前两年，苏格兰古物学家约翰·达里波爵士（Sir John Dalrymple）出版了《大不列颠封建领地通史》（*An Essay towards a General History of Feudal Property in Great Britain*），而罗伯特森在前言中承认自己深受他的影响。在对苏格兰封建贵族历史角色抱持高度负面评价的观点中，罗伯特森断然反对十六世纪布坎南提出的“上古宪法”传统，布坎南认为贵族是自由的守护者。对罗伯特森而言，自由是现代的而非上古的，人们对于罗马人之前的苏格兰上古史根本一无所知。导论概述之后，罗伯特森《苏格兰史》的叙事始于苏格兰女王玛丽，结束于玛丽的儿子詹姆斯六世于 1603 年伊丽莎白死后登基成为英格 346
兰王。从这时起，身兼英格兰与苏格兰国王的詹姆斯拥有令苏格兰贵族相形见绌的力量与资源；苏格兰进入现代（后封建社会）的历史得以展开。如同英格兰脉络下的休谟，罗伯特森不是古宪法论者，而是现代辉格党人士。封建制度意味着无政府状态。

在《查理五世》中，罗伯特森以整个欧洲为范围来描述封建贵族衰微的后果，为此他选择了某个时期加以陈述。由于贵族的衰微，以及随后权力集中于几个欧洲主要君主，欧洲的国家体系得以创立；罗伯特森明显受到圭恰迪尼的影响。欧洲史作为一个整体，可以用叙事方式来呈现，而非仅能以概述方式处理或视为个别国家的历史。人们因此联想到波里比阿，他的历史作品以罗马力量崛起的结果作为贯穿全书的主题，不过在罗伯特森的作品中，所谓统一指的不是范围涵盖全欧的帝国，如此将会是人类的一场灾难。（罗伯特森与波里比阿一样援引神意，但他不是以神意解释帝国的兴起，而是感谢帝国的失败。）对罗伯特森而言，欧洲成为一个整体的关键是权力平衡。借由这种吊诡方式形成的欧洲统一，似乎更近似于斯密所描述的市场创造：每个个人，卖家、买家、政治家，只追求自己的利益与安全，结果却形成了秩序。罗伯特森热情地称之为“一个大家庭”与“那个大体系”(*Charles V*, XI)。吉本日后则将其比拟成“一个大共和国”(*Decline and Fall*, ‘General Observations’)。

当然，罗伯特森不只概括，而且还详密描述相对权力的不断转变、国王与日耳曼王侯对利益的算计、联盟的持续重新洗牌、偶然涌现的过度自信（经常出现在查理身上）与追求荣誉而非追求利益的虚荣（弗朗西斯一世）。憎恨与复仇的欲望也削弱了谨慎的利益评估的运作及其订出的政策。后者构成了现代治术的特定性质，因此凸显出弗朗西斯骑士荣誉观念在文化上的过时。

347 然而，最大的入侵来自具有现代特征的宗教改革，因其关系着热忱与不妥协，而罗伯特森以标准的处理方式，将宗教改革与新的“探究精神”联结起来，而宗教改革也破坏了查理将仍处于封建的日耳曼统合成统一现代国家的机会。罗伯特森对宗教改革的处理主要放在政治层面：教会的腐败受到谴责，但神学争议则被边缘化。不过，宗教改革如果在某种意义上是现代性的一个面向，那么它在文化上也被刻意地隔离于罗伯特森自身的时代，如《苏格兰史》中所示。路德与诺克斯是固执于过去的人物，两人都身负必要任务，即便他们文明开化的程度有所不足，但却是适合这项任务的不二人选，这是另一个说明私德不彰仍能带来公众利益的例子；他们属于比现在更为粗鲁、凶暴而不妥协的时代。在这方面，他们与苏格兰贵族有着相同特征，后者在饱受惊吓而身怀六甲的女王面前残杀其宠臣戴维·里吉欧（David Rizzio），他们“当时的风俗……令我们深感恐怖”(*Scotland*, IV)。然而，“在评断这些人物的性格时，我们应以当时的原则与标准来检视他们。虽然美德与邪恶亘古不变，但风俗与习惯却因时而异”(*Scotland*, VIII)。当时还没有既成的时代分期术语供罗伯特森使用，例如“早期现代”与“启蒙运动”，但他特意与之前的时代保持距离的方式，却蕴含着学术以外的意义。借由将宗教改革者置放于历史脉络之中，亦即那些十八世纪食古不化的加尔文教派人士（他们反对罗伯特森所属的具包容性的现代长老教会）的祖先，罗伯特森默默地剥夺了宗教改革者自以为独特与合于圣经的主张。文艺复兴以来至少经过两个时代的概念也已出现。即便是学术界也肯定这个概念的重要性。阅读历史的经验有一部分是由这种文化距离所构成的，反之亦然，鸿沟的另一边存在着什么事物，这种感受可以借由历史的想象与研究而变得可理解。罗伯特森在这类议题上与十八世纪作家同样敏感，而对于研究像十六世纪这么近的时期，他的投入尤其明显。

十八世纪鲜明“礼貌”的建立不仅来自声明，也来自当时创造 348
出来的“感性”（想象的同情或沉迷到甚至落泪的“感情”）一词的运用，以及文雅、宁静的散文风格，其形塑了罗伯特森的诠释与意见。这一点清楚显示于他对苏格兰女王玛丽的描述上，她在道德与女性特质上显得薄弱，在政治上受到误导，在不幸中流露的惊疑不定令人怜悯。例如在被迫退位的场景中：“玛丽签署诏书时泪如雨下；当她亲手交出主掌已久的王位时，感到极为悲伤而愤怒，这或许是最大的一种痛苦，足以动摇人的内心。”（*Scotland*,V）毫不宽容的布坎南熟悉玛丽，却只是轻描淡写地说道，她“不愿为她的儿子指定监护人，因此代理人便受命安排国王在斯特灵（Stirling）的加冕事宜”。

关于罗伯特森散文的道德与审美效果，人们必须随机举例加以说明。据说罗伯特森阅读自己的信件时非常有节奏感，仿佛是在听一首曲子。这个说法相当可信，阅读这段援引自《查理五世》的文字：

> 梅兰希通（Melancthon）的各项优点使他有资格成为新教牧师的第一把交椅，如今他失去了路德给予他的具男子气概的忠告——鼓励他坚忍卓绝，使他在面对威胁教会的风暴与危险

> 时仍能稳健前进——他变得软弱、渴求和平，以及对上位者过于顺从，因而被诱陷到毫无理由的让步之中。（X）

就算稍微调换一下“软弱”与“渴求和平”的次序，都会有损罗伯特森句子在审慎处理后的和谐感，不过损害更大的是去掉语义上相对无害的“过于”、“各项”、“具男子气概的”或“毫无理由的”，则如同奏鸣曲少了一小节。罗伯特森的句法将会变得突兀而不连续，而非在冷静控制下使一切看起来不可避免，事实上，会变得比较像是圭恰迪尼。罗伯特森的作品读起来流畅、简单而沉稳；圭恰迪尼则是不连续、断裂，以及作为一种文学经验，是不流畅与充满挑战的。
349 吉本说得再真切不过，他在《回忆录》中向“罗伯特森博士完美的文章、充满力量的语言、适当的时代分期致敬”。

罗伯特森在爱丁堡有一位名叫沃尔特·司各特（Walter Scott）的弟子。提起司各特并不是为了说明他的史观受罗伯特森的影响远大于苏格兰启蒙运动的历史观念，虽然罗伯特森的确更为关注苏格兰的历史。重点在于更一般性的问题：在某个特定的历史时刻，何种主题可以加以思索或清楚陈述，何种主题不可以。从苏格兰启蒙运动如何理解一个民族在观念与风俗上的变迁，司各特强烈意识到这一点。时间的距离造成主流理想与行为模式的差异。司各特的系列小说第一册《威佛利》（*Waverley*, 1814），以1745年詹姆斯党叛乱（Jacobite Rebellion）为背景，原本的副标题是“之后五十年”，十年后为了保持精确，改成“之后六十年”。随着小说里的英雄威佛利到北方旅行，从英格兰到苏格兰、从低地到高地，时光仿佛回到从前，而威佛利不小心卷入了叛乱。威佛利成长时所居住的英格兰庄园本身就是一种时代倒错，如司各特清楚显示的：骑士党（Cavalier）、高托利党（High Tory）、詹姆斯党同情者。抚养他长大的叔叔沉溺于家族传统与族谱。当威佛利从军时，他的叔叔对于当时已不流行让家中侍从随行感到遗憾。他的家庭教师是一名未宣誓效忠的教士（拒绝向汉诺威王室宣誓效忠），曾经写下难以卒读的高教会詹姆斯党的宗教小册子。威佛利的婶婶妄想查理二世在伍斯特之役结束后会来家中避难。这间宅院是十七世纪的时空胶囊，里面装满了过去的封建残余。

在苏格兰低地，威佛利遭逢更早的过去。布莱德沃丁男爵（Baron of Bradwardine）似乎是十四、十五世纪的人物。他熟悉封建制度的词汇与纹章，而且着迷于封建制度的象征。他从未打算成为半独立的军阀，忠于自己的臣属地位，忠于斯图亚特王室。身为学究型的古物学者，布莱德沃丁非常重视家族世袭职位（负责脱下 350
君主的靴子），那联系着他的封建领地，他还引用许多不雅的拉丁文来证明自己的说法。不过，真正属于当时军事现实的封建人物是高地酋帅佛格斯·麦克艾佛（Fergus Mac-Ivor），他是威佛利接下来遇到的人物。佛格斯是氏族首领，也是军阀，他参加叛乱不仅出于忠诚，更是出于自利。他渴望成为复辟的詹姆斯英格兰宫廷的伟大人物，更利用族人对他的忠诚扩大查理·爱德华王子的军事力量，以实现自己的目的。他是个表里不一的人物。佛格斯在威佛利参与的氏族大会——盖尔语吟游诗人的出现使会场显得相当完备——扮演首领的角色，对于聚会的粗野行径，佛格斯维持超然的态度，并且向威佛利做了一点自我辩护。这暗示着氏族世界在某种意义上先于封建制度；司各特举了几个荷马史诗的类似例子。与布莱德沃丁的对比加强了这点；佛格斯嘲笑布莱德沃丁不过是个学究。不过成长于法国宫廷的佛格斯也是个文雅的现代绅士。对于时代相当敏感的司各特，认为唯有在那个特殊时点才可能出现佛格斯这种人物：“要是佛格斯·麦克艾佛早六十年出生，他不可能拥有现在的教养与礼仪；要是他晚六十年出生，他的野心与对统治的热爱将缺乏局势的刺激。”他的时代倒错是经过计算与操作的：他维持氏族首领的慷慨好客，并且让自己的土地挤满大量佃农以作为征募人力的基础，而这一切都是为了向复辟的斯图亚特王朝争取封爵。

佛格斯是半个现代人，或者就内在来说几乎是个现代人；但在《威佛利》中，现代性还具有两个面向。一个是威佛利的父亲，他为了获得地位与利益而与汉诺威王室和解，并且成为罗伯特·沃波尔爵士（Sir Robert Walpole）的国会追随者，沃波尔爵士是个腐败的笑柄。他放弃家族原则，等于不受一切原则束缚；在小说中，他只是个幕后角色。但现代性仍有其值得荣耀的一面：军事。威佛利的英格兰战俘塔尔伯特上校（Colonel Talbot）虽然"以一点好处"换取威佛利的赦免，却一心服务自己的国家。他的责任感以及对国
351 家最佳利益的敏锐直觉，与卑微高地人的愚忠以及佛格斯自利的独立（一半是军事，一半是政治）形成对比。赞同职业军队的罗伯特森当然赞同塔尔伯特，一如他对麦克艾佛性格刻画的认同。

但是，这里的一般重点在于，如果时间提早一个世纪，那么司各特对于其角色的描绘，以及对角色精神不同的历史定位，恐怕就无法呈现出来。司各特能看出这些历史意义，其能力的背后是以超过一个世纪的历史觉察与反思为基础。司各特对此有清楚的自知之明。他是个嘲弄古物学者的古物学者；他是带有基本辉格党不列颠历史观点的现代托利党员，并且以想象的方式来认知詹姆斯党人；他是知道如何驯服浪漫主义的浪漫主义者，了解崇高（Sublime）——如柏克（Burke）的著名说法——是一种远观之美。历史，如实地提供过去的样貌，在现代的再现中成了一间风俗陈列室，或者如同与司各特同时的詹姆斯·麦金塔希爵士（Sir James Mackintosh）的说法，是人类的博物馆，提供了当代生活无法望其项背的各种替代经验与部分认同。司各特的宅第阿伯兹佛德（Abbotsford），成了满足这项目的的博物馆。佛格斯的妹妹（威佛利曾一度爱上她）热情支持詹姆斯党，讽刺地描绘威佛利享受家庭幸福与过着闲散日子的未来；威佛利不像佛格斯的妹妹在内战中鼓吹残酷与英雄主义："他会整理旧图书馆，使其充满高雅的哥特派气息，他会以最珍贵的书籍装饰书

架;他会绘制平面图与风景画，写下诗文，兴建神庙与挖掘洞窟……他将是个快乐的人。”这是司各特略带讽刺意味的自画像，他的历史已成了伊壁鸠鲁式充满想象的古物研究。维多利亚时代的人喜爱司各特的特质，却忘了他的作品出现的条件：苏格兰启蒙运动的风俗史概念。

吉本：罗马、野蛮与文明

吉本令二十世纪晚期的学者着迷，而且这波热潮未有减缓的迹象，然而在之前的十九世纪却非如此，至少在英国。吉本逝世（1794 年）两百周年纪念如火如荼地进行；戴维 · 沃摩斯利（David Womersley）于 1994 年出版《罗马帝国衰亡史》精美的全新版本，适时为庆典揭开序幕，而庆祝活动包括了在牛津大学莫德林学院（Magdalen College，吉本曾因自己在大学时期遭受冷落而对莫德林学院大加抨击）举行的学术研讨会。吉本在《回忆录》中的预言已清楚证明是错的：牛津大学“将愉快地不认我是她的儿子，一如我乐意否认她是我的母亲”。我们对于吉本心灵的理解，不仅因针对他个人所进行的研究而增进，也因讨论启蒙运动、马基雅维利人文主义传统、十七与十八世纪学术和古物研究，以及尤其是苏格兰启蒙运动的大量作品的出现，而更为深入。吉本显然受到这些思想传统的影响，而这些思想传统直到十九世纪仍停留在概念层次，尚未成为研究标的。阿尔纳多 · 莫米格里阿诺（Arnaldo Momigliano）对十七、十八世纪历史写作分化成高雅而非学术的叙事以及繁琐的古物学术研究的经典描述中，提到吉本是这段过程的集大成者，他既是学者型的史家，又是精于叙事的学者。 352

吉本自己也察觉到莫米格里阿诺所分析的情况，并且在他出版的第一本原以法文书写的论文《论文学研究》（*Essay on the Study*

of Literature, 1761）中，面对了此一局势。这是个广义的文学辩护，其中所谓的文学是人文学科，包括历史，它反对十八世纪流行的将文学贬低为单纯博学。在笛卡尔哲学怀疑方法出现之后，一切与过去相关的事实似乎都受到怀疑；古物学家愈是探求事实，他们的发现似乎变得愈断裂，甚至琐碎，相较于清晰、体系与效用的“哲学”标准，古物研究更显得笨拙、学究而无用。在法文《百科全书》序
353
言中，数学家达朗贝尔（d'Alembert）把历史贬低为单纯记忆的科目。数学，而非人文学科的学识，是受尊崇的典范；古人已经被超越，他们已不值得学习。

对此，吉本意识到自己身为史家的天职，因此起而抗议。他本人并不介意揶揄那些“单纯只是编辑者”的古物学者，或是指控这些人犯了学究、妄想、虚耗精力的毛病，事实上，日后他在《罗马帝国衰亡史》的注释中，也明确指出这些问题。不过在《论文学研究》中，他提到“哲学性的史家”将新旧思想成果典范熔一炉而冶之的可能——有些精通上古文学的学者，既致力于事实的精确，也能从历史看出事件深层的因果条理，而非停留在肤浅的表象，并且能连贯而清楚地将其呈现出来。孟德斯鸠就是一个典范，他不仅博学，而且在思想上深具探索力与体系性。在上古史家中，吉本特别提到塔西佗：“他运用修辞的力量，只为了展示构成历史事件之链的联结，并且以合理而深刻的反思来指点读者。”（*Study of Literature*）

吉本并未亲自处理手稿，不过他对处理这类资料的人士表达深切的感激之意，特别是法国本笃派的圣摩尔信众（Congregation of St-Maur）学者。他们从十七世纪末开始大量编订并深入考证教父作品（吉本广泛引用了这些作品）与中古时代初期的历史文献。虽然吉本并未亲自整理档案，但他是天生的学者，对他而言，博学是一种愉悦而不仅是文学写作的附属品。在《回忆录》中，他愉快地提到自己花了二十英镑买到二十卷法兰西铭刻学院（French Academy of Inscription）的《论文集》，“与其他开支相比，要产生

这么大笔而持续的理性娱乐基金并不容易”。法兰西铭刻学院的作品见证了古物研究的热情，尤其是上古工艺品的研究，如钱币、金属、葬礼铭文等等：研究上古世界的史家仍相当依赖这些资料。研究这些物品使吉本日后得以超越上古文学史料，包括那些人文主义者满足于恢复、模仿与遵循的史家。表面上看来，吉本似乎只是 354
这些人文主义者中晚近出现的一位，他自己的叙事首先仰赖的是遵循以及偶尔批判或试图融通过去史家的作品，这与其他的古典史家并无不同。然而当时与上个世纪的学术成果（绝大部分被贬抑为古物研究），加上吉本本身令人惊异的广博学问，以及他对史料的精详考证远逾上古史家对前人作品不情愿且偶尔为之的考订，使他的成就超迈前代。

以现在的眼光来看，我们很难了解吉本这部生涯作品所具有的开创性。撰写上古世界的历史在当时并不常见，虽然亚当 · 佛格森出版了一部罗马共和国史。一般认为无论是作品的优点或与时代的亲近性，上古史家都是不可超越的。因此，取而代之的是评释的撰写或仿效上古史家写法撰述其他时代的历史；吉本在学徒时期曾尝试评释萨拉斯特与李维的作品。半个世纪后，十九世纪初的英国出现了引起政治争议的民主话题，因而产生威廉 · 米特佛德（William Mitford）与乔治·格洛特（George Grote）彼此针锋相对的希腊史。但在吉本的年代，他的作品是独特的，其独特之处不仅在于规模。尝试这项写作无疑是个大胆的举动，吉本只能以渐进的手段来完成它。值得注意的是，即使开始写作，吉本选择的起点仍在塔西佗作品之后的半个世纪，也就是公元二世纪中叶。他使用迪奥与阿米亚诺斯以及其他次要而受到忽略的史家作品，有时表达对他们的感谢或不满，但避免直接挑战他认为最伟大的上古史家作品。当然，之后当他进入基督教中古西方与拜占庭时期，他也进入了另一个世界，这个时代的史学权威经常让他掺杂着轻视与尊敬；而随着君士坦丁堡落入土耳其人之手，他的历史也结束于十五世纪。但延伸到后来这个时期已非原先的意图，因为他的历史已远逾它的起源，成为一个庞然大物。

虽然大家都知道这篇自述中的想象成分，但我们不可能不援引吉本在《回忆录》中对于作品诞生时刻的描述，尽管从萌生念头到
355 实际撰写之间隔了许多年的时间："在罗马，1764 年 10 月 15 日，我在卡皮托山的废墟中静坐沉思，就在此时，朱庇特神庙传来赤脚修士的晚祷声，我突然产生写下这座城市衰亡的念头。"有两点必须提出。首先，原初的想法是要撰写城市的历史，比较类似于古物研究，而非帝国的历史；吉本直到这部巨作完成后才旧地重游，此时作品的内容已远逾城市的范围。这部历史扩大到包括俄罗斯、波斯、蒙古与中国，并且远达帝国在北非、不列颠与近东的边境地带。它涵盖了君士坦丁大帝改信前后的基督教神学争议、拜占庭直到 1453 年的历史，以及拜占庭的土耳其征服者早期的历史;在此之前，吉本还向我们介绍伊斯兰的兴起与十字军东征。另外一点是赞扬之情，明显表现在他唯一一次造访罗马时所写的书信中。这种情感之所以在吉本心中油然而生，主要源自对"共和国"的回忆："每个值得纪念的角落，无论是罗慕路斯站立的地方，或图里（Tully，即西塞罗）发表演说之处，或恺撒倒地不起的地点，就这样直接呈现在我眼前。"吉本并不哀叹帝国的崩溃，只是对帝国的几个面向感到惋惜。他惋惜（虽然只是偶尔提到）的是更早先的灾难——共和国的被取代。吉本与罗伯特森同样敌视普世帝国，也同样热衷于现代的权力平衡：帝国耗尽生命力，独立与竞争则增进生命力。对吉本而言，罗马在他的历史作品开始时已步入衰运，甚至早于基督教与蛮族的蠢蠢欲动。在第一章，我们仿佛再次听到修士的晚祷：罗马的腹地坎帕尼亚（Campagna），是"罗马幼年时期胜利的剧场（呼应李维）。在那片著名的舞台上，首任执政官赢得实至名归的胜利；他们的后继者装点别墅，而'他们的'子孙则兴筑修道院。"

在罗马人遗留下来的伟大废墟中沉思今昔荣枯，是十八世纪英

国的一种古典喜好，吉本一直深受这种喜好影响。这种哀婉的音符不只提供给古典时代的罗马人，甚至在吉本不具同情的脉络中也能 356
听到这种乐音。对拜占庭希腊人而言，君士坦丁堡的圣索菲亚大教堂在被拉丁仪式的引介玷污之后成了遭人遗弃之所，“巨大而阴暗的死寂盘踞于庄严的圆顶，昔日香烟袅袅、灯火通明、回荡祈祷与感恩之声的情景已不复见”（*Decline and Fall*, LXVIII）。

在前三章的导论概述以及频繁离题地介绍各省之后，吉本的第一卷（共六卷），除了结尾那两篇恶名昭彰描述初期基督教的章节（第十五、十六章），几乎全集中在罗马本身以及帝位未能和平转移的问题上，常备军的腐化与贪污造成帝位继承的混乱，其中禁卫军（Praetorian Guard）影响尤大，他们甚至公然拍卖帝国。在这十二章中，吉本非常贴近萨拉斯特、李维与塔西佗的道德世界及他们对历史的理解。十九世纪有一种迂腐的说法，以为十八世纪史家没有能力同情过去或认识过去特有的道德性格。这完全是胡说。但事实是，就君士坦丁改信前的罗马而言，吉本的作品与共和时代晚期史家及塔西佗共存于一个简单的价值社群中，这有时造成他探讨基督教会（我们记得塔西佗对基督教的鄙夷）与拜占庭的障碍。虽然如此，相对来说却无损于他对蛮族入侵者的处理（对此塔西佗的《日耳曼志》实际上是一本具同情心的指南）。吉本对共和国的乡愁以及对优雅宽容的城市多神教知识分子的纯政治背书所带有的遗憾与尊敬，并未扭曲他对蛮族的解释。

这一点不令人意外，从吉本对公元三到五世纪罗马衰微的呈现中，我们经常听到他对马基雅维利诊断——自由的丧失，伴随而来的是复仇女神透过腐败的形式进行征服——的呼应或公开背书，而这种诊断是以古罗马的道德与讽刺为基础。同样的想法也被吉本早期的典范孟德斯鸠所采纳，如其撰写的《论罗马人盛衰之原因》（*Considerations on the Causes of the Greatness and Decadence of the Romans*, 1734）。这类观点的基本元素，亦即关注着职业常备军

对自由的威胁与腐化的危险，从十八世纪初便深嵌于英国为反制行
357 政机构而生的政治说词。吉本在第三卷附录（第三十八章）概述了这个想法，这篇附录在当时看来宛如整部作品的结论（里面提到克洛维斯改信天主教是查理曼“新”西方帝国的基础），而吉本为附录定的标题是《西罗马帝国衰亡的一般评述》：

> 罗马的衰亡是过度伟大下自然而不可避免的结果。物极必反，盛极必衰……战无不克的军团在遥远战场染上异邦人与佣兵的邪恶，他们先是压制共和国的自由，而后干犯帝王的权威。皇帝焦虑于自身的安危与公众的和平，于是采取卑劣的权宜之计，将军队赖以威胁主上与怖惧外敌的纪律予以腐化……

我们不该轻率地将它当成通往吉本思想的快捷方式。事实上，吉本提出了各种衰亡原因，虽然这些原因仍不脱新古典主义、城市人文主义的指涉框架。在第二章，吉本告诉我们，衰亡源自罗马人长期和平而统一的政府斲丧了精神与活力；在第七章，衰亡源自罗马人与奴性的各省百姓混合；在第二十七章，他提到奢侈品与阴柔气质。吉本也认为罗马首都迁至君士坦丁堡标志着帝国决定性的东方化，其具体缩影是阴柔而奴性，而他对此带有一种伽图式的蔑视。讽刺的是，这种轻蔑可以上溯到上古时代的希腊人——皇帝“奴隶”的宫廷仪式（使人想起孟德斯鸠提到的以畏惧进行的独裁统治模式，他将这种统治模式等同于东方）取代了元老院的威严，而后者至少过去还能在罗马城见其外观。除了第二章提到的“罗马人长期和平而统一的政府，将缓慢而秘密的毒药注入帝国的生命中枢”，这一切对罗马人来说似乎都是常识：和平标志着危险的想法至少可以上溯到萨拉斯特；但“统一政府”的危险显示了混合式宪政、联合政府与权力平衡的现代观念。

吉本也将衰亡的角色给了基督教，孟德斯鸠的《论罗马人盛衰

之原因》未提及这点；上古时代的异教徒（当他们察觉到基督教时） 358
责怪基督教，不过他们的理由是基督徒不敬神明。对吉本而言，神学争议——这方面他是个专家——引发内争，而基督教伦理，特别是修道院的苦行主义，斲丧了崇尚武勇的美德。虽然吉本不只是根据人文主义的看法，但人文主义的衰败定则却给他的历史与观点留下深刻的印记：美德、征服、奢侈、腐化、丧失自由与最终降服于吃苦耐劳的蛮族征服者，这个致命的循环对吉本而言就像是普世法则，因为蛮族征服者也不可避免地陷进这个循环之中。这是一种罗马史家至少暗示过的现象，如李维描述汉尼拔的凯旋之师陷溺于卡普阿的奢侈生活而遭致毁灭。在吉本的作品中，哥特人、汪达尔人，乃至于征服中国的蒙古人，全都屈服于相同的文明病毒："阿拉里克（Alaric，征服罗马城的哥特人）看到他那不成材的继承人的装扮时，想必会感到羞惭：头上戴着珍珠王冠、身上穿着不利行动的金银刺绣飘逸长袍、斜躺在象牙制的由两头白骡拉的乘舆上。"（LI）权力乃至于文明本身似乎牢牢固结在自我毁灭的循环里。

在职业军人的乖张与贪污之后——吉本的描述读起来经常像是塔西佗《历史》的续篇，包括讽刺的运用——《罗马帝国衰亡史》宣示下个重要主题是基督教：这个主题出现在第十五与十六章，但此后不断出现，成为在东方与西方持续而具有高度影响力的存在。吉本虽然反对法国"哲士"（philosophes）对宗教的激烈攻击，称伏尔泰是狂热分子，但却以他的时代特有的理性与人文精神，将宗教视为盲目的迷信与狂热（休谟曾经区别迷信与狂热是宗教心态摆荡的两极）。十八世纪对宗教狂热的仇视，泰半源于对刻画着前两个世纪的宗教战争、迫害与屠杀时代似乎已经结束的感激，尽管它们或许只是处于蛰伏期。吉本的"我们的启蒙时代"是一种解脱的象征，法国大革命爆发时，他很快就从法国"爱国"狂热分子身上看出僧侣群起鼓噪的情景，这种狂热正是他常在《罗马帝国衰亡史》中严厉批评的。

他对抗宗教的主要武器是讽刺。这采取了几种形式。有时我们 359

可以用虔诚或怀疑的方式（端赖读者的先入为主之见）来解读某个词汇，如圣奥古斯丁的“从理性进展到信仰”，或“自然法则经常为了教会的利益而暂时中止”。在上个世纪的学术作品中可以找到这类讽刺前例，例如吉本赞赏的皮耶·贝尔（Pierre Bayle）的《哲学词典》（*Philosophical Dictionary*），但吉本自己举的例子更为文雅精练。大部分的戏谑出现在措词的使用上，特别是运用了文雅甚至庄重的十八世纪词汇来形容早期基督教苦行与信仰的热情与诡异狂热：“审慎的”、“非凡的”、“经验”。俄利根（据说这位教父为了守贞而自我阉割）“判断这是斩断祸根最‘审慎’方法”。圣西门登塔者（St Simeon Stylites）隐居在柱子顶端，“借由在空中悔罪的‘奇特’发明”来博取名声。此外，“在原始教会时期，真理的影响力因某种意见而大为加强，这种意见——无论其用处与历史多么值得尊敬——至今无法符合于‘经验’。人们普遍相信，世界即将终结而天国即将来临”（XV, XXXVII, XV）。这种想法虽然冠冕堂皇，却无法产生同情心。

然而，吉本对基督教神学与实践，或教父们的基督论争议，以及君士坦丁时代大宗教会议的处理，丝毫没有一点马虎。对于这些主题，吉本就跟处理拜占庭宫廷政治或蛮族入侵者的征服、风俗与新王国一样严肃精确与详细。针对最后一项主题，吉本有一些当时的专论，主要是法文作品，例如德·吉涅（de Guignes）的匈人历史，当然还有上古时代晚期与中古时代史家的作品，如约旦尼斯、普里斯库斯、执事保罗（Paul the Deacon）与图尔的格里高利。格里高利的多言魅力与薄弱或不存在的高层政治概念，遭到吉本以严厉的西塞罗式风格予以非难：“在冗长的作品中……他几乎漏掉一切后世亟欲知晓的事物。在痛苦地细读之后，我沉闷地获得了发表这句不太中听的话的权利。”（XXXVIII）

360 不过，在概念上，吉本对于自己所称的《游牧民族风俗》（*Manners of the Pastoral Nations*）（第二十六章）的描述，深受苏格兰启蒙运动产生的“市民社会历史”的影响。吉本从市民社会历史推演出游牧民族的生活方式及其附随风俗的一般概念，例如匈人、阿拉伯人与蒙古人，以及有些令人生疑的日耳曼人。他提到这些民族具有战争与征服的天赋。吉本依照这些蛮族横扫罗马世界的次序叙事，使我们想起希罗多德以民族志与地理杂谈依序介绍波斯王征服的各个国家，而这些国家又被波斯王（与希罗多德）征集起来入侵希腊。吉本显然乐于身为史家并扮演着这些国家的经理人角色，并引以为傲。“我将引领阿拉伯人征服叙利亚、埃及与阿非利加这几个罗马帝国行省；我不会对他们的胜利事业横加阻挠，直到他们推翻波斯与西班牙的君主为止。”（XLVIII）不过吉本自己对于蛮族风俗的刻画，远比上古史家列出的蛮族习俗与信仰来得丰富。透过经济“阶段”的组织概念，以及各阶段相应的风俗（呈现在市民社会历史中），吉本使这些特征成为可理解的生活整体方式的相关面向。尽管如此，吉本仍是史家，而不只是进行社会学分类的学者，他探究蛮族对定居民族的冲击以及两者间的互动关系，并留意这些民族的特殊之处，例如“穆罕默德”教条的形成。

吉本与苏格兰启蒙运动领导成员的关系，以及他在思想上受到的影响，值得花点时间加以留意，因为这层影响不仅反映在文学上，也反映在个人层面。作为他在朱庇特神庙阶梯上著名沉思的补充，我们也许可以添上另一段较不为人知的故事。这两篇合在一起正可表述思想的两极，即新古典的道德与现代的社会学知识，而吉本的作品就立足于两端之间。1776 年 4 月 8 日，休谟写信给出版商威廉·斯特拉肯（William Strachan），信中提到他非常喜爱斯特拉肯印行的吉本先生新作，又说：“斯密先生的作品是贵社今年出版的另一部杰作。”在同一年出版《罗马帝国衰亡史》前两卷与斯密《国富论》，361
有如得了双料冠军，确实值得庆贺。这个联结是适当的，因为吉本作品的各种面向泰半是苏格兰启蒙运动的衍生物，如同斯密作品是该运动最著名的文学纪念碑。吉本与斯密、佛格森、罗伯特森及休谟维持着热切的思想伙伴关系；他与后两位伟大史家甚至是师徒关系。吉本在《回忆录》中详述前两卷的大受好评，并且给予两位史家最高的评价："罗伯特森博士的坦诚，支持着他的弟子；休谟先生的书信，价值更胜十年笔耕。"沉思他们身为史家的成就，曾一度让吉本感慨万千，如他所言，"混杂着愉悦与绝望的情绪"。而他明确地表示，这主要是他们的叙事功力造成的。从他们身上，他找到了自己在《论文学研究》中寻求的东西：文雅、流畅与明晰，虽然学识渊博，却无学究迂腐或艰涩难读的缺点。吉本的散文显然受罗伯特森《查理五世》的影响，我们看到他对此书的赞美，但他的作品更具风格、更鲜明也更令人难忘。对比是吉本最喜爱的手法，而他的句法经常有技巧地维持平衡或渐进，例如连续三个句子之后，他会以高潮或突降的方式来结尾。我们已经看过几个例子。突降的一个有趣例子是他对罗马征服不列颠的著名描述，由三个可耻的形容词带出真正的高潮结尾："在经过约四十年由最愚蠢的皇帝开启，最荒淫的皇帝接续，最胆怯的皇帝终结战事之后，该岛绝大部分均臣服于罗马的牛轭之下。"（I）

吉本作品另一个毁誉参半的显著特征是注释，它的用处不仅是用来注明出处。罗伯特森与休谟利用注释带入各项学识以支持文本，同时避免让文献影响文本的可读性。吉本将注释变成特异的艺术形式，一种任由轻松絮聒的谈话与控制整齐的文本对位交错的评释。注释以一种赞美的同志情谊、轻视与偶尔口出秽言的方式，召唤出
362 整个史家、学者与古物学者的社群，无论古代或现代。最能理解这种说法的方式是随机举几个例子："请参阅铭刻学院论文集中某一篇讨论民族起源与迁徙的杰出文章……古物学家与哲学家能融合无间是相当罕见的。"（IX）谈到对异教徒的永恒诅咒时："勤勉研读教父作品的杨森教派（Jansenists），以卓越的热忱维系这份情操；博学的德·提尔蒙（M. de Tillemont）绝不会在未宣布罪状前就否定有德的皇帝。"（XV）"现代希腊人（他指的是史家）展现出对虚

构的喜爱，而非天分。”（XXXII）“我在某个地方听到或读到一名本笃派修道院院长的告解：‘我的守贫誓约在一年之间给了我一百顶王冠；我的顺从誓约将我拔擢到王侯的地位。’我忘了他的贞洁誓约带来什么结果。”（XXXVII）谈到一名异端主教遭到处死时：“主教职位现在一年叫价两万枚德克特金币……因此不太可能产生新的异端唆使者。”（XXVII）

当然，讽刺是一种拉开距离的方式，如吉本将罗马帝国的腐化对比于共和国的美德，或高举基督教苦行者的怪行，以作为启蒙思想之用。讽刺也可以转而向内，带有一语多义的效果。一般而言这是奥古斯都时代的英语写作（Augustan English writing）经常出现的特征，在吉本作品中也相当常见，方法是以两个对比的动机作为行动的原因：“轻视或审慎”、“贪婪或人道”等等。这种歧义性也可能变成不安与吊诡。美德、征服、奢侈、腐化的循环，经常是这类吊诡产生的原因。或许美德，乃至于文明，都不能摆脱自我毁灭的命运。伴随着“文明的”这个词的不安与积极影响，出现于吉本历史作品的首段。他的开场白充满了自豪：“基督教时代的第二个世纪，罗马帝国掌握了世上最美好的部分与最文明的人群。”但这里的文明指的是什么？我们看到三句话之后，吉本写道：“和平的居民享受与挥霍他们的财富与奢侈品。”或许，享受在当时就是挥霍。吉本的讽刺不仅来自征服显然不可逆转地变成奴役的吊诡（罗马与城市人文主义的吊诡），也来自市民社会历史产生的吊诡，特 363
别是“出乎意料的结果”的概念，它可以是良性也可以是恶性，不过任由恶行不受惩罚或甚至予以奖赏，只会在道德上造成更大的不确定性。这个吊诡的极端形式出现在伯纳德·德·曼德维尔（Bernard de Mandeville）的讽刺作品《蜜蜂的寓言》（*The Fable of the Bees*, 1714）中，其要点总结来说就是“私人的邪恶，公众的利益”；这种形式受到普遍的批评与借用。这个思想吉本极为熟悉，甚至被他用来颠覆共和国的美德语言：“史家萨拉斯特经常实践他言词上批评得体无完肤的邪恶……”（XXXI, n.105）在呈现基督教时，吉本反转了这个吊诡，并加以扭曲以符合他的讽刺目的。我们必须承认基督教的美德如虔诚与热忱的确是美德，但它们的结果似乎经常让人感到非常遗憾：私人的美德，公众的祸害。

吉本当然认为这不令人惊讶，但文明这种双面刃性格却令人不安。他在“现代”思想——由孟德斯鸠宣示，而后休谟发展——里找到希望，认为唯有征服获得的奢侈才会使活力衰退，至于产业获得的作为中性词汇的“财富”（opulence），则无害处，因为它获得的是能量与纪律支持的产出。

事实上，《罗马帝国衰亡史》就某个意义而言有两个结论，其中之一至少暗示着乐观主义。最明显的结论是拜占庭落入土耳其人之手，以及最后一次蛮族入侵造成罗马帝国最后余烬的熄灭。但这是最后的余烬吗？吉本在《一般评述》中引用文艺复兴时代欧洲文明复兴的观念。另一个高潮（在第七十章）则是返回罗马城，如吉本承诺的，而我们在此地看到共和国的复兴，以及文艺复兴时代象征性地透过彼特拉克被加冕为桂冠诗人而展开。然而这是虚假的黎明。共和主义遭到摧残；文艺复兴时代只是一种胆怯的模仿而非崭新的开始。吉本真正在叙事中注入乐观主义，必须等到十五世纪之后，直到十八世纪。他在《一般评述》中所做的，其实是纲要式的，而且只是一种概述呈现。如果《一般评述》，如同吉本原初的想法，是摆在整部作品的末尾，那么乐观主义的轨迹将是清晰的，因为吉
364 本对当时欧洲抱持的观点，直到法国大革命爆发前，是全然的肯定。生活技艺得到改善。罗马帝国致命的统一性及其鼓吹的消极被动，被有益的分裂所取代，造成民族国家的多元性与民族国家彼此竞争产生的活力。在权力平衡的支持下，欧洲可以视为“一个大共和国”（一个深具意义的词汇）：紧绷、精力旺盛、多元，此外也是营造和平的伙伴关系。文明不仅在罗马帝国——长久以来一直是文明的主要居所——灭亡后存活下来，而且自身还不断改善。在《罗

马帝国衰亡史》的结尾，我们可以看到至少有某种类似这类思想的观点透过间接的方式表现出来。罗马城的废墟在罗马帝国衰亡后留存下来，吉本称它为“人类史上最伟大，或许也是最令人敬畏的场景”，而如今其被“来自远方曾经野蛮的北方国家新朝圣种族虔诚造访”（LXXI）。朝圣者是文明的，否则他们不会虔诚，而他们的野蛮过去被远远抛诸脑后。沉思罗马的灭亡，如同在阳台瞭望，正如十八世纪鉴赏“崇高”的行家可以从安全的距离欣赏崇高带来的恐怖感。吉本的历史作品就是这样的阳台，因此它是罗马衰亡后留存下来的文明部分。

至少在英国，寻找吉本的直接传人是无用的。没有这样的人物。在法国与美国（见下文第 429—431, 452 页），情况有所不同。伟大的十九世纪亲英派法国史家弗朗索瓦 · 基佐（François Guizot）注解与翻译吉本的作品。在美国，吉本受到杰出史家普雷斯科特、帕克曼（Francis Parkman）与亨利 · 亚当斯的尊崇。但在英国，整体而言却是忽视与敌意。这象征着某种更广泛的意义。维多利亚时代是相当安定的统治时期，当时的人普遍认为十八世纪的历史感或史学充满了轻视、无知与扭曲。十八世纪这样的心态建立了现代对欧洲史的理解类别，而在十九世纪的英国习惯描述其为“非历史”。这种荒谬见解背后所持的理由成了观念史的好题材。在这种分类下，人们产生一种印象，以为几乎没有人阅读十八世纪史家的作品。诋 365
毁的陈腔滥调在毫无检验下透过笔墨相传，甚至连严肃的学者都未能免俗。雷斯利 · 斯蒂芬（Leslie Stephen）的开创性作品《十八世纪英国思想史》（*History of English Thought in the Eighteenth Century*, 1876），其鉴赏十八世纪历史写作的能力是出了名的匮乏。人们至今仍听见这种诋毁的回音；该是破除这种谬见的时候了。

这种谬见似乎部分来自以为敌视历史是十八世纪的思想主流，对此吉本曾在《论文学研究》中试着响应。另一部分则来自轻率解读，在解读某些上古史家作品时亦是如此，他们轻率解读十八世纪对人类共同本性的肯定，忽视这种说法提醒了人们在不同历史环境下人性会采取各种不同的形式。另一个相关因素是法国大革命创造的文化断层，这使一些十八世纪主张看似自以为是，而且污辱了整个法国启蒙运动。（苏格兰启蒙运动在二十世纪后期才成为一种概念。）伏尔泰被视为这个时代的缩影，虽然他被罗伯特森与吉本批评为不学无术与肤浅。此外，在十九世纪，“种族”与“民族”的分类开始变得具体，而且被视为精确而无法抹杀的特质的承载者；十八世纪的世界主义，如同休谟与吉本的作品中所见到的，总是被视为他们肤浅的明证，然而我们倾向于认为这是一种合理的怀疑论。吉本身为恶名昭彰的嘲弄者与讥讽者，也遭到基督教的坚决反对。不可知论者也强烈反对他。如尼采（Nietzsche）指出的，维多利亚时代的人允许基督教批评者自行其是，但希望他们谨守适当的庄重。对大多数人而言，天主教会的错误已是不证自明，但若因此斥其为荒谬可笑，亦不妥当。在英国，吉本的文学造诣要等到里顿·斯特雷奇（Lytton Strachey）与温斯顿·丘吉尔这对奇怪的组合出声，才获得赏识，他们于二十世纪初赞美他的作品，并且以不同的方式模仿他的写作。在学术世界，吉本的复仇是全面的，如今
366 他已安厝于史家万神殿中。这可以从当代杰出的“上古时代晚期”（Late Antiquity）史家彼得·布朗（Peter Brown）的一句形容吉本及其同时代史家的话看出：“在吉本的阴影下。”

第 22 章

革命：英格兰与法国

麦考莱：光荣革命

十七世纪英格兰的宪政危机是十八世纪英国史学的核心，对 367
这项主题的兴趣也一直延续到十九世纪。事实上，晚近时代逐渐从文化脉络发现中古时代的价值，撒克逊人也重获人们的注意，部分是因为沃尔特·司各特爵士的支持。到了十九世纪末，帝国主义热情激起了人们对伊丽莎白时代的崇拜。骑士党与圆颅党的冲突持续提供了政治的参考点，而且使图像学大为流行。英国以外的史家也受到这些题材的吸引。十九世纪最伟大的两位史家弗朗索瓦·基佐与利奥波德·冯·兰克都写过英格兰内战时期的历史。在英国，支持历史研究专业化的重要史家塞缪尔·加迪纳与查尔斯·佛斯爵士致力于整理十七世纪的历史记录与更正之前非专业史家的错误。从十八世纪中叶《詹姆斯二世即位以来的英格兰史》(*History of England from the Accession of James II*)出版(1848—1861)以来，这些历史著作中最受欢迎的显然是辉格党国会议员、大臣与退休驻印官员托马斯·巴宾顿·麦考莱勋爵(1800—1859)的作品。

麦卡莱的《英格兰史》结束于1702年威廉三世去世之时，其重心放在“第二次”的十七世纪革命，即1688年“光荣革命”，在这场革命中，信仰天主教且据传是名暴君的詹姆斯二世遭到推翻，
368 王位传给了奥兰治的威廉与他的妻子，詹姆斯的女儿玛丽。十九世纪初，三名辉格党政治人物撰写了这场革命历史，他们分别是：查尔斯·詹姆斯·福克斯、约翰·罗素勋爵（曾担任首相）与詹姆斯·麦金塔希爵士（他留给麦考莱珍贵的文献收藏，其中最重要的是当时的小册子文学）。对光荣革命的关注并不令人惊讶。国会改革是当时在野辉格党的政策，最后导致1832年改革法案的诞生；必须加以改革的宪法制定于1688年的革命中，有人认为这次通过的宪法是决定性的永恒宪法。然而革命必须重新安放在辉格党的准则之中。这是精神与文字必须分离的问题。根据改革者的说法，对于1688年先烈的成就表示尊敬的最好方式，不是将他们的作品铭刻在宪法大理石上，而是实践他们的做法，并且调整宪法使其适应新的环境。重新定位宪法的任务由麦考莱完成且大受好评，他援引了辉格党宪政史家亨利·哈伦的作品，但两相比较下，哈伦的作品枯燥乏味，而麦考莱的作品生动、戏剧性、具说服力且令人振奋。

当时的两起事件有助于形塑麦考莱的《英格兰史》。首先是1832年的改革法案。在支持这项法案的过程中，麦考莱身为辉格党国会发言人的演说获得令人瞩目的成功。他鼓吹改革法案的演说至今仍广为传颂。这些演说有着不可抗拒的魅力，而且旁征博引各项历史事证。麦考莱将当时的危机比拟成查理一世与长期国会面临的危机，而他的诊断本质上与休谟如出一辙：

> 查理的治理，我没有提到邪恶，亦未明言暴虐；我只说他把十七世纪的人当成十六世纪的人来治理；正因如此，纵然他有再多天分，再多美德，都无法挽回他失去民心、陷于内战、困于囹圄、接受审判与送上断头台的命运。被记录下来的这些

> 事物可以作为我们的指引。此外还发生了一场伟大的思想革命；我们的命运被投射到一个在许多方面类似于长期国会即将召开之前的时代。社会出现变迁。政府也必须做出相应的变革。

社会进步创造了一批数量庞大、崭新繁荣与政治上具自我意识 369
的阶级，他们必须透过立宪变革以获取市民权并使其涵盖到政治民族之中，否则革命将随之而来，如十七世纪的英格兰，又如法国。麦考莱的政治信念充满历史与政治往事。他对于重大的国会事件有着强烈情感，而且总让他回想起过去。他看着眼前的政治事件，仿佛它们已是历史：在写给妹妹的信中，麦考莱把改革法案的关键性投票比拟成恺撒在广场遭到刺杀，或克伦威尔从下议院桌上拿起权杖，驱逐国会议员并开启自己的个人统治。

第二起事件是 1848 年的法国革命，麦考莱的心灵与政治观念受到决定性的影响。他的《英格兰史》就在 1848 年革命浪潮席卷全欧之后出版，书中暗示这场革命是个可怕的预警，也认为它与 1688 年英格兰的光荣革命形成对比，而光荣革命正是他的《英格兰史》的中心主题。他在前言中写着，正当"西欧最令人骄傲的几座首都蒸腾着市民的鲜血时"，英国却一直安然无事。麦考莱毫不怀疑地指出，1688 年的革命与适时而和平地通过 1832 年改革法案，"保护"英国免于欧陆尤其是法国的革命经验。如果麦考莱的《英格兰史》能按照计划写到 1832 年，而非因他的去世而中止于十八世纪初，那么对于 1688 年与 1832 年、对于使国王与国会和谐的革命，以及使国会与国家和谐的革命，他所做的联结将会更为清楚。事实上，我们大概可以知道麦考莱有关十八世纪的内容很可能如他已出版的论文结集，包括那些臧否十八世纪政治家的文章。

和解是《英格兰史》一个不断出现的主题。当中的英雄是奥兰治的威廉，又称拯救者（Deliverer），他在詹姆斯逃亡后重建秩序与自由。英格兰虽因前两任斯图亚特国王的统治而腐败，却也为自

370 身的得救尽了一份心力，不仅有冒生命危险敦请威廉赴英的贵族，还有詹姆斯统治后期立宪与新教徒决心的加强。麦考莱描述当时有一股保卫法律与自由并抵制詹姆斯独断独行的团结力量，这股力量预示了日后革命中全国近乎统一的（短暂）时刻。当国王逃亡而奥兰治亲王尚未掌控局面之际，辉格党与托利党暂时放下成见一起保卫法律与秩序，全民上下一心的景象令人印象深刻。

人们很自然地将麦考莱1828年论“历史”的文章视为他对史家任务的明确陈述。然而若将此文当做他成就的指引，则是一种误导。这篇文章有时被认为是对“社会史”的呼吁（这个承诺只实现于《英格兰史》的第三章），以及要求史家从小说中学习技巧，尤其是司各特的作品。历史应该摒弃尊严，放下身段到一般人常去的地方，例如市场与咖啡厅。至于要放下身段到什么程度，是个值得提出的疑问：人们可以做到比去市场与咖啡厅身段更柔软且更不褊狭的事。麦考莱或许认为自己如休谟一般经常试着概述公众舆论的状态，已经算是实现文中的要求。麦考莱显然成功地将前所未有的生动、戏剧性与情感强度注入历史叙事之中，而在这方面他将司各特视为模范，但他不是一名“社会史家”。麦考莱的《英格兰史》主要仍聚焦于王室政策、国会辩论与国家审判，以及对公众人物的意图与性格的评价。

麦考莱实际上并非出身辉格党贵族（他在辉格党贵族中觅得早期资助者），而是生于宽裕的中产阶级之家，但他成长的环境却弥漫着浓厚的公众运动气氛。他的父亲札察里是反奴联盟的领导成员。1820年代初，麦考莱在剑桥大学以辩论者的姿态崭露头角，显现出家族托利党与福音派的色彩。他后来成为先进的辉格党员与改革者，但从未是激进派分子。身为评论者与随笔作家而赢得名声并选上国会议员之后，麦考莱在1830年代于印度获得一个有利可图的职位，并且带着一笔收入回国。他后来回到国会并且成为大臣，但人生的最后部分实际上完全奉献给了《英格兰史》。

事实上，麦考莱在许多方面可以视为最后一位伟大的新古典 371
史家，在公众事业获得成功之后，他开始撰述历史。他自身的文化主要是古典的，而他对十八世纪小说与戏剧的喜爱，以及他对他所尊崇的柏克与司各特作品的接触，进一步扩展了他的文化内涵。麦考莱卓越之处不在于他是社会史家（他当然不是），而在于其历史作品的情感范围与深度、图画般的生动与具体，以及戏剧张力。这些全非崭新事物，在此之前已出现在罗伯特森与休谟的作品中，但没有任何史家能像麦考莱一样做出如此大量乃至于过度的展示。麦考莱心目中的史家典范是塔西佗与修昔底德，对普鲁塔克（他早期曾为此写过一篇文章）以及十七世纪末英格兰、尤其法国大革命时期的英雄式（麦考莱称之为作态）古典共和主义传统有着挥之不去的嫌恶。他并非全然敌视古典共和主义传统，相反，他认为就长期而言能产生好的结果。他讨厌的是其中的普鲁塔克式煽动民众的倾向。

虽然苏格兰启蒙运动的确深刻形塑了麦考莱的社会进步观点，但他是现代英国辉格党人。不同于休谟，他珍视自身政治传统的虔敬语言，一种只能在柏克作品中找到的独特雄辩。在评论普鲁塔克的文章里，麦考莱提到他的法国赞美者在政治上的无根。他写道："在我们耳里，元老院的声音不像国会那样受人尊崇。我们尊敬大宪章更甚于梭伦的法律。卡皮托山与罗马广场比不上我们的西敏厅与西敏寺威严，一个是二十个世代的伟大人物辩论之地，另一个则是这些人物一同长眠之所。"麦考莱经常援引早期英格兰的历史，其用意主要是促进和平而非党同伐异。在《英格兰史》的第五章，有个典型的例子是伦敦塔的礼拜堂，蒙默思公爵叛乱失败并于 1685 年遭处决后，遗骨埋葬于此，麦考莱详细描述：

> 头颅与身体安放在灵柩中，上面覆盖黑色天鹅绒，私密地 372
> 埋在塔内圣彼得礼拜堂的圣餐桌下。四年后，礼拜堂的地面再

> 次被掘开，蒙默思的遗骨旁埋下杰弗瑞斯大法官的遗骨。坦白说，世上没有比这处小墓地更令人悲伤的地点。在此，死亡不同于在西敏寺与圣彼得礼拜堂，让人联想到天赋和美德，或者公众的尊敬与不朽的名声；亦不同于在较小的教堂与墓地，让人联想起社会与国内慈善界最受喜爱的人物；它让人想到的是人性与人类命运中最黑暗的事物，是毫不宽容的敌人的野蛮胜利，是朋友的不忠、忘恩负义与怯懦，是伟大与名声遭到毁灭的悲凉。

随之而来的是让死者蒙羞的例子。

这是个令人悲伤的桥段，但麦考莱是精力充沛之人，毫不迟疑地以光辉、活力与忙碌响应。有个例子发生在詹姆斯统治期间，国王打算在豪恩斯洛设立军营来威吓首都。对于习惯独断独行的詹姆斯而言，市民社会是个碍眼的事物：

> 伦敦人怀着恐惧注视着这支集结于邻近地区的大军，然而久而久之，熟悉感很快就冲淡了这份不安。前往豪恩斯洛游览成了伦敦市民喜爱的假日活动。军营宛如一处巨大市集。混杂着火枪兵与龙骑兵，许多来自苏活广场（Soho Square）的优雅绅士和淑女，来自怀特弗莱尔斯的骗子与打扮得花枝招展的女子，乘轿前来的病弱者，穿着风帽长袍的僧侣，套上制服的仆役，小贩，卖橙女孩，淘气的学徒与吸引目光的小丑，不断在低矮的帐篷行列间穿梭。有些大帐里传来酒醉欢宴的嘈杂声，另一些大帐则可听到赌客的咒骂。事实上，这里不过是首都郊外一处寻欢作乐的地方。（VI）

这是一幅贺加斯式场景，或者——如果我们从维多利亚时代中期寻找类似的场景——如同佛斯的画作《德比赛马日》（*Derby*

Day），充满了活力与各种小风景。但这里还有一层意义，虽然麦考莱可能没有确切意识到这点。这是对于严肃古典共和传统的熟悉主题所做的讽刺模仿：军队被首都的奢华买通与腐化（见上文第 139 页）。麦考莱或许不常为浓妆艳抹的女性喝彩，也不习惯将她们当成立宪自由这个意外好处的媒介，但他同意奢侈是和平时期产业与 373
贸易的结果。与其说军队被市民社会败坏，不如说再次被市民社会所吸收，而詹姆斯原本想以军队迫使市民社会在社会层面上（即便在宪法层次还办不到）同化为国家的一部分。麦考莱叙事的形象特质也带有较浓厚的家庭或通俗剧的调性，使人产生怜悯与熟悉感。例如他描述詹姆斯的王后沿河逃离白厅。詹姆斯将王后与婴孩托付给两名法国绅士：

> 洛赞伸手扶住玛丽；圣维克托用他温暖的斗篷裹住原可继承多国王位却命途多舛的嗣子。他们一行人偷偷从后面的楼梯离开，登上一艘毫无掩蔽的小船。这是一趟辛苦的旅程。深夜寒冷刺骨，大雨倾盆，冷风呼啸，波涛汹涌。最后，船终于抵达兰贝斯。这群逃亡者在一家小旅店附近上了岸，马车已在此等候多时。为了替马匹戴上马具，又耽搁了一点时间。玛丽担心自己的脸可能被人认出，因而不敢进入屋内。她与孩子瑟缩地在兰贝斯教堂塔楼下躲避风雨，每当马夫提灯靠近，一阵恐怖便袭上她的心头。（IX）

这完全是维多利亚时代“落难美人”的场景。这种文类深受十八世纪“感伤主义”（sentimentalism）传统的影响：狂风暴雨的夜晚，无法遮风避雨的船只，在阴暗的河面航行；年轻女子与她的孩子瑟缩地在黑暗的教堂塔楼下寻求庇护，胆怯地躲避着马夫的灯火，恍如画中的光源。

蒙默思失败的乱事与三年后由威廉率领的成功入侵这两次叛乱

当然提供了另一个生动描述与戏剧性情节的机会。对麦考莱而言，蒙默思叛乱的失败终结了激进辉格主义、共和主义与清教主义的夸大不实与狂热，对于支持叛乱的英格兰西南各郡的新教农民而言，则是一场悲剧。这场叛乱最糟的一面表现在老阴谋家罗伯特·佛格森身上，他为蒙默思草拟了义正词严的宣言。麦考莱的人物研究与往常一样呈现出激昂的情绪：

> 374 暴力、邪恶、无视事实、恬不知耻、贪得无厌，喜爱阴谋、动乱、破坏，他以这些特质在最黑暗的派系矿坑中辛苦了许多年。他生活在诽谤者与伪证者之间。他是秘密财库的看管者，特务们——由于从事的勾当太过卑鄙，因此无人愿意承认——从他那里领取工资。他也是秘密出版社的主管，每日印制匿名小册子四处传布。（V）

1688年，佛格森试图参加威廉的远征军，却遭严词拒绝。麦考莱利用佛格森对比威廉的事业与早先蒙默思的叛乱："蒙默思在这群无知而冒进的亡命之徒中是个伟大人物，但软弱的他却受这些人怂恿而走向毁灭：具有决心与远见的威廉关心的事务，均有重要政治家与将领参与其中，卑鄙的煽动者与狂热无赖者毫无置喙余地。"（IX）

蒙默思的叛乱是一项业余事务。部分出于对古典共和主义以及古典共和主义因文艺复兴而复活的厌恶，麦考莱蔑视古典共和主义对市民军队的崇拜，认为这在贸易与专业化时代是一种时代倒错。麦考莱有时用"小丑"一词指称英格兰西南各郡的武装农民，并认为这些人绝非詹姆斯专业军队的对手。身为苏格兰启蒙运动的追随者与维多利亚时代的爱国者，麦考莱热衷于专业军队——基于正确的宗旨与完全服从文职权威。罗伯特森理当同意他的看法（见上文第351页）。麦考莱以威廉部队阅兵通过第一座被他攻下的城市埃克塞特（Exeter），进一步强调其与蒙默思可悲的乌合之众的对比。在强烈的异国情调下，威廉的军队令人想起——很可能是刻意为之——希罗多德所回顾的薛西斯麾下统合多个民族的大军（见上文第 15 页）。这支军队虽然潜伏野蛮与恐怖，但在纪律与威廉号令严明下，变得有益而具战斗力。

> 从西城门到主教座堂内院，街道两旁的民众向前推挤与叫嚷，此景令人想起市长日的伦敦群众。屋子装饰得喜气洋洋。门窗、阳台与屋顶挤满了围观群众……从未见过辉煌而井然有序的军营的德文郡民众，内心充满欣喜与敬畏。军事庆典的描述传遍全国，满足了一般民众希求奇观的欲望。由出生于不同气候、服役于不同军旗之下的士兵所组成荷兰军队， 375
> 随即在一般而言对异国观念非常模糊的岛民面前呈现出怪诞、华丽与恐怖的一面。首先率领两百名骑士的是麦克斯菲尔德（Macclesfield），他们绝大多数具有英格兰血统，穿戴着闪亮头盔与胸甲，骑乘佛兰德斯战马。每个人身旁都有一名从几内亚蔗糖种植园带来的黑人随侍。从未见过这么多非洲人的埃克塞特市民，瞠目结舌地望着这些衬托着刺绣头巾与白色羽毛的黑色脸孔。之后出现的是佩带出鞘阔剑、穿着黑色盔甲与毛皮斗篷的瑞典骑士队。民众带着一种异国兴趣注视着他们。谣传他们住的地方，海水都已冻结，夜晚持续半年，他们亲手宰杀巨熊，将它们的毛皮穿在身上。（IX）

1688 年最后一个伟大场景是非常国会为解决立宪争议而做的辩论，詹姆斯遭到罢黜，在激烈争吵之后，王位由威廉与玛丽共同继承（X）。演说是麦考莱历史的伟大主题之一，不过是以概述而非逐字记载的方式呈现。一如他对改革法案通过的描述（见上文第 369 页），麦考莱对于这个伟大的国会事件充满敬意，借由回顾历史与放眼未来为国会增添了庄严性。在描述非常国会时，麦考莱花了一些篇幅记录威廉·萨谢弗雷尔的风采，“他是一名演说者，老练的议事能力在许多年后仍是那些活着见到沃波尔与普尔特尼冲突的老人津津乐道的话题”。议院轶事的流传显示制度的永续存在，而它尤其受到麦考莱的珍视，他也是这个俱乐部的一员。

非常国会当然铆足全力进行辩论。麦考莱强调议员们很少关心政治哲学，他们看重的是英格兰法，以及该法如何延伸到当前史无前例的局势：“如果法律箴言中有一句王位不可虚悬，那么也有一句在世者无继承者。詹姆斯仍然在世，奥兰治公主怎能是他的继承者？”诸
376 如此类。1828年，在一篇评论哈伦的文章中，麦考莱哀叹1688年国会议员的褊狭心态。如今，在经过两次法国革命之后，他支持议员们的实用主义，认为宣言中将王位授予威廉与玛丽虽然缺乏逻辑且悖逆事实，却能解决问题，而其创造的解决方式也禁得起考验。英格兰从未发生过革命的说法是一种出于善意的虚构，使实际曾经发生的革命持续受到先例的压抑。对国会审慎风格的描述不只是为描述而描述，如以下文字清楚显示的，它也是一种教训与支持：

> 我们的革命是为古代权利辩护，所以在实行时应谨守古代规矩。从每个字句与行动中，几乎都能看出对过去的深刻尊崇。国内各等级在旧议事厅里审慎讨论，并且遵守旧规定……佩带锤矛的卫士带领上议院使者来到下议院桌前，并正式行三鞠躬礼。会议的举行依照古代仪式。绘厅里，在桌子的一侧，上议院负责协议的议员身穿貂皮与金饰长袍，戴帽坐着。下议院负责协议的议员，脱帽站在桌子另一侧。与其他国家的革命演说相比，他们的讲词滑稽可笑。英格兰的两个政党都同意以庄严尊敬的态度看待本国古代宪法传统。唯一的问题是，这些传统要以何种意义来理解……当争论终于结束，新君的册立完全依照古代盛典仪式进行……对于活在1848年的我们来说，以恐怖

的革命为名，却对琐碎的礼仪规定如此在意，这样的议事似乎有滥用词语之嫌。然而，这场所有革命中最不暴力的革命，却是所有革命中收效最大的……

与麦考莱同时的托马斯·卡莱尔站在清教的立场，轻视一切仪式的虚假与伪装，而且也蔑视国会。无怪乎他选择成为一名法国大革命史家，对他而言，这场革命是历史对已过时却佯装仍是现实的陈腐形式所做的报复。卡莱尔与麦考莱的感性分别属于清教与柏克派的辉格党，他们代表了十九世纪初两种看待历史的角度。

卡莱尔的《法国大革命》：用一百根舌头陈述的历史

托马斯·卡莱尔生于 1795 年，此年标志着法国大革命的结束， 377
当然，它的影响仍未终止：巴黎出现暴动，反对刚成立的稳健但腐败的督政府，这场暴动被卡莱尔称之为“炮兵军官波拿巴”所指挥的炮火所镇压。这是卡莱尔于四十多年后出版的《法国大革命》（*The French Revolution*, 1837）的最后插曲。卡莱尔末尾的陈述让孜孜不倦的读者感受到与大革命幸存者相同的情感疲惫。1789 年后的六年间，一切理想与大多数领导人物都被不名誉地埋葬：“法兰西的风云人物一个接一个地消失，如同剧场里的灯火依次熄灭。”（Volume III, Book VI.III）卡莱尔以独特的描述说出他同样感受到的疲累：“喔，读者们！打起精神。我看到陆地了！”

卡莱尔生于苏格兰西南部一个阅读圣经的加尔文教派穷人家庭。他在爱丁堡大学接受古典与科学的良好教育：地质学、化学与天文学提供他隐喻的宝库。卡莱尔在丧失基督教信仰的同时保留了大量加尔文教派的元素，但也因此失去教堂牧师的职位。为了替自己建立文名，他决定前往伦敦。他首次展现高度个人文学风格——

圣经的、日耳曼的、讽刺的与威吓的—— 是在《服装哲学》(*Sartor Resartus*, 1833—1834)中做的个人哲学陈述。《法国大革命》是他寻求文名的大作,而且获得成功。这本书就像卡莱尔其他作品一样,具有训诫性质。法国大革命对他而言是民主(Democracy,他总是以大写来表示)恐怖而崇高地降临于现代世界,它显示神圣正义对目空一切的腐败贵族的审判。

法国大革命自然鼓动了天启的玄思。卡莱尔虽是千年至福派牧
378 师爱德华·欧文的好友,却不完全相信基督教的天启说法,但天启的大火与毁灭的意象却总是浮现在他的脑海中,我们看到他在作品中做的特别结论(见上文第 187 页)以及对攻陷巴士底的描述。《法国大革命》写于法国自由派"七月王朝"初年,这个政权诞生于 1830 年的二次革命。在英国,一股恐惧革命的气氛(并非夸大其词)不断弥漫,不只在 1790 年代,也包括拿破仑战争之后的时期,以及 1830 年代初的改革法案运动。卡莱尔撰写《法国大革命》的 1830 年代,宪章运动的兴起引发众人疑惧,卡莱尔也于 1839 年写了长篇文章评论此事。

卡莱尔对法国大革命充满复杂情感,混合了敬畏、共谋与不屈的热情,也结合了恐怖与怜悯。他从未真正习惯 1850 与 1860 年代的安宁岁月,以一种受挫的不耐将这段时光形容为停滞不前的时期。虽然他对革命的多愁善感故示怜悯,而且震慑于它的残暴,但法国大革命引发他的旧约与加尔文教派感受,使他将这场革命视为上帝降下的惩罚。卡莱尔的矛盾情绪可以清楚从他描述所谓的"无裙裤党运动"看出,这场运动受到饥饿与绝望的驱使,创造了英雄事迹,也造就了残暴不仁。卡莱尔以最抽象的方式——这种情况并不多见——将大革命形容成几个拟人化抽象力量的冲撞:"无裙裤党运动"、"爱国主义"、"值得尊敬的特质"、"诡辩的哲学狂热"、"俱乐部主义"。但他的说词通常相当具体,而这些抽象说法有时赋予了有形的寓言特质;"无裙裤党运动"(有时被具体化为穷困的巴

黎“圣安东尼”郊区）相当具体：“万头攒动，口出恶言。”巴黎暴民有时是“沾满煤灰的圣安东尼区”，正如朝臣是“牛眼厅”（凡尔赛宫的一个聚会厅）。介绍人物时，卡莱尔运用了有利记忆且刻意让人想起史诗传统的方式，因为他把法国大革命视为史诗，以荷马般的风格用重复的形容词或词组来形容他们：“率先发难的马亚尔，下了一千道命令的梅里”（据说在巴士底陷落当天由他在市政厅写下），“老龙骑兵德鲁埃”。布罗格里元帅被称为“火星”（战神），杜费宫廷仰仗他指挥王室军队发动政变，而宫内迎宾大臣布雷泽侯 379
爵被称为“水星”，负责传递讯息，数次成为绝佳与象征性的喜剧来源。布雷泽将国王要求解散的命令传达给国民会议，会议非但不听，反而缔结了网球场誓约（Tennis Court oath）。他的角色如同守门人，拥护自己赖以为生的旧体制与旧礼仪，并因此试图关门拒绝接纳世界史（I.V.II）。布雷泽有其象征的时刻，但最常出现、最令人难忘与最不祥的人物则是让–保罗·马拉，卡莱尔称其为“压榨人的”或“沾满煤灰的”马拉。他低沉的声音发出仇恨的讯息，当他进屋时，卡莱尔说道，房间的灯火也变得暗淡。

马拉既卑鄙又恶毒，代表大革命邪恶的一面，并且要为 1792 年 9 月的监狱屠杀负责，但就马拉能把无裙裤党追随者的仇恨与狂热具体化来说，卡莱尔认为他比“亲英的”国民会议以及日后“值得尊敬的”吉伦特共和派来得更真实与更具力量。大革命的伟大人物米拉波与丹东具有这种真实或——用卡莱尔的话来说——“现实”的特质，即便如马拉这样一无是处之人也有这种特质。卡莱尔尊敬狂热。“现实”无论出现在何处，都是一种神圣的发散，至于轻佻、虚假与理论则只是历史的残骸，终将被最诚挚的人所铲除。卡莱尔对中产阶级没有同情心，将值得尊敬的立宪主义，无论是君主制还是共和制，等同于迂阔与拘泥法条。法国大革命的群众场景激励了卡莱尔，使他的措词变得极为亢奋，几乎到了胡言乱语的地步。这些场景对卡莱尔而言是崇高的，因为它具有自发性，相反的，1790

年7月14日的巴士底陷落纪念庆典,全国举办了盛大节庆并且在“祖国祭坛”旁举行宣誓仪式。这是个多愁善感的装腔作势，因为一切都是预先安排。然而，暴民的的确确是真实的：

> 暴民是自然的真实爆发，源自或相通于最深的自然深处。当无生命的拘束产生这么多咬牙切齿与扭曲脸孔，在僵硬拘谨下感受不到心跳时，这里再一次——如果别的地方没有——有
> 380 着诚挚与现实。对他们感到战栗发抖，甚或对他们厉声尖叫，如果你不得不如此；然而，还是想想他们。这样一个人类力量与个别性的复合体在超越性的心境下投掷出去，在环境与彼此之间行动与回应；找出他们蕴含的运作之道。他们要做的事无人知晓，只有自己心知肚明。这是最一触即发与最盛大的烟火，它将点燃自己、燃烧自己。无论哪个时期、哪种程度、哪些结果，它都将燃烧殆尽，哲学与洞察力的猜测只是徒劳。(I.VII.IV)

法国革命的暴民是个前兆，而法国大革命本身在这个世界依然活跃，是“我们现代至高无上的现象”，也是卡莱尔同时代人的教训。封建贵族在各地被财富贵族所取代，但“在我们这个世界，千年内将不再有第二次无裙裤党运动，让我们好好了解第一次；让我们的富人与穷人有‘别的’的做法”(III.VII.VI)。法国大革命既是民主史诗，又是个警示。

至此，卡莱尔并非一般史家已是清楚明白之事。约翰·穆勒称他是诗人，不过值得一提的是，不会低估史家责任的阿克顿勋爵曾向卡莱尔的作品致敬，认为“这些作品使前人得以从柏克的束缚解放出来”。《法国大革命》开始的步调缓慢,读者必须借由前面几卷(介绍旧体制)习惯卡莱尔独特的写作风格及其具实验性的措词与句法:他经常以呼唤的方式对读者与历史人物说话，偶尔使用法语措词来传达翻译的韵味，例如，“叫他管好自己的事吧！”一个即将覆灭

的颓废社会，透过象征图案的拼贴来加以描绘，以嘈杂的加尔文派作家传道风格黏合。其中偶尔出现受欢迎的可笑幽默或突降笔调。在观赏气球上升的乡村节庆（这一章饶富意义地取名为《喋喋不休的人》〔Windbags〕）中出现的鲜艳服饰如花团锦簇，如此，根据超现实的逻辑，身穿华服的人乘坐的马车就成了花盆：

> 各种款式，色彩明亮，闪烁金光；它们充满整个布洛涅森林， 381
> 一长排色彩斑驳的行列；它们就像一长排有生命的花坛，郁金香、大丽菊、铃兰，全生长在移动的花盆里（新装饰的马车）：赏心悦目，生活中值得自豪的景象！于是行列摇曳着、舞动着：平稳地，具有坚定的确信，仿佛站在世界的坚石与基础上，而非在印有纹章的羊皮纸上摇曳。然而在羊皮纸下，闷烧着一池火湖。继续跳吧，你们这些蠢蛋；你们不寻求智慧，也找不到智慧。你们和你们的父祖种了因，就得承担这个果。不是有句古谚说：罪恶的代价就是死亡？（I.II.VI）

叙事确实提到了为处理公共破产问题（卡莱尔投以冷酷自满的目光）而召开三级会议，并且导致国民会议的选举，国民的希望投注于国民会议，然而当然注定失望。身为具有非凡特异能力的叙事者，卡莱尔需要事件。为了向读者展示最好的一面，事件愈紧急重大愈好。

就卡莱尔的作品而言，如果要下判断的话，我们必须承认他的确是一名史家；期待他做出他从未打算做的事，根本毫无意义：线型叙事与谨慎因果分析的明晰提供者。这些性质虽然可以在卡莱尔的描述中发现，但他刻意营造出更为奇特的效果，其绝大部分来自史诗前例，一种旧约风格的想象，一种强烈的传道方式，与一种特异的宇宙观：这是一种借由象征而加以具体化的形而上学。这些特质影响了他的叙事，使他快速从个人（通常卑微而且只是短暂地受到关注）与高度特定的处境（以充分而具体的方式描述整个环境）

裁剪到宇宙与世界史的视角，而在这当中又布满许多中介点。

卡莱尔曾经仔细思索历史写作的问题，并对此写了两篇文章。与麦考莱的类似反思相比，他的见解更具有洞察力。卡莱尔的观点以及这个观点对他选择的修辞策略的影响，可以用他的两句名言来概述：“历史的本质是由无数传记所构成的”与“叙事是‘线型的’，行动是‘确实的’”。前者警告我们“历史尊严”未对我们加诸任何限制；后者提醒我们不要期待直线的因果解释链，也不要寻求思考
382 而具目的性的政治描述。历史的一切事物都是由多重原因决定的；行动者很少能看到超越自己双脚以外的事物。在每个时刻，许多事件在不断进行，任何事件都可能具有重大意义。我们的观察必须是连续的，虽然事物的出现经常发生于同时，而且“事物一个接一个地从无数元素中不断具体成形”。因此，叙事虽然挑战着自身的线型本质，仍必须尝试从侧面向前移动。

为了做到这点，卡莱尔的方法主要有二：选择某些事件、人物与行动，将其当成外在现实的象征，并且针对所谓的多元声音叙事进行另外的创新实验。在实验中，原本经常先声夺人、闯入与霸凌的作者声音，有时似乎会暂时停止，并且接受其他声音构成的不协调。此时作者担任起这些声音的经理人，他查阅新闻、小册子、告示与回忆录，从中摘录一些流行标语，自行组成嘈杂的谈话声。用卡莱尔自己的话说，这些被想象出来的革命群众（卡莱尔把读者安放于群众中，当然，他总是使用现在式）嘈杂谈话，容易使人情绪激昂。只要某个特定的词汇或事件就能煽动群众，使他们付诸行动，而他们将随机地决定任何可能的方向：巴士底、凡尔赛、杜乐丽宫，并因此引发大革命的各项核心事件。群众情绪的可燃性是由饥饿与仇恨、怀疑与谣言构成的。举例来说，由于怀疑王室军队即将发动政变，因而引发攻陷巴士底的事件。7 月 12 日：

> 街上贴满巨大告示，上面写着“以国王之名”：“恳请爱好

> 和平的市民待在家中”，无须惊慌，不要加入群众。这些话的用意为何？这些“巨大告示”指的又是什么？尤其军队杂沓的声响；龙骑兵、轻骑兵从四面八方涌进城内，朝路易十五广场集结……
>
> 这些破坏者攻击我们了吗？从塞弗尔桥远及凡森，从圣德尼到战神广场，我们被重重包围！每个人心中充满对不明匪徒的恐惧……这些军队真的是来“对抗盗匪”吗？这些盗匪又在哪里？这股神秘气氛究竟真相为何？听啊！有人不断清楚重述乔布报的消息：内克尔，人民的大臣，法国的救世主，遭到罢免。不可能的；这不可信！这背叛了公共和平！……（I.V.IV）

卡莱尔对巴黎市场妇女前进凡尔赛一事写下类似的前言与解释。这场发生于 10 月的事件迫使王室返回巴黎，成了名副其实的阶下囚，也开启了大革命的下一幕。谣传凡尔赛方面为庆祝援军到达，正举办一场不忠的晚宴，国家因此受到侮辱，崭新的三色旗帽章也受到践踏： 383

> 是的，我们饱受饥馑之苦，但凡尔赛却酒池肉林，食物多到吃不完……蛮横的贵族过着奢华淫逸的生活，践踏国家的帽章。真有残暴之事吗？不，看啊：绿色滚红边的制服，黑色的帽章，黑夜的颜色！我们将遭受军队攻击吗？饥饿是否也将置我们于死地……
>
> 在圣厄斯塔什区的一处哨站，“一名年轻女子”抢了鼓，国民卫队怎么可能对妇女开火，尤其是年轻女性？这名年轻女子抢了鼓，一面打鼓，一面“高喊缺粮”。下来吧，母亲们；下来吧，茱蒂丝们[1]，为了粮食与报复！所有妇女集合动身；群众冲进楼

1　茱蒂丝：传说率领女仆以美色诱惑亚述大军并割下元帅首级的犹太寡妇。——译注

> 梯，强迫所有妇女出门：如卡密尔·德穆兰所言，妇女组成的叛军像极了英国海军；举目所及均是“妇女群众”。中央市场的壮硕妇女、缝制宽松长衣的纤细妇女，她们勤奋努力，清晨即起；少女踏着轻快步伐前去晨课；女仆一早忙于打扫。她们都必须前往。起来吧，妇女们。慢吞吞的男人不会行动，她们说，我们自己动手！
>
> 就像山边的防雪林，每个楼梯都是融雪的小溪，汹涌地向下奔流……（I.VII.III—IV）

这里的用语当然是史诗式的，但叙事技术也是一种诠释，无论正确与否。

有关法国大革命的诠释，几乎是从革命爆发的那一刻就已出现。阴谋是最初偏好的解释，首先归因于王室旁系的年轻激进派首领奥尔良公爵菲利普（Philippe, duc d' Orléans）运用他的财富进行操弄，菲利普后来自称为“平等者菲利普”并且投票赞成处死路易十六。1790 年代晚期，法国天主教流亡者，特别是巴吕埃尔神父，产生另
384 一个阴谋版本，将革命归因于共济会员。在英国，以“较深层的”原因（特别是经济）所进行的解释很快取代这些早期版本，但阴谋观点仍存活很长一段时间，至少在通俗层面是如此。一个例子是狄更斯的《双城记》（1859），这部作品有时被引用为卡莱尔影响的例证。在群众场景的描写上或许如此，但在法国大革命的诠释上，两名作者却南辕北辙。狄更斯详述了一个完全出于想象的阴谋网络，它组织成一个秘密社会，拥有确认身份的神秘符码与暗号。这反映了十九世纪中叶的欧洲情态，特别是意大利与法国，但与真实的法国大革命或卡莱尔并无关联。卡莱尔呈现法国人蹒跚经历革命各阶段的状况，其中并无清楚意图，而是受事件、怀疑与恐惧、理想主义与狂热主义的驱策，抵达无人能计划或想象的境地。卡莱尔的原创性主要表现在他将这个观点加以戏剧化与呈现在读者眼前的方

式——还有读者的耳朵，人们可以把卡莱尔的叙事者想象成（如他邀请读者做的）人们听闻的声音。

要敏锐评断卡莱尔的声音，就应该将其与麦考莱做一对比，因为后者的模式通常是演说式的。举例来说，麦考莱描述 1688 年革命很可能演变成无政府状态的时刻。当时威廉尚未加冕，军队已解散，詹姆斯逃亡，反教宗的暴民蠢蠢欲动：

> 这是个可怕时刻。国王已经逃走。亲王尚未抵达。无人被任命为摄政。一般司法行政所需的国玺不翼而飞。不久，传来费佛夏姆接到王室命令，要求他立即解散军队的消息。如果武装与集结的士兵从纪律束缚中解放，加上缺乏日常必需品，那么从他们身上能找到对法律与财产的尊重吗？另一方面，伦敦百姓在这几个星期显示出强烈的动乱与抢夺倾向。危机造成的紧急状态在短时间内团结了所有希望社会和平的人。（*History*, X）

这是麦考莱的局势报道，但从措词与句子的审慎铺陈来看，其 385
风格也是国会式的。把动词改成现在式，偶尔穿插“议长先生”或“各位议员先生”等称呼，人们很容易想象这是大臣对国会的发言（当时并未开议）。“各位议员先生，国王已经离去。亲王尚未抵达……国玺不知去向。我们知道费佛夏姆勋爵接到国王陛下的命令……”声音，无论是谁的声音，掌控了一切，因此读者推论声音代表的机构也掌控了一切。它不像卡莱尔痛苦而破碎的句法，正如卡莱尔《法国大革命》的声音不带有这种权威。在英格兰，我们从麦考莱得知，理性与尊敬无论受到什么压迫，终将掌控一切与获得胜利。但在卡莱尔的作品中，无论理性或尊敬都得不到任何保证。

麦考莱与卡莱尔站在长期运动的顶端，这场运动从十八世纪开始，直到严谨专业主义破坏这场游戏为止，提供了读者充分的感官感受与情境。但两人抱持的视角不同。麦考莱让读者涉入的情感是国会情感，或至少是得以在国会表现的情感；人们就算感受这些情感也不会有多大影响。至于卡莱尔则认为，我们尝试进入过去的过程中，丧失了“恐惧”这项重要元素；他致力于重现恐惧，而且极为成功。他的句法具体显示出他不安地在谣言与一知半解的事件迷雾中摸索事实，他的心情高度焦虑、愤怒，有时还带有危险的志得意满。

卡莱尔在表现恐惧的效果上无人能及，直到二十世纪以及以不同媒介加以表现后，才打破这样的态势。如今，阅读卡莱尔让人想起谢尔盖·爱森斯坦以电影技术处理另一场革命的群众场景，借由摇镜的技巧使影像从高度个别化的特写转为最宽广的视角。卡莱尔不仅在亲近度上带有浓厚的爱森斯坦风格，在视角的突然转换上亦然。我们注视群众的方式仿佛透过架设于高处的摄影机，群众是河流，门户与楼梯是支流。这类突然转换的另一例证（这次是转换到宇宙的视角）是透过聚焦于中性的非人目击者；其前置动作非常具有电影风格。当围城战如火如荼进行之际，“巴士底大钟在内院里
386 滴答作响（无法听见），不疾不徐，不间断地进行；仿佛没有任何特殊事件发生，对它或对这个世界而言”（I.V.VI）。它是历史上无数同时发生之事件的一部分，而一切历史也是无尽时空中的一部分。傍晚，巴士底被攻陷，七月落日的余晖照着“宁静田野的收割者；茅舍里编织的老妪；沉默汪洋中的船只；凡尔赛宫橙园的舞会，即便到了此时，宫廷贵妇仍浓妆艳抹与穿着双排扣短上衣的轻骑兵军官翩然起舞”（I.V.VII）。在不断重复的日常生活与永续自然世界的无所不在与不朽面前，世界史相形见绌。勃鲁盖尔画作中的农人在田里耕作时，伊卡洛斯正从远方天际坠落，这是典型的卡莱尔式象征。当恐怖统治正值巅峰，巴黎夜间有二十三家戏院开演，六十家舞厅开张：“在惊人的转变中，在颜色不断加深的过程里，崇高、滑稽与恐怖接续出现；或者应该说，在群众动乱中，一切都在同一时间结伴进行。”卡莱尔说，史家乐意拥有一百根舌头。没了舌头，

他必须为读者攫取“这个或另一个对事物的重要一瞥，并且尽可能排列出最适当的顺序”（III.V.I）。

相对于麦考莱，卡莱尔有时会为自己不留意国民公会的沉闷议事进行辩解，他认为公会制定的是一部无关紧要的宪法。卡莱尔依照自身的喜好，只有在国会失序与公会本身成为某种形式的暴民时才提到它，例如，来自巴黎的妇女全身湿透、脏污、饥饿与愤怒，在凡尔赛搅乱公会的议事秩序，因而主席不得不下令从邻近饭馆运来食物给这些妇女。对此，卡莱尔在做了许多暗示之后，以真正的荷马风格引文响应：“也不会有任何灵魂缺少应得的食物”：面包、葡萄酒与“大量的香肠”（I.VII.VIII）。香肠一般来说不会出现在全国性的集会里，在历史作品中也相当罕见。对卡莱尔而言，妇女暴动既滑稽又崇高。想制定宪法的欲望与想得到香肠的欲望，两者之间的对峙正可说明法国大革命绝大部分的内容。现世的、日常的与家务的主题不断出现，而卡莱尔对这些事物的重视不亚于他对世界史的赞扬。即使如此，在民主史诗中，英雄当然都是一般人：“那么，凡是体内怀抱热忱的法国人，你们这些自由之子，无论你们的喉咙是 387
软骨还是金属，扯开喉咙大喊吧！将你们灵魂、身体或精神的能力发挥到极限，直到痉挛为止。此时不做，更待何时！攻击吧，路易·图尔奈，马雷区的造车匠，多菲内团的老兵；攻击外头吊桥的链条……”（I.V.VI）这里的灵感显然主要来自荷马。对于形形色色事物以及群众巨大能量所做的史诗式描述，也令现代读者想起诗人惠特曼。

卡莱尔对突降法的使用不仅有趣，而且使他的叙事更具人性而不总是紧绷着，这一点理所当然。当祭坛上受崇拜的理性女神返家（“卸下女神光环”）见到丈夫时，我们能想象他们在夜里谈论晚餐吗？可以想见这是当时或从前的史家不会提出的问题，因此人们可以（而且必须）原谅他许多传道性的说辞。我们被强烈地提醒，历史的本质是由无数传记所构成的。突降法也出现在革命军队守边的描述上，对卡莱尔而言，这是另一首法国大革命史诗。反动强权入侵的威胁让卡莱尔写下和袭卷巴士底或前进凡尔赛同样仓促紧凑的模拟叙事，名称与名词的快速联结搭配时间的急迫：

> 联盟不就像火的浪潮般汹涌而至？普鲁士突破门户洞开的东北边境；奥地利、英国从西北入侵……在土伦的军火库上飘扬着一面旗帜——不，那甚至不是僭王路易的百合花饰，而是令人厌恶的英国与海军上将胡德的圣乔治十字旗……围攻它，炮轰它，你们这些委员，巴拉斯、弗雷隆、小罗伯斯庇尔；你们这些将领，卡尔托、迪戈米耶；尤其你这位非凡的炮兵少校拿破仑·波拿巴！（III.IV.V）

但是，在凡尔登（因法式糕饼而著名）市政府的忠告中，却有着悲怆与喜剧性的突降表现。市民发现自己在不情愿下卷入世界史并且被期望成为英雄："至死都要抵抗他（布伦斯维克公爵）？每日的抵御是宝贵的？惊讶的市民问道：波尔贝尔将军，我们要抵抗他吗？抵御、爱国主义固然不错，但同样不错的是爱好和平的糕
388 点烘焙与安然无恙地睡觉。"（III.I.III）凡尔登毫无抵抗地投降了，从它日后作为抵抗象征的地位来看，这无疑相当讽刺。

对现代读者而言，卡莱尔是个吊诡，是个特别的组合体，他结合了古代（或者更糟的说法是落伍）与我们认为现代特有的要素。在他之前的斯威夫特与拉伯雷有着类似的特质，之后的惠特曼亦然。卡莱尔的同学给他取了"主任牧师"的绰号，等于承认他具有斯威夫特的特质。虽然卡莱尔曾推崇席勒，并且倾向于结束长期以来历史尊严观念遭受腐蚀的现象，但他与早期史学的关系仍难以说明。卡莱尔有余裕欣赏崇高，却从未提及尊严。无怪乎古典共和派史家从未出现在他的作品中，尽管法国革命分子对他们投入相当大的关注。令人惊讶的是，卡莱尔主要借用的对象来自佛罗伦萨：他好几次把"军旗战车"（见上文第 281 页）当成一个象征的图像。此外，

他并非人文主义者或哲士，而是一个在旧约熏陶下于现世与超越界悠游自得的清教徒。幽默、威吓与偶尔陷于狂乱，卡莱尔为他的纪念性任务找到一名向导，即荷马史诗的写实主义，此外则完全独行其是。在他不只一段的全盛时期，卡莱尔的历史与散文具有巨大的想象能量，然而之后却堕落为夸大其词，而这是读者必须付出的代价。

米什莱与泰纳：人民与暴民

就法国而言，关于大革命的严肃研究始于 1820 年代，而且自
此从未停止。法国大革命的诠释是十九世纪以及之后流行的政治态
度与冲突的核心。各政治派系在政治、思想论争、偶尔还透过暴力
对各个法国史版本进行斗争，而他们发现法国大革命是其中不可避
免的参考点。君主世袭原则持续受到那些被称为正统主义者或极端
保王派人士的支持，并且在 1814 到 1830 年波旁王政复辟期间大为
流行。波旁家族中偏自由派且资历较浅的奥尔良支系在 1830 年七
月革命后登上王位，成为法王的是路易 · 腓力（Louis-Philippe），
他的父亲曾投票处死自己的堂弟路易十六。1848 年革命后，七月王 389
朝——受稳健自由派与一般亲英立宪派人士支持，后者如史家弗朗
索瓦 · 基佐（见下文第 405 页），他成为教育大臣并于日后担任政
府领袖——被第二共和取代，在第二共和时期，阶级冲突很快就引
发第二次胎死腹中的巴黎工人阶级暴乱，其领袖路易 · 布朗是研究
第一次法国革命的史家。卡尔 · 马克思曾讽刺地指出，第二共和于
1851 年被皇帝的侄儿路易 · 拿破仑推翻，完全是第一共和被拿破仑
取代的翻版。第二帝国持续到 1871 年，结束于普鲁士引发的军事
挫败，伴随而来的是对巴黎公社的暴力镇压，其方式让人鲜明地想
起 1793—1794 年的革命恐怖时期。第三共和，包括自由派、反教
士者，但主要是反社会主义者，由另一位研究法国大革命的史家阿

道夫·梯也尔领导。

法国十九世纪的历史似乎经常重演第一次法国革命的各个阶段：部分恢复的旧体制、七月王朝呼应自由派立宪时期、共和国的建立、聚焦于巴黎的革命恐怖时期，以及总是蠢蠢欲动的波拿巴。法国大革命史学因此几乎无法摆脱浓厚的政治气息。所有政治派系都在1789—1797年的事件中，为自己的政治忠诚与恐惧找到相关的历史事物。天主教会是法国大革命早期的箭靶，对其地位与角色的持续斗争，尤其在教育上，光是这样的斗争本身就足以使当时已形成的分裂继续处于政治的最前沿。对绝大多数共和派人士而言，反教士主义是他们的信仰之物。

过去本身所具有的政治重要性，连带确保了史家的地位。基佐是杰出的自由派史家，却未针对法国大革命写过任何作品。梯也尔于1820年代出版了最早的有关法国大革命的历史作品，之后于七月王朝期间担任政府高官，成为基佐的对手。梯也尔最后在1871年成立的第三共和被选为首任总统。另一位研究第一次法国革命的史家是诗人阿方
390 斯·德·洛斯丁，他是第二共和的领袖之一。路易·布朗的法国大革命重要历史作品已经提过。第三共和时期，法国社会主义的领导人物让·乔赫斯写了《社会主义法国大革命史》(*Socialist History of the French Revolution*)。

政治人物撰写历史在十九世纪并不罕见：如我们看到的，英国十九世纪初著名的政治人物如查尔斯·詹姆斯·福克斯、詹姆斯·麦金塔希爵士、麦考莱与未来的首相约翰·罗素勋爵，全写过1688年英格兰革命历史。然而没有任何例证显示他们的历史作品产生了直接的政治影响。到了十九世纪初，虽然诠释上有细微差异，但1688年革命在英国已成为共识的象征。以法国而言，对大革命领导人物米拉波、吉伦特派、丹东、罗伯斯庇尔、巴黎公社与拿破仑的支持或反对，反映出当代的政治认同。“雅各宾”这个词已跳脱当代的政治用法；也许是因为缺乏公开主张者的缘故，尽管雅各宾派

并非没有赞扬者。此外，大革命也提供了其他忠诚的象征与政治的词汇，包括“左派”与“右派”，这两个词原是用来指称议场中派系的座位。

一般认为，十九世纪上半叶，或许是整个十九世纪，最杰出的法国史是儒勒·米什莱（Jules Michelet）的作品，他的著作最后扩充为二十三卷（1833—1867）。在他的巨著中，根据年代顺序，其中有两卷是《法国大革命史》（*History of the French Revolution*, 1847—1853）。虽然米什莱并未从事政治事业，但他对政治的投入却毋庸置疑。米什莱在法兰西学院的讲座被基佐下令停止。基佐是米什莱的资助者与该讲座的前任教授，同时也是现任大臣；这是个双重讽刺，因为基佐过去在这个讲座任教时，也曾被复辟时期的政府下令停止。第二帝国时期，米什莱失去教席与基佐为他谋得的国家档案馆职位，被流放到布列塔尼，继续在当地档案馆工作与撰写历史和其他具高度个人色彩的作品。

在撰写法国大革命之前，米什莱已因他的《法国史》（*History
of France*）的中古之卷闻名于世且广受赞扬。他的作品带有深刻个 391
人性与情感性，值得一提的是他早期所受的思想影响。1827 年，米什莱翻译十八世纪初拿破仑时代思想家吉姆巴提斯塔·维柯的《新科学》（*New Science*, 1725）。维柯对十八世纪晚期日耳曼人思想的影响程度不易探究，但受他影响最著名的是赫尔德。维柯与赫尔德有许多共通点，赫尔德也深刻影响了米什莱，而维柯对米什莱的影响更是明显。对维柯而言，文化是全体民族的集体产物。特别是神话，它赋予人们理解“初民”（the first peoples）心态的钥匙，“他们全是天生的诗人”（*New Science*, 352）。透过神话我们可以追溯“人类的观念、风俗与行为的历史”（368），因为它们是“全体民族的思维方式”（816）。这些初民缺乏形成抽象概念的能力，借由拟人化来表现他们的观念（209）。在缺乏抽象能力的状况下，他们能更生动地了解与感受到特定知觉，这解释了他们崇高的诗意心态

（819）。借由这种方式，维柯建立了日后几乎成为老生常谈的一套事物，一套对照的事物，不仅介于早期与晚期时代之间，也介于平民与知识阶层心态之间，前者是诗意与感官的，后者是形而上与抽象的；这些当然得到米什莱的赞同。1830 与 1840 年代流行于法国的民粹浪漫主义对这类观念有着高度的同情心，米什莱亦热衷于此，但就米什莱的例子而言，维柯的影响是直接的。《法国史》，连同其对法国人民的生活、经验、思想与情感的强调，读来有时宛如维柯观念的庞大具体实现。米什莱身为作家，其风格如我们将见到的，充满当时流行的浪漫主义朗诵与感叹，而与卡莱尔一样，这种风格发展到极富个人色彩的地步，其方式在今日已非主流。不过身为史家，米什莱的注意力却相当专注，他对想象再创作的热情（他称撰写历史为“重现”〔resurrection〕），在现代法国史家的兴趣中找到了回音。就某方面而言，米什莱对于“重现”以及他对民众心灵的
392 兴趣，凌驾于其他的个人偏好。他是法国启蒙运动与法国大革命反教士主义的继承者，但其历史的中古卷却受到天主教右派的赞赏。他对圣女贞德的描述尤其受到喝彩，认为圣女贞德是法国国家自我意识的化身。米什莱的历史不仅组织严密而且具戏剧性；他在国家档案馆中勤勉研究，其职位也使他能够轻易接触到馆内资料。他被称为“历史的维克多·雨果”；伊波利特·泰纳认为他媲美德拉克罗瓦。米什莱对法国与法国人民的认同如此紧密，以致他将《法国史》视为自己的精神自传：“透过个人的悲伤，史家感受与重现国家的悲伤。”他欣喜于自己的天职，“在历史作品中，上帝赋予我参与一切事物的凭借”。

然而，米什莱的共和派反教士主义，特别是他对耶稣会持续影响法国教育的仇视，使他将注意力转向法国大革命——就《法国史》的整体架构来说，法国大革命之卷似乎太早问世。他也在一篇称为《民众》（The People, 1846）的短文中，探讨他视为自身根源的事物并重现了自己早期的生活。在献给他朋友同时是另一位研究法国

大革命的史家艾德加 · 基内的前言里，米什莱赞美自己的工匠渊源。他的父亲是个不成功的印刷业者，而这个行业正是革命群众被征募的主要来源。在大革命创造的教育晋身阶为他打开更宽广的远景之前，米什莱曾为父亲工作了一段时间。大革命的宣传战对印刷业大有帮助，但拿破仑的审查制度则重创了印刷业。在撰写晚近及当代民众（我们必须停留在比较上层的事例上）的生活之前，米什莱如他所解释的与他们一起生活，跟他们一同谈话、询问与聆听。但他也说，他的主要材料来自他年轻时的记忆：

> 要认识民众的生活，了解他们的劳累与苦难，我必须问自己的记忆。我的朋友，因为我也曾用自己的双手劳动过。现代人的真实姓名是工人（workman），而我有资格冠上这个名称，而且理由不止一个。在成书之前，我逐字“编纂”这些内容。在未理解观念之前，我排列字母；我不是不知道工坊的沉闷与长工时的烦闷。

米什莱从 1847 年转向法国大革命，以自身观点看待这场民众最伟大的历史成就。民众是集体英雄；对米什莱而言，如同对卡莱尔而言，大革命是民主史诗；个别的政治领袖是次要的，有时应严厉予以谴责，但民众不可能犯错：在大革命的“仁慈时代，全体民众都是行动者；在残酷时代，只有少数个人是行动者”。在革命的第一场危机里，每一个民众的“心胸时刻感受伟大的情操”。 393

米什莱与卡莱尔有许多类似之处，这使得他们的差异更具启发性。他们独立地进行写作，但都受到相同的一些文化影响，拥有某种类似的脾性。两人都认为史家的任务是重新创造与重演，而且两人都常以洋洋得意乃至于狂热的心情将自身的特质投射在行动中，无论是呼吁还是劝诫。米什莱说：“我以实际行动向教士与恐怖统治进行斗争。”卡莱尔大声埋怨撰写历史对他的神经造成的伤害：

对于默默劳动的信徒而言，他的抱怨的确是精力充沛的。提到群众行动，法文提供米什莱非人称代名词的便利。他通常称群众为“我们”，借此避免“我”与“他们”；卡莱尔有时使用“我们”。米什莱自称是叙事者，他描述自己的出场：“我在巴士底监狱脚下，在它的塔上升起不朽的旗帜。”米什莱与卡莱尔都有意识地对抗语言的限制。如我们所见，卡莱尔希望史家拥有一百根舌头，米什莱则渴望“一种新语言，一种严肃的、充满热爱的拉伯雷式语言”。可以预料的是，他们都受到相同隐喻的吸引。卡莱尔与米什莱在言语中带有对“机械式”的厌恶，其代表了抽象与无灵魂。两人都援引了火山，并且提到新革命世界的形成是一种“骚动”。米什莱与卡莱尔对丹东的赞赏都有所保留，米什莱在对丹东与丹东俱乐部（即寇尔德里耶派〔Cordeliers〕，雅各宾俱乐部的对手）的描述中，引用了这两种意象。他说，我们必须注视寇尔德里耶派“在他们的埃特纳火山底部彻夜议事时的沸腾与骚动”。丹东那张被天花蹂躏的
394 脸惨不忍睹却显得崇高：“这张几乎看不到眼睛的脸，似乎是座没有火山口的火山——泥与火的火山，在他封闭的熔炉内部，人们听到自然的冲突”。泥与火也是卡莱尔最常引用的两个元素。在缺乏精确的回忆文字与允许人们转译之下，即使最专精的读者也可能被骗，无法确定哪位作者该为上述引文负责。

卡莱尔与米什莱都受天启的影响，但两人的差异也在此浮现。米什莱的观点比较亲切；从他的作品可以看出中古神秘主义历史哲学家菲奥雷的约阿基姆（见上文第186页）的痕迹。对后者而言，世界的第三个时代将是自由、爱与和谐的时代。卡莱尔的天启是由较严厉的希伯来元素所构成：除恶务尽而讲求应报的大火。卡莱尔的感性是新教与犹太教的，而米什莱则受印度教神秘主义影响。他不像卡莱尔那样把上帝形容为“万能的工头”。在他心中，自然逐渐沾染上泛神论的色彩。虽然卡莱尔在日耳曼形而上学影响下也经常谈及一切事物之间的相互联结，但他与卡尔·马克思一样，把物

质的自然视为某种人类必须与之斗争并从中取得生存资源的事物。

谈到卡莱尔与米什莱各自对法国大革命关键插曲的处理方式，我们的篇幅只允许进行两项特定的比较。第一段插曲是为了欢迎新加入保王派的军官团，一批忠诚人士在凡尔赛大办宴席，与这些军官有关的谣言助长了巴黎的革命义愤以及对反革命的恐惧，因而引发由市场妇女领导的行进队伍，进而将王室家族从凡尔赛带回首都。卡莱尔的处理超乎寻常地直接，几乎让人觉得好笑。年轻人喝醉酒，自吹自擂，一边说话一边做出愚蠢的事：

> 任由香槟流淌吧；一长串夸耀武勇的演说以及乐器演奏的乐曲，这些脑袋空空的笨蛋愈来愈喧闹，他们脑子一片空洞，彼此的谈话只是噪音！今晚面容看起来相当悲伤的王后陛下（国王陛下对于白天的打猎感到无趣而呆坐着），据说这样的排场可以让她开心。看啊！她离开自己的包厢，如同月出云端般进到那里，这张最美丽而悲伤的红心 Q……这些愚蠢的年轻军官，
> 除了从纤纤玉手接过白色波旁帽章，挥舞宝剑为王后的健康祝 395
> 愿，践踏国家帽章，爬上可能传来闯入者低语声的包厢，在门里门外吼叫、跳舞（以胜利的姿态）、喧闹、暴怒、焦躁不安外，难道没有别的事可做？这充分显示他们有多么愚蠢不智。直到香槟与舞蹈结束，所有人躺平，一动也不动地入睡。（I.VII.II）

卡莱尔的评论超乎寻常地宽大：“如此地自然，却又如此地不智。”

米什莱以极度的严肃与愤怒来解释这段插曲。在他的叙事中，整个事件是狂热的、非理性的与近乎走火入魔的，同时也是歌剧式的。军官们不仅喝得酩酊大醉，当国王与王后进入御用剧院时，“包厢内部全是镜子玻璃，向每个方向反射光辉”，他们也感到目眩神迷。军官们撕掉革命红白蓝帽章，新的国家帽章，并且将它们踩在脚下。米什莱总是对象征的事物有强烈的感受，而且也实地使用它们：在

《法国史》中，英格兰人摧毁了童贞女贞德，“认为他们夺去了法国的贞操”（X）。在凡尔赛：

> 音乐持续着，热情与激昂逐渐升高。此时奏起了波兰轻骑兵进行曲，宛如冲锋号响起。军官们一跃而起，四处寻找出现的敌人。由于找不到对象，他们爬上包厢，冲到屋外的大理石庭院……这种道德上毫无节制的狂暴行为似乎感染了整个宫廷。（II.vii）

然而，这些差异在米什莱处理第一次“联盟节庆”（Festival of the Federation）时表现得最为强烈，亦即1790年7月14日攻陷巴士底的周年纪念。卡莱尔的说法尤其讽刺：普世的善意很快让位给屠杀与断头台。但无论如何，人性无法长久支持博爱。虽然他承认联盟运动自发地开始于各省且激起全法国人民的热情，但却视其为一种具有散播性的毒物，认为巴黎战神广场上最伟大的节庆显然是人为的，且特意被经营成舞台形式，而事实上也确是如此。对卡莱
396 尔来说，这场节庆的福音只是情感上的：他对仪式带有如我们所见的一种长老教会式的尖酸，虽然他可能纵容自发性的暴力（如苏格兰宗教改革）。但对米什莱而言，联盟是他的历史作品与法国国民意识的高点，它指出通往更光明未来的路。他说，对联盟的撰述标志着他人生的伟大时刻。他的叙事有着不祥的元素：在举行圣礼的时刻，人们誓守博爱，但王室家族带有敌意的行径却敲出刺耳的音符。但叙事中几乎没有讽刺成分，虽然他接下来哀悼即将出现截然不同的未来。联盟的时刻是“神圣的纪元，全国上下在同一面博爱旗帜下前进”。他比较来自全法国的参与者进军巴黎与十字军：“耶路撒冷何以吸引整个民族……众人心灵中的耶路撒冷，博爱的神圣统一，由众人构成的伟大而有生命的城市……”它的名字叫祖国。在战神广场的宣誓仪式中：

> 旷野突然被四十门大炮的鸣放所撼动。在轰隆声中，所有人起身朝天空伸手……喔，国王！喔，人民！停顿……上天正在聆听，太阳穿越云端而出……倾听你们的誓言！喔！民众是如此真诚宣誓！他们还是那么容易受骗上当！……但国王为什么不让民众看见他在祭坛前宣誓的样子好讨他们的欢心？他为什么在遮蔽下、在阴暗处宣誓，为什么对民众遮遮掩掩……看在老天分上，陛下，举起你的手来，好让所有人能看见。（III. Xii）

四分之一个世纪之后，伊波利特 · 泰纳在《法国大革命史》提出他自身的联盟誓约与法国大革命版本，这段叙事构成另一部更长篇的作品的第二部分，即《当代法国的起源》（*The Origins of Contemporary France*, 1875—1895）。他对法国大革命的描述几乎在每个面向都与米什莱相反。这两种描述的对比使人们视其为原型。阿克顿勋爵将它们串连成两种模式的解读，认为它们构成读者生命的一个纪元："只有读到米什莱作品时，人们才感受到大革命的宏伟，而只有读到泰纳作品时，才感受到恐怖。"乔治 · 鲁德是分析革命群众的重要现代学者，他提到史家指涉群众时，会遵循米什莱与泰 397
纳各自建立的传统，因此分别将群众称为"民众"或"暴民"。鲁德严厉抨击泰纳透过文献来刻画群众的组成，但鲁德于四分之三个世纪之后以与泰纳论辩的方式阐述自己的论点，这种做法即是对泰纳的一种敬意。泰纳的研究是彻底的，即便他对用来支持自身说法的文献有考证不足的问题，此外他的修辞具有震撼与警醒力量。米什莱认为大革命的本质，亦即民众的角色，是仁慈的、博爱的与启示的，而且将其造成的恐怖完全归咎于那些拒绝拥抱博爱的人。相反，对泰纳而言，大革命从一开始就是病态的社会现象。民众在暴民形式下挣脱常规的拘束，因而是非理性的、失控的与高度危险的。泰纳在 1871 年巴黎公社的阴影下写作，巴黎公社使人想起第一次法国大革命的暴行——对有些人来说是一种英雄主义——而它本身确实也显示了这项特质。

泰纳认为革命领袖也有类似的失控现象，这些领导人物沉醉于一般观念，而这些观念激起一种过度自信，政治上的无经验又使这种情况更加恶化。实际上，米什莱与泰纳态度唯一的共通点在于，他们不像某些人倾向于理想化大革命第一阶段的亲英立宪派领袖，特别是米拉波。但他们反对的理由显然不同。身为强烈反英的共和派分子，米什莱不同情立宪君主制与“折衷路线”，至于泰纳则认为法国大革命无论如何只是鲁莽的乌托邦。泰纳尤其认为，从 1789 年 7 月国民会议利用民众作为它的突击队而接受民众分发武器的时刻开始，法国大革命便走上命定之路。

泰纳是自由派立宪主义者，理所当然受到七月王朝的吸引。七月王朝结束于他二十岁时，也就是他进入高等师范学校就读那年。他钦羡英国立宪制度的稳定及其负责而有经验的统治阶级，并且认为麦考莱的政治论文是政治智慧的来源。泰纳未参与以学生为主角的 1848 年革命，有意识地将自己包裹在“科学”（他将此视为自己
398 的天职）的外衣下，远离政治斗争。尽管如此，他是自由派人士，并且强烈信仰思想与言论自由。由于第二共和时期，教士在教育上举足轻重，泰纳受到教士的猜忌，尽管他有显赫的学术成就，仍被迫流放外省。但他 1860 年代的作品却为他在文化、艺术与心理学上建立名声，从六十到八十年代，数十年间他成为法国思想界的主导人物。

泰纳特别重要的一点，是他主张以科学的取向——通常他指的是心理学——来处理艺术、文学与尤其是民族性格的问题。他在生物学上是拉马克的追随者，相信性格的遗传，他的口号“种族、环境、时机”，作为一切文化现象与集体心理的解释架构，可以大致表达成“遗传、环境与时代”。泰纳相信每个文化环境与时代各有其主导观念或倾向，它们决定了环境与时代所有的表现形式：因此，

十八世纪法国心态的特征是凌驾一切的信心，泰纳认为其提供了大革命的原动力。对泰纳而言，这份自信尤其可以在卢梭身上得到印证，它造成对单一抽象的普世观念的应用；这种“古典精神”在大革命期间表现在人民主权观念上与体现在人权宣言中。

直到 1870 年代，当泰纳以思想的高傲看待政府与民众时，他的兴趣主要是在心理学。在他的作品中，被认定为杰作的是《论智性》(*On Intelligence*, 1870)，此书经过数年的研究，内容包括对疯狂的分析与观察。泰纳的心灵概念尝试具有浓厚的实验性质，他将心灵哲学与神经学结合起来。在结合的过程中，稳定的自我遭到去除。疯狂要比乐观主义者认为的更接近人类心灵的表面；泰纳的心理学具有明显的病理学转向。

无论是讨论文化与民族性格，还是日后的法国史，泰纳明确将自己的作品视为应用心理学，所以掌握他的观点是一件重要的事。 399
泰纳认为大革命标志着疾病的侵袭，法国至今仍受这场疾病的折磨；在一封书信中，他一度将大革命比拟成梅毒的长期影响。随着他的心理学理论的建立、第三共和的肇始，以及巴黎公社遭受骇人反制的刺激，泰纳开始撰述《当代法国的起源》(尤其是大革命的部分)探究其中的病因。

泰纳的心理学理论对心灵哲学的传统做了调整，这种传统有时称为经验论，或许更有助于理解的说法是感官论。我们对世界的认识来自感官，心灵将感官知觉的事物结合为意象。当导致意象的原始感官输入停止时，先前产生的意象仍留驻于心灵之中。因此，这些意象就某个意义来说有如幻觉，就连在神志清醒的状态下亦是如此。泰纳称这种现象为“真实的幻象”。然而，由于心灵只拥有自身的意象，因此，在持续传达有用信息且受当前感官确认的事物，以及看似零散纷乱的事物之间所存在的界线，是令人不安而模糊的。意象在心灵中竞相争取注意——泰纳使用了明确的达尔文式类比。有时，在记忆或情感的扳机触动下，特别是在幻想或高度兴奋的状态，原本不被感官确认为真实的事物又重新活化起来并且进行接管。

向非现实降服有两个彼此对立的种类；这条思想路线被泰纳的朋友与追随者泰奥迪勒·里博充分发展。其中一端出现的是一堆混乱的意象，这些意象并不固定，彼此亦无联结关系；这是心灵的混乱，进一步造成不稳定，最终导致谵妄。另一端则可能浮现某个被固定下来、取代其他意象并且变得根深蒂固的意象。这是一种执念，其产生的状态是妄念与偏执（明显类似于无政府与专制主义之间的对比）。心灵的均衡可以更正并控制幻觉意象，并且在谵妄与妄想间的紧绷绳索上行走，但其是不稳定的；对现实掌握的丧失——疯狂——随时有可能发生。泰纳将法国大革命视为集体疯狂；这两种类型的区别绝大部分与群众和领袖相符。他私下说，从 1789 年以降，法国要不是幼稚就是疯狂。

泰纳对大革命的陈述可能受到理论或者说是偏见所形塑，同
400 时也是广泛研究下的产物，援引了相当多的文献，虽然不一定做过考证。法国在 1790 年代被“执念”所把持：此即人民主权的观念，它表现在卢梭的《社会契约论》与人权宣言上（*FR* I.IV.iii, VI.I.i）。这个观念受到一些人的狂热宣传，借此操纵与压迫他人，并且借由流亡的痛苦、甚至死亡来迫使他人就范。革命领袖沉醉在观念中；革命暴民没有批判的力量，同样陶醉于彼此感染的高昂情绪里，他们的人数不断增加，而且受到需要、恐惧与仇恨的驱策（I.IV.v）。（泰纳的作品是日后群众心理学与群众行为研究的先驱，尤其古斯塔夫·勒庞的经典之作《乌合之众》（1895）运用且扩充了泰纳的观念。）而泰纳坚称，暴民当中也有人被收买了。

表面上的政治主权，亦即国民会议与后来的国民公会，实际上掌握在暴民与政治俱乐部手中，例如雅各宾派，该派的革命领袖不断宣传他们的需求。国民会议本身就是暴民（勒旁也如此认为），他们持续处于喧哗与吵闹混乱的状态，易受煽动而且借由口号进行辩论以寻求旁听群众的喝彩。这些旁听群众由于代表人民主权，是不可更改

的。他们增添喧哗，威胁那些敢吐露不受欢迎意见的人，他们实际上是参与者而非旁观者（II.I.i）。在这种状况下，不出人意料的是，国民会议沉溺于莽撞的热情，导致匆促而混乱的立法。过度兴奋成了一种毒品；国民会议不是处理事务的大会，而是一出“爱国主义歌剧”（II.I.i）。法国国内有经验的人士、各省省长、地方“议会”成员、大教区的教会领袖绝大多数都被排除于国民会议之外。先验观念赋予无经验者不受钳制的傲慢，猜忌也不断滋生，言语的攻讦受到鼓励（泰纳的说法总是如此，仿佛所有想象出来的反革命情节都是狂想）。国民会议的“坏顾问”是恐惧与理论。领袖之间流传的抽象观念与自负，与民众之间的暴动与流血冲动相辅相成。政府被“间歇的专制主义，以及受热情、轻信、苦难与恐惧盲目驱使的派系”把持（I.II.vi）。此后，在国王与国民会议之外：

> 出现了真正的君主：人民，也就是说，在偶然中冲动、恐慌、 401
> 猝不及防地集结起来的百名、千名、十万名暴民构成了立法者、法官与执行者……暴民连同他们的母亲，怒吼与畸形的自由女神，坐在大革命的门槛上，如同米尔顿地狱之门前的两个幽灵。（I.II.viii）

米什莱，如我们所见，对于我们所谓早期大革命的俗民元素有着强烈的同情：舞蹈、歌唱、街头戏剧与狂欢。至于泰纳，可以想见他认为这些元素不仅不祥，而且纵欲与病态。1790 年 7 月巴黎的联盟誓约与在此之前法国各地爆发的联盟热情，在他眼里全属群体幻觉：“这种努力绝对无法用来麻醉感官，也无法使人倾尽全力超越忍耐的极限……自夸与诚恳、虚假与真实、矫饰与实际之间的差异不再是可区分的。”举国上下失去对现实的掌握，把谵妄当成博爱。但当中也存在着操弄，尽管操弄者本身并未意识到自己在做什么。九岁的孩子高声朗读爱国讲词：“没有人想到自己是傀儡”，嘴巴讲的全是别人的话。民众仍维持以往的样子：他们拖欠债务，有机会就侵占公物——“每个言语慈善且法律均衡的地方，往往行动暴力且一切失序。”（III.I.i）泰纳并未提出类似的例子，但修昔底德的读者应可联想到科西拉的无政府状态与政治狂热，在那里言语丧失了或反转了意义，正如泰纳在别处做的恐怖政治陈述使我们想起塔西佗对专制者全能与猜疑的眼光与罗马放逐的悲惨叙述（见上文第 84, 121 页）。米什莱看到的 1790 年是个逐渐成形的国家，而泰纳看到的却是个解体的社会。

402 泰纳不常陈述事件。更确切地说，他调查的是法国社会的状态，以及分布在社会与制度光谱各处的行动者与受难者：国民会议与国民公会；领导人物的心理，以及提供他们政治基础的政治组织；巴黎暴民与巴黎公社和各阶层；革命法院及其受害者；从巴黎派往各省的代表，亦即令人生畏的议会特使，他们拥有独裁权力以贯彻政府的（通常是他们自己的）意志。泰纳的写作中虽然穿插了许多稗官野史，但与其说是叙事，不如说是扎实的证据累积。这些证据来自文献、目击者、被引用的重要政治人物的陈述，以及回忆录。他不是在书写叙事，而是运用强烈的影响与技巧编纂一份起诉书。

泰纳认为，“积极公民权”所需的时间与精力使人民当中最糟糕的分子出线，这些人拥有大量的时间与精力，而且怀有煽动与支配的强烈欲望。他们掌控小规模单位的政治，亦即阶层：“政治成为一种专业。”首都比各省更狂热，城镇比乡村更热切；泰纳直接以脓疮来比喻。国民会议立法的不一致，也没有司法审查的可能，使地方领袖有操弄的空间，他们全凭一己的好恶诠释与施行法律（II.III.iv）。政治集会组织成了“人权的拥护者、法官、诠释者与管理者”（II.III.v）。

第四卷提供泰纳对雅各宾派心理与战术的分析，这项分析本质上是对他过去做的革命心态研究再加以阐述的结果。泰纳有时会以清教徒来模拟。革命分子在典型上如同反道德律法的信仰者，深信自身的公正，因而与现实脱节。他们以为自己是获得授权的共同意志执行者。“沿着想象的群众为他组成的行列前进，受到数百万根据他自身形象创造的形上意志的支持，获得他们的一致同意，如同高呼凯旋的合唱团，以自我的内在回音填充外在世界。”革命分子因此是个病态事例：“某个不属于他自身的事物，一个怪异的寄生物，一个外来而格格不入的概念，活在他的体内。”（IV.I.iii）《论智性》 403
论点的关联性在此显得特别明显。

往后三卷泰纳继续深入探讨雅各宾如何建立与行使权力。第八卷讨论的是“被统治者”：贵族、教士、资产阶级与平民，以及他们各自在大革命期间如何过活。他的历史结束于拿破仑来临之时。雅各宾的独裁统治无法持续，因为它缺乏政治社会的本质特征：相互尊重，特别是在统治者与被统治者之间，因而无法建立互信与信心。1797 年的法国民间社会，“在三千名参与最高会议的立法者中，没有任何一人能得到一百名法国人的服从与效忠”。然而在军中——“军队的法国”——情况完全不同（IX.I.x）。泰纳非常忽视边境战争：他总是将革命领导风格说成是自主的、受到自身虚荣与妄想的决定论式驱策。他的控诉极有威力，却有决定论式证明的缺点。

然而，如今边疆与控制和扩展边疆的军队变得有关联性。它不只是纪律的问题。军队里萌生相互依赖、尊重与同情。因此，军队就是社会，在军队的同意下，军队指挥官可以掌握权力，法国人民把他们当成解放者与秩序恢复者来欢迎，结果造成专制主义。大革命本身除了造成国家大权集中，并未指出其他可能——从革命爆发初始即有此倾向。革命的混乱遗留下来的是政府的无所不在，这是“地方与私人进取心的阙如、自愿与自由团体的悬宕、自发性小团体逐渐消散、对长期世袭职业的预先禁止、个人赖以超越自己而投身过去与未来的情感的灭绝”所造成的结果（IX.I.x）。光凭这段话，就能看出泰纳是柏克与托克维尔的赞扬者。他对法国状况的隐喻是军营：干净、建筑完善、对称而且“更适合对人性中平庸而卑下的部分进行规训……在这座哲学军营中，我们生活了八十年”。

404 泰纳的作品一如预期受到严厉批评：明显的单一因果决定论、化约、任意使用可疑材料佐证自己的说法。其中持续最久的攻击是一部题为《泰纳，法国大革命史家》（*Taine, Historian of the French Revolution*）的作品，由阿方斯·奥拉尔于1907年出版，这位作者于1886年担任巴黎市议会于索邦新设的法国大革命史教席。他在宣读自己的上任证书时，称自己是“解放人性与科学的大革命之子，对大革命充满敬意与感激”。他宣称，要了解大革命，必须喜爱大革命。奥拉尔的态度与米什莱差异不大，不过他的风格更严肃，而他获得的形容词是“乏味的”。与米什莱一样，奥拉尔认为民众是大革命的英雄，不过他坚持革命领袖的举措应从他们的时代背景与这些背景引发的合理恐惧来判断。某方面来说，奥拉尔似乎也合理化恐怖政治，认为那是为求生存与保存大革命成果的必要手段；这项论点后来用在斯大林身上。

这是后见之明，但对泰纳的欣赏很容易因察觉到二十世纪历史的阴暗面而增加。不可否认，泰纳的确过于夸大。他的作品未能符合（也不想符合）公正无私的历史理想，但当时所有其他大革命史家均是如此。然而，即使考虑到夸大、观点单一、沉迷于卢梭，以及古典精神的影响，泰纳的控诉依然引人注目，他的作品是修辞学的杰作，也是威力十足的心理剧。我们不能因泰纳轻信可疑的史料就认为他的作品全不可信。他在1870年代描述的特征，到了二十世纪转而被称为“极权主义”。

第 23 章

历史是自由的故事：立宪自由与个人自治

斯塔布斯的《英格兰宪政史》：从市镇到议会

“我们无法找出贯通现代政治纷乱与复杂的线索，除非是朝着 405
更完美而确实的自由迈进的进步观念。”被任命为钦定历史学教授的阿克顿勋爵在 1895 年于剑桥大学授课时如此说道。如果他在“政治”旁边添上“历史”，十九世纪欧洲各国的许多史家仍将同意他的说法。举例而言，法国最伟大的十九世纪立宪史家弗朗索瓦·基佐（1787—1874）就曾以此作为他 1820 年代在索邦大学授课的主题，其内容后来出版为《欧洲文明史》（*The History of Civilization in Europe*）一书，英译本于 1846 年出版。他认为其他文明是神权的、独裁的、民主的或以种姓约制的，但在欧洲，没有任何一项原则能支配所有其他原则。欧洲的原动力源于自由以及使自由得以存续的多样性，这是多重影响形塑欧洲文明的结果，包括罗马、基督教与蛮族。

罗马与城市共和主义遗产——上古世界的自由象征——的重要性是可辩论的议题。以上古城邦为标准来画定界线是普遍的做法，尤其是在英国，然而上古城邦本质上是已作废的古物，因此并不适宜作为现代世界的模范，其蕴含的危险充分显露在法国大革命时期对这类古代事物的热情上。现代欧洲的自由实际上来自入侵罗马帝国的日耳曼人，他们从日耳曼森林带来了塔西佗式的自由（见上文
406 第 308 页）。基佐的说法比较中肯，他提到高卢的罗马化性格，特别是在南部，也就是他出生的地区。他在《法国文明史》（*History of Civilization in France*, 1829—1832）中强调，罗马高卢的自治市镇制度一直存续到中古时代初期，连同主教治下的城市基督教社群的政府；主教既是行政长官又是牧师。但基佐不得不坦承，在这两者以及中古时代晚期的城邦之间并未建立起直接的连续性，法国资产阶级是商业生活恢复与各种职业勃兴下的产物。

无论如何，中古时代晚期城镇的半独立地位在黎塞留与路易十四中央集权专制主义下受到打击。同样的情况也发生在中古时代晚期的意大利北部城邦，如圭恰迪尼所述，除了威尼斯，这些城邦受困于内部分裂与法国及神圣罗马帝国的军事力量。有关这段历史的经典描述出自十九世纪瑞士史家夏尔·德·希斯蒙迪（Charles de Sismondi）之手，他的《意大利共和国史》（*History of the Italian Republic*）出现于 1807 年。自由主义者希斯蒙迪热情描述自由的意大利城邦生活，但他的叙事却是一则描述失败的故事，他以传统人文主义与真正的罗马共和主义风格来解释意大利城邦在性格与公共美德上的堕落。自治的城市共和国，作为一种政治形式，似乎是一条死胡同。

然而，至少英格兰证明日耳曼森林的自由是可延续的，而其未来就落在自由主义议会立宪政治与有限王权之上。对法国人而言，自由的延续有其难度。法国的君主制在第一次法国大革命之后，就成为一个引发严重分歧的争议，此外，大革命的结果，尤其对英国人而言，也使共和模式受到怀疑，条顿人遗留下来的观念在与贵族支配的观念结合之后开始变质。从十七世纪晚期开始，法国贵族作

家宣称法国贵族是条顿的高卢征服者法兰克人的后裔。这项论点主要是为了反驳君主绝对主义的主张：塔西佗说过一句名言，日耳曼诸王是由选举产生，因此权力受到限制；我们看到十六世纪时奥特 407
曼也提出相同的论点（见上文第 312 页）。然而，由此衍生出一个观点，认为法国平民——所谓的第三等级，既非贵族亦非教士——是高卢人的后裔，因此是被征服的民族。修道院神父西耶斯在《何谓第三等级？》（1789）这本小书中提到，大革命期间出现某种类似平民反动的极具影响力的现象，这点不难想见。如果贵族本质上是日耳曼入侵者，那么贵族就成了外来者，他们的头衔来自暴力篡夺。因此该是高卢人后裔恢复自己国家主权的时候了，而在这个新国家里，贵族完全被排除在外。

英国人对条顿人入侵及其在后罗马时代于不列颠殖民的理解，并未受这类区分贵族与平民的说法影响，反而认为入侵与殖民的本质是自由，甚至是民主的。在约翰·米切尔·坎伯（John Mitchell Kemble）的《英格兰的撒克逊人》（*The Saxons in England*, 1849）、爱德华·弗里曼（Edward Freeman）的《诺曼征服史》（*The History of the Norman Conquest*, 1867—1879）与威廉·斯塔布斯（William Stubbs）的《英格兰宪政史：起源与发展》（*The Constitutional History of England in its Origin and Development*, 1873—1878）中，条顿人殖民英格兰的历史被推崇为英国自由传统的起点。其中尤以斯塔布斯对英格兰中古立宪史的权威影响了数个世代，他也在各大学新设的历史系，为该领域取得核心地位；1860 年代之后，大学允许学生接受考试，在毕业后取得历史学位（见下文第 455 页）。虽然对弗里曼而言并非如此，但对斯塔布斯而言，罗马的遗产象征的不是文明而是暴政，而令他庆幸的是，英格兰鲜少留下罗马的痕迹。入侵英格兰的条顿人是殖民者与先驱。他们并没有像在高卢发生的情况一样，成为土地贵族——如日后诺曼人的做法——受底层的当地罗马不列颠人（Romano-British）服侍；一般人深信罗马不列颠人要不是被灭绝，就是被驱赶到威尔士山区的边缘，他们既未与条顿人通婚，亦未受其奴役。

在这个基础上，英国与日耳曼史家有着短暂的紧密关系。坎伯曾是伟大的日耳曼民俗学者、语言学家与古代法学家雅各布·格林（Jacob Grimm）的弟子。与法国法学家在十六世纪的研究相同，从十八世纪以降，日耳曼学者开始领导欧洲针对古希腊、罗马与条顿社会的法律习惯根源进行学术探索，其中名声较卓著的有巴托德·尼
408 布尔对早期罗马的探讨（见上文第 116 页）、罗马法律史学家卡尔·冯·萨维尼（Karl von Savigny），以及格林对早期日耳曼语言、神话与风俗的研究。这段时期的日耳曼学界受到民粹概念的启发与感召，认为每个原始民族均有其独特性与创造性，而这项论点尤其受到约翰·戈特弗里德·赫尔德（Johann Gottfried Herder）的详细阐述；赫尔德与维柯的观念（见上文第 391 页）的可能联结并不明显。民族精神展现在生活所有层面：语言、神话、习惯法与制度。一个逐渐意识到民族认同但自身历史却没有民族国家作为主角的民族，会产生这样的热情是可理解的。

在这些调查中，与本书最为相关的，首推日耳曼学者对早期条顿风俗的重建尝试，特别是那些被认为属于古条顿社会原始核心的事物，如村落或“边区”（Mark）社群。英国学者依循日耳曼学者的方式研究中世纪，不过斯塔布斯对此却语带保留；根据日后的赞扬者与批评者的说法，他认为这种做法有不足之处。但日耳曼专家中也有斯塔布斯敬佩的研究英格兰立宪史的杰出人士。每个国家似乎都能提供其他国家一些成果。在日耳曼地区，尤其是石勒苏益格，有些残存的习惯证据可以提供了解撒克逊人制度观念与实践的线索。然而在英格兰，条顿传统似乎显示另一种未曾在日耳曼出现的风貌：日耳曼制度不间断地延续下来，而且完整发展出国家议会宪政。

斯塔布斯（1825—1901）学术生涯的起点是从编辑中古时代手稿开始。解读手稿背后指涉与体现的实践与概念，成为他作品与声

誉的基础，也使他于 1866 年获选担任牛津大学中古史教席。透过这些手稿，人们可以记录缓慢演变的社会与制度的细微变化，一般来说，没有任何立法将这些细微变化加以具体化，但对于能察觉这些变化的人而言，无论从技术角度与程序形式，或从行政、财政与司法方式，或从特权与苛捐杂税的成长与衰微，以及从职能的扩充与缩减上，都能看出其微妙之处。斯塔布斯写道：盎格鲁—撒克逊 409
的英格兰，“没有立宪革命，没有激烈的立法翻转：风俗比法律更有影响力，而且风俗每天不断改变。法律的改变通常只是人们发现风俗性质改变后对风俗的记录。官职与集会的名称永久不变，但它们的性质却历经难以察觉的本质变化”（*CH*, 69）。有关这类变化的简单例子，如王室官员中管家与内臣职能的转变：原本是国王的家仆，之后成为国家首席重要官员，最后缩减为单纯的宫廷荣衔。

自从十六、十七世纪法律史家的作品问世后，便存在着某种历史写作的可能性，这种历史是与人无关的、非戏剧性的与技术性的，其所关切的是长期变迁而非审慎施行的政策。迄今为止，这些历史主要表现在古物研究专论上，处理的是特殊且通常相当特定的制度。启蒙运动“出乎意料的结果”的概念培养出另一种观察历史的可能角度：人们开始探究那些未经计划的大规模社会变迁，吉本称这些变迁为“无法察觉的革命”，而所采取的作品形式一般而言是随笔而非专论，例如亚当·斯密在《国富论》第三卷中以寥寥数页的内容，精彩说明了封建主义的兴起与衰亡。根据斯塔布斯，如今的新立宪史有部分受到日耳曼文化与风俗观念的激励，认为文化与风俗是无名“民族”的产物，并且结合了两种取向。斯塔布斯关于宪政史的调查极为仔细且具有学术性，而且规模相当庞大，以条顿自由遗产的观念（也是发端于十六世纪）作为指导主题。斯塔布斯将古物调查的传统带向符合严谨学术要求的新层次，并将成果总结为三册英格兰中古史研究作品，其时间结束于十五世纪，所呈现的是立宪自由的保存与成长的故事，起始是最小单位的地方自治政府，最终则成为全国性的议会。

斯塔布斯对于能做到这点的历史类别有着自我意识与信心。他了解这类历史必须牺牲或许能吸引最多读者阅读的历史之物：戏剧性的插曲与重要人物的冲突，亦即对英雄事迹的颂扬，简言之，就是设身处地认同过去的人物，以及能启迪人心的高尚人格。他在前言中如此说道：

410 制度史鲜少提供浪漫或生动等构成一般历史魅力的内容，也罕能引诱那些需要引诱才愿意了解真实的心灵。但对有勇气研究制度史的人而言，它具有深刻的价值与永恒的趣味。制度史在各个分支均呈现出规律发展的因果关系，而且拥有大量生活连续性的例子，认识这些事例必能给予读者个人对过去的掌握与对现在的正确判断。现在根植于过去，对于想了解现在何以成为现在的人而言，过去绝非死物……立宪史拥有自身的观点、洞见与语言；它以不同于虚伪耀眼的军功角度解读古人的功绩与性格，它诠释那些对于只聆听名声号角的人而言完全无声的话语，进而彰显其地位与事实。

虽然国王与贵族仍扮演一定角色，但斯塔布斯历史的主要推动者却是多重的、隐晦的、甚至是无名的。随着时光流逝，这些发动者以无数不可见的行动建立起英格兰制度的结构，如同与斯塔布斯同时的查尔斯·达尔文所看到的，由“无数迷你建筑师”创造的珊瑚礁。斯塔布斯《英格兰宪政史》的主角是英格兰人民，他们默默运作着与缓慢转变着身处其中的制度，并以细微而自发的方式进行创新与调适。阅读斯塔布斯就像对埃德蒙·柏克（Edmund Burke）的思想进行学术解说与历史阐述：这种缓慢、积累的成长与持续的调适，正是生命的表征。英格兰制度史的连续不仅守护着英格兰自由：它“就是”英格兰自由，而且持续、自发地行动着。由于它是自发的，因此充满不规则；方法与内容终究殊途同归："复杂性是成长的表征；细节的简化代表早期的架构已经消失在历史之中。在面对现在并做出调适这项原则下出现的事物（如我们的整体体系所做的），它所展现的是存续。这段过程可能是复杂的、不方便的与经验主义的，但也是自然的、自发的，以及对实质自由的关键测试。"（*Lectures on Early English History*, p.326）

在斯塔布斯对英格兰中古史的描述中，仍可清楚看出文明、进 411
步与残存的自由之间自古已有的紧张与辩证关系。强大的君主所加诸的法律与秩序形成对自由的威胁。"一般而言，"斯塔布斯在出版于 1906 年的《早期英格兰史讲座》（*Lectures on Early English History*）中写道，"暴政往往在古老基础毁灭下崛起；从英格兰本身历史来看，上古时代的自由不断演进，利用了封建制度中好的一面，从先例的累积中扩展出完全的政治自由。"（p.265）世代传承的英格兰自由，其最大威胁是诺曼征服。强大的君主制与封建概念在诺曼征服下强加在原始条顿制度之上，原始条顿制度的残存需要仔细辨识。根据斯塔布斯的说法，这些制度残存于最微小与最隐晦的形式中，例如地方自治政府、村落法庭与陪审团：

> 在旧形式的保存中——被指控者的共誓涤罪（以宣誓来免除罪名）、赎罪赔偿责任、百人法庭的市镇代表、郡法庭的百人代表、目击证人的挑选、从全族大会挑选成员以代表指控者行使共同司法权、财产移转的证人、百人法庭和郡法庭在处理罪犯与履行生产与惩罚责任时的证据、从极其多样的风俗中找出几个社群以执行法律的一般命令——留下了未来自由的种子……这些形式是卑微的规训，受压迫的民族群集在这样的规训下做着微不足道的小事，直到时机成熟，便开始有一番作为。（*CH*, 80）

借由这些隐晦的方式，原初的条顿自由才得以留存。斯塔布斯不接受完整的“边区”理论，亦即所谓的原初村落土地共有制。十九世纪晚期的一些论战者从土地共有制理论看到现代社会主义的根据，以此证明私有制代表着对共同体权利的篡夺。斯塔布斯在政治上是托利党人，最后成为牛津主教，但他并非这些论战者的一分子。对他而言，原初的条顿自由，其基础是自主的土地所有制，或
412 称为绝对所有制（allodialism）。凯尔特人的土地可能是共有制，例如由亲族一起共有，而关于这点，已有证据可资证明，但条顿的证据却显示个人可以拥有土地，身为自治村落社群的成员，每个自由人都有发言的权利：“绝对所有制的体系是一切自由制度的源头。”（*EEH*, 204）然而，英格兰自由的历史（部分源于诺曼征服）并非单纯的凯旋前进，而是朝圣式的过程，中间遭受许多威胁与荣枯，直到象征国家最高权力的国会出现，胜利的号角才响起。联结条顿的土地完全所有者与现代投票者和陪审员的世系据说从未间断，但必须坦承的是，这条世系有时几乎隐匿不见，只有精微的学术眼光才能看出。

十九世纪英国对这项遗产的吹嘘显示出极度的自满。世界主义者与天主教徒阿克顿从中看到可悲的褊狭主义与对普世原则的忽视。即使是最好的制度，也要能保护更高利益才有价值，这个利益就是个人自由与个人对自由的运用。对阿克顿而言，还有更重要的历史类别：思想、道德与宗教。他在1895年担任剑桥大学钦定历史教授的就职演说中说道：“安提戈涅（Antigone）的演说、苏格拉底的话语、第二次布匿战争前铭刻在印度岩石上的几行文字、居住在死海旁沉默但充满预言而后毁于耶路撒冷陷落的民族的足迹，这些都比用赫西尼安森林的橡实喂猪的蛮族祖先的智慧更贴近我们的生活。”这种鄙夷养猪人的高傲态度，在以古典方式称呼日耳曼森林时更形显著。“自由史”通论是阿克顿珍视的计划，是他的学术生命的巅峰，然而这部作品并未完成，只留下片段线索供人解读

其性质。显然，自由作为道德的原则以及自由本身终将获得认识，将是故事的核心。相形之下，对阿克顿而言，英格兰的传统过于重视财产权，而后又过于重视种族。1688 年革命是无人关注的混乱，是在自利驱使下产生。唯有在 1650 年代清教徒独立分子的要求下，
英格兰传统才达到一般原则的层次；唯有在美国，在普世人权概念 413
的系统表达下，英格兰传统才具备充分的自我意识与实现更高层次的自我。

基佐区别出制度的与思想的两种自由史："我不建议各位研究人类内在灵魂的历史；我努力钻研的历史是可见与社会的世界。"阿克顿在剑桥大学讲座也提出类似说法。如传统与授课大纲显示的，它们一如人们预期，以政治史为主轴：菲利普二世、三十年战争、路易十四，而后则是美国革命的高潮。（另外还有完全以法国大革命为主题的系列。）不过阿克顿也明白表示内在灵魂才是他后期真正关注的焦点：对他而言，宗教与自由史其实是同一件事，两者最终关切的都是良心。他不只一次明确提到"观念的运行，观念不是果，而是公共事件的因"。"自由史"，如我们可猜测，是范围广泛的观念史，自由制度的发展是次要的，真正的重点是对自由与人性自我实现的道德责任发展出充分的自我意识。然而，也许因为阿克顿的观念史只留下不完整说明，因此在内容上显得断断续续，是一连串解释不足的顿悟过程。这种精神似乎任意散布在天主教神学家、清教徒狂热分子与美国乡绅的驳杂历史集合中。阿克顿毫不羞怯地指出启示降临的日期与时刻。因此，他日后在剑桥大学讲座中说道，美国就是自然法（他有时称之为"较高的法则"）化身为人的地方："1773 年 12 月 16 日晚间，它首次成为历史的统治力量。"

宗教改革的宗教斗争产生了宗教自由与良心自由的观念；领导宗教改革的人士并非宽容之人，因此这绝非他们的本意。但阿克顿对人类自我意识史的沉思也为文艺复兴找到了位置，虽然文艺复兴并未鼓吹对政治权利与人权的尊重。阿克顿在剑桥大学讲座中对文

414 艺复兴的刻画，显示出十九世纪对该时代或实际上任何时代文化的杰出看法，如瑞士史家雅各布·布克哈特（Jacob Burckhardt）的《意大利文艺复兴的文明》（*The Civilization of the Renaissance in Italy*, 1860）。阿克顿在评论一本关于波尔吉亚家族（the Borgias）的作品时，提到布克哈特这本书是"现有作品中最具洞察力与最敏锐的文明史论著"。在讲座中，他指出，"文艺复兴的优雅个人能随机应变、能掌握时机、不仰赖家世、只靠自己的才能……鲜少顾虑他人的权利，亦不在乎生命的神圣"。对布克哈特的读者而言，这是一幅可辨识的肖像画，它构成了十九世纪潜心钻研自由史的另一个篇章，而其就某方面而言是耸人听闻的。

现代性的初生子：布克哈特的文艺复兴人

布克哈特的作品构成十九世纪自由史概念的一部分，也形成一种观点。对布克哈特作品的深厚情感联结，使我们难以将他的作品视为对自由史概念的讽刺批判，尽管如此，他的作品确实将自由史概念带进狂野而警醒的道德领域。将当代现代性的观念视为单纯的庆贺是一种错误：许多现代性的观念具有高度批判性，而且随着十九世纪的消逝，它们专注于庸俗与一致，而这两者正是布克哈特反对的事物。其他还有针对原子化与自私而起的批评。不过布克哈特的作品开创了新领域，呈现出现代性的起源与文艺复兴意大利甫受解放的欧洲人。这些人被视为对道德冷漠，却具有令人着迷与创造伟大事物的能力。借由援引马基雅维利的"能力"（virtu，指精力与才能）概念与欧洲浪漫主义的非凡特质，布克哈特将两者结合成不朽的原型；如同他在巴塞尔大学的后辈尼采，借由酒神观念的协助，创造出崭新的古希腊人形象。两位作者的作品读来均令人感到兴奋。布克哈特的文艺复兴人是个无视周遭礼仪原则的自由主义英雄："自由精神"变得反道德律法、自我辩护与不受任何拘束。

布克哈特的作品无论在方法（具有高度的原创性）还是在诠释 415
的连贯与生动上（虽然夸大，却能永远留存在人们心中）都具有不朽的重要性。他提到"一个"文明，而不是只提到文明本身，尽管就更长期的发展来看，这是个短暂的文明，却是"我们自己的文明的母亲"。在布克哈特的作品中，叙事实际上已经消失，虽然作为实例的逸闻相当丰富且事实上也是他写作的主要方式：我们仿佛听到图尔的格里高利以一种清楚预见与坚定理解的当代道德与习俗概念向我们说故事。有个先例（虽然布克哈特的任务更为广泛，但他的证据较不具体，因而较难处理）始于一个世纪前艺术史家约翰·温克尔曼（Johann Winckelmann）进行的希腊人研究，他试图将艺术或建筑风格的性格视为整个民族的产物，并且从中辨识出民族的内在性格与渴望。例如，在布克哈特之前不久，罗斯金的《建筑的七盏明灯》（1849）与《威尼斯的石头》（1851—1853）便以妄想的手法将建筑的形式特质予以道德化（以文艺复兴来说则是去道德化）。艺术与生活不可分，艺术显露社会的灵魂，无论崇高还是卑下。布克哈特本人具有高度敏锐的视觉：他在巴塞尔大学讲授艺术史，写了一本意大利艺术指南，并且将艺术排除于《意大利文艺复兴的文明》之外，只因为他希望在别处单独处理艺术这个主题。

在日耳曼，艺术是精神的表现，这种观念尤其联结着黑格尔，往后到了法国，这种观念又联结上泰纳。布克哈特回避黑格尔对世界精神概念赋予的目的论意义，亦即世界精神的各个时刻形成人类的道德与思想历史。然而无疑的是，这种意义有助于布克哈特看出意大利文艺复兴所代表的特殊文明时刻的统一性。布克哈特并非只是将该时刻予以分类，而是举出大量实例来解释过程。除了奇闻轶事外，《意大利文艺复兴的文明》尤其善于形容。艺术史的根源仰赖鉴赏行家。布克哈特正是鉴赏（坐落于历史与地理之中）人类性格的专家。而人类性格也是日耳曼学者专注的主题：从歌德与席勒

的时代以降，人类性格的美学一直是个尖锐的道德与文化主题，这
416 些从艺术评鉴借用的范畴是美学的一个主要面向。

文艺复兴作为一个时代，这个概念产生重大意义始于文艺复兴对自身成就产生自我意识，并且将这层意识表现在艺术与文学重生的主张上。这项主张有时明确地将之前的千年视为被蛮族盘踞的间隔期或空缺期，即“中”世纪。一般认为十七世纪晚期的日耳曼学者克里斯托夫·克尔勒（Christoph Keller，姓亦可表示为 Cellarius）首次有系统地使用今日人们熟悉的三时代分期：上古时代、中古时代与现代。但是，随着人文主义者的时代隐退成为过去，现代性的概念逐渐需要区别。我们在圭恰迪尼的作品中看到一些成就的记载，包括印刷术、新世界的发现与现代炮火，这些成就早已超迈前代，因此用复兴一词形容并不适当。在休谟与罗伯特森的作品中，我们也看到宗教改革时代粗鲁而狂热，跟当时的启蒙与有礼时代差异甚大。虽然如此，既有的时代分期仍略嫌贫乏。在此之前，伏尔泰《路易十四时代》（1751）将时代的概念扩展超越统治期的概念，他将文化与政治成就囊括其中，并且从横向与编年的角度扩充时代规模，使路易十四时代的文化成就转变成十七世纪欧洲的文化成就：伽利略、培根、洛克、牛顿，以及“伟大世纪”（Grand Siècle）的笛卡尔与重要法国文学人物。不过，伏尔泰的方法本质上仍是一种成就目录或清单。可以说，十七世纪仍缺乏令人满意的时代标签；卡尔·弗里德里希在二十世纪中叶理所当然地从艺术史借用词汇，以《巴洛克时代》（1952）作为他对欧洲历史与文化通论研究的名称。不过，“文艺复兴”一词直到 1830 年代才首次获得现代的时代分期意义，米什莱以此为他《法国史》的一册命名。“早期现代”（Early Modern）则是二十世纪创造的词汇。

阿克顿正确认识到布克哈特的微妙之处：他的书是一部隐藏主题与思考的作品。起初，读者被编年史、传记与回忆录的一连串轶
417 事淹没。但继续读下去，轮廓逐渐明显并且形成连贯的图画，解释

也随之浮现。

第一部分的标题是《国家作为一件艺术品》(The State as a Work of Art)，虽然布克哈特提出其他许多证据，但这个概念显然源自马基雅维利。书中透露当中的关键人物是“佣兵队长”。布克哈特虽然了解残酷与背叛是佣兵队长交易的本质元素，也知道佣兵队长建立自身王朝的无情野心，但与马基雅维利相比，他给予更多的尊重。对马基雅维利而言，佣兵队长有时是可笑的。在布克哈特的作品中，佣兵队长展现出典型的马基雅维利式“能力”，但缺乏市民的爱国主义：大胆与坚定，加上冷静计算与无情决心，不让任何人、原则或忠诚阻挡他迈向伟大之路。佣兵队长是军事企业家与政治冒险家，完全为自己行动，只仰赖自己的技术、机敏与远见寻求生存与成功。阶级、骑士规章(包括忠诚)与以出身为依归的社会科层构成的网络(这道网络围绕着北欧的勇士贵族)对他毫无意义。明白地说，他是最自由的自由雇佣者，没有国家，没有固定社会地位，以机智、勇气与决心对抗命运谋取巨利：财富、封侯，甚至自建王国。即使成为统治者，佣兵队长的权力仍然是个人的而非王朝的，而且本质上欠缺正当性；唯有敬畏、显赫、声望或恐惧才能维持权力，因此总是岌岌可危。

布克哈特让这个角色以及拥抱和支持这个角色的人格类型成为他作品的概念核心，至于其他被他视为意大利文艺复兴特质的技术与角色，在某种意义上是军事冒险家的平民版本，这些拥有技术与扮演角色的人物是文艺复兴文明的支撑者：艺术家与建筑师，人文主义学者与文人。他们是具有独特天赋与人格的企业家。他们不受束缚，游走于金主之间，寻求晋身阶或造成各种争端。如同米开朗琪罗，他们有时甚至向地位尊贵的人如教宗毛遂自荐。又如同佣兵队长与小国君主，他们也从自治城邦获利，因为教廷与帝国为了支 418
配意大利而冲突不断，城邦因而得以在夹缝求生；边疆的邻近总是有所帮助，越过国境就是另一名金主，运气好的话就能衣食无缺。

在布克哈特的描绘里，他们一般来说也缺乏传统制度（同业公会或大学）的支持与约束，或者只是非常松散地依附其上。他们的生活重心是宫廷与城市，他们在此取得富贵，也可能一夕间化为泡影。他们与统治者因彼此需要而沆瀣一气：前者需要奖赏与地位，独裁者需要艺术家与人文主义者的才华与技术赋予其正当性。暴发户般的统治者需要被光彩簇拥，希望能受人瞩目地出现在外国宫廷与公共场合，例如，以优雅的拉丁语专家接待使节；他们希望受到祝贺、颂扬与吊祭，并且被赞美为慷慨的庇护者。佣兵面临的危险不言可知，但布克哈特极力强调佣兵的遭遇，在相当程度上似乎也能以不同形式适用在学者与工匠的宁静生活上：

> 对一名野心勃勃的青年而言，人文主义学者的名望与显赫地位是个危险诱惑……他因此在引诱下陷入刺激且浮沉不定的人生：殚精竭虑的研究、家庭教师、秘书、教授、王侯家中的职位、致命的敌意与危险、奢侈品与乞讨、无尽的赞美与无尽的轻视，一个接一个混乱地跟随着。（Part III）

人文主义者一般而言居无定所；布克哈特将其与希腊的诡辩学派做比较，“但文艺复兴的学者不仅博学，还要抗拒不断变迁的追求与情势的影响”。无节制的傲慢是生存的必需品：人文主义者是“最显著的例子与恣意主观的受害者”。布克哈特援引十六世纪初皮耶里欧·瓦勒里埃诺（Pierio Valeriano）的作品《论学者的不幸》（*On the Infelicity of the Scholar*）。瓦勒里埃诺描述的生活确实可怕。布克哈特说，我们在书中看到一些人，他们：

> 在困难的时候，先是没了收入，而后丧失容身之地……还
> 419 有不善交际的守财奴，将钱缝进衣物夹层，当他们被洗劫一空，
> 便发疯而死；另外又看到一些人，他们接受薪水优渥的职位，

> 却因丧失自由而陷于忧郁。我们读到有些人年纪轻轻死于瘟疫或热病，辛苦撰写的作品连同他们的床铺与衣服一起被烧个精光；其他人在同事威胁杀掉他们的恐怖阴影下过活；有人被贪婪的仆人杀死，其他人在旅程中被拦路盗匪掳走，然后被留在地牢里折磨得不成人形……（Part III）

瓦勒里埃诺显然听到不少学者的牢骚，但作为一幅图画，这幅图画具有非凡的力量。这是自由，却是一种极端危险与亟须自力更生的流浪汉式自由。它兼容于非凡的成就，甚至有激励后者的作用。

布克哈特认为贵族、学者、艺术家与统治者之间的自由交流打破了意大利城镇的阶级藩篱。据说出身并不重要，能力几乎可以决定一切。以现代术语来说，就是“事业开放给有才能的人”，然而这似乎是种嘲讽，暗示沿着正规的科层循序晋升。布克哈特脑中浮现的世界是人们将自身意志与才能押注在命运的轮盘上。有时，布克哈特的文艺复兴人似乎是现代性的受害者：他是首位经历现代精神磨难的人，以一种无拘束与无保护的激进形式，只身一人，只能以自己的力量支持自己——“文艺复兴的意大利人必须承受新时代首波汹涌浪潮”（Part VI）。

布克哈特作品的前三个部分受到作为原型形象的佣兵队长支配，而其叙事活泼与激昂最能振奋人心。第二部分《个人的发展》（The Development of the Individual）的核心是对传记与肖像画呈现的人格特质形式进行讨论，并且显示其中蕴含的强烈自我觉察与兴趣。布克哈特在这方面对中古时代与文艺复兴的情况做了对比，但是不可避免地被批评为过度夸大：

> 在中古时代，人类意识的两面，亦即内省与外求，在共同面纱掩盖下处于半梦半醒状态。这层面纱由信仰、幻觉与幼稚的偏见编织而成，透过面纱看到的世界与历史带有一种诡异色 420

> 调。人们意识到自己只是种族、民族、党派、家族或团体的成员——只能透过某种一般性的范畴来定位自己。在意大利，这层面纱首先消散成空气；对国家与此世一切事物进行“客观”讨论与思索成为可能。在此同时，“主观”面也以相应的强调提出自我的主张；人成为精神的“个人”，而且如实地认识自己。

第三部分《古代的复兴》（The Revival of Antiquity），虽然包含先前援引有关人文主义者生活的精彩描述，但理所当然比较容易预料。接下来的《世界与人的发现》（The Discovery of the World and of Man）则以客观性为主题，将客观性呈现为文艺复兴个人的另一项特质，人们被迫冷静计算与如实地理解世界，而非将世界理解成可能是什么或应该是什么。然而对他而言，对外在世界的敏锐沉思也是一项愉悦的来源。

虽然布克哈特的作品强调文艺复兴的异教非道德性，而且几乎未能认识到文艺复兴的虔信性质，但最后一部分《道德与宗教》（Morality and Religion）却显示出布克哈特发觉要编制整体社会的道德资产负债表有其难度。他呈现的意大利文艺复兴是个对官能体验与残酷行为加以精致化的世界，沉溺于优雅的恐怖，尤其是对报复的追求，不过这种做法并无新意。他的描述停留在波尔吉亚家族毒杀政敌的恶名，以及对但丁笔下故事的回忆——这些故事培养的全是这类名声，而且受到十八世纪哥特式小说（通常以意大利为背景）与拜伦和布朗宁诗文的增色。在日耳曼，文学“狂飙”（Sturm und Drang）运动有时会向意大利寻求暴力与恐怖场景，日耳曼与意大利的爱情故事则具体表现在歌德《意大利游记》对意大利异教诱惑的描述上。布克哈特到了最后仍努力营造一种不可磨灭的印象，虽然他有时强调独特的意大利特征，但最重视的还是作为现代（原型的现代性）的文艺复兴。文艺复兴的意大利人是“现代欧洲诸子中的初生子”。

阿克顿赞美布克哈特的作品，认为“它的优点在于作者以原创的方式运用常见的书籍，而非进行积极崭新的调查”。这是典型的阿克顿式谦逊的说法：作者在档案馆待久一点，不会让自己更糟。421
这不仅仅是怀疑，但的确点出了事实，虽然这种说法并不公允。尽管布克哈特参考的书籍范围相当广泛，而且未明确指出是哪些书籍，我们仍可从他对文艺复兴人格与环境的一般概念，以及对文艺复兴的原初讨论中看出，支配他的作品的是哪些知名作品与作者的综合体：瓦萨里的《艺苑名人传》(*Lives of the Artists*)（技法，技术，自豪）；本维努托·切利尼（Benvenuto Cellini）的《自传》(*Autobiography*)（在艺术大师引导下，以目中无人的自信支持恶棍与非道德的生活）；阿雷蒂诺（Aretino）（以笔作为一种自我主张、残酷与报复的武器）；当然，还有马基雅维利；弗朗西斯科·斯佛尔查，最成功的佣兵队长，他让自己顺利当上米兰公爵；彼特拉克，一位具有强烈自我觉察与对古代充满热情的先驱者；卡斯提里欧尼（Castiglione）的《廷臣》(*The Courtier*）是描述绅士的著名范本，这部作品显示对近来日耳曼、新希腊的道德与哲学文化的关注。提起这些作品不是为了减损布克哈特的原创性，而是为了赞美他将这些主题交织成一个合理而醒目的综合体，无论受到什么样的限制，这个综合体对于研究文艺复兴的史家而言仍是一项挑战与参考指标，而且仍被尊崇为一部极可读的作品。

事实上，我们很难想象布克哈特会缺乏读者，至少只要尼采笔下被解放的英雄继续让读者着迷就不会如此。一般而言，十九世纪的自由史本身也逐渐成为历史。屈维廉的意大利统一运动三部曲（1907—1911）焦点集中在加里波第身上，或许是最后一部被视为自由派民主与民族主义史诗的重要历史作品。屈维廉是麦考莱的外甥孙而且长期对抗着新专业主义对生动叙事的轻蔑，他在《加里波第守护罗马共和国》(*Garibaldi's Defence of the Roman Republic*,

1907）的序言中提到，加里波第的生命是“诗与罗曼史的和弦”，但他也怀疑“与加里波第相关的记忆，如今是否能引起比维多利亚时代多了份世故少了点理想主义的这个世代的英国人的兴趣”。屈
422 维廉对当时的时代过于悲观，但长期而言他的说法却相当正确。一般来说，十九世纪最后几年的新思想气候，对于广大选民支持的社会主义深感畏惧，经常造成以阴郁的眼光重估民主，而且也浇熄了追寻议会制度根源的热情。历史的“科学”与“客观性”崇拜亦是如此，它联结着历史专业的兴起。夏尔·佩提–杜塔伊（Charles Petit-Dutaillis）在1908年对斯塔布斯作品进行增补的序言中，故示亲切地提到斯塔布斯的思想起源是自由派爱国主义的日耳曼学界，认为斯塔布斯从中得到“乐观主义与爱国主义的英格兰历史概念”。杜塔伊又说，如今，“当许多幻觉被驱散，当几乎每个文明国家设立的议会制度更加明白地显示其不可避免的褊狭心态，以及当国籍的形成把欧洲转变成武装阵营时，撰述历史的热情也随之消退”。杜塔伊是对的，民族主义长久以来联结着浪漫主义与自由主义历史观，现在却在“现实政治”（Realpolitik）中找到口号。这个新词汇象征着“国家理性”（reason of state），主张不择手段追求成功，而且通常追求的是支配而非只是追求独立。这种“新”民族主义对史学史的意义，我们将在稍后的章节再做讨论（第二十五章）。但在此之前还有一个新世界需要探索。

第 24 章

新世界：美洲经验

蒙特祖马厅：狄亚斯、普雷斯科特与新西班牙的征服

美国的建立可视为是一则发生于最广大地理范围的自由故事。 423
对美国第一位史家乔治·班克罗夫特（1800—1891）而言，美国自由是诞生于日耳曼森林的自由的民主延伸。其他史家，尤其弗雷德里克·杰克逊·特纳（1861—1934），则倾向以自给自足的角度认为美国自由是由土地本身与开阔边疆所形塑，这个过程一直持续到特纳的时代才告一段落。都铎王朝的清教徒认为英格兰人是被选定的民族，这种概念被十七世纪殖民者带到新英格兰，因而与北美的自我意识交织在一起。

但美洲的历史也可说成是剥夺、镇压与奴役的故事，它最早开始于欧洲对美洲大陆的渗透，即西班牙征服墨西哥。新世界最早的史家是西班牙人，他们自然而然将征服的故事说成是史诗般的成就，使其沾染上十字军的概念。当新英格兰普利茅斯庄园殖民者于 1620 年代在他们的上帝面前挣扎求生时，寇特斯（Cortés）与西班牙征服者推翻蒙特祖马的阿兹特克帝国并在其废墟上建立“新西班牙”

已历百年的时光。而从西班牙人开始在曾以近乎工业的规模进行活人献祭的阿兹特克大神庙遗址建立巨大的巴洛克式主教座堂算起，也过了五十多年。这则征服故事只花了两年时间（1519—1521），
424 是有史以来最离奇的故事。色诺芬的远征波斯与寇特斯的远征具有某些相同的特征，但它并未开创新的基础。亚历山大远征的规模更大，但故事不像西班牙人那么具有戏剧张力，因为亚历山大与他的军队征服“蛮族”帝国后，又继续往东前进。

在同胞的史诗探险及后续发展吸引下编纂编年史的西班牙史家，对绝大多数英国读者而言，主要的意义只有姓名而已。巴尔托洛梅·德·拉斯·卡萨斯神父（Fra Bartolomé de las Casas）是个例外，他为被征服的印第安人（本书将如此称呼他们）发出不平之鸣，此举使他名垂千古。另一个例外是追随寇特斯从海岸向阿兹特克首都进军，并且与寇特斯一起激烈战斗的同伴，贝尔纳尔·狄亚斯。他的描述写于晚年，是一篇生动而充满活力的叙事，摆脱了传统的比喻与华丽的修辞，从将近四百名西班牙士兵带了十六匹马与十把黄铜枪登陆犹加敦海岸说起，到标志西班牙全胜的特诺奇提特兰（墨西哥城）遭血腥围城、摧毁与攻陷为止。狄亚斯的目击陈述与叙事优点，使他的作品在现代被翻译成英文版《新西班牙的征服》（*The Conquest of New Spain*）。

另一部以英文撰写的经典叙事是威廉·希克林·普雷斯科特（William Hickling Prescott, 1796—1859）的《墨西哥的征服》（*The Conquest of Mexico*）。普雷斯科特与十九世纪中叶从事写作的所有著名美国史家一样，都是哈佛大学培育的新英格兰人。普雷斯科特克服近乎全盲的残疾撰述了大量作品，其中最早的一部是关于十五世纪末与十六世纪初完成西班牙统一并且赞助哥伦布出航的国王斐迪南与女王伊莎贝拉治下的西班牙史（1838）。之后，他为《墨西哥，秘鲁的征服》（*Mexico, The Conquest of Peru*, 1847）添上附录与一段未完成的西班牙菲利普二世的历史。在《墨西哥的征服》中，普

雷斯科特大量使用狄亚斯的描述，并在《笔记》(*Notebooks*，现已出版）中表示狄亚斯是“我的主要权威”，尽管狄亚斯的文学能力受到贬抑且以其“朴实”风格见长（*Mexico*,V, 文末注释）。狄亚斯无法声称这是他的功劳。普雷斯科特是相当重要的学者，曾在西班
牙档案馆从事研究。因此，与四分之三个世纪前罗伯特森撰写《美 425
洲史》征服章节相比，普雷斯科特对狄亚斯的依赖相对较少。普雷斯科特曾经出版致谢前言，并且在注释中提供了大量史料来源。

狄亚斯与普雷斯科特的作品今日读来仍令人兴味盎然，两人的优点是彼此对比与互补。他们的故事实际开始于寇特斯接受任命，在古巴总督维拉斯奎斯（Velasquez）资助下率领探险队前往犹加敦半岛；普雷斯科特描述寇特斯曾是个放荡不羁的探险家。犹加敦半岛在两年前，也就是 1517 年，已被西班牙人发现，狄亚斯与他们同行也描述此行的见闻。总督不久便后悔做了这项任命，而且打算逮捕寇特斯，但他逃走了。于是维拉斯奎斯派了人数更多的兵力追捕他，但寇特斯先以高超的战术击败他们，而后又雇用他们。这支探险队的经历是个军事战斗的故事，寇特斯在穿越阿兹特克帝国境内时与帝国辖下的各民族战斗并且赢得他们的支持。他利用阿兹特克皇帝蒙特祖马统治的不安，以及西班牙人造成的敬畏：西班牙人穿着盔甲、蓄胡又携带火器，有些人骑马，印第安人从未见过这种阵仗。寇特斯伪装成他们的拯救者；狄亚斯并未对这种欺骗行径做出评论，但普雷斯科特却说得很露骨：

> 唉！他们看不见未来，否则会发现没有理由对于这场远逾他们的吟游诗人与先知所能预言的革命征兆高兴……文明之光将倾泻在他们的土地上，但这道光将是烧毁一切的火焰，他们未开化的荣耀、他们的制度、他们作为一个民族的存在，都将在火光中萎靡与灭绝！当白人踏上他们的土地时，他们毁灭的命运即已注定。(II.vii)

西班牙人在各地受到帮助，不仅因为各地居民对蒙特祖马皇帝不满，也因为在墨西哥人的神话中，他们的神祇羽蛇（Quezalcoatl）曾预言白皮肤的半神将抵达并统治他们。

西班牙人行经的奇异地形与他们对墨西哥文明的逐渐了解，使
426 这则故事成为令人着迷的战争叙事。西班牙人惊异于墨西哥人的技术与处理金银、棉与羽毛的工匠手艺，以及他们计划完善的城市与石砌建筑，同时也惊惧于他们高度仪式化与大量活人献祭的证据。高潮的场景是特诺奇提特兰城的出现，它矗立于湖上，运河以直角纵横其中，且有堤道连通。庞大的人口（以欧洲的标准来看），巨大的市场，耸立于大道两旁献祭用的金字塔形高塔，以及蒙特祖马的宫殿，连同花园、巡回动物园与精致的宫廷仪式，这些都是三十年前哥伦布发现的新世界从未见过的事物。如狄亚斯告诉我们的，可以理解的是西班牙士兵觉得自己仿佛置身于十六世纪初流行的罗曼史幻想故事里。

狄亚斯承认自己“不是学者”，他也坦承有时在表达自己与同伴的反应时有不当之处。他提到他们的惊奇，但知道自己无法适当传达他们的感受，尽管尽了全力。狄亚斯平淡无奇的实录对现代读者而言反而是项优点，对普雷斯科特来说亦然，这使狄亚斯不受现成的传统隐喻与华丽词藻所影响。他当然提到骑士的罗曼史，而且恰当地将大城的围困与摧毁比拟成耶路撒冷的陷落。他也提到寇特斯在对部队演说时，认为他们的功绩足以与罗马人相比（*New Spain*, pp.405, 131）。不过，狄亚斯的历史一般而言不带有文学的自我意识。用现代的话来说，他告诉读者事情如何发生。普雷斯科特称狄亚斯是“未经琢磨纯任天性的小孩”，并且对其叙事风格致敬。普雷斯科特将狄亚斯的叙事比拟成摄影或银版照相，这种说法想必是最早的文学比较例子：“他引领我们进入军营的核心，我们与士兵一同挤在营地里，一同疲惫地行军，聆听他们的故事、他们的牢骚话、他们的征服计划、他们的希望、他们的胜利、他们的沮丧。”

（*Mexico*,V, 文末注释。）

这种说法只能说还算公允。狄亚斯不仅向我们诉说精彩特异的故事，即便读者阅读的现代译本已将其中枝节与重复的部分删除； 427
他也赋予征服者人性，偶尔提到他们的名字，或者说“我忘了他的名字”，而且在不经意间个别地介绍他们。寇特斯是位能激励人心的领袖，但也相当狡诈；欧尔梅多神父是随军的慈悲僧侣，有时明智地约束士兵狂热地破坏偶像。此外还有一些比较卑微的人物：如面貌极为丑陋的火枪兵，寇特斯说墨西哥人把他当成偶像（p.117）；在犹加敦岸边发现的西班牙人，“与土著一起生活”，拒绝回到同胞身边，但狄亚斯对他并无责备之意（p.60）；无法胜任的占星术士（pp.297, 301），他使狄亚斯在不知不觉中写下非典型的荷马风格文字：“他的占星术帮不了他，因为他跟他的坐骑一起丧命。”然后是一名士兵，“一个彬彬有礼的男子，虽然很难知道他心里在想什么”，他负责看守被俘的阿兹特克皇帝并且叫道：“该死的狗！……我已经受够了整天看守他！”（pp.253—254）当然还有蒙特祖马本人，有关他的描述充满了尊敬与同情，而在一般的墨西哥人当中，特别令人难忘的是肥胖的“酋长”及其丑陋的侄女（墨西哥女子经常被狄亚斯描述成美丽动人，而他自己也拥有一名女子），寇特斯必须接受她作为礼物，并且“装出一副愉快的样子”（p.125）。值得注意的是，根据普雷斯科特的记载，生来即是领袖的混血子嗣，包括寇特斯自己的子女，也被征募为西班牙贵族。

狄亚斯给读者的印象是既无情又仁慈。他予人一种宽容的印象，接受自己发现的各个族裔，怜悯蒙特祖马。与所有西班牙人一样，他对墨西哥人以活人向“偶像”献祭感到惊骇。狄亚斯的文字传达出蒙特祖马的慷慨与威严，当寇特斯囚禁蒙特祖马时，读者与皇帝本人均同感震惊。当蒙特祖马被杀时，狄亚斯在墨西哥人反抗外国人的暴动中偶然提到此事，西班牙人的哀悼显然发自内心：“寇特斯与我们所有的军官及士兵都为他流泪，我们当中凡是认识他以及与他有过接触的人没有不感到哀悼的。他仿佛是我们的父亲，这不令人惊讶，因为他是如此和善。”（p.294）另一方面，狄亚斯却毫
428 无悔改之意，他反驳拉斯 · 卡萨斯指责西班牙人怀疑（或许确有其事）印第安人想造反而进行屠杀的行径。狄亚斯的论点分为两部分：征服是合理的，事实上征服宛如十字军东征，而屠杀本质上是为了军队的生存，没有屠杀就没有征服。普雷斯科特坚持应以十六世纪而非十九世纪的标准与观念来判断这个事件，但他也坦承较具选择性与较节制的报复行动应已足够（*Mexico*, III.vii）。

虽然普雷斯科特的说法不免对两个民族的后裔造成冒犯，却在读者心中留下难以磨灭的睿智形象。普雷斯科特并非清教徒，他在南欧旅行时学到对天主教保持尊重。这使他免于顽固而咄咄逼人的褊狭主义（尽管他在德国受过教育与担任过外交官），不过如此的问题却出现在另一位同样也是毕业于哈佛的研究十六世纪的历史学家约翰 · 洛思罗普 · 莫特利（John Lothrop Motley）身上，他的作品《尼德兰共和国的兴起与衰亡》（*The Rise and Fall of the Dutch Republic*, 1855）因为褊狭这项缺点而失色不少。普雷斯科特的绅士风度的宽容显然受十八世纪启蒙运动的影响，却没有启蒙运动破坏偶像的狂热：他自由运用“哲学的”这个重要词汇。他对征服所抱持的立场，与基督教的耀武扬威、内省的新教反天主教信仰、十九世纪的种族傲慢，以及现代反帝国主义原则均保持一定距离。有人认为普雷斯科特并未站在上述任何一项立场而发表激烈的党派言论是一项缺点，对此他在《笔记》中做了响应，尽管是自言自语：“绝不口出恶言，那是违背历史的、缺乏哲学思维的与毫无绅士风度的。”这三个形容词转变成正面形式就能贴切地说明普雷斯科特的特质。他认为征服既是非凡的成就与探险——他用“史诗”与“罗曼史”来形容——也是一个文化与一个民族的毁灭，不过他也希望自己别高估了墨西哥的文明规模。

普雷斯科特不反对下判断：极度崇拜“客观性”的时代尚未在

史学史露出曙光，而所谓“客观性”意味着不下判断而且避免判断。如我们所见，他认为要以十六世纪的标准来评断十六世纪人物的行为。另一方面，他并未被活人献祭的恐怖所蒙蔽而未能看出献祭背 429
后的信仰，或未能看出蒙特祖马数十万臣民曾经有过的和平、自信传统的生活被西班牙征服所毁灭，而这样的生活显然要比他们与他们的子孙未来在非自愿下成为天主教徒与查理五世和菲利普二世的臣民要好得多。寇特斯勇敢的墨西哥盟友在寇特斯对抗阿兹特克帝国的战争中成了悲情的冤大头，他们在毫不知情下合作毁了自己的自治地位与文化。普雷斯科特的宽容公正与某个在今日或许争议更大的特质有密切关系，这项特质在十九世纪受到广泛赞扬，但在二十世纪有时却受到严厉贬抑：他的写作具有文学的自我意识，说它带有英国“奥古斯都”时期风格亦无不可——这正好是狄亚斯的描述缺乏的特质。从普雷斯科特写给自己的笔记可以清楚看出，风格对他而言与内容一样重要。此外，史诗与如画作一般的主题也能够吸引他，虽然在早期西班牙历史的作品中，普雷斯科特自然地受到征服的吸引而将其当成主题。相较于华盛顿·欧文的哥伦布传记，普雷斯科特把自己的计划说成是“献给史家之笔的最诗意的主题”。他的出发点很单纯，只是在吉本自传的激励下立志成为史家，而他的散文也充分反映出吉本的风格。我们也发现他思索了李维描述汉尼拔翻越阿尔卑斯山的风格，而这似乎也反映在《墨西哥的征服》中。他提醒自己必须呈现军事史的多样性，以及

> 描述壮观如画的西班牙人行军场景；叙述各种建筑遗迹、农产品、山脉、城镇等等，此外，对照当地现状，提供适宜与有益的样貌，为历史图像注入生命与色彩；叙述蒙特祖马宫殿、宫廷礼仪、生活方式、他的花园、自然史收藏等等；描述墨西哥市、它的建筑、市场、人民风俗等等……

430 现代读者已经知道普雷斯科特的历史完成于十九世纪中叶之前，因而很容易发现他的作品带有陈旧的“十八世纪”措词，例如“适宜与有益的”。从一些迹象可以看出普雷斯科特自己也察觉到这点，特别是他与曾撰写征服史（虽然简略得多）的十八世纪伟大前辈威廉·罗伯特森之间的关联性。“留意罗伯特森，”他在日记中告诫自己，“直到主题已经在我心灵成形并且形诸文字，否则绝对别看罗伯特森,必须避免受他的风格影响。”这个告诫或许不完全成功。普雷斯科特生于十八世纪，在十九世纪的前数十年，美国文学仍受英格兰与苏格兰十八世纪模式的高度影响。二十世纪评释者极不认同普雷斯科特的作品具有十八世纪风格。然而，在一个半世纪前写作的作者有时应该会类似于两个世纪前写作的作者，为什么这一点会困扰我们？或许因为他的作品不大像美国风格。

普雷斯科特对“或者”这个词的使用非常具有吉本的风格，无论是指出对立词还是插入怀疑或条件：“蒙特祖马的宗教，或者正确地说是迷信……”（*Mexico*, II.vi）不同字体也一如典型的吉本做法，用来暗示怀疑：“据说每年都有六千名受害者被送上血腥的神龛充当祭品。”（II.vi）普雷斯科特对于墨西哥宗教诠释所做的评论，带有一种吉本式的高傲。原本墨西哥宗教被西班牙人视为对魔鬼的崇拜，然而，

> 一个世纪不到，同一批西班牙人的子孙却在阿兹特克的宗教神秘中辨识出犹太教与基督教启示的特征——其实模糊而难以看清。不识字的士兵与学者得出截然不同的结论。不受迷信左右的哲学家也会困惑于哪种说法较为特出。（IV.iii）

这是位仍在思索的“哲学史家”：结论中显现的困惑显然受十八世纪的影响。在别处，普雷斯科特似乎对吉本作品中著名的对立词做了一些更动（“抵抗必死无疑，高飞亦无可能”，*Decline and*

Fall, III）：寇特斯的军队似乎中了圈套，以致“要战斗还是高飞似乎都同样艰难”（*Mexico*, III.Vi）。

普雷斯科特的散文带有英国奥古斯都时期的严肃风格，这使
他的文字成为记录阿兹特克首都的壮丽与环绕着蒙特祖马的精致建 431
造、奢侈品与仪式的利器。普雷斯科特当然不会错过机会做出东方
式的类比，包括“女性阴柔特质”这类标准说法：

> （鱼池）岸边为各种水鸟提供栖息之所，针对这些鸟禽的习性都已仔细做了调查，所以有些池子是咸水的，一如它们最爱聚集的环境。以大理石铺设的道路围绕着广大水湾，轻盈而奇特的大帐篷延伸其上，花园的芬芳香气飘然而至，在酷暑中为国王与嫔妃提供了一处清凉之地……
>
> 这个地方如今已成了灌木丛生的蛮荒之地，香桃木阴暗、光滑的叶子混杂着红莓与胡椒树脆弱的枝叶。当然，再没有别的地方比这里更适合清醒地沉思过去；再没有别的地方比这里更适合旅人——当他在历尽沧桑的柏树下，与陈年的苔藓一同席地而坐——思索印第安人与曾在此树下举办宫廷飨宴的国王的悲惨命运。（IV.i）

当然，对阿兹特克人而言，西班牙人充满了不可思议，普雷斯科特的文字捕捉了西班牙人引起的敬畏与惊奇——他们为围攻特诺奇提特兰而建造船只，当船只划过围绕城市周边的湖面时，这副情景还是第一次见到：“对单纯的原住民来说，这是个奇异景象；他们目瞪口呆看着这些在水面上轻巧跳跃的壮观船只，宛如海鸟振起雪白的双翼飞翔……”（VI.iv）

普雷斯科特的比喻与措词充满十八世纪风味，用来描述战争与流血场面让人甚感厌倦，陈旧的习惯用语压垮了整个叙事。可以料想得到，狄亚斯深谙战争叙事：详细、写实，而且一副军人口吻。

他特别善于表达长期战斗后的倦怠与战争之前的恐惧。当然，普雷斯科特的写作范围也包括了景象，这点恐怕狄亚斯力不能及，而他也志不在此。

我们知道历史视角也是景象的一种，从历史视角观察更能清楚了解墨西哥人处境的悲惨。相形之下，狄亚斯只有在据他亲眼所见
432 这种悲惨影响到某个个人与国王（即蒙特祖马）时才加以记录。构成背景的风景具有崇高而如画的性质，相对来说，感性，如我们所见，也是普雷斯科特审慎培养的性质，而它也标志着从狄亚斯到普雷斯科特这三百年间欧洲感性的变化。普雷斯科特致力于上个世纪所发展的崇高与如画的审美范畴。狄亚斯回应花园与花卉、安逸与富足。就这点来看，他不只是追求舒适的军人，也是时代下的产物。崇高的风景一般而言并不舒适，甚至带有危险，对这种风景的欣赏始于上古世界，本质上来说是过度文明的。普雷斯科特以狄亚斯未有的方式沉醉在寇特斯一行人面前开展的风景：在海拔差异下，多样的气候产生了各种植物类型，从峭壁上亦可瞥见谷底丰饶的植被。（普雷斯科特援引地质学家与地理学家亚历山大 · 冯 · 洪堡〔Alexander von Humboldt〕的作品来描述风景。）军队的行进引导他的描述穿越火山活动的不毛之地：

> 他们穿越荒凉的景象，小径时常引领他们沿峭壁边缘而行，瑟缩地往峭壁下两三千尺深处望去，可能看见另一种气候与色彩鲜明的热带植物，遍布于峡谷底部。（III.i）

之后，当然，前方出现辽阔的远景，尤其这是征服者首次看到阿兹特克首都。他们朝首都前进，此时狄亚斯无法适切描述眼前的景象，他援引流行的罗曼史《高卢的阿玛迪斯》（*Amadis de Gaul*）：它“就像阿玛迪斯故事中被迷惑的幻影。事实上，有些士兵甚至怀疑自己是否身处梦境……这实在太过美好，以致我不知如

何描述自己首次看到的这幅从未听过、见过或梦过的景象”（*New Spain*, p.214）。对普雷斯科特来说，这个奇景是从远眺这座美丽的墨西哥城开始：

> 她与她的白塔与金字塔神庙安稳地躺在湖泊的怀抱里——远近驰名的“阿兹特克人的威尼斯”。居高临下的恰波特佩克
> 王室山丘是墨西哥诸王的居所，上面长满相同的巨大柏树，广 433
> 阔的树荫至今仍遮蔽大地。穿过湛蓝的湖水，远处几乎被茂密枝叶所掩盖，隐约只看到闪亮的小点，那是与此地竞逐的都城特斯科科，再往远处望去，斑岩构成的暗色环带围绕着整座山谷……（III.viii）

普雷斯科特借由描写景象而写下大量文字，希望这些描述能赋予他的历史性格与吸引力。至于另一种风景，北美的蛮荒地带——十七、十八世纪对这个地区的了解仅限于密西西比河——则是十九世纪第二位伟大的美国史家所挑选的历史场景。

蛮荒的前哨：帕克曼的大西部历史

土地是与普雷斯科特同时代的新英格兰年轻后辈弗兰西斯·帕克曼重要的灵感来源，他经常称它为“森林”。土地在帕克曼作品中具有深刻的支配地位，因为在广阔北方荒野中并无出人意表的原住民文明可吸引史家与读者注意。取而代之的是森林居民，有原住民也有欧洲人或欧洲混血儿：猎人与捕兽者（后者绝大多数是法国人），用法文表示是 coureurs de bois（盗猎的皮货商）。帕克曼不仅对猎人与捕兽者感兴趣，也曾清楚表明，一开始最吸引他的其实是森林，包括森林中的印第安居民与法国天主教传教士以及贸易商。

这些法国人最初沿着水系探索，从圣劳伦斯河与大湖区到墨西哥湾。帕克曼发现，在宾夕法尼亚州、纽约州与弗吉尼亚州西部殖民的英裔农民先驱具有永久的定居性，他们代表土地的未来。尽管如此，
434 帕克曼是浪漫主义者而非盎格鲁—撒克逊美德的宣传家，坦白说，他对这些英国后裔并无太多兴趣。他知道这些移民破坏了森林与印第安人的生活方式，一如寇特斯与属下对墨西哥古代文明的摧残，因此他对这些人的感情顶多是宿命论式的，并不带有热情。

帕克曼很早就对美洲森林产生浓厚的爱好。不管在新英格兰学校还是身为哈佛大学生，他在大学期间阅读了许多上古史家的作品，一遇到假期他便尽可能将时间花在新罕布什尔州与缅因州的偏僻密林里。他极为杰出的第一部出版品是以第一人称叙述自己到远西地区进行长期而辛苦的探访旅程，书名是《加利福尼亚州与俄勒冈州小径》(*The California and Oregon Trail*, 1849)，通常称为《俄勒冈州小径》(提及加州是为了在淘金热中炒热话题)。这是一部杰出的十九世纪旅行作品，与道提(C. M. Doughty)的《阿拉伯沙漠之旅》(*Travels in Arabia Deserta*, 1888)齐名，而两本书也颇为类似。帕克曼终其一生未能摆脱各种病痛的折磨，他与普雷斯科特一样罹患严重的眼疾，但仍与印第安人一同生活了几个星期，印第安人在当时还维持传统的生活方式。

帕克曼在他的历史作品中清楚表示自己经常援引这段与印第安人共处的经验，不过他描述的印第安人并非在大草原上亲眼目击的骑马猎牛的族裔，而是大湖区与俄亥俄州以及密西西比河谷地区的森林居民。从《俄勒冈州小径》中，人们可以充分了解关于帕克曼这个人以及他的态度：他认为生命是一场斗争，这种想法早于达尔文主义，不过人们有时发现他的晚期思想受到达尔文的影响；他受到如画性质的吸引，却未因此忽略印第安人的悲惨生活与特质，也坚持不将他们的处境理想化；他以斯多噶思想自持，并且赞赏英勇与独立的特质；他深信印第安人不可信任而且缺乏坚定的目标。

帕克曼的历史“全集”由近而远。他的第一部历史作品，《庞提亚克的阴谋》(*The Conspiracy of Pontiac*, 1851)，处理的是 1760 年代英国终于击败法国称霸北美后，印第安人起而反抗英国人的事件。在简介印第安人的生活方式与各部落人物之后，该书（以领导 435
叛乱的渥太华杰出酋长之名命名）接着探讨过去两个世纪欧洲两强在北美的对峙，以及它们与印第安人的关系：就法国人而论是好的，西部的法国人是传教士、捕兽者与贸易商，而且与印第安人自由婚配；就英国移民与英国政府而论是坏的，在击败法国人后，英国人的无谋与傲慢随即引发庞提亚克组成印第安部落联盟发动叛乱。

帕克曼以三个章节调查上一个世纪英国人、法国人与印第安人的关系，而这只是一连串研究的开始，之后帕克曼又以多达七册的作品研究北美的法国人与英国人（主要是前者），从十六世纪开始，直到十八世纪中叶双方冲突告终为止。这些作品，除了《庞提亚克的阴谋》与最后一册，皆以年代顺序依次出现，直到 1892 年，此后不久帕克曼即离开人世。这段期间，他还出版了两本小说与一本有关玫瑰的作品，他是研究玫瑰的专家。从历史“全集”各分册的标题可以看出帕克曼作品的性质：《新世界的法国先驱》(*Pioneers of France in the New World*, 1865)、《北美的耶稣会修士》(*The Jesuits in North America*, 1867)、《拉萨尔与大西部的发现》(*La Salle and the Discovery of the Great West*, 1869)、《加拿大的旧体制》(*The Old Regime in Canada*, 1874)、《弗隆特纳克伯爵与路易十四时期的新法兰西》(*Count Frontenac and New France under Louis XIV*, 1877)、《蒙卡尔姆与沃尔夫》(*Montcalm and Wolfe*, 1884)，以及《半世纪的冲突（1700—1750)》(*A Half Century of Conflict, 1700-1750*, 1892)。帕克曼明显独钟法国。对他来说，美洲的罗曼史专属于法国人，其场景不在森林，也不是森林中的印第安居民，更不是他们古老而濒于毁灭的生活方式：这些人是盗猎的皮货商，有时摇身一变成了印第安人；他们是英雄般的耶稣会传教士，在遥远荒野建立孤立哨站；他们是最早的欧洲探险家，是求仁得仁的殉教者，而他们的成果长期而言如同印第安人传统方式一样脆弱。不过帕克曼并未忽略欧洲强权间的斗争，尤其他是从法国驻魁北克总督的视角来描述此事。

在探险者中，最有趣同时也是最具野心的人物或许是卡弗里耶·拉萨尔（Cavelier La Salle, 1643—1687），他不是僧侣，而是一
436 名贸易商。拉萨尔是法国资产阶级，是从大湖区沿密西西比河抵达墨西哥湾的第一人，梦想在西部建立庞大的法兰西帝国，以大河连通墨西哥湾的南部港口，挑战英国与西班牙的利益。他是帕克曼的英雄之一，其他的英雄包括贵族出身而且独裁的法兰西历任总督、十六世纪末的尚普兰与十七世纪末的弗隆特纳克，他沿着大湖区建立了一连串哨站，还有两位伟大的军人蒙卡尔姆与沃尔夫。人们禁不住想把庞提亚克加入帕克曼的英雄之列，因为帕克曼曾赞扬（虽然不是毫无条件地加以肯定）庞提亚克的坚毅卓绝与政治家特质，而且了解他是在绝望下才铤而走险。帕克曼说道，魁北克遭英军攻陷以及新法兰西的投降，对印第安人来说“完全是个灾难”。

帕克曼评论英国与日耳曼移民时，说他们勤勤恳恳地在宾州、纽约州与弗吉尼亚州西部扩展垦殖的范围，对他们的独立精神表示钦佩，认为他们远胜魁北克省那些温驯服从封建领主的法国农民，并且对他们的坚忍不拔表示赞扬，认为他们与不受拘束的盗猎皮货商形成对比。但英国与日耳曼移民没有罗曼史：“就效率与力量来看，加拿大人比他的对手少得可怜；但就受人瞩目与引人入胜而论，加拿大人触发的想象远胜他的对手。”（*Pontiac*, I.iii）。在英国人当中，无人具有尚普兰的伟大愿景，也无人像拉萨尔那样对美洲大陆怀抱帝国大梦。这些人与他们的作风，而非殖民者，激起了帕克曼的想象，如他所描述的高潮时刻，拉萨尔与同伴乘独木舟沿密西西比河顺流而下，不仅感受到春天的接近，还有更温暖的南方气候，此外，在历经一千英里以上的艰险旅程与极度的物资匮乏之后，他们（如同

色诺芬的士兵们）感觉大海已经不远：

> 他们愈往前探险，广大新世界的神秘面纱便愈揭开一分。他们逐渐进入春天的领域。朦胧的天光，温暖而令人昏睡的空气，翠绿的枝叶，绽放的花朵，预示大自然生命的复苏。往后几天，
> 他们沿着蜿蜒的大河，在折磨人的航行中穿过沼泽与藤丛的不 437
> 毛之地，直到（1682 年）3 月 13 日，他们发现自己被浓雾包围。完全无法辨识河岸；只听到右方传来低沉的印第安鼓声与战舞刺耳的叫嚣。

在首次遭遇住在泥砖屋以及在神庙向日神献祭活人的印第安人之后，他们知道旅程已近终点。

> 当他顺着浑浊的急流而下，漂浮在低湿的岸边，略带咸味的河水转变成盐水，微风变得清新且带有海水气味。接着广阔的大湾呈现在他眼前，不断翻腾的巨浪，辽远无边、无声无息，仿佛生来充满混乱，毫无船帆，全无生命迹象。

拉萨尔竖起象征法国武力的柱子，以及宣示路易十四主权的十字架。帕克曼的评论暗示这场美梦不久将化为泡影：

> 那天，羊皮纸上的法国领土大幅扩充。得克萨斯州的肥沃平原；广大的密西西比河流域，从寒冷的北方源头到闷热的湾岸；从森林茂密的阿勒格尼山脉到寸草不生的落基山脉峰顶——这片布满草原与森林、被阳光烤得龟裂的沙漠，以及茂密草地的区域，它受到上千条河流的灌溉，散布着上千好战的部落，它们全向凡尔赛苏丹的权杖低头；因为人类的声音微弱，只要相距半里便音讯中断。（*La Salle*, XX）

即使就狭义的疆界来看，路易斯安那地区长期而言也未成为法国人的领土：密西西比河未如拉萨尔依伟大法国政治家命名而成为柯尔贝尔河。

帕克曼显然乐于提到欧洲的上古世界。拉萨尔返回这个世纪，再度率领探险队从海路前往墨西哥湾，然而他错过了密西西比河口，最后在充满敌意的岸上遭遇不测，被叛变者所杀。西部蛮荒与法国宫廷阴谋及繁文缛节的奇异组合，不断激起帕克曼的想象。“许多
438 英勇的绅士，许多高尚的法国人，他们踏过凡尔赛地毯的双足踩在森林的黑土与软苔上。”（*Pontiac*, I.ii）帕克曼在英国、法国与北美的档案馆进行研究。要写出帕克曼的作品必须仰赖大量一手史料：信件、回忆录与战报。就某个层面来说，帕克曼算是一名先驱者，而他也承认这个类比。在评价法国人时，帕克曼认为法国人对新旧事物做了突兀的结合，一方面将严密的社会结构带到魁北克，另一方面又与印第安人维持极有弹性的关系，就连他们的总督也是如此。弗隆特纳克伯爵（1620—1698）对印第安人作威作福，如同一位既父权又和蔼的“大领主”，“像印第安酋长一样饰以羽毛涂上彩绘，在愉快的盟友营火旁跳着战舞高唱战歌”（*Pontiac*, I.iii）。在英国人中，威廉·佩恩（William Penn）与印第安人的关系格外友好，然而难以想象他会做出类似的事。耶稣会传教士更是引人注目地跨越了两个世界：

> 我们看到他们在阿卡迪亚寒冷的森林里穿着雪鞋努力求生。他们与游牧的阿尔冈昆人为伍，蜷缩在拥挤的打猎小屋，或待在充满烟雾几乎令人窒息的巢穴里，或与饥饿的狗群争抢少许粮食。我们也看到黑袍僧侣涉水通过渥太华的白色湍流，与他的野人同伴拖着独木舟奋力对抗凶猛的河水。我们也看到在休伦人的黑森林中，他穿着明亮的僧侣祭服，向饰以羽毛全身彩绘的改宗跪拜群众主持圣餐礼……（*Pontiac*, I.ii）

然而，位于新法兰西心脏地带的魁北克“不存在增加的原则”
（no principle of increase），在森林中，“野蛮人未成为法国人，法
国人却成了野蛮人”。与此同时，在更南方的地区，英国移民缓慢
而坚定地向蛮荒地带屯垦，“倒在斧头前的森林，在秋火中冉冉升
起的阴暗烟塔，是军队的前锋”。在圣劳伦斯河谷与大西洋沿岸，“封
建制度摆好阵势对抗民主制度，天主教对抗新教，刀剑对抗犁头”
（*Pontiac*, I.ii）。但英国移民到了十八世纪中叶才开始超越阿勒格尼
山脉的藩篱，而英军在西部与法国人和印第安人的战事正好位于宾 439
州与西维吉尼亚州的边境之外。英国胜利后，除了少数从法国人手
中夺来的遥远哨站的驻军，这批移民遭受庞提亚克煽动的印第安人
暴乱的恐怖袭击。

局势最复杂的地区当属宾夕法尼亚州，帕克曼寄予此地阴沉的幽默而非无限的同情。这些边疆居民被他们的家人与朋友的命运所激怒，于是迁怒于已改信基督教在宾州过着和平生活的印第安人。这些印第安人被送到费城接受看管并受保护，但顽固且目无法纪的边疆居民却发动暴乱企图劫狱。负责保护印第安人的是贵格会。然而在帕克曼的叙述里，这群贵格会人士未能发挥作用，身为多愁善感者，他们对于边疆的残暴故事深感怀疑，身为和平主义者，他们坚持不组织防卫力量对抗暴乱。被激怒的边疆居民大部分是来自阿尔斯特的新教徒，他们对圣经的好战诠释使其要求惩罚恶人，与对手贵格会对圣经的解读形成强烈对比。帕克曼采取“一名有人性的学生”（普雷斯科特会说“有哲学心灵的”）的超然立场，对“白人残暴的野蛮行径”（有时超越了印第安人）与面对印第安人主战派时和平主义（有时沦为委曲求全）的愚蠢深感哀悼（*Pontiac*, II.viii）。

帕克曼的叛乱故事主要谈的是散布于大湖区的小堡垒遭受围攻的故事，他为这个故事添上庞提亚克这个虽然名气响亮，却充满神秘感的名字。所有的堡垒唯有底特律借由湖泊获得补给而坚守超过

一年，其余的堡垒全被攻陷，守军不是被杀就是被俘；后来有些俘虏脱逃或是获释，帕克曼的资料大部分出自他们的陈述，不过未被攻陷的底特律自然是所有故事中篇幅最长与最完整的。帕克曼以特有的描述天分呈现这群人数寡少、孤立无援受到围困的士兵（大部
440 分是苏格兰人），在与文明失去联系下面临的处境，同时也提到被俘士兵遭受的痛苦折磨。逃亡者面对孤独、恐怖、饥饿与困惑，而帕克曼显然以自身经验说明他们的困境，被“森林中上千个陷阱与障碍”层层围绕，在黑暗中，一切变得更恐怖：

> 终于，他听到附近溪流的潺潺水声，于是朝那儿走去，沿着铺满砾石的河床跋涉，以免在森林软土与烂木上留下足迹，让追捕者的猎犬本能循迹追来。清晨，云雾弥漫，他仍努力摸索，此时他的注意力被一棵古老桦树的诡谲形态吸引，它的白色树皮垂挂下来，一股悲惨的熟悉感浮现眼前。附近的树丛隐约升起了蓝烟，他顿时感到一阵恐怖与惊骇，认出了这正是几个小时前他逃出的火堆。

帕克曼继续重建被围困在森林中的人的典型经验，死亡与折磨追逐着他，直到他偶然间抵达某个边境哨站，或“绝望而死，成了狼群乏善可陈的一餐”（*Pontiac*, II.v）。

对印第安人而言，当然，森林是家也是生计来源。“他不学习文明的技艺，与他的森林共存亡。他们心灵的坚定、不变的特征，激起我们赞美他们的坚忍。”（*Pontiac*, I.i）帕克曼对印第安人性格与外表的一些描述可能会惹恼后殖民的感受，例如，他喜欢“蛇眼”，但就他的时代标准而言，他的态度是复杂的。他会说，他的态度与印第安人性格的反复无常相符，而印第安人这种性格必须被归类为“另一种人心难测的谜团”。他赞美印第安人“高傲的独立”、尊严与坚毅。印第安人不总是站在舞台中心，但对帕克曼而言，他们似

乎是引人注目的人物："描绘印第安人是往后历史的目标。"（*Pontiac*, I.i）

人们衡量帕克曼对印第安人的态度时，不能忽略他对文明的态度，两种态度似乎都模棱两可，甚至带有悲剧性。一切生命均混合着善与恶；美丽与如画经常和功利冲突；他意味深长地说：沼蝮具有"令人厌恶的美"。帕克曼的文化根源不在于前代的史学作品，
而在于欧洲与美国的浪漫主义文学：拜伦与司各特的作品为《俄勒 441
冈州小径》各章提供了题辞，费尼摩尔·库珀（Fenimore Cooper）的作品发挥影响，另外他也求教于研究印第安人的学术权威亨利·斯库克拉夫特（Henry Schoolcraft）。不过，与此相比同样重要的是，人们从他的作品感受到一股酝酿中的达尔文主义。这是一种感受，也是一种看法。《俄勒冈州小径》（比《物种起源》早十年出版）有个段落证明了这项说法：

> 我走到一处由泉水汇集成的深而清澈的池边躺了下来。一群像别针一般大小的鱼儿正在池里玩耍，它们追逐嬉戏，看起来悠游自得；但仔细一瞧，发现它们正进行一场同类相噬的战争。有时小鱼成了受害者，而且随即被贪婪的征服者吞吃下肚。然而，池里的暴君，一尾约三寸长的怪物，震动着它的鳍与尾巴，从倾斜的池岸下缓慢游出……"心软的慈善家，"我想，"也许会为和平的至福千年长叹。因为不管是微小的米诺鱼或庞大的人类，生命是一场无休止的战争。"（XIX）

因此，当帕克曼对波士顿反奴主义者不表同情，甚至敌视妇女选举权运动时，我们也不惊讶。他的态度似乎与亨利·詹姆斯《波士顿人》中的密西西比人巴塞尔·兰塞姆（Basil Ransom）有异曲同工之妙。令人惋惜的是，这类情感表现总是被帕克曼的斯多噶式心灵所压抑，借由讽刺找到发泄口。他描述密西西比河沿岸的火山露头曾一度装饰着一幅印第安人壁画，耶稣会目击者说那是一头"怪

物”，帕克曼在此下了一个脚注：“1867 年，我经过此地，有一部分岩石已经粉碎，马尔克特（Marquette）口中的怪物已不存在，取而代之的是‘苦味酒庄园’的巨大广告看板。”（*La Salle*,V）在别处，帕克曼惋惜明尼阿波利斯邻近地区因地质侵蚀而使美景不在，他提到“其他同样具灾难性的变化，以艺术观点”来看明尼阿波利斯的城市形式，“1867 年，该市有一万名居民，两间国立银行与一间歌剧院”，至于对岸的竞争城市则以“巨大的水疗地与一所州立大学自豪”，如画的景色已不复见（*La Salle*, XVIII）。文明与地质的变
442 化均难以抵抗。前者在十八世纪经常被视为珍贵乃至于属于脆弱的遗产，如今似乎成了无法阻挡的权威事物，其所到之处均标志着平庸，其捎来的讯息是不适应就死亡。

然而，帕克曼虽然是斯多噶思想者，却不是阴沉的作家。有些严谨而吹毛求疵的二十世纪评释者认为他的思想极为丰富。事实上，帕克曼是位敏锐的文学艺术家，擅长书写诉诸感官的散文。当然，他势必受他的时代所形塑，如同麦考莱与米什莱，他们也超越了晚出且较脆弱的文学限制观念。美洲的蛮荒已经受到赞美与颂扬。在帕克曼的历史中，美洲蛮荒无所不在且处于核心，而它也为他的作品提供了远逾其他事物的强大想象动力。

亨利·亚当斯：从共和国到国家

美国的历史写作遵循一条令人熟悉的路线：从历史作为一种高度文学编纂形式，由业余文人书写，到逐渐专业化与投入于客观性，有时称为“科学的”。从 1840 年代普雷斯科特的作品，到 1890 年代亨利·亚当斯的作品，标志着以这个方向前进的距离。此外还有一项差异。普雷斯科特写的是尚未被欧洲人殖民的美洲大陆历史，帕克曼写的是尚未合并为一个政治联邦的英国殖民地历史，至于亚

当斯写的则是新共和国的早期历史。

以英文写下新世界经验的历史，始于十七世纪英格兰最初的殖民时期。威廉 · 布拉福德是新英格兰殖民地首位史家，也是 1620 年率领殖民者登陆鳕鱼角的领袖。这群人是英格兰分离派清教徒，为了过上虔诚的会众生活（只依照自己相信的神所规定的方式来敬拜神）与不被俗世腐败所污染而离开自己的国家。前往美洲其实出于偶然，是不得已才做的决定：他们起初是以团体名义移居荷兰莱登，但当地虽无宗教迫害，却难以为生，而他们也发现无法避免年轻人受外在不虔信世界的影响。他们最终还是登陆北美，之后布拉 443
福德成为他们的总督；这里的总督指的当然不是日后的含义，不是由国王任命。布拉福德未受过教育，却非毫无教养，他显然是个有天分的人，而他的天分之一就是成为一名史家。根据自身的集体意志定居下来的社群，如布拉福德自己的社群，其自我意识自然激起一股记录自身命运的欲望，特别是上帝对他们的垂怜，尽管他们充满弱点。布拉福德的《普利茅斯开拓史》以手稿形式受到后世史家的传阅，直到 1912 年才出版。马萨诸塞湾殖民地首任总督约翰 · 温斯罗普的日记，长期以来也是以手稿形式流传，到了十八世纪末则以《1630 到 1649 年的新英格兰史》（*The History of New England from 1630 to 1649*）之名出版。约翰 · 史密斯（John Smith）船长写下对维吉尼亚州詹姆斯镇（Jamestown）这处更古老的殖民地的描述：他的重点在于宣传美洲殖民地吸引人之处。

《普利茅斯垦殖史》显然是历史，不过人们也许比较喜欢称它是编年史，因为布拉福德的作品无可避免地具有一些中古时代修道院编年史的特征，表现在其地方主义与被迫专注在严密约束的社群上，无所不包的虔信赋予作品一种普世向度。彼得·盖伊称其为“真正的杰作”。在描述移民所经历的登陆与荒凉后，布拉福德的书成为一部记录完善的殖民地事务编年史。他滔滔不绝地提到个中艰辛，殖民地的荒凉凸显出上帝为保护他的圣徒而施加的恩宠：“如此横越了大洋……没有欢迎他们的朋友，没有娱乐身心或让舟车劳顿的身体消除疲劳的酒馆，没有房舍，更甭说有城镇可供投宿与寻求帮助……此外，他们能看到的只有恐怖与凄凉的蛮荒地带，充满了野兽与野人。”布拉福德希望殖民者的子孙知道，“他们的祖先是在何等困境中奋战”。

殖民地是立约民族的殖民地：“借由建立殖民地，人民神圣且相互地呈现在上帝面前，（我们）立约结成一个民众的政治体。”但这些民众不是“美洲人”，而是英格兰人，自认为是为了敬拜上帝而“集合的民族”。当温斯罗普描绘的景象逐渐知名，他所援用的
444 正是这个概念：“我们必须把自己想成是一座山丘上的城市。所有民族的眼睛将注视着我们。”亦即，他们是模范，他们自愿离开，作为上帝的圣徒社群，而不只是成为新土地的居民。佩里·米勒（Perry Miller）在半个多世纪前的重要研究《新英格兰心灵》（*The New England Mind*）中表示，这种自我意识要成为美洲人所特有的，还需要几个世代的时间。伴随着不可避免的幻灭，并采纳一种得自《旧约》圣经、不断重演的历史动力，以及将这股动力适用在殖民地历史上，米勒称这段历史为“长篇的悲惨故事”。这个民族总是与恩宠擦身而过，而且不断遭到天谴。这种模式与布拉福德对上帝的信仰形成对比，启发了当时最知名的加尔文教派牧师卡顿·梅塞（Cotton Mather），他于1702年完成了新英格兰通史。

最能描述1760年代与1770年代政治危机的历史作品，一般认为是马萨诸塞州保王派总督托马斯·哈钦森（Thomas Hutchinson）的《马萨诸塞湾殖民地历史》（*History of the Colony and Province of Massachusetts Bay*），他与在此之前许多转行成为史家的公众人物一样，在流亡返回英国后完成了这部作品。值得注意的是，独立战争具有一些内战性质。独立时期的历史赞扬者中，最知名的是杰尔德·斯巴克斯（Jared Sparks, 1789—1866）。他是一位论派（Unitarian）牧师，也是哈佛大学教授，后来还成为校长。他写了

十二册的乔治 · 华盛顿传，但实际上是编辑了华盛顿的书信。斯巴克斯自 1839 年起担任哈佛大学第一任美国史教席。他的作品必然倾向于处理文献累积的领域，而且普遍地激励与扶助历史写作，而非只是反映史家个人。身为学生的帕克曼将《庞提亚克的阴谋》献给了斯巴克斯。

美国第一位史家乔治 · 班克罗夫特曾是斯巴克斯的学生。他不像普雷斯科特与帕克曼那样具有资力，他的事业包括在哈佛教授历史，在此之前，他曾到哥廷根与柏林留学并取得博士学位。班克罗夫特跟莫特利一样，曾担任美国驻英大使，之后又派驻柏林（1867—1874）。他曾担任海军部长这个与政治直接相关的职务。他的历史 445
作品最后达到了十二册，出版于 1834 到 1882 年间，而且广受欢迎。他是杰斐逊派民主党员，其历史作品毫无批判地推崇美国是自由与民主之地。班克罗夫特的格言“社会组织必将与自由原则渐趋一致”，使他跻身我们最后一章所谈的自由派史家之列。班克罗夫特也是位极具热忱的民主主义者，与其相比，欧洲的民主主义者望尘莫及：对他而言，有件事千真万确，那就是人民的声音即上帝的声音。班克罗夫特对美国历史略带天真、褊狭与不加批判的取向，虽然使他在十九世纪大受好评，却带来不可避免的反响。他的历史虽非文笔拙劣，却未能获得显赫的文名，使其不被史学与意识形态多变的流行浪潮吞没。美国十九世纪的史家格外多产，而十二册的篇幅即使对支持者而言也是卷帙浩繁。班克罗夫特的历史不可否认是个里程碑，但在可预见的未来似乎还是乏人问津。

亨利 · 亚当斯对第三与第四任总统的详细研究《杰斐逊与麦迪逊主政时期的美国历史》（*The History of the United States of America during the Administrations of Jefferson and Madison*, 1889—1891）则是完全不同的情况，这部作品原本分为九册，至今仍受到重视。亚当斯是史家中的史家。这既非恭维亦非贬抑，而是事实陈述。他讽刺地评论自己销售不佳的作品，认为历史是贵族事业，物质报酬极少。事实上，亚当斯本人可说是美国所能见到最接近世袭贵族的人物：波士顿望族，美国第二任总统的曾孙与另一任总统的孙子。亚当斯过分挑剔的批评呈现在他的自传《亨利·亚当斯的教育》（*The Education of Henry Adams*）中，并充分体现他的贵族形象。他的事业也符合他的身份，包括在哈佛大学念书与教书、在日耳曼各大学以及伦敦大使馆做研究。美国史家经常被吸引到这里来，而当时他的父亲是驻英大使。

身为史家，亚当斯起初是位中古史学者，与人合写一本关于盎
446 格鲁—撒克逊法律与制度的书籍。他的美国史大作以十九世纪为主题，个中原因有时令人费解，有人认为是因为这个时代具有强烈的争议性，与他的曾祖父约翰·亚当斯担任总统期间（1797—1801）相比糟很多。亚当斯借由编辑他称许的政治家艾伯特·加勒廷(Albert Gallatin）的文件而成为这个时代的专家。加勒廷是杰斐逊与麦迪逊时期的财政部长，曾参与协商1814年的根特条约，并因而结束了对英战争，这起事件构成亚当斯历史的高潮。亚当斯的叙事就规模而言是绵密的、复杂的与漫长的，他探讨杰斐逊与麦迪逊两位总统任内的重要事件，特别是从法国人手中买下路易斯安那地区与对英战争。在作品的主要叙事部分，亚当斯处理的主要是传统的历史主题：政党的立法与斗争，外交与战争。与普雷斯科特和帕克曼一样，亚当斯也在欧洲和美国的档案馆从事研究；他的研究主题使他必须评估塔列朗、拿破仑与英国首相斯宾塞·珀西瓦尔，以及美国总统与其他政治人物的动机与策略。他老练地处理英国下议院与美国国会的会议记录与意见冲突。不同于班克罗夫特，亚当斯的历史以不带个人情感为基调，但不可否认地，其中仍具有爱国主义倾向：他以美国的活力与勇于创新对比欧洲的保守与严谨，并且做了拟人化的比喻，例如，穿着马靴与胸甲的英国御林军，以及像职业拳手般光着上身下场打拳的美国士兵。

然而，对于非专业的读者来说，亚当斯的叙事经常给人既感动又畏惧的复杂体验，但其作品最吸引人的地方不是叙事，而是长篇序言，书末则是相同性质的短跋，而在序言中亚当斯调查了 1800 年美国的文明状态，这篇文章在今日读来仍令人获益良多且趣味横生。亚当斯的序言类似麦考莱著名的论查理二世时代英格兰状态的篇章，不过两者相比，前者似乎更为出色。亚当斯的调查，优点在于毫无慷慨得意之词，而麦考莱的社会史论述则因披上这层外衣而显得极不协调。亚当斯的调查有时也让人想起泰纳的文化解释公式： 447
“种族、环境、时机”——在亚当斯的作品中，则变成传承、土地与当前的历史挑战与机会。亚当斯与泰纳同样倾向于将历史视为社会与文化发展的决定论科学。序言的结语《美国理想》（American Ideals），与题为《美国性格》（American Character）的跋（试图衡量 1800 年到 1817 年间的发展），对亚当斯而言，这两篇显然代表整部作品的顶点与主要精神：一旦加以描绘，理想和性格就代表了调查与历史的解释成果。这项公认极为困难的尝试并未完全成功，但整体而论，序言仍是一部杰作。它被区分成几个小节，有精彩的《物质与经济条件》（Physical and Economical Conditions），有一节谈《人民特质》（Popular Characteristics），有三节分别谈新英格兰、南方与“中部各州”的“心灵”。从一开始，地理即支配了读者的印象。根据亚当斯的说法，地理不仅形塑美国文明的进展与国家统一，也构成了巨大障碍。他不以浪漫的角度（如帕克曼）看待土地，除非提到宰制土地的罗曼史。他认为土地对新成立的共和国的内在联系构成巨大阻碍，对此提出许多例证。

亚当斯强调美国生活的原始性与褊狭性。他根据自己的中古欧洲知识，比较西部各州移民的处境（当时的实际情况）与早期英格兰的盎格鲁人与朱特人，“即便是新英格兰，一般农舍几乎比不上查理曼时代富裕人家房舍的完善、宽阔或温暖”。如果对帕克曼来说，文明有时像是一部蒸汽压路机或不可抵挡的权威，那么对亚当斯来说，1800 年的文明就像一辆在凹凸不平的道路上颠簸行进、轮子经常陷在泥里的马车。政治统一的美国是个未发展的社会，其四散的要素使歧异性压过了统一性。即使是在移民长期定居的东部，大城市间往来的费时、危险与艰难令人咋舌，平均的旅行时间也令人望之却步：一般而言，从缅因州到佐治亚州的快递邮件需二十天才能
448 送到。在亚当斯的书里，这一部分的“英雄”，甚至就全书来说最具象征性的，首推汽船，它是罗伯特·富尔顿设计的，于 1807 年进行处女航。汽船带来了远景，它能在美国各大水道（河流与湖泊）航行，为旅客及货物提供简易而定期的旅程。从此汽船的甲板使美洲大陆的资源获得统合与有效运用。亚当斯忍不住得意地嘲讽：与此相比，“拿破仑与斯宾塞·珀西瓦尔的中古野蛮并不会比阿喀琉斯与阿伽门农的行径好多少”。

这些令人赞赏的调查不仅详尽，而且对亚当斯作品中想象的简洁与描绘的对比起了重要作用，唯一相对失败之处是序言的结语以及与此相应的《美国性格》的结尾。身为随笔作家，亚当斯试图捕捉诱人却捉摸不定的现象，但在这方面他显然比不上同时代的沃尔特·白芝浩与写过《英国笔记》（*Notes on England*, 1872）的泰纳。令人惊讶的是，他从未提及托克维尔的《美国的民主》（1835、1840）。为了保持客观，亚当斯绝大多数时间都躲在他人正反意见背后，他将正反意见并陈，却不设法组织成令人满意的图画。从他身上我们得到的只是零散的判断，而非整体的评价或一部小说与连贯的诠释。

亚当斯的历史是如此卷帙浩繁且在各方面都令人印象深刻的杰作，因此对其中某些弱点予以放大解读似乎有些悖理与不公。就某个意义而言的确如此，但有证据显示，这些章节虽然相对来说较为短小，但对亚当斯而言却是整部作品最重要的部分。它们是对社会发展进行科学性历史解释的测试场，亚当斯想实际演练，却只能停留于纸上作业，如同他投入精力描述政治人物使用各种他无法亲自

实践的手段。亚当斯对于这类解释的可行性以及对一般“科学”概念的热情，似乎源自几个地方：达尔文主义，这点毋庸置疑；其他可能还包括了赫伯特 · 斯宾塞与泰纳，以及奥古斯特 · 孔德与巴克尔尝试的历史科学。因此，他的作品有时会出现预示性的与不那么清楚易懂的宣言，这和身为史家的他格格不入。亚当斯在写给朋友的信中表示：“历史是沿着最小抵抗路线前进的社会发展。”“最小抵抗路线”是赫伯特 · 斯宾塞对演化观念的一般说法，并非达尔文 449
的概念。亚当斯在作品中写道，一个时代的伟人会在“不知不觉中或多或少地达到社会追求的新层次”。对亚当斯而言，“科学史”与“平凡人”的活动有着概念联结，后者使美国史成为一个特别具有远景的领域。亚当斯虽然缺乏将民主视为一种政治形式的热忱，但他在写给帕克曼的信中表示，“人民”是历史唯一的主题；它“固定与必然的发展将以心理学、生理学和历史学来呈现”（这似乎就是泰纳的“种族、环境、时机”，只是顺序不同）。

亚当斯在作品的跋中做了更完整的陈述：“历史学若想成为真正的科学，就必须建立自己的法则，这个法则不是来自欧洲诸国彼此竞争的复杂故事，而是来自一个伟大民主的经济演化。”北美提供了最佳远景，“像这样一个腹地如此广大、一致却又孤立的社会，最能满足科学的目的”。在此，讲求科学的史家可以研究“处于不断成长条件下单一而同质的社会”。我们发现这部作品除了不是重回“欧洲诸国彼此竞争的复杂故事”（作品的现代主题主要由这些内容构成）的历史科学，也认识到作品中带有一种十九世纪特有的不断将某个特定国家视为规范基准的倾向，某个国家的历史构成人类历史发展的核心路线，以此对照其他国家的偏差；马克斯 · 韦伯后来提出的“理想型”（ideal type）与此类似。我们可以从基佐的《欧洲文明史》与巴克尔的《英国文明史》（*History of Civilization in England*, 1857—1861）看出这种观念，巴克尔认为这种思维尤其可以作为科学历史解释的基础，并主张这与统计学方法有异曲同工之妙。亚当斯以美国为范本，因为它显示出“一个庞大人口不断成长的过程，在这群人口中，没有令其他国家紊乱（confused）的社会区分”。（他经常使用“紊乱”这个词。）这种说法演变成“定义国家的性格”，但我们不能以此认定亚当斯在这方面做了更多引申。我们也不能说他的诠释判断不当，但这些诠释确实与他先前宣称的广泛而科学的目的有所抵触。

450 从1880年代以降，“科学”的说辞成了历史的惯用语。并非所有史家都像亚当斯明确揭橥，并且超越“客观性”的既定观念而拥抱“法则”；阿克顿就不是如此。然而亚当斯对客观性的投入却成了一种惯例。他说，史家“应抱着研究结晶形成的精神与方法来研究历史”；他的意思或许是指，与他同时代以及年轻一辈的许多学者对文献进行详细而客观的检视。事实上，虽然亚当斯一般而言采取了不受个人情感影响的分析立场，而且写出比普雷斯科特与帕克曼来得节制乃至于质朴的散文，他的历史仍与结晶学的中立性有一段距离，我们对此感到庆幸。亚当斯对于新美国以及其所面临的困难与潜力怀抱愿景，正如帕克曼对美国森林怀抱期许一样。路易斯安那购地案与对英战争不只是他致力陈述的两位总统任内的重要事件，也代表美国在美洲大陆上的未来，与美国统一成一个国家的关键阶段。

对于路易斯安那购地案，亚当斯呈现的协商是一出带有趣味的紧凑戏码，而这个案子解决了到底该由西班牙、法国还是美国来支配密西西比河以外领域的问题。对英战争，与其说是战争，不如说是美国不愿屈服英国提出的停船、受检与没收货物的要求，所以才选择战争。它在亚当斯眼里是美国国家尊严的第一场重大试炼。对英国的反制措施严厉实行，却损害了美国商业，新英格兰地区损失最大，致使联邦承受极大压力。（当然，亚当斯是在南北战争这场更严酷的试练过后写下这部作品。）与英国协商的过程漫长迂回，亚当斯分别从双方角度切入观察。对亚当斯而言，美国的抵抗与战争证明国家的存在，联邦有能力维护国家荣誉与核心利益；若无法做到这点，不仅可耻，也显示共和国已丧失国格。在刻画美国的战争态度时，亚当斯的中立立场拒斥了那些将自身的商业利益置于爱国之上的人。他听到战场得胜的消息，尤其海军方面，禁不住露出欣喜神色，但也对战争行为严加批判。对亚当斯而言，战争促使这 451
样的情感达到顶点：人们不再觉得自己是居住于美国的英国人，也不认为自己是几个联合起来的州的成员，而是彻头彻尾的美国人。爱国主义，既不天真也不露骨，是对大陆天命的感受与维持联邦完整的强烈感情，这些构成了指引亚当斯历史的暗流。

亚当斯对“科学史”观念的沉迷，如我们所见，只是一种梦想，而抱持这种梦想的人为数还不少。亚当斯生来就是精英分子，或者应该说是上流人士，但世界正在变迁，他的角色也跟着改变。当他在哈佛的教学生涯接近尾声时，已经如同一位“专业”史家。亚当斯负责训练（以当时流行的话说）——“烘焙”是他用的一个更生动的词汇——未来的史家（见下文第 455 页）。美国大学的历史教授数量成长得相当快速；《美国历史评论》（*American Historical Review*）于 1895 年开始出版。亚当斯于 1893 年担任美国历史协会会长，在此同时，弗雷德里克 · 杰克森 · 特纳提出开放的边疆如今已然封闭，他认为开放边疆对于美国社会的形塑具有核心意义。哈佛大学丧失了近乎垄断的地位；约翰霍普金斯大学成为新专业主义的另一个摇篮。特纳成长于威斯康星州，他著名的“边疆学说”（frontier thesis）对英国中心主义构成社会与经济挑战；英国中心主义主张美国民主是由德裔与英裔遗产所形塑。与特纳方向大致相同的是查尔斯 · 比尔德的异端作品《美国宪法的一个经济诠释》（*An Economic Interpretation of the American Constitution*, 1913）。他主张美国独立是为了反抗英国重商主义经济政策而起的斗争，美国的开国元勋本质上是为了确保私人财产权，反对“一切平等”的潮流。从 1880 年代以降，开启了一段“学说”时代，这是历史专业兴起的一项征兆。其中最著名的是马汉《海权对历史的影响：1660—1773》(1889)，这部作品在偶然间对欧洲权力政治产生不良影响（这在历史作品中是相当罕见的），使德皇威廉二世（Kaiser Wilhelm II）下定决心建造德国海军以挑战英国的海上霸权。

普雷斯科特、帕克曼与亚当斯的生存年代绵亘了一又四分之
452 一个世纪（普雷斯科特生于 1796 年；亚当斯死于 1918 年）。他们接续的作品使人依次思索美洲第一批欧洲殖民者西班牙人征服墨西哥；其次是北美处女地，生活于此的原住民以及最早来此的欧洲探险者，例如法国人；最后则是美国国家意识的兴起，缓慢、不完全，有时还造成痛苦，亚当斯认为直到十九世纪初，这项意识仍在创造中。此外，还有另一种接续，即在文化层面上的接续，它影响了历史写作方式。普雷斯科特的作品最接近十八世纪，他被恰如其分地描述成“新吉本派”（亚当斯也非常赞赏吉本，但影响并不显著）；帕克曼毫无疑问受到浪漫主义文学的影响，包括华兹华斯、司各特、拜伦与莱蒙托夫，在美国则有费尼摩尔·库珀与梭罗。而亚当斯是三人中唯一的大学教授，从他对历史的声明以及晚期的事业，可以看出他属于十九世纪末历史专业快速发展的一部分，无论是欧洲或美国。历史专业的发展正是接下来我们必须更一般化地加以探讨的主题，从十九世纪末开始，它成为影响历史写作的主要力量。

第 25 章

专业共识：德国的影响

专业化

集众多学者之力写成的多卷本《剑桥近代史》（*Cambridge Modern History*）出版于 1902 年。首任编辑阿克顿勋爵写的作品简介，以强调历史写作必须客观与摒除个人色彩而闻名于世："本书的作者群会理解……我们的滑铁卢必须让法国人与英国人、德国人与荷兰人都满意；在未查阅作者名单之前，没有人可以看出牛津主教斯塔布斯何时停笔，而提笔写作的是否为费尔班或加斯克（天主教枢机主教）、李伯曼或哈里森。"读者或许会在不经意间讽刺地想起中古时代佚名的编年史家以及他们接续书写的作品，但对当时的人而言，《剑桥近代史》代表了历史写作与历史专业伦理的现代顶点。（附带一提，阿克顿就狭义而言并非专业史家，而是个无须工作就能过活的贵族，他在大学任教是晚年的事。）比作品简介更具说服力的是《剑桥近代史》本身，它由许多学者协力撰写，汇聚了各国的学术成果，见证了合作与累积的信念，使历史学取得科学的地位。就这个意义来看，这一系列的作品乃数十年来欧洲（出版 453

时也包括美国）对历史学术的严谨与客观产生愈来愈强的自我意识而得出的成果。因此，当时的时机已经成熟到足以推动这项计划，而阿克顿正是理想的编辑人选。他符合一切条件，不仅因为他的世界主义，也因为他受人推崇的学术广度与深度，以及他经常公开强调考证史料乃史家的核心特质。

454 十九世纪晚期与二十世纪初期最先进国家的历史专业的发展，是随着中产阶级教育扩展所带来的职业化与专门化这个更普及的过程的一部分，当然，这也创造出愈来愈多教职。专门化是针对知识快速成长而产生的明显且不可避免的响应，尽管有时令人悲悼，而知识成长本身既是研究理想的因，也是它的果。在自然科学中，有些事例具有明显的功利性，其他学术专业对此感到钦羡，也主张自己具有相同的性质，不过有时却也高傲地拒绝。历史学是个古老的思想学科，却未拥有坚实的大学教学基地，只有少数大学才能授予教授资格，直到十九世纪初才产生改变，而哥廷根大学是其先驱。历史学虽然有时必须为自己的独立奋斗，但亦受惠于与更古老的学院学科的紧密联系，如古典学科与法律学，因此与现代文学、社会学或人类学相比，它在不断扩张的学术世界里更快地成为主要角色。“实用历史”的旧传统，如波里比阿的主张（见上文第 74 页），可以重新加以翻修，用来支持历史有助于政治家和公务员教育的理念。历史也许也能培养爱国主义、国家意识与共识，反对过度激进与社会主义的倾向。

十九世纪末最先进与最工业化国家的性格尽管因地而异，却逐渐科层化，教育组织乃至于研究亦是如此。十九世纪初期，各国政府开始奖掖对具有国家重要性的中古手稿进行印刷与出版，并且认为这是一项爱国行为（此时也有营利的私人出版社，例如坎登社出版的乔斯林编年史，卡莱尔曾经使用过这本书）。一般公认的先驱是出版于 1821 年、由普鲁士政治家卡尔 · 冯 · 施泰因赞助的《日耳曼历史文献》（*Monumenta Germaniae Historica*）。基佐于 1830

年代担任大臣之后，也在法国培养类似的出版事业。这类出版事业某种意义上成了研究学派与共同学术标准的建立者，当然标准的建立并非毫无挫折。斯塔布斯透过编辑英国文献古卷系列（Rolls series）的过程，完成了学术训练。 455

历史学作为一门教学与研究专业，其成长与声望在德国获得最大的进展。历史机构组织形成具体而微的科层等级，对此抵制最有力的是牛津与剑桥大学，尤其前者一直维持着个人的学院终身职的老传统，类似有薪俸的教士职位，许多学院的研究员一直承袭这样的生活。此后，希望学习欧陆组建“自己的”学院的教授与半独立学院的研究员间的关系逐渐紧张。虽非绝对，这种紧张也呼应着历史专业中，研究与教学模式之间的紧张。在欧陆与逐渐包括美国以及新英国地方大学，教授与研究生（即下一代的史家）之间的关系愈来愈密切，并且成为历史专业自我形象与实践的核心，其中也维持着另一类科层结构的主从元素。

虽然也有档案学者这类辅助专业人士，但专业化的核心仍在于大学受薪职位的成长，以及教学与研究的结合。多少获得一点自主性的历史学院开始出现（牛津与剑桥从 1870 年代初期开始出现独立的历史学院），有时结合了其他学科，特别是初期，并且提供研究所需的训练。在英国，以笔试作为毕业条件使教授可以控制授课内容，应试者也分成不同类别。这类大学历史学院的存在不仅培养而且在某种意义上也预设了研究标准（如任命资格）与写作方式（保持语调的冷静〔有人说这是沉闷〕与中立是必要且适当的）的专业共识。研究成果必须发表在专业学术期刊，至少最初是如此——这些新创立的期刊，目的是为了供人发表学术论文，由期刊编辑根据标准加以筛选。德国仍是这类建制的先驱：《历史期刊》（*Historische Zeitschrift*）开始于 1859 年，更早期的出版品《历史袖珍书》（*Historisches Taschenbuch*）从 1830 年延续到 1892 年。法国的《历史评论》（*Revue Historique*）创立于 1876 年；法国史 456

学受到 1870 年后德国典范的深刻影响。《英国历史评论》(*English Historical Review*)开始于 1886 年，美国历史协会开始于 1884 年。《美国历史评论》于之后的 1895 年发行。

共识不仅存在于历史该如何书写，也存在于历史的内容为何，因此共识不仅是热情的产物，对于胸怀大志的专业人士而言，共识更在于能否执行。十九世纪末与二十世纪初，历史尤其意味着政治史，尤其在近代史，包括将焦点放在欧洲列国体系的国际关系上，也包括立宪与法律根源，以及渐受重视的经济史。阿克顿在发表于《英国历史评论》创刊号的《德国历史学派》(*German Schools of History*)一文中，对德国经济史家威尔赫姆·罗舍尔(Wilhelm Roscher)投以与利奥波德·冯·兰克相同的关注；而在同一年代，少数被任命为剑桥大学历史教授的学者中，担负起对新近(1872 年)独立的历史学位进行授课的是经济史家威廉·康宁汉(William Cunningham)。社会与文化史虽有布克哈特作为典范，却罕有作品出现。对绝大多数史家而言，这些领域的优先性是不证自明的，如同历史学在获得专业承认与组织的过程中，找到了自己的认同。自希罗多德以降，历史写作与历史探究的漫长历史已到了终点：克莱奥(Clio)已揭开面纱且占有一席之地，而这或许发生在德国。

适合表现这个时代的修辞当然是“科学”：透过适当研究，历史是具客观性与累积性的知识形式，是许多投入心力的专业人士的成果累积。固然往后还有更多需要学习的事物，但有时会出现主张说，现代历史实践本身是“哥白尼革命”的结果，是将史料考证的必要标准予以传布的过程。人们可以合理预期后续不会再有革命：不可能比科学更科学。然而一味追求考证精确的历史学界对于概括性的理论过于无知，事实上，与哥白尼革命一样能撼动世界的理论
457 早已出现在从克拉克·麦克斯韦到爱因斯坦的物理学界。如何研究历史，以及更令人感到疑问的，历史本身的内容为何？对于这两个问题的共识是如何建立的？毕竟，这种共识不像是我们之前在第

二十二章看到的晚近发展：戏剧性的叙事与逐渐将“民众”视为历史的主角。而要回答这些问题，我们必须回到德国。

德国历史主义：兰克、上帝与马基雅维利

十九世纪初以来，德国学界，尤其历史学界，享有着崇高声誉。它的组织与成就受人钦羡，而某种程度来说也受到法国、英国与美国的仿效。与这个声誉联结的是利奥波德·冯·兰克的崇高声望。他被视为德国历史专业的首席，除了他的长寿（1795—1886）与担任柏林大学历史教授这个重要地位外，也因为他的弟子们成就卓越，以及他的历史作品数量惊人（全集共六十册）。他的人生几乎涵盖了整个十九世纪，到了晚年，他的弟子已主宰了德国历史专业，除了少数几位偏离了他的兴趣与戒律。

德国史学受到中古时代以来的一项事实所形塑：与意大利一样，日耳曼被视为民族而非国家，尽管神圣罗马帝国以日耳曼人为基础，然而与意大利相比，日耳曼皇帝与王侯的权力远大于“自治城市”。日耳曼作为一个整体，从未屈服于罗马统治之下。因此，基于这两项理由，古罗马城市共和主义在日耳曼无法像在意大利那样获得共鸣。塔西佗对日耳曼部族与村落的描述，是研究上古日耳曼史的重要史料。这个结果是可理解的：一方面是帝国的视角，即基督教或普世史的视角；另一方面则是以地方史为重心，包括城市以及城市以外的历史——公国或者地方农业社会的基本制度，人们认为这里面存在着塔西佗描述的自由残余。

之后，在十九世纪中叶出现了分水岭，它反映出日耳曼自由主
义在 1848 年法兰克福全日耳曼国民议会失败后遭遇的危机：人们 458
热切期盼的德国统一只能由普鲁士或奥地利的力量来完成。一开始是想法，之后则成了事实，1871 年后组成的日耳曼民族国家产生

一种催眠的效果。地方的自主地位变得不受重视，甚至遭到诋毁；十八世纪它与启蒙运动的普世主义，甚至是能约束主权国家的概括性自然法观念，全被推到一旁。一种崭新的马基雅维利主义成为主流，即“现实政治”。这个词创于 1851 年，原是用来表达唯有以力量才能达成统一的观念，但逐渐用来正当化以任何手段追求国家目的。在所谓的“普鲁士学派”的作品中，包括兰克的弟子海因里希 · 冯 · 西贝尔（Heinrich von Sybel）与海因里希 · 冯 · 特莱奇克（Heinrich von Treitschke）。德国史被以目的论的角度加以诠释（如同英国自由派看待自己的国会史），并以普鲁士统治王朝，即霍亨索伦王室，作为命定的统一工具。（虽然卡莱尔的学术标准较为混杂，但或许还是能将他的作品归为普鲁士学派的正典；1945 年，在柏林的总理地堡中，戈培尔为希特勒朗读卡莱尔的腓特烈大帝传以提振士气。）阿克顿形容普鲁士学派是“卓越史家组成的卫队，他们将普鲁士抬升到至高无上的地位，连同自己的地位一起高升，如今（1886 年），他们已将柏林当成一座堡垒”。但并非所有兰克的弟子都走上这条路。他们也包括了旧传统的中古立宪史家，如格奥尔格 · 魏茨（Georg Waitz）、鲁道夫 · 冯 · 格奈斯特（Rudolf von Gneist）与莱因霍尔德 · 波里（Reinhold Pauli），另外如布克哈特也是兰克弟子，只是他偏离了老师的路线。

十九世纪，在 1806 年拿破仑入侵之后，普鲁士遭到粉碎，之后在 1813 年所谓的“民族觉醒”与反拿破仑的复兴战争中，国家的概念移动到舞台中心，但并未取代民族的地位。民族学者（见上文第 408 页）起初以厌恶的眼光注视国家，认为国家是一台无生命的机器，压抑了民族自发的创造力。十八世纪的日耳曼宫廷在文化上崇尚法国，他们心目中“开明”的模范国家是独裁的与高度理性的。因此第一位分析科层制的学者是日耳曼人并不令人意外，就连国家的赞美者也将焦点放在国家的机械性技术与效率上。然而 1813—
459 1814 的“解放战争”（war of liberation）之后，民族概念逐渐被政

治化，“国家的理念”也被整合到浪漫主义的思想世界中；费希特与黑格尔构思的国家——作为伦理生活（即精神的能动者）的具体展现——以源于赫尔德的形上技术观点来看，已不只是机器，而是历史的“个体”（Individuality），它既是赫尔德民族概念的补充物，也是独特的个体。民族与国家这两个概念，在民族国家的观念中获得了某种融合。

参与民族国家不需要民主或任何类似民主的事物，只需要强化对更高精神实体的归属意识与认同感。国家代表个人的最高自我。因此国家不只是工具，而是精神的实在，一种自我实现的理念。国家在欧洲列国体系中与其他国家、其他个体竞争以寻求生存与自我实现，同时借由这些遭遇而获得活力与训练。这种说法呼应了罗马与马基雅维利生于忧患死于安乐的观念（见上文第 87, 286 页）。黑格尔在《法哲学原理》（1821）最后部分（324, 325）提到，关键在于，处于战争的国家可以号召市民牺牲生命。战争不再像十八世纪那样仅属佣兵事务。国家对个人生命的权利，根据黑格尔的说法，明确昭示了国家不只是保护个人生命的工具（契约论），或用来生产福利的工具（开明专制），而是高于个人的精神实体。国家对个人生命的要求不是暴政，而是自我牺牲，屈服于自身的更高意志，而且参与在更高实体的生命之中。

十九世纪上半叶的日耳曼自由派知识分子逐渐对日耳曼政治的分崩离析感到厌倦，因而亟欲寻求统一。特莱奇克甚至盘算由普鲁士以武力入侵各邦来完成德国统一。民族国家的概念，亦即致力于实现自我，作为最高的现代历史理念，成为民族主义者的近代欧洲史概念核心；许多日耳曼自由主义者采纳“国民自由派”的标签，在名词上做 460
了极富意义的添加。欧洲史是自我移动且自主的精神个体之间的遭遇与互动。人们认为（这不是兰克的说法），除非日耳曼民族已在政治上具体成为单一国家，否则它无法成为完整的角色，国家自我实现的需求凌驾个别市民的利益与以自然法为根据的国际法命令。

从十九世纪中叶开始，兰克与弟子们的作品重新强调欧洲各国的互动关系是一种不稳定的权力均衡，而且认为这种关系是近代欧洲历史的基调；这个观念在十六世纪的意大利被有系统地加以陈述，此后就不断受到呼应。从近代初期的《教宗史》（*History of the Popes*, 1834—1837）开始，兰克大部分的作品都致力检视十六世纪之后欧洲各国权力均衡的问题。对兰克而言，国家作为历史个体，是上帝心灵的思想，他的临在持续地受到感知。上帝的思想大多盘踞在“强权”（the Great Powers，兰克一篇论文的标题）之上。兰克不是哲学家，而且断定历史优越于哲学。然而，他的作品虽未系统地陈述形而上学，却充满了形而上学色彩：他认为“神圣政府的计划”是潜在的，未详细表现于外，它是由史家瞥见的，而不是如黑格尔的历史哲学能抽象地予以摘要。这些计划存在于独特历史个体的指导观念之中，有时不可忽视。兰克在严谨调查文献的基础上，致力重构他心目中的欧洲史核心主题，而背后支持他的信仰的则是借此可直通神圣心灵。唯有史家，与兰克自己，能从事件与力量的独特历史排列中辨识出上帝之手。这就是所谓“历史主义”的思想核心。兰克驳斥黑格尔的目的论，后者具体表现在通往最终历史顶点的连续阶段上，主张唯有哲学才能捕捉到这点。然而，兰克并不反对黑格尔国与国之间权力关系的论点，当然也不反对战争。

将彻底而精确的学术研究与基础形而上学加以联结的是这个
461 观念：史家的任务不是处理抽象，而是处理独特的精神实体，亦即研究被凝聚成国家的个体（这才是史家的主角），以及这些个体间彼此错综复杂的关系。历史理解不可能是目的论，如黑格尔的作品，因为如兰克的名言，每个时代平等地“直接关联着上帝”，因此无须依照次序排列（虽然“普世史”的观念一直笼罩着兰克的作品，兰克晚年致力于此），而应详细而客观地调查。排斥历史目的论使兰克比同时代的人更接近现代观念，但他对客观性与观察“过去实际如何发生”（他的另一句名言）的自信却使他更远离现代观念。

兰克的作品数量庞大，但绝大多数未译成英文，要说明现代对他的共识是困难的，因为我们不清楚是否真有这样的共识存在。几乎每件事都有争论：兰克致力于政治史，尤其是“外交”史；他的影响程度；形而上学或神秘主义观念对他的重要性；甚至他的叙事性质，他的奥林波斯诸神般旁观世事的立场广受称赞。阿克顿说兰克的叙事“平淡”，或许这是一种恭维。他写道：“兰克是这个时代的代表，他建立起现代的历史研究。他教导历史必须考证、平淡与崭新。我们在每个步伐都遇见他，他对我们的贡献无人能及。”不过，阿克顿在评论兰克英国史时表示（1867 年）：“麦考莱描述得如史诗般生动的场景，被刻意铺陈得单调乏味。”在形容兰克晚期的作品时，他说是“无趣而呆板”，这些恐怕不能算是恭维。

兰克对国家事务的专注程度，是众人意见最为分歧的地方，因为它影响了这里的一般论点。对约六十册的作品采取武断的看法并非明智之举：我们只能说，兰克作品给人一种专注于国家事务的印象——反对论点似乎有以偏概全的危险。阿克顿也说，兰克写的优秀作品比谁都多，但没有一部可称之为经典。这或许是在同时代的人当中获得尊敬与影响力的一条明确路径，但若想俘获一个半世纪 462
之后的读者，这条路就不值得推荐。对绝大多数读者而言，特别是英国与美国的读者，最实际的做法是试着将兰克理解成一股影响力、一个典范与一名杰出人物，而非一位仍充满生命力的作者。无论如何，这种理解方式或许已蕴含了历史专业与知识累积的观念。

不完全是哥白尼革命

在我们曾经引用过的剑桥大学就职演说中，阿克顿向听众介绍一个全新的时代，而兰克是这个时代的代表："批评者取代了耐烦的编纂者、叙事生动的艺术家、善于描绘的肖像画家、具说服力的道德家或其他人而登上王位，历史王国的王朝因而更迭。因为批评者只要读到一段有趣的陈述，便开始怀疑。"新王朝是一群拥有史料考证技术的历史专业人员，而兰克（阿克顿曾到柏林大学上他的课）立于他们之中的首位。

就职演说是个讲究修辞的场合，需要的是虔信与劝诫而非异议。九年前，在《英国历史评论》创刊号的《德国历史学派》中，阿克顿对兰克的看法有所保留。如今他简化并因此略为夸大了史学革命在考证上的创新。他认为考证源于十九世纪。阿克顿承认史学革命的原则在更早之前就已被充分理解，为了让人容易接受而主张将考证运用于书写近代史叙事是一项创新，但近代史叙事的书写也仰赖国家档案的开放，这是一项容易被遗忘的条件。此外同样重要的是，要广泛运用考证以及有系统地寻找手稿史料，而非零星散乱地搜集，阿克顿指控即使是年轻时的兰克也曾犯过这种错误。查阅"所有"相关史料是个好建议，但这么做还不能算是哥白尼革命。一手史料优于二手史料，但误传、无知乃至于伪造，总是有可能发
463 生；因此必须严格加以检视二手史料，以确定是否具有可能的扭曲与是否能传达真实——阿克顿坦承，这些并不神秘，应该说更像是常识。

一手与二手史料的区别对史家而言非常重要。这种区别本质上是文件（以此为根据而做某一件事，如命令、委任状、特许状或契约）与评释或叙事之间的区别。就前者而言，真假并非争议点，除非是伪造，善意与意图或许值得考虑，而意义则当然是争议所在。阿克顿说："编年史是记忆、想象与设计的混合物。特许状则是现实本身。"另一种一手史料文件是，行为者试图借由文件来影响事件，因此这构成史家调查的一环；行为者是否说了事实，这个问题或许没有意图或功效来得重要。在叙事与评释的二手史料中，情况则颠倒过来。

最明显而重要的问题是真假。当然，在评估时也必须区别目击证言与传闻。考证史家的做法与十五世纪人文学者热情于回复最纯粹、最不受污染的古典文本版本上有类似之处：如兰克的史家以怀疑的眼光看待编年史家与之前的史家，宛如人文学者对中古时代评释者的轻蔑。

然而，一手与二手史料的区别是有弹性的。同一份文件可能既是一手史料又是二手史料，如同一篇评释可能被写成一项政治行动。在某项调查下属于二手的文件，在另一项调查下可能成为一手。兰克显然喜欢形构文件来源的人格印象，并以此作为评估可信度的部分基准。编年史家的偏见在史家与真实之间形成一道屏幕。然而在德国，尤其是早期时代的研究，却公认神话也可以视为日耳曼史的一环。这种想法激励了一些具有高度影响力的学术作品与玄思，包括十九世纪一部开创性作品：戴维 · 弗里德里希 · 施特劳斯的《耶稣传》（*Life of Jesus*）。在这本书中，福音书被当成历史而受到摒弃，却可作为公元一世纪犹太人心灵的证据。尽管如此，在追寻主要属 464
于近代史的真实时，兰克却从未想到（虽然阿克顿原则上察觉到这一点）编年史家用来观看世界的透镜本身就是一项史料，是他们写作当时时代的一部分，就这层意义来看，可说是一种潜在的一手史料。这反映了兰克世界中高层政治的首要地位——编年史家是小人物，是有用或不可靠的仆人——以及历史本质上是由事实与事件构成的这类假定。编年史家是事实与事件的记录者，而事实与事件并非历史本身。我们也在高尔布莱斯这位杰出的中古史家身上看到相同的态度。他在 1950 年代的文章提到，中古时代的英格兰编年史家是令人讨厌的同僚。现今老一辈的史家或许曾遭遇这种态度，或者也分享了这种态度。

虽然兰克在他著名的柏林大学专题讨论课程中有系统地训练弟子，要求他们实际考证史料与讨论文献例子，但他的影响绝大部分似乎是个人的。阿克顿对于这种方式感到熟悉，因为文献学者也是如此教导与要求他的。一名美国学生回忆在柏林的求学时光，热情洋溢地写下参与专题讨论的经验：“学生出现了，他把从大学图书馆借来的书籍与文献堆成一座堡垒，准备自己的重点提要与引证资料，就像一名即将出庭答辩的律师；权威受到讨论，类似的史料被引用；旧的意见被推翻，正史被批评得千疮百孔。”从这种对现在已熟悉的系统的热情中——即使这种令人屏息的兴奋感不一定时时发生——人们听到崭新的教学经验之门正在开启。与十九世纪末二十世纪初绝大多数著名的美国史家一样，亨利·亚当斯在德国接受训练，之后于 1871 年将专题讨论引进到哈佛大学（另外一个专题讨论则于约翰霍普金斯大学开设），并且于 1870 年代初指导了数位哈佛最早的博士。半个世纪后，这类课程才引进英国。

兰克与他的弟子们当然完成了许多杰出的历史作品。在这段过程中，他们主要专注的历史类别实际成为近代史的最后定本。在专
465 业的要求下，史家必须检视特定种类的史料以确定其是否反映真实的事件，此外，他们还必须面对先前提过的政治利益与压力，这些均促使史家将焦点集中在揭露与分析国家文件上，其中有些直到最近才公之于世，并以此作为史家的核心任务。其他历史种类，除了在中古史家当中拥有雄厚基础的立宪史外，全都被边缘化，尽管如此，强调政治史与外交史仍是赓续多年来上古与人文主义对何谓历史尊严所抱持的概念。十九世纪时，关注政治人物意图的历史（十六世纪与旧体制时代的密室政治；对秘密外交的探求，秘密一词几乎是赘词）与史家扮演揭露秘密的角色这两者之间，也存在着互惠关系。针对所有这些主题，兰克写了许多文章。政策愈隐秘，专业史家调查档案揭露真相的挑战愈大。兰克仔细研究的第一本文件书籍是十六到十八世纪威尼斯大使报告全集，这本书似乎成了兰克崇拜的对象与典范；就连与兰克同时代的人有时也会抱怨他的历史过度集中在王侯身上。

这是有代价的，如彼得·柏克（Peter Burke）指出的，他认为

兰克再度将历史带离十八世纪拓展的“市民历史”（civil history），并且使历史返归较受限制的人文历史主题。柏克也注意到十八世纪晚期哥廷根学派的广泛兴趣，“在全盛时，被与兰克相关的历史革命所斲丧”，不过他也坦承，兰克本人的兴趣有时要比人们认定的来得宽广。

这个论点进一步扩大，于是出现了与十八世纪培养的以“感伤”和戏剧方式处理事件，以及与卡莱尔和米什莱的法国大革命通俗历史的鲜明对比。之前提过（第 21 章），为市场撰写历史，包括了为妇女撰写历史。然而，新兴的历史专业独立于市场之外，在气质与性格上都相当阳刚；直到 1950 年代为止，烟斗的气味一直附着在历史之上。历史专业的偏见持久而狭隘，限制了研究过去可为文化带来的启发。一般而言，十九世纪的历史研究过度重视“革命”，466
这是某种现象的面向之一，同时也促成了这种现象：十九世纪对于十六与十七世纪学者的各项创新显然无动于衷，而且有系统地诋毁十八世纪史学。十九世纪“哥白尼革命”的观念加强了这种持续扭曲的史学史观点，使其往十九世纪与德国倾斜，这是本书试图要纠正的。这种观念构成专业共识的重要与限制部分，使其更为牢固而延续到二十世纪。今日的文献考证方法当然仍与十九世纪相同，也许也与十九世纪之前相同。

“客观”与“科学”的修辞终于在二十世纪遭到消音或放弃，愈来愈多人意识到这两个词引发的复杂争议，有些人则察觉到这两个词在历史写作上的代价。然而，对各种历史类别的重视程度仍有差别，而这种差别根深蒂固，如政治史与外交史只愿将它们的声望分享给制度史，而且主要是中古时代的制度史。社会史与文化史略处于边缘地带。如果有思想史的话，它或许是其他学科的范围。讽刺的是，德国唯心论形而上学与英国实用主义都肯定政治史在近代的首要地位。英国人理所当然将国会（以及更早的诸王）置于核心，因为国会长久以来在英国人的生活占有重要地位。德国人重视国家，因为民族国家对他们而言是如此晚近的事物。（在此同时，有着不同思想传统的法国与美国历史学界，却仿佛成了德国人的附庸。）围绕着政治史优先与“科学”的客观理想的专业共识如何开始瓦解，我们必须在下一章进行思考。

第 26 章

二十世纪

历史作为一门科学与历史作为一门艺术

在最后一章，我要对为数可观的二十世纪历史写作的主要创新 467
发展做必要的简短说明，并且介绍其中的趣味与价值。即使留心避免，但这么做还是有个明显的危险，亦即企图让内容更包罗万象可能使这最后一章不成比例地过度膨胀，即便这是因为二十世纪的历史写作远多于之前任何一个世纪的作品，而就算只针对二十世纪最令人印象深刻的历史作品做一般性的调查，也可能仅是列出一张自以为是的书目。因此，这里未能提及的重要而原创的二十世纪史家，其姓名足可写成一长串杰出的名单。这张名单包括了最具原创性的史家，以及对于十九世纪晚期建立的文类作出贡献的所有史家，这些文类人们耳熟能详，如高层政治与立宪史、外交与军事史的研究。此外，本章对社会与经济史投以关注，这两种历史类别在二十世纪中期与晚期取得较重要的地位，但这并不表示二十世纪之前不存在这方面的著名作品；文化史亦然，该领域也是到了二十世纪才快速崛起成为研究重镇。前面各章提到的前例，包括如十六世纪法国对

“完全”（全部的或总括的）历史的拥护；启蒙运动对“市民社会史”或文明的兴趣，以及日耳曼地区繁盛的“普世史”研究，特别是在
468 十八世纪末的哥廷根；维柯对文化史的开创性观念，以及之后赫尔德具影响力的思想与米什莱的作品。因此，相较于前面几章，本章将更不要求完整，但我可以自我安慰说：读者对二十世纪历史作品的熟悉度或许远高于之前各个时代的历史作品。

重要的是从一开始就要知道，新颖、相对新颖以及较传统的历史类型之间的区别不只在于质的对比。并非所有创新作品都是好的，而以既成文类写成的著作也并非全属陈腔滥调。尤其在二十世纪最后三分之一的时间（约略来说），史学界出现百花齐放的盛况，然而其中有些很快就凋谢了。因此，本章只尝试思考一些具有影响力或代表性的新事例，以及一些我认为特别令人印象深刻的作品。我不认为我的任务是告诉同行史家如何写历史，或提出责难与赞美，或开立处方与做出预测，上述任何一种做法终究会赋予本书争议性，而使其偏离原先的目的。在此同时，旧文类仍旧持续存在，有时以小说的外貌呈现，对此我们应感庆幸，不过在这里我没有足够的篇幅好好鉴赏这类作品。

在调查二十世纪历史写作的历史时，人们总喜欢把欧洲各国与美国所采取的最典型历史形式系于这些国家近来的历史经验。顺着这些路线产生的任何说法都必须接受检验，不过这种想法的确可能描绘出某种宏观的轮廓。我们将会看到，在法国出现的著名创新历史种类伴随着焦点的转移，从原本集中于民族国家，转而关注日常生活，其不仅将眼光下移到地区与村落，也往外扩展到世界的历史。这似乎反映出法国（早于英国或德国）作为一个强权的衰微，以及对于黎塞留、路易十四与大革命以来恶名昭彰的中央集权倾向的幻灭。美国史家自然倾向于研究美国的创立与美国在内战苦难中遭受
469 的试练，他们也必须面对美国成为世界超强所经历的各个阶段；这意味着他们需要传统政治史文类的资源，包括外交政策史，而美国

在这种历史中享有格外的选择自由。这当中的意义在于美国代表世界的未来，因此书写美国史就是研究世界的历史。

在德国，深深吸引十九世纪史家关注的通往民族国家历程的这个主题，势必被理解二十世纪两次大灾难（1914 年与 1933 年）的尝试所取代，并提供长期或短期的解释，也大量援引既有的政治、外交、军事与某种程度的民族文化史文类。这种企图及其背后的制度理由构成的主题过于庞大，在此无法详论，但我们必须说明一项事实：针对近代初期以来欧洲面临的重大社会与文化转变所进行的较具国际面向的思考，主要出现在德国，而且被归类为社会学而非历史学。只要列出几位学者的姓名即已足够：马克斯 · 韦伯、维尔纳 · 松巴特、格奥尔格 · 齐美尔、狄奥多 · 阿多诺、诺伯特 · 埃利亚斯与尤尔根 · 哈贝马斯。

英国从 1970 年代以来便乐于接纳其他地方的发展，特别是法国。英国对其他国家历史的关注程度令人瞩目。在这个时代，对德国与俄国的兴趣也许可以被视为理所当然，如同对亚非的关注，因为英国曾统治这两个洲的绝大部分地区。似乎没有任何历史义务要求英国史家应当成为西班牙、意大利、波兰与瑞典历史的领导权威，但目前的情况就是如此。理查德 · 科布（Richard Cobb）是他那个世代的杰出英国史家之一，毕生致力于革命时期法国史，并且得到《世界报》（*Le Monde*）“令人惊叹的科布”（l'étonnant Cobb）的赞誉。

二十世纪初，我曾提到的专业共识本质上仍未动摇，但前面第 23 章提及的，历史是持续成长的自由故事这样的自由主义概念，逐渐受到批判。新专业性格较为冷静，我们之前已看到这样一个 470
例证：1908 年，夏尔 · 佩提–杜塔伊《斯塔布斯英国宪政史增补》（*Supplement to Stubbs' Constitutional History*）的序言（见上文第 422 页）。这清楚标志出斯塔布斯作品（对日耳曼森林的自由与英格兰国会史赓续的热情）与一个世代后进行修订增补的时代差异。世俗化是这个转折的一个面向。斯塔布斯是虔诚的。二十世纪初杰出的无神论英国法制史家弗雷德里克·威廉·梅特兰则不是。斯塔布斯是一名教士，1884 年从牛津教席转任牛津主教，在 1866 年的就职演说中表示历史研究本质上是宗教的；即便在当时，这句话也引起一些人的侧目。不是所有的自由史都像斯塔布斯一样自信满满地从中寻求上帝的临现。但这种上帝以意志促成英格兰立宪或美国自由的想法，在十九世纪绝非罕见。

在法国，好战的世俗主义的确倾向于挑拨宗教与自由的关系，虽然对基佐而言并非如此；至于兰克时代的德国，主宰历史的上帝具有浓厚国家主义的色彩，而且支持“现实政治”。但在十九世纪晚期，作为政治信条的自由主义驶进了这片波涛汹涌的水域。普选与普选引发的“社会主义”被广泛地视为一种威胁，在当时“社会主义”是个松散的词汇，意指任何种类的集体主义或福利立法。为民族主义服务的经济保护政策，构成了为帝国巧取豪夺的动机，也腐蚀了自由贸易这项自由主义的核心信仰。这些都对自由主义乐观态度造成很大的挑战，而第一次世界大战对自由主义而言更是巨大震撼。

自由主义的历史胜利主义（historical triumphalism）本质上是一种叙事；专业主义对精确、彻底与因果解释的热忱，自然而然倾向于从叙事转向分析。叙事与分析的紧张关系从 1920 年代晚期明显出现于英法两国，不过这种紧张关系最早可以追溯到十八世纪，当时的解释呈现于专论与杂谈中。我们看到休谟曾写作专论（见上
471 文第 333 页），而亚当·斯密对此不表赞同。二十世纪中叶的专业史家受到技术性解说与寻求长期原因的吸引，注意力自然大幅偏离对事件的描述。这种趋势在社会学、人类学与马克思主义的输入下逐渐成熟；马克思主义不可避免地强调“根本的”变化，而这正是经济与社会史家的研究主题。与其相比，事件的叙事显得肤浅。法

国人称事件的叙事为“事件史”（histoire evenementielle），与此相对的则是“长时段”（longue duree）的结构变化；马克思主义者认为事件的叙事只是追溯政治“上层建筑”（superstructure）层次的变化，与此相对的则是“真实”（real）经济力量与阶级组成的变化。在这两个例子中，新口号是“结构”（structure）。1929，路易斯·纳米尔（Lewis Namier）在《乔治三世即位时的政治结构》（*The Structure of Politics at the Accession of George III*）中提出极具影响力的观点，重重打击了自由主义自由大叙事的关键面向，特别是英国辉格党（自由的守护者）与托利党两大政党的历史连续性的观念，以及十八世纪晚期主宰英国政治的辉格党主张，亦即守护立宪原则并且对抗想恢复王室权力的君主乔治三世。

路易斯 · 纳米尔是波兰移民与犹太人，他的名字是经过剧烈英语化的姓名。他于 1908 年抵达英国，年纪尚轻的他在伦敦政经学院与牛津大学贝里尔学院（Balliol College）度过学生岁月。他致力研究十八世纪英国政治，这么做看来似乎是为了抚慰十九世纪自由主义的幻灭与二十世纪混乱的欧洲政治，并借由采用英国爱国主义与一段他认为缺乏意识形态压力的历史时代而获得纾解。当纳米尔离开这个时代时，政党原则已从十八世纪英国政治一扫而空，留下的只是处于意识形态真空中亘古不变的政治人物的动机与策略。据称纳米尔掏空了历史中的观念。借由这种做法，以及对自己选择领域的博学，他也掏空了历史中的历史，亦即，去除了大部分在历史上相当明确的事物。

纳米尔致力研究的年代范围极为狭窄，这点可能因为他未能完成自己所有的计划而被放大，其实所有的史家实际上都无法完成自 472
己所有的计划。尽管如此，他的研究并不因此而无法具体呈现他持续厌恶的事物、对细节的学术喜好，以及对唤起记忆的叙事与观念历史的轻视。对纳米尔而言，不证自明的是，实际叙述必须从大臣与国会议员间的私人书信寻找，这种私人书信相对来说不可能成为激励彼此共同遵守原则的宣言。事件的发展本质上受到个人动机与计算的控制，政治观念只是修辞的空谈，从特定史料的选择中或多或少可以迂回证明这点。公众的谈话乍听之下令人生疑，因为它们是公众的。纳米尔是个极端的事例，他预先决定什么才算真实的历史。

纳米尔的典型方法是彻底而详尽地贴近检视个别国会议员的生平与政治联结，当这种方法受到更一般地运用时，又称为“历史人群学”（prosopography），尤其是罗纳德·赛姆爵士曾于 1939 年运用这种方法研究罗马共和国晚期的历史，以及琼斯（A. H. M. Jones）曾用来研究罗马帝国；《牛津英语词典》于 1976 年同意收录“纳米尔化”（Namierize）这个动词。纳米尔的方法催生了集体完成的《国会史》（*History of Parliament*，实际上是下议院的历史），这是在政府赞助下由一群包括纳米尔在内的史家合力撰写的作品。“纳米尔化”是“国会史”明显的意义所在，其完全不同于斯塔布斯所谓的“从先例累积中拓展出”自由（见上文第 411 页）。纳米尔对英国专业的影响实际上只局限于英格兰，但其影响非常巨大而且范围极为有限。乔治三世的名誉被恢复了，但政党连续性的概念则遭受重创，政党概念本身在年轻学者手中仍无法超出十八世纪的旧观；反观屈维廉才在 1926 年宣布政党连续性的概念是“英国历史上的一项伟大事实”。

对自由主义的历史传统发动与纳米尔类似的攻击者，还有赫伯特·巴特菲尔德的论文《辉格党式的历史阐释》。这是一篇货真价
473 实的专论，出版于 1931 年。这两位史家互不相涉，而且巴特菲尔德与纳米尔总是处于紧张、有时甚至是竞争的关系，因此他们在偶然间指出了相同方向，似乎更具有重大意义。巴特菲尔德的论文攻击的对象是自由主义的历史胜利主义，对此他相当不巧地选择了具有地域色彩的英国名称“辉格派”。他认为辉格派是时代倒错的与非历史的，或甚至是反历史的。根据巴特菲尔德的定义（但实际上并无任何解释），辉格派历史提供了进步的概念作为英国史的核心

主题，将历史发动者分为被封为圣人的先祖与微不足道的妨碍者，并认为以历史角度理解后者的意图与处境没有任何真实好处，甚至暗嘲“胜利者”，说他们可以隐约预知后来的观念、需要与实践。这些预期正是他们对历史的重要意义。借由这种方式，过去——曾经是自身的“现在”，有着自己的利益、关切与迫切性——被牺牲以符合现代的关切，并且成为当下温和而仁慈的预知。上帝的信仰者，如斯塔布斯，实际上比他们的后继者更具有坚实的理由主张历史的长期意义，以及历史人物是历史的推动者。将历史的先见之明归诸上帝而非人类是相当合宜的做法，而且从某种意义上说也没有时代倒错的问题。巴特菲尔德其实也有自己的神意史观，虽然他未明白说出，只不过他眼中的上帝主要彰显在嘲讽的能力上：以意想不到的结果捉弄人类，将人类微不足道的预期与进步观彻底推翻。

如“辉格派”一词所显示的，巴特菲尔德的争辩本质上着眼于英国史党同伐异观点的缺陷上，但他论证的逻辑广受认可，而且从某种意义来说需要更广泛地加以运用。史家愈来愈普遍以“辉格派历史”来表示将历史视为本质上属于历史过程的目的论观点。本章使用的通常也是这种描述。就这个意义而言，由于据称历史拥有一个被期待的终点，并以此衍生出历史的道德与政治观点，所以马克思主义的历史是典型的辉格派历史。历史更悠久、论点更单纯的科 474
学史亦然。科学的进展可以视为一连串超越前科学思考的胜利，而且唯有货真价实而进步的科学家的观点（或甚至只有他们观点中的一部分是地道的科学，另外一些则是令人遗憾的大杂烩）才具有充分的关联性。对现代科学家来说，这是个可理解的立场，但对历史学家而言，却是一种自我矛盾。这个说法很动听，但不是历史。

巴特菲尔德日后的路径要比人们猜想的来得飘忽不定且难以捉摸。第二次世界大战期间，他出版了一篇论文，《英国人及其历史》（*The Englishman and His History*），其中“辉格派”历史诠释虽然仍与历史保持一段距离，但有着可取的政治结果：“无论它对我们的历史做了什么，它对我们的政治具有绝佳的影响。”这篇论文可以视为一种“因时制宜”的说法，一种在压力下的爱国主义努力，但巴特菲尔德也承认其中具有一股持续的情感拉力：“每个英国人心里都隐藏着一股辉格派倾向，它似乎拨弄着大家的心弦。”巴特菲尔德也是抨击纳米尔最力的批评者之一，指责纳米尔将原则逐出十八世纪政治并将叙事扫除于历史写作之外。然而必须指出的是，巴特菲尔德自己的作品也未能妥善调和历史写作与他所谓的“技术历史”（technical history），后者需要空间但又不该反客为主。其中的不安相当明显。

这不令人惊讶。故事与生俱来带有辉格派风格，故事的时间拉得愈长，这种风格愈明显，因此需要一个超越个人生命长度与个人目的的主角人物。故事具有选择性，并且期盼自己后头的插曲或最终结局能符合首尾呼应的判准。故事的巧妙感诱使现代主义小说的作者借由中断或玩弄叙事的期待，以吸引读者的注意。在本书中，我有意识地抗拒叙事的冲动，避免强加一个单一的故事。若是屈服于这种冲动，则本书将成为一部目的论作品（见本书前言）。在此，巴特菲尔德早期论文中的警告，虽然微不足道且某方面来说无法令
475 人满意，却仍投射出深远的阴影。撰写历史的冲动滋养出令人印象深刻的叙事，而叙事，尤其荷马史诗，则是历史作为一种文类的来源之一。如果叙事与历史变得互不相容，那将会是个吊诡。不过荷马的例子也许能教导我们不用太悲观地看待这种吊诡。《伊利亚特》拥有一个高潮，亦即特洛伊城的陷落，但它也有许多视角，因此若是只以特洛伊城陷落的解释作为荷马史诗的“主旨”，如此的解读将会极为贫乏。一则故事的概念本质上是简单的，但这不会让所有叙事者的脑袋也变得简单或单一。叙事可以既包罗万象又具有方向。话说回来，《战争与和平》或修昔底德的“主旨”又是什么呢？

巴特菲尔德曾经提到但并未解决的一个问题，也就是在技术历

史的学术成果陈述与文学叙事的呈现之间的紧张关系，在英国长期以来一直存在。对这层紧张关系的认识引发了争论，而且持续延烧。我们可以从 1886 年《英国历史评论》创立者的决心看到这点，他们要让这本期刊成为“科学史”的专有领域，并将文人排除在外。在十九世纪晚期的牛津与剑桥，大学课程大纲与考试的建立将新的历史学院粗分为广泛历史教育的支持者（绝大多数是学院的导师）与“研究训练”的拥护者（绝大多数是教授）。在牛津，新任钦定教授查尔斯 · 佛斯在 1904 年就职演说中明确批评牛津的历史教育，让牛津导师们大为光火，认为佛斯是在质疑他们的学术成就。在剑桥，伯利于 1903 年在题为“历史作为一门科学”的就职演说中提出类似说法，但仍维持着概括的层次；文中包含了当时惯行的对德国学术界的礼赞，但伯利对“文学性的”历史的拒斥与他那饱受批评的结论，即历史是“一门科学，不多也不少”，却引发争议。对此，麦考莱的外甥孙屈维廉立即出版了答辩，后来经过修改于 1913 年写成《克莱奥：一位缪斯女神》（*Clio: A Muse*）。屈维廉在书中有力地攻击自然科学的模拟，主张历史的教育功能，并将此联结历史文学呈现的效果。他哀悼说，“两个世代之前，历史是我们民族 476
文学的一部分”，现在却仅成为“学者间的对话”，他宣称：“历史的技艺端赖叙事的技艺。”屈维廉的《英国社会史》（*English Social History*, 1944）是一部脍炙人口的作品。

在下一个世代中，屈维廉在剑桥的弟子普拉姆（J. H. Plumb），支持他认为的历史是民族文化的一部分。身为研究十八世纪的史家，虽然普拉姆必须在 1930 年代到 1950 年代这段国会史的流行风潮中精通“纳米尔化”的技巧，但情感上仍效忠于屈维廉。在回顾性的半自传式反思《一名史家的养成》（*The Making of a Historian*, 1988），他自然而然地将纳米尔与屈维廉视为两个敌对传统的代表人物：一方面是学者的内向性格，另一方面是对广泛公众而非仅对专业人士负责的人文文学。人们可能反对这种太过死板的“传统”

分类。虽然要在单一作品中结合史家的双重责任相当困难，但许多史家，包括普拉姆在内，仍在自己的生涯中结合了两者。对普拉姆而言，致力于狭窄技术学问的当代代表人物，或多或少是自己选择的，亦即他在剑桥的竞争对手，研究都铎王朝的史家杰弗里 · 艾尔顿（Geoffrey Elton）。艾尔顿至少尽了一部分自己该尽的职责，即使就某种程度来说这样的说法有点夸大。他的确有时拥有相当广泛的读者群，至少在学校是如此，但对史家责任的看法则与普拉姆一样具有好斗性，虽然两者的差异很大（参见 *The Practice of History*, 1967）。艾尔顿以研究行政部门的历史著称，著有《都铎王朝的政府革命》（*The Tudor Revolution in Government*, 1953）。对他而言，训练研究生也是他的重要职责，这让人忍不住要说是兰克建立的传统。艾尔顿将档案馆形容成乐园。

艾尔顿与纳米尔一样是移民，他来自德国，而且同样是亲英派，但同化得较为彻底。他粗暴地抗拒外国风尚，如弗洛伊德主义（不同于纳米尔）、马克思主义与社会学：史家不仅必须与文学胡扯保
477 持距离，也要与理论维持一臂之距。然而，从艾尔顿如此投入科层制（都铎王朝的引擎室）的研究不难看出他具有一种德国式的偏好，宁可选择国家而不选择国会这个英国人特有的制度。科层制最早被独立为一个范畴，是在十八世纪晚期的日耳曼，至于用来分析科层制的倾向与有效性的概念，其经典形式则得自于二十世纪初的马克斯·韦伯。然而，艾尔顿只有在《宗教与资本主义的兴起》（*Religion and the Rise of Capitalism*）[1] 才提到韦伯，而且带着典型的尖锐措词："历史的无稽之谈。"

普拉姆虽然年轻时倾向于马克思主义，但对理论也敬谢不敏。他原先想从事小说写作，如同他的朋友暨早期资助者斯诺（C. P.

1 此书作者应该是英国学者托尼，见下文第 501 页。

Snow）。普拉姆的对话带有些许巴尔扎克《人间喜剧》与撒克里（Thackeray）和罗兰森（Rowlandson）笔下摄政时代的英国风格。他告诉我们，他身为史家的写作生涯始于布莱顿（Brighton）的一家旅馆，时间与地点都恰到好处；他的作品是《十八世纪的英国》（*England in the Eighteenth Century*, 1950）。他很高兴自己的作品能博得广泛好评，并且鼓励弟子勇于冒险。在一个优先选择枯燥乏味——“灰暗”是普拉姆的用语——的语调的时空里，他喜爱的却是华丽与过度，并且夹杂着一种滑稽与怪异感。从他身上得到的个人教导，如他所意图的，是令人紧张、兴奋而绝无冷场。

无论是否出于巧合，过去二十年来，普拉姆在剑桥大学基督学院的弟子与年轻同事将历史带到广大公众面前，这样的突出表现的确值得注意。其中一个例子是罗伊 · 波特（Roy Porter），他是位多产的疯狂医学史家，主要研究领域是十八世纪。而戴维 · 康纳丁（David Cannadine）除了优雅地追溯近代世界英国贵族与君主的计谋外，也是屈维廉的研究者（*G. M. Trevelyan: A Life in History*, 1992）。屈维廉认为历史写作是民族文化的一部分，康纳丁则以不同角度提出论辩。最广泛的观众当然得自电视的吸引，如尼尔 · 佛格森的节目随后出版为《帝国》（2003）、西蒙 · 沙马以吸引人的方式写作的大纲作品《英国史》（分三卷出版，2000—2003）。沙马一系列作品的成功尤其要归功于一套不连贯的“计划”，一套总括性历史概述，它呈现出与学校历史教学的鲜明对比。这些做法似乎反映了 478
“方法”凌驾于广泛的理解，以及对早期某项历史专业特征的模仿：专门化。在最悲观的意义下，屈维廉甚至不认为伯利能胜过学童。

“结构”：文化史与年鉴学派

纳米尔的兴趣不仅在于个人心理驱力与性情产生的作为（这点

明显表现在他对十八世纪政治的研究上），也对于弗洛伊德的心理学很有兴趣，这不可避免牵涉到他那个世代的中欧犹太人，不过这点兴趣并未明显表现在作品中。然而，在法国，史家受惠于心理学并从心理学中求得协助却较为明显，尤其吕西安·费布尔（1787—1956）的作品。费布尔与中古史家马克·布洛赫于1929年（同年纳米尔出版了《政治结构》）创立期刊，这部期刊以简单的《年鉴》之名著称于世，原始全名是《经济与社会史年鉴》，而且以此名称来称呼一整个学派的法国史家，此即二十世纪史学最具影响力的学派。“年鉴学派”如今是个不可或缺的史家速写，虽然它涵盖的内容错综复杂。

然而，在介绍费布尔，尤其是他对文化史的贡献之前，我们必须先讨论第一次世界大战后一位最著名的文化史家出版的作品，即名声显赫的荷兰史家约翰·赫伊津哈，他的研究本质上属于德国文化史传统。赫伊津哈的重要性受到费布尔的肯定，他以经典作品《中世纪的秋天》（1919）著称。他也对心理学感兴趣，曾在知名德国心理学家威尔赫姆·温特（Wilhelm Wundt）门下学习。赫伊津哈主张文化概念是人类玩的一种发明游戏，它牵涉不同时代穿戴的面
479 具，人类借由这些面具呈现与认识自己并且建立自身的认同感。“表征”（representations）这个词被运用在埃米尔·涂尔干的社会学与人类学上，后来成为表示概念意象的时尚词汇，人们透过这个词建构对世界与社会的感受，以及他们作为共同文化蓄积的一部分所分享的自我形象与信仰。这些表征显然随历史而变动，因此需要史家进行研究，虽然它们跟社会及经济结构一样并非传统叙事方式所能处理。布克哈特的杰作《意大利文艺复兴的文明》（实际上是文化〔Kultur〕）是赫伊津哈作品最明显的先驱，它本质上是非叙事的作品。赫伊津哈的作品内容（显然有意如此）针对的是中古时代末期，正如布克哈特的作品针对的是文艺复兴，其如今看来有点古老，陈旧的部分不仅在于书名与带着有机隐喻的时代描述而已。但它的人气一直维系不坠。它完全有资格被称为二十世纪上半叶文化史的杰

出作品，而且是往后著作的知名前辈。

赫伊津哈是个高度自觉的史家，他的一些论文出版为《人与观念》（*Men and Ideas*, 1960），在其中他着手刻画文化史，他说，文化史必须专注在"更深层的一般主题"上（*The Task of Cultural History*, 1926）。文化的存在只是一种"样貌"（configuration），唯有"当学者必须决定结合了生命、艺术与思想的模式时，才有文化史的问题可言"。在别的书中，赫伊津哈提到文化史的对象是"文明的形式与功能……这些形式与功能合并成文化的图案、动机、主题、象征、概念、理想、风格与情感"；"形式与功能"是动物与植物形态学研究的常用词汇。

赫伊津哈显然受到当时心理学、社会学与人类学，还有生物学的影响；这成为前卫史学的一项特征。例如，他提到德国社会学家马克斯·舍勒与涂尔干的门徒法国人类学家马塞尔·莫斯，认为他们与他的研究具有关联性。因此不意外地，赫伊津哈已约略勾勒出年鉴学派渴望的主题，而他的作品也受到追求"情感历史"的费布尔的肯定。赫伊津哈提到"虚荣史"（history of Vanity）的可能，而且主张七宗罪是有待研究的文化史的七个章节。他也以巴特菲尔 480
德更概括的意义，展现出明确的反辉格派倾向。借由将某人当成先驱，"人们可以将他抬升到他所属时代的架构之外，这么做，便是扭曲历史"（出自 Historical Ideals of Life 一文）。他赞扬布克哈特是不以启蒙运动与进步观点看待文艺复兴的第一人，他未将文艺复兴视为序曲，而是独立的特异之物。

在《中世纪的秋天》中，赫伊津哈尝试追溯中世纪晚期勃艮第地区宫廷文化的主要样貌，将重点放在人们对出生、爱情、婚姻、死亡与骑士地位的态度上，其通常具体表现在生活的典礼与艺术层面。他特别感兴趣的是表现出生活、宗教与骑士精神的理想形式的仪式与象征。与布克哈特一样，赫伊津哈的视觉相当敏锐，他察觉到艺术是揭露意义的根源，如果我们能破解其中的意义符码的话。

他的书是高度感官的，从各个层面召唤出城镇生活，包括日常经验与特殊节庆，如国王入城仪式、婚姻与骑士比武。他认为，以形象与拟人化的方式思考，是中古时代晚期的特征，这种思维模式被发展与系统化到了堕落的程度。在这种思考下，自然客体绝对不仅是自身与被视为自身（关于对客体的知觉，布克哈特曾以一整章加以讨论），也是一般理解的全面性符码中的特定意义承载者，或通常是多重的意义。世界被建构成符号意义的阶序，在这个阶序中，色彩、植物与花卉、动物、矿物、行星、圣经故事与社会等级全参与其中，而且持续地召唤彼此与召唤其所联结的道德性质。无论任何种类，相似性构成了符号联结；这是个因果关系不如相当性来得重要的世界，不同于日后的思想世界以分类和因果来联结事物。

赫伊津哈认为这是一种游戏，虽然是严肃的一种，因为对他而言，人类是玩游戏的动物；他另一部作品的名称就叫《游戏的人》。但对参与游戏的人而言，游戏构成了他们的世界与他们响应世界的条件；就某种程度来说，赫伊津哈认为参与者包括了每一个人，因
481 为当时的高等与庶民文化之间的区别不如日后那般明显。赫伊津哈尤其强调一股遍布各处的忧郁心情，与文艺复兴的重生感受形成强烈对比。这是个步入衰老的世界，而且“在贵族与封建制度停止在国家与社会中实际扮演核心要素的很久之后，它们仍铭记在人们心中作为生活的宰制形式”。要了解一个时代，人们不仅必须了解转变那个时代的力量，也要了解那个时代的幻觉。

赫伊津哈虽然以荷兰文写作，但他属于德国的文化史传统。纳粹主义使犹太人离散各地，结果造成德国文化史传统连同艺术史家暨神话学者阿比·瓦尔堡的图书馆都迁至伦敦，而这座图书馆日后构成瓦尔堡研究所的核心。这尤其关联着作为艺术史与观念史研究工具的图像学，也关联着中古时代晚期与文艺复兴时代的研究。瓦尔堡与赫伊津哈有着明显的相似点，但如前所述，赫伊津哈也与法国的费布尔乃至于年鉴学派有所交集，只是年鉴学派的重点更偏向

社会层面。费布尔的主要伙伴马克·布洛赫是中古史家，他对心态史（history of mantalities）的兴趣引领他写出经典而具高度影响力的研究作品。他探讨的是中古时代国王拥有的治疗能力，这种能力象征着国王神圣性格的一个面向（1924，英译本《国王神迹》〔*The Royal Touch*, 1973〕)。尽管年鉴学派公开宣称他们的兴趣是经济史，但心理学与人类学对他们的影响也很强烈。费布尔与布洛赫曾在高等师范学校受到人类学家吕西安·列维–布吕尔的教导，他是《原始思维》(1922）的作者。在他之后，同属高师传统的是涂尔干，在他之前则是他的老师、指导者与杰出的观念和制度史家努玛·德尼斯·福斯特尔·德·库朗吉（Numa Denis Fustel de Coulanges）。库朗吉完成有关仪式的经典研究，他认为仪式构成上古时代的家族，而家族最终又包摄在城市之中（*The Ancient City*, 1864）。

费布尔 1938 年刊登于《年鉴》的文章《历史学与心理学》
(History and Psychology)，一开始先提到赫伊津哈，接着又表示必
须重建每个接续世代的自然、思想与道德构成的整体世界；毫不意
外，米什莱成为另一位受尊崇的先驱。在日后一篇题为《感性与历
史学》(Sensibility and History, 1941）的文章中，费布尔认为赫伊
津哈已经在需要下复原了过去的情感生活。费布尔以此联结上年鉴 482
学派感兴趣的一个面向，这个面向被称为历史“心态”(mentalities,
mentalites）研究，亦即，探讨特定时代的特定社会是以何种方式建
构与表述出他们对世界与人类生活的看法。这种强调针对的是无意
识的假定而非清楚陈述的理论，它表现在流行的象征、隐喻，以及
仪式呈现的分类区别上。这种做法与涂尔干式人类学在二十世纪初
发展出来的方法明显类似，尤其他最后的作品《宗教生活的基本形
式》(1917)。在作品中，涂尔干认为宗教本质上是一种公众的、社
会的现象，因此信仰的主张应该视为只是为既有实践提供事后原理，
他接着表示社会是认识自我，因此在某种意义上也是建构自我，尽
管公共仪式扮演了“集体表征”，并且透过集体表征将“集体意识”(他

早先创造的词）建构出来。涂尔干的研究在经验上根据的是对澳洲原住民图腾信仰的描述，但概念上却接近于对中古时代与近代初期欧洲农民心态与文化的兴趣。

年鉴学派的取向本质上是人类学式的。以“心态”研究来从事文化史的探讨，这种做法招致了与二十世纪中叶人类学以及文化史家早期经常运用的有机隐喻及模式类似的缺陷。整体论的文化史概念可以上溯到十九世纪初期甚至更早，德文的“时代精神”（Zeitgeist）一词是这种概念出现的最早信号。其他的词汇如社会学家卡尔·曼海姆取材自天文学的“世界观”（Weltanschauung, world view）与米歇尔·福柯的“知识框架”（episteme）；除了马克思主义的“意识形态”外，这个词汇活跃于二十世纪。把文化当成一个整合的整体来处理，其招致的麻烦在于，这种做法似乎意味着以全体整合的角度将文化视为静态、完全不变的事物。人类学家与文化史家最后
483 逐渐认识到有将事物复杂化的必要（不过马克思主义者在经济层面从事压倒一切的唯物论解释，较少感受到这股冲动）。但这需要时间。例如，费布尔在他的巨著《十六世纪的无信仰问题：拉伯雷的宗教》（1942，英译本于1983年出版）中大声疾呼，无神论在十六世纪是不可能的，它看起来就是不真实；但他在别的作品反驳了这点。“大众文化”也比其词汇本身所警告的来得更难以界定。思想世界的全球概念在解释变迁时也遭遇这样的难处，而这些问题在米歇尔·福柯《知识考古学》（1969，英译本于1972年出版）中被间接承认是难解的事物，但他轻蔑地向这些问题挥手，并且宣称他处理的不是思想史而是知识的考古学：很明显的，考古学不需要烦恼这类事物。对叙事或对需要以叙事来处理的事物（亦即变迁）的蔑视，在叙事被结构与心态的分析取代时，遗留下一个可知觉却未填满的空间。

年鉴学派第二代学者受到费尔南·布罗代尔的支配。由于他的缘故，年鉴学派逐渐返回社会与经济史的根源，并且发展出对统计的兴趣，有时看起来煞有介事。布罗代尔自己对十六世纪地中海地

区的伟大经典研究植根于地理学（法国比其他国家更重视地理教育）与经济学，但最终超越了这两门学科（*The Mediterranean and the Mediterranean World in the Age of Philip II*, 1949，英译本第二版于 1972 年出版）。这部作品扩充为两册，上册是针对布罗代尔所称的“长时段”过程中，地中海地区自然与“人文”地理之间互动所做的庞大全景式研究，主要透过十六世纪档案的运用来重现这段历史，布罗代尔的作品因此成为二十世纪的伟大历史研究。上册是一部一流的想象与学术杰作；它原本是下册十六世纪政治史的补充，但后来却被布罗代尔视为不可或缺的前言。

上册的最后部分是相当正统的经济史，不过也详尽地令人印象深刻，伴随着对通货、价格、人口统计与运输的强调。第一部分是 484
针对十六世纪地中海海岸与内陆地区生活所做的广大调查，这是个由距离与天然资源、机会与必要性交织的结构；陆地、海洋与岛屿构成的地貌，分布着各式各样的地形与民族，以及民族之间的交流互动。布罗代尔思索山地，连同山区无生产力的多石土壤与季节性山上山下移动的半游牧生活；平原是可耕种的地区，通常遍布着沼泽与疟疾；半岛、岛屿与港口；城镇与村落，以及两者间的贸易，大小规模不等。之后他转向水系，主要是朝向北方的商路，通往鲁昂、汉堡、但泽，以及黑海与俄国。

尽管地中海地区充满了多样性，但布罗代尔仍坚持它的统一性，商船穿梭于海上，从岬角到岬角，从岛屿到岛屿。船员的人口流动混杂而且交错着数种语言；船员任意在船与船之间移转，因此单一船上的船员可能包括了地中海地区从西班牙到希腊的几乎所有民族。在“长时段”中，规律的模式持续在各地重演，在地貌与栖地的限制下几乎一成不变地重复着，如同“农民与牧民的永恒战争”。地方经济扩张与萎缩，城市兴起与没落，但它们供给的需求依然存在，只是转往别的地方以获得更充分的满足。这是个无情的世界，布罗代尔在描绘时不带有理想成分，但有着人性的同情，这种感受无法言喻，却能从档案细节中得到感触。读者对当时生活的艰困与危险留下强烈的印象：辛苦工作、瘟疫（特别是在城市）、贸易机会、海盗掠夺与遭绑为奴（正如上古世界）、有时因贫瘠多石的土壤无法供应粮食而近乎处于饥饿状态——“梅诺卡岛（Minorca）的原野，马欧（Mahon）后方平原的石头，直到十八世纪才清除干净”。这个群岛一般称为“饥饿之岛”，它仰赖进口，而且因为只能出口单一作物而陷于贫困。有时这个群岛会遭到围困，因为岛内山区是“地中海的无人之地，是穷人、盗贼与不法之徒的避难所”。

485 在布罗代尔之后的世代，也就是1970年代之后，年鉴学派的影响力变得更广泛与普及，而且获得英美学者的注意。地区研究是在布罗代尔的影响下产生的，在规模上远较布罗代尔的研究来得适中，他的研究本质上是一种研究法国地方史的方式，加上地理学的前言。之前提过，年鉴学派知名的地方在于拥抱了量化方法。因此，计算机的使用势必冲击了历史研究。在美国与英国，量化是一门被承认的历史技术，为此而创造出相当讽刺的词汇，“计量史学”。当计量史学在美国被运用在奴隶制度的经济资产负债表的问题上时，变得充满争议；它的研究者似乎展示出相同的冷漠，一如“有人在他的母亲坟上现身与采集植物”（华兹华斯）。

在英国，对量化的驱使最有反应的是历史人口统计学，它具体而微地表现在“剑桥人口与社会结构历史研究小组”的作品中。小组的创立者彼得·拉斯雷特（Peter Laslett），以受欢迎的形式呈现该小组的早期成果《我们已经失去的世界》（*The World We Have Lost*, 1965）。拉斯雷特运用教区登记簿（parish registers）得出的一个或许最令人感到惊异的结论是，核心家庭不仅是近代英国的常规，在前近代（pre-modern）的英国亦是如此，这反驳了普遍接受的观念。新家庭一般都会自立门户；人们等到能自立门户时才会结婚；寡妇搬出家中。人们普遍接受的前近代“传统大家庭”，亦即三代与一些旁系亲属同住一个屋檐下的图像，显然毫无事实根据。

在法国，1970 年代之后的发展接续了费布尔停止的领域；在布罗代尔时代，对心态与大众文化的研究略呈中止状态，而布罗代尔自己亦未投入心力于地中海特有的文化观念上，如荣誉、羞耻、贞洁与世仇。从 1970 年代开始，上古、中古与近代史的研究开始处理情感与感受的历史，对于生死的概念与对生死的普遍态度，其历史向度也逐渐受到探讨。菲利普·阿里耶斯是童年史的先驱，他宣称童年直到十七世纪才成为一个概念。死亡、性、身体、清洁与排泄物乃至于气味，都成为历史研究的课题。

从某一方面来说，这种研究有点走回从希罗多德以降上古史学 486
民族志杂谈的老路，但内容已有转变，如同民俗被历史学与人类学转变成“大众文化”。生与死的永恒特征可能被历史化，因为一切特征都是透过“表征”才被人所知觉与概念化，而表征与其他许多事物一样，在历史上是可变的。如赫伊津哈所主张的，分配给公众与私人生活的空间，往往因社会而异：在中古时代，公共领域较为广大，私人领域实际上根本不存在。第二次世界大战之前，德国社会学家诺伯特·埃利亚斯辨识出“公共领域”的历史，其使用的方式从此产生巨大的影响。

在探讨这些主题直到二十世纪末的样貌之前，我们必须先停在二十世纪中叶，甚至某种程度来说必须再往前一点，回溯地思考这个时代中最具影响力的一门史学：马克思主义。尤其从 1920 年代开始，到 1950 年代的巅峰期，史家试图以马克思主义解释范畴来说明两场巨大的革命：英格兰内战（此后则称为“英格兰革命”）与法国大革命。

马克思主义：最后的大叙事？

直到二十世纪中叶，马克思主义才在历史学领域获得实质的实现。马克思在 1883 年去世时是以经济学者的名声著称，他曾预言在经历一连串更严重的消费不足危机之后，资本主义将会崩溃。在美国，就在第一次世界大战前后，曾有段时间一些转向社会史的史家采纳了马克思主义的解释架构，此即詹姆斯·哈维·罗宾森与查尔斯·比尔德所说的“新史学”。但是美国的马克思主义史学，如同美国的无产阶级与美国社会党，最终未能成形。研究古希腊的马
487 克思主义史家摩西·芬利自 1950 年代起在英国建立了名声。在欧洲，俄国革命、1929 年股灾与经济大恐慌使马克思预言的资本主义崩溃似乎实现了，并因此孕育出马克思主义观点的当代史，必然也带来马克思主义观点的过去。此外，1930 年代法西斯主义的兴起似乎预示了共产主义与资本主义的最后的对峙，或许是军事上的对峙，将在埋葬了“资产阶级自由主义”之后到来。

尤其在 1930 年代之后，注意力集中于英格兰内战与法国大革命上，在二十世纪党的路线下，这两个事件成为测试马克思主义历史概念的案例。如果这两个事件符合马克思主义范畴下的“资产阶级革命”，扫除了封建主义残余并且为资本主义的来临铺路，作为资产阶级终极毁灭的必要准备，那么就有充足的理由预期资产阶级的崩溃与无产阶级的最终胜利，后者已明显预示于布尔什维克革命中。

在英国，马克思主义诠释源自二十世纪初，甚至是十九世纪末，就体系而言还不完全属于马克思主义。当时出现的往作为社会变迁塑造者的经济史转折的倾向，从一开始就具有左倾的特征，然而并非所有经济史家都是如此。这种左倾的特征是可理解的，因为十九世纪晚期经济史的起源，在很大程度上来自一股冲动：从纯粹经济理论转向衡量经济法则的运作所具有的社会意涵，以及工业资本主义的社会成本。这种冲动明显激励了十九世纪晚期德国社会科学学会（Verein für Sozialwissenschaft）的活动与德国所谓的“讲坛社会主义者”（socialists of the [academic] chair）的经济史作品，

如威尔赫姆 · 罗舍尔与古斯塔夫 · 施摩勒（Gustav Schmoller）。宗教，连同伦理学，在某些事例上属于构成要素；在英国，约翰 · 罗斯金的作品也经常被认为是这类思想的先行者。这些先行者包括了阿诺德 · 汤因比（Arnold Toynbee），另一位汤因比的叔父；后者曾写下宏伟的历史哲学，在 1940 年代与 1950 年代引起骚动。老汤因比被认为曾在 1880 年代牛津大学讲座上创造出“工业革命”一词。
他曾在讲座上表示，政治经济学过度与历史学分离；要了解这句话 488
并不难。汤因比的下一代追随者托尼（1880—1962）在《经济史评论》（*Economic History Review*, 1941）的一篇文章《乡绅的兴起，1588—1640》（The Rise of the Gentry, 1588—1640）中率先发难，为英格兰内战原因的学术论战开了第一枪。

托尼在当时已是两部重要作品的作者，结合了伦理的社会主义与对资本主义的深刻憎恶。托尼是英国国教派教徒，首先发表于格拉斯哥大学吉福德（Gifford）神学讲座的作品《宗教与资本主义的兴起》（1926），或许是迄今他最知名的著作。这本书的名称承认了马克斯 · 韦伯《新教伦理与资本主义精神》（1904—1905）的影响，并且从中衍生出核心主题，然而在托尼手中，这个主题变得明显不同。韦伯作品研究的是某个特殊的宗教心理，亦即十六世纪的加尔文主义。这种心理培养出资本主义企业精神与节俭的自律态度，并因此激励再投资与获利最大化。韦伯赞同这种精神，并且认为他那个时代的德国资产阶级太缺乏这种特质。他的取向是冷静而分析的，而他自身的意识形态驱力则是民族主义的。托尼带着强烈的基督徒愤慨，对企业家美德并无好感，他将韦伯的主题转变成研究英格兰宗教改革期间传统教士试图缓和经济竞争而做的消遣。

托尼其他的重要作品，如《十六世纪的农业问题》（*The Agrarian Problem of the Sixteenth Century*, 1912），作为分析性经济史的主题，讨论十六世纪对圈地与耕地变更为牧地的抗争，以及由此而生的强取豪夺与失业现象。这是托尼对农业史产生兴趣的起点，他的《乡绅》(*Gentry*)便是以此为根据。这篇文章重拾了十七世纪哈灵顿（见上文第 318 页）的主题，哈灵顿将君主制倾覆归因于封建贵族的衰弱（亨利七世追求的政策）与乡绅的经济提升，其因修道院瓦解与修道院土地分散而加速。乡绅在政治上支配了下
489 议院。托尼试图从经济上证明他们的兴起。之后，第二次世界大战爆发中断了这场争论，但辩论在战后由支持托尼论点的劳伦斯·斯通（Lawrence Stone, 1948）与攻击托尼的修·特雷弗—罗珀（Hugh Trevor-Roper, 1950）于《经济史评论》重启战端，言词格外尖刻。这场论战终止于托尼的论点再也站不住脚，而且没有坚实的理由主张贵族在经济上的衰微或乡绅的相对兴起。

托尼是英国的社会主义者，而非共产党员。他的年事已高，因而难以拥抱 1930 年代流行的共产主义思潮。共产主义热情下的产物，是另一位在 1940 年代专注研究英格兰内战的社会经济起源的史家克里斯托弗·希尔（Christohper Hill），他的马克思主义者资格证明书清楚展示在第一部作品《英格兰革命》(*The English Revolution*, 1940）中。这场战争被大胆宣告为一场古典马克思主义的资产阶级革命。希尔后来成为贝里尔学院院长，这是汤因比与托尼曾经待过的学院。希尔在战前是个学生共产党员，这种情况在那个时代并不罕见，比较不寻常的是他曾在苏俄待了一年，接受研究十七世纪英格兰史的苏联史家指导。《英格兰革命》即是成果。1956 年苏联入侵匈牙利之后，希尔脱离了共产党，随后做了修正，但从未放弃其核心论点。“英格兰革命”是具企业精神的资产阶级（包括乡绅）的成果。它的主要效果是突破资本主义进一步发展的束缚。

一个世代之后，研究英格兰内战的史家的主要共识转而反对这种诠释。有些贵族与乡绅在行为上也具有企业精神，但这（或者是较传统的经济态度）与政治倾向之间没有可辨识的相互关系。即使是城镇中具有领导地位的市民的政治忠诚，也无法提供简单的资产

阶级意识图像。在更极端的“修正主义分子”的作品中，就连内战本身似乎也被拆解成一连串地方精英间的冲突，这些精英因中央权威的崩溃而解放，并且因宗教而彼此区隔。

从十九世纪初开始，英国激进主义随着反英国国教派异议人士的受苦而（非常渐进地）缓和，他们着眼于英国史上的两项特征。490
首先，如同托尼的《农业问题》提到的，农村穷人的土地权利遭到剥夺，这种现象在十八世纪圈地运动达到顶点。其次是从十八世纪末到十九世纪中叶工业化的社会结果。这些特征从 1820 年代到 1840 年代又结合了“英国状况”（The Condition of England）问题的辩论。麦考莱与卡莱尔站在对立角度对这项主题提出看法。后来的史学作品倾向于对这场辩论的说辞提出响应，特别是汤因比与托尼对英国经济与社会史所进行的社会主义研究，他们受到维多利亚时代伟大的社会批评者与先知如卡莱尔、罗斯金与威廉·莫里斯（William Morris）的激励。

这项传统的晚近产物是爱德华·汤普森，他的第一部重要作品是针对威廉·莫里斯所进行的大规模研究。汤普森那部深富影响力的作品《英国工人阶级的形成》（*The Making of the English Working Class*, 1963）有着引人注目的马克思主义特征，却未严守马克思主义历史正确的观念，特别是其中的经济决定论。汤普森选择的时代是从法国大革命时代的英国激进主义到 1840 年代的宪章运动，但他的作品不仅限于研究英国激进分子的思想与活动。它也处理农村的不满与对农业机械化的抗拒、逐渐失业的工匠与其他各种类型的工人，以及工人社群的伦理观念与组织传统。然而，它的指导路线却是要求劳动穷人联合起来并进行自我陈述，以构成全国性的工人阶级意识。马克思的后半生绝大部分投入于对英国工人的教育，促使其了解自身的阶级利益与推展工会组织。但马克思主义者几乎未曾投注心力了解阶级意识实际上“如何”形成，理论家与史家均是如此；他们似乎认为在工厂生产体系下集中的工人自然而

然能产生阶级意识；他们在集体要求加薪与改善条件的行动中变得统一而有纪律，而且或许在精通马克思主义理论的中产阶级协助
491 下，能清楚表达自己的利益与历史角色。汤普森的描述更加深入，而且强调正义与权利观念的预先存在，以及工人阶级组织的多重形式。他接受不断变迁的“客观”存在条件的重要性，但反驳经济决定论。

然而，就它是一部研究阶级认同感形成的作品来看，汤普森的著作如同所有马克思主义的历史，几乎不可避免成为一种辉格派的故事，一种《天路历程》(*Pilgrim's Progress*)。在这段过程中，作为主角的工人阶级在通往自我实现的历史道路上遭遇各种阻碍，而汤普森指出这些阻碍。对英国宪法的信仰是其中一种阻碍，它有助于培养政治激进主义，但从一开始就误导了路线的发展。卫理宗传授自我组织的方法，但它在政治上的毫无作为却带来负面影响，而对个人救赎的强调也使人脱离了政治领域。雇主的意识形态，以及从企业家精神与工业生产中为每个人取得扩大繁荣的展望，构成一种吸引人的虚妄。汤普森的指控令人难以招架，有时还表现出一种类似十九世纪初激进派记者威廉·科贝特(William Cobbett)的热切：“治安长官、工场主与卫理宗信徒”构成了邪恶的三位一体，这句话简直模仿自科贝特。使用带有讽刺意味的大写字母来表示，很容易让人想起各种威胁工人阶级使其无法认识自我的陷阱。被“内心的罪恶感”(Introspective Guilt)、“可憎的阿谀”(Odious Subservience)与“情感上的手淫”(Emotional Onanism)搭讪时，班扬(Bunyan)笔下的基督徒必须迅速加以回绝。在一篇反向论述的禁酒短文中，受过良好教育的激进分子弗兰西斯·普雷斯(Francis Place)由于无法在酒馆喝酒而结交了坏朋友，并因此勾搭上“功利主义与马尔萨斯学说”。读者只会对一个误入歧途的好人摇头。这种对于正在兴起但尚未取得阶级意识的状态的隐喻也具有重大意义，它暗示着有害而吸引人的事物：它被汤姆·潘恩(Tom Paine)

的观念，包括对企业家获利的尊重，“吓得无法动弹”，而“陷入”立宪的辩论之中。

法国大革命的马克思主义诠释据说始于 1920 年代的阿尔贝 · 马蒂耶（Albert Mathiez）的作品，不过他不是马克思主义者而是奥拉尔的弟子，而我们曾经提过奥拉尔是泰纳的批评者（见上文 492
第 404 页）。到了二十世纪中叶，接续马蒂耶的是阿尔贝 · 索布尔（Albert Soboul），以及学术和知识素养更高的乔治·勒菲弗（Georges Lefebvre）。“大革命只是长期经济与社会演化下的一顶王冠，它使资产阶级成为世界的主人。”做出如此宣示的正是勒菲弗。索布尔以直率的马克思主义用语解释大革命，认为它是“生产关系与生产力性格产生矛盾”的结果；换言之，下层建筑层次的矛盾一如以往地生产出政治上层建筑的排列结果。在这个层次上，“商业资产阶级清楚察觉到自身的利益，指引着大革命走向自己的目标”。

对马克思主义诠释发动的首次真正有效反击来自研究法国的英国史家阿尔弗雷德 · 科班（Alfred Cobban），特别是他的《法国大革命的社会诠释》（*The Social Interpretation of the French Revolution*, 1964）。科班在书中指出，人们已经推翻了马克思主义对“英格兰革命”的僭取。这项行动“炸毁了想象的资产阶级革命，使贵族与乡绅、王室官员、律师、商人、民众、兴起与衰微的阶级、封建与资产阶级社会、劳动者与农民的碎片四散于专论与教科书上”。法国旧体制的社会绝非较不复杂与较不难以处理；没有任何单一公式可以表达个人的社会地位或由一群这样的个人所代表的“阶级”。它是一个有着多重角色与运用各种方式评估地位的社会：社会的、经济的与法律的判准交错纵横，无法用简单的阶级加以归类。对科班而言，对英格兰内战的修正主义者亦是如此，大革命本质上是政治的，而且实际证明并不存在单一的根本决定论。大革命在相当程度上也是一场“反”现代性的叛乱。

在法国，带头对马克思主义诠释进行批判的学者弗朗索瓦·菲雷(François Furet)提出了类似的主张，尤其他的《诠释法国大革命》(*Interpreting the French Revolution*, 1978，英译本于1981年出版)，但他的注意力更多集中在大革命拥护者的动机与心境上。菲雷指出，法国大革命一直是政治的一部分，却未被承认为历史，他恳求最终能将大革命置于历史之中。法国大革命形塑法国政治生活达一个半世纪之久，但“法国大革命已经结束”。它不该继续作为纪念物，
493 而应受到解放，以接受无偏见的历史研究。菲雷指出，在十九世纪，大革命已被认为一个注定要被取代的阶段，而非一项已完成的政治事件，只要大革命被当成即将来临的无产阶级革命的预兆，它的诠释就会不断被政治化。无产阶级革命的第一场行动被认为是1917年的布尔什维克革命，它引领马蒂耶在雅各宾党人与布尔什维克党人之间做出联结。

菲雷论证里的英雄，就某种意义来说是亚历克西·德·托克维尔(1805—1859)，后者在《旧制度与大革命》(1850)里建立起十七世纪以降君主制中央集权驱力，以及刻画着大革命的驱动力之间的行政连续性。根据菲雷的说法，我们必须探求革命分子意识的背后，才能看出大革命成果其实是中央集权国家渐进地从市民社会机构与地方社群手中攫夺权力。大革命当然是重要事件(科班一度问起：“有法国大革命吗？”)，但它也是政治与意识形态事件。它集中与分散权力，并且认可了民主风气。然而，马克思主义诠释在描述大革命时却产生了一连串分类上的混淆，它合并了君主制与贵族制、贵族制与封建制、资产阶级与资本主义。资产阶级对企业精神抱持着复杂的态度，而贵族绝非不具有追求利益的企业精神。

历史修正的本质在于没有终点：即使到了今日，修正无疑仍在发生。这是历史专业的常轨。然而，有关这两场革命的严谨马克思主义诠释看起来的确成了过去，而这些诠释偶然间比苏维埃共产主义更早崩溃。简单的阶级术语已不再对史家唱着女妖(siren)之歌，

而且很难想象一个充满抱负的未来希尔或索布尔（如果有的话）能在兴起的资产阶级的欢呼声中再次看到欣喜而自信的早晨。

人类学与历史学：语言与典范

1963 年，基思·托马斯（Keith Thomas）在左翼社会史期刊《过去与现在》（*Past and Present*，创立于 1952 年）中发表了一篇令人瞩目的文章。这篇题为《历史学与人类学》（History and Anthropology）的论文是针对历史专门化的主题所提出的抗议，以及与历史专门化形成对比的是人类学家以全体性的角度研究小规模社会的方法。他指出，人类学家对于使用文字前的社会特别投以关注的部分，例如巫术、血仇、神话和系谱，与史家对于使用文字前的欧洲社会现象所进行的研究，有相当多的重叠。托马斯认为人类学是指引史家的可能来源，除了法国的例子之外，其可信度实际上仰赖的是从 1920 年代以来发生于英国人类学界的革命。这场革命有部分受到涂尔干观念的影响，远离演化论，朝向透过结构与功能这类关键词汇来对小型的、自给自足的异国社会进行概念性的理解。 494

詹姆斯·弗雷泽爵士是二十世纪初最著名的英国人类学家，已经看见结合对异国或“原始”社会的研究与对前现代欧洲民间信仰与实践（当时被称之为“民俗”）的研究的可能性。但他与同侪却以流行的演化角度来从事研究，这种观点将民俗迷信、巫术信仰与农业社会周而复始的仪式贬低为“残存遗迹”，是人类社会早期阶段的片段，是演化进程留下的痕迹。这种将早期社会视为残存遗迹的概念无法形成任何研究，只能产生古物研究式的记录，以及确认欧洲社会曾经如演化论所指示的，是未开化的。以“功能”作为核心解释概念的做法提供了另一种选择，它首先运用于对非欧洲社会的研究，而后扩及对欧洲过去的研究。人类学家的注意力绝大多数停留在前者，不过牛津的人类学家伊凡—普理查德却例外地写了一篇论文《人类学与历史学》(Anthropology and History)（重新刊载于他的 *Essays in Social Anthropology*, 1962)。

495 功能的概念与人类学一样，可以转变民俗与前现代（主要是农业）欧洲社会思想世界的研究。如托马斯所见，借由询问被概念化为残存遗迹的思想对那些如此想的人而言意味着什么，以及这些民族的仪式与其他实践为他们做了什么，可以发现这些现象与这些民族的生活，以及与这些民族对世界的概念，如何彼此符应，并以此开启新的前现代社会研究方式与托马斯所叙述的主题专门化——熟悉的政治、立宪与教会史研究，以及对社会经济结构与条件的分析。民俗可以重新定位为大众文化与心态的研究，并以法国早期倡导的方式进行。

或许值得注意的是，在美国最明显能与托马斯的文章相提并论者，是由史家理查德·霍夫斯塔特与社会学家马丁·西摩·李普塞特编辑的作品，《社会学与历史学：方法》(*Sociology and History: Methods*, 1968)；后来托马斯又增补完成他的经典作品《宗教以及巫术的衰退》(*Religion and the Decline of Magic*, 1971)。即使方向略有不同，但都类似地主张史学应接受社会科学的影响。社会学也引起英国史家的兴趣，但社会学在美国的地位较为稳固。美国的人类学传统着重在特定文化圈的独特特征上，或强调个人的心理发展，如玛格丽特·米德（Margaret Mead）的萨摩亚作品，而非着重小规模社会的动力。霍夫斯塔特在《社会学与历史学》的前言中表示，职业结构、社会阶层、量化方法（他提到民意调查）、“宗教风格”、移民与“意识形态的社会角色”都是吸引史家注意的主题。从上述条列可以看出，日耳曼森林的自由已不再流行，中古时代不被认为是美国故事的一部分，它的起点是清教。在美国，马克斯·韦伯比涂尔干拥有更显著的外在影响。韦伯的社会思想完全显现出他是新
496 教的个人主义者，而涂尔干则立基于支配法国社会学思想的新天主

教传统，从十九世纪中叶的孔德与福斯特尔 · 德 · 库朗吉开始，其兴趣便放在宗教与仪式的社会功能上。

在欧洲，马克 · 布洛赫显然是先驱，1970 年代之后，研究中古与近代初期的史家逐渐将注意力转向他们一直知晓，但现在可以看到全新探索角度的历史领域：他们研究的世界充满神灵、鬼魅与驱邪之术，而且被灌输了神圣观念，并且以加入仪式、净身、神迹、祭礼与圣典，作为可见与不可见世界之间的接触点。“迷信”是启蒙时代的词汇，“信仰”是基督教的词汇，而如“信仰体系”这类词汇则将前两者予以相对化与历史化，而且隐含着比较性。研究上古时代晚期的著名史家彼得 · 布朗在对早期基督教的研究中，有效运用了本质上属于人类学的神圣概念，例如思考东方基督教对圣人的崇拜，圣人的角色须符合从事苦行与具有驱魔力量的资格（*Society and the Holy in Late Antiquity*, 1982）；这个时代分期在他引领下成为必要分类。如同一些现代史家般，基督教在公元四、五世纪时将关注的焦点集中在身体上。

从心态研究（大部分透过图像、仪式实践、象征与假定）到具有高度文化修养的精英创造的思想史，中间似乎有着漫长的过程。然而，从 1960 年代与 1970 年代之后，这段过程也受到往共享的语言之网转折的影响，如果不是往人类学转折的话。处于抽象的最高层次的“观念史”，起初在战间期找到了据点，主要在美国。《观念史期刊》（*Journal of the History of Ideas*, 1941）在洛夫乔伊的影响下建立。洛夫乔伊在其令人瞩目的作品《存在的巨链》（*The Great Chain of Being*, 1936）中指出，有一种有限的、他称为“单元观念”（unit ideas，他把这些观念类比为设想的数量有限的虚构情节）的事物，人们可以看到这些事物在历史中努力达成自我。“存在的巨链”即是其中一种观念，它证明要找出其他观念是困难的。“巨链”是存在形式的一种科层概念，从最精神的形式到最物质的形式。洛夫乔伊显示这种观念的支流从希腊人开始直到十八世纪，透过哲学、 497

神学、科学与文学传布开来。他的作品是著名的杰作，却未能提供一种他所希望的写作模式。“观念史”（history of ideas）的训令有助于产生“字词”的历史，例如“哥特语”（Gothic），当然字词会分流到不同的思想领域，但并不完全与原先预想的相同。

从历史观点来看，洛夫乔伊的作品至少对只聚焦于伟大思想家的观念做了改善，这些思想家被孤立地加以处理，但以编年的顺序排列。这种观念史概念，如果它可以被称为概念的话，在1950年代末与1970年代末之间彻底被取代，其中最著名的是两位受过史家训练的学者约翰·波考克与昆廷·斯金纳。在此，居于支配地位的文类是政治思想史，而且很大程度上一直维持这种态势，而主要基于制度的理由，我们很难看到其他文类出现。这门科目的课程可以在过去与现在的历史系与政治系课程大纲中看到；思想史这门课程，至少作为一种勇于说出自身名字的实践，一般而言是找不到的。（我们提的是思想史还是观念史，在这里并不重要。）然而，这当中的逻辑人捉摸不定，例如，研读的是卢梭的《社会契约论》而非他的《爱弥儿》，或洛克的市民政府论而绝非亚当·斯密的论道德情感。波考克这些年来主要的学术贡献是《古宪法与封建法》（1957）与《马基雅维利时刻》（1975），斯金纳的重要作品则是《近代政治思想的基础》（*The Foundations of Modern Political Thought*, 1978），这些著作本书都加以援用。斯金纳在1960年代也写了一些精彩的论战文章，攻击以毫无历史向度与“辉格派”的手法来处理政治思想家的重要经典（重刊于 *Visions of Politics*, vol. I）。

波考克早期对方法论的反省显示出“语言学的转向”（linguistic turn）。把思想生命的网络视为社会传布的一种意义（这不表示将思想史的研究化约为社会史）的做法成为思想史的共同基础。波考克提到赖以建构政治与社会辩论的竞争“语言”。在他编著的哈灵顿作品的前言中，波考克区分了十七世纪英格兰出现的三种相关语言：
498 普通法传统、清教千禧年，以及共和派美德与腐败的语言。相较于其他展现出语言学转向的学者，例如福柯似乎把语言视为一种牢笼，波考克认为这类语言是多重的，因而具可塑性又具有发展性。斯金纳强调诠释文本的必要性，这些文本大部分来自文艺复兴时代（包括图像）与十七世纪，而其采取的方式是将“字汇”安置于当时这些字汇赖以取得意义的意义之网中，少了意义之网，这些字汇将无法被它们的时代所理解。虽然这种做法并不寻常，不过若能理解心态的分析不属于心理层面，那么就算提到博学者的“心态”，似乎也是适当的。

对于这场学术革命的思想影响，每个参与者的回忆都不同。这些影响与其说是榜样或模板，不如说是 1950 年代与 1960 年代相关思想气候汇聚的指标，对每个人而言或多或少是显赫的。我自身的回忆包括迈克尔 · 奥克肖特的隐喻，即思想的生命是“对话”，以及维特根斯坦或许并未得到清楚理解的口号“一种语言就是一种生命形式”与“我的语言的限制就是我的世界的限制”。其他人可能引用了柯林伍德的哲学历史化，与奥斯丁（J. L. Austin）的“展演语句”（performative utterances）以及语言就是实做的概念，后者被斯金纳加以有效运用。同样重要的是，邓肯 · 福布斯（Duncan Forbes，1956 年我在剑桥大学的指导老师）在当时几乎独力创造与详细解说了十八世纪“苏格兰启蒙运动”的概念，而这个概念现在已不可或缺。我记得另一位剑桥的历史学家曾说这个概念“带有苏格兰的味道，我相信”。波考克当时提到，或者至少在解释他对“语言”的看法时提到托马斯·库恩在科学史运用的“范式”（paradigms）观念（T. Kuhn, *The Structure of Scientific Revolutions*, 1962）。

库恩的论点是从人们熟悉的哥白尼革命概念出发而做的大胆延伸。库恩意义下的典范建立了特定的现象解释方式，对于既有的科学或哲学社群来说，这种解释方式是必须遵守的。典范比理论来得宽广：它详列成功理论必须满足的各项判准。通常被当成是一种理论的演化，对库恩来说是个典范的例子，因为它建立起一个整

499 体的解释模式，并且与在它之前的解释模式创造论或“设计论证”(argument from design)对立。从典范中可以产生理论与解释。以功能来解释眼睛结构的做法既能与设计论证的典范兼容，又能适用于天择演化的典范。但典范也能容纳辩论，因而产生研究。例如，人类中哪一种路线最后能发展出“智人”为此而争论的理论都必须接受演化的典范。

典范是历史现象。根据库恩的说法，“典范转移”发生在整个解释目的改变或反转之时：创造论（经常）认为世界因人而做出调适；达尔文的天择演化则主张人为了生存必须适应世界。典范转移，文义上来说是调换，其经典事例是哥白尼的天体运行论，他主张太阳取代地球成为天体中心。典范转移出现在既有典范产生的异例不断累积，使人们必须“以解释来加以搪塞”，相反的，新典范的简单明了却愈来愈受到瞩目。达尔文自问，为什么加拉帕戈斯群岛每座岛屿的雀鸟鸟喙形状略有不同？上帝何以如此安排？（这些例子绝大部分并非出自库恩。）典范是既已建立的共识，它受到社会与思想的支持，尤其这些共识被强加在后继者之上，而后继者也从中获取既有的利益。科学社群因此形成，如同法庭，决定何者才能构成解释。它本质上是保守的，但偶尔也屈从于剧烈的变动。科学史只有一部分能称为累积的历史：它的革命是周期性的。

库恩的作品对科学史的观点产生颠覆性的影响，科学史认为透过科学方法的运用，真理可以逐步累积。可以预见的是，库恩的论点受到挑战，特别是他明显的相对论，认为随历史而变的典范决定了什么才算是解释。但是，无论他的论点有何瑕疵，其重要性在于他视科学为人类合作的实践，而且从一部分权力运作的角度刻画出成熟的科学社群。借由这种做法，库恩开启了不同种类的科学史的
500 可能，使史家更能在其中占有一席之地。例如，大量作品研讨十九世纪中叶英国演化共识的形成及其种类；一场典范转移与一场政治革命有着异曲同工之妙。

与此同时但独立出现的是，发源于图像学与文化史传统而具体表现在瓦尔堡传统中（见上文第 481 页），尤其是文艺复兴学者弗兰西丝·叶茨（Frances Yates）的作品。她以另一种方式拒绝了科学辉格主义。辉格派科学史不仅将其角色区分成启蒙的先驱与反对者，也运用后来与时代倒错的判准来挑出有趣的事物，并摒弃那些有时与“科学”历史无关却拖累其进展的宗教、占星术与炼金术，即使这些事物也存在于科学先驱的思维中。就科学一词的特定定义而言，这种做法有其前后一贯的逻辑，但并非史家心目中历史的含义。弗兰西丝·叶茨从她的《乔达诺·布鲁诺与赫密斯传统》（*Giordano Bruno and the Hermetic Tradition*, 1964）开始，将注意力从辨识与评价现代性的征兆转移到她书中主要人物的全体思想世界，这些思想世界有许多日后被置于一旁，只被当成是古物学者的兴趣。（“古物学者的”是历史辉格派或非史家用来贬抑人的用语，意思是“历史的”。政治思想史家有时被政治哲学家或政治科学家指控是古物学者，意思是说他们是史家。）叶茨的作品就某个意义而言等同于一部高深思想的著作，它严肃看待巫术信仰与农业社会实践，视其为一种历史现象。

被压抑的认同与全球视角：世界史与微观历史

汤普森《英国工人阶级的形成》是一部具有两面性的作品，它既回溯马克思主义根源，也往前展望二十世纪最后二十五年的史学。汤普森的“工人阶级”起初仍是革命的无产阶级。但如汤普森的丰
富描述，工人阶级意识的形成也是一种次文化的形成（比较中立一 501
点的社会学说法），历史学家必须以次文化本身的观点来探讨次文化。汤普森在前言中对自己的意图做了陈述，视自己的作品为 1970 年代与 1980 年代新历史态度的先河，但工人阶级意识的概念却可

溯源到正统的马克思主义："我试图将贫苦的长袜织工、卢德运动的剪绒工，'过时的'手摇纺织机工人、'抱持乌托邦思想'的工匠师傅，乃至于受乔安娜·南考特（一名千禧年预言家）蛊惑的追随者，从后世的鄙视中解救出来。"这段话正好反映出 1970 年代与之后的气氛。重构未能清楚陈述之人或文盲与半文盲者的思想世界（虽然汤普森书中的激进角色有些口才便给而且实际上能够读写），对史家来说似乎是件值得从事的任务。此外，可能流行的还有汤普森解释书名的方式："因为这是个在主动过程中进行的研究，'形成'中既有主动的因素，也有条件的限制。"

在 1970 年代最著名的美国史学作品中，我们找到了相同的动词与相同的理由：尤金·杰诺维斯（Eugene Genovese）的《奴隶形成的世界》（*Roll, Jordan, Roll: The World the Slaves Made*, 1974）。"Made"在这里或许比汤普森的"Making"更具有醒目的主动力量。通过广泛地使用书信，公允地处理人们对奴隶制度的各种感受，杰诺维斯探究奴隶为自己创造的文化。他们处于最恶劣的环境，仰仗圣经，接触白人社会以及非洲的影响，因而形成某种崭新、独特而不仅只于传统或模仿的事物。杰诺维斯的作品令人印象深刻，它创造了一个重要的一般观点。集体认同是文化产物，是一种自主性的创造，这项观念抓住了二十世纪后期的想象。它意味着发动者与创造者团体迄今在历史描述里的形象仅是以残酷命运的受害者，或对行政部门或政府界（反映在一些史家上）而言是种问题甚或令人讨厌的事物。

我们可以借由对比来说明这点。这种观点源于十九世纪后期，但它揭橥的思维方式却在往后四分之三的世纪里维持着强大乃至于正统的影响力。1886 年，《英国历史评论》创刊号的序言注释表示："国家与民族将是本刊主题的主要部分。"在当时，这样的内容让人
502 多少觉得有点累赘，而虽未署名撰写人是谁，但实际动笔者是詹姆斯·布莱斯（James Bryce）。布莱斯给的理由要比他的宣言来得有趣，

而且也跟这里的主题有关。他以过于模糊为由否定了历史意味着提供“一幅整体过去的图像”的观点，将历史定义为“人类行动的记录”，并且补充说：“国家的行动以及在国家事务中扮演重要角色的个人行动，通常比市民私人行动更重要。”他使用了“重要”这个词，而非语气较缓和的“值得注意”，使其主张变得有点重复。

布莱斯的论点在七十五年后得到响应，即卡尔（E. H. Carr）具影响力的作品《何谓历史？》（*What is History?* 1961）。它对于巴特菲尔德的《辉格派诠释》提出了反对论点。卡尔的视角明显属于辉格派：“真正所谓的历史，只能由那些能感受与接受历史本身方向感的人来书写。”（“历史本身”似乎是个需要严肃分析的词汇。）卡尔又说：“历史一般而言是人们行为的记录，而非人们未能做出行为的记录。以此而论，历史不可避免是一则成功的故事。”（或一则势必成功的故事？）人们认识到这句话是对布莱斯所说的“扮演重要角色”所做的呼应，即使声音有些减弱。以提出一般的历史观点为名，布莱斯与卡尔公布了何种历史才值得研究的规定，亦即什么才算是历史。史家都会选择自己感兴趣的历史来研究，但自身的选择不需要普遍化成为他人必须遵守的规定；这里说的应该是一种充满自信的共识。

事实上，这些论点完全不堪一击。布莱斯指出的反题“一幅整体过去的图像”之所以模糊，只因为它被呈现在一般性的层次上，使它在作为一种规定时显得荒谬。若以较不概括的方式重新加以陈述，例如过去的“任何”面向“或许可以”成为历史研究的主题，就看起来既不模糊亦不荒谬。在此，我们值得思考一下布莱斯可能的想法，并且为《英国历史评论》提出反驳。其中最可能的应该是地方的古物学与考古学学会的刊物，这些作品是立宪与政治史的新全国性期刊在地方上的既有竞争者。这里的对比不仅是新与旧、政治与家务，也在于首都与地方。就某个意义而言，地方史是我们即 503
将讨论的“微观历史”（micro-history）这个现代文类的前身，因此需要简要地加以说明。

关于古物学与考古学刊物，我们心里所想的，与布莱斯或许思索到的，如同其他人必然思索的一样。其问题不在于它们的模糊，而在于它们过于明确，尽管明确的部分都是些五花八门的事物。约翰·理查德·葛林（John Richard Green）是《英国历史评论》的另一位创立者，他高傲地将这类学会的考古兴趣说成是“一座稍微受到对罗马军营与古老头盔的热情影响的教会建筑”，并且认为这类学会的成员都是些“乡村牧师与老处女”。古物学的刊物一般处理的是事实，如服装、建筑物、武器与其他工艺品、家庭生活的各种面向与地方大族、地方传统，以及从地方档案随机引用的内容。这些事物当然来自各个层面，因此从这个意义来看等于是将“整体过去”视为它们的领域。这些刊物显然不是学科专门化的产物，因此就布莱斯的意义来看是“模糊的”。这些作品的风格可以从它们一连串的标题看出，这些标题足以自我解释，甚至坦率得让人毫无疑惑。以下是从《皇家历史学会学报》（*Transactions of the Royal Historical Society*）第一期（1875）引用的标题。尽管带着华丽的名称且总部设在伦敦，但这个创立于1868年的学会置身于发行各种古物学刊物的学会圈里，不免沾染上地方色彩。文章即便带有不同的地方名称，却仍具有压倒性的气势：《查理二世于伍斯特市的个人支出》（The Personal Expenses of Charles II in the City of Worcester）、《邓布兰的坟冢与阿洛那的罗马驻地》（The Mounds at Dunblane and the Roman station at Alauna）、《都铎王朝时期肯特郡的物价，以1577年为主》（Tudor Prices in Kent, chiefly in 1577）。显然，能够接触档案的人，以及或许需照顾地方档案的人士，对于这些事物的表列负重大责任。档案受到查阅，因为它就在那里，不过必须说明的是，即使是1950年代《经济史评论》的文章，也不一定令人振奋地联系上更广泛的历史主题。

然而，到了二十世纪中叶，如基思·托马斯所见，除了“国家事务”外，历史学仍有机会调和综合性与连贯性。人类学家已经学到如何做到这点。事实上，有人对英国人类学提供的静态世界提出批评，并且指控人类学的琐碎与人类学对特定社会的专论有如“集邮”，但在 1960 年代与 1970 年代，“小”不再意味着琐碎。托马斯 504
的时机选得恰到好处。对于新兴的历史感受而言，文化以及文化协助建构的集体认同是由其中的参与者“形成”的，这些参与者绝大多数是历史中的无名者，是他们支撑起特定的集体生活方式。事实上，从这个意义来说，所有的成人都是行为者，甚至是成功的行为者。他们是社会关系的主动参与者，借由参与在语言之中而进行传达：将记忆与规则转达给下一代，并接收、重塑与传播有关世界与人类生命的观念。我们想起卡莱尔说的：“历史的本质是由无数传记所构成的。”这是一种作为“口述历史”现代文类基础的思想。口述史家趁传主（他们无法用文字写下自己的记忆）尚能用口语传达时，记录下他们的个人记忆。这种做法恢复了史家最古老的实践：对目击者的询问。这种实践在过去一段时间里绝大部分被大量的书写文献所取代，却因录音机的发明而复活。

现代对文化与文化价值的概念已知与维柯、赫尔德和米什莱有关，他们在兰克与“现实政治”时代遭到边缘化。这种冲动有时类似于赫尔德企图唤醒日耳曼人认识他们被低估的认同的渴望，借由培养，使日耳曼人察觉不知名的创造与传承到他们身上的共同民族文化。虽然这似乎与现代对次文化的关切有所冲突，但实际上也使焦点得以聚集到地方社群的传统生活方式上。这种思维在史学史留下了意义深远的痕迹，如我们所见（见上文第 408 页），透过曾经流行的条顿村落社群土地共有制作为全条顿（包括英格兰人与斯堪的纳维亚人）社会的想象基础的概念。这预示了现代对小规模社会的兴趣，但小规模不再必然被视为与起源有关。同样的，“民族”仍然是个具影响力的概念，虽然实际上它是个被禁用的词汇，不过我们还是过分谨慎地倾向于以“民族的历史”（people's history）来表示。

二十世纪晚期文化史的复兴与清楚陈述的自我意识或对团体
505 认同的觉察，同时发生且结合起来。在文化史的复兴中，有些年鉴学派学者是先驱，至于那些自我意识或认同，迄今一直被认为受到压抑、忽视或边缘化。这些自我意识与认同通常不属于赫尔德所说的“民族”，虽然有些可以如此认定，例如在“后殖民”的脉络下；它们更不可能是布莱斯口中的“民族”。但十九世纪的民族概念有时拥抱的内容并不如“日耳曼文化”来得包罗万象。奥古斯丁·梯叶里是《诺曼人征服英格兰史》（*The History of the Conquest of England by the Normans*, 1825）的作者，这本书提到撒克逊人臣服的原因，对被压抑的“民族”也有特殊的兴趣，这些民族包括了布列塔尼人、阿基坦人、普罗旺斯人，当时许多人不愿承认这些民族的存在（法国当然是如此）。既然认同感无法被民族国家所垄断，那么植根于欧洲浪漫主义的民粹路线，梯叶里的观念显然具有预言性质。人们对于可能的历史主角的多样性的察觉变得更敏锐、普遍而肯定。

举个熟悉的例子，联合王国这个历史创造物似乎要比它在辉格主义巅峰时期更受到质疑。（见普拉姆的另一名弟子琳达·柯莉〔Linda Colley〕,《不列颠人：打造国家，1707—1837》〔*Britons: Forging the Nations, 1707—1837*, 1992〕。）少数种族找到发声的管道，曾被殖民与并入某人的帝国美梦的族群亦是如此。从这场帝国梦境中解放，认同的创造与赢得对认同的支持可以是政治事务，甚至也关联着纯粹的生存问题。（我有一名西非学生曾说：“我的国家需要的是更多辉格派的历史。”我认为这句话既深刻又机敏，使人联想到巴特菲尔德晚期对辉格主义做的区别：对历史有过，对政治有功。）当然，辉格派历史无法被否定，它可以被简单地置换并且加诸不同的主角人物；昭昭天命是任何民族都可以玩的游戏。因此，从1970年代之后，出现了大量被史家承认与投入心力研究的认同：之前被压抑的民族史、女性史、黑人史、工人阶级史、种族史、农民史，以及少数性倾向史、盗贼史、叛乱史与不流行的宗教教派史。总括来说，这种历史绝大多数被称为“底层史”（history from below），虽然不一定精确。民族国家作为历史核心角色的地位有部 506
分受到取代，这种现象不仅鼓励了将民族国家予以横断的各项范畴的兴趣，例如种族与性别，也产生往外与往下发展的趋势，一方面是朝世界史发展，另一方面是朝小社群发展，例如工坊，而更常出现的则是村落或教区。

世界史有许多先例，它比较像是一种期望，而非已建立的历史书写文体。比较古老的说法可以上溯到波里比阿的“普世史”。中古编年史一开始是普世史，之后则窄化为地方史。当然，“普世”一词必须从相对的角度来理解。波里比阿把焦点放在罗马崛起支配整个地中海及其腹地上；即使在他的时代，也认为普世一词并不包含波斯帝国在内。中古时代的普世史始于欧洛西乌斯、哲罗姆与塞维尔的伊西多尔，起初的用意是要将犹太–基督教圣经史与希腊罗马世界的历史溶于一炉（见上文第 189 页）。新版本的普世史于十二世纪及其后出现。日耳曼与意大利由于缺乏民族国家作为焦点，因而特别能接受这种系统且带有启示色彩的普世史版本，包括其中的预言，如神圣罗马帝国皇帝家族的成员弗莱辛的奥托（1114—1158），他的作品带有强烈的奥古斯丁色彩，以及方济会神秘主义者菲奥雷的约阿基姆的作品（见上文第 186 页）。约阿基姆对于后世的启示观念有着历久不衰的影响。

文艺复兴时代最著名的普世史是沃尔特·拉雷爵士（Sir Walter Raleigh）的《世界的历史》（*History of the World*, 1614），至少在英格兰是如此，而它有着明显的圣经色彩。十八世纪启蒙运动，如我们之前所见（第 21 章），出现了实质的普世史，虽然未反映在名称上，不过其明显的世俗风格也引发争议。伏尔泰撰写《风俗论》赞扬埃及人而反对犹太人，“反对”天主教波舒哀主教的《世界史》

（1681）。这个新文明概念提供了一条线索，将人类历史呈现为高度系统的与推测的两种故事：人类理智的历史（克服迷信是其核心）
507 与市民社会的社会经济史。马克思与恩格斯的作品就历史向度而言可以视为“市民社会”传统的延续，在这个传统中，市民社会的经济组织被视为决定各阶段政治秩序与观念的要素。

日耳曼仍继续接受普世史的观念。十八世纪晚期，以哥廷根为据点而繁盛发展的历史学派以普世史为其重要主题。虽然如前一章所描述，普世史在十九世纪被兰克学派的近代初期欧洲政治外交史所取代，但兰克本人在晚年时却重拾早年对普世史的兴趣，写下了十七册的世界史（1880—1886）。

以二十世纪晚期后殖民主义时代较严苛的标准来看，所有的普世史全属偶然的尝试，都不足以称之为普世，而且还受到本质上属于欧洲的视角污染。同样的声明也可以用来指称（只是程度不同）二十世纪初战间期出现的几部最著名的世界史：奥斯瓦尔德·斯宾格勒的《西方的没落》（1918—1922），威尔斯（H. G. Wells）充满演化进步观念且广受欢迎的《世界史纲》（*Outline of History*, 1920），另外还有卷帙最为浩繁的汤因比十册《历史研究》（1934—1954）。汤因比的名声一直充满争议，他对宗教史的特殊关注并未产生可见的长期影响，但最初却有着极大的号召力。作为最受尊敬的现代世界史家之一，加拿大学者威廉·麦克尼尔的事业开端便是从与汤因比合作开始；英国史家中，世界史火炬的主要接棒者杰弗里·巴勒克拉夫，他于1956年接替汤因比担任伦敦皇家国际事务研究所教席。比较晚近的著名英国世界史作品是罗伯茨的《世界的历史》（*History of the World*, 1995），以及在2004年处理现代“全球史”（逐渐流行的词汇）的贝里《现代世界的诞生，1780—1914》（*The Birth of the Modern World 1780-1914*）。

刺激全球观点的来源之一是马克思主义。它从一开始就将资本主义视为一股国际力量与现代世界史的发动机。马克思与恩格斯在

《共产党宣言》（1848）中写道：“资产阶级，由于开拓了世界市场，使一切国家的生产和消费都成为世界性的了……过去那种地方的和民族的自给自足和闭关自守状态，被各民族的各方面的互相往来和各方面的互相依赖所代替了。”有位现代史家将这种思想适用在从法国大革命到二十世纪晚期的四卷本系列历史作品。这一系列的作品像是一部世界史，而不只是资本主义诞生地欧洲的历史，而这位史家就是艾瑞克 · 霍布斯鲍姆。这一系列作品的最后一册，《极端的年代》（*1914—1991*, 1994），其实是最近期的世界史。霍布斯鲍姆的马克思主义已完全剥除了任何残存的乌托邦主义。然而，人们可以从他的观察中感受一股讽刺的愉悦，苏维埃体系的崩解正可证明马克思主义的真理：“没有更清楚的例子可以说明马克思的生产力与社会、制度及意识形态上层结构之间的冲突，这些上层结构将落后的农业经济转变成先进的工业经济，之后上层结构的力量反而成为生产的桎梏。”（p.497） 508

然而，英国的学院对世界史的接受度不如美国，世界史在美国大学课程中拥有较稳固的地位。但二十世纪下半叶受世界史吸引的最知名史家是布罗代尔。在研究了十六世纪地中海世界之后，他又继续撰写规模更宏大的作品：1963 年的《文明史》，以及随后三册从十五世纪到十八世纪的物质文明与资本主义研究。布罗代尔的地理与经济兴趣，以及他的跨学科倾向，自然而然产生世界史的观点。比较特别的是，他渴望为经验的历史研究创造一个基础，然而他在这方面为法国留下的遗产并不如期望的那样充满活力。

世界史与社会科学的概念与主题的联结并非出于偶然。在演化时期，也就是十九世纪晚期，社会学经常是高度抽象与系统化的人类社会发展史，如同赫伯特 · 斯宾塞的作品。另一方面，较重视经 509
验实质与根植于历史的马克斯 · 韦伯作品也将眼光往外投射于非欧洲社会，其中最著名的是中国，在那里可以应用典型的韦伯式概念，如“科层制”、“传统权威”与“卡理斯玛”。

世界史或全球史必然引发定义的问题。这些问题在《书写世界史，1800—2000》(*Writing World History 1800-2000*, eds. B. Stuchtey and E. Fuchs）中获得有益的讨论，这部作品于 2003 年由位于伦敦的德国历史研究所出版，也提供了对过去与最近作品的介绍。以布罗代尔的话来说，世界史本质上关注的是“长时段”，它需要大规模地统合各项分类，这些分类不局限于特定国家或严格界定的时期，因此需要其他学科的支持。近年来逐渐摆脱异国统治的社会历史，以自身的视角而非前统治者的视角写成，也许能对世界史作出贡献。这些社会史就本身而言应属历史悠久的国别史文类的一环，包括偶尔提及从异国压迫或支配下解放的历史。斯塔布斯的《立宪史》也可以从这些观点来进行叙述，在他的作品中，诺曼人是殖民强权；梯叶里的《征服英格兰》与许多德国史亦是如此。但在处理更广泛的主题以及将目标放在包罗万象、预定的世界史时，势必要把焦点放在其他学科也感兴趣的主题上：文化接触与交换、经济起飞与世界经济、殖民与去殖民、奴隶制、迁徙、都市化、工业化与其他松散汇聚在现代化这个类别之下的经验。考古学、人类学、地理学、社会学与经济学全都具有关联性。

从全球转向特定时空的村落或其他小社群，引领我们进入微观历史的领域。微观历史除了类似人类学，从中获取有关小规模社会生活的观念外，也与小说和传记相近——虽然是卑微乃至于无法清楚表述之人的传记。以下举的意大利、法国与英国的三个例子并非本书的结论或高潮，而是适当的完结。它们是受研究驱策而非理论
510 驱策下的产物，也就是说它们源自特定的档案或文本，由具想象力的史家从中发现潜力。

就特征而言，微观历史采取的是小地区，狭窄的时间带，或许是一个主角人物（虽然支配的程度不一）与一个小社群。微观历史阐明了比它本身更概括的事物，但不必然被认为是既定类型的明确

"证据"，如同被加添在立基于事例累积之通则上的一块砖头，尽管原则上它终究会以这种方式为人所运用。有时，微观历史的主题是单一的核心事件或一连串核心事件，要了解事件的意义需要详加考察，或许还必须向别处求助可用的通则；有时，微观历史的事件较为分散，尽管它已以某种方式聚焦。换言之，当中存在着性格与情节或某种较为松散的整体性——一个地区、一个特定时间、一种行为与信仰的模式。微观历史有着典型的单一主要档案来源，其中比较重要的是宗教裁判所、法院与教区记录。

一个受欢迎而著名的早期例子是伊曼纽尔 · 勒华拉杜里的《蒙塔尤》(1975)。这是十五世纪初朗格多克（Languedoc）一处村落的农民心态研究，内容源自宗教裁判所调查当地流行的卡特里派（Cathar）异端的审问记录。就某个意义而言，《蒙塔尤》源自年鉴学派的地区研究文类：拉杜里之前曾写过一部更通论性的作品《朗格多克的农民》(*The Peasants of Languedoc*, 1966)。之后的作品《狂欢节》(*Carnival*，英译本于 1980 年出版）属于年鉴学派传统。娜塔莉 · 泽蒙 · 戴维斯的《马丁 · 盖尔归来》(1983）是一篇描写十七世纪法国农村生活的小品文，故事焦点放在婚姻关系上，这部作品后来被拍摄成电影。《屠猫记》(1984）由研究十八世纪法国的著名美国史家罗伯特 · 达恩顿写成，他告诉我们这本书源自他与人类学者克利福德·格尔茨（Clifford Geertz）在普林斯顿合开的一堂课：与书名相同的论文诠释了 1730 年代巴黎印刷业雇工因仇恨而生的诡异行径。

卡罗 · 金兹堡的《奶酪与虫子：一名十六世纪磨坊主的世界观》(1976)，这部作品如同《蒙塔尤》，根据的是宗教裁判所的记录。金兹堡的主角是一位名叫梅诺丘(Menocchio)的自学出身的磨坊主。511
他于 1533 年出生于北意大利，在教会权威依惯例给他第二次机会之后，于 1599 年因异端而被处以火刑。遭到教区僧侣的指控这点并不完全令人意外，他与这些人争论，因而挑战了他们的权威。他与人争论，而且向无法理解他的村民分享特异的宗教观念，因为这股无法压抑的冲动而必须支付罚款。因为这样顽固的个性，他既无伙伴，且所做完全是为了自我满足，同时也因为无法控制自己，最后磨光了宗教裁判所的耐性。他受到宣判、囚禁，而且在适当程序下获释，但他的直言不讳使当局祭出了神裁法，最后将他处以火刑。他所发表的异端言论并非言不由衷，不过这些意见完全出于他个人独特的看法，与任何教派无关。他是个可靠的人，显然相当受欢迎，他育有十一名子女而且担任村长，然而尽管史家分析之后认为他的观点相当吸引人，但人们开始发觉他成了饭馆里避之唯恐不及的人物。

梅诺丘的意见的确非常不正统。他认为世界是一块里头住着虫子的奶酪，磨坊主对虫子很熟悉，对他而言，虫子是自我生成的；这个概念只是个开端。虫子是天使，而上帝被创造的时间与天使相同。此外，宗教裁判所认为这种说法前后不一致，“我们看到的一切是上帝，而且我们就是上帝”。耶稣是凡人——从常识可知处女怀胎是不可能的——而且低于圣灵，而圣灵存在于每个人身上，包括不信神者在内。圣经有部分是真的，部分是假的，教士的圣职毫无价值。梅诺丘唯一比较寻常的说法是他反对富有的教士与穷人之间的差距。金兹堡很清楚梅诺丘的观点有被扭曲的可能，一方面这些发言是由对他感到愤慨且经常被他难倒的审问者所记录，另一方面则是他的命能不能保住端赖他的回答。然而，一般而言，梅诺丘的坦率似乎与他的多嘴一样鲜明。他想到什么就说什么，而他说的话的确非常古怪。不过，这些话并不完全出自他自己的心灵。

由于梅诺丘能够读写，而且热切地阅读偶然到手的任何书籍；
512 他与他的意见唯有在懂得读写与书籍这两个条件下才成为可能。金兹堡探讨梅诺丘的例子，发现光是透过书籍的书名与数量无法妥适地研究读写的历史。我们必须试图理解书籍“如何”被梅诺丘这种人阅读，以及这种人从阅读中得到什么。金兹堡从梅诺丘对审问者做出的混乱回答中做出明智的推论，而且仰赖自己对文艺复兴时代文学文化的博学，揭露了梅诺丘独特的考古学见解，说明了他的观点。

显然，梅诺丘不光只是重复他所阅读的意见。他阅读得很少，却相当专注于偶然发现的字句，而且以自身的心灵与社会世界重塑这些看法。其所产生的意见如此令人吃惊，让审判他的法庭感到恐慌。他主动阅读，并且加诸自身的强调与诠释。他的阅读是自修性质的阅读，忽视大部分内容，只专注于自己有兴趣的部分并予以加强。他当然不是狂热信徒：造成他毁灭的原因是阅读与轻率，而非宗教热忱。梅诺丘从阅读其他宗教与信仰的描述中学到了一种宗教的相对主义与一般性的宽容，他从约翰 · 曼德维尔爵士（Sir John Mandeville）的旅行中发现这些，甚至从薄伽丘身上挖掘出异端。他的作者们不会像他那样不知轻重。他的言论实在太过火了。

在金兹堡的手中，梅诺丘的例子反驳了过于简单的大众文化观念与过于化约的读写能力与书籍散播概念，并且责难了以此概念所做的引申。梅诺丘以如此可怕的方式死去，部分是因为他是跨足两个世界的人：识字与不识字。

布莱斯曾挪出篇幅容纳另一项值得《英国历史评论》刊载的类别：像路德一样曾改变世界意见的人物。梅诺丘主张异端，但并非异端领袖，尽管他的意见引起人们的兴趣，却几乎未能影响周遭的言论。不过，几乎没有读者反对金兹堡对梅诺丘的研究（如卡尔所言）是“真正所谓的”历史与杰出的历史作品。这给人一种穿越一定智识跨度的衡量，这种跨度不仅从 1880 年代起算，也要从 1960 年代开始。梅诺丘除了为自己阅读以及喋喋不休外还“做了”哪些事， 513
我们并不清楚，但这显然不是重点所在。

另一个例子是阿兰 · 科尔班在《吃人的村落：1870 年法国的狂暴与谋杀》（*1870*, 1990）中调查拿破仑第二帝国即将衰亡的时期里，多尔多涅（Dordogne）某个村落的一名年轻贵族遭到一群攻击者的公开拷问与谋杀。科尔班的作品可以看出属于年鉴学派传统；

他也因撰写气味史而为人所知（英译本 *The Foul and the Fragrant: Odour and the French Social Imagination*, 1982）。《吃人的村落》是一篇对谣言、阶级仇恨与政治态度的研究。对局外人而言，这些概念似乎难以理解，但科尔班使它们变得清晰易懂。这场谋杀是强烈且受到错误引导的集体焦虑寻求发泄而造成的结果。法国在边境被普鲁士人击败，这使人回想起过去普鲁士入侵的历史，因而产生不祥的预感；普鲁士入侵分别在 1793 年与 1815 年，第一次是具威胁性的反革命行动，第二次是协助波旁王室复辟。反革命对农民而言意味着封建义务可能复活。因此，贵族等同于普鲁士人，而这名不幸的年轻人相当受欢迎，而且不是个严厉的地主或积极参与政治的人士，但却被他的谋杀者与折磨者说成是普鲁士人。有人声称他曾高喊“共和国万岁”，但这是不实的陈述，人们可以发觉这种说法前后不一。对共和派的仇视可以追溯到二十年前第二共和时期令人怨声载道的税赋。

这群拿破仑派谋杀者不是这名年轻贵族的近邻，后者似乎只是观望，或者如村长一样并未真心进行抗争。这些人为了村落市集而从邻近地区集结过来，他们并不认识这名贵族。下午，有数个小时的时间，他们将他殴打至死，几乎是以仪式的方式，每个人都有份，使用农具，仿佛是在打谷似的，然后烧了他的尸体——这项行动被说成好像是在烤一头猪。事实上并未发生吃人的事件：吃人这个可怕词汇是用来形容这个行为带来的广泛震撼，这个事件震惊了一般民众，无论其政治倾向为何。

科尔班从这个事件转而阐明人们对暴力与身体肢解的态度转变。对于犯下这项罪行的农民而言，他们平日已习惯宰杀牲畜，他
514 们所作所为似乎理所当然而且符合政治上的美德。他们公然做这件事，以为这是爱国行为，而且期待受到褒扬与奖赏。然而科尔班认为，刚好就在这段期间，人们对身体与疼痛的态度已有明显的变化。元凶们后来受到审判与处决，他们刚好卡在这两个历史感受类

型的文化时差间。科尔班以戏剧化的方式陈述他的故事，透过这则故事，揭露了那个时空下若非以这种方式表现则无法理解的政治与情感。

最后是英国的例子：埃蒙·杜菲（Eamon Duffy）《摩尔贝斯的声音》（*The Voices of Morebath*, 2001）叙述宗教改革时期位于英格兰西南部遥远一处艾克斯摩尔（Exmoor）教区的故事。摩尔贝斯是英格兰的保守地区，却因教区牧师克里斯托弗·特莱切（Christopher Trychay）丰富生动的记录而显得特别。克里斯托弗的牧师岁月涵盖了整个宗教改革年代，从 1520 年坚定信奉天主教的亨利八世初期，到 1574 年伊丽莎白统治期间。身为教区牧师的他，不仅遭遇了最初亨利与罗马决裂的震撼，也经历了爱德华六世如火如荼的改革与玛丽时代天主教的复兴，然后是伊丽莎白继任后较深刻但也较温和的崇拜再新教化。杜菲显然喜爱克里斯托弗牧师，而且以同情的角度描述他不甘屈服于每一波改革热潮：他的内心忠于天主教旧体制，并且将心力全奉献给自己的教区。杜菲并未利用这种局势来煽动读者情感，但克里斯托弗牧师处境之艰辛想必让每个读者感同身受。尽管作者已力求克制，然而即使是热切的新教读者最终也会对处心积虑的改革派人士埃克塞特教长感到厌恶。他是施行改革的最直接来源，也是遥远而令人生畏的枢密院的代表。海因斯教长（Dean Heynes）由于蔑视传统而冒犯了保守的埃克塞特主教座堂参事会，不少读者应会联想到特洛勒普笔下的斯洛普先生（Mr Slope），虽然少了后者的伪善。

杜菲利用克里斯托弗牧师的记录，重构前宗教改革时期以教堂与崇拜为中心的丰富而复杂的教区生活，大量地引用与“转译”。教区记录大部分聚焦于教区教堂的圣人崇拜上，教区教堂由不同的村民团体负责，轮流由不同的“教区委员”代表管理。由于教区委 515
员的职责是向教区报告教堂的财务状况，因此他们的报告数据大部分记录于牧师的账簿中。显然，克里斯托弗牧师以教区委员的名义详细撰写了所有的报告。轮值意味着教区委员一职会落到穷人与未成年人身上，所以这种做法或许有其必要，而牧师似乎会以大声朗读的方式呈现他的报告。报告的条目带有口语性质，而牧师显然会利用公共集会的时候朗读报告以激励虔信与调解纠纷。这些活动呈现出一幅由教区居民构成的广泛社会参与，并且表现出依附在共识与责任之上的价值。如杜菲所言："描述充满了集体认同与共同责任的说辞。"

对教堂特定圣人的崇拜是这些活动的核心，而崇拜的消灭——在遥远权威的命令下——对教区居民的社会互动造成毁灭性的影响：结果是社会参与的明显衰减与窄化。用来装饰与维护圣人肖像、神龛及照明的金钱责任由特定团体负责，以如此方式建立的基金被称为"储金"(stores)，而且冠上圣人的姓名。年轻男子与年轻女子的角色特别引人注目，他们被集体组织起来，连同他们自身担任的教区委员（有时由户长代理）一起。还有青年储金与少女储金。青年们也要负责管理"教堂麦酒"，必须在定期的节庆中贩卖麦酒以取得利润。这笔利润是重要的收入来源，清教徒热切地禁售教堂麦酒无异于使教堂财务陷入窘迫。此外，教区的集体财富仰赖羊群[1]，他们被分配支持不同的储金以维护他们的守护圣人，所以才会有这种说法："圣母玛丽亚的羊"、"圣安东尼的羊"、"圣希德威尔的羊"(St Sidwell's sheep，圣希德威尔是女性，唯有她是埃克塞特的圣人)。

这幅景象绝大部分已遭到摧毁，而它便是英格兰宗教改革的缩影，使天平从社群往个人倾斜。从之前被误读的模糊而半湮灭的条目中，杜菲显示五名年轻人由教区为他们打理武器装备，参与了
516 1549年英格兰西南各郡反抗宗教改革的战事，其中数人很可能死于

1 即教区民众。——译注

战场。杜菲是英格兰宗教改革研究的领导权威，他还有一部知名作品属于通论性质的研究：《清理祭坛：英格兰的传统宗教，1400—1580》(*The Stripping of the Altars: Traditional Religion in England c.1400-c.1580*, 1992)。他对摩尔贝斯的研究，如果没有广博的学识作为基础，恐怕无法阐明出如此丰富的内容。此外，值得注意的是，这部杰作重构了如此广泛的教区生活与克里斯托弗·特莱切牧师的人格，而其根据的竟然只是一部乏人问津的史料。要让这部史料复活，需要非凡的想象与感性，以及广博的学识。

当然，这种研究有点类似于中古修道院编年史家对他们社群生活的记录，他们特别注意慈善行为，这些馈赠必须在祈祷文中加以铭记，而这些行为也持续受到重视。甚至还有一个类似之处，如之前序篇所述，人类最早从事历史记录与叙事的动力之一：统治者向被安置于神庙里的神献上供品。在杜菲的指引下，人们着迷地看着清单以类似的方式转变成叙事，而场所依旧相同：记录与说明呈献给神的供品，或者在这个例子里是基督与圣人们。叙事是简短的，但在修辞上与单纯背诵清单有很大不同。叙事解释了这些供品的由来与支付方式，以及上供时连带做的事情："罗杰·巴德的坟墓所需的价值六先令八便士的物品，连同其他遗赠……可以确定的是，阿格妮斯·巴德不久就会来此而且支付所需的金额。"一句话就栩栩如生地描述了过去，接下来是更完整的叙述：

> 由于海恩的阿格妮斯（Agnes at Hayne，这是姓）去世，我们收到了长外衣与价值十二先令的戒指，海恩的尼古拉斯心满意足地让威廉·赫雷把同样数额的金钱送去伦敦，他到那里之后，会为我们买一面丝质的旗帜，然后再带回到这座教堂（"这座"指的是这段文字所要呈献的对象）：如果这幅旗帜价值不满十二先令，他说你们可以在旗帜送到这座教堂时拿走剩下的金钱。

摩尔贝斯的记录最早是在1904年由德文郡的古物学者加以编辑，不过其中有一些错误。我们应该庆幸这些史料能保存下来，而且必须对在兴趣激励下担负起这项编辑任务的人喝彩。不过，如果这里存在着连续性的话，那么也存在着巨大的思想距离。除了个人
517 天分与想象力的问题之外，光是时代久远这项因素就足以让首位编辑者无法产生任何像《摩尔贝斯的声音》这样的作品。然而何以如此？杜菲并未推测，也没有必要推测。忙碌的史家们并无义务为一个拥有相同技艺顶多属于边缘人物的史家处理难题。不过，也许方法论上的缄默本身就具有意义；阿兰 · 科尔班未曾分享他的方法论，他对方法论具有一种法国式的态度。杜菲未曾概括地提起小规模社会的冲突解决方式或仪式的社会功能，就一般观点而言，一名天主教徒无论如何都会履行仪式。尽管如此，认为无此必要的杜菲，除了个人的倾向外，或许（尤其如果将他的做法拿来与托马斯于1963年理由详尽的敦促相比）透过省略而显示出史家之间一种大为扩展的想象共识：对史家而言，可能从事的研究是什么。

本书可以没有结论，因为历史的研究与写作仍在持续。科技的创新可能已经指出新的时代。1970年代之后，缩微胶卷使史家得以远距离地接触手稿与出版品。如今，网络开启了更大的研究可能，至于其局限与影响我们仍无法清楚看出。目前为止，历史写作上最大的科技创新仍是印刷出版，它保证作品的存续，若在过去，作品很有可能佚失消亡。但我们应该记住，如我们在21章提到的，印刷出版的完整意涵需要一段时间才为人充分理解，例如它使十八世纪的罗伯特森（得到西班牙的一些帮助）不用离开爱丁堡即能写下学识广博的皇帝查理五世统治时代的历史。我们或许可以有把握地说，网络将导致“更多”历史被书写，如果光就它缩减了研究时间来看的话，但我们可能无法知道短期内历史学是否将有所不同或变得更好。

在历史的呈现上，主要的新媒介显然是电视。运用电影档案是一个重要面向，但利弊互见，史家将因此专注于二十世纪以及新闻媒体、电影制片与政府宣传所认为值得记录的事物上。此外，电视节目通常如同幻灯片演讲的旧公式，主持人或评论者以影像来支持自己的论点，往广大的观众延伸。电视节目可以制作得相当完善，
如本章一开始提到的一些例子，也可以制作得非常拙劣，如今充斥 518
的都是这类节目。不过也可能从中探索出真正全新的可能，例如肯恩·伯恩斯（Ken Burns）制作的一系列令人瞩目的有关美国南北战争的纪录片就享有极高的声誉。节制但信息丰富的评论、具敏感度的编辑、予人强烈感受的照片与音乐，以及书信和日记的朗读，这一切均使这部影片深深地打动人心，其讲述的事件规模非一般印刷书籍所能及。人们认为这部影片呈现出伟大规模的史诗主题，有资格称为二十一世纪迄今为止的杰出历史作品。

所以本书没有结论，只有既有可能性的延伸，以及只有一本书该有的结尾。我希望，我以纯粹的个人批注作结代表的是一种自谦而非自傲。我有两个目的。首先，本书要传达的是各种历史作品的特殊性质，尤其是何种特质使它们能让非历史专业人士愉快地阅读。为了做到这点，我也试着传达这些作者们是以何种意图从事写作。其次，如同本章绝大部分的做法，我试图追溯与（如果可能的话）解释史家关注与运用过去的方式的重大转变。但我总是意识到史家共有的特质。史家构成一种社群的观念，最早是由波里比阿提出的，他相信如果他在完成历史作品之前死去，会有另一名史家接续他的主题（见上文第 70 页），或许这是正确的。中古时代的编年史家本质上是合作的，不过是以接续的方式表现。如今已存在着一个专业社群，或者更写实的说法是，一群领域彼此交叠的专业社群，尽管不一定受到承认，不过过去的史学也是这个社群的一部分。毕竟，历史学家都对过去感兴趣。人们绝对无法知道已逝史家的作品会在什么时候以何种方式突然产生关联，或唤起同仁的情感与恼怒。

我们拥有后见之明的优势，但史家要学着戒慎恐惧，不能滥用这股优势。人们通常只消说出这么一个令人畏惧的字眼“辉格”，就能让人突然谦虚起来；后见之明的优势之一，就是让人学到不要滥用后见之明。

519 如我所说，我一直清楚意识到我在这里写的是可以回溯到两千五百年前的一种实践，其参与者是由死者与生者共同组成的社群。对这个社群的全体成员而言，过去非常重要：为了未来的世代，过去值得调查、记录与保存。当我提到这些历史作品时，我带着相同的尊敬、兴趣，通常还带着赞美。对于一些作品，我略失公允；对于其他无可计数的作品我感到歉疚，因为我完全未做到公允。

参考书目

希腊文、拉丁文、法文与西班文作品的英译本绝大部分出自企鹅出版集团。我在非常偶然中对特定引文提供了另一种翻译版本。这些英译本的导论对我帮助很大，在此一并致谢。这些作品的出版地全在伦敦。

对于上古史家文本的引用，是以这类文本习惯上区分的卷数与章节编码为主，而非页数。引文因此可以来自任何版本。这也适用于维柯、黑格尔与斯塔布斯作品中的章节编码。书目内的出版年代是文中引用的书籍版本，而非该书的初版，出版年代在文中引用该书内容时会加以注记。研究著作的清单并不完整：我只选择我认为特别有用的作品，希望这些作者能接受我以这种概括的方式表达对他们的谢意。我偶尔会在文中引用某个现代作者的说法，这么做是因为意识到自己特别紧密地遵循某种特定诠释，并且希望自己承认这项事实。

通论性作品

Boyd, K. (ed.), *Encyclopaedia of Historians and Historical Writing* (2 vols., London, 1999)

Cameron, J., et al. (eds.), *The Blackwell Dictionary of Historians* (Oxford, 1988)

Woolf, D. R. (ed.), *A Global Encyclopaedia of Historical Writing* (New York and London, 1998)

Kelly, D. R., *Faces of History: Historical Writing from Herodotus to Herder* (New Haven and London, 1988)

Momigliano, A., *Essays in Ancient and Modern Historiography* (Oxford, 1977)

Hay, D., *Annalists and Historians: Western Historiography from the VIIIth to the XVIIIth Century* (London, 1977) 在范围上限制较多，但有用。

Thompson, J. W., *A History of Historical Writing* (2 vols., New York, 1942) 仍有参考价值。

有两部我经常不表赞同的经典作品，但仍然具有启发性：

E. Auerbach, *Mimesis: Te Representation of Reality in Western Literature*, trans. W. R. Trask (Princeton, 1953)

R. G. Collingwood, *The Idea of History* (Oxford, 1946)

序言

Butterfield, H., *The Origins of History* (London, 1981)

Gardiner, A., *Egypt and the Pharaohs* (Oxford, 1961)

Gurney, O. R., *The Hittites* (rev. edn, London, 1990)

Staggs, H. W. F., *The Babylonians* (2nd edn, London, 1998)

希腊

原典

Herodotus, *The Histories*, trans. A. de Sélincourt, rev. with intro. and notes J. Marincola (Penguin, 2003)

Thucydides, *History of the Peloponnesian War*, trans. R. Warner, intro. and notes M. I. Finley (Penguin, 1972)

Xenophon, *The Persian Expedition*, trans. R. Warner, intro. and notes G. Cawkwell (Penguin, 1972)

Arrian, *The Campaigns of Alexander*, trans. A. de Sélincourt, intro. and notes J. R. Hamilton (Penguin, 1971)

Quintus Curtius Rufus, *The History of Alexander*, trans. J. Yardley, intro. and notes W. Heckel (Penguin, 1984)

研究著作

Fornara, C. W., *The Nature of History in Ancient Greece and Rome* (Berkeley and London, 1983)

Marincola, J., *Authority and Tradition in Ancient Historiography* (Cambridge, 1997)

Moxon, I. S., et al. (eds.), *Past Perspectives: Studies in Greek and Roman Historical* Writing (Cambridge, 1986)

Murray, O., *Early Greece* (London and Cambridge, Mass., 1993)

Usher, S., *The Historians of Greece and Rome* (Bristol, 1985)

Bengtson, H., et al., *The Greeks and the Persians: From the Sixth to the Fourth* Century (London, 1968)

Pearson, L., *Early Ionian Historians* (Oxford, 1939)

Fornara, C. W., *Herodotus: An Interpretative Essay* (Oxford, 1971)

Gould, J., *Herodotus* (London, 1989)

Thomas, R., *Herodotus in Context: Ethnography, Science and the Art of Persuasion* (Cambridge, 2000)

Adcock, F., *Thucydides and his History* (Cambridge, 1963)

Connor, W. R., *Thucydides* (Princeton, 1984)

Hornblower, S., *Thucydides* (London, 1987)

关于色诺芬、阿瑞安与库尔提乌斯·鲁夫斯，请参阅企鹅版本各个作品的导论。

罗马

原典

Polybius, *The Rise of the Roman Empire*, trans. I. Scott-Kilvert, selected and intro. F. Walbank (Penguin, 1979)

Sallust, *The Jugurthine War. The Conspiracy of Catiline*, trans. and intro. S. A. Handford (Penguin, 1963)

Livy, *The History of Rome from its Foundation*:

(I-V) *The Early History of Rome*, trans. A. de Selincourt, intro. R. M. Ogilvie (Penguin, 1971)

(VI-X) *Rome and Italy*, trans. B. Radice, intro. R. M. Ogilvie (Penguin, 1982)

(XXI-XXX) *The War with Hannibal*, trans. A. de Selincourt, ed. with intro. B. Radice (Penguin, 1965)

(XXXI-XLV) *Rome and the Mediterranean*, trans. H. Bettenson, intro. A. H. McDonald (Penguin, 1976)

Plutarch, *Makers of Rome*, trans. and intro. I. Scott-Kilvert (Penguin, 1985)

Appian, *The Civil Wars*, trans. and intro. J. Carter (Penguin, 1996)

Cassius Dio, *The Roman History: The Reign of Augustus,* trans. I. Scott-Kilvert, intro. J. Carter (Penguin, 1987)

Tacitus, *The Annals of Imperial Rome*, trans. and intro. M. Grant (Penguin, 1959)

——*The Histories*, trans. and intro. K. Wellesley (Penguin, 1975)

——*The Agricola and the Germania*, trans. and intro. H. Mattingly (Penguin, 1970)

Suetonius, *The Twelve Caesars*, trans. R. Graves. ed. and intro. J. B. Rives (Penguin, 2007)

Josephus, The Jewish War, trans. G. A. Williamson, ed. and intro. E. M. Smallwood (Penguin, 1981)

Ammianus Marcellinus, The Later Roman Empire AD 354-378, selected and trans. W. Hamilton, intro. and notes A. Wallace-Hadrill (Penguin 1976)

研究著作

Dorey, T. A. (ed.), *Latin Historians* (London, 1966)

Grieve, E. S., *The Image of Rome* (Princeton, 1969)

Wiseman, T. P., *Historiography and Imagination: Eight Essays on Roman Culture* (Exeter, 1994)

以及 Fornara, *The Nature of History*, Marincola, Authority and Tradition, 与 Usher, *The Historians of Greece and Rome*，这三本前面皆已列出。

Walbank, F., *Polybius* (Berkeley and London, 1972)

Earl, D. C., *The Political Thought of Sallust* (Cambridge, 1961)

Luce, T. J., *Livy: The Composition of his History* (Princeton, 1977)

Walsh, P. G., *Livy: His Historical Aims and Methods* (Cambridge, 1961)

Barrow, R. H., *Plutarch and his Times* (London, 1967)

Jones, C. P., *Plutarch and Rome* (Oxford, 1971)

Millar, F., *A Study of Cassius Dio* (Oxford, 1964)

Dorey, T. A. (ed.), *Tacitus* (London, 1969)

Martin, R., *Tacitus* (London, 1981)

Woodman, A. J., and Luce, T. J. (eds.), *Tacitus and the Tacitean Tradition* (Princeton, 1993)

Wallace-Hadrill, A., *Suetonius: The Scholar and his Caesars* (London, 1983)

Barnes, T. D., *Ammianus Marcellinus and the Representation of Historical Reality* (Ithaca, NY, 1998)

基督教世界与蛮族

原典

Eusebius, *The History of the Church*, trans. G. A. Williamson, rev. edn and intro. A. Louth (Penguin, 1989)

Gregory of Tours, *The History of the Franks*, trans. and intro. L. Thorpe (Penguin, 1974)

The Fourth Book of the Chronicle of Fredegar with its Continuations, trans. J. M. Wallace-Hadrill (London, 1960)

Munz, A., From Roman to Merovingian Gaul: A Reader (Peterborough, Ont., 1999)

研究著作

Brown, P., *The Rise of Western Christendom: Triumph and Diversity AD 200-1000* (Oxford, 1996)

——*The Cult of the Saints: Its Rise and Function in Western Christianity* (London, 1988)

Chadwick, H., *The Early Church* (London, 1960)

Dahmus, J., *Seven Medieval Historians* (Chicago, 1982)

Markus, R. A., *Saeculum: History and Society in the Theology of St Augustine* (Cambridge, 1970)

Smalley, B., *The Study of the Bible in the Early Middle Ages* (London, 1974)

关于圣经的比喻诠释，经典作品是

E. Auerbach, *Scenes from the Drama of European Literature* (Gloucester, 1973).

Barnes, A. T. D., *Constantine and Eusebius* (London, 1981)

Wallace-Hadrill, D. D., *Eusebius of Caesarea* (London, 1960)

Young, F., *From Nicaea to Chalcedon* (London, 1983)

Wallace-Hadrill, J. M., *The Barbarian West 400-1000* (London, 1967)

——*The Long-Haired Kings* (London, 1962)

Wormald, P., et al. (eds.), *Ideal and Reality in Frankish and AngloSaxon Society* (Oxford, 1983)

比德与盎格鲁—撒克逊英格兰

原典

Bede, *A History of the English Church and People*, trans. and intro. L. Shirley-Price, rev. edn R. E. Latham (Penguin, 1968)

English Historical Documents, vol. I; c.500-1042, ed. D. Whitelock (London, 1968)

The AngloSaxon Chronicle, ed. D. C. Douglas and D. Whitelock (Norwich, 1961)

研究著作

Campbell, J., *Essays in AngloSaxon History* (London, 1986)

Bonner, G. (ed.), *Famulus Christi: Essays in Commemoration of the Thirteenth Centenary of the Venerable Bede* (London, 1976)

Mayr-Harting, H., *The Coming of Christianity to AngloSaxon England* (3rd edn, London, 1991)

不列颠史

原典

Gildas, *The Ruin of Britain and other Works*, ed. and trans. M. Winterbottom (London, 1978)

Nennius, *History of the Britons*, ed. J. A. Giles in Six Old English Chronicles (London, 1848)

研究著作

Hanning, R. W., *The Vision of History in Early Britain: From Gildas to Geoffrey of Monmouth* (London, 1966)

Leckie, R. W., Jr, *The Passage of Dominion: Geoffrey of Monmouth and the Periodization of Insular History in the Twelfth Century* (Toronto, Buffalo and London, 1981)

中古时代的英格兰

原典

English Historical Documents, vol. 2: 1042-1189, ed. D. C. Douglas and G. W. Greenaway (London, 1953)

The Chronicle of Jocelin of Brakelonde, trans. H. F. Butler (London, 1949)

The Ecclesiastical History of Ordericus Vitalis (IV. viiviii), ed. and trans. M. Chibnall (Oxford, 1975)

Chronicles of Matthew Paris, ed. and trans. A. Vaughan (Gloucester, 1984); Deeds of the Abbots 的引文源自这个版本。

The Illustrated Chronicles of Matthew Paris, ed. and trans. A. Vaughan (Stroud, 1993); Greater Chronicle 的引文源自这个版本。

William of Malmesbury, *The Kings of England*, trans. J. A. Giles (London, 1847)

——*Historia Novella: The Contemporary History*, ed. E. King, trans. K. R. potter (Oxford, 1998)

Geoffrey of Monmouth, *The History of the Kings of Britain*, trans. and intro. L. Thorpe (Penguin, 1966)

研究著作

Hay, *Annalists and Historians*，前面已经列出，但在这里也有用。

Galbraith, .V. H., *Kings and Chroniclers: Essays in English Medieval History* (London, 1982)

Gransden, A., *Historical Writing in England*, C. 550-1307 (London, 1974)

十字军与骑士历史

原典

Joinville and Villehardouin, *Chronicles of the Crusades*, trans. and intro. M. R. B. Shaw (Penguin, 1963)

The Alexiad of Anna Comnena, trans. E. R. A. Sewtor (Penguin, 1969)

Jean Froissart, *Chronicles*, selected, trans. and ed. G. Brereton (Penguin, 1968)

研究著作

Barber, R., *The Knight and Chivalry* (London, 1970)
Keen, M., *Chivalry* (New Haven and London, 1984)
Riley-Smith, L. and J., *The Crusades: Ideas and Reality 1095-1292* (London, 1981)

城市编年史与人文主义历史：文艺复兴

原典

Villani, Giovanni, *Florentine Chronicle: Selections*, ed. P. H. Wicksteed (London, 1906)
Machiavelli, Niccolo, *The Florentine History*, trans. N. H. Thomson (2 vols., London, 1906)
Guicciardini, F., *History of Italy, trans.* S. Alexander (New York and London, 1972)

研究著作

Baron, H., *In Search of Florentine Civic Humanism* (Princeton, 1988)
Fryde, E. B., *Humanism and Renaissance Historiography* (London, 1983)
Grafton, A., and Blair, A., *The Transmission of Culture in Early Modern Europe* (Philadelphia, 1990)
Green, L., *Chronicle into History: An Essay on the Interpretation of History in Florentine Fourteenth-Century Chronicles* (Cambridge, 1972)
Gilbert, F., *Machiavelli and Guicciardini: Politics and History in Sixteenth Century Florence* (Princeton, 1965)
Phillips, M., *Francesco Guicciardini: The Historian's Craft* (Toronto, 1977)。我在撰写圭恰迪尼的章节时，这本书给我的帮助甚多。
——*Marco Parenti: A Life in Medici Florence* (London, 1989)。这是个对城市生活与思想史的原创研究，其所根据的是十五世纪佛罗伦萨市民的报纸。
Reynolds, L. D., and Wilson, N. G., *Scribes and Scholars: A Guide to the Transmission of Greek and Latin Literature* (Oxford, 1974)。想了解中古时代的古典遗产可以参阅此书。
Skinner, Q., *The Foundations of Modern Political Thought* (2 vols., Cambridge, 1978), vol. I
——*Machiavelli* (Oxford, 1981)
——*Visions of Politics* (3 vols., Cambridge, 2002), vol. 2

十六与十七世纪

原典

Bacon, Francis, *The History of the Reign of King Henry VII* (Cambridge, 1998)

Buchanan, *George, The Tyrannous Reign of Mary Stewart* (Edinburgh, 1958)

The Political Works of James Harrington, ed. J. Pocock (Cambridge, 1977)

Hotman, F., *Franco Gallia in Constitutionalism and Resistance in the Sixteenth Century*, ed. J. Franklin (New York, 1969)

Clarendon, Lord (Edward Hyde), *The History of the Rebellion and Civil Wars in England* (6 vols., Oxford, 1961)

研究著作

Douglas, D. C., (London, 1951)

Ford, F. L., *Robe and Sword: The Regrouping of the French Aristocracy after Louis XIV* (Cambridge, Mass., 1962)。对延烧到十八世纪的上古立宪主义辩论进行讨论。

Grafton, A., *The Footnote: A Curious History* (London, 1997)

Hale, J. R., *The Evolution of British Historiography from Bacon to Namier* (London, 1967)

Haller, W., *Foxe's Book of Martyrs and the Elect Nation* (London, 1963)

Huppert, G., *The Idea of Perfect History: Historical Erudition and Historical Philosophy in Renaissance France* (Urbana, Ill., 1970)

Kelley, D. R., *Foundations of Modern Historical Scholarship in Language, Law and History in the French Renaissance* (New York and London, 1970)

Kendrick, T. D., *British Antiquity* (London, 1970)

Levy, F. J., *Tudor Historical Thought* (San Marino, Cal., 1967)

McKisack, M., *Medieval History in the Tudor Age* (Oxford, 1961)

Phillipson, N., and Skinner, Q. (eds.), *Political Discourse in Early Modern Britain* (Cambridge, 1993)

Piggott, S., *Ruins in a Landscape* (Edinburgh, 1976)

Pocock, J. G. A., *The Ancient Constitution and the Feudal Law: A Study in English Historical Thought in the Seventeenth Century* (Cambridge, 1957)

——*Politics, Language and time: Essays in Political Thought and History* (Cambridge, 1971)

Ranum, O., (ed.), *National Consciousness, History and Political Culture in Early Modern Europe* (Baltimore, 1975)

Skinner, Q., *The Foundations of Modern Political Thought* (2 vols., Cambridge, 1978), vol. 2

——*Visions of Politics* (3 vols., Cambridge, 2002), vol.3

Smith Fussner, F., *The Historical Revolution: English historical Writing and Thought, 1580-1640* (London, 1962)

Wootton, D., *Paolo Sarpi: Between Renaissance and Enlightenment* (Cambridge, 1983)

Worden, B., *Roundhead Reputations: The English Civil Wars and the Passions of posterity* (London, 2002)。了解内战在英格兰的历史记忆与历史学术研究上居于何种地位的一部不可或缺的作品。

Wormald, B. M. G., *Clarendon: Politics, Historiography and Religion 1640-1660* (Cambridge, 1951)

十八世纪：启蒙运动

原典

Hume, David, *The History of Great Britain: The Reigns of James I and Charles I, ed. D. Forbes* (London, 1970)

The Works of William Robertson (10 vols., London, 1821)

Gibbon, Edward, *The History of the Decline and Fall of the Roman Empire*, ed. D. Womersley (3 vols., Penguin, 1994)

Bolingbroke, *Historical Writings, ed. I. Kramnick* (Chicago, 1972)

Lehmann, W. C., *John Millar of Glasgow* (Cambridge, 1960) 包含了 Millar 的 *Origin of the Distinction of Ranks* (3rd edn, 1871)

Voltaire, *The Age of Louis XIV and Other Selected Writings*, ed. and abridged J. H. Brumfitt (London, 1966)

研究著作

Hont, I., and Ignatieff, M. (eds.), *Wealth and Virtue: The Shaping of Political Economy in the Scottish Enlightenment* (Cambridge, 1983)

Kidd, C., *Subverting Scotland's Past: Scottish Whig Historians and the Creation of an AngloBritish Identity* (Cambridge, 1993)

Kramnick, I., *Bolingbroke and his Circle: The Politics of Nostalgia in the Age of Walpole* (Cambridge, Mass., 1968)

Meek, R. L., *Social Science and the Ignoble Savage* (Cambridge, 1971)

Momigliano, A., *Studies in Historiography* (London, 1966)。关于吉本与博学传统之关系

的经典研究。关于后者的某个面向，见D. Knowles, *Great Historical Enterprises* (London, 1963)，书中讨论了本笃派的历史学术研究。

O'Brien, K., *Narratives of Enlightenment* (Cambridge, 1977)

Phillips, M., *Society and Sentiment: Genres of Historical Writing in Britain, 1740-1820* (Princeton, 2000)。这部开创性的作品对我帮助甚大，与作者的对话也帮助不少。

Pocock, J. G. A., *The Machiavellian Moment: Florentine Political Thought and the Atlantic Republican Tradition* (Princeton, 1975)

Forbes, D., *Hume's Philosophical Politics* (Cambridge, 1975)

Phillipson, N., *Hume* (London, 1989)

Brown, S. J. (ed.), *William Robertson and the Experience of Empire* (Cambridge, 1997)

Burrow, J. W., *Gibbon* (Oxford, 1985)

McKitterick, R., and Quinault, R. (eds.), *Edward Gibbon and Empire* (Cambridge, 1997)

Pocock, J. G. A., *Barbarism and Religion* (Cambridge, 1999-)；到目前为止，这四册作品可说是对吉本及其思想脉络所做的划时代研究。

Womersley, D. (ed.), *Edward Gibbon: Bicentenary Essays* (Oxford, 1997)

革命

原典

Macaulay, T. B., *The History of England from the Accession of James II* (2 vols., London, 1903)

Carlyle, Thomas, *The French Revolution* (London, 1902)

Michelet, Jules, *History of the French Revolution*, abridged ed. G. Wright trans. C. Cocks (Chicago and London, 1967)

米什莱呈献给《民众》的书信在翻译之后收录到 F. Stern 编辑的 *The Varieties of History from Voltaire to the Present* (Cleveland, 1956)

The New Science of Giambattista Vico, trans. T. G. Bergin and M. H. Fisch (Ithaca, NY, and London, 1968)，列于此处是因为我认为这部作品与米什莱有关。

Taine, Hippolyte, *The French Revolution*, trans. J. Durand (3 vols., Indianapolis, 2002)

研究著作

Burrow, J. W., *A Liberal Descent: Victorian Historians and the English Past* (Cambridge, 1981)。第一部分对于本书出现的有关麦考莱的论点作了更充分的讨论。

Clive, J., *Macaulay: The Shaping of the Historian* (New York, 1973)

Rosenberg, J. D., *Carlyle and the Burden of History* (Oxford, 1985)

Mitzman, A., *Michelet, Historian: Rebirth and Romanticism in NineteenthCentury France* (New Haven, 1990)。有助于了解米什雷的生平，不过强烈的弗洛伊德色彩可能会让一些读者望之却步。

Weinstein, L., *Hippolyte Taine* (New York, 1972)。这是一篇有用的导论，可以概括地掌握泰纳的思想。

自由的历史

原典

Guizot, F., *History of Civilization in Europe*, trans. W. Hazlitt, ed. L. Siedentop (London, 1997)。编者在导论中所做的脉络讨论在 Siedentop 的 *Tocqueville* (Oxford, 1994) 第二章中获得更充分的发展。

Stubbs, William, *The Constitutional History of England in its Origin and Development* (3 vols., Oxford, 1873-8)。通俗化的版本见 Edward Freeman, *The Growth of the English Constitution from the Earliest Times* (London, 1872).

Selected Writings of Lord Acton, ed. Rufus J. Fears (3 vols., Indianapolis, 1985)

Burckhardt, Jacob, *The Civilization of the Renaissance in Italy*, trans. S. G. C. Middlemore (London, 1951)

研究著作

Burrow, J. W., *A Liberal Descent*（之前已列）第二部分与第三部分关于斯塔布斯与弗里曼的讨论。

McClelland, C. E., *The German Historians in England* (Cambridge, 1971)

G. P. Gooch, *History and Historians in the Nineteenth Century* (2nd edn, London, 1962) 与 J. W. Thompson, *A History of Historical Writing*（之前已列），仍有参考价值。

美洲

原典

Diaz, Bernal, *The Conquest of New Spain*, trans. J. M. Cohen (Penguin, 1963)

Prescott, William H., *History of the Conquest of Mexico* (rev. edn, London, 1887)

The Literary Remains of William Hickling Prescott (Norman, Okla., 1961)

Parkman, Francis, *La Salle and the Discovery of the Great West* (Bristol, 1962)

——*The Conspiracy of Pontiac and the Indian War after the Conquest of Caroda* (2 vols., London, 1899)

Bradford, William, History of Plymouth Plantation, 1620-1647, ed. S. E. Morison (New York, 1966)

Adams, Henry, *The History of the United States of America during the Administrations of Jefferson and Madison*, abridged edn E. Samuels (Chicago, 1967)

研究著作

Gay, P., *A Loss of Mastery: Puritan Historians of Colonial America* (Berkeley and Los Angeles, 1966)

Kraus, M., *A History of American History* (New York, 1937)

Levin, D., *History as Romantic Art: Bancroft, Prescott, Motley and Parkman* (Stanford, Cal., 1954)

Miller, P., *The New England Mind* (2 vols., Boston, 1953)

Vitzthum, R. C., *The American Compromise: Theme and Method in the Histories of Bancroft, Parkman and Adams* (Norman, Okla., 1974)

Gale, R. L., *Francis Parkman* (New York, 1973)

Bishop, F., *Henry Adams* (Boston, 1979)

Wills, G., *Henry Adams and the Making of America* (Boston and New York, 2005)

专著

Heyck, T. W., *The Transformation of Intellectual Life in Britain* (London, 1982)

Kenyon, J. P., *The History Men: The Historical Profession in England since the Renaissance* (London, 1983)

Levine, P., *The Amateur and the Professional: Antiquarians, Historians and Archaeologists in Victorian England 1838-1886* (Cambridge, 1986)

Novik, P., *That Noble Dream: The 'Objectivity' Question and the American Historical Profession* (Cambridge, 1988)

Ringer, F., *The Decline of the German Mandarins: The German Academic Community 1890-1933* (Cambridge, Mass., 1969)

Rothblatt, S., *The Revolution of the Dons: Cambridge and Society in Victoria England*

(Cambridge, 1981)

——*Tradition and Change in English Liberal Education: An Essay in History and Culture* (London, 1976)

Slee, P. R. H., *Learning and a Liberal Education: The Study of Modern History in the Universities of Oxford, Cambridge and Manchester, 1800-1914* (Manchester, 1986)

Soffer, R., *Discipline and Power: The University, History and the Making of an English Elite 1870-1930* (Stanford, Cal., 1994)

德国

Ranum, O. (ed.), *National Consciousness, History and Political Culture in Early Modern Europe* (Baltimore, 1975), ch. by L. Krieger

Reill, P. H., *The German Enlightenment and the Rise of Historicism* (Berkeley, 1975)

Barnard, F. M., *Herder's Social and Political Thought: From Enlightenment to Nationalism* (Oxford, 1965)

Butterfield, H., *man on his Past: The Study of the History of Historical Scholarship* (Cambridge, 1969).

Gooch, *History and Historians in the Nineteenth Century*，之前已列，有助理解“普鲁士学派”。

Grafton, *The Footnote*（之前已列）透过文艺复兴与十八世纪学术提供的视角，精彩描述了兰克的方法。

Iggers, G., *The German Conception of History: The National Trend of Historical Thought from herder to the Present* (Middletown, Conn., 1968)

Iggers, G., and Powell, J. M. (eds.), *Leopold von Ranke and the Shaping of the Historical Discipline* (Syracuse, NY, 1990)

Krieger, L., *Ranke: The Meaning of History* (Chicago, 1977)

Laue, H. von, *Leopold Ranke: The Formative years* (Princeton, 1950)

Meinecke, F., *Cosmopolitanism and the National State*, trans. R. B. Kimber (Princeton, 1970)

——*Historism: The Rise of a New Historical Outlook*, trans. J. E. Anderson (London, 1972).

(historism 并未成为通行的用语；historicism〔历史主义〕才是现今德文 Historismus 的通常翻法。) Meinecke 既是德国历史主义的评释者，也是参与者。

Stuchtey, B., and Wende, P. (eds.), *British and German Historiography 1750-1950* (Oxford, 2000)

二十世纪

我认为本章关键文本的引文是不解自明的。不过，我在结尾还是列出最后三本曾经仔细讨论过的作品的详细出版信息。

对“辉格派历史”的批判：历史作为一门科学与一门艺术

Bentley, M., *Modernising England's Past: English Historiography in the Age of Modernism 1870-1970* (Cambridge, 2005)。在传统与创新间取得平衡。对巴特菲尔德与纳米尔的讨论尤其精彩。

——*Modern Historiography: An Introduction* (London, 1999)

——(ed.), *Companion to Historiography* (London, 1997)

Cannadine, D., G. M. *Trevelyan: A Life in History* (London, 1992)

Collini, S., *English Pasts: Essays in History and Culture* (Oxford, 1999)。也与“马克思主义”一节中的托尼相关，见后。

Colley, L., *Namier* (London, 1989)

Elton, G. R., *Modern Historians of Britain 1485-1945: A Critical Bibliography 1945-1969* (London, 1970)

Lamont, W. (ed.), *Historical Controversies and Histories* (London, 1998)

赫伊津哈与年鉴学派

原典

Huizinga, J., *The Waning of the Middle Ages, trans. F. Hopman* (Penguin, 1955)

——*Men and Ideas: History, the Middle Ages, the Renaissance*, essays trans. James S. Holmes and Hans van Marle (London, 1960)

A New Kind of History from the Writings of Febvre, ed. P. Burke, trans. K. Folca (London, 1973)

研究著作

Burke, P., *The French Historical Revolution: The Annales School 1929-1989* (London, 1990)

——*Varieties of Cultural History* (Ithaca, NY, 1997)。也与之后「文化史」一节相关。

马克思主义

Coleman, D. C., *History and the Economic Past: The Rise and Decline of Economic History in Britain* (London, 1987)

Hofstadter, R., *The Progressive Historians: Turner, Beard, Parrington* (New York, 1968)

Kaye, H. J., *The British Marxist Historians* (Cambridge, 1984)

Eley, G., and Hunt, W. (eds.), *Revising the English Revolution: Reflections and Elaboration on the Work of Christopher Hill* (London, 1988)

Furet, F., *Interpreting the French Revolution*, trans. E. Foerster (Cambridge, 1981)

Lucas, C. (ed.), *Rewriting the French Revolution* (Oxford, 1991)

文化史，“底层史”与世界史

布莱斯为《英国历史评论》创刊号写的匿名〈序言注释〉重刊于 F. Stern, *The Varieties of History*，之前已列。

Burke, P. (ed.), *New Perspectives in English Historical Writing,* (2 vols., Cambridge, 2001)

——*(ed.), History and Social Theory* (Cambridge, 1992)

Stuchtey, B., and Fuchs, E. (eds.), *Writing World History 1800-2000*
(Oxford University Press, 2003, for German Historical Institute, London)

微观历史

原典

Ginzburg, C., *The Cheese and the Worms: The cosmos of a Sixteenth-Century Miller*, trans. J. and A. Tedeschi (London, 1980)

Corbin, A., *The Village of Cannibals: Rage and Murder in France, 1870*, trans. A. Goldhammer (Cambridge, 1992)

Duffy, E., *The Voices of Morebath: Reformation and Rebellion in and English Village* (New Haven and London, 2001)

译名对照表

A

阿比 · 瓦尔堡 Aby Warburg
阿比多斯 Abydos
阿庇安 Appian
阿伯兹佛德 Abbotsford
阿道夫 · 梯也尔 Adolphe Thiers
阿德拉斯提雅 Adrastia
阿德里安堡 Adrianople
阿尔 Arles
阿尔班人 Albans
阿尔贝 · 马蒂耶 Albert Mathiez
阿尔贝 · 索布尔 Albert Soboul
阿尔比异端 Albigensian heretics
阿尔毕努斯 Albinus
阿尔弗雷德 · 科班 Alfred Cobban
阿尔冈昆人 Algonquin
阿尔戈船英雄 Argonaut
阿尔戈斯 Argos
阿尔纳多 · 莫米格里阿诺 Arnaldo Momigliano
阿尔斯特 Ulster
阿尔特瓦 Artois
阿方斯 · 奥拉尔 Alphonse Aulard
阿方斯 · 德 · 洛斯丁 Alphonse de Laustine
阿伽门农 Agamemnon
阿格里巴 Agrippa
阿格里皮娜 Agrippina
阿格妮斯 · 巴德 Agnes Budd
阿古利可拉 Agricola
阿基米德 Archimedes
阿基坦 Aquitaine
阿喀琉斯 Achilles
阿卡狄人 Arcadian
阿卡迪亚 Acadia
阿克 Acre
阿克顿勋爵 Lord Acton
阿拉里克 Alaric
阿拉图 Aratus
阿莱科修斯一世 Alexius I
阿兰 · 科尔班 Alain Corbin
阿勒格尼山脉 the Alleghenies
阿雷蒂诺 Aretino
阿里安 Arrian
阿里欧马杜斯 Ariomardus
阿里乌斯派 Arianism
阿里乌斯异端 Arian heretics
阿伦德尔伯爵 Earl of Arundel
阿美达 Ameida

阿蒙 Ammon
阿蒙瑞 Amon-Re
阿米尼乌斯 Arminius
阿米亚诺斯·马塞利努斯 Ammianus Marcellinus
阿姆菲巴鲁斯 Amphibalus
阿那克西曼德 Anaximander
阿诺德·汤因比 Arnold Toynbee
阿皮斯 Apis
阿奇那克斯 acinaces
阿瑟 Asser
阿瑟·阿斯顿爵士 Sir Arthur Aston
阿斯特莱亚 Astraea
阿塔贝提斯 Artabates
阿塔那西欧斯 Athanasius
阿塔特王 King Attat
阿提尔科 Athirco
阿提菲尤斯 Artyphius
阿提拉 Attila
阿瓦隆岛 Isle of Avalon
阿维尼乌斯湖 Lake Avenius
阿兹特克 Aztec
埃德蒙·柏克 Edmund Burke
埃佛鲁斯 Ephorus
埃克里 Ecry
埃克塞特 Exeter
埃拉伽巴路斯 Elagabalus
埃勒乌特里乌斯 Eleutherius
埃里希·奥尔巴赫 Erich Auerbach
埃蒙·杜菲 Eamon Duffy
埃米尔·涂尔干 Emile Durkheim
埃涅阿斯 Aeneas
埃诺 Hainaut
埃诺巴布斯 Enobarbus
埃诺的菲莉帕 Philippa of Hainaut
埃塞克斯 Essex
埃提安·帕斯基耶 Etienne Pasquier
埃托利亚同盟 Aetolian League
艾奥那 Iona
艾伯塔翁 Albion
艾伯特·加勒廷 Albert Gallatin
艾丹主教 Bishop Aidan
艾德柏儿 Eadburh
艾德加·基内 Edgar Quinet
艾德温 Edwin
艾吉拉 Aegyla
艾克斯摩尔 Exmoor
艾丽诺 Eleanor
艾瑞克·霍布斯鲍姆 Eric Hobsbawm
艾萨克·多里斯劳斯 Isaac Dorislaus
艾塞尔贝尔特 Ethelbert
艾塞尼人 Essenes
艾斯奇尔 Aschil
艾因哈德 Einhard
爱德华·弗里曼 Edward Freeman
爱德华·海德 Edward Hyde
爱德华·吉本 Edward Gibbon
爱德华·欧文 Edward Irving
爱因斯坦 Einstein
安布罗斯·奥雷连 Ambrosius Aurelianus
安东尼·庇护 Antoninus Pius
安娜·康姆妮娜 Anna Comnena
安提阿 Antioch
安提阿王 King Antiochus
安提戈涅 Antigone
安提帕 Antipas
安提帕特 Antipater
奥德修斯 Odysseus
奥尔丁 Ording
奥法 Offa
奥古斯丁 Augustine
奥古斯丁·梯叶里 Augustin Thierry
奥古斯特·孔德 Auguste Comte
奥兰治的威廉 William of Orange
奥勒里乌斯·维克托 Aurelius Victor
奥立佛·克伦威尔 Oliver Cromwell
奥鲁斯·阿尔拜那斯 Aulus Albinus
奥斯汀 J. L. Austin
奥斯瓦尔德·斯宾格勒 Oswald Spengler
奥斯维 Oswy
奥特里乌斯 Ortelius
奥托 Otho

奥维德 Ovid

B

巴比伦 Babylonia
巴伯夫 Baboeuf
巴尔托洛梅·德·拉斯·卡萨斯神父 Fra Bartolomé de las Casas
巴尔扎克 Balzac
巴克尔 H. T. Buckle
巴拉斯 Barras
巴黎公社 Paris Commune
巴吕埃尔神父 Abbé Barruel
巴塞尔·兰塞姆 Basil Ransom
巴托德·尼布尔 Barthold Niebuhr
巴耶挂毯 Bayeux Tapestry
白船 White Ship
白厅 Whitehall
柏克 Burke
柏雷勋爵 Lord Burleigh
拜伦 Byron
班扬 Bunyan
薄伽丘 Boccaccio
宝座 curule chair
保罗·萨尔皮 Paolo Sarpi
北蛮 Northmen
贝德佛德伯爵 Earl of Bedford
贝德维尔 Bedevere
贝登山 Baden Hill
贝尔纳尔·狄亚斯 Bernal Díaz
贝尔塔 Bertha
贝克特 Becket
贝里 C. A. Bayly
贝里尔学院 Balliol College
贝利亚 Beria
贝提斯 Betis
本·琼森 Ben Jonson
本笃·比斯寇普 Benedict Biscop
本杰明·海登 Benjamin Haydon
本杰明·卫斯特 Benjamin West
本维努托·切利尼 Benvenuto Cellini
比德 Bede
比萨 Pisa
比提尼亚 Bithynia
彼得·柏克 Peter Burke
彼得·布朗 Peter Brown
彼得·盖伊 Peter Gay
彼得·拉斯雷特 Peter Laslett
彼得伯勒 Peterborough
彼特拉克 Petrarch
庇里犹斯 Piraeus
编年史 chronicle
宾夕法尼亚州 Pennsylvania
波尔贝尔将军 General Beaurepaire
波尔吉亚家族 the Borgias
波兰轻骑兵进行曲 Marche des Hulans
波里比阿 Polybius
波利多尔·维吉尔 Polydore Virgil
波旁王朝 Bourbon
波舒哀 Bossuet
波斯波利斯 Persepolis
波提狄亚 Potidaea
波伊欧提亚 Boeotia
伯拉纠派 Pelagianism
伯里克利 Pericles
伯利 J. B. Bury
伯罗奔尼撒 Peloponnese
伯洛尼亚的快乐修士团 The Jovial Friars of Bologna
伯纳德·德·曼德维尔 Bernard de Mandeville
勃艮第 Burgundy
博林布鲁克伯爵 Earl of Bolingbroke
博林布鲁克勋爵 Lord Bolingbroke
博斯威尔 Boswell
博索公爵 Duke Boso
勃鲁盖尔 Breughel
卜尼法斯八世 Boniface VIII
布狄卡 Boudicca
布尔日 Bourges
布莱德沃丁男爵 Baron Bradwardine
布莱顿 Brighton
布朗宁 Browning
布雷克隆德的乔斯林 Jocelin of

丹东 Danton
丹尼斯・海 Denys Hay
单元观念 unit ideas
但泽 Danzig
道提 C. M. Doughty
德・吉涅 de Guignes
德・提尔蒙 M. de Tillemont
德汉 Durham
德克特金币 ducat
德拉克罗瓦 Delacroix
德鲁埃 Drouet
德鲁伊教 Druids
德鲁伊斯 Druys
德洛斯岛 Delos
德尔菲 Delphi
德文郡 Devonshire
德文特河 river Derwent
德西德里乌斯 Desiderius
邓肯・福布斯 Duncan Forbes
狄奥多 Theodore
狄奥多・阿多诺 Theodor Adorno
狄奥多拉 Theodora
狄奥多特斯 Diodotus
狄更斯 Dickens
迪戈米耶 Dugommier
笛卡尔 Descartes
底比斯 Thebes
底层史 history from below
地方志 chorography
地志学 topography
第一公民 Princeps
第一公民制 principate
典范 paradigm
丁尼生 Tennyson
东安格利亚 East Anglia
都铎王室 the Tudors
督政府 Directory
杜尔斯坦 Durstan
杜乐丽宫 Tuileries
多尔多涅 Dordogne
多菲内团 Regiment Dauphine

Brakelonde
布雷泽侯爵 Marquis de Brézé
布里崔克 Brihtric
布伦斯维克公爵 Duke of Brunswick
布伦希尔德 Brunechildis, Brunhild
布罗格里元帅 Marshal de Broglie
布洛涅森林 Bois de Boulogne
布洛瓦 Blois
布匿战争 Punic War
布特勋爵 Lord Bute
布西里斯 Busiris
步佣兵 landsknechts

C

查尔葛罗夫 Chalgrove
查尔斯・比尔德 Charles A. Beard
查尔斯・达尔文 Charles Darwin
查尔斯・佛斯爵士 Sir Charles Firth
查尔斯・詹姆斯・福克斯 Charles James Fox
查理曼 Charlemagne
查士丁尼 Justinian
差异法 the method of difference

D

达朗贝尔 d' Alembert
鞑靼人 Tartars
大格里高利 Gregory the Great
大祭司 pontiff
大谏章 Grand Remonstrance
大将军 Imperator
大流士 Darius
大下水道 Cloaca Maxima
大宪章 Magna Carta
戴克里先 Diocletian
戴维・弗里德利希・施特劳斯 David Friedrich Strauss
戴维・康纳丁 David Cannadine
戴维・里吉欧 David Rizzio
戴维・沃摩斯利 David Womersley
戴维・伍顿 David Wootton

多米提安 Domitian

E

俄彼阿斯法 Lex Oppia
俄亥俄州 Ohio
俄利根 Origen
厄克斯布里吉会议 Uxbridge Conference
厄魁人 Aequians
恩尼乌斯 Ennius
恩荫制度 patronage

F

发禄 Varus
法比 Fabii
法比乌斯·皮克托 Fabius Pictor
法兰西铭刻学院 French Academy of Inscription
法兰西学院 College de France
法利赛人 Pharisees
法纳撒思瑞斯 Pharnazathres
凡·戴克 Van Dyck
凡森 Vincennes
非常国会 Convention Parliament
菲德奈 Fidenae
菲尔丁 Fielding
菲拉克斯 Phylarchus
菲力普·阿里耶斯 Philippe Ariès
菲利努斯 Philinus
菲利皮 Philippi
菲耶索雷 Fiesole
腓特烈·巴巴洛萨 Frederick Barbarossa
腓特烈二世 Frederick II
斐迪南 Ferdinand
费城 Philadelphia
费尔班 Fairbairn
费尔南·布罗代尔 Fernand Braudel
费佛夏姆 Feversham
费利克斯 Felix
费尼摩尔·库珀 Fenimore Cooper
费斯利 Fuseli
费希特 Fichte
封建领地 tenure
佛格斯·麦克艾佛 Fergus Mac-Ivor
佛兰德斯 Flanders
佛斯海湾 Firth of Forth
弗拉姆尼亚 Volumnia
弗拉维奥·比昂多 Florio Biondo
弗莱辛的奥托 Otto of Freising
弗兰库斯 Francus
弗兰西丝·叶茨 Frances Yates
弗兰西斯·帕克曼 Francis Parkman
弗兰西斯·培根 Francis Bacon
弗兰西斯·普雷斯 Francis Place
弗朗索瓦·奥特曼 Françis Hotman
弗朗索瓦·菲雷 Françis Furet
弗朗索瓦·基佐 Françis Guizot
弗朗西斯科·斯佛尔查 Francesco Sforza
弗朗西斯一世 Francis
弗雷德格 Fredegar
弗雷德里克·杰克逊·特纳 Frederick Jackson Turner
弗雷德里克·威廉·梅特兰 Frederic William Maitland
弗雷隆 Freron
弗里德利希·沃尔夫 Friedrich Wolf
弗里吉亚人 Phrygians
弗隆 furlong
弗洛雷的约阿基姆 Joachim of Flores
弗洛鲁斯 Florus
伏尔泰 Voltaire
芙蕾德贡德 Fredegund
福克兰勋爵 Lord Falkland

G

盖尔夫家族 Guelfs
盖乌斯·梅密阿斯 Gaius Memmius
盖乌斯·谟西阿斯 Gaius Mucius
盖乌斯·萨拉斯提阿斯·克里斯普斯 Gaius Sallustius Crispus
冈比西斯 Cambyses
冈朵尔德 Gundoald
高层政治 high politics

高等师范学校 Ecole Normale Superieure
高尔布莱斯 V. H. Galbraith
高卢主义 Gallicanism
高托利党 High Tory
戈狄亚斯 Gordias
戈尔贡佐拉 Gorgonzola
戈培尔 Goebbels
戈文 Gawaine
哥白尼革命 Copernican revolution
哥多玛尔 Godomar
哥多玛尔爵士 Sir Godomar
哥尔巴达克 Gorbaduc
哥格玛哥格 Gogmagog
哥林上校 Colonel Goring
哥伦布 Columbus
哥特人 Goths
哥特式平衡 the Gothic balance
哥廷根 Gottingen
歌德 Goethe
歌篾 Gomer
格奥尔格·齐美尔 Georg Simmel
格奥尔格·魏茨 Georg Waitz
格拉库斯兄弟 Tiberius and Gaius Gracchus
格拉纳达 Granada
格拉斯顿伯里 Glastonbury
格拉斯哥大学 Glasgow University
格洛斯特 Gloucester
格曼尼库斯 Germanicus
格尼 O. R. Gurney
葛底斯堡演说 Gettysburg Address
个体 Individuality
根特 Ghent
共济会员 Freemasons
贡特拉姆 Guntram
古德曼罕姆 Goodmanham
古卷系列 Rolls series
古斯塔夫·勒庞 Gustave Le Bon
古斯塔夫·施摩勒 Gustav Schmoller
古宪法论 ancient constitutionalism
光荣革命 Glorious Revolution
圭恰迪尼 Guicciardini
贵格会 Quakers
贵族贞洁女神 Patrician Chastity
桂妮薇儿 Guinevere
国家机密 arcana imperii
国家理性 reason of state
国民公会 National Convention
国民会议 National Assembly
国内各等级 Estates of the Realm
国王阿尔弗雷德 King Alfred
国王奥斯瓦尔德 King Oswald
国王克洛维斯 King Clovis
国王寇沃夫 King Coelwulf

H

哈德良 Hadrian
哈里森 Harrison
哈利卡纳苏斯 Halicarnassus
哈利卡纳苏斯的狄奥尼修斯 Dionysius of Halicarnassus
哈罗德 Harold
哈蒙 Hammon
哈特费尔德 Hatfield
海恩 Hayne
海莲娜 Helena
海因里希·冯·特莱奇克 Hieinrich von Treitschke
海因里希·冯·西贝尔 Heinrich von Sybel
韩弗瑞·鲁伊德 Humphrey Llwyd
汉堡 Hamburg
汉普登 Hampden
汉斯·巴隆 Hans Baron
行政委员 prior
行政政府 Signoria
豪恩斯洛 Hounslow
好人约翰 John the Good
号泣的石阶 Gemonian steps
荷累喜阿斯 Horatius
荷马 Homer
贺加斯 Hogarth
贺拉斯 Horace
赫伯特·巴特菲尔德 Herbert Butterfield

赫伯特·斯宾塞 Herbert Spencer
赫尔德 Herder
赫菲斯特斯 Hephaestus
赫菲斯提昂 Hephaestion
赫克托耳 Hector
赫拉克勒斯 Heracles
赫拉克勒斯 Hercules（Heracles）
赫勒斯彭特 Hellespont
赫利欧波利斯 Heliopolis
赫罗狄阿努斯 Herodian
赫梯人 Hittite
赫因斯教长 Dean Heynes
黑斯廷斯 Hastings
黑王子 Black Prince
亨吉斯特与霍尔沙 Hengist and Horsa
亨利·哈伦 Henry Hallam
亨利·斯库克拉夫特 Henry Schoolcraft
亨利·斯培尔曼爵士 Sir Henry Spelman
亨利·亚当斯 Henry Adams
亨利·詹姆斯 Henry James
亨廷顿的亨利 Henry of Huntingdon
胡狄布拉斯 Hudibras
胡格诺派 Huguenots
扈从关系 comitatus
华盛顿·欧文 Washington Irving
华兹华斯 Wordsworth
怀特弗莱尔斯 Whitefriars
皇家国际事务研究所 Royal Institute of International Affairs
辉格党 Whig
惠特比修院 Whitby
惠特比主教会议 Synod of Whitby
霍亨索伦王室 the Hohenzollern

J

基思·托马斯 Keith Thomas
吉昂加雷阿佐·维斯康提 Giangaleazzo Visconti
吉贝林家族 Ghibellines
吉卜林 Kipling
吉尔达斯 Gildas
吉福德 Gifford
吉伦特派 Girondins
吉姆巴提斯塔·维柯 Giambattista Vico
吉欧拉斯 Gioras
吉斯家族 the Guises
极端保王派人士 Ultras
几内亚 Guinea
计量史学 cliometrics
济慈 Keats
伽勒利乌斯 Galerius
伽利略 Galileo
加尔巴 Galba
加尔文主义 Calvinism
加拉帕戈斯群岛 Galapagos
加莱 Calais
加勒底人 Chaldaeans
加里波第 Garibaldi
加利利 Galilee
加鲁斯 Gallus
加斯康尼 Gascony
加斯克 Gasquet
嘉德勋章 Order of the Garter
贾克里之乱 jacqueries
监察官 ephor
监察官伽图 Cato the Censor
讲坛社会主义者 socialists of the (academic) chair
骄傲的塔魁尼 King Tarquin the Proud
教会大分裂 Papal Schism
教区登记簿 parish register
教宗乌尔班二世 Pope Urban II
教宗西尔维斯特 Pope Sylvester
杰尔德·斯巴克斯 Jared Sparks
杰弗里·艾尔顿 Geoffrey Elton
杰弗里·巴勒克拉夫 Geoffrey Barraclough
杰弗里·德·维尔阿杜安 Geoffroy de Villehardouin
杰弗瑞斯大法官 Judge Jeffreys
杰里迈亚 Jeremiah
杰林 Gerin
杰洛 Jarrow
金斯利 Kingsley

近代早期 Early Modern
禁卫军 Praetorian Guard
酒神巴库斯 Bacchus
居鲁士 Cyrus
巨吉斯 Gyges
巨人的指环 Giants' Ring
巨石群 Stonehenge
绝对所有制 allodialism
军旗战车 carroccio
军事指挥者 dux
君士坦丁大帝 Constantine the Great
君士坦丁的捐献 Donation of Constantine
君士坦提乌斯 Constantius

K

喀提林 Catiline
卡巴拉 Kaballah
卡德曼 Caedmon
卡顿 · 梅塞 Cotton Mather
卡尔 E. H. Carr
卡尔 · 冯 · 萨维尼 Karl von Savigny
卡尔 · 冯 · 施泰因 Karl von Stein
卡尔 · 弗里德利希 Carl J. Friedrich
卡尔 · 马克思 Karl Marx
卡尔 · 曼海姆 Karl Mannheim
卡尔雷翁 Caerleon
卡尔纳克 Karnak
卡尔普里尼乌斯 · 皮索 Calpurinius Piso
卡尔托 Cartaux
卡弗里耶 · 拉萨尔 Cavelier La Salle
卡克斯顿 Caxton
卡拉卡拉 Caracalla
卡拉塔库 Caratacus
卡莱尔 Carlyle
卡勒多尼亚人 Caledonians
卡里贝尔特王 King Charibert
卡里古拉 Caligula
卡理斯玛 charisma
卡利布恩 Caliburn
卡利斯提尼 Callisthenes
卡罗 · 金兹堡 Carlo Ginzburg
卡洛林诸帝 the Carolingian emperors
卡密尔 · 德穆兰 Camille Desmoulins
卡密拉斯 Camillus
卡姆斯勋爵 Lord Kames
卡努特 Canute
卡帕多细亚 Cappadocia
卡皮托山 the Capitol
卡普阿 Capua
卡普里岛 Capri
卡斯塔里亚之泉 Castalian spring
卡斯提里欧尼 Castiglione
卡特里派 Cathar
卡西诺山 Monte Cassino
卡西乌斯 · 迪奥 Cassius Dio
卡夏布 Kashabu
凯尔特人 Celts
凯瑟琳 · 德 · 梅第奇 Catherine de'Medici
凯伊 Kay
恺撒里昂 Caesarion
恺撒里亚 Caesarea
坎登社 Camden Society
坎尼 Cannae
坎帕尼亚 Campagna
坎帕尼亚人 Campanians
坎特伯雷 Canterbury
坎特伯雷的杰维斯 Gervase of Canterbury
康莫杜斯 Commodus
康瓦尔 Cornwall
柯尔贝尔河 the river Colbert
柯林伍德 R. G. Collingwood
科尔基斯 Colchis
科里内乌斯 Corineus
科利俄雷那斯 Coriolanus
科林斯 Corinth
科尼里乌斯 · 内波斯 Cornelius Nepos
科西拉 Corcyra
克拉克 · 麦克斯韦 Clerk Maxwell
克拉伦登伯爵 Earl of Clarendon
克拉伦登馆 Clarendon Building
克拉纳赫 Cranach
克拉佐门尼安人 Clazomenians

克莱奥 Clio
克莱德海湾 Firth of Clyde
克莱蒙费朗 Clermont-Ferrand
克劳狄 Claudii
克劳狄 Claudius
克雷门七世 Clement VII
克莱芒宗教会议 Council of Clermont
克雷塔斯 Cleitus
克雷西 Crecy
克里昂 Cleon
克里斯梯尼 Cleisthenes
克里斯托弗·克尔勒 Christoph Keller
克里斯托弗·特莱切牧师 Sir Christopher Trychay
克里斯托弗·希尔 Christopher Hill
克里塔库斯 Cleitarchus
克丽希丝 Chrysis
克利福德·格尔茨 Clifford Geertz
克利摩那 Cremona
克莉欧佩特拉 Cleopatra
克萝埃莉雅 Cloelia
克洛塔尔王 King Chlotar
克洛伊索斯 Croesus
克吕尼 Cluny
克努特 Cnut
肯恩·伯恩斯 Ken Burns
孔多塞 Condorcet
孔曼吉 Comminges
寇尔德里耶派 Cordeliers
寇尔德莉亚 Cordelia
寇尔弗里德 Ceolfrid
寇特斯 Cortés
寇伊菲 Coifi
苦味酒种植园 Plantation Bitters
库德斯坦 Kurdistan
库拉提乌斯家族 the Curatii
库特雷之役 battle of Coutrai
魁北克 Quebec
昆廷·斯金纳 Quentin Skinner
昆图斯·库尔提乌斯·鲁夫斯 Quintus Curtius Rufus

L

拉伯雷 Rabelais
拉尔夫·霍林斯赫德 Ralph Holinshed
拉马克 Lamarck
拉斯·波森纳 Lars Porsenna
拉斯金 Ruskin
拉文纳 Ravenna
莱昂纳多·布鲁尼 Leonardo Bruni
莱登 Leiden
莱蒙托夫 Lermontov
莱斯博斯的赫兰尼库斯 Hellanicus of Lesbos
莱因霍尔德·波里 Reinhold Pauli
兰贝斯 Lambeth
兰斯洛 Lancelot
蓝戴夫 Llandaff
朗格多克 Languedoc
劳伦斯·斯通 Lawrence Stone
勒德格西尔 Leudegesil
勒皮伊 Le Puy
雷穆斯 Remus
雷斯利·斯蒂芬 Leslie Stephen
雷兹枢机主教 Cardinal de Retz
黎塞留 Richelieu
李奥尼达 Leonidas
李伯曼 Liebermann
李尔王 King Leir
李维 Livy
里底亚 Lydia
里顿·斯特雷奇 Lytton Strachey
里海人 Caspians
里克斯 Lycus
里奇尼乌斯·马克尔 Licinius Macer
理查德·霍夫斯塔特 Richard Hofstadter
理查德·科布 Richard Cobb
理查德·萨瑟恩爵士 Sir Richard Southern
理想型 ideal type
历史人群学 prosopography
历史主义 Historicism, Historismus
利奥波德·冯·兰克 Leopold von Ranke
利奥十世 Leo X
利摩吉 Limoges

莉薇雅 Livia
联合法案 Act of Union
列日 Liege
林狄斯法恩 Lindisfarne
琳达 · 柯莉 Linda Colley
令人惊叹的科布 l'étonnant Cobb
隆恩 Ron
卢多维科 · 斯佛尔查 Ludovico Sforza
卢克雷蒂娅 Lucretia
卢梭 Rousseau
鲁昂 Rouen
鲁伯特王子 Prince Rupert
鲁道夫 · 冯 · 格奈斯特 Rudolf von Gneist
鲁德 Lud
鲁德门 Ludgate
鲁奇乌斯 · 弗拉维乌斯 · 阿里安乌斯 Lucius Flavius Arrianus
鲁奇乌斯 · 卡特鲁斯 Lucius Catellus
鲁奇乌斯 · 希布尔努斯 Lucius Hiburnus
鲁奇乌斯 · 尤尼乌斯 · 布鲁图 Lucius Junius Brutus
路德 Luther
路易 · 布郎 Louis Blanc
路易 · 拿破仑 Louis Napoleon
路易 · 图尔奈 Louis Tournay
路易斯 · 纳米尔 Lewis Namier
路易斯安那地区 Louisiana
罗伯茨 J. M. Roberts
罗伯特 · 丹顿 Robert Darnton
罗伯特 · 费兹 - 修伯特 Robert Fitz-Hubert
罗伯特 · 佛格森 Robert Ferguson
罗伯特 · 富尔顿 Robert Fulton
罗伯特 · 卡顿爵士 Sir Robert Cotton
罗伯特 · 康纳 Robert Connor
罗伯特 · 沃波尔爵士 Sir Robert Walpole
罗德戴尔伯爵 Earl of Lauderdale
罗杰 Roger
罗杰 · 巴德 Roger Budd
罗寇伦 Roccolen
罗拉德派 the Lollards
罗兰森 Rowlandson
罗伦佐 · 瓦拉 Lorenzo Valla
罗马和平 Pax Romana
罗曼亚 Romagna
罗慕路斯 Romulus
罗纳德 · 赛姆爵士 Sir Ronald Syme
罗伊 · 波特 Roy Porter
萝绮丽雅 Rocilia
洛夫乔伊 A. O. Lovejoy
洛克 Locke
洛赞 Lauzun
落基山脉 the Rocky Mountains
落难美人 Beauty in Distress
吕库古 Lycurgus
吕西安 · 费布尔 Lucien Febvre
吕西安 · 列维 - 布吕尔 Lucien Lévy-Bruhl

M

麻萨诸塞湾 Massachusetts Bay
马丁 · 西摩 · 李普塞特 Martin Seymour Lipset
马尔克特 Marquette
马尔姆斯伯里的威廉 William of Malmesbury
马格尼西亚人 Magnesian
马汉 A. T. Mahan
马吉安 Marcion
马克 · 布洛赫 Marc Bloch
马克 · 菲利普斯 Mark Phillips
马克斯 · 舍勒 Max Scheler
马克斯 · 韦伯 Max Weber
马克西米利安 Maximilian
马克西米努斯 Maximin
马库斯 · 库尔提乌斯 Marcus Curtius
马库斯 · 帕皮里乌斯 Marcus Papirius
马雷区 Marais
马洛 Marlowe
马略 Marius
马欧 Mahon
马萨达 Masada
马塞尔 · 莫斯 Marcel Mauss
马修 · 帕里斯 Matthew Paris
马亚尔 Maillard

玛尔提内拉 Martinella
玛戈僧斯梅尔迪士 Smerdis the Magus
玛格丽特·米德 Margaret Mead
玛加伯家族 the Macabees
玛丽·斯图亚特 Mary Stuart
玛内托 Manetho
玛提尔达 Matilda
迈克尔·奥克肖特 Michael Oakeshott
麦考莱 Macaulay
麦克斯菲尔德 Macclesfield
曼莫鲁斯 Mummolus
曼尼略 Manlius
曼提尼亚 Mantinea
芒克威尔矛斯 Monkwearmouth
玫瑰战争 Wars of the Roses
梅第奇的科西莫 Cosimo de' Medici
梅第奇的罗伦佐 Lorenzo de' Medici
梅第奇的朱利欧 Giulio de' Medici
梅加洛波利斯 Megalopolis
梅兰希通 Melancthon
梅里 Méry
梅洛温诸王 the Merovingian kings
梅诺卡岛 Minorca
梅诺丘 Menocchio
梅萨莉娜 Messalina
梅特拉斯 Metellus
美狄亚 Medea
美国历史协会 American Historical Association
蒙克将军 General Monck
蒙默思的杰弗里 Geoffrey of Monmouth
蒙默思公爵 Duke of Monmouth
蒙特祖马 Montezuma
蒙田 Montaigne
孟德斯鸠 Montesquieu
孟斐斯 Memphis
米达斯 Midas
米底人 Medes
米尔顿 Milton
米开朗琪罗 Michelangelo
米拉波 Mirabeau
米利安 Mariamme
米利都的赫卡泰俄斯 Hecataeus of Miletus
米洛斯对话 The Melian Dialogue
米什莱 Michelet
米提里尼辩论 The Mytilenian Debate
米西亚人 Mysian
米夏埃尔·普塞路斯 Michael Psellus
米歇尔·福柯 Michel Foucault
密西那斯 Maecenas
密西西比河 Mississippi river
缅因 Maine
民族 Volk
明尼阿波里斯 Minneapolis
命运女神 Tyche
摩加鲁斯 Mogallus
摩西·芬利 Moses Finley
摩西五经 Pentateuch
莫德雷德 Mordred
莫德林学院 Magdalen College
莫西亚 Mercia
穆勒 J. S. Mill

N

拿破仑第二帝国 Bonapartist Second Empire
纳林 Nahrin
纳穆尔的罗贝尔 Robert of Namur
娜塔莉·泽蒙·戴维斯 Natalie Zemon Davis
南特 Nantes
内克尔 Necker
能力 virtu
尼布甲尼撒 Nebuchadnezzar
尼采 Nietzsche
尼尔·佛格森 Niall Ferguson
尼古拉·弗雷列 Nicolas Fréret
尼科波利斯 Nicopolis
尼科罗·皮奇尼诺 Niccolo Piccinino
尼禄 Nero
尼尼乌斯 Nennius
尼西亚大公会议 Council of Nicaea
尼西亚斯 Nicias
尼希米 Nehemiah
年鉴 annal

涅尔瓦 Nerva
牛顿 Newton
牛眼厅 the OEil-de-Boeuf
纽伯格的威廉 William of Newburgh
纽约州 New York
努玛 Numa
努玛·德尼斯·福斯特尔·德·库朗吉 Numa Denis Fustel de Coulanges
努米底亚 Numidia
诺伯特·埃利亚斯 Norbert Elias
诺克斯 Knox
诺里奇 Norwich
诺曼征服 Norman Conquest
诺森伯兰伯爵 Earl of Northumberland
诺森布里亚 Northumbria
诺斯洛普·弗莱 Northrop Frye
诺特赫尔姆 Nothelm
女妖 siren
女灶神威斯塔 Vesta

O

欧妲薇亚 Octavia
欧德里克·维塔利斯 Orderic Vitalis
欧尔梅多神父 Fra Olmedo
欧洛西乌斯 Orosius
欧塞尔的圣杰曼努斯 St Germanus of Auxerre
欧塔涅斯 Otanes
欧伊巴雷斯 Oebares

P

帕都亚 Padua
帕夫拉戈尼亚 Paphlagonia
帕科鲁斯 Pacorus
帕克曼 Parkman
帕奇 Pazzi
帕特罗克洛斯 Patroclus
帕提亚人 Parthians
潘布洛克伯爵 Earl of Pembroke
庞培 Pompey the Great
佩尔肯尼乌斯 Percennius
佩耳修斯 Perseus
佩里·米勒 Perry Miller
彭达 Penda
皮卡迪 Picardy
皮卡迪利 Pickadilly
皮克特人 the Picts
皮姆 Pym
皮托多鲁斯 Pythodorus
皮西亚舞 Pyrrhic dance
皮耶·贝尔 Pierre Bayle
皮耶里欧·瓦勒里埃诺 Pierio Valeriano
平等者菲力普 Philippe Egalite
平民贞洁女神 Plebeian Chastity
菩卡斯 Bocchus
普布里乌斯·荷累喜阿斯 Publius Horatius
普尔特尼 Pulteney
普拉姆 J. H. Plumb
普拉提亚 Plataea
普雷斯科特 W. H. Prescott
普里阿摩斯 Priam
普里尼乌斯 Pliny
普里斯库斯 Priscus
普利矛斯 Plymouth
普鲁塔克 Plutarch
普洛克匹阿斯 Procopius
普特欧里 Puteoli
普瓦梯也尔 Poitiers
普瓦图 Poitou

Q

七十士译本 Septuagint
七月王朝 July Monarchy
骑士党 Cavalier
骑士文学 romance
契尔德贝尔特二世 Childebert II
契尔佩里克王 King Chilperic
恰波特佩克 Chapoltepec
乔安娜·南考特 Joanna Southcott
乔凡尼·维拉尼 Giovanni Villani
乔治·班克罗夫特 George Bancroft
乔治·布坎南 George Buchanan

乔治·格洛特 George Grote
乔治·勒菲弗 Georges Lefebvre
乔治·鲁德 George Rude
乔治三世 George III
切萨雷·波吉亚 Cesare Borgia
钦梅里亚人 Cimmerians
钦钦那图斯 Cincinnatus
琼斯 A. H. M. Jones
屈维廉 G. M. Trevelyan

R

让·博丹 Jean Bodin
让·德·乔安维尔 Jean de Joinville
让·弗罗瓦萨尔 Jean Froissart
让·勒·贝尔 Jean le Bel
让–巴普提斯特·维卡 Jean-Baptiste Wicar
让–保罗·马拉 Jean-Paul Marat
让·乔赫斯 Jean Jaures

S

撒都该人 Sadducees
撒克里 Thackeray
撒伊斯 Sais
萨宾人 Sabines
萨伏依的卜尼法斯 Boniface of Savoy
萨拉米斯 Salamis
萨拉森人 Saracens
萨拉斯特 Sallust
萨兰吉安人 Sarangians
萨谟尼安人 Samnites
萨谟尼安人 the Samnites
萨摩斯人 Samians
萨摩特斯 Samothes
萨塞克斯 Sussex
塞弗尔桥 Bridge of Sevrcs
塞缪尔·加迪纳 Samuel Gardiner
塞内卡 Seneca
塞特佛德 Thetford
塞维尔的伊西多尔 Isidore of Seville
塞亚努斯 Sejanus
西蒙·沙玛 Simon Schama
三级会议 Estates General
色雷斯人 Thracian
色诺芬 Xenophon
沙仑平原 plain of Sharon
莎乐美 Salome
山姆森 Samson
山南高卢（阿尔卑斯）Cisalpine Gaul
上层贵族战士 Maryannu
上层建筑 superstructure
尚普兰 Champlain
舍伯恩 Sherborne
社会科学学会 Verein fur Sozialwissenschaft
摄政时代的英国 Regency England
神圣同盟 the Holy League
生计模式 mode of subsistence
圣阿尔班 St Alban
圣阿尔班斯 St Albans
圣安布罗斯 St Ambrose
圣巴托罗缪日大屠杀 St Bartholomew's Day Massacre
圣彼得 St Peter
圣德尼 Saint-Denis
圣厄斯塔什 Saint-Eustache
圣科伦巴 St Columba
圣科伦巴努斯 St Columbanus
圣克斯贝尔特 St Cuthbert
圣劳伦斯河 the St Lawrence
圣玛利骑士团 Knights of St Mary
圣米尼亚托 St Miniato
圣米歇尔山 Mont Saint-Michel
圣摩尔信众 Congregation of St-Maur
圣日耳曼斯 St Germans
圣萨尔维乌斯 Saint Salvius
圣威尔弗里德 St Wilfrid
圣维克托 Saint Victor
圣伍尔夫斯坦 St Wulfstan
圣西门登塔者 St Simeon Stylites
圣希德威尔 St Sidwell
圣尤弗洛涅斯 St Euphronius
圣哲罗姆 St Jerome
狮子的欧尔兰杜奇欧 Orlanduccio of the

lion
十卷集 decades
石勒苏益格 Schleswig
时代精神 Zeitgeist
史蒂芬 Stephen
氏族社会 gentile society
世界观 Weltanschauung
市民历史 civil history
事件史 histoire événementielle
梳毛工 ciompi
司各特 Scott
斯宾塞 Spenser
斯宾塞·珀西瓦尔 Spencer Perceval
斯多噶思想 stoicism
斯基泰人 Scythians
斯卡里杰 Scaliger
斯洛普先生 Mr Slope
斯诺 C. P. Snow
斯特拉佛德伯爵 Earl of Strafford
斯特灵 Stirling
斯威夫特 Swift
斯韦托尼阿斯 Suetonius
苏尔皮奇乌斯·塞维鲁斯 Sulpicius Severus
苏拉 Sulla
梭伦 Solon
梭罗 Thoreau
所谓的 quam vocant
索邦 Sorbonne
索尔 Thor
索尔兹伯里 Salisbury
索福克勒斯 Sophocles
索姆河 the Somme

T

他林敦 Tarentum
塔尔伯特上校 Colonel Talbot
塔兰托的伯希蒙德 Bohemond of Taranto
塔列朗 Talleyrand
塔西佗 Tacitus
泰奥迪勒·里博 Théodule Ribot
泰恩矛斯 Tynemouth
泰尔 Tyre
泰伦斯 Terence
泰纳 Taine
泰塔斯 Titus
汤姆·潘恩 Tom Paine
汤普森 E. P. Thompson
汤因比 Arnold J. Toynbee
陶尼 R. H. Tawney
忒弥斯托克勒斯 Themistocles
特德贝尔特 Theudebert
特德里克 Theuderic
特拉西米尼 Trasimene
特兰平顿的威廉 William of Trumpington
特勒斯 Thereus
特洛勒普 Trollope
特诺奇提特兰 Tenochtitlan
特兹库科 Tezcuco
提奥多西 Theodosius
提比略 Tiberius
提布尔 Tibur
提丁尼阿斯 Titinius
提迈欧斯 Timaeus
提欧彭普斯 Theopompus
提香 Titian
条顿堡森林 Teutoburger Wald
帖撒利人 Thessalians
铁锤查理 Charles Martel
图尔的格里高利 Gregory of Tours
图拉真 Trajan
图里 Tully
图特摩斯三世 Tuthmoses III
土伦 Toulon
托克维尔 Tocqueville
托勒密 Ptolemy
托利党 Tory
托马斯·巴宾顿·麦考莱勋爵 Thomas Babington (Lord) Macaulay
托马斯·赫钦森 Thomas Hutchinson
托马斯·卡莱尔 Thomas Carlyle
托马斯·库恩 Thomas Kuhn

托马斯·马洛里爵士 Sir Thomas Malory
托马斯·诺斯爵士 Sir Thomas North
托特尼斯 Totnes

W

瓦尔堡研究所 Warburg Institute
瓦尔哈拉 Valhalla
瓦拉奇亚 Wallachia
瓦伦斯 Valens
瓦伦提尼安 Valentinian
瓦罗瓦王朝 Valois
瓦洛 Varro
瓦萨里 Vasari
万神殿 Pantheon
王室史家 historiographer royal
威尔顿 Wilton
威尔赫姆·罗舍尔 Wilhelm Roscher
威尔赫姆·温特 Wilhelm Wundt
威尔士亲王 Prince of Wales
威尔斯 H. G. Wells
威尔特郡 Wiltshire
威廉·布拉福德 William Bradford
威廉·布雷克 William Blake
威廉·赫雷 William Hurley
威廉·坎登 William Camden
威廉·康宁汉 William Cunningham
威廉·科贝特 William Cobbett
威廉·拉雷 William Raleigh
威廉·兰巴德 William Lambarde
威廉·卢佛斯 William Rufus
威廉·罗伯特森 William Robertson
威廉·麦克尼尔 William McNeill
威廉·米特佛德 William Mitford
威廉·莫里斯 William Morris
威廉·佩恩 William Penn
威廉·萨谢弗雷尔 William Sacheverell
威廉·斯塔布斯 William Stubbs
威廉·斯特拉肯 William Strachan
威廉·希克林·普雷斯科特 William Hickling Prescott
威塞克斯 Wessex
威斯康星州 Wisconsin
薇尔德 Wierd
维安河 the River Vienne
维尔纳·松巴特 Werner Sombart
维吉尔 Virgil
维吉尼亚州 Virginia
维克托·雨果 Victor Hugo
维拉斯奎斯 Velasquez
维洛尼塞 Veronese
维特根斯坦 Wittgenstein
维特里乌斯 Vitellius
维伊 Veii
伟大世纪 Grand Siècle
苇柏芗 Vespasian
卫理宗 Methodism
温多佛的罗杰 Roger of Wendover
温和商业 Le doux commerce
温泉关 pass of Thermopylae
温斯顿·丘吉尔 Winston Churchill
文化圈 cultural circle
文化史 Kulturgeschichte
沃 Vaux
沃登 Woden
沃尔特 Walter
沃尔特·白芝浩 Walter Bagehot
沃尔特·司各特 Walter Scott
沃尔辛汉的托马斯 Thomas of Walsingham
沃里克伯爵 Earl of Warwick
沃娄加塞斯 Vologaeses
沃斯基人 Volscians
沃特·惠特曼 Walt Whitman
沃提根 Vortigern
渥太华 Ottawa
乌尔西基努斯 Ursicinus
乌瑟尔·潘德拉贡 Uther Pendragon
乌斯克河 Usk
无裙裤党运动 Sansculottism
五十年时期 Pentecontaetia
伍斯特 Worcester
武加大译本（拉丁文圣经）Vulgate

X

西庇阿 Scipio
西敏寺 Westminster Abbey
西敏厅 Westminster Hall
西塞罗 Cicero
西妥会 Cistercians
西西里的迪奥多鲁斯 Diodorus of Sicily
西耶斯神父 Abbé Sièyes
希比亚斯 Hippias
希波克拉底 Hippocrates
希罗底 Herodias
希罗多德 Herodotus
希律王 Herod the Great
希迈 Chimay
希斯塔斯普 Hystaspes
锡耶纳 Siena
席尔瓦努斯 Silvanus
席勒 Schiller
禧年 jubilee year
夏尔 · 德 · 希斯蒙迪 Charles de Sismondi
夏尔 · 佩提—杜塔伊 Charles Petit-Dutaillis
夏米安 Charmian
现实政治 Realpolitik
宪章运动 Chartism
小罗伯斯庇尔 Robespierre Junior
谢尔盖 · 爱森斯坦 Sergei Eisenstein
心态 mentality
辛贝林 Cymbeline
新罕布什尔州 New Hampshire
新市集广场 piazza of the Mercato Nuovo
匈人 Huns
休伦人 Hurons
休谟 Hume
修 · 特雷弗 - 罗珀 Hugh Trevor-Roper
修昔底德 Thucydides
叙拉古 Syracuse
薛西斯 Xerxes
鳕鱼角 Cape Cod

Y

雅弗 Japhet
雅各宾 Jacobin
雅各布 · 布克哈特 Jacob Burckhardt
雅各布 · 格林 Jacob Grimm
雅克 - 路易 · 大卫 Jacques-Louis David
雅奇摩 Iachimo
亚当 · 佛格森 Adam Ferguson
亚当 · 斯密 Adam Smith
亚得里亚海 the Adriatic
亚该亚人 Archaean
亚基帕二世 Agrippa II
亚克兴 Actium
亚拉美文 Aramaic
亚里斯多布鲁斯 Aristobulus
亚历克西 · 德 · 托克维尔 Alexis de Tocqueville
亚历山大 · 冯 · 洪堡 Alexander von Humboldt
亚历山大的斐洛 Philo of Alexandria
亚历山大的克雷门 Clement of Alexandria
亚利马太的约瑟 Joseph of Arimathea
亚美尼亚 Armenia
亚述 Assyria
亚西比德 Alcibiades
杨森教派 Jansenists
样貌 configuration
一位论派 Unitarianism
伊阿古 Iago
伊阿宋 Iason
伊庇丹努 Epidamnus
伊壁鲁斯王皮洛斯 King Pyrrhus of Epirus
伊波利特 · 泰纳 Hippolyte Taine
伊达拉里亚人 Etruscans
伊凡 · 普理查德 E. E. Evans Pritchard
伊卡洛斯 Icarus
伊拉斯谟 Erasmus
伊利 Ely
伊利里亚 Illyria
伊曼纽尔 · 勒华拉杜里 Emmanuel Le Roy Ladurie
伊莫珍 Imogen
伊尼希亚斯 Aenesias

伊莎贝拉 Isabella
伊苏斯战役 the battle of Issus
伊索克拉底 Isocrates
伊西斯 Isis
以东人 Edomites
以国王之名 De par le Roi
以利 Eli
以赛亚 Isaiah
以斯拉 Ezra
印第安准州 Indian territory
英诺森三世 Innocent III
佣兵队长 condottiere
优比亚 Euboea
攸西比乌斯 Eusebius
尤尔根·哈贝马斯 Jurgen Habermas
尤金·杰诺维斯 Eugene Genovese
尤里乌斯·恺撒 Julius Caesar
尤里乌斯二世 Julius II
尤利安 Julian
尤斯塔斯·朵布里库尔爵士 Sir Eustace d'Aubricourt
尤维纳尔 Juvenal
犹大国 Judaea
犹加敦 Yucatan
犹太会堂 synagogue
羽蛇 Quezalcoatl
语言学转向 linguistic turn
原史 proto-history
圆颅党 Roundheads
圆形竞技场 Circus
约旦尼斯 Jordanes
约翰·贝尔 John Bale
约翰·波考克 John Pocock
约翰·伯尔 John Ball
约翰·达里波爵士 Sir John Dalrymple
约翰·福克斯 John Foxe
约翰·戈特弗里德·赫尔德 Johann Gottfried Herder
约翰·赫伊津哈 Johan Huizinga
约翰·里兰德 John Leland
约翰·理查德·葛林 John Richard Green
约翰·罗斯金 John Ruskin
约翰·罗素勋爵 Lord John Russell
约翰·洛思罗普·莫特利 John Lothrop Motley
约翰·曼德维尔爵士 Sir John Mandeville
约翰·米勒 John Millar
约翰·米契尔·坎伯 John Mitchell Kemble
约翰·诺克斯 John Knox
约翰·塞尔登爵士 Sir John Selden
约翰·史密斯 John Smith
约翰·斯托 John Stow
约翰·温克尔曼 Johann Winckelmann
约翰·温斯罗普 John Winthrop
约翰·希利爵士 Sir John Seeley
约翰·亚当斯 John Adams
约翰霍普金斯大学 Johns Hopkins
约翰尼查 Johanitza
约翰逊 Johnson
约瑟夫斯 Josephus

Z

札察里 Zachary
詹姆斯·布莱斯 James Bryce
詹姆斯·邓巴 James Dunbar
詹姆斯·弗雷泽爵士 Sir James Frazer
詹姆斯·哈灵顿 James Harrington
詹姆斯·哈维·罗宾森 James Harvey Robinson
詹姆斯·麦金塔希爵士 Sir James Mackintosh
詹姆斯党 Jacobite
詹姆斯党叛乱 Jacobite Rebellion
詹姆斯镇 Jamestown
展演语句 performative utterances
战神广场 Champs-de-Mars
长期国会 Long Parliament
长时段 longue duree
哲士 philosophe
正统主义者 Legitimists
政治党人 the Politiques
知识框架 episteme
执念 Idée fixe

执事保罗 Paul the Deacon
执政官 archon
直属佃户 tenants-in-chief
智人 Homo sapiens
宙西穆斯 Zosimus
朱庇特 Jupiter
朱庇特 · 玛内塔 Jupiter Maneta
朱古达 Jugurtha
朱利安诺 Giuliano
朱米耶吉的罗伯特 Robert of Jumieges
朱特人 Jutes
助祭保罗 Paul the Deacon
专题讨论 seminar
专制政治 autocracy
专制主义 despotism
左撇子 Scaevola

索 引

[依据边码]

B

C

D

E

F